● 中学数学拓展丛书

本册书是湖南省教育厅科研课题《教育数学的研究》（编号06C510）成果之二

数学眼光透视

Shuxue Yanguang Toushi

第2版

沈文选　杨清桃　著

哈尔滨工业大学出版社
HARBIN INSTITUTE OF TECHNOLOGY PRESS

内容简介

本书共分十章:第一章寻究的眼光,第二章洞察的眼光,第三章搜索的眼光,第四章敏锐的眼光,第五章思悟的眼光,第六章和谐的眼光,第七章神韵的眼光,第八章奇异的眼光,第九章辩证的眼光,第十章战略的眼光.

本书可作为高等师范院校教育学院、教师进修学院数学专业及国家级、省级中学数学骨干教师培训班的教材或教学参考书,是广大中学数学教师及数学爱好者的数学视野拓展读物.

图书在版编目(CIP)数据

数学眼光透视/沈文选,杨清桃著. —2版. —哈尔滨:哈尔滨工业大学出版社,2017.6
(中学数学拓展丛书)
ISBN 978-7-5603-6500-8

Ⅰ.①数… Ⅱ.①沈…②杨… Ⅲ.①中学数学课-教学参考资料 Ⅳ.①G633.603

中国版本图书馆 CIP 数据核字(2017)第 048348 号

策划编辑	刘培杰 张永芹
责任编辑	张永芹 聂兆慈
封面设计	孙茵艾
出版发行	哈尔滨工业大学出版社
社 址	哈尔滨市南岗区复华四道街10号 邮编150006
传 真	0451-86414749
网 址	http://hitpress.hit.edu.cn
印 刷	哈尔滨市工大节能印刷厂
开 本	787mm×1092mm 1/16 印张 31.5 字数 787 千字
版 次	2008年1月第1版 2017年6月第2版 2017年6月第1次印刷
书 号	ISBN 978-7-5603-6500-8
定 价	78.00元

(如因印装质量问题影响阅读,我社负责调换)

序

我和沈文选教授有过合作,彼此相熟.不久前,他发来一套数学普及读物的丛书目录,包括数学眼光、数学思想、数学应用、数学模型、数学方法、数学史话等,洋洋大观.从论述的数学课题来看,该丛书的视角新颖,内容充实,思想深刻,在数学科普出版物中当属上乘之作.

阅读之余,忽然觉得公众对数学的认识很不相同,有些甚至是彼此矛盾的.例如:

一方面,数学是学校的主要基础课,从小学到高中,12年都有数学;另一方面,许多名人在说"自己数学很差"的时候,似乎理直气壮,连脸也不红,好像在宣示:数学不好,照样出名.

一方面,说数学是科学的女王,"大哉数学之为用",数学无处不在,数学是人类文明的火车头;另一方面,许多学生说数学没用,一辈子也碰不到一个函数,解不了一个方程,连相声也在讽刺"一边向水池注水,一边放水"的算术题是瞎折腾.

一方面,说"数学好玩",数学具有和谐美、对称美、奇异美,歌颂数学家的"美丽的心灵";另一方面,许多人又说,数学枯燥、抽象、难学,看见数学就头疼.

数学,我怎样才能走近你,欣赏你,拥抱你?说起来也很简单,就是不要仅仅埋头做题,要多多品味数学的奥秘,理解数学的智慧,抛却过分的功利,当你把数学当作一种文化来看待的时候,数学就在你心中了.

我把学习数学比作登山,一步步地爬,很累,很苦.但是如果你能欣赏山林的风景,那么登山就是一种乐趣了.

登山有三种意境.

首先是初识阶段.走入山林,爬得微微出汗,坐拥山色风光.体会"明月松间照,清泉石上流"的意境.当你会做算术,会记账,能够应付日常生活中的数学的时候,你会享受数学给你带来的便捷,感受到好似饮用清泉那样的愉悦.

其次是理解阶段.爬到山腰,大汗淋漓,歇足小坐.环顾四周,云雾环绕,满目苍翠,心旷神怡.正如苏轼名句:"横看成岭侧成峰,远近高低各不同.不识庐山真面目,只缘身在此山中."数学理解到一定程度,你会感觉到数学的博大精深,数学思维的缜密周全,数学的简洁,你会对符号运算能够有爱不释手的感受.不过,理解了,还不能创造."采药山中去,云深不知处."对于数学的伟大,还莫测高深.

最后是登顶阶段.攀岩涉水,越过艰难险阻,到达顶峰的时候,终于出现了"会当凌绝顶,一览众山小"的局面.这时,一切疲乏劳顿、危难困苦,全都抛到九霄云外."雄关漫道真如铁",欣赏数学之美,是需要代价的.当你破解了一道数学难题,"蓦然回首,那人却在灯火阑珊处"的意境,是用语言无法形容的快乐.

好了,说了这些,还是回到沈文选先生的丛书.如果你能静心阅读,它会帮助你一步步攀登数学的高山,领略数学的美景,最终登上数学的顶峰.于是劳顿着,但快乐着.

信手写来,权作为序.

张奠宙

2016 年 11 月 13 日

于沪上苏州河边

附 文

(文选先生编著的丛书,是一种对数学的欣赏.因此,再次想起数学思想往往和文学意境相通,年初曾在《文汇报》发表一短文,附录于此,算是一种呼应)

数学和诗词的意境

张奠宙

数学和诗词,历来有许多可供谈助的材料.例如:

一去二三里,烟村四五家.

亭台六七座,八九十枝花.

把十个数字嵌进诗里,读来琅琅上口.郑板桥也有咏雪诗:

一片二片三四片,五片六片七八片.

千片万片无数片,飞入梅花总不见.

诗句抒发了诗人对漫天雪舞的感受.不过,以上两诗中尽管嵌入了数字,却实在和数学没有什么关系.

数学和诗词的内在联系,在于意境.李白《送孟浩然之广陵》诗云:

故人西辞黄鹤楼,烟花三月下扬州.
　　孤帆远影碧空尽,唯见长江天际流.
　　数学名家徐利治先生在讲极限的时候,总要引用"孤帆远影碧空尽"这一句,让大家体会一个变量趋向于 0 的动态意境,煞是传神.
　　近日与友人谈几何,不禁联想到初唐诗人陈子昂《登幽州台歌》中的名句:
　　前不见古人,后不见来者.
　　念天地之悠悠,独怆然而涕下.
　　一般的语文解释说:上两句俯仰古今,写出时间绵长,第三句登楼眺望,写出空间辽阔,在广阔无垠的背景中,第四句描绘了诗人孤单寂寞、悲哀苦闷的情绪,两相映照,分外动人.然而,从数学上来看,这是一首阐发时间和空间感知的佳句.前两句表示时间可以看成是一条直线(一维空间).陈老先生以自己为原点,前不见古人指时间可以延伸到负无穷大,后不见来者则意味着未来的时间是正无穷大.后两句则描写三维的现实空间:天是平面,地是平面,悠悠地张成三维的立体几何环境.全诗将时间和空间放在一起思考,感到自然之伟大,产生了敬畏之心,以至怆然涕下.这样的意境,数学家和文学家是可以彼此相通的.进一步说,爱因斯坦的四维时空学说,也能和此诗的意境相衔接.
　　贵州六盘水师专的杨老师告诉我他的一则经验.他在微积分教学中讲到无界变量时,用了宋朝叶绍翁《游园不值》中的诗句:
　　春色满园关不住,一枝红杏出墙来.
　　学生每每会意而笑.实际上,无界变量是说,无论你设置怎样大的正数 M,变量总要超出你的范围,即有一个变量的绝对值会超过 M.于是,M 可以比喻成无论怎样大的园子,变量相当于红杏,结果是总有一枝红杏越出园子的范围.诗的比喻如此恰切,其意境把枯燥的数学语言形象化了.
　　数学的研究和学习需要解题,而解题过程需要反复思索,终于在某一时刻出现顿悟.例如,做一道几何题,百思不得其解,突然添了一条补助线,问题豁然开朗,欣喜万分.这样的意境,想起了王国维用辛弃疾的词来描述的意境:"众里寻他千百度,蓦然回首,那人却在灯火阑珊处."一个学生,如果没有经历过这样的意境,数学大概是学不好的了.

前言

音乐能激发或抚慰情怀,绘画使人赏心悦目,诗歌能动人心弦,哲学使人获得智慧,科技可以改善物质生活,但数学却能提供以上的一切.

——Klein

如果没有一些数学知识,那么就是对最简单的自然现象也很难理解什么,而要对自然的奥秘做更深入的探索,就必须要同时地发展数学.

——J. W. A. Young

如果一个人要领会钻研数学的兴奋,他必须做数学奥秘的热忱学生.

——R. D. Carmichael

人们喜爱音乐,因为它不仅有神奇的乐谱,而且有悦耳的优美旋律!

人们喜爱画卷,因为它不仅描绘出自然界的壮丽,而且可以描绘人间美景!

人们喜爱诗歌,因为它不仅是字词的巧妙组合,而且有抒发情怀的韵律!

人们喜爱哲学,因为它不仅是自然科学与社会科学的浓缩,而且增加人的智慧!

人们喜爱科技,因为它不仅是一个伟大的使者或桥梁,而且是现代物质文明的标志!

而数学之为德,数学之为用,难以用旋律、美景、韵律、智慧、标志等词语来表达!

你看,不是吗?

数学精神,科学与人文融合的精神,它是一种理性精神!一种求简、求统、求实、求美的精神!数学精神似一座光辉的灯塔,指引数学发展的航向!数学精神似雨露阳光滋润人们的心田!

数学眼光,使我们看到世间万物充满着带有数字印记的奇妙的科学规律,看到各类书籍和文章的字里行间有着数学的踪迹,使我们看到的是满眼绚丽多彩的数学洞天!

数学思想,使我们领悟到数学是用字母和符号谱写的美妙乐曲,充满着和谐的旋律,让人难以忘怀,难以割舍;让我们在思疑中启悟,在思辨中省悟,在体验中领悟!

数学方法,人类智慧的结晶,它是人类的思想武器!它像画卷一样描绘着各学科的异草奇葩般的景象,令人目不暇接!它的源头又是那样地寻常!

数学解题,人类学习与掌握数学的主要活动,它是数学活动的一个兴奋中心;数学解题理论博大精深,提高其理论水平是永远的话题!

数学技能,在数学知识的学习过程中逐步形成并发展的一种大脑操作方式,它是一种智慧;是数学能力的一种标志!操握数学技能是应达到的一种基础性目标!

数学应用,给我们展示出了数学的神通广大,在各个领域与角落闪烁着人类智慧的火花!

数学建模,呈现出了人类文明亮丽的风景!特别是那呈现出的抽象彩虹——一个个精巧的数学模型,璀璨夺目,流光溢彩!

数学竞赛,许多青少年喜爱的一种活动,这种数学活动有着深远的教育价值!它是选拔和培养数学英才的重要方式之一.这种活动可以激励青少年对数学学习的兴趣,可以扩大他们的数学视野,促进创新意识的发展.数学竞赛中的专题培训内容展示了数学竞赛亮丽的风采!

数学测评,检验并促进数学学习效果的重要手段,测评数学的研究是教育数学研究中的一朵奇葩.测评数学的深入研究正期待着我们!

数学史话,充满了诱人的前辈们创造与再创造的心血机智,让我们可以从中汲取丰富的营养!

数学欣赏,对数学喜爱的情感的流淌,这是一种数学思维活动的崇高情感表达,数学欣赏,引起心灵感撼!真、善、美在欣赏中得到认同与升华,从数学欣赏中领略数学智慧的美妙,从数学欣赏走向数学鉴赏,从数学文化欣赏走向数学文化研究!

因此,我们可以说,你可以不信仰上帝,但不能不信仰数学.

从而,提高我国每一个人的数学文化水平及数学素养,是提高中华民族的整体素质的重要组成部分,这也是数学基础教育中的重要目标.为此,笔者构思了这套书.

这套书是笔者学习张景中院士的教育教学思想,对一些数学素材和数学研究成果进行再创造并以此为指导思想来撰写的;是献给中学师生,企图为他们扩展数学视野、提高数学素养以响应张奠宙教授的倡议:构建符合时代需求的充满数学常识,数学智慧的书籍.

不积小流无以成江河,不积跬步无以至千里,没有积累便没有丰富的素材,没有整合创新便没有鲜明的特色.这套书的写作,是笔者在多年资料的收集、学习笔记的整理及笔者已发表的文章的修改并整合的基础上完成的.因此,每册书末都列出了尽可能多的参考文献,在此,衷心地感谢这些文献的作者.

前言

这套书,作者试图以专题的形式,对中小学中典型的数学问题进行广搜深掘来串联,并以此为线索来写作.

本册书是《数学眼光透视》.

数学眼光,是寻究的眼光,它使我们从熟悉的数学对象中获得蕴藏其中的美妙结论!

数学眼光,是洞察的眼光,它使我们从简单的数学对象中探求到丰富多彩的数学信息!

数学眼光,是搜索的眼光,它使我们对问题的方方面面有进一步的了解.例如,可给出勾股定理的数百种证法!

数学眼光,是敏锐的眼光,它使我们从茫茫的数字林海中采摘到无数的奇花异果!

数学眼光,是思悟的眼光,它使我们在思虑中启悟,在思疑中省悟,在思索中感悟.它使我们悟到:方程——未知中的已知,极限——无限中的有限,概率——偶然中的必然,图形——抽象中的形象……

数学眼光,是和谐的眼光,它使我们发现各种各样的数学对象中的紧密的内在联系,以及在现实万象中察析出各种现象均与数学有着密切的联系!

数学眼光,是神韵的眼光,它使我们在中国古典诗词以及艺术甚至人生中发现数学神奇的韵律!

数学眼光,是奇异的眼光,它使我们从大自然中领悟数学奥妙,从千姿百态的事件中寻求出数学法则!

数学眼光,是辩证的眼光,它使我们从数学中的几对矛盾体中看清数学的本质!

数学眼光,是战略的眼光,它使我们从宏观与微观的不同角度到数学的奇妙天地中去体味数学,学习数学,开垦数学,发展数学!

数学的眼光是神奇的,它会使人眉头紧锁,辗转反侧,寝食难安;它也会使人茅塞顿开,拍案叫绝,心悦狂欢!

数学的眼光是深沉的,它使我们看问题入木三分,明察秋毫.在浓缩的空间关系中,在组合的数量关系中,使我们看到数学现象的魔光幻影、神秘莫测,以及数学的知识、思想、方法在我们生活中的应用.

数学的眼光是迷人的,这眼光似空谷中的幽兰,高寒中的杜鹃,老林中的人参,冰山上的雪莲,悬崖上的灵芝,抽象思维的牡丹,魔力般地召唤数学爱好者、数学工作者辛勤耕耘,在数学的王国里寻芳采猎,艰苦跋涉,今日攻破昨日的猜想,明天冲击今天的悬案,推动着人类社会的进步和发展!这怎么不令人心驰神往,流连忘返?这怎么不令人情有独钟,苦心钻研?

这眼光永远是充满魅力的利具,永远是人类进取精神的充电器,永远是对人类智慧挑战的应战戟!

让我们透视数学眼光!让我们用数学眼光透视吧!

沈文选　杨清桃

2017 年 3 月于岳麓山下

第一章　寻究的眼光

1.1　九九乘法表 ··· 1
　　1.1.1　从九九乘法表可以发现的事实 ························ 1
　　1.1.2　从九九乘法表的个位数的排列所得的结论 ············· 2
　　1.1.3　九九乘法表中——数与周围数字的关系 ··············· 2
1.2　一元二次方程的求根公式 ···································· 6
　　1.2.1　公式①所体现的数学美 ······························ 6
　　1.2.2　对方程的求解产生的新认识 ·························· 7
　　1.2.3　一元二次方程的其他求根公式 ······················ 12
　　1.2.4　一元二次函数 ···································· 12
　　1.2.5　一元三次函数 ···································· 13
1.3　三角形的内角和定理 ······································ 24
　　1.3.1　凸 n 边形的外角和 ······························ 24
　　1.3.2　平面多边形中的欧拉公式 ·························· 25
　　1.3.3　立体几何中的欧拉公式 ···························· 26
　　1.3.4　正多面体只有五种 ································ 26
1.4　勾三股四弦五$\langle 3,4,5 \rangle$ ························ 27
　　1.4.1　$\langle 3,4,5 \rangle$ 的图形表示 ················ 28
　　1.4.2　由$\langle 3,4,5 \rangle$到勾股弦数组$\langle a,b,c \rangle$的求法 ···· 29
　　1.4.3　勾股弦数组的有趣性质 ···························· 37
　　1.4.4　由$\langle 3,4,5 \rangle$联想到广义勾股弦数组 ····· 39
　　1.4.5　由$\langle 3,4,5 \rangle$联想到高维勾股弦数组 ····· 46
思考题 ·· 47
思考题参考解答 ·· 49

第二章　洞察的眼光

2.1　从不同的角度看同一个数学对象 ···························· 58
　　2.1.1　把一个图形看成两个重合的图形 ···················· 58
　　2.1.2　从旋(或翻)转的角度看同一个图 ···················· 59
　　2.1.3　对同一个算式中的项进行恰当的排列重组 ············ 60
2.2　方格图中的代数等式(公式) ································ 62
　　2.2.1　划分方格图获得自然数方幂和或乘积和的有关求和公式 ··· 62
　　2.2.2　划分方格图填数获得自然数方幂和的有关求和公式 ······ 70

2.2.3 划分正三角形利用重心原理证明自然数方幂和公式 …… 76
2.2.4 格点路径法证明组合恒等式 …… 78
2.3 图形分割中的计数公式 …… 81
2.3.1 点分割线段及射线分割角(小于平角的角) …… 81
2.3.2 直线分割平面或圆面 …… 82
2.4 三角形三边所在直线上的三点问题 …… 82
2.4.1 三角形三边所在直线上的三点组成的三角形 …… 82
2.4.2 三角形三边所在直线上的点与顶点连线围成的三角形 …… 85
2.4.3 梅涅劳斯定理与塞瓦定理的统一推广 …… 86
2.5 二元一次方程组的求解 …… 88
2.5.1 求解过程及结论的字母符号表示 …… 88
2.5.2 求解公式的推广 …… 89
2.6 从一道等差数列问题的求解谈起 …… 90
2.6.1 问题及其求解 …… 90
2.6.2 一些联想 …… 92
2.7 直线方程 $x_0 x + y_0 y = r^2$ 的几何意义 …… 96
思考题 …… 107
思考题参考解答 …… 107

第三章 搜索的眼光

3.1 勾股定理的证明 …… 112
3.1.1 图形出入相补 …… 112
3.1.2 图形面积推算 …… 121
3.1.3 相似图形推演 …… 127
3.1.4 其他图形或性质推导 …… 134
3.2 两正数的算术与几何平均值不等式 …… 137
3.2.1 寻证明,多思路 …… 138
3.2.2 谈运用,有角度 …… 154
3.2.3 析变式,广应用 …… 156
3.2.4 深推广,宽联想 …… 161
3.3 蝶形探微 …… 180
3.3.1 蝶形的性质及应用 …… 180
3.3.2 蝴蝶定理种种 …… 183
3.4 点到直线距离公式的推导 …… 196
思考题 …… 206
思考题参考解答 …… 207

第四章 敏锐的眼光

4.1 从哥德巴赫猜想谈起 …… 221
4.2 神奇的数表 …… 222
4.2.1 奇妙的数字宝塔 …… 222
4.2.2 奇妙的数型 …… 226
4.3 排队数 …… 227

4.4 回文数	234
4.5 可拆素数,顺次可拆素数	235
4.6 奇妙的多边形数	236
4.6.1 三角形数的奇妙性质	238
4.6.2 多边形数的和	239
4.7 平方数	240
4.7.1 平方数的计算	240
4.7.2 平方数的特性	241
4.7.3 平方数变换	243
4.7.4 连写数平方数	244
4.7.5 连续平方数数组	244
4.7.6 重写数平方数	246
4.7.7 一个数表示为平方数之和	247
4.8 平方舞伴数	248
4.9 自生数	249
4.10 亲和数	250
4.11 完全数	252
4.12 梅森数	255
4.13 费马数	257
4.14 等幂和数	258
4.14.1 神奇的和	258
4.14.2 规律在探索中展现	259
4.14.3 认识在规律中升华	260
4.14.4 揭开神奇的和的面纱	261
4.14.5 欲穷千里目,更上一层楼	262
4.15 轮环整除数	263
4.16 黑洞数	264
4.17 水仙花数(Randle 数)或回归数(方幂和数)	267
思考题	269
思考题参考解答	271

第五章 思悟的眼光

5.1 在变化中看到不变	280
5.2 在不同中看到相同	281
5.3 在近似中看到精确	283
5.4 在模糊中看到清晰	284
5.5 在量变中看到质变	286
5.6 在抽象中看到具体	287
5.6.1 数学式子的实际背景显意义	288
5.6.2 数学概念的现实模具助理解	288
5.6.3 数学结论求解的具体表示助沟通	288

5.7 从偶然中发现必然 291
    5.7.1 素数 7,11,13 的美妙特性 291
    5.7.2 反常约分 291
    5.7.3 行列式的一条有趣性质 294
    5.7.4 解题中一般方法的发现 295
5.8 从平凡中发现奇异 297
    5.8.1 三角形中的一个点 298
    5.8.2 恒等式 $A=\dfrac{2kA}{2k}=\dfrac{\alpha A}{\alpha}$ 299
5.9 从紊乱中归纳条理 301
5.10 从无序中找到规律 302
5.11 从混沌中发现秩序 304
5.12 从对象的随机性中感悟到其内部的确定性 306
思考题 308
思考题参考解答 309

第六章 和谐的眼光

6.1 三角形内心与旁心的统一 313
    6.1.1 三角形内心定理、旁心定理的统一证明 313
    6.1.2 三角形内心与旁心有关结论的转换 314
6.2 五条定理用圆串，勾股定理把线牵 317
6.3 三角形、圆与三角理论 320
6.4 杨辉三角——数学联系的充分体现 321
    6.4.1 杨辉三角数字排列的一些性质 322
    6.4.2 杨辉三角与斐波那契数列 326
    6.4.3 杨辉三角与三角倍角公式 326
    6.4.4 杨辉三角与九宫图 329
    6.4.5 杨辉三角与纵横路线图 331
    6.4.6 杨辉三角与谢尔宾斯基衬垫 331
    6.4.7 杨辉三角与分形 332
    6.4.8 杨辉三角与概率 333
    6.4.9 杨辉三角与黄金均值 333
6.5 勾股弦数邂逅斐波那契数 334
    6.5.1 四个连续的斐波那契数与勾股弦数 334
    6.5.2 五个连续的斐波那契数与勾股弦数 336
    6.5.3 若干个连续的斐波那契数与勾股弦数 336
6.6 数学概念的普遍联系 337
    6.6.1 以从属关系为桥梁的联系 338
    6.6.2 以合成关系为纽带的联系 339
    6.6.3 以对应关系为媒介的联系 340
    6.6.4 以对偶形式为基础的联系 342
6.7 自然现象与数学的联系 344
    6.7.1 节律现象与数学 344
    6.7.2 磨光现象与数学 346

6.7.3　全息现象与数学……………………………………………… 347
思考题……………………………………………………………… 350
思考题参考解答…………………………………………………… 351

第七章　神韵的眼光

7.1　数学问题的智慧处理…………………………………………… 356
　　7.1.1　在数学解题中……………………………………………… 356
　　7.1.2　在数学研究中……………………………………………… 358
7.2　语言与文学问题的数学处理…………………………………… 359
　　7.2.1　律诗中的平仄与格律……………………………………… 359
　　7.2.2　2进制与格律诗及词牌的记忆…………………………… 361
　　7.2.3　诗词中的修辞手法………………………………………… 362
　　7.2.4　寓言的寓意………………………………………………… 363
　　7.2.5　英语数词中的字母赋值…………………………………… 364
7.3　艺术问题的数学处理…………………………………………… 365
　　7.3.1　数学与音乐………………………………………………… 365
　　7.3.2　数学与形体………………………………………………… 367
7.4　人生问题的数学处理…………………………………………… 369
　　7.4.1　人生坐标系与名言………………………………………… 369
　　7.4.2　人生最美好的年华………………………………………… 369
　　7.4.3　人生"算术"……………………………………………… 371
思考题……………………………………………………………… 373
思考题参考解答…………………………………………………… 374

第八章　奇异的眼光

8.1　自然现象中的惊奇……………………………………………… 378
　　8.1.1　植物中的数学撷趣………………………………………… 378
　　8.1.2　自然界中的数学模式……………………………………… 379
8.2　数学中的奇异美………………………………………………… 383
　　8.2.1　三角式中的奇异美………………………………………… 383
　　8.2.2　算术中的奇异美…………………………………………… 383
　　8.2.3　几何中的奇异美…………………………………………… 384
　　8.2.4　代数中的奇异美…………………………………………… 385
8.3　奇妙的黄金概念………………………………………………… 387
　　8.3.1　黄金比……………………………………………………… 387
　　8.3.2　黄金图形种种……………………………………………… 388
　　8.3.3　特殊图形中的黄金分割点………………………………… 392
附录Ⅰ　亚黄金椭圆……………………………………………… 400
附录Ⅱ　亚黄金双曲线…………………………………………… 402
附录Ⅲ　白银椭圆………………………………………………… 407
附录Ⅳ　白银双曲线……………………………………………… 410
思考题……………………………………………………………… 413
思考题参考解答…………………………………………………… 413

第九章　辩证的眼光

- 9.1　已知与未知 ·· 425
  - 9.1.1　以字母代未知数——从算术到代数 ·············· 425
  - 9.1.2　由已知，找可知，逐步靠拢未知——综合法 ·············· 427
  - 9.1.3　由未知，找须知，逐步靠拢已知——分析法 ·············· 428
- 9.2　常量与变量 ·· 428
  - 9.2.1　常量与变量的相依性 ·············· 429
  - 9.2.2　常量与变量的相对性 ·············· 429
  - 9.2.3　通过常量来描述刻画变量 ·············· 430
  - 9.2.4　通过变量研究常量 ·············· 432
- 9.3　等与不等 ·· 432
  - 9.3.1　在数学解题中 ·············· 433
  - 9.3.2　在数学思维中 ·············· 436
- 9.4　直与曲 ·· 438
  - 9.4.1　曲线具有渐近线部分的特征 ·············· 438
  - 9.4.2　非线性问题线性化 ·············· 438
  - 9.4.3　直线与曲线在微分学中最终等同起来 ·············· 439
- 9.5　有限与无限 ·· 440
  - 9.5.1　有限与无限的质的差异 ·············· 440
  - 9.5.2　数学中有限与无限的联系与转化 ·············· 441
- 9.6　连续与不连续 ·· 445
  - 9.6.1　连续与离散 ·············· 445
  - 9.6.2　连续与间断 ·············· 446
- 思考题 ·· 446
- 思考题参考解答 ·· 446

第十章　战略的眼光

- 10.1　宏观的思考方式 ·· 450
  - 10.1.1　整体审视 ·············· 450
  - 10.1.2　积零为整 ·············· 452
  - 10.1.3　整体变换 ·············· 453
- 10.2　灵活的实施技巧 ·· 455
  - 10.2.1　实现战术任务 ·············· 455
  - 10.2.2　化整为零 ·············· 456
  - 10.2.3　局部调整 ·············· 457
  - 10.2.4　关注变形技巧 ·············· 458
- 思考题 ·· 459
- 思考题参考解答 ·· 459
- 参考文献 ·· 462
- 作者出版的相关书籍与发表的相关文章目录 ·· 465
- 编后语 ·· 468

第一章 寻究的眼光

永远不要放弃你对"熟悉"的好奇心,也许新的发现就在你的再寻究之中.

有些东西,你早已学过,对其也非常熟悉了,以为早已明白了它的特性.但如果回过头来用数学眼光仔细察看一番,寻根究底问一问,也许还会有新的发现,新的收获呢!寻究的眼光使我们从熟悉的对象中获得新发现.

1.1 九九乘法表

从小学 2 年级就开始了解并学习九九乘法表了,随着我们数学知识的丰富,思维能力的提高,寻究眼光的放开,从这样一个早已熟悉的对象中,还能发现什么数学事实和结论吗?我们首先仔细察看一下表 1.1 吧!

表 1.1

A	1	2	3	4	5	6	7	8	9	D
	2	4	6	8	10	12	14	16	18	
	3	6	9	12	15	18	21	24	27	
	4	8	12	16	20	24	28	32	36	
	5	10	15	20	25	30	35	40	45	
	6	12	18	24	30	36	42	48	54	
	7	14	21	28	35	42	49	56	63	
	8	16	24	32	40	48	56	64	72	
B	9	18	27	36	45	54	63	72	81	C

1.1.1 从九九乘法表可以发现的事实

从九九乘法表,我们可以得到如下结论:

结论 1 九九乘法表呈现出乘法的交换律. 从关于对角线 AC 对称的位置得
$$a \cdot b = b \cdot a$$

结论 2 九九乘法表呈现出乘法的运算法则. 如果一个乘数增加 1,则其积增加 1 份另一个乘数,即
$$a \cdot (b+1) = a \cdot b + a$$

结论 3 九九乘法表呈现出乘法对加法的分配律. $a+b$ 行的数字与 a 行数字及 b 行数字之和相等,即
$$(a+b) \cdot c = a \cdot c + b \cdot c$$

结论 4 $2,3,5,9$ 的倍数具有其特性,2 的倍数的末位数字为 $0,2,4,6,8$,这可从表 1.1

的第二行看出;3 的倍数其各数位上的数字和为 3,6,9,亦即 3 的 1,2,3 倍,这可从表 1.1 的第三行看出;5 的倍数其末位数字为 0 或 5,这可从表 1.1 的第五行看出.

从第九行的数字可以看出,个位与十位数的和总等于 9,这是因为 $9 \cdot n = 10(n-1) + (10-n)$,即第九行的十位数是 $n-1$,个位数是 $10-n$,所以 $(n-1)+(10-n)=9$. 由此,还可以得到更一般的"一个自然数被 9 整除的充要条件是这个数的各位数字的和是 9 的倍数."

1.1.2 从九九乘法表的个位数的排列所得的结论

我们先列出九九乘法表的个位数表如表 1.2 所示.

表 1.2

A	1	2	3	4	5	6	7	8	9	D
	2	4	6	8	0	2	4	6	8	
	3	6	9	2	5	8	1	4	7	
	4	8	2	6	0	4	8	2	6	
	5	0	5	0	5	0	5	0	5	
	6	2	8	4	0	6	2	8	4	
	7	4	1	8	5	2	9	6	3	
	8	6	4	2	0	8	6	4	2	
B	9	8	7	6	5	4	3	2	1	C

结论 5 九九乘法表中个位数的数字关于对角线对称.

从表 1.2 知,$a \cdot b$ 关于对角线 AC 对称的数字是 $b \cdot a$,而 $a \cdot b$ 关于对角线 BD 对称的数字是 $(10-b) \cdot (10-a)$,展开得 $(10-b) \cdot (10-a) = 100 - 10(a+b) + a \cdot b$,所以其个位上的数字相等.

结论 6 九九乘法表中个位数关于 10 互补的两行或两列的个位数成互逆排列. 例如

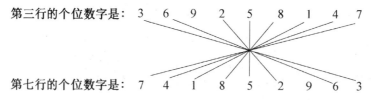

这是因为第 n 行(或 n 列)的数字是 $n \cdot m$,而第 $10-n$ 行(或 $10-n$ 列)的逆排的数字是 $(10-n) \cdot (10-m)$,展开得 $(10-n) \cdot (10-m) = 100 - 10(n+m) + n \cdot m$,所以 n 行(或 n 列)与 $10-n$ 行(或 $10-n$ 列)的个位数字具有互逆排列关系. 由结论 6 又可推得如下的结论:

结论 7 个位数字表成中心对称,其对称中心为表的中心(即对角线 AC 与 BD 的交点),每行(或列)的数字和成轴对称,其对称轴为第五行(或第五列).

1.1.3 九九乘法表中——数与周围数字的关系

(1) 表中相邻两行(或列)上的数组成的行列式以及相同行与相同列交叉处的数组成的各阶行列式(即 2 阶、3 阶、4 阶、5 阶、6 阶、7 阶、8 阶、9 阶行列式) 其值均为 0.

这是因为表中行与行(列与列)的元素均成比例.

(2) 任意两行与两列交叉处的上下左右 4 个数字的交叉相乘的积相等. 即

$$\boxed{\begin{array}{cc} nm & n(m+k) \\ (n+l)m & (n+l)(m+k) \end{array}} \Rightarrow$$

$$(nm) \cdot [(n+l)(m+k)] = [n(m+k)] \cdot [(n+l)m]$$

(3) 相邻的 3×3 块状数字的性质:中间的数字是周围 8 个数的平均数,且对角线上数字的乘积相等,即

$$\boxed{\begin{array}{ccc} (n-1)(m-1) & (n-1)m & (n-1)(m+1) \\ n(m-1) & nm & n(m+1) \\ (n+1)(m-1) & (n+1)m & (n+1)(m+1) \end{array}} \Rightarrow$$

$$nm = \frac{1}{8}[(n-1)(m-1) + (n-1)m + (n-1)(m+1) + n(m-1) +$$
$$n(m+1) + (n+1)(m-1) + (n+1)m + (n+1)(m+1)]$$

且

$$(n-1)(m-1) \cdot nm \cdot (n+1)(m+1) = (n-1)(m+1) \cdot nm \cdot (n+1)(m-1)$$

(4) 每一行(或列)构成一个等差数列.

第 k 行的首项为 k,公差也为 k,其通项 $a_n = k \cdot n, n = 1,2,\cdots,9$.

(5) 与对角线 AC 平行的每一斜行,组成一个 2 阶等差数列.

例如,① 对角线 AC 上的数组成的 2 阶等差数列的通项为 $a_n = n^2, n = 1,2,\cdots,9$.

② 对角线 AC 的左下(或右上)一行的数列是

因为一般地,由

$$\begin{array}{ccccc} a_1 & a_2 & a_3 & a_4 & a_5 & \cdots \\ \vee & \vee & \vee & \vee & \\ \Delta_1 & \Delta_2 & \Delta_3 & \Delta_4 & \cdots \end{array}$$

有
$$a_n - a_1 = \Delta_1 + \Delta_2 + \Delta_3 + \cdots + \Delta_{n-1}$$

所以,数列的通项

$$a_n = 2 + 4 + 6 + \cdots + 2n = \frac{1}{2}(2 + 2n)n = n(n+1), n = 1,2,\cdots,8$$

如果我们注意到九九乘法表中的第一行与这个 2 阶等差数列,则它们之间有如下的关系

$$\begin{array}{ccccccccc} 1 & \to & 2 & \to & 3 & \to & 4 & \to & 5 & \to & 6 & \to & 7 & \to & 8 & \to & 9 \\ & 6 & & 12 & & 20 & & 30 & & 42 & & 56 & & 72 \end{array}$$

$$2 = 1 \times 2 = 1^2 + 1 = 2^2 - 2$$
$$6 = 2 \times 3 = 2^2 + 2 = 3^2 - 3$$
$$12 = 3 \times 4 = 3^2 + 3 = 4^2 - 4$$
$$20 = 4 \times 5 = 4^2 + 4 = 5^2 - 5$$
$$\vdots$$

这样就可轻而易举地得到这个 2 阶等差数列的通项公式为
$$a_n = n(n+1) = n^2 + n = (n+1)^2 - (n+1), n = 1,2,\cdots,8$$

③ 如果注意到

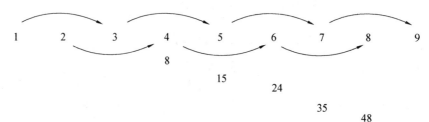

$$3 = 1 \times 3 = 1^2 + 2 \times 1 = 2^2 - 1$$
$$8 = 2 \times 4 = 2^2 + 2 \times 2 = 3^2 - 1$$
$$15 = 3 \times 5 = 3^2 + 2 \times 3 = 4^2 - 1$$
$$24 = 4 \times 6 = 4^2 + 2 \times 4 = 5^2 - 1$$
$$\vdots$$

则又可得此 2 阶等差数列的通项公式
$$a_n = n(n+2) = n^2 + 2n = (n+1)^2 - 1, n = 1,2,\cdots,7$$

(6) 将与对角线 AC 平行的每一斜行的各数相加,得
$$9 = 9$$
$$8 + 18 = 26$$
$$7 + 16 + 27 = 50$$
$$6 + 14 + 24 + 36 = 80$$
$$5 + 12 + 21 + 32 + 45 = 115$$
$$4 + 10 + 18 + 28 + 40 + 54 = 154$$
$$3 + 8 + 15 + 24 + 35 + 48 + 63 = 196$$
$$2 + 6 + 12 + 20 + 30 + 42 + 56 + 72 = 240$$
$$1 + 4 + 9 + 16 + 25 + 36 + 49 + 64 + 81 = 285$$

其和组成的数列是一个 3 阶等差数列

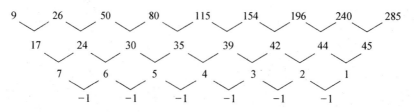

因为,一般地

$$a_n = a_1 + C_{n-1}^1 \Delta_1 + C_{n-1}^2 \Delta_1^{(2)} + C_{n-1}^3 \Delta_1^{(3)} + \cdots$$

所以,上述 3 阶等差数列的通项为

$$a_n = 9 + (n-1) \cdot 17 + \frac{1}{2}(n-1)(n-2) \cdot 7 + \frac{1}{6}(n-1)(n-2)(n-3) \cdot (-1) = \frac{1}{6}[(n-1)(54 + 26n - n^2) + 54]$$

其中 $n = 1, 2, \cdots, 9$.

(7) 将与对角线 BD 平行的左上角的每一斜行的各数相加,得

$$1 = 1$$
$$2 + 2 = 4$$
$$3 + 4 + 3 = 10$$
$$4 + 6 + 6 + 4 = 20$$
$$5 + 8 + 9 + 8 + 5 = 35$$
$$6 + 10 + 12 + 12 + 10 + 6 = 56$$
$$7 + 12 + 15 + 16 + 15 + 12 + 7 = 84$$
$$8 + 14 + 18 + 20 + 20 + 18 + 14 + 8 = 120$$
$$9 + 16 + 21 + 24 + 25 + 24 + 21 + 16 + 9 = 165$$

其和组成的数列也是一个 3 阶等差数列

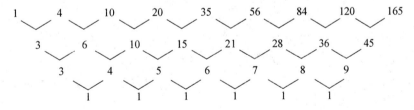

于是

$$a_n = 1 + (n-1) \cdot 3 + \frac{1}{2}(n-1)(n-2) \cdot 3 + \frac{1}{6}(n-1)(n-2)(n-3) \cdot 1 = \frac{1}{6}n(n+1)(n+2)$$

其中 $n = 1, 2, \cdots, 9$.

(8) 我们还可得到求对角线 AC 上的数字和 $\sum_{k=1}^{9} k^2$ 的又一方法.

设 $S_0 = 0, S_1 = a_1, S_2 = a_1 + a_2, \cdots, S_n = a_1 + a_2 + \cdots + a_n$,则

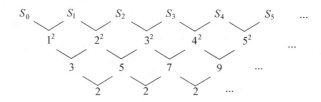

所以

$$S_n = \sum_{k=1}^{n} k^2 = 0 + C_n^1 \cdot 1 + C_n^2 \cdot 3 + C_n^3 \cdot 2 =$$
$$n + \frac{1}{2}n(n-1) \cdot 3 + \frac{1}{6}n(n-1)(n-2) \cdot 2 =$$
$$\frac{1}{6}n(n+1)(2n+1)$$

其中 $n = 1, 2, \cdots, 9$.

1.2 一元二次方程的求根公式

实系数一元二次方程 $ax^2 + bx + c = 0 (a \neq 0)$ 的求根公式

$$x = \frac{-b \pm \sqrt{b^2 - 4ac}}{2a}, \quad b^2 \geq 4ac \qquad ①$$

是初中代数中的一个重要公式,也是我们终生难忘的一个公式,这个公式也曾印在初中《代数》课本的封面上. 现在,我们再重新审视这个公式,也有新的发现吗?

1.2.1 公式①所体现的数学美

罗增儒教授曾在《数学的领悟》一书中告诉我们:当我们用数学美的眼光审视并寻究这个公式时,仔细品味其淡淡表示的深深含义时,发现这个公式是一个非常美的公式,此时此刻无异于读一首数学的诗,看一幅数学的画,听一曲数学的歌.

(1) 公式告诉我们,一元二次方程的实根由三个系数完全确定. 至于未知数用什么字母 $(x, y, t, s, \cdots)$ 表示是没有关系的;同样,未知数所代表的实际意义(时间、速度、边长、面积等)也是没有关系的. 这是一个实系数一元二次方程的"万能"求根公式,它向我们展示了数学的抽象美、统一美和简捷美.

(2) 公式包括了初中阶段所学过的全部六种代数运算:加、减、乘、除、乘方、开方. 其中除法要求分母不为零,这是满足的;开平方(开偶次方)要求被开方数非负却并非总满足,因此有的方程有实数根,有的方程没有实数根. 能够包容六种代数运算体现了公式的奇异美与和谐美.

(3) 公式本身回答了解实系数一元二次方程的全部三个问题:

① 方程有没有实根? 这只需先看开平方能否进行,即看判别式 $\Delta = b^2 - 4ac$ 的符号是否非负.

② 有实根时共有几个? 当 $\Delta \geq 0$ 时有两个实根. 并且还具体告诉我们,当 $\Delta = 0$ 时是两个相等的实根,当 $\Delta > 0$ 时是两个不相等的实根.

③ 如何求出实根? 就是公式本身.

如此完整、完全、完善的回答,难道不应该用完美来概括吗?

(4) 各级运算的顺序自动决定了一元二次方程求根的解题程序.

① 将所给的方程化为标准形式 $ax^2 + bx + c = 0 (a \neq 0)$,确定系数 a, b, c.

② 计算判别式 $\Delta = b^2 - 4ac$,考察其符号.

③ 在 $\Delta \geq 0$ 的条件下,代入求根公式,算出实根来.

在这里,求根公式将抽象的解题思想(降次的思想 —— 通过配方、开方来实现)转化为具体的解题操作,思想不再是空洞的,操作也不再是盲目的了. 这无疑地说明了操作运用数学公式的相似美.

(5) 方程的根与系数有着优美的关系.

由求根公式,我们有

$$x_1 + x_2 = -\frac{b}{a}, \quad x_1 \cdot x_2 = \frac{c}{a}$$

这就是著名的韦达定理. 它们左边的对称多项式又向我们展示了数字的对称美.

1.2.2 对方程的求解产生的新认识

我们把目光转移到方程本身:由于求根公式 ① 的得出,我们能对一元二次方程的求解产生新的认识吗?

(1) 公式的简化运用.

实系数一元二次方程 $ax^2 + bx + c = 0 (a \neq 0)$ 的求根公式 $x = \dfrac{-b \pm \sqrt{b^2 - 4ac}}{2a}$ ($b^2 - 4ac \geq 0$)虽具有一般性,但在当 $a \neq 1$ 且各项系数的绝对值较大时,运用这个公式就有较大的计算量. 为此,可考虑把它简化,从这个求根公式出发,可有如下两种思路.

第一种思路,先考虑解方程 $x^2 + bx + ac = 0$,则可得它的根为

$$x = \frac{-b \pm \sqrt{b^2 - 4ac}}{2}, \quad b^2 - 4ac \geq 0 \qquad ②$$

比较式①②,为了求 $ax^2 + bx + c = 0 (a \neq 0 \text{ 且 } a \neq 1)$ 的两根,可先求解 $x^2 + bx + ac = 0$,然后将此两根除以 a 即得原方程的两根. 在较多情况下,解方程 $x^2 + bx + ac = 0$ 总比解方程 $ax^2 + bx + c = 0$ 容易些,因而有它的简便之处.

例 1 解方程 $3x^2 - 16x + 5 = 0$.

解 为解原方程,可先解 $x^2 - 16x + 15 = 0$. 而解方程 $x^2 - 16x + 15 = 0$,不仅用公式 ② 可得简便的计算,而且易用因式分解法给予解决,于是可求得此方程两根(或由 $(x - 15)(x - 1) = 0$)为 15 和 1. 故原方程两根为 $x_1 = 5, x_2 = \dfrac{1}{3}$.

第二种思路,考虑把方程 $ax^2 + bx + c = 0 (a \neq 0)$ 的一次项系数 b 写成 $2b'$,则原方程化为 $ax^2 + 2b'x + c = 0$,可得求根公式

$$x = \frac{-b' \pm \sqrt{b'^2 - ac}}{a}, \quad b'^2 - ac \geq 0 \qquad ③$$

将 ③ 和 ① 比较,b' 的绝对值比 b 的绝对值小,ac 的绝对值比 $4ac$ 的绝对值小,在计算上 ③ 会简便一些.

例 2 解方程 $5x^2 - 12x - 65 = 0$.

解 若用公式①解,会出现 $\sqrt{b^2 - 4ac} = \sqrt{1\,444}$,而求 $\sqrt{1\,444}$ 无论查表还是笔算都较繁. 但用公式③解,就可轻易得解. 原方程可写成 $5x^2 - 2 \times 6x - 65 = 0$,由公式③,得

$$x = \frac{6 \pm \sqrt{6^2 + 5 \times 65}}{5} = \frac{6 \pm \sqrt{361}}{5}$$

故

$$x_1 = 5, \quad x_2 = -\frac{13}{5}$$

由上知,当 b 为偶数时,用公式③是方便的. 当 b 为奇数时,运算上还会返回到用公式①,当然不必画蛇添足.

(2) 实系数一元二次方程的新配方解法. 我们由求根公式 $x = \dfrac{-b \pm \sqrt{b^2 - 4ac}}{2a}$,有

$$2ax = -b \pm \sqrt{b^2 - 4ac}$$

移项得 $\qquad\qquad\qquad 2ax + b = \pm \sqrt{b^2 - 4ac}$

两边平方 $\qquad\qquad\qquad (2ax + b)^2 = b^2 - 4ac$

展开得 $\qquad\qquad\qquad 4a^2x^2 + 4abx + b^2 = b^2 - 4ac$

移项得 $\qquad\qquad\qquad 4a^2x^2 + 4abx + 4ac = 0$

除以 $4a$ 得 $\qquad\qquad\qquad ax^2 + bx + c = 0$

上面的每一步都是平淡的,然而,奇迹出现了,当我们把上述各个步骤倒过来书写时,已经独立地"发现"了一元二次方程的新配方解法:

对于实系数一元二次方程 $ax^2 + bx + c = 0 (a \neq 0)$,两边同乘以 $4a$,得

$$4a^2x^2 + 4abx + 4ac = 0$$

配方 $\qquad\qquad\qquad (4a^2x^2 + 4abx + b^2) - b^2 + 4ac = 0$

即

$$(2ax + b)^2 = b^2 - 4ac \qquad\qquad (*)$$

当 $b^2 - 4ac \geq 0$ 时,有

$$2ax_{1,2} + b = \pm\sqrt{b^2 - 4ac}$$

从而得到

$$x_{1,2} = \frac{-b \pm \sqrt{b^2 - 4ac}}{2a}$$

与课本中的原解法相比,这个解法有两个明显的优点:

第一,比两边除以 a 之后的配方法更简易了,并且原解法中

$$x_{1,2} + \frac{b}{2a} = \pm\sqrt{\frac{b^2 - 4ac}{4a^2}} = \pm\frac{\sqrt{b^2 - 4ac}}{2a}$$

所产生的 $\sqrt{a^2} = a$ 的误解,也不消自灭了.

第二,突出了判别式的由来与实质. 由式(*)可见,判别式是配方法的结果,并且它本质上是完全平方式 $(2ax + b)^2$. 因而,它在实数范围内就同时具有配方法与表示非负数的双重功能,这就有助于说明,为什么判别式会在方程讨论、不等式证明、函数求极值等许多领域中都显得"神通广大"了.

在上述新解法的推导过程中,可获得如下始料未及的宝贵收获:我们由求根公式一步一步返回二次方程时,已经不知不觉地摸到了"分析法"的脉搏!掌握这个思维方法,实在比具体"发现"一个新证明更加重要.

(3) 实系数一元二次方程当 $\Delta < 0$ 时的求根公式.

由上述式(*),我们可知,对于实系数一元二次方程 $ax^2 + bx + c = 0 (a \neq 0)$,当 $b^2 - 4ac < 0$ 时,结合复数知识,我们也有 $2ax + b = \pm \sqrt{4ac - b^2}\,\mathrm{i}$,从而得到

$$x = \frac{-b \pm \sqrt{4ac - b^2}\,\mathrm{i}}{2a} \qquad ④$$

这就是实系数一元二次方程,当判别式 $\Delta < 0$ 时,它的两个虚数根的求根公式.

(4) 复系数一元二次方程的求根公式.

由上述式(*),我们也可得到复系数一元二次方程的求解方法:

对于复系数一元二次方程 $ax^2 + bx + c = 0(a \neq 0, a,b,c$ 为复数),两边同乘以 $4a$,得

$$4a^2x^2 + 4abx + 4ac = 0$$

配方得

$$(2ax + b)^2 = b^2 - 4ac$$

求得 $(b^2 - 4ac)$ 的平方根(按复数开平方求),有 $2ax + b = (b^2 - 4ac)$ 的平方根,从而得到

$$x_{1,2} = \frac{-b + (b^2 - 4ac) \text{ 的平方根}}{2a} \qquad ⑤$$

这就是复系数一元二次方程的求解方程(或求根公式).

由上述各种情形的一元二次方程的求根公式可知,韦达定理均是适用的:不管 a,b,c 是复数还是实数,只要 $a \neq 0$,对于一元二次方程 $ax^2 + bx + c = 0$ 的两个根总有

$$x_1 + x_2 = -\frac{b}{a}, \quad x_1 x_2 = \frac{c}{a}$$

(5) 一元二次方程的一个新求根公式.

对于一元二次方程 $ax^2 + bx + c = 0 (a \neq 0)$,把它变形为

$$x^2 - 2 \cdot \left(\frac{-b}{2a}\right) x + \frac{c}{a} = 0 \qquad (**)$$

由韦达定理和求根公式①,可得

$$x_1 \cdot x_2 = \left(\frac{-b}{2a} + \frac{\sqrt{b^2 - 4ac}}{2a}\right)\left(\frac{-b}{2a} - \frac{\sqrt{b^2 - 4ac}}{2a}\right) = \frac{c}{a}$$

方程(**)可化为

$$x^2 - 2 \cdot \left(\frac{-b}{2a}\right) x + \left(\frac{-b}{2a} + \frac{\sqrt{b^2 - 4ac}}{2a}\right)\left(\frac{-b}{2a} - \frac{\sqrt{b^2 - 4ac}}{2a}\right) = 0$$

若令 $\frac{-b}{2a} = m, \frac{\sqrt{b^2 - 4ac}}{2a} = n$,则有

$$x^2 - 2mx + (m^2 - n^2) = 0$$

从而可得新求根公式

$$x = m \pm n \qquad ⑥$$

从式⑥中可知,要解一元二次方程,关键是要先确定 m 的值,随之由 $m^2 - n^2 = \frac{c}{a}$ 可求

n(往往用心算就能算出),而求 m 仅需直接观察即可得出.

例3 解方程 $x^2 + 2(\sqrt{3} + 1)x + 2\sqrt{3} = 0$.

解 原方程可化为 $x^2 - 2(-\sqrt{3} - 1)x + 2\sqrt{3} = 0$,有 $m = -\sqrt{3} - 1$,由 $(-\sqrt{3} - 1)^2 - n^2 = 2\sqrt{3}$ 可算出 $n = 2$(或 -2),故 $x_1 = 1 - \sqrt{3}, x_2 = -3 - \sqrt{3}$.

(6) 一元二次方程的换元解法.

我们受新配方解法推导的启示,由求根公式 $x = \dfrac{-b \pm \sqrt{b^2 - 4ac}}{2a}$,有

$$x + \frac{b}{2a} = \pm \frac{\sqrt{b^2 - 4ac}}{2a}$$

设 $y = \pm \dfrac{\sqrt{b^2 - 4ac}}{2a}$,则

$$y^2 = \frac{b^2 - 4ac}{4a^2} = \frac{b^2}{4a^2} - \frac{c}{a}$$

即

$$y^2 - \frac{b^2}{4a^2} + \frac{c}{a} = 0$$

亦即

$$y^2 + \frac{b^2}{4a^2} - \frac{b^2}{2a^2} + \frac{c}{a} = 0$$

亦即

$$y^2 - \frac{b}{a}y + \frac{b^2}{4a^2} + \frac{b}{a}y - \frac{b^2}{2a^2} + \frac{c}{a} = 0$$

亦即

$$\left(y - \frac{b}{2a}\right)^2 + \frac{b}{a}\left(y - \frac{b}{2a}\right) + \frac{c}{a} = 0$$

而由所设知 $x + \dfrac{b}{2a} = y$,即有 $y - \dfrac{b}{2a} = x$,于是

$$x^2 + \frac{b}{a}x + \frac{c}{a} = 0$$

故

$$ax^2 + bx + c = 0$$

上面的每一步也是平淡的,然而,又出现奇迹了,当我们把上述各个步骤倒过来书写时,又可独立地"发现"一元二次方程的换元解法:

对于实系数一元二次方程 $ax^2 + bx + c = 0 (a \neq 0)$,令 $y - \dfrac{b}{2a} = x$,并将方程两边同除以 a,则得

$$\left(y - \frac{b}{2a}\right)^2 + \frac{b}{a}\left(y - \frac{b}{2a}\right) + \frac{c}{a} = 0$$

展开后化简得

$$y^2 = \frac{b^2}{4a^2} - \frac{c}{a} = \frac{b^2 - 4ac}{4a^2} \quad (***)$$

当 $b^2 - 4ac \geq 0$ 时,$y = \pm \dfrac{\sqrt{b^2 - 4ac}}{2a}$,则

$$x = y - \frac{b}{2a} = \frac{-b \pm \sqrt{b^2 - 4ac}}{2a}$$

由上述式（＊＊＊），同样可得实系数一元二次方程当 $\Delta < 0$ 时的求根公式和复系数一元二次方程的求根公式．

上述换元解法还可推广来求解一元三次方程和一元四次方程．

对于实系数一元三次方程 $ax^3 + bx^2 + cx + d = 0 (a \neq 0)$，令 $y - \dfrac{b}{3a} = x$，并将原方程两边同除以 a，则得

$$\left(y - \frac{b}{3a}\right)^3 + \frac{b}{a}\left(y - \frac{b}{3a}\right)^2 + \frac{c}{a}\left(y - \frac{b}{3a}\right) + \frac{d}{a} = 0$$

展开后化简得

$$y^3 + py + q = 0$$

其中

$$p = \frac{3ac - b^2}{3a^2}, \quad q = \frac{2b^3 - 9abc + 27a^2 d}{27a^3}$$

此时，若令 $u + v = y$，则只要由 $u^3 + v^3 = -q$ 且 $uv = -\dfrac{p}{3}$（即 $u^3 v^3 = -\dfrac{p^3}{27}$），则可求出 y，从而求出 x，而此时可视 u^3 与 v^3 为一元二次方程 $t^2 + qt - \dfrac{p^3}{27} = 0$ 的根，来求出 u, v．

对于实系数一元四次方程 $ax^4 + bx^3 + cx^2 + dx + e = 0 (a \neq 0)$，令 $y - \dfrac{b}{4a} = x$，并将方程两边同除以 a 后，则可得到形如 $y^4 + py^2 + qy + r = 0$ 的方程．此时，有多种方法求解此类方程，其中如下的待定系数法最简单．

可由待定系数法求得恒等式 $y^4 + py^2 + qy + r = (y^2 + ky + m)(y^2 - ky + n)$ 中的系数 m，n, k 后，再解两个二次方程 $y^2 + ky + m = 0, y^2 - ky + n = 0$，即求得原方程的根．

（7）一元二次方程的置换解法．

设 M 是一个有 n 个元素的集合，由 M 到 M 的一对一映射称之为 M 的一个置换，例如，当 $M = \{1, 2\}$ 时，它只有两个置换：$\begin{pmatrix} 1 & 2 \\ 1 & 2 \end{pmatrix}, \begin{pmatrix} 1 & 2 \\ 2 & 1 \end{pmatrix}$．

对于一元二次方程 $x^2 + px + q = 0$，由根与系数之间的关系（韦达定理）可知

$$x_1 + x_2 = -p, \quad x_1 \cdot x_2 = q$$

上述两个式子的左端都是对称多项式，即它对 x_1 和 x_2 的置换不变．正是这一点，使数学家认识到根的置换会和方程的可解性产生联系．又可知 $x_1 + x_2, x_1 \cdot x_2$ 还是基本对称多项式，用基本对称多项式可以表示出其他对称多项式，例如，$(x_1 - x_2)^2 = (x_1 + x_2)^2 - 4x_1 x_2$．

我们设想只要知道 $x_1 - x_2$ 的值，那么将它和 $x_1 + x_2 = -p$ 联立解二元一次方程组即可求出 x_1 和 x_2．若 $x_1 - x_2$ 还是对称多项式，那么可用基本对称多项式 $x_1 + x_2$ 和 $x_1 x_2$ 表出，而这两者由韦达定理已知其值．可惜 $x_1 - x_2$ 不是对称多项式．而由前面已知 $(x_1 - x_2)^2$ 是对称多项式，因而

$$(x_1 - x_2)^2 = (x_1 + x_2)^2 - 4x_1 x_2 = p^2 - 4q$$

当 $p^2 - 4q \geq 0$ 时，可求出 $x_1 - x_2 = \pm\sqrt{p^2 - 4q}$，再和 $x_1 + x_2 = -p$ 联立求解．这时，一元二次方程 $x^2 + px + q = 0$ 根的公式就可以得到了．

$$x_{1,2} = \frac{-p \pm \sqrt{p^2 - 4q}}{2}$$

当 $p^2 - 4q < 0$ 时,也可得到

$$x_{1,2} = \frac{-p \pm \sqrt{4q - p^2}\,i}{2}$$

类似地,运用置换,可得到一元三次方程、一元四次方程的根式求解. 那么这类想法能不能推广到五次或五次以上的一般代数方程呢? 尝试的结果是失败,而且屡试屡败,这不得不使人想到:五次及五次以上的代数方程根式求解可能不行,法国数学家拉格朗日(Lagrange,1736—1813) 首先意识到这一点,并在 1770 年首先指出,根的置换理论是解代数方程的关键. 挪威数学家阿贝尔(Abel,1802—1829) 在 1824 年证明了五次方程一般不可解,但在当时无人理解. 年轻的法国数学家伽罗瓦(Galois,1811—1832) 完全解决了五次及五次以上代数方程根式求解一般不可能问题,并在此过程中创立了群论,这是数学上的一次重大变革.

1.2.3 一元二次方程的其他求根公式

我们先从一个具体例子出发.

例 4 在解方程 $3x^2 + 11x + 10 = 0$ 时, 如果直接用因式分解或套用求根公式 $x = \frac{-b \pm \sqrt{b^2 - 4ac}}{2a}$ 都觉得不十分简便, 如果按如下处理则要简便一些:

方程两边乘以 3 得 $(3x)^2 + 11 \cdot (3x) + 30 = 0$, 则 $[(3x) + 5][(3x) + 6] = 0$, 从而求得 $x_1 = -\frac{5}{3}, x_2 = -2$.

一般地,对于方程 $ax^2 + bx + c = 0 (a \neq 0)$, 两边乘以 a 化为 $(ax)^2 + b \cdot (ax) + ac = 0$, 此时继续解的关键是须确定两个数 p, q, 使 $p + q = b, p \cdot q = ac$. 这样可通过分解因式把原方程化为 $(ax + p)(ax + q) = 0$ 来求根, 于是我们便得到了以下两个求根公式.

公式 1 方程 $ax^2 + bx + c = 0 (a \neq 0)$ 的两根为

$$x_1 = -\frac{p}{a}, \quad x_2 = -\frac{q}{a} \qquad \qquad ⑦$$

其中 $p + q = b, pq = ac$.

公式 2 方程 $ax^2 + bx + c = 0 (a \neq 0)$ 的两根为

$$x_1 = -\frac{c}{q}, \quad x_2 = -\frac{c}{p} \qquad \qquad ⑦'$$

其中 $p + q = b, pq = ac$.

1.2.4 一元二次函数

一元二次函数的图像是一条特殊的二次曲线,一元二次函数的零点就是一元二次方程的根,因此一元二次函数与一元二次方程紧密相关.

$$f(x) = ax^2 + bx + c \quad (a \neq 0, a, b, c \text{ 为实数})$$

称为一元二次函数. 也常写成

$$f(x) = a\left(x + \frac{b}{2a}\right)^2 + \frac{4ac - b^2}{4a} = a(x - k)^2 + m \quad (a \neq 0)(\text{顶点式})$$

或
$$f(x) = a(x-x_1)(x-x_2) \quad (a \neq 0)(零点式)$$

一元二次函数 $f(x) = ax^2 + bx + c(a \neq 0)$ 的图像是一条抛物线. 它关于直线 $x = -\dfrac{b}{2a}$ 对称;对称轴与抛物线的交点 $(-\dfrac{b}{2a}, \dfrac{4ac-b^2}{4a})$ 称为抛物线的顶点. 当 $a > 0$ 时,顶点是抛物线的最低点,当 $a < 0$ 时,顶点是抛物线的最高点;当 $a > 0$ 时,图像开口向上,当 $a < 0$ 时,图像开口向下;令 $\Delta = b^2 - 4ac$,当 $\Delta > 0$ 时,图像与 x 轴有两个不同的交点(即一元二次方程 $ax^2 + bx + c = 0$ 的两个不同的根),当 $\Delta = 0$ 时,图像与 x 轴相切,只有一个交点(即一元二次方程 $ax^2 + bx + c = 0$ 有两个相同的根),当 $\Delta < 0$ 时,图像与 x 轴无交点(即一元二次方程 $ax^2 + bx + c = 0$ 没有实数根).

一元二次函数 $f(x) = ax^2 + bx + c(a \neq 0)$ 有下列性质:

(1) 对任意实数 x,有 $f(-\dfrac{b}{2a} + x) = f(-\dfrac{b}{2a} - x)$;

(2) $f(0) = c$;

(3) 若 $\Delta = b^2 - 4ac \geq 0$,则 $f(\dfrac{-b \pm \sqrt{\Delta}}{2a}) = 0$;

(4) 若 $a > 0$ 且 $\Delta = b^2 - 4ac \leq 0$,则 $f(x) \geq 0$ 恒成立,即这条二次曲线在 x 轴上方;

(5) 若 $a > 0$ 且 $f(x) \geq 0$ 恒成立,则 $\Delta = b^2 - 4ac \leq 0$;

(6) 若 $a > 0$ 且存在 x_0 使 $f(x_0) \leq 0$ 或 $a < 0$ 且存在 x_0 使 $f(x_0) \geq 0$(即这条二次曲线与 x 轴相交),则 $\Delta = b^2 - 4ac \geq 0$;

(7) 若 $a > 0$ 且满足 $f(0) = 0$ 的两根 $x_1 \leq x_2$,则对 $x_0 \in [x_1, x_2]$,有 $f(x_0) \leq 0$;若 $a < 0$ 且满足 $f(0) = 0$ 的两根 $x_1 \leq x_2$ 时,则对 $x_0 \in [x_1, x_2]$,有 $f(x_0) \geq 0$;

(8) 若 $a > 0$,有 $\lambda_1, \lambda_2 \in \mathbf{R}_+$ 且 $\lambda_1 + \lambda_2 = 1$,则对 $x_1, x_2 \in \mathbf{R}$,成立不等式 $f(\lambda_1 x_1 + \lambda_2 x_2) \leq \lambda_1 f(x_1) + \lambda_2 f(x_2)$;若 $a < 0$,则此不等式中的不等号反向;

(9) 若 $a > 0$,$f(x)$ 在区间 $(-\infty, -\dfrac{b}{2a}]$ 上递减,在区间 $[-\dfrac{b}{2a}, +\infty)$ 上递增;若 $a < 0$,则其增减性相交换;

(10) 若 $a > 0$,则 $f(x)$ 有最小值 $f(-\dfrac{b}{2a}) = \dfrac{4ac - b^2}{4a}$;若 $a < 0$,则 $f(x)$ 有最大值 $f(-\dfrac{b}{2a}) = \dfrac{4ac - b^2}{4a}$.

1.2.5 一元三次函数

一元三次函数的图像是一条特殊的三次曲线 $y = ax^3 + bx^2 + cx + d(a \neq 0)$. 特别地,一元三次函数的零点就是一元三次方程的根.

结论 1 对于三次函数 $f(x) = x^3 + bx(b$ 为实数$)$.

(1) 当 $b \geq 0$ 时,$f(x)$ 在 $(-\infty, +\infty)$ 上没有极值点;

(2) 当 $b < 0$ 时,$f(x)$ 在 $(-\infty, +\infty)$ 上的极小值点为 $x = \sqrt{-\dfrac{b}{3}}$,极大值点为 $x = -\sqrt{-\dfrac{b}{3}}$.

事实上,当 $a \geq 0$ 时,因为函数 $f(x) = x^3 + bx$ 在 $(-\infty, +\infty)$ 上为奇函数,所以其图像关于原点成中心对称,取 x_1, x_2,且 $x_1 > x_2 \geq 0$,则 $f(x_1) - f(x_2) = x_1^3 - x_2^3 + b(x_1 - x_2) = (x_1 - x_2)(x_1^2 + x_1 x_2 + x_2^2 + b) > 0$,所以 $f(x)$ 在 $[0, +\infty)$ 上单调增加,因而在 $(-\infty, +\infty)$ 也单调增加,故 $f(x)$ 在 $(-\infty, +\infty)$ 上没有极值点.

当 $a < 0$ 时,只需证在 $[0, \sqrt{-\frac{b}{3}}]$ 上单调减少,在 $[\sqrt{-\frac{b}{3}}, +\infty)$ 上单调增加即可.

取 x_1, x_2,且 $0 \leq x_1 < x_2 \leq \sqrt{-\frac{b}{3}}$ 时,$f(x_1) - f(x_2) = (x_1 - x_2)(x_1^2 + x_1 x_2 + x_2^2 + b)$,此时,$x_1 - x_2 < 0, x_1^2 < -\frac{b}{3}, x_2^2 < -\frac{b}{3}, x_1 x_2 < -\frac{b}{3}$,所以 $x_1^2 + x_1 x_2 + x_2^2 + b < 0$,从而 $f(x_1) > f(x_2)$.

取 x_1, x_2 且 $\sqrt{-\frac{b}{3}} \leq x_1 < x_2$ 时,$x_2 - x_1 > 0, x_2^2 > -\frac{b}{3}, x_1^2 > -\frac{b}{3}, x_1 x_2 > -\frac{b}{3}$,则 $x_1^2 + x_1 x_2 + x_2^2 + b > 0$,从而 $f(x_2) > f(x_1)$.

综上,知 $f(x)$ 在 $[0, +\infty)$ 上,$f(x)$ 的极小值点为 $x = \sqrt{-\frac{b}{3}}$,无极大值点.由对称性,$f(x)$ 在 $(-\infty, 0)$ 上,$f(x)$ 有极大值点 $x = -\sqrt{-\frac{b}{3}}$.

由上述讨论,可推导 $f(x) = x^3 + bx^2 + cx + d$ 的极值点情形.

注意到

$$f(x) = x^3 + bx^2 + cx + d = \left(x + \frac{b}{3}\right)^3 + \left(c - \frac{b^2}{3}\right)x + d - \frac{b^3}{27} = y^3 + \left(c - \frac{b^2}{3}\right)\left(y - \frac{b}{3}\right) + d$$

可得如下的结论:

结论 2 对于三次函数 $f(x) = x^3 + bx^2 + cx + d(b, c, d$ 为实数$)$,当 $c - \frac{b^2}{3} \geq 0$ 时,$f(x)$ 在 $(-\infty, +\infty)$ 上无极值点;当 $c - \frac{b^2}{3} < 0$ 时,$f(x)$ 在 $(-\infty, +\infty)$ 上有极小值点 $x = -\frac{b}{3} + \frac{1}{3}\sqrt{b^2 - 3c}$,极大值点 $x = -\frac{b}{3} - \frac{1}{3}\sqrt{b^2 - 3c}$.

为探求实系数一元三次函数 $f(x) = ax^3 + bx^2 + cx + d(a \neq 0)$ 的性质,我们对 $f(x)$ 求导有 $f'(x) = 3ax^2 + 2bx + c$,其判别式为 $4(b^2 - 3ac)$,不妨记 $\Delta_1 = b^2 - 3ac$.

当 $\Delta_1 > 0$ 时,若 $a > 0$,$f'(x) = 3ax^2 + 2bx + c = 0$,有两个实数根 x_1, x_2,不妨设 $x_1 < x_2$,当 x 变化时,$f'(x), f(x)$ 的变化情况如图 1.1.

x	$(-\infty, x_1)$	(x_1, x_2)	$(x_2, +\infty)$
$f'(x)$	+	−	+
$f(x)$	↗	↘	↗

图 1.1

容易判断函数 $f(x) = ax^3 + bx^2 + cx + d$ 在 x_1 处取极大值,在 x_2 处取极小值,且 $x \to -\infty$ 时,

$f(x) \to -\infty$；$x \to +\infty$ 时，$f(x) \to +\infty$. 所以 $f(x)$ 图像大致如图 1.2(a).

若 $a < 0$，函数 $f(x)$ 在 x_1 处取极小值，在 x_2 处取极大值，图像大致如图 1.2(b).

当 $\Delta_1 \leq 0$ 时，若 $a > 0$，$f'(x) = 3ax^2 + 2bx + c \geq 0$，$f(x)$ 在 $\mathbf{R}$ 上递增，图像大致如图 1.2(c)；若 $a < 0$ 时，$f'(x) \leq 0$，$f(x)$ 在 $\mathbf{R}$ 上递减，图像大致如图 1.2(d).

当 $\Delta_1 > 0$ 时，$f(x)$ 的图像是一条形状像"N"的光滑曲线（如图 1.2(a)(b)），不妨简称为 N 形线；当 $\Delta_1 \leq 0$ 时，$f(x)$ 的图像是一条形状像"S"的光滑曲线（如图 1.2(c)(d)），简称为 S 形线.

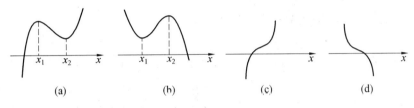

图 1.2

由 $3ax^2 + 2bx + c = 0$，解得

$$x_1 = \frac{-b - \sqrt{b^2 - 3ac}}{3a}, x_2 = \frac{-b + \sqrt{b^2 - 3ac}}{3a}$$

从而 $f'(x) = 3ax^2 + 2bx + c(a > 0)$，在区间 $\left(-\infty, \dfrac{-b - \sqrt{b^2 - 3ac}}{3a}\right)$ 和区间 $\left[\dfrac{-b + \sqrt{b^2 - 3ac}}{3a}, +\infty\right)$ 上，$f(x)'$ 的值大于 0；在区间 $\left[\dfrac{-b - \sqrt{b^2 - 3ac}}{3a}, \dfrac{-b + \sqrt{b^2 - 3ac}}{3a}\right]$ 上，$f(x)'$ 的值小于 0.

于是，我们有以下结论：

结论 3 (1) 若 $\Delta_1 > 0$ 且 $a > 0$ 时，则 $f(x)$ 在 $x = \dfrac{-b - \sqrt{b^2 - 3ac}}{3a}$ 处有极大值，极大值为

$$f\left(\frac{-b - \sqrt{b^2 - 3ac}}{3a}\right) = \frac{2(b^2 - 3ac)\sqrt{b^2 - 3ac} + 2b^3}{27a^2} - \frac{bc}{3a} + d$$

$f(x)$ 在 $x = \dfrac{-b + \sqrt{b^2 - 3ac}}{3a}$ 处有极小值，极小值为

$$f\left(\frac{-b + \sqrt{b^2 - 3ac}}{3a}\right) = \frac{-2(b^2 - 3ac)\sqrt{b^2 - 3ac} + 2b^3}{27a^2} - \frac{bc}{3a} + d$$

(2) 若 $\Delta_1 > 0$ 且 $a < 0$ 时，则 $f(x)$ 在 $x = \dfrac{-b - \sqrt{b^2 - 3ac}}{3a}$ 处有极小值，在 $x = \dfrac{-b + \sqrt{b^2 - 3ac}}{3a}$ 处有极大值，极小值为

$$f\left(\frac{-b - \sqrt{b^2 - 3ac}}{3a}\right) = \frac{2(b^2 - 3ac)\sqrt{b^2 - 3ac} + 2b^3}{27a^2} - \frac{bc}{3a} + d$$

极大值为

$$f\left(\frac{-b+\sqrt{b^2-3ac}}{3a}\right)=\frac{-2(b^2-3ac)\sqrt{b^2-3ac}+2b^3}{27a^2}-\frac{bc}{3a}+d$$

为了讨论问题的方便,这里不妨称 $\Delta_1=b^2-3ac$ 为 $f(x)=ax^3+bx^2+cx+d(a\neq 0)$ 图像的第一判别式. 对于 $\Delta_1=b^2-3ac>0$,函数 $f(x)$ 的 N 形线图像具有其下列特征:

结论 4 对于一元三次函数 $f(x)=ax^3+bx^2+cx+d(a\neq 0)$,若 $\Delta_1=b^2-3ac>0$. 记 $\Delta_2=(2b^3-9abc+27a^2d)^2-4(b^2-3ac)^3=27a^2(4a^3c^3+a^2d^2+4b^3d-18abcd)$. 则

①$\Delta_2>0$ 时,函数 $f(x)$ 的 N 形线与 x 轴有一个交点;

②$\Delta_2=0$ 时,函数 $f(x)$ 的 N 形线与 x 轴有两个交点;

③$\Delta_2<0$ 时,函数 $f(x)$ 的 N 形线与 x 轴有三个不同交点.

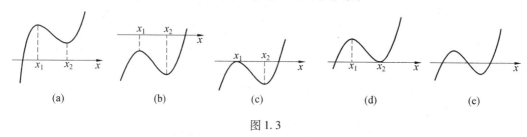

图 1.3

证明 这里只考虑 $a>0$ 的情形,$a<0$ 时可类似证之.

$f(x)$ 的导函数 $f'(x)=3ax^2+2bx+c$,令 $f'(x)=0$,当 $\Delta_1=b^2-3ac>0$ 时解得

$$x_1=\frac{-b-\sqrt{b^2-3ac}}{3a},\quad x_2=\frac{-b+\sqrt{b^2-3ac}}{3a}$$

由图 1.3 知 $f(x)_{极大值}=f(x_1)$,$f(x)_{极小值}=f(x_2)$. 故

$f(x)_{极大值}=ax_1^3+bx_1^2+cx_1+d=$

$$a\left(\frac{-b-\sqrt{b^2-3ac}}{3a}\right)^3+b\left(\frac{-b-\sqrt{b^2-3ac}}{3a}\right)^2+c\left(\frac{-b-\sqrt{b^2-3ac}}{3a}\right)+d=$$

$$\frac{1}{27a^2}(2b^3-9abc+27a^2d+2(b^2-3ac)\sqrt{b^2-3ac})$$

$f(x)_{极小值}=ax_2^3+bx_2^2+cx_2+d=$

$$\frac{1}{27a^2}(2b^3-9abc+27a^2d-2(b^2-3ac)\sqrt{b^2-3ac})$$

故

$$f(x)_{极大值}\cdot f(x)_{极小值}=\frac{1}{729a^4}((2b^3-9abc+27a^2d)^2-4(b^2-3ac)^3)$$

即

$$f(x)_{极大值}\cdot f(x)_{极小值}=\frac{\Delta_2}{729a^4}$$

① 由 $\Delta_2>0$ 可得: $f(x)_{极大值}\cdot f(x)_{极小值}>0$. 则 $f(x_1)$ 与 $f(x_2)$ 同号,函数 $f(x)$ 的图像(N 形线)与 x 轴有一个交点(大致如图 1.3(a)(b)).

② 由 $\Delta_2=0$ 可得: $f(x)_{极大值}\cdot f(x)_{极小值}=0$. 即 $f(x_1)=0$ 或 $f(x_2)=0$. 则函数 $f(x)$ 的图像(N 形线)与 x 轴有两个交点(大致如图 1.3(c)(d)).

③ 由 $\Delta_2 < 0$ 可得：$f(x)_{极大值} \cdot f(x)_{极小值} < 0$，即 $f(x)_{极大值}$ 与 $f(x)_{极小值}$ 异号，亦即 $f(x_1) > 0$，$f(x_2) < 0$. 则函数 $f(x)$ 的图像（N 形线）与 x 轴有三个不同交点（大致如图 1.3(e)）. 证毕.

不妨称 $\Delta_2 = (2b^3 - 9abc + 27a^2d)^2 - 4(b^2 - 3ac)^3$ 为函数 $f(x) = ax^3 + bx^2 + cx + d$ ($a \neq 0$) 的第二判别式.

一元三次函数 $f(x) = ax^3 + bx^2 + cx + d(a \neq 0)$ 的图像与其判别式 Δ_1, Δ_2 的关系可归纳如图 1.4.

第一判别式 Δ_1	第一判别式 Δ_2	$f(x)$ 的图像	$f(x)$ 与 x 轴交点
$\Delta_1 > 0$	$\Delta_2 > 0$	N 形线	一个
	$\Delta_2 = 0$		两个
	$\Delta_2 < 0$		三个
$\Delta_1 \leqslant 0$		S 形线	一个

图 1.4

特别指出：一元三次函数 $f(x) = ax^3 + bx^2 + cx + d(a \neq 0)$ 的图像与 x 轴有一个交点只需 $\Delta_2 > 0$ 或 $\Delta_1 \leqslant 0$，这一点由图 1.3 可以看出.

结论 5 实系数一元三次函数 $x^3 + px^2 + qx + r$.

令 $m = q - \dfrac{p^2}{3}, n = \dfrac{2p^3}{27} - \dfrac{pq}{3} + r$，其判别式 $\Delta_3 = \left(\dfrac{n}{2}\right)^2 + \left(\dfrac{m}{3}\right)^3$，$m, n$ 不同时为零，则：

① 当 $\Delta_3 > 0$ 时，方程 $x^3 + px^2 + qx + r = 0$ 有一个实根；

② 当 $\Delta_3 = 0$ 时，方程 $x^3 + px^2 + qx + r = 0$ 有两个实根；

③ 当 $\Delta_3 < 0$ 时，方程 $x^3 + px^2 + qx + r = 0$ 有三个实根.

特别地，m, n 同时为零，方程 $x^3 + px^2 + qx + r = 0$ 有一个实根 $x = -\dfrac{p}{3}$.

证明 设 $x = t + k, k$ 为常数，代入方程 $x^3 + px^2 + qx + r = 0$，得

$$t^3 + (3k + p)t^2 + (3k^2 + 2kp + q)t + (k^3 + pk^2 + qk + r) = 0 \qquad ①$$

令 $3k + p = 0$，有 $k = -\dfrac{p}{3}$，代入①得

$$t^3 + \left(q - \dfrac{p^2}{3}\right)t + \left(\dfrac{2p^3}{27} - \dfrac{pq}{3} + r\right) = 0 \qquad ②$$

因为 $m = q - \dfrac{p^2}{3}, n = \dfrac{2p^3}{27} - \dfrac{pq}{3} + r$，所以原方程可化为 $t^3 + mt + n = 0$. 因此，实系数一元三次方程 $x^3 + px^2 + qx + r = 0$ 的实根的个数与方程 $t^3 + mt + n = 0$ 的实根的个数相同.

令 $f(x) = x^3 + mx + n$（m, n 不同时为零），则 $f'(x) = 3x^2 + m$.

若 $m \geqslant 0$，则 $\Delta_3 > 0, f'(x) \geqslant 0$，所以 $f(x)$ 在 $(-\infty, +\infty)$ 上单调递增，因此方程②只有一个实根；

若 $m < 0$，方程 $f'(x) = 0$ 有两根 $x_1 = \sqrt{-\dfrac{m}{3}}, x_2 = -\sqrt{-\dfrac{m}{3}}$.

注意到 $3x_1^2 + m = 0, 3x_2^2 + m = 0, x_1 + x_2 = 0, x_1 \cdot x_2 = \dfrac{m}{3}$,所以

$$f(x_1) \cdot f(x_2) = (x_1^3 + mx_1 + n)(x_2^3 + mx_2 + n) =$$

$$(-\dfrac{m}{3}x_1 + mx_1 + n)(-\dfrac{m}{3}x_2 + mx_2 + n) =$$

$$(\dfrac{2m}{3}x_1 + n)(\dfrac{2m}{3}x_2 + n) =$$

$$\dfrac{4m^2}{9}x_1 x_2 + \dfrac{2mn}{3}(x_1 + x_2) + n^2 =$$

$$\dfrac{4m^3}{27} + n^2 = 4\left[\left(\dfrac{n}{2}\right)^2 + \left(\dfrac{m}{3}\right)^3\right] = 4\Delta_3$$

结合图像,知:

当 $\Delta_3 > 0$ 时,则 $f(x_1) \cdot f(x_2) > 0$,方程 $f(x) = x^3 + mx + n = 0$ 有一个实根;

当 $\Delta_3 = 0$ 时,则 $f(x_1) \cdot f(x_2) = 0$,方程 $f(x) = x^3 + mx + n = 0$ 有两个实根;

当 $\Delta_3 < 0$ 时,则 $f(x_1) \cdot f(x_2) < 0$,方程 $f(x) = x^3 + mx + n = 0$ 有三个实根.

特别地,m, n 同时为零,有 $\begin{cases} p^2 = 3q \\ 2p^3 - 9pq + 27r = 0 \end{cases}$,则 $q = \dfrac{p^2}{3}, r = \dfrac{p^3}{27}$,原方程可化为 $(x + \dfrac{p}{3})^3 = 0$,所以方程 $x^3 + px^2 + qx + r = 0$ 有一个实根 $x = -\dfrac{p}{3}$.

综上所述,结论得证.

结论6 (1) 三次曲线 $f(x) = ax^3 + bx^2 + cx + d(a \neq 0)$,若 $b = -3a, f(1) = 0$,则 $f(x)$ 关于点 $(1, 0)$ 对称.

(2) 三次曲线 $f(x) = ax^3 + bx^2 + cx + d(a \neq 0)$,若 $b = -3am, f(m) = 0$,则 $f(x)$ 关于点 $(m, 0)$ 对称.

(3) 三次曲线 $f(x) = ax^3 + bx^2 + cx + d(a \neq 0)$,若 $b = -3am, f(m) = n$,则 $f(x)$ 关于点 (m, n) 对称.

证明 (1) $f(1-x) + f(1+x) = a(1-x)^3 + b(1-x)^2 + c(1-x) + d +$

$$a(1+x)^3 + b(1+x)^2 + c(1+x) + d =$$

$$a(1 - 3x + 3x^2 - x^3) + b(1 - 2x + x^2) +$$

$$c(1-x) + d + a(1 + 3x + 3x^2 + x^3) +$$

$$b(1 + 2x + x^2) + c(1+x) + d =$$

$$(6a + 2b)x^2 + 2(a + b + c + d)$$

又 $f(1) = a + b + c + d = 0, b = -3a$,得 $f(1-x) + f(1+x) = 0$.

由此,三次曲线 $f(x) = ax^3 + bx^2 + cx + d$ 关于点 $(1, 0)$ 对称.

(2) $f(m-x) + f(m+x) = a(m-x)^3 + b(m-x)^2 + c(m-x) + d +$

$$a(m+x)^3 + b(m+x)^2 + c(m+x) + d =$$

$$a(m^3 - 3m^2 x + 3mx^2 - x^3) + b(m^2 - 2mx +$$

$$x^2) + c(m-x) + d + a(m^3 + 3m^2 x + 3mx^2 + x^3) +$$

$$b(m^2 + 2mx + x^2) + c(m+x) + d =$$

$$(6am + 2b)x^2 + 2(am^3 + bm^2 + cm + d)$$

又 $f(m) = am^3 + bm^2 + cm + d = 0, b = -3am$,得 $f(m-x) + f(m+x) = 0$.

由此,三次曲线 $f(x) = ax^3 + bx^2 + cx + d$ 关于点 $(m,0)$ 对称.

(3) $f(m-x) + f(m+x) = a(m-x)^3 + b(m-x)^2 + c(m-x) + d +$
$\qquad a(m+x)^3 + b(m+x)^2 + c(m+x) + d =$
$\qquad a(m^3 - 3m^2x + 3mx^2 - x^3) + b(m^2 - 2mx + x^2) + c(m-x) + d + a(m^3 + 3m^2x + 3mx^2 + x^3) +$
$\qquad b(m^2 + 2mx + x^2) + c(m+x) + d =$
$\qquad (6am + 2b)x^2 + 2(am^3 + bm^2 + cm + d)$

又 $f(m) = am^3 + bm^2 + cm + d = n, b = -3am$,得 $f(m-x) + f(m+x) = 2n$.

由此,知三次曲线 $f(x) = ax^3 + bx^2 + cx + d$ 关于点 (m,n) 对称.

由于 $b = -3am$,则 $m = -\dfrac{b}{3a}, n = f\left(-\dfrac{b}{3a}\right)$. 从而有

结论 7 三次曲线 $f(x) = ax^3 + bx^2 + cx + d$ 必关于点 $\left(-\dfrac{b}{3a}, f\left(-\dfrac{b}{3a}\right)\right)$ 对称.

结论 8 以三次曲线 $C: y = f(x) = ax^3 + bx^2 + cx + d (a > 0)$ 上的任意一点 $M(x_0, f(x_0))$ 为切点作切线 l,那么有

(1) 若 $x_0 = -\dfrac{b}{3a}$,切线 l 与曲线 C 恒有唯一交点(即 M 为 C 的拐点);

(2) 若 $x_0 \neq -\dfrac{b}{3a}$,切线 l 与曲线 C 恒有两个不同的交点(即 M 不为 C 的拐点).

证明 由 $f'(x) = 3ax^2 + 2bx + c$,知切线 l 的方程为 $y = f'(x_0)(x - x_0) + f(x_0)$.
将两个方程联立得

$$\begin{cases} y = f(x) = ax^3 + bx^2 + cx + d \\ y = f'(x_0)(x - x_0) + f(x_0) \end{cases} \Rightarrow f(x) - f(x_0) = f'(x_0)(x - x_0)$$

即有

$$a(x^3 - x_0^3) + b(x^2 - x_0^2) + c(x - x_0) = (3ax_0^2 + 2bx_0 + c)(x - x_0)$$

即有

$$(x - x_0)^2 (ax + 2ax_0 + b) = 0$$

立得两根,$x_1 = x_0$ 或 $x_2 = -\dfrac{2ax_0 + b}{a}$.

故(1) 当 $x_0 = -\dfrac{b}{3a}$ 时,$x_1 = x_2 = -\dfrac{b}{3a}$,此时切线 l 与曲线 C 恒有唯一交点;

(2) 当 $x_0 \neq -\dfrac{b}{3a}$ 时,$x_1 \neq x_2$,此时切线 l 与曲线 C 恒有两个不同的交点.

综上结论 8 证毕.

结论 9 若过平面内任意一点 (x,y) 作三次曲线 $C: y = f(x) = ax^3 + bx^2 + cx + d (a > 0)$ 的切线,我们有以下结论:

(记以点 $\left(-\dfrac{b}{3a}, f\left(-\dfrac{b}{3a}\right)\right)$ 为切点的切线方程 $l: y = f'\left(-\dfrac{b}{3a}\right)\left(x + \dfrac{b}{3a}\right) + f\left(-\dfrac{b}{3a}\right) = g(x)$)

(1) 若过点 (x,y) 能且只能作曲线 C 的一条切线,那么所有满足条件的点 (x,y) 组成以

下区域 A

$$A = \left\{(x,y) \,\Big|\, \begin{cases} y > f(x) \\ y > g(x) \end{cases}\right\}$$

或

$$\left\{\begin{cases} y < f(x) \\ y < g(x) \end{cases}\right\} \cup \left\{(x,y) \,\Big|\, x = -\frac{b}{3a}, y = f\left(-\frac{b}{3a}\right)\right\}$$

(2) 若过点 (x,y) 能且只能作曲线 C 的两条切线,那么所有满足条件的点 (x,y) 组成以下区域 B

$$B = \left\{(x,y) \,\Big|\, y = f(x) \text{ 或 } y = g(x), x \neq -\frac{b}{3a}\right\}$$

(3) 若过点 (x,y) 能且只能作曲线 C 的三条切线,那么所有满足条件的点 (x,y) 组成以下区域 C

$$C = \left\{(x,y) \,\Big|\, \begin{cases} y > f(x) \\ y < g(x) \end{cases} \text{ 或 } \begin{cases} y < f(x) \\ y > g(x) \end{cases}\right\}$$

证明 为了避免混乱,我们暂记平面内任意一点 (x,y) 为 (m,n),设过点 (m,n) 的切线所在的切点为 $(x_0, f(x_0))$,则切线方程为 $y = f'(x_0)(x - x_0) + f(x_0)$,又切线过点 (m,n),则 $n = f'(x_0)(m - x_0) + f(x_0)$.

下求过点 (m,n) 的切线条数,即求切点个数,也即求关于 x_0 的一元三次方程 $f'(x_0)(m - x_0) + f(x_0) - n = 0$ 的实数根的个数.

令 $h(x_0) = f'(x_0)(m - x_0) + f(x_0) - n$,则

$$h'(x_0) = f''(x_0)(m - x_0) + f'(x_0) \cdot (-1) + f'(x_0) = f''(x_0)(m - x_0)$$

由 $h'(x_0) = f''(x_0)(m - x_0) = 0$,得 $x_0 = m$ 或 $f''(x_0) = 0$,即 $x_0 = -\frac{b}{3a}$. 于是:

(1)① 当 $m = -\frac{b}{3a}$ 时,$h'(x_0) \leq 0$,则关于 x_0 的一元三次函数 $h(x_0)$ 在 **R** 上单调递增,则 $h(x_0) = 0$,此时有唯一实数根.

② 当 $m \neq -\frac{b}{3a}$ 时,由一元三次方程根的分布律:

$h(m) \cdot h(-\frac{b}{3a}) > 0$ 时,$h(x_0) = 0$ 有唯一实数根,即

$$[f(m) - n] \cdot [f'(-\frac{b}{3a})(m + \frac{b}{3a}) + f(-\frac{b}{3a}) - n] > 0$$

即

$$[f(m) - n] \cdot [g(m) - n] > 0$$

故

$$\begin{cases} n > f(m) \\ n > g(m) \end{cases} \text{ 或 } \begin{cases} n < f(m) \\ n < g(m) \end{cases}$$

同理(2) 当 $[f(m) - n] \cdot [g(m) - n] = 0$ 且 $f(m) \neq g(m)$ 时,关于 x_0 的方程 $h(x_0) = 0$ 有且仅有两个不同的实数根.

即 $n = f(m)$ 或 $n = g(m)(m \neq -\frac{b}{3a})$.

同理(3) 当$[f(m)-n] \cdot [g(m)-n] < 0$时,关于$x_0$的方程$h(x_0)=0$有且仅有三个不同的实数根.

即
$$\begin{cases} n < f(m) \\ n > g(m) \end{cases} 或 \begin{cases} n > f(m) \\ n < g(m) \end{cases}$$

将以上证明中的(m,n)仍用(x,y)表示,即得到要证的结论9.

注 结论8,9参见了王小三老师的文章:《一元三次曲线切线的两个结论》(中学数学研究,2011年8期).

结论10 若三次曲线$f(x)=ax^3+bx^2+cx+d(a \neq 0)$与$x$轴有三个不同交点,依次为$A,B,C$,如图1.5所示,自点$A,C$分别引曲线$f(x)$的切线,切点分别为$D,E$,则点$D,E$在$x$轴上的射影分别为线段$BC,AB$的中点.

证明 设$A(m,0),B(n,0),C(p,0)$,且m,n,p互不相等,则$f(x)=a(x-m)(x-n)(x-p)$.

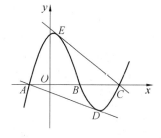

图1.5

设点D,E的横坐标分别为q,r,要证点D,E在x轴上的射影分别为线段BC,AB的中点,只需证$2q=n+p,2r=m+n$.

设过点$A(m,0)$的直线l的方程为:$y=k(x-m)$,则直线l与曲线$y=f(x)$的公共点应满足关于x的方程组
$$\begin{cases} y=a(x-m)(x-n)(x-p) \\ y=k(x-m) \end{cases}$$

消去y,得
$$k(x-m)=a(x-m)(x-n)(x-p)$$

在上式中,令$x-m \neq 0$,约去$x-m$,得直线l与曲线$f(x)$的异于点A的公共点应满足的关于x的方程为
$$k=a(x-n)(x-p)$$

即
$$ax^2-a(n+p)x+anp-k=0 \quad ①$$

要使直线l与切线AD重合,当且仅当一元二次方程①有重根,即$\Delta=0$,解得重根$q=-\dfrac{-a(n+p)}{2a}=\dfrac{n+p}{2}$,即$2q=n+p$.

同理可得$2r=m+n$,结论获证.

对于结论10内容需要补充说明的是,当且仅当点A与B(或B与C)重合时,点D(或E)在x轴上的射影为线段AC的中点,证明略.

推论 条件同结论10,则:

(1) 曲线$f(x)$在点B处的切线过点$D \Leftrightarrow p+2m-3n=0$;

(2) 曲线$f(x)$在点B处的切线过点$E \Leftrightarrow m+2p-3n=0$.

证明 因为$f'(x)=a(x-m)(x-p)+a(x-n)[(x-m)(x-p)]'$,所以$f'(n)=a(n-m)(n-p)$,于是,曲线$f(x)$在点$B$处的切线方程为$y=a(n-m)(n-p)(x-n)$.

由结论10可知,点D的横坐标为$q=\dfrac{n+p}{2}$,则

$$f(q) = a(\frac{n+p}{2} - m)(\frac{n+p}{2} - n)(\frac{n+p}{2} - p) =$$
$$-\frac{1}{8}a(n+p-2m)(p-n)^2$$

于是,曲线 $f(x)$ 在点 B 处的切线过点 $D \Leftrightarrow (q,f(q))$ 满足方程
$$y = a(n-m)(n-p)(x-n) \Leftrightarrow$$
$$-\frac{1}{8}a(n+p-2m)(p-n)^2 =$$
$$a(n-m)(n-p)(\frac{n+p}{2} - n) \Leftrightarrow$$
$$p + 2m - 3n = 0$$

至此,推论(1)获证.

同理得推论(2),即曲线 $f(x)$ 在点 B 处的切线过点 $E \Leftrightarrow m + 2p - 3n = 0$,证明略.

需要指出的是,曲线 $f(x)$ 在点 B 处的切线不可能同时过点 D 与 E,否则,会有 $p + 2m - 3n = m + 2p - 3n = 0$,此时 $m = n = p$,这与条件矛盾.

结论 11 若三次函数 $f(x) = ax^3 + bx^2 + cx + d(a \neq 0)$ 的三个零点分别为 m, n, p,则曲线 $f(x)$ 的对称中心的横坐标为 $\frac{m+n+p}{3}$.

证明 因为函数 $y = f(x)$ 的三个零点分别为 m, n, p,所以可设 $f(x) = a(x-m)(x-n)(x-p)$,展开得
$$f(x) = ax^3 - a(m+n+p)x^2 + a(mn+np+pm)x - amnp$$

与
$$f(x) = ax^3 + bx^2 + cx + d$$

比较,得
$$-\frac{b}{3a} = -\frac{-a(m+n+p)}{3a} = \frac{m+n+p}{3}$$

而曲线 $f(x) = ax^3 + bx^2 + cx + d(a \neq 0)$ 的对称中心的横坐标为 $-\frac{b}{3a}$,故曲线 $f(x)$ 的对称中心的横坐标为 $\frac{m+n+p}{3}$.

注 结论 10,11 参见了苏立志老师的文章《三次曲线的两个性质》(数学通讯,2011 年 6 期).

结论 12 若三次曲线 $f(x) = ax^3 + bx^2 + cx + d(a \neq 0)$ 与 x 轴有三个不同交点,依次为 $A(m,0), B(n,0), C(p,0)$,如图 1.6 所示. 自点 A, C 分别引曲线 $f(x)$ 的切线,切点分别为 D, E,则点 B, D, E 共线的充要条件是 $p + m = 2n$.

证明 因为 m, n, p 互不相等,所以
$$f(x) = a(x-m)(x-n)(x-p)$$
由中点公式知

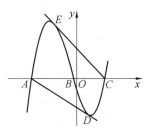

图 1.6

$$x_E = \frac{m+n}{2}, \quad x_D = \frac{n+p}{2}$$

则
$$f(x_E) = f\left(\frac{m+n}{2}\right) = a\left(\frac{m+n}{2} - m\right)\left(\frac{m+n}{2} - n\right)\left(\frac{m+n}{2} - p\right) =$$
$$\frac{1}{8}a(n-m)^2(2p-m-n)$$

同理
$$f(x_D) = f\left(\frac{n+p}{2}\right) = -\frac{1}{8}a(p-n)^2(n+p-2m)$$

点 B,D,E 共线 $\Leftrightarrow \dfrac{|f(x_E)|}{n-x_E} = \dfrac{|f(x_D)|}{p-x_D}$.

又因为 $f(x_E) \cdot f(x_D) < 0$, 所以
$$\frac{|f(x_E)|}{n-x_E} = \frac{|f(x_D)|}{p-x_D} \Leftrightarrow \frac{f(x_E)}{n-x_E} = \frac{-f(x_D)}{p-x_D} \Leftrightarrow p+m=2n$$

结论 13　若三次曲线 $f(x) = ax^3 + bx^2 + cx + d (a \neq 0)$ 与 x 轴有三个不同交点，依次为 $A(m,0), B(n,0), C(p,0)$，如图 1.7 所示. 自点 A 引曲线 $f(x)$ 的切线，切点为 D，则曲线 $f(x)$ 在 B 处的切线过点 D 的充要条件是 $k_{CD} = -2k_{AD}$.

证明
$$k_{AD} = \frac{f(x_D)}{x_D - m} = -\frac{1}{4}a(n-m)^2$$
$$k_{CD} = \frac{f(x_D)}{x_D - p} = \frac{1}{4}a(n-m)(n+p-2m)$$
$$k_{CD} = -2k_{AD} \Leftrightarrow n+p-2m = 2(p-n) \Leftrightarrow p+2m-3n = 0$$

由推论(1)知，曲线 $f(x)$ 在 B 处的切线过点 $D \Leftrightarrow p+2m-3n=0$，故曲线 $f(x)$ 在 B 处的切线过点 D 的充要条件是 $k_{CD} = -2k_{AD}$.

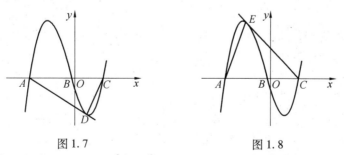

图 1.7　　　　　图 1.8

结论 14　若三次曲线 $f(x) = ax^3 + bx^2 + cx + d (a \neq 0)$ 与 x 轴有三个不同交点，依次为 $A(m,0), B(n,0), C(p,0)$，如图 1.8 所示. 自点 C 引曲线 $f(x)$ 的切线，切点为 E，则曲线 $f(x)$ 在 B 处的切线过点 E 的充要条件是 $k_{AE} = -2k_{CE}$.

证明
$$k_{AE} = \frac{f(x_E)}{x_E - m} = \frac{1}{4}a(n-m)(2p-m-n)$$
$$k_{CE} = \frac{f(x_E)}{x_E - p} = -\frac{1}{4}a(n-m)^2$$
$$k_{AE} = -2k_{CE} \Leftrightarrow 2p-m-n = 2(n-m) \Leftrightarrow m+2p-3n = 0$$

由推论(2)知,曲线 $f(x)$ 在 B 处的切线过点 $E \Leftrightarrow m+2p-3n=0$,故曲线 $f(x)$ 在 B 处的切线过点 E 的充要条件是 $k_{AE}=-2k_{CE}$.

注 结论 12~14 参见了陈鸿斌、张健斌老师的文章《三次曲线的又两个性质》(福建中学数学,2012 年 2 期).

1.3 三角形的内角和定理

在平面几何中,三角形的内角和等于 180°(或 π 弧度),这是一条很简单的定理. 在我们平常的学习中,往往仅注意到了这条定理在各种图形研究中的应用,但当我们运用数学的眼光审视并寻究这条定理时,就可以发现这条定理所反映的平面图形比长短曲直更本质的性质.

1.3.1 凸 n 边形的外角和

由三角形内角和定理,可推知,凸 n 边形的内角和为 $(n-2) \cdot 180°$,顺着一个方向的外角和恒为 360°. 事实上,如果把眼光只盯住内角,则知:

三角形内角和是 180°;

四边形内角和是 360°;

五边形内角和是 540°;

……

任意凸 n 边形内角和是 $(n-2) \cdot 180°$.

这就找到了一个计算凸多边形内角和的公式,公式里出现了边数 n.

如果把眼光盯住外角,则知顺着一个方向有:

三角形的外角和是 360°;

四边形的外角和是 360°;

五边形的外角和是 360°;

……

任意凸 n 边形的外角和是 360°.

这就把多种情形用一个十分简单的结论概括起来了. 用一个与 n 无关的常数代替了与 n 有关的公式,找到了更一般的规律.

这条规律也可以给出直观上的解释:设想一个人在凸多边形的边界上绕圈子,每经过一个顶点,他前进的方向就要改变一次,改变的角度恰好是这个顶点处的外角,走了一圈,回到原处,方向和出发时一致了,角度改变量之和当然恰好是 360°.

如上的直观解释,立刻把我们的眼光引向更宽广的天地.

一条凸的闭曲线——椭圆型线,谈不上什么内角和与外角和. 如果某人在上面走的时候,其方向时时在改变,走完一圈,角度改变量之和仍是 360°,从而"外角和为 360°",这条规律也适用于凸的封闭曲线! 不过,叙述起来,要用"方向改变量之和"来代替"外角和"罢了.

对于凹多边形,就要把"方向改变量总和"改为"方向改变量的代数和". 不妨约定:逆时针旋转的角为正角,顺时针旋转的角为负角. 当某人在凹多边形的边界上走的时候,按上述约定,也可得方向改变量的代数和是 360°.

1.3.2 平面多边形中的欧拉公式

我们从三角形内角和定理出发，可逐步引出平面多边形中的欧拉公式.

(1) 对于平面 n 边形(凸或凹)，设其顶点数为 V，则 $V = n$，设其边数为 E，则 $E = n$，设其线段所围成的闭区域数为 F，则 $F = 1$，于是
$$V - E + F = 1 \qquad ①$$

(2) 如果将平面多边形用不交的对角线剖分成许多三角形，构成图形，如图 1.9 所示.

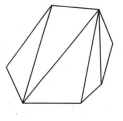

图 1.9

由三角形内角和定理，n 边形内角和为 $(n-2)\pi$，而每个三角形的内角都是 n 边形内角的一部分，每个三角形内角和都是 π，因此三角形的个数是 $n-2$，可见这图形的区域(不相交的三角形)数 $F = n - 2$，顶点数 $V = n$，边数是多少呢？

设所引对角线条数为 x，每条对角线都是两个三角形的边，于是 $3(n-2) = n + 2x$，由此，$x = n - 3$，图形的边数 $E = n + (n-3) = 2n - 3$. 故
$$V - E + F = n - (2n - 3) + (n - 2) = 1$$

(3) 考虑平面上一般的封闭直线型图形，图形中所有不交的区域都是多边形.

我们来分析这类图形顶点数 V，边数 E，区域数 F 之间的关系. 为此，用两种方法来计算所有不交区域内角总和 S.

① 设图 1.10 的最外层边数为 n，所有顶点数为 V，由三角形内角和定理，所有区域的内角和等于围绕 V 个顶点周角(即 2π) 之和 $2\pi V$ 减去最外层边构成的多边形全部外角和 $(n+2)\pi$，即
$$S = 2\pi V - (n+2)\pi \qquad ②$$

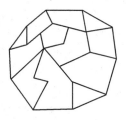

图 1.10

② 由于图中的区域是各种各样的多边形，可设边数同为 m 的区域有 F_m 个，m 边形的内角和为 $(m-2)\pi$. 于是这类区域的内角总和为 $(m-2)F_m \pi$. 再把各类区域的内角总和统统相加，便得到
$$S = \sum_m (m-2) F_m \pi = \pi \sum_m m F_m - 2\pi \sum_m F_m \qquad ③$$

其中和号 $\sum_m$ 表示 m 从 3 取到图形中区域边数的最大值. 如果没有某 m 边形，F_m 取 0.

③ 式 ③ 中 $\sum_m m F_m$ 是各区域边数之和，但不是整个图形的实际边数. 因为内部边都是两个区域的边，重复计算了一次，外层边只是一个区域的边，只计算了一次，因此图形的实际边数为
$$E = \frac{1}{2}\left(\sum_m m F_m - n\right) + n$$

由此
$$\sum_m m F_m = 2E - n$$

另外
$$F = \sum_m F_m$$

把式 ② 与式 ③ 联系起来，得到
$$2V\pi - (n+2)\pi = (2E - n - 2F)\pi$$

于是
$$V - E + F = 1$$

(4) 考虑平面上的连通图(即从图中任一点出发,沿着边可到达任何顶点的图形).

在图 1.10 中的外层边的任何地方画上一线段,造成一个不封闭的图形,如图 1.11 所示. 公式 $V - E + F = 1$,仍然成立,这是因为如果画在原来的顶点处,顶点增加了 1 个,边数也增加了 1 条,区域数不变;如果画在原来的边上,顶点增加 2 个,边数也增加 2 条,区域数不变. 在如上两种情况下,等式 $V - E + F = 1$ 不变.

图 1.11

值得注意的是,在上述讨论过程中,并未涉及图形中连线的长短曲直,也没涉及区域的具体形状,只涉及顶点、边和区域的个数. 换句话说,如果把图中的直线段变成曲线段也无妨. 更有甚者,如果把图形画成一张网图,任你随便摆弄,只要不撕破,它的顶点数 V,边数 E,和区域数 F 仍满足关系式 $V - E + F = 1$.

综上所述,平面上任何连通图都具有性质 $V - E + F = 1$. 这就是平面图形的欧拉公式,"1"是平面图形的特征. 多么美妙的数量关系! 它的推导来自于简单朴素的三角形内角和定理.

1.3.3 立体几何中的欧拉公式

在立体几何中,最简单的封闭多面体是四面体(三棱锥),它在立体几何中的重要地位如同平面几何中的三角形.

四面体的顶点数 $V = 4$,棱数 $E = 6$,面数 $F = 4$,于是有
$$V - E + F = 2 \qquad ④$$

以下我们研究一般的棱锥. 设棱锥的层面是 n 边形,则其顶点数 $V = n + 1$,棱数 $E = 2n$,面数 $F = n + 1$,于是
$$V - E + F = (n + 1) - 2n + (n + 1) = 2$$

这样任何棱锥都具有公式 ④ 的形式.

我们可以运用公式 ① 来证明,对任何没有空洞的多面体(即简单多面体)都具有公式 ④ 的形式.

把简单多面体的一个面去掉,留下它的边,像一顶帽子,把这顶帽子想象成兜起来的一张网,然后把它摊平,得到一个平面图形,这样做,并没有改变多面体的顶点数和棱数,只是使面少了一个,由平面图形的欧拉公式 ① 得到
$$V - E + (F - 1) = 1$$
于是
$$V - E + F = 2$$
这就是关于简单多面体(凸多面体是简单多面体)的著名的欧拉公式.

在这里,我们同样没有涉及多面体的棱和面的长短大小曲直."2"成为空间立体的基本属性.

同样,对于空间的没有空洞的曲面封闭几何体,也有形如 ④ 的公式. 其中最典型的代表是地球仪. 地球仪上的区域数、区域分界线的条数、分界线之交点数必满足公式 ④.

1.3.4 正多面体只有五种

正多面体恰有五种,也是由三角形内角和定理演绎出来的.

所谓正多面体是指各面都是相同的正多边形,各内二面角都相等的多面体. 如正四面

体、正六面体等.

是不是各种面数的正多面体都存在呢？古人早已回答了这个问题. 答案是正多面体恰有正四面体、正六面体、正八面体、正十二面体、正二十面体五种.

我们还是用三角形内角和定理来研究这个问题.

设正多面体的一个顶点有 p 个正 q 边形通过时，由三角形内角和定理知，正 q 边形的一个内角为 $\frac{q-2}{q}\pi$，经过一个顶点的各面角之和为 $p \cdot \frac{q-2}{q}\pi$，它应该小于 2π，即

$$p \cdot \frac{q-2}{q}\pi < 2\pi$$

由此可得

$$\frac{1}{p} + \frac{1}{q} > \frac{1}{2}$$

其中 p,q 均为不小于 3 的正整数. 因此，p,q 只能取以下五组值

$$(3,3),(3,4),(4,3),(3,5),(5,3)$$

设正多面体的面数为 F，则棱数 $E = \frac{qF}{2}$，顶点 $V = \frac{qF}{p}$，将它们代入公式 ④ 得

$$\frac{qF}{p} - \frac{qF}{2} + F = 2$$

由此，得 $F = \frac{4p}{2p + 2q - pq}$.

将 (p,q) 的五组数值分别代入上式，得到

$$F = 4, 6, 8, 12, 20$$

这就是说，正多面体仅有正四面体、正六面体、正八面体、正十二面体、正二十面体，它们的面分别是正三角形、正方形、正三角形、正五边形、正三角形.

表面上纷繁多样的正多面体，经过三角形内角和定理，变得非常单纯：它们的面只能是正三角形、正方形和正五边形，它们的面只能是 4,6,8,12 和 20，多么美妙的结论.

1.4 勾三股四弦五⟨3,4,5⟩

我国大约在公元前 1 世纪成书的《周髀算经》记载着商高（公元前 1120 年）回答周公的话："故折矩，以为勾广三，股修四，径隅五."说明商高明确知道边长为 3：4：5 的三角形是直角三角形. 他又说："禹之所以治天下者，此数之所生也."这就是告诉我们说，早在四千多年前夏禹治水时就已经发现和应用勾股数了.

《周髀算经》中还载有荣方与陈子（约公元前 7 世纪）关于测量太阳离地高度的对话："若求邪（斜）至日者，以日下为勾，日高为股，勾股各自乘，并而开方除之，得邪至日."此即 $c = \sqrt{a^2 + b^2}$.《周髀算经》解释说："髀者股也，晷者勾也.""髀"的原意是股骨，这里指周代用来测日影的"表"（标杆），因为它像人直立着的大腿，所以又称为"股". 而"晷"即日影，因其弯折如钩，故称为"勾".

在初中数学课本中，也介绍了著名的勾股定理：直角三角形两直角边（分别叫作勾和股）a,b 的平方和等于斜边（叫作弦）c 的平方，即 $c^2 = a^2 + b^2$. 又把满足此式的正整数组 $\langle a,b,c \rangle$ 称为勾股弦数组. 当 a,b,c 三数无公因子时，称 $\langle a,b,c \rangle$ 为本原勾股弦数组. 勾股弦数组 $\langle 3,4,5 \rangle$ 是最早发现的最简单、最基本（因为若 k 是正整数时，有勾股弦数 $\langle 3k,4k,5k \rangle$）的一

组数. 从这样一组早已熟悉的对象中, 能发现什么数学事实和结论吗?

1.4.1 〈3,4,5〉的图形表示

〈3,4,5〉的图形表示有多种形式.

(1) 将 5×5 的正方形剖分成五块(阴影部分三块, 非阴影部分两块)表示(图 1.12).

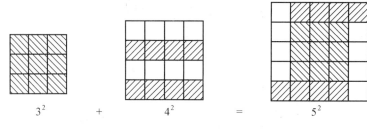

图 1.12

(2) 将 5×5 的正方形剖分成四块(阴影部分两块, 非阴影部分两块)表示(图 1.13).

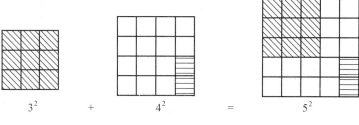

图 1.13

(3) 将剖分为 25 个小正三角形的正三角形分成四块, 合成两个等边三角形, 其中一个是 9 小块, 另一个是 16 小块(图 1.14).

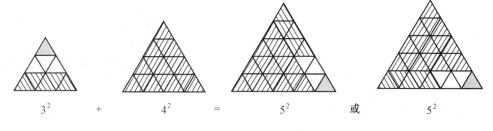

图 1.14

由上可知, 对于〈3,4,5〉, 用图形的面积表示则为: 边长分别为 3 和 4 的两个正方形的面积和等于边长为 5 的正方形的面积, 如图 1.12 或图 1.15 所示.

注意到, 对于非负实数 k, 亦有 $3^2 \cdot k + 4^2 \cdot k = 5^2 \cdot k$. 当 $k = 1$ 时, 即为 $3^2 + 4^2 = 5^2$; 当 $k = \frac{\sqrt{3}}{4}$ 时, 有 $\frac{\sqrt{3}}{4} \times 3^2 + \frac{\sqrt{3}}{4} \times 4^2 = \frac{\sqrt{3}}{4} \times 5^2$; 当 $k = \frac{\pi}{4}$ 时, 有 $\left(\frac{3}{2}\right)^2 \pi + \left(\frac{4}{2}\right)^2 \pi = \left(\frac{5}{2}\right)^2 \pi$ ……因此, 〈3,4,5〉的面积表示,

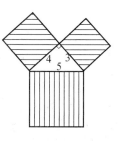

图 1.15

可将图 1.12 中的正方形改为正三角形、半圆、相似多边形等,如图 1.16 所示.

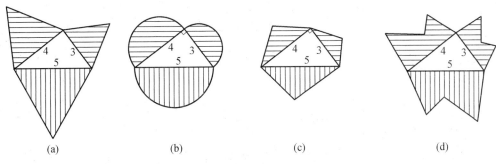

图 1.16

由此可知,当 $a,b,c \in \mathbf{R}_+, a^2 + b^2 = c^2$ 时,$\langle a,b,c \rangle$ 的面积可由图 1.15 与图 1.16 来表示.

1.4.2 由 $\langle 3,4,5 \rangle$ 到勾股弦数组 $\langle a,b,c \rangle$ 的求法

(1) 以奇数开头,另两个数相差 1 的 $\langle a,b,c \rangle$.

由 $\langle 3,4,5 \rangle$ 知,它是以奇数 3 开头,另两个数 4 与 5 相差 1 的最简单的一组勾股弦数. 通过研究 3,4,5 这一组数各数之间的关系,我们发现:$3^2 = 4 + 5 = 4 + 4 + 1 = 5 + 5 - 1$,且

$$4 = \frac{3^2-1}{2}, \quad 5 = \frac{3^2+1}{2}$$

这就是说,4 和 5 都可以用含有 3 的式子来表示.

如果任意给定一个奇数 $p = 2n + 1 (n \in \mathbf{N}^*)$,我们可以仿照上面构造出

$$\frac{p^2-1}{2} = 2n^2 + 2n = 2n(n+1), \frac{p^2+1}{2} = 2n^2 + 2n + 1 = 2n(n+1) + 1$$

显然,有

$$\langle 2n+1, 2n(n+1), 2n(n+1)+1 \rangle \qquad ①$$

此时,当 $n = 1$ 时,即为 $\langle 3,4,5 \rangle$;

当 $n = 2$ 时,有 $\langle 5,12,13 \rangle$;

当 $n = 3$ 时,有 $\langle 7,24,25 \rangle$;

当 $n = 4$ 时,有 $\langle 9,40,41 \rangle$;

当 $n = 5$ 时,有 $\langle 11,60,61 \rangle$;

……

(2) 以偶数开头,另两个数相差 2 的 $\langle a,b,c \rangle$.

由 $\langle 3,4,5 \rangle$,知亦有 $\langle 4,3,5 \rangle$. 此时,它是以偶数 4 开头,另两个数 3 与 5 相差 2 的最简单的一组勾股弦数. 通过研究 4,3,5 这一组数各数之间的关系,我们也可发现:$4 = 2 \times 2$,且

$$3 = 2^2 - 1, \quad 5 = 2^2 + 1$$

这就是说,3 和 5 都可以用含有 4 的因数 2 的式子来表示.

如果任意给定一个偶数 $q = 2(n+1)(n \in \mathbf{N}^*)$,我们可以仿照上面构造出

$$(n+1)^2 - 1 = n(n+2), (n+1)^2 + 1 = n(n+2) + 2$$

显然,有

$$\langle 2n+2, n(n+2), n(n+2)+2 \rangle \qquad ②$$

此时,当 $n=1$ 时,即为 $\langle 4,3,5\rangle$;
当 $n=2$ 时,有 $\langle 6,8,10\rangle$;
当 $n=3$ 时,有 $\langle 8,15,17\rangle$;
当 $n=4$ 时,有 $\langle 10,24,26\rangle$;
当 $n=5$ 时,有 $\langle 12,35,37\rangle$;
……

在初中数学课本中,找勾股数是由式: $a=2n, b=n^2-1, c=n^2+1(n>1)$ 给出的,显然,这和式 ② 是一致的.

(3) 中间数为偶数,首尾(两端)两数和与中间数的比等于中间数的真因数比的 $\langle a,b,c\rangle$.

由 $\langle 3,4,5\rangle$ 知,其中间数为4,它的真因数为2和1,而 $(3+5):4=2:1$. 我们还可发现:$4=2\times 2\times 1$,且 $3=2^2-1^2, 5=2^2+1^2$.

这就是说,3 和 5 都可以用中间数 4 的真因数的平方关系(差或和)来表示.

如果任意给定一个偶数 $r=2m\cdot n(m,n\in \mathbf{N}^*,$ 且 $m>n)$,我们可以仿照上面构造出
$$m^2-n^2, m^2+n^2$$

显然,有
$$\langle m^2-n^2, 2mn, m^2+n^2\rangle \qquad ③$$
且
$$(m^2-n^2+m^2+n^2):2mn=m:n$$

此时,我们有表 1.3.

表 1.3

勾股弦数 \ n \ m	1	2	3	4	5	…
1	—	—	—	—	—	—
2	3 4 5	—	—	—	—	…
3	5 12 13	—	—	—	…	…
4	15 8 17	12 16 20	7 24 25	—	—	…
5	24 10 26	21 20 29	16 30 34	9 40 41	—	…
6	35 12 37	32 24 40	27 36 45	20 48 52	11 60 61	…
⋮	⋮	⋮	⋮	⋮	⋮	

由表 1.3 可知,③不仅包含了①,②中的勾股弦数组,还包含了①,②中没表示的勾股弦数组. 事实上,由式 ③ 取 $m = n + 1 (n \in \mathbf{N}^*)$,即得①;由式 ③ 取 $m = n + 1 (n \in \mathbf{N}^*)$, $n = 1$,即得②,所以式③是求勾股弦数组最一般的法则.

对于公式③,在公元1世纪左右成书的我国名著《九章算术》中已经出现,写为$\langle \frac{1}{2}(m^2 - n^2), mn, \frac{1}{2}(m^2 + n^2)\rangle$,其中 m, n 一奇一偶且 $m > n$,刘徽并对这一公式进行了论证. 清代的一些数学家创造十多种求整数勾股弦数组的法则,其中有$\langle m^2 - n^2, 2mn, m^2 + n^2\rangle$ 和《九章算术》的公式一样,不过这里 m, n 是任意整数(当然仍要 $m > n$). 古希腊数学家丢番图(Diophantus)也曾发现这个公式,却比《九章算术》迟了三百多年.

在此顺便指出:要囊括一切勾股弦数组,公式③须修改为
$$\langle k(m^2 - n^2), k \cdot 2mn, k(m^2 + n^2)\rangle \qquad ③'$$

若没有因子 k,某些非本原勾股弦数组就不能从公式③得出,例如,$\langle 9, 12, 15\rangle$. 有了上面的公式③′,令 $k = 3, m = 2, n = 1$,这组非本原勾股弦数组就出来了.

从公式③能得出一切本原勾股弦数组,但只能得出三数中最高公因子是一个平方数,或平方数的二倍的那些非本原勾股弦数组. 作为特例,该公式能给出数组中的三数只有公因子的非本原勾股弦数组. 若公因子是平方数的二倍,此时将产生一个值得注意的变换. 由公式③′,有
$$\langle 2L^2(m^2 - n^2), 2L^2(2mn), 2L^2(m^2 + n^2)\rangle$$

这些表达式可通过如下办法转变为公式③的形式
$$2L^2(m^2 - n^2) = 2(Lm + Ln)(Lm - Ln) = 2MN$$
$$2L^2(2mn) = (Lm + Ln)^2 - (Lm - Ln)^2 = M^2 - N^2$$
$$2L^2(m^2 + n^2) = (Lm + Ln)^2 + (Lm - Ln)^2 = M^2 + N^2$$

其中 $M = Lm + Ln, N = Lm - Ln$,当 $L = 1$ 时,变换更是特别引人注目.

如果 k 是一个平方数 L^2 时,不需变换,直接可得出
$$L^2(m^2 - n^2) = m^2L^2 - n^2L^2 = M^2 - N^2$$
$$L^2(2mn) = 2(mL \cdot nL) = 2MN$$
$$L^2(m^2 + n^2) = m^2L^2 + n^2L^2 = M^2 + N^2$$

其中 $M = mL, N = nL$.

(4) 给定一不小于3的自然数作为勾 a(或股 b),穷尽与 a(或 b)有关的勾股弦数组$\langle a, b, c\rangle$.

给定 $a = 3$,显然,可由①或②求得$\langle 3, 4, 5\rangle$. 给定 $a = 4$,显然也可由②或③求得$\langle 4, 3, 5\rangle$. 若给定 $a = 24$,由$\langle 3, 4, 5\rangle$可得$\langle 18, 24, 30\rangle$;由$\langle 8, 15, 17\rangle$可得$\langle 24, 45, 51\rangle$;由①,令 $24 = 2n(n + 1)$,可求得$\langle 7, 24, 25\rangle$;由②,令 $24 = 2n + 2$ 可求得$\langle 24, 143, 145\rangle$;再由②,令 $24 = n(n + 2)$ 可求得$\langle 10, 24, 26\rangle$;由③,令 $24 = m^2 - n^2$ 可求得$\langle 24, 70, 74\rangle$(还可求得$\langle 24, 10, 26\rangle$);再由③,令 $24 = 2mn = 2 \times 12 \times 1 = 2 \times 6 \times 2 = 2 \times 4 \times 3$ 可求得$\langle 24, 32, 40\rangle$(还可求得$\langle 24, 143, 145\rangle$,$\langle 7, 24, 25\rangle$). 由此可知,若给定 $a = 24$,可求得 7 组勾股弦数组,但在具体求时,还是比较费神的,计算量也不小. 下面介绍江苏薛锁英等老师运用寻究的眼光而获得的一种简捷求法.

一般地，对于 $a^2+b^2=c^2$（a,b,c 为非零自然数），设 $k=c-b$（显然 k 为非零自然数），则 $c=b+k, a^2+b^2=(b+k)^2$，化简后得 $2bk=a^2-k^2$. 因为 b,k 为正整数，则 $2bk$ 应为偶数，a^2-k^2 也为偶数，又因 a,k 为正整数，则 a 与 k 必同为奇数或同为偶数，且 $k<a$（否则将有 $a+b\leqslant c$）.

① 当 a 与 k 同为奇数时，由 $2bk=a^2-k^2$ 得 $b=\frac{1}{2}\left(\frac{a^2}{k}-k\right)$，$b$ 为正整数的充要条件是 $\frac{a^2}{k}$ 为正整数（事实上，因 a,k 同为奇数，若 k 能整除 a^2，其商必为奇数. 又因 $k<a$，则 $\frac{a^2}{k}-k$ 必为偶数. 因此 $\frac{1}{2}\left(\frac{a^2}{k}-k\right)$ 必为正整数；反之，也易证当 b 为正整数时，$\frac{a^2}{k}$ 为正整数）. 当 b 为正整数时，$c=b+k$ 也为正整数.

② 当 a 与 k 同为偶数时，由 $2bk=a^2-k^2$ 得 $b=\frac{1}{2}\left(\frac{a^2}{k}-k\right)$. b 为正整数的充要条件是 k 能整除 $\frac{a^2}{2}$（事实上，因 k 为正偶数，则 $\frac{k}{2}$ 为正整数，又 $k<a$，若 k 能整除 $\frac{a^2}{2}$，则 $\frac{1}{2}\left(\frac{a^2}{k}-k\right)$ 的值为正整数；反之，也易证当 b 为正整数时，$\frac{a^2}{2k}$ 也为正整数）. 当 b 为正整数时，$c=b+k$ 也为正整数.

综上所述，对于满足 $a^2+b^2=c^2$ 的正整数 a,b,c，若已知 a 的值，则可以求出 b 和 c 的值

$$b=\frac{1}{2k}(a^2-k^2), \quad c=b+k=\frac{1}{2k}(a^2+k^2) \qquad ④$$

其中 k 的值由 a 决定：当 a 为奇数时，$\{k\}=\{1, a^2$ 的约数，且 $k<a\}$；当 a 为偶数时，$\{k\}=\{\frac{1}{2}a^2$ 的约数，k 为偶数，且 $k<a\}$.

如果设 $h=\frac{a}{k}$（因 $k<a$，则 $h>1$，但 h 不一定是整数），则

$$a=kh, \quad b=\frac{k}{2}(h^2-1), \quad c=\frac{k}{2}(h^2+1), \quad h>1 \qquad ④'$$

显然，当 $k=1, a$ 或 h 为奇数 $2n+1$ 时，则式④或式④′均变为①；当 $k=2, h$ 为 $n+1$ 时，则式④′变为式②；当 $k=2n^2, nh=m$ 时，式④′变为式③. 下面看两个例子.

例1 令 $a=24$，求出勾或股为 24 的所有相应的勾股弦数组.

解 因 $a=24$ 为偶数，则 $\{k\}=\{\frac{24^2}{2}$ 的约数，k 为偶数，且 $k<24\}=\{2,4,6,8,12,16,18\}$.

当 $k=2$ 时，由④′有 $h=12$，则 $b=\frac{k}{2}(h^2-1)=143, c=\frac{k}{2}(h^2+1)=145$，故有 $\langle 24,143,145\rangle$.

同理，由式④′，当 $k=4,6,8,12$ 时，有 $\langle 24,70,74\rangle, \langle 24,45,51\rangle, \langle 24,32,40\rangle, \langle 18,24,30\rangle$. 由式④，当 $k=16,18$ 时，有 $\langle 10,24,26\rangle, \langle 7,24,25\rangle$.

例2 令 $a=105$，求出勾或股为 105 的所有相应的勾股弦数组.

解 因 $a=105$ 为奇数，则 $\{k\}=\{1, 105^2$ 的约数，且 $k<105\}=\{1,3,5,7,9,15,21,25,$

$35,45,49,63,75\}$.

当 $k=1$ 时,有 $h=105$,则 $b=\frac{k}{2}(h^2-1)=5\,512, c=\frac{k}{2}(h^2+1)=5\,513$,故有 $\langle 105, 5\,512, 5\,513\rangle$;

当 $k=3$ 时,有 $\langle 105, 1\,836, 1\,839\rangle$;

当 $k=5$ 时,有 $\langle 105, 1\,100, 1\,105\rangle$;

……

由 $k=75$ 时,有 $\langle 105, 36, 111\rangle$.

(5) 给定一不小于 5 的自然数作为弦 c,找出与 c 有关的勾股弦数组 $\langle a,b,c\rangle$.

给定 $c=5$,显然可由式 ① 或 ② 或 ③ 或 ④′,求得 $\langle 3,4,5\rangle$.

若给定 $c=325$,如何求得 $\langle a,b,325\rangle$ 呢?

前面,我们知道公式 ③′ 的普适性,在此,我们还是应用公式 ③′ 来求解吧!

由于 $325=1\times 5\times 5\times 13$,则知 $k=1,5,13,25,65$.

当 $k=1$ 时,$325=18^2+1^2=17^2+6^2$(因平方数的个位只可能是 1,4,5,6,9,则可很快求得 325 的两个数的平方和式),此时求得 $\langle 323, 36, 325\rangle$, $\langle 253, 204, 325\rangle$;

当 $k=5$ 时,$325=5\times 65=5\times(8^2+1)=5\times(7^2+4^2)$,可求得 $\langle 315, 80, 325\rangle$, $\langle 165, 280, 325\rangle$;

当 $k=13$ 时,$325=13\times 25=13\times(4^2+3^2)$,可求得 $\langle 91, 312, 325\rangle$;

当 $k=25$ 时,$325=25\times 13=25\times(3^2+2^2)$,可求得 $\langle 125, 300, 325\rangle$;

当 $k=65$ 时,$325=65\times 5=65\times(2^2+1)$,可求得 $\langle 195, 260, 325\rangle$.

综上所述,给定 $c=325$,由式 ③′ 求得了上述 7 组解.

类似地,对于 $c=377=1\times 13\times 29=19^2+4^2=16^2+11^2$ 可求得四组解 $\langle 135, 352, 377\rangle$, $\langle 345, 152, 377\rangle$, $\langle 145, 348, 377\rangle$, $\langle 273, 260, 377\rangle$.

但若给定 $c=19\,897=1\times 101\times 197$,要把 19 897 直接分解成两个数的平方和,就没那么轻松了,因而有必要寻究更一般的方法.

我们还是从 ③′ 中的正整数 m,n 满足 $(m^2+n^2)k=5$ 谈起,此时当 $m>n$ 时,有 $k=1$, $m=2, n=1$;若考虑 $\frac{m^2+n^2}{2}=5$,则当 $m>n$ 时有 $k=\frac{1}{2}, m=3, n=1$,且知 m,n 均为奇数,江苏薛锁英等老师运用寻究的眼光经过探索,得到了如下的结论:

结论 1 存在非零自然数 a,b 满足 $a^2+b^2=c^2$(其中 c 为已知不小于 5 的自然数)的充要条件是 c 中含有因数 $p=\frac{m^2+n^2}{2}$(其中 m,n 均为奇数,$m>n$,且 m,n 互质),这时相应的解为

$$a=\frac{c}{p}\cdot m\cdot n,\quad b=\frac{c}{p}\cdot\frac{m^2-n^2}{2} \qquad ⑤$$

事实上,若 $p=\frac{m^2+n^2}{2}$ 为 c 的因数,则可设 $c=M\cdot p=M\cdot\frac{m^2+n^2}{2}$($M$ 为正整数),当 $a=M\cdot m\cdot n, b=M\cdot\frac{m^2-n^2}{2}$ 时,知 a,b 为正整数,且满足 $a^2+b^2=c^2$.

反过来,对于任意一组勾股数 a,b,c,若它们的最大公约数是 M,则 $\frac{a}{M}, \frac{b}{M}$ 必为一奇一

偶，$\dfrac{c}{M}$ 必为奇数.（用反证法证：$\dfrac{a}{M}$，$\dfrac{b}{M}$ 不外乎三种情况，若同为偶数，由 $\left(\dfrac{a}{M}\right)^2 + \left(\dfrac{b}{M}\right)^2 = \left(\dfrac{c}{M}\right)^2$，知 $\dfrac{c}{M}$ 必为偶数，从而 $2M$ 是 a,b,c 的公约数与 M 是其最大公约数矛盾；若同为奇数，由 $\left(\dfrac{a}{M}\right)^2 + \left(\dfrac{b}{M}\right)^2 = \left(\dfrac{c}{M}\right)^2$，知 $\dfrac{1}{2}\left[\left(\dfrac{a}{M}\right)^2 + \left(\dfrac{b}{M}\right)^2\right]$ 为奇数，$\dfrac{c}{M}$ 为偶数，而 $\dfrac{1}{2}\cdot\left(\dfrac{c}{M}\right)^2$ 不可能为偶数，此种情况不存在；故只有一奇一偶的情况存在.）

由于互换 a,b 可视为同一解答，故可设 $\dfrac{a}{M}$ 为奇数. 由公式 ④′ 知，将 a,b,c 用参数 k（$k = c - b$ 是正整数）和 $h = \dfrac{a}{c-b} = \dfrac{a}{k}$（大于 1 的有理数）来表示，有 $a = kh$，$b = \dfrac{k}{2}(h^2 - 1)$，$c = \dfrac{k}{2}(h^2 + 1)$.

设有理数 $h = \dfrac{m}{n}$，m,n 为正整数，两者互质且 $m > n$，由于 $h = \dfrac{a}{c-b} = \dfrac{\frac{a}{M}}{\frac{c}{M} - \frac{b}{M}}$，其中 $\dfrac{a}{M}$ 为奇数，$\dfrac{b}{M}$ 为偶数，$\dfrac{c}{M}$ 为奇数，故 m,n 同为奇数.

又 $c = \dfrac{k}{2}(h^2 + 1) = \dfrac{k}{n^2}\cdot\dfrac{m^2 + n^2}{2}$，$m^2$ 与 n^2 互质 $\Rightarrow n^2$ 与 $m^2 + n^2$ 互质，而 c 为正整数，故 n^2 必能整除 k，即 $\dfrac{k}{n^2}$ 为正整数，因此 $\dfrac{m^2 + n^2}{2}$ 能整除 c，令 $p = \dfrac{m^2 + n^2}{2}$，至此，我们证明了存在自然数 p 和互质的奇数 $m > n$，$p \mid c$ 且 $p = \dfrac{m^2 + n^2}{2}$，即 ⑤ 是存在非零自然数 a,b 满足 $a^2 + b^2 = c^2$ 的必要条件.

例3 给定 $c = 257$，求正整数 a,b，使得 $a^2 + b^2 = c^2$ 成立.

解 因 257 是质数，故 $p = c = 257$. 由 $p = \dfrac{m^2 + n^2}{2}$ 知，当 $m > n$ 时，有 $\sqrt{p} < m < \sqrt{2p}$，此时 $\sqrt{257} < m < \sqrt{2 \times 257}$，即 $16.03 < m < 22.67$，而 m 为奇数，则 m 只能取 17,19,21. 当 $m = 17$ 时，n 有奇数解 $n = 15$；当 $m = 19, 21$ 时，n 为无理数（不符合要求），故对应 a,b 的解为 $a = \dfrac{c}{p}\cdot m \cdot n = 255$，$b = \dfrac{c}{p}\cdot\dfrac{m^2 - n^2}{2} = 32$.

结论 1 告诉了我们，作为弦的 c 有因数 p 时如何求勾与股的方法，若 c 有因数 p_1 与 p_2 又怎样求呢？即把结论 1 推广为：

结论 2 对于正整数 a,b 满足 $a^2 + b^2 = c^2$（其中 c 为已知正整数），若 c 中含有两个因数 p_1, p_2 满足 $p_1 = \dfrac{m_1^2 + n_1^2}{2}$，$p_2 = \dfrac{m_2^2 + n_2^2}{2}$（$m_1, n_1, m_2, n_2$ 均为奇数，$m_1 > n_1$，$m_2 > n_2$，m_1 与 n_1 互质，m_2 与 n_2 互质），则 $p_1 p_2$ 也可表示成 $\dfrac{M^2 + N^2}{2}$（M, N 均为奇数，$M > N$，且 M 与 N 互质），则存在正整数解

$$a = \frac{c}{p_1 p_2} \cdot M \cdot N, \quad b = \frac{c}{p_1 p_2} \cdot \frac{M^2 - N^2}{2} \qquad \text{⑤}'$$

事实上,$p_1 \cdot p_2 = \frac{m_1^2 + n_1^2}{2} \cdot \frac{m_2^2 + n_2^2}{2} = \frac{(m_1 m_2 - n_1 n_2)^2 + (m_1 n_2 + m_2 n_1)^2}{4}$,或 $p_1 \cdot p_2 = \frac{(m_1 m_2 + n_1 n_2)^2 + (m_1 n_2 - m_2 n_1)^2}{4}$.

又 $\frac{M^2 + N^2}{2} = \frac{(M+N)^2 + (M-N)^2}{4}$,及 m_1, n_1, m_2, n_2 均为奇数,$m_1 > n_1, m_2 > n_2$,于是,当 $M + N = \{(m_1 m_2 - n_1 n_2)$ 与 $(m_1 n_2 - m_2 n_1)$ 两数中较大的一个数$\}$ 且 $M - N = \{(m_1 m_2 - n_1 n_2)$ 与 $(m_1 n_2 + m_2 n_1)$ 两数中较小的一个数$\}$ 或 $M + N = m_1 m_2 + n_1 n_2$ 且 $M - N = |m_1 n_2 - m_2 n_1|$ 时,$M + N, M - N$ 均为偶数,且 $M + N > M - N$,即可证得 M, N 具有正整数解.

在上述 $M - N = |m_1 n_2 - m_2 n_1|$ 中,当 $m_1 n_2 - m_2 n_1 = 0$ 时,即 $m_1 = m_2, n_1 = n_2$ 时,$M = N$,不符合给定条件 $M > N$,M, N 视为无解.

因 $p_1 = \frac{m_1^2 + n_1^2}{2}, p_2 = \frac{m_2^2 + n_2^2}{2}$ 均为奇数,故 $\frac{M^2 + N^2}{2} = p_1 p_2$ 也为奇数,又因 M, N 为正整数,则 M, N 不外乎三种情况:M, N 同为偶数;M, N 同为奇数,M, N 为一奇一偶. 易证得仅当第二种情况下,$\frac{M^2 + N^2}{2}$ 为奇数,从而可证得存在正整数 $a = \frac{c}{p_1 p_2} \cdot M \cdot N, b = \frac{c}{p_1 p_2} \cdot \frac{M^2 - N^2}{2}$ 满足 $a^2 + b^2 = c^2$.

例4 给定 $c = 19\,897$,求正整数 a, b,使得 $a^2 + b^2 = c^2$ 成立.

解 因 $19\,897 = 101 \times 197 = p_1 \cdot p_2$,仿例3的方法:

当 $p_1 = 101$ 时,可求得 $m_1 = 11, n_1 = 9$,于是求得 $a_1 = 19\,503, b_1 = 3\,940$;

当 $p_2 = 197$ 时,可求得 $m_2 = 15, n_2 = 13$,于是求得 $a_2 = 19\,695, b_2 = 2\,828$.

再由结论2或式⑤有:

当 $\begin{cases} m_1 m_2 - n_1 n_2 = 48 \\ m_1 m_2 + n_1 n_2 = 278 \end{cases}$,即 $\begin{cases} M_1 - N_1 = 48 \\ M_1 + N_1 = 278 \end{cases}$ 时,有 $\begin{cases} M_1 = 163 \\ N_1 = 115 \end{cases}$,故 $\begin{cases} a_3 = \frac{c}{p_1 p_2} M_1 \cdot N_1 = 18\,745 \\ b_3 = \frac{c}{p_1 p_2} \cdot \frac{M_1^2 - N_1^2}{2} = 6\,672 \end{cases}$;

当 $\begin{cases} m_1 m_2 + n_1 n_2 = 282 \\ |m_1 m_2 - n_2 n_1| = 8 \end{cases}$,即 $\begin{cases} M_2 + N_2 = 282 \\ M_2 - N_2 = 8 \end{cases}$ 时,有 $\begin{cases} M_2 = 145 \\ N_2 = 137 \end{cases}$,故 $\begin{cases} a_4 = 19\,865 \\ b_4 = 1\,128 \end{cases}$.

由上述例3,例4说明,运用结论1可迅速求得给定弦 c 为质数时的勾与股的值;运用结论2可求得给定弦 c 为两个奇质数的乘积时的勾与股的值.

结论2还可进一步推广为(证略):

结论3 对于正整数 a, b 满足 $a^2 + b^2 = c^2$(其中 c 为已知正整数),若 c 中含有因数 $p_1, p_2, \cdots, p_n$ 均能表示成 $\frac{m_i^2 + n_i^2}{2}$(m_i, n_i 为奇数,$m_i > n_i$ 且 m_i 与 n_i 互质,$i = 1, 2, \cdots, n$),则 $p_1, p_2, \cdots, p_n$ 中任意两个或多个因数的乘积均能用 $\frac{M^2 + N^2}{2}$(M, N 为奇数,$M > N$,M 与 N 互质)表示,对应地存在正整数解

$$a = \frac{c}{\frac{M^2+N^2}{2}} \cdot M \cdot N, \qquad b = \frac{c}{\frac{M^2+N^2}{2}} \cdot \frac{M^2-N^2}{2} \qquad ⑤''$$

(6) 利用二倍角公式产生勾股弦数组 $\langle a,b,c \rangle$.

由 $\langle 3,4,5 \rangle$ 知,可以视点 $P(3,4)$ 为角 α 终边上的一点,且此点到原点的距离为 5,则 $\sin\alpha = \frac{4}{5}, \cos\alpha = \frac{3}{5}$,由

$$\sin 2\alpha = 2\sin\alpha \cdot \cos\alpha = 2 \times \frac{4}{5} \times \frac{3}{5} = \frac{24}{25}$$

$$\cos 2\alpha = \cos^2\alpha - \sin^2\alpha = \left(\frac{3}{5}\right)^2 - \left(\frac{4}{5}\right)^2 = -\frac{7}{25}$$

可知点 $Q(-7,24)$ 为角 2α 终边上的一点,且这一点到原点的距离为 25,由此有勾股弦数组 $\langle 7,24,25 \rangle$.

由上可知,利用二倍角公式,由 $\langle 3,4,5 \rangle$ 可得到 $\langle 7,24,25 \rangle$,由 $\langle 7,24,25 \rangle$ 又可得一组勾股弦数组,这可继续下去,得到一系列勾股弦数组.

类似地,若勾为 x,股为 y,作为角 α 终边上的点 $P(x,y)$ 利用二倍角公式,即由 $\langle x, y, \sqrt{x^2+y^2} \rangle$,可得到 $\langle |x^2-y^2|, 2xy, x^2+y^2 \rangle$,这其实就是公式③.

(7) 利用复数方法产生勾股弦数组 $\langle a,b,c \rangle$.

方法 1 由 $\langle 3,4,5 \rangle$ 知,有复数 $z = 3+4i$ 的模为 5,由 $z^2 = (3+4i)^2 = -7+24i$,且 $|z^2| = 25$,有 $\langle 7,24,25 \rangle$,由此可知,由一组勾股弦数组,运用如上复数方法,可得另一组勾股弦数组,这可继续下去,得到一系列勾股弦数组.

类似地,由 $\langle x,y,\sqrt{x^2+y^2}\rangle$,有复数 $z = x+yi$ 利用 $z^2 = (x+yi)^2 = x^2-y^2+2xyi$,且 $|z^2| = \sqrt{(x^2-y^2)^2+(2xy)^2} = x^2+y^2$,可得 $\langle |x^2-y^2|, 2xy, x^2+y^2 \rangle$,此即为公式③.

方法 2 由 $\langle 3,4,5 \rangle$ 和 $\langle 7,24,25 \rangle$ 知,有复数 $z_1 = 3+4i, z_2 = 7+24i$,且 $|z_1| = 5, |z_2| = 25$,注意到 $z_1 \cdot z_2 = (3+4i)(7+24i) = (21-96)+(72+28)i = -75+100i$,且 $|z_1 \cdot z_2| = |z_1| \cdot |z_2| = 125$,于是有 $\langle 75,100,125 \rangle$,由此可知,由两组勾股弦数组,运用这种复数方法,可得一系列勾股弦数组.

类似地,由 $\langle a,b,\sqrt{a^2+b^2}\rangle$ 和 $\langle c,d,\sqrt{c^2+d^2}\rangle$,有复数 $z_1 = a+bi, z_2 = c+di$,且 $|z_1| = \sqrt{a^2+b^2}, |z_2| = \sqrt{c^2+d^2}$,注意到 $z_1 \cdot z_2 = (a+bi)(c+di) = (ac-bd)+(ad+bc)i$,且 $|z_1| \cdot |z_2| = \sqrt{(a^2+b^2)(c^2+d^2)}$,于是有勾股弦数组

$$\langle |ac-bd|, ad+bc, \sqrt{(a^2+b^2)(c^2+d^2)} \rangle \qquad ⑥$$

(8) 利用连续奇数之和产生勾股弦数组 $\langle a,b,c \rangle$.

由 $1+3+5 = 3^2, 1+3+5+7 = 4^2, 1+3+5+7+9 = 5^2$,有

$$1+3+5+7+9 = 1+3+(2\times3-1)+(2\times3+1)+(2\times4+1) =$$
$$3^2 + \{(2\times3+1)+[2\times(5-1)+1]\} = 5^2$$

且 $(2\times3+1)+[2\times(5-1)+1] = 4^2$

类似地,由

$$1 + 3 + \cdots + (2x_0 - 1) + (2x_0 + 1) + \cdots + [2(z_0 - 1) + 1] =$$
$$x_0^2 + \{[2(x_0 + 1) - 1] + [2(x_0 + 2) - 1] + \cdots + [2(z_0 - 1) + 1]\} = z_0^2$$

且
$$[2(x_0 + 1) - 1] + [2(x_0 + 2) - 1] + \cdots + [2z_0 - 1] =$$
$$[2(x_0 + 1) - 1] + [2(x_0 + 2) - 1] + \cdots + [2(x_0 + k) - 1] = y_0^2$$

对上式左边连续 k 项求和,亦即有 $(2x_0 + k)k = y_0^2$,其中 $k = z_0 - x_0$,且若设 x_0 为奇数,则知 y_0 为偶数. 由此知 k 必为偶数,设 $k = 2l$,则 $(x_0 + l)l \cdot 2^2 = y_0^2$.

又设 $l = n^2 t$,其中 t 无平方因子,代入上式有
$$(x_0 + n^2 t)tn^2 \cdot 2^2 = y_0^2 \qquad (*)$$

此式右边是一个完全平方数,故 $(x_0 + n^2 t)t$ 也应是一个完全平方数,而 t 无平方因子,则 $x_0 + n^2 t$ 是 t 的倍数,即 x_0 是 t 的倍数.

令 $x_0 = tx_1$ 代入式 $(*)$,有
$$(x_1 + n^2)t^2 \cdot n^2 \cdot 2^2 = y_0^2$$

由此知 $x_1 + n^2$ 是一个完全平方数,不妨令 $x_1 + n^2 = m^2$,代入此式可求得 $y_0 = 2mnt$,且 $m > n$, $x_0 = tx_1 = (m^2 - n^2)t, x_0^2 + y_0^2 = t^2(m^2 - n^2)^2 + (2mn)^2 t^2 = (m^2 + n^2)^2 t^2$,故有 $\langle m^2 - n^2, 2mn, m^2 + n^2 \rangle$.

或者直接由
$$1 + 3 + 5 + \cdots + (2k - 1) + (2k + 1) = k^2 + (2k + 1) = (k + 1)^2$$

有
$$1 + 3 + 5 + \cdots + (4n^2 + 4n - 1) + (4n^2 + 4n + 1) = (2n^2 + 2n + 1)^2 =$$
$$(2n^2 + 2n)^2 + 2(2n^2 + 2n) + 1 = (2n^2 + 2n)^2 + (2n + 1)^2$$

或者有
$$(2n + 1)^2 = 4n^2 + 4n + 1 = (2n^2 + 2n + 1 + 2n^2 + 2n)(2n^2 + 2n + 1 - 2n^2 - 2n) =$$
$$(2n^2 + 2n + 1)^2 - (2n^2 + 2n)^2$$

得勾股弦数组
$$\langle (2n + 1)^2, (2n^2 + 2n)^2, (2n^2 + 2n + 1)^2 \rangle$$

1.4.3 勾股弦数组的有趣性质

由 $\langle 3, 4, 5 \rangle$ 知,勾股弦数组中有一个数能被 3 整除,也有一个数能被 4 整除,还有一个数能被 5 整除,一般地,我们亦有:

性质 1 设 a, b, c 为一组勾股弦数组,若 c 为偶数,则 a, b 也为偶数;若 c 为奇数,则 a, b 为一奇一偶. 若 a, b, c 三个数互质,则 a, b 必一奇一偶,而 c 为奇数.

性质 2 设 a, b, c 是一组勾股弦数组,且这组数的最大公因数为 1,则 a, b 中必有一个能被 3 整除,也必有一个能被 4 整除; a, b, c 中必有一个能被 5 整除,从而 $60 \mid abc$.

证明 如果 a, b 都不能被 3 整除,因不能被 3 整除的数是 $3n \pm 1 (n \in \mathbf{N}^*)$,它们的平方为
$$(3n \pm 1)^2 = 3(3n^2 \pm 2n) + 1 = 3k + 1$$

于是 $c^2 = a^2 + b^2 = 3(k_1 + k_2) + 2$,这不可能,因此, a, b 中必有一个能被 3 整除.

如果 a, b 都不能被 4 整除,而不能被 4 整除的数是 $4n \pm 1, 4n + 2$,它们的平方为

$$(4n \pm 1)^2 = 8k + 1, \quad (4n + 2)^2 = 8k + 4$$

又因为 a,b 一奇一偶,所以 a,b 中之一必形如 $4n \pm 1$,而另一形如 $4n + 2$,于是 $c^2 = a^2 + b^2 = 8k + 5$,这是不可能的,因为任何整数的平方都不可能是 $8k + 5$ 的形式,因此,a,b 中必有一数能被 4 整除.

再证 a,b,c 中必有一数能被 5 整除. 设 a,b,c 都不能被 5 整除,因不能被 5 整除的数是 $5n \pm 1$ 或 $5n \pm 2$,它们的平方为 $(5n \pm 1)^2 = 5k + 1$,$(5n \pm 2)^2 = 5k - 1$,于是 $c^2 = a^2 + b^2 = 5k \pm 2$ 或 $5k$,但整数的平方不可能是 $5k \pm 2$,因此只能有 $c^2 = 5k$,于是 z 能被 5 整除与假设矛盾,因此 a,b,c 中必有一数能被 5 整除.

因为 3,4,5 两两互质,因此其乘积能整除 abc,即 $60 \mid abc$.

注 需要指出的是,性质 2 中说 a,b 中必有一个能被 3 整除,也必有一个能被 4 整除,并不是说 a,b 中一个能被 3 整除,另一个能被 4 整除. 也许 a,b,c 中分别能被 3,4,5 整除的数只有其中的某一个,如在 $\langle 11, 60, 61 \rangle$ 中能分别被 3,4,5 整除的数就只有 60.

性质 3 边长分别为 $2n + 1, 2n(n+1), 2n(n+1) + 1 (n \in \mathbf{N}^*)$ 的三角形的内切圆半径等于自然数 n;边长分别为 $2(n+1), n(n+2), n(n+2) + 2 (n \in \mathbf{N}^*)$ 的三角形的内切圆半径等于自然数 n;边长分别为 $m^2 - n^2, 2mn, m^2 + n^2 (m, n \in \mathbf{N}^*$ 且 $m > n)$ 的三角形的内切圆半径等于 $n(m - n)$.

证明提示:由直角三角形内切圆半径 $r = \frac{1}{2}(a + b - c)$ 或 $r = \frac{ab}{a + b + c}$(其中 a,b 是两直角边长,c 为斜边长)即求得上述三类直角三角形的内切圆半径分别为 $n, n, n(m - n)$.

性质 4 由①确定的勾股弦数组中,股与弦的和为一平方数;由②确定的勾股弦数组中,股与弦和的一半为一平方数,且当勾的一半为偶数时,股与弦是两个连续的奇数,当勾的一半为奇数时,股与弦是两个连续的偶数;由③确定的勾股弦数组中,股与弦的和为一平方数.(证略)

性质 5 勾股弦数组 $\langle m^2 - n^2, 2mn, m^2 + n^2 \rangle$(其中 $m > n$)给出了有理万能代换公式,若边长为 $2mn$ 所对的角为 α 时,则有 $\tan \frac{\alpha}{2} = \frac{n}{m}$,且 $\cos \alpha = \frac{1 - \tan^2 \frac{\alpha}{2}}{1 + \tan^2 \frac{\alpha}{2}}$,$\sin \alpha = \frac{2\tan \frac{\alpha}{2}}{1 + \tan^2 \frac{\alpha}{2}}$.

(证略)

性质 6 设 x,y,z 互质且 y,z 是奇数的勾股弦数,则 $z - x, z + x, \frac{z+y}{2}, \frac{z-y}{2}$ 都是平方数.

证明 因为 x,y,z 互质,故可设
$$x = 2mn, y = m^2 - n^2, z = m^2 + n^2$$
则 $z - x = (m - n)^2, z + x = (m + n)^2, \frac{z - y}{2} = n^2, \frac{z + y}{2} = m^2$,都是平方数.

性质 7 若 x_1, y_1, z_1 与 x_2, y_2, z_2 是两组勾股数,且 $\frac{x_1}{x_2} \neq \frac{y_1}{y_2}$,则 $x_1 x_2 + y_1 y_2, y_1 x_2 - x_1 y_2, z_1 z_2$ 也是一组勾股数.

证明 $(x_1 x_2 + y_1 y_2)^2 + (y_1 x_2 - x_1 y_2)^2 = x_1^2 x_2^2 + y_1^2 y_2^2 + y_1^2 x_2^2 + x_1^2 y_2^2 =$
$(x_1^2 + y_1^2)(x_2^2 + y_2^2) = z_1^2 z_2^2 = (z_1 z_2)^2$

于是结论成立.

性质 8 若 $z-x=1$,则勾股数 x,y,z 可以写成单参数形式
$$x=2m(m-1),y=2m-1,z=2m(m-1)+1$$
这里 m 为任意大于 1 的正整数.

证明 由 x 比 z 小 1 可知,x,y,z 互质,由性质 1,z 必为奇数,所以 x 为偶数. 设 $x=2mn,y=m^2-n^2,z=m^2+n^2$,由 $z-x=1$,得 $m^2+n^2-2mn=1$,即 $(m-n)^2=1$,所以 $n=m-1$,故有
$$x=2mn=2m(m-1)$$
$$y=m^2-n^2=m^2-(m-1)^2=2m-1$$
$$z=m^2+n^2=m^2+(m-1)^2=2m(m-1)+1$$

勾股数可能还有很多美妙的性质有待我们去发现,研究这些性质,使我们寻究到数学的美.

1.4.4 由 ⟨3,4,5⟩ 联想到广义勾股弦数组

(1) 多元数组.

我们称满足等式 $x_{k1}^2+x_{k2}^2+\cdots+x_{kk}^2=x_{k,k+1}^2$ 的一组整数 $(a_{k1},a_{k2},\cdots,a_{k,k+1})$ 为一组 $k+1$ 元数组.

显然,$x_{21}=m^2-n^2,x_{22}=2mn,x_{23}=m^2+n^2$ 即为一组 3 元数组 ($m>n$ 且互质).

由于 m,n 一奇一偶,若设 $x_{23}=2k+1=(k+1)^2-k^2$,且取 $m_1=k+1,n_1=k$,则 $m^2+n^2=2k+1=m_1^2-n_1^2$,从而
$$(m^2-n^2)^2+(2mn)^2+[2k(k+1)]^2=(m^2+n^2)^2+(2m_1n_1)^2=$$
$$(m_1^2-n_1^2)^2+(2m_1n_1)^2=(m_1+n_1)^2$$
注意到 $k=\frac{1}{2}(m^2+n^2-1)$,则
$$\langle m^2-n^2,2mn,\frac{1}{2}[(m^2+n^2)^2-1],\frac{1}{2}[(m^2+n^2)^2+1]\rangle$$
即为一组 4 元数组.

类似地可构造 5 元数组,6 元数组,……

例如,$m=2,n=1$ 得一组 4 元数组 ⟨3,4,12,13⟩.

由 $2k+1=13$ 得 $k=6$ 及 $2k(k+1)=84$,有 $3^2+4^2+12^2+84^2=85^2$,即可得一组 5 元数组 ⟨3,4,12,84,85⟩.

(2) 连续数组(一).

由 $3^2+4^2=5^2$ 知,⟨3,4,5⟩ 这组数中所含的三个自然数是连续的自然数,这种情况可以推广吗?

经试探,我们有
$$10^2+11^2+12^2=13^2+14^2$$
$$21^2+22^2+23^2+24^2=25^2+26^2+27^2$$
$$\vdots$$
如果记 (3,4 | 5),则可记 (10,11,12 | 13,14),(21,22,23,24 | 25,26,27),…

考察非零自然数数列 $\{n\}$：$1,2,3,4,5,6,7,8,9,10,11,12,13,14,15,16,\cdots$。

如果将此数列进行第 n 组，有 $n+1$ 个数依次分组，即第 1 组两个数 $1,2$；第 2 组三个数 $3,4,5$；第 3 组四个数 $6,7,8,9$；第 4 组五个数 $10,11,12,13,14$；$\cdots$，第 $2n$ 组 $2n+1$ 个数 $2n^2+n,2n^2+n+1,\cdots,2n^2+3n,\cdots$。此时，发现有上述平方关系（即勾股弦数组或广义连续勾股弦数组）恰为上述分组中的第 2 组，第 4 组，第 6 组$\cdots\cdots$那么第 $2n$ 组也构成广义连续勾股弦数组吗？

若令 $A_n = 2n^2 + n, a_k = 2n^2 + n + k, b_k = 2n^2 + 2n + k$，则
$$b_k^2 - a_k^2 = (b_k - a_k)(b_k + a_k) = n(4n^2 + 3n + 2k) = 4n^3 + 3n^2 + 2nk$$

从而
$$\sum_{k=1}^{n}(b_k^2 - a_k^2) = \sum_{k=1}^{n}(4n^3 + 3n^2) + \sum_{k=1}^{n}2nk = (4n^3 + 3n^2)n + 2n \cdot \frac{1}{2}n(n+1) =$$
$$4n^4 + 4n^3 + n^2 = n^2(2n+1)^2 = (2n^2 + n)^2 = A_n^2$$

即
$$\sum_{k=1}^{n}a_k^2 + A_n^2 = \sum_{k=1}^{n}b_k^2$$

亦即
$$(2n^2 + n)^2 + (2n^2 + n + 1)^2 + \cdots + (2n^2 + 2n)^2 =$$
$$(2n^2 + 2n + 1)^2 + (2n^2 + 2n + 2)^2 + \cdots + (2n^2 + 3n)^2 \qquad ⑦$$

由此即知，以中间的数为 $2n(n+1)$ 的 $2n+1$ 个连续正整数中，前 $n+1$ 个数的平方和等于后 n 个数的平方和，或以 $2n^2 + n$ 开头，这 $2n+1$ 个连续自然数构成一个广义勾股弦数组。其实公式 ⑦ 就是我国著名数学家华罗庚教授于 20 世纪 50 年代在《数论导引》中提到的勾股定理的次之推广。

注 上面我们得到了连续的 $2n+1$ 自然数的有关平方和的结论。类似地，我们还可得如下结论：(1) 连续的 $2n+1$ 自然数，前 $n+1$ 个数的和等于后面 n 个数的和，这些数的第一个数为 n^2。如 $1+2=3,4+5=6+7=8,\cdots$；(2) 不存在连续的 $2n+1$ 个自然数，前 $n+1$ 个数的立方和等于后面 n 个数的立方和。

(3) 连续数组（二）。

对于 $3^2 + 4^2 = 5^2$，显然可写成
$$(2+1)^2 + (2+2)^2 = (2+3)^2 = (2+2\times2-1)^2 \qquad (*)$$

一般地，对于 $m = 1,2,\cdots$，是否存在正整数 n 与 k，有 m 类广义勾股数组等式
$$(n+1)^2 + (n+2)^2 + \cdots + (n+k)^2 = (n+k+1)^2 + \cdots + (n+2k-m)^2 \qquad ⑧$$

显然，当 $n=2, k=2, m=1$ 时，式 ⑧ 即为式 $(*)$，对于式 ⑧，两边都加上 $(n+2k-m+1)^2 + (n+2k-m+2)^2 + \cdots + (n+2k)^2$，得
$$\sum_{i=1}^{k}(n+i)^2 + \sum_{i=k-m+1}^{k}(n+k+i)^2 = \sum_{i=1}^{k}(n+k+i)^2$$

从而
$$\sum_{i=k-m+1}^{k}(n+k+i)^2 = \sum_{i=1}^{k}(n+k+i)^2 - \sum_{i=1}^{k}(n+i)^2 = \sum_{i=1}^{k}[(n+k+i)^2 - (n+i)^2] =$$
$$k\sum_{i=1}^{k}(2n+k+2i) = 2k^2n + 2k^3 + k^2$$

把上述等式左边展开,经合并整理,得
$$mn^2 - [2k^2 - 4mk + m(m-1)]n - [2k^3 - (4m-1)k^2 + 2m(m-1) - \frac{1}{6}(m-1)m(2m-1)] = 0$$

把这个等式看作 n 的一元二次方程,利用一元二次方程的求根公式,有

$$n = \frac{2k^2 - 4mk + m(m-1) \pm 2\sqrt{\Delta}}{2m} \qquad ⑧'$$

其中 $\Delta = k^2(k-m)^2 - \frac{1}{12}m^2(m^2-1)$.

此时,若 $m=1$,则 $\Delta = k^2(k-1)^2$,得 $n = 2k^2 - 3k$ ($n = -k$ 舍去),式 ⑧ 所表示的连续数组为式 ⑦ 所表示的连续数组,特别地,取 $k = 2,3,\cdots$,可得 $(3,4|5),(10,11,12|13,14),\cdots$.

为了探讨 $m = 2,3,\cdots$ 时,满足式 ⑧ 的连续数组,可由式 ⑧' 推知:

①m 类广义勾股数组存在的必要条件是,存在大于 m 的正整数 k,使得 Δ 为完全平方数.

又可推知:

②设 $b = \frac{1}{12}m^2(m^2-1)$,则 Δ 为完全平方数的充分必要条件是,存在正整数 $p < \sqrt{b}$ 与 $k > m$,使得 $k(k-m) = \frac{p^2 + b}{2p}$.

③当 $b = \frac{1}{12}m^2(m^2-1)$ 是偶数,但不是 4 的倍数时,这样的 m 类广义勾股数组不可能存在.

由上述讨论,可知当 $m = 2,3,4,5,6,7,8,10,11,12,13,14,15,\cdots$,其 m 类广义勾股数组不存在,而当 $m = 9$ 时,存在 $k = 17$,求得 $n = 17$,有

$$18^2 + 19^2 + \cdots + 34^2 = 35^2 + 36^2 + \cdots + 42^2$$

广西梧州市教育学院的黄振国先生(见《上海中学数学》1990 年 1 期)编写了一个 BASIC 程序,在 APPLE Ⅱ 微机上得到了如下几组广义勾股数:

$m = 25$ 时,$4^2 + 5^2 + \cdots + 38^2 = 39^2 + \cdots + 48^2$;

$m = 26$ 时,$60^2 + \cdots + 110^2 = 111^2 + \cdots + 135^2$,$12^2 + \cdots + 50^2 = 51^2 + \cdots + 63^2$;

$m = 54$ 时,$67^2 + \cdots + 159^2 = 160^2 + \cdots + 198^2$;

$m = 90$ 时,$16^2 + \cdots + 142^2 = 143^2 + \cdots + 179^2$;

$m = 191$ 时,$474^2 + \cdots + 855^2 = 856^2 + \cdots + 1\,046^2$;

$m = 1\,727$ 时,$16\,395^2 + \cdots + 21\,575^2 = 21\,576^2 + \cdots + 25\,029^2$.

(4) 连续数组(三).

由 $3^2 + 4^2 = 5^2$ 及 $5^2 + 12^2 = 13^2$,有

$$3^2 + 4^2 = 13^2 - 12^2$$

上式表示两个连续自然数的平方和等于两个连续自然数的平方差,这样的情形多吗? 这样的情形可以推广吗? 经试探有 $1^2 + 2^2 = 3^2 - 2^2$,$2^2 + 3^2 + 4^2 = 15^2 - 14^2$,$\cdots$ 不管怎样,这些式子已表示:

连续自然数的平方和

$$\sum_{i=0}^{n}(k+i)^2 = k^2 + (k+1)^2 + \cdots + (k+n)^2 \qquad ⑨$$

其中 $k = 1,2,3,\cdots$,当 n 取不同的自然数时,有一个共同的性质,对某些自然数 n,式 ⑨ 可以等于两个连续自然数的平方差,即

$$\sum_{i=0}^{n}(k+i)^2 = (m+1)^2 - m^2, \quad m \in \mathbf{N}^* \qquad ⑩$$

当 $n = 1$ 时,式 ⑨ 为 $k^2 + (k+1)^2 = (m+1)^2 - m^2$,解得 $m = k^2 + k$. 此时有

$$k^2 + (k+1)^2 = (k^2 + k + 1)^2 - (k^2 + k)^2 \qquad ⑪$$

取 $k = 1,2,3,\cdots$,则有

$$1^2 + 2^2 = 3^2 - 2^2, 2^2 + 3^2 = 7^2 - 6^2, 3^2 + 4^2 = 13^2 - 12^2, \cdots$$

当 $n = 2$ 时,将式 ⑩ 改写一下为 $\sum_{i=-1}^{1}(k+i)^2 = (m+1)^2 - m^2$,求得 $m = \frac{1}{2}(3k^2 + 1)$,因为 m 为自然数,所以 k 只能取奇数. 于是有

$$(k-1)^2 + k^2 + (k+1)^2 = [\frac{1}{2}(3k^2+1)+1]^2 - [\frac{1}{2}(3k^2+1)]^2 \qquad ⑫$$

取 $k = 3,5,7,\cdots$,则有

$$2^2 + 3^2 + 4^2 = 15^2 - 14^2, 4^2 + 5^2 + 6^2 = 39^2 - 38^2, 6^2 + 7^2 + 8^2 = 75^2 - 74^2, \cdots$$

当 $n = 3$ 时,式 ⑩ 为 $k^2 + (k+1)^2 + (k+2)^2 + (k+3)^2 = (m+1)^2 - m^2$,求得 $m = \frac{1}{2}(4k^2 + 12k + 13)$. 由于括号内是奇数,因而 m 不能取自然数,所以连续四个自然数的平方和不能等于两个连续自然数的平方差.

那么 n 取什么自然数时,式 ⑩ 才能成立呢? 下面对正整数 n 为奇数时与 n 为偶数时分别讨论.

当 n 为偶数时,式 ⑨ 右边共有 $n + 1$ 项,$n + 1$ 为奇数,将式 ⑩ 改写一下为

$$\sum_{i=-j}^{j}(k+i)^2 = (m+1)^2 - m^2, \quad j = 1,2,3,\cdots$$

即有 $\qquad (2j+1)k^2 + 2(1^2 + 2^2 + \cdots + j^2) = (m+1)^2 - m^2$

解得 $\qquad m = \frac{1}{2}[(2j+1)k^2 + 2(1^2 + 2^2 + \cdots + j^2) - 1]$

由上式可以看出 k 必须是大于 1 的奇数. 故

$$\begin{aligned}
&(k-j)^2 + (k-j+1)^2 + \cdots + k^2 + \cdots + (k+j-1)^2 + (k+j)^2 = \\
&\left\{\frac{1}{2}[(2j+1)k^2 + 2(1^2+2^2+\cdots+j^2) - 1] + 1\right\}^2 - \\
&\left\{\frac{1}{2}[(2j+1)k^2 + 2(1^2+2^2+\cdots+j^2) - 1]\right\}^2 = \\
&\left\{\frac{1}{2}[(2j+1)k^2 + \frac{1}{3}j(j+1)(2j+1) - 1] + 1\right\}^2 - \\
&\left\{\frac{1}{2}[(2j+1)k^2 + \frac{1}{3}j(j+1)(2j+1) - 1]\right\}^2
\end{aligned} \qquad ⑬$$

其中 k 为大于 1 的奇数,且 $k > j$.

当 $j = 1$ 时,式 ⑬ 即为 ⑫.

当 $j=2$ 时,式⑬即为

$$(k-2)^2+(k-1)^2+k^2+(k+1)^2+(k+2)^2=\left[\frac{1}{2}(5k^2+9)+1\right]^2-\left[\frac{1}{2}(5k^2+9)\right]^2$$

⑭

取 $k=3,5,7,\cdots$ 时,

$$1^2+2^2+3^2+4^2+5^2=28^2-27^2, 3^2+4^2+5^2+6^2+7^2=68^2-67^2,$$
$$5^2+6^2+7^2+8^2+9^2=128^2-127^2,\cdots$$

类似地,当 $j=3$ 时,由式⑬,取 $k=5,7,9,\cdots$ 有

$$2^2+3^2+\cdots+8^2=102^2-101^2, 4^2+5^2+\cdots+10^2=186^2-185^2,$$
$$6^2+7^2+\cdots+12^2=298^2-297^2,\cdots$$

当 n 为奇数时,将奇数分为 $4j-1$ 和 $4j-3(j=1,2,\cdots)$ 两种情况讨论.

当 $n=4j-1(j=1,2,\cdots)$ 时,由式⑨,有

$$\sum_{i=0}^{4j-1}(k+i)^2=4jk^2+2[1+2+\cdots+(4j-1)]k+[1^2+2^2+\cdots+(4j-1)^2]=$$
$$4jk^2+4j(4j-1)k+\frac{2}{3}j(4j-1)(8j-1)$$

用数学归纳法可以证明 $\frac{2}{3}j(4j-1)(8j-1)$ 为偶数,因而无论 k 取何正整数值,上式均为偶数,而 $(m+1)^2-m^2=2m+1$ 为奇数,所以 $\sum_{i=0}^{4j-1}(k+i)^2(j=1,2,\cdots)$ 不能表示为两个连续自然数的平方差.

当 $n=4j-3(j=1,2,\cdots)$ 时,由式⑨,有

$$\sum_{i=0}^{4j-3}(k+i)^2=(4j-2)k^2+2[1+2+\cdots+(4j-3)]k+[1^2+2^2+\cdots+(4j-3)^2]=$$
$$(4j-2)k^2+2(2j-1)(4j-3)k+\frac{1}{3}(2j-1)(4j-3)(8j-5)$$

由于 $\frac{1}{3}(2j-1)(4j-3)(8j-5)=1^2+2^2+\cdots+(4j-3)^2$,因而必为正整数,而且又是三个奇数的乘数与 3 的商,所以必为奇数,令

$$(4j-2)k^2+2(2j-1)(4j-3)k+\frac{1}{3}(2j-1)(4j-3)(8j-5)=(m+1)^2-m^2$$

可求得

$$m=(2j-1)k^2+(2j-1)(4j-3)k+\frac{1}{2}\left[\frac{1}{3}(2j-1)(4j-3)(8j-5)\right],\quad k=1,2,3\cdots$$

故

$$\sum_{i=0}^{4j-3}(k+i)^2=(m+1)^2-m^2$$

其中

$$m=(2j-1)k^2+(2j-1)(4j-3)k+\frac{1}{2}\left[\frac{1}{3}(2j-1)(4j-3)(8j-5)\right],\quad k=1,2,\cdots$$ ⑮

当 $j=1$ 时,式⑮即为式⑪.

当 $j=2$ 时,取 $k=1,2,3,\cdots$,则有

$$1^2 + 2^2 + \cdots + 6^2 = 46^2 - 45^2, \quad 2^2 + 3^2 + \cdots + 7^2 = 70^2 - 69^2,$$
$$3^2 + 4^2 + \cdots + 8^2 = 100^2 - 99^2, \cdots$$

当 $j = 3$ 时,取 $k = 1, 2, 3, \cdots$,则有
$$1^2 + 2^2 + \cdots + 10^2 = 193^2 - 192^2, \quad 2^2 + 3^2 + \cdots + 11^2 = 253^2 - 252^2,$$
$$3^2 + 4^2 + \cdots + 12^2 = 323^2 - 322^2, \cdots$$

注 对连续勾股数的深入寻究,还可参见赵生筱老师的文章《多元连续勾股数》,载于《中学数学》(苏州)1994 年第 3 期.

(5) 平方法数组.

由
$$3^2 + 4^2 = 5^2 \qquad \text{⑯}$$

两边平方,有
$$(5^2)^2 = (3^2 + 4^2)^2 = (3^2)^2 + 2 \times 3^2 \times 4^2 + (4^2)^2 = (3^2)^2 + 4^2(2 \times 3^2 + 4^2) =$$
$$(3^2)^2 + 4^2(3^2 + 3^2 + 4^2) = (3^2)^2 + 4^2(3^2 + 5^2) =$$
$$(3^2)^2 + (3 \times 4)^2 + (4 \times 5)^2$$

得到
$$(3^2)^2 + (3 \times 4)^2 + (4 \times 5)^2 = (5^2)^2 \qquad \text{⑰}$$

即
$$9^2 + 12^2 + 20^2 = 25^2 \qquad \text{⑱}$$

比较 ⑰ 和 ⑯,对式 ⑯ 中三项数的每项依次乘以 $4^2, 5^2, 5^2$,再在左边加上 $(3^2)^2$ 得式 ⑰,即得到一组广义勾股弦数组 ⑱.

若对式 ⑰ 中四项数的每项依次乘以 $4^2, 5^2, 5^2, 5^2$,再在左边加上 $(3^3)^2$,得到的式子成立吗? 经计算知此式也成立,即有
$$(3^3)^2 + (3^2 \times 4)^2 + (3 \times 4 \times 5)^2 + (4 \times 5^2)^2 = (5^3)^2 \qquad \text{⑲}$$

亦即
$$27^2 + 36^2 + 60^2 + 100^2 = 125^2 \qquad \text{⑳}$$

由此又得一组广义勾股弦数组.

依此类推,还可得到一系列广义勾股弦数组,如
$$(3^{1\,993})^2 + (3^{1\,992} \times 4)^2 + (3^{1\,991} \times 4 \times 5)^2 + (3^{1\,990} \times 4 \times 5^2)^2 + \cdots +$$
$$(3 \times 4 \times 5^{1\,991})^2 + (4 \times 5^{1\,992})^2 = (5^{1\,993})^2$$
$$(3^{2\,000})^2 + (3^{1\,999} \times 4)^2 + (3^{1\,998} \times 4 \times 5)^2 + (3^{1\,997} \times 4 \times 5^2)^2 + \cdots +$$
$$(3 \times 4 \times 5^{1\,998})^2 + (4 \times 5^{1\,999})^2 = (5^{2\,000})^2$$

上述方法,也可用于其他勾股弦数组,例如,由 $5^2 + 12^2 = 13^2$,两边平方,有
$(13^2)^2 = (5^2 + 12^2)^2 = (5^2)^2 + 2 \times 5^2 \times 12^2 + (12^2)^2 = (5^2)^2 + (5 \times 12)^2 + (12 \times 13)^2$

即
$$25^2 + 60^2 + 156^2 = 169^2 \qquad \text{㉑}$$

(6) 长方体数组.

我们常把形如式 ⑪,⑱,㉑ 的数组称为长方体数组,长方体数组是勾股弦数组的一种简单推广.

上面给出了由勾股弦数组导出长方体数组的一种方法. 当然也可由两组相关的勾股弦

数组导出一组长方体数组,例如,由 $5^2 + 12^2 = 13^2$,有 $3^2 + 4^2 + 12^2 = 13^2$ 等,或由 ⑪ 有 $a^2 + b^2 = d^2 - c^2$ 导出,如 $1^2 + 2^2 = 3^2 - 2^2$,有 $1^2 + 2^2 + 2^2 = 3^2$ 等.下面我们给出导出这些长方体数组的一般方法:任给两个正整数可得到长方体数组的法则.

长方体数组是不定方程 $x^2 + y^2 + z^2 = w^2$ 的正整数解,因此,我们可以从讨论不定方程 $x^2 + y^2 + z^2 = w^2$ 的正整数解出发推导构造长方体数组的两个法则.

因不定方程 $x^2 + y^2 + z^2 = w^2$ 有正整数解,可先假定 $(x,y,z) = 1$. 因为当 $(x,y,z) = d_0 > 1$ 时,由 $d_0^2 \mid x^2, d_0^2 \mid y^2, d_0^2 \mid z^2$ 有 $d_0^2 \mid w^2$,即有 $d_0 \mid w$,此时不定方程两边可同时约去 d_0,便有 $\left(\dfrac{x}{d_0}, \dfrac{y}{d_0}, \dfrac{z}{d_0}\right) = 1$.

当 $(x,y,z) = 1$ 时,显然 x,y,z 不可能同时为偶数. 我们也可证得 x,y,z 不可能同时为奇数,否则由 $w^2 = x^2 + y^2 + z^2 = (2k_1 + 1)^2 + (2k_2 + 1)^2 + (2k_3 + 1)^2 = 4k + 3$,与正整数 w 的平方或者为 4 的倍数或者为 4 的倍数余 1 矛盾(其中 k_1, k_2, k_3, k 均为正整数). 因此,x,y,z 中必有奇有偶,由对称性,不妨设 x,y 为一奇一偶,则 $x^2 + y^2$ 为奇数. 若 $x^2 + y^2$ 有正奇数约数 $p(p < \sqrt{x^2 + y^2})$,则可设 $x^2 + y^2 = p(2l + 1)$,从而 $l = \dfrac{1}{2}\left(\dfrac{x^2 + y^2}{p} - 1\right)$.

又 $x^2 + y^2 = w^2 - z^2$,从而有 $w^2 - z^2 = p \cdot (2l + 1)$,亦有 $(w + z)(w - z) = p \cdot (2l + 1)$,故有

$$\begin{cases} w + z = 2l + 1 \\ w - z = p \end{cases}$$

或

$$\begin{cases} w + z = p \cdot (2l + 1) \\ w - z = 1 \end{cases}$$

解得

$$z = \frac{1}{2}\left(\frac{x^2 + y^2}{p} - p\right), \quad w = \frac{1}{2}\left(\frac{x^2 + y^2}{p} + p\right) \qquad (*)$$

或

$$z = \frac{1}{2}(x^2 + y^2 - 1), \quad w = \frac{1}{2}(x^2 + y^2 + 1) \qquad (**)$$

而当 $p = 1$ 时,式($*$)即为式($**$),因此,我们有:

法则 1 设 M, N 是任意一奇一偶的正整数,p 是 $M^2 + N^2$ 的小于 $\sqrt{M^2 + N^2}$ 的正奇约数,t 是任意正整数,令 $a = Mt, b = Nt, c = \dfrac{1}{2}\left(\dfrac{M^2 + N^2}{p} - p\right)t, d = \dfrac{1}{2}\left(\dfrac{M^2 + N^2}{p} + p\right)t$,则 a, b, c, d 组成一组长方体数组,即 $a^2 + b^2 + c^2 = d^2$. 记为

$$\left\langle Mt, Nt, \frac{1}{2}\left(\frac{M^2 + N^2}{p} - p\right)t, \frac{1}{2}\left(\frac{M^2 + N^2}{p} + p\right)t \right\rangle \qquad ⑫$$

利用式 ⑫,若取 $M = 1, N = 2, t = 1$,则有 $\langle 1,2,2,3 \rangle$ 一组;取 $M = 3, N = 4, t = 1$,则有 $\langle 3,4,12,13 \rangle$ 一组;取 $M = 1\,986, N = 1\,987, t = 1$,则有 $\langle 1\,986, 1\,987, 3\,946\,182, 3\,946\,183 \rangle$,$\langle 1\,986, 1\,987, 389\,234, 789\,239 \rangle$,$\langle 1\,986, 1\,987, 394\,676, 394\,689 \rangle$,$\langle 1\,986, 1\,987, 60\,678, 60\,743 \rangle$ 四组.

下面再推导法则2.

因 x,y,z,w 均取正整数,原不定方程可变形为 $\left(\dfrac{x}{w}\right)^2 + \left(\dfrac{y}{w}\right)^2 + \left(\dfrac{z}{w}\right)^2 = 1$,设 $\dfrac{x}{w} = x_1 + 1$, $\dfrac{y}{w} = y_1, \dfrac{z}{w} = z_1$,即有 $x_1^2 + 2x_1 + y_1^2 + z_1^2 = 0$.

可知 $z_1 \neq 0$,又设 $\dfrac{x_1}{z_1} = \dfrac{m}{n}, \dfrac{y_1}{z_1} = \dfrac{k}{n}$,则有

$$\dfrac{m^2}{n^2}z_1^2 + \dfrac{2m}{n}z_1 + \dfrac{k^2}{n^2}z_1^2 + z_1^2 = 0$$

从而求得
$$z_1 = -\dfrac{2mn}{m^2 + n^2 + k^2}$$

于是
$$x_1 = -\dfrac{2m^2}{m^2 + n^2 + k^2}$$

$$y_1 = -\dfrac{2mk}{m^2 + n^2 + k^2}$$

$$\dfrac{x}{w} = \dfrac{n^2 + k^2 - m^2}{m^2 + n^2 + k^2}$$

用 $-m$ 代 m,便有
$$x : y : z : w = (n^2 + k^2 - m^2) : 2mk : 2mn : (m^2 + n^2 + k^2)$$

由此便有:

法则2 设 M, N, p, t 是任意的正整数,但 $M^2 + N^2 \neq p^2$,令 $a = |M^2 + N^2 - p^2| \cdot t, b = 2Mpt, c = 2Npt, d = (M^2 + N^2 + p^2)t$,则 a, b, c, d 组成一组长方体数组,即 $a^2 + b^2 + c^2 = d^2$,记为
$$\langle |M^2 + N^2 - p^2| \cdot t, 2Mpt, 2Npt, (M^2 + N^2 + p^2)t \rangle \qquad ㉓$$

利用式㉓,若取 $M = N = p = t = 1$,则有 $\langle 1,2,2,3 \rangle$;取 $M = 2, N = 6, p = t = 1$,则有 $\langle 4,12,39,41 \rangle$;若取 $M = 1, N = 3, p = 2, t = 1$,则有 $\langle 4,12,6,14 \rangle$ 等价于 $\langle 2,6,3,7 \rangle$;若取 $M = 1, N = 3, p = 1, t = 2$,则有 $\langle 4,12,18,22 \rangle$ 等价于 $\langle 2,6,9,11 \rangle$;取 $M = 3, N = 4, p = t = 1$,则有 $\langle 6,8,24,26 \rangle$ 等价于 $\langle 3,4,12,13 \rangle$.

运用法则1,可以求出若给定了一奇一偶的两个正整数,再求出另两个,从而得到一组长方体数组;运用法则2,可以求出若给定了两个偶的正整数,再求出另两个,从而得一组长方体数组.

1.4.5 由 $\langle 3,4,5 \rangle$ 联想到高维勾股弦数组

(1) 费马大定理.

由 $3^2 + 4^2 = 5^2$,我们探求了满足 $x^2 + y^2 = z^2$ 的正整数的特性,由此联想,有没有三个正整数 x, y, z 满足 $x^3 + y^3 = z^3$ 或 $x^4 + y^4 = z^4$,…,一般地,有没有正整数满足 $x^n + y^n = z^n (n \geq 3)$ 呢? 这就导致了数学中著名的费马大定理.

1637 年左右,法国著名业余数学家费马(Fermat)校订丢番图的《算术》时,对其中的命题"将一个平方数分为两个平方数"产生兴趣,在书的空白处写道:"…… 将一个高于二次的幂分为两个同次的幂,这是不可能的. 关于此,我确信已发现了一种美妙的证法,可惜这里空白的地方太小,写不下." 费马死后,他的儿子在整理图书时发现这个注,并公布于众. 许

多著名数学家对这一问题进行研究,都未能取得完全的证明. 20 世纪 70 年代,瓦格斯塔夫(Wagstaff)借助于大型电子计算机,证明只要 n 含有 2 到 125 000 之间的任何一个因子,$x^n + y^n = z^n$ 就没有正整数解,直到 1994 年,普林斯顿大学教授安德鲁·怀尔斯(Andrew Wiles)才彻底给出了费马大定理的证明.

(2) 欧拉猜测.

从 $3^2 + 4^2 = 5^2$ 自然想到 $3^3 + 4^3 + 5^3 = ?$ 说也奇怪,一下子竟找到了:$3^3 + 4^3 + 5^3 = 6^3$,由此联想,有没有四个正整数 x, y, z, w,满足

$$x^3 + y^3 + z^3 = w^3 \qquad ㉔$$

的一般表达式,欧拉虽给出了式 ㉔ 的一切有理数解的公式(见华罗庚著《数论导引》),但至少世人尚未得到式 ㉔ 的一个一切整数解的显式表达式(如多项式形式的表达式),反找到了一些整数解公式,例如:$x = (s^6 - 4)s, y = -(s^6 + 8)s, z = s^6 + 6s^3 - 3, w = s^6 - 6s^3 - 4$,等等.

如果将式 ㉔ 的指数再升高一次,便产生了欧拉猜测,即方程

$$x^4 + y^4 + z^4 = w^4 \qquad ㉕$$

没有正整数解.

关于欧拉猜测,许多人在相当大的范围内检验过,例如,瓦尔德证明了:当 $w < 10\,000$ 时,猜想对;朗德尔证明了:当 $w < 220\,000$ 时,猜想对. 在欧拉提出这个猜测后约二百年中,谁也没有解决这个猜测. 直到 1988 年,爱尔克斯敢于怀疑欧拉猜测,一下子证明了欧拉猜测是错误的!他证明了式 ㉕ 有无穷多组正整数解. 他还用电子计算机找到了最小的一组正整数解,$x = 2\,682\,440, y = 15\,365\,639, z = 18\,796\,760, w = 20\,615\,673$,有

$$2\,682\,440^4 + 15\,365\,639^4 + 18\,796\,760^4 = 20\,615\,673^4$$

(3) 埃斯柯特猜想.

从 $3^2 + 4^2 = 5^2$ 及 $3^3 + 4^3 + 5^3 = 6^3$ 中看到,这些数都是连续的正整数,于是,自然想到:怎样的三个连续的正整数 x, y, z,才满足 $x^2 + y^2 = z^2 (x < y)$?怎样的四个连续的正整数 x, y, z, w 才满足 $x^3 + y^3 + z^3 = w^3 (x < y < z)$?这两个问题已从前述讨论中获得结论:这两个问题的解均是唯一的,如前所述.

如果进一步地思考:次数和项数继续扩大,还会有结果吗?由此,导致了一个至今还没有解决的猜想:

埃斯柯特猜想 当 $n > 1$ 时,关于 n, h, x 的方程

$$x^n + (x+1)^n + (x+2)^n + \cdots + (x+h)^n = (x+h+1)^n \qquad ㉖$$

的正整数解只有 $n = 2, x = 3, h = 1$,即 $3^2 + 4^2 = 5^2$ 或 $n = 3, x = 3, h = 2$,即 $3^3 + 4^3 + 5^3 = 6^3$.

这个猜想是 1900 年提出来的,当时,埃斯柯特只证明了 $2 \leq n \leq 5$ 的情况,近 80 年过去了,我国数学家柯召、孙琦获得了重要的结果,他们在 1978 年,证明了当 n 是大于 1 的奇数时,猜想正确,现在还剩下偶数的情况没有解决.

思 考 题

1. 许多家庭中都挂有月历,在看月历时,你能否发现它在数的排列中有许多有趣的数学问题?

2. 你能从月历推导出计算星期几的口诀或公式吗?

3. 正方形的定义是,有一个角是直角且一组邻边相等的平行四边形叫作正方形,你能从这个定义中有所发现吗?

4. 从计算 $12 \times 18 = 216, 21 \times 81 = 1701$ 中,能发现规律吗?对两位数乘两位数,还可以发现什么?

5. 用 $\dfrac{1 + (-1)^n}{2}$ 来表示数列 $\{0, 1, 0, 1, 0, 1, \cdots\}$ 的通项公式是大家很熟悉的,由此,请你尽可能多的写出数列 $\{4, 9, 4, 9, \cdots\}$ 的各种形式的通项公式.

6. 利用公式 $\langle m^2 - n^2, 2mn, m^2 + n^2 \rangle$ 或其他公式,写出满足下列条件的勾股弦数组.

(1) 一直角边与斜边为连续数的六组数组.

(2) 斜边为平方数的六组数组.

(3) 最小边是完全平方数的四组数组.

(4) 最小边是立方数的三组数组.

7. 试说明:任何形如 $p^3 q$ 的数(p, q 为奇素数)或 $16p$ 的数(p 为奇素数)作为勾股弦数组中的勾或股,正好有 10 个解.

8. 试说明:对于适当选取的自然数 $N(N > 3^1)$,既可以作为勾股弦数组中的勾或股,又可以作为弦的话,它的素因子应含有 $4x + 1$ 的形式.

9. 给定 $N = 120$,以 120 为勾或股或弦,作出所有的直角三角形.

10. 利用如下两个公式,试计算出构成勾股弦数组的组数从 1 到 100 的最小的 N,并指出 N 作为弦的个数.

公式 1:若 $N = 2^{a_0} p_1^{a_1} p_2^{a_2} \cdots p_n^{a_n}$,这里 $p_1, p_2, \cdots, p_n$ 为素数,则把 N 作为勾股弦数组的勾或股的方法总数为

$$L = \dfrac{1}{2}[(2a_0 - 1)(2a_1 + 1)(2a_2 + 1) \cdots (2a_n + 1) - 1]$$

公式 2:若 $N = 2^{a_0} p_1^{a_1} p_2^{a_2} \cdots p_n^{a_n} q_1^{b_1} q_2^{b_2} \cdots q_r^{b_r}$,这里 p_i 是形为 $4x - 1$ 的素数,q_i 是形为 $4x + 1$ 的素数,则 N 甚至连一组本原勾股弦数组的弦都不是,但它可能是

$$H = \dfrac{1}{2}[(2b_1 + 1)(2b_2 + 1) \cdots (2b_r + 1) - 1]$$

个非本原勾股弦数组的弦.(公式 2 也可应用到计算勾或股的情形)

11. 对于勾股弦数组 $\langle A, B, C \rangle$ 和 $\langle a, b, c \rangle$ 的对应项和的平方或对应项之积,你能得出什么关系式吗?

12. 对于 $2^2 + 11^2 = 5^3$,你能运用二项式定理展开 $(a + bi)^n$(其中 $i^2 = -1$)来说明吗?

13. 图 1.17 中的 (a) 常称为"洛书",如果用数字表示则组成图 (b) 所示的方格,寻究方格中数字间的关系,能发现什么吗?

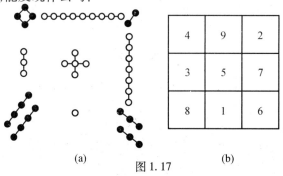

图 1.17

思考题参考解答

1. 在月历中的数字有如下一系列性质.

(1) 在月历的各个月份中,表示日期的四个数字如果恰好位于一个两行两列或三行三列数的正方形的四个顶点上,则它的两条对角线上的数字之和相等.

例如,2007 年 12 月份的月历如下:

日	一	二	三	四	五	六
						1
2	3	4	5	6	7	8
9	10	11	12	13	14	15
16	17	18	19	20	21	22
23	24	25	26	27	28	29
30	31					

其中 $\begin{vmatrix} 2 & 3 \\ 9 & 10 \end{vmatrix}$ 组成一个正方形,则 $2+10=3+9$;又如 $\begin{vmatrix} 3 & 4 & 5 \\ 10 & 11 & 12 \\ 17 & 18 & 19 \end{vmatrix}$ 组成一个正方形,则 $3+11+19=5+11+17$. 事实上,我们可以列代数式证明如上性质.

例如,设九个数 $a_1, a_2, a_3, b_1, b_2, b_3, c_1, c_2, c_3$ 组成正方形,则知 $a_3=a_1+2$, $c_3=c_1+2$,主对角线上数字之和为 $a_1+b_2+c_3=a_1+b_2+c_1+2$,副对角线上数字之和为 $a_3+b_2+c_1=a_1+2+b_2+c_1$,从而 $a_1+b_2+c_3=a_3+b_2+c_1$.

(2) 在组成的所有正方形中,最大的正方形只能是由 16 个日期数字组成,因为若要组成五行五列的正方形,这些数字也只能在星期日至星期四的下面,不可能全部在星期五和星期六的下面,否则一个月会超过 31 天,这是不可能的.

(3) 将组成正方形的数作为行列式的元素,则行列式的值为 -7(二阶行列式),或 0(三阶行列式或四阶行列式).

(4) 用 $45°$ 或 $135°$ 角的斜线将月历上两个以上的数字连起来,这些数字组成等差数列,其中左上、右下斜线的各数列的公差为 8,右上左下斜线上的各数列的公差为 6.

(5) 在各月份中的日期数字的横行、纵行(竖列)也分别成等差数列,其公差分别为 1 和 7.

(7) 在三行三列的正方形数字中,正中间的那个数字分别等于它所在的横行、竖列、斜行的两端的数字的和的一半(即是一个简单的三阶幻方)或者说正中间的那个数是四个等差数列的中项,或者说三行三列 9 个数的和是中间数的 9 倍.

2. 从某一年的月历中,先观察每月 1 日是星期几,再将这个星期几的数减去 1 得到一个数码,记住这 12 个数码,相应地代表每一个月. 若要计算某月某日是星期几,就用这个月的日期数加上前面的每个月的代月数码,除以 7 后的余数,即得到星期几,余零为星期日,例如,2007 年的每个月 1 日的星期数分别是一、四、四、日、二、五、日、三、六、一、四、六,则对应的代月数码为 $0,3,3,6,1,4,6,2,5,0,3,5$. 若要推算 12 月 26 日是星期几,就用 $(26+5) \div 7 = 4$ 余 3,即为星期三.

为了推导一般的计算的公式,首先须知道一点历法知识:在公历中,把历年分为平年和闰年,其长分别为 365 天和 366 天,每年都是 12 个月,其中 1,3,5,7,8,10,12 七个月是大月,每月31天;4,6,9,11四个月是小月,每月30天;平年的2月是28天,闰年的2月是29天.确定闰年的方法是:四年一闰,但逢百之年必须四百年一闰,如1900年,2007年不是闰年,而2004年,2008年是闰年.

用7来除余数相同用同余式 $k_1 \equiv k_2 (\bmod 7)$ 表示,例如,$8 \equiv 1 (\bmod 7)$,$25 \equiv 4 (\bmod 7)$,等等.

如果每年都按照平年365天计算,并假设公元元年元旦是星期 $r_1 (0 \leq r_1 \leq 6)$,由于 $1 \equiv 365 (\bmod 7)$,故 $n \equiv n \cdot 365 (\bmod 7)$,从而有:

公元2年元旦的星期数 $r_2 \equiv 1 + r_1 (\bmod 7)$;

公元3年元旦的星期数 $r_3 \equiv 2 + r_1 (\bmod 7)$;

⋮

公元 y 年元旦的星期数 $r_y \equiv y - 1 + r_1 (\bmod 7)$.

又因 y 年前共有 $m = \left[\dfrac{y-1}{4}\right] - \left[\dfrac{y-1}{100}\right] + \left[\dfrac{y-1}{400}\right]$ 个闰年(其中 $[x]$ 表示不超过 x 的最大整数),多出了 m 天,所以,公元 y 年元旦的实际星期数应为

$$r_y \equiv y - 1 + \left[\dfrac{y-1}{4}\right] - \left[\dfrac{y-1}{100}\right] + \left[\dfrac{y-1}{400}\right] + r_1 (\bmod 7)$$

从而公元 y 年第 d 日的星期数 r 为

$$r \equiv y - 1 + \left[\dfrac{y-1}{4}\right] - \left[\dfrac{y-1}{100}\right] + \left[\dfrac{y-1}{400}\right] + d - 1 + r_1 (\bmod 7) \qquad (*)$$

上式中含有一个未知参数 r_1,为了确定 r_1,只要知道某一天是星期几就可以了,如2007年元旦为星期一,即 $y = 2007, d = 1, r = 1$,代入式(*)得

$$1 \equiv 2007 - 1 + 501 - 20 + 5 + 1 - 1 + r_1 (\bmod 7)$$

注意到 $0 \leq r_1 \leq 6$,得 $r_1 = 1$.

故我们得到计算公元 y 年第 d 日的星期数 r 的公式

$$r \equiv y - 1 + \left[\dfrac{y-1}{4}\right] - \left[\dfrac{y-1}{100}\right] + \left[\dfrac{y-1}{400}\right] + d (\bmod 7)$$

利用上式可推算得2008年元旦为星期二.

3. 发现正方形的定义中条件由三部分组成,可用 A, B, C 表示:即 A——有一个是直角;B——有一组邻边相等;C——平行四边形,则 $A + B + C \Rightarrow$ 正方形.

还发现将 A, B, C 进行适当组合或代换等手段(确切地说进行排列组合)可以得出一些有趣的结论.

(1) 进行适当组合,有

$$\text{正方形} \Rightarrow A + B + C \Rightarrow (A + C) + B$$

而 $A + C \Rightarrow$ 矩形,则

$$B + \text{矩形} \Rightarrow \text{正方形}$$

$$\text{正方形} \Rightarrow A + B + C \Rightarrow A + (B + C)$$

而 $B + C \Rightarrow$ 菱形,则

$$A + \text{菱形} \Rightarrow \text{正方形}$$

(2) 进行部分代换,针对平行四边形的判定,有

$$C = C_n = (n=1,2,3,4,5) \begin{cases} C_1: 两组对边分别相等的四边形 \\ C_2: 两组对边分别平行的四边形 \\ C_3: 一组对边相等且平行的四边形 \\ C_4: 对角线互相平分的四边形 \\ C_5: 两组对角分别相等的四边形 \end{cases}$$

则 $A + B + C_n \Rightarrow$ 正方形 $(n=1,2,3,4,5)$.

(3) 进行重新组合,对正方形既是矩形又是菱形,有

$$A + C = M_i = (i=1,2,3,4) \begin{cases} M_1: 一个角是直角的平行四边形 \\ M_2: 三个角是直角的四边形 \\ M_3: 对角线相等的平行四边形 \\ M_4: 对角线相等且互相平分的四边形 \end{cases}$$

$$B + C = N_j = (j=1,2,3,4) \begin{cases} N_1: 一组邻边相等的平行四边形 \\ N_2: 四条边相等的四边形 \\ N_3: 对角线互相垂直的平行四边形 \\ N_4: 对角线互相垂直且平分的四边形 \end{cases}$$

则 $M_i + N_j \Rightarrow$ 正方形 $(i=1,2,3,4;j=1,2,3,4)$.

4. (1) 由 $12 \times 18 = 216$,发现十位数字相同,个位数字和是10的两个两位数相乘等于十位数字与比其大1的积的百倍加上个位数字的积,即当 $b+c=10$ 时,则 $(10a+b)(10a+c) = 100a(a+1) + bc$.

(2) 由 $21 \times 81 = 1701$,发现个位数字相同,十位数字和是10的两个两位数相乘等于十位数字积与一个个位数字和的百倍加上个位数字的积,即当 $a+c=10$ 时,则 $(10a+b)(10c+b) = 100(ac+b) + b^2$.

(3) 可发现被乘数两数字相同,乘数的两数字和是10,其积等于被乘数数字与比乘数十位数字大1数的积的百倍加上个位数字的积,即当 $b+c=10$ 时,则 $(10a+a)(10b+c) = 100a(b+1) + ac$,如 $33 \times 28 = 100 \times 3 \times 3 + 24 = 924$.

(4) 可发现十位数字相同,个位数字之和不等于10的两个两位数相乘等于十位数字积的百倍加上两个个位数字和与十位数字积的十倍再加上个位数数字之积,即 $(10a+b)(10a+c) = 100a^2 + 10a(b+c) + bc$,如 $54 \times 57 = 100 \times 25 + 10 \times 5 \times (4+7) + 28 = 3078$.

(5) 可发现十位数是4的两位数的平方的速算,若 $a + \bar{a} = 10$,则 $(40+a)^2 = (50-\bar{a})^2 = (15+a) \cdot 100 + \bar{a}^2$,如 $47^2 = 2209$.

(6) 还可发现运用 $(a \pm b)^2 = a^2 \pm 2ab + b^2$, $a^2 = (a+b)(a-b) + b^2$, $(10a+5)^2 = 100a(a+1) + 25$ 等速算有关数的平方.

5. 运用数列 $\left\{\dfrac{1+(-1)^n}{2}\right\}$ 的特性,可有如下形式:

(1) $a_n = 4 \cdot \dfrac{1+(-1)^{n+1}}{2} + 9 \cdot \dfrac{1+(-1)^n}{2}$.

(2) $a_n = 4 + 5 \cdot \dfrac{1+(-1)^n}{2}$.

(3) $a_n = \dfrac{13}{2} + (-1)^n \cdot \dfrac{5}{2}$.

$(4) a_n = \left[\dfrac{5+(-1)^n}{2}\right]^2 = \left[2 + \dfrac{1+(-1)^n}{2}\right]^2.$

$(5) a_n = \left[3 - \dfrac{1+(-1)^{n+1}}{2}\right]^2.$

$(6) a_n = 9 - 5 \cdot \dfrac{1+(-1)^{n+1}}{2}.$

$(7) a_n = \left[2 \cdot \dfrac{1+(-1)^{n+1}}{2} + 3 \cdot \dfrac{1+(-1)^n}{2}\right]^2.$

$(8) a_n = [1+(-1)^{n+1}]^2 + 9 \cdot \dfrac{1+(-1)^n}{2}.$

$(9) a_n = 4 \cdot (-1)^{n+1} + 13 \cdot \dfrac{1+(-1)^n}{2}.$

$(10) a_n = 3 \cdot (-1)^n - \dfrac{(-1)^n + 1}{2} + 7.$

$(11) a_n = 3 \cdot (-1)^n + 7(-1)^{n+1} + 13 \cdot \dfrac{1+(-1)^n}{2}.$

$(12) a_n = 10 - 6^{\frac{1+(-1)^{n+1}}{2}}.$

$(13) a_n = 3 + 6^{\frac{1+(-1)^n}{2}}.$

$(14) a_n = 4^{\frac{1+(-1)^{n+1}}{2}} + 9^{\frac{1+(-1)^n}{2}} - 1.$

$(15) a_n = 9 - 5^{\frac{1+(-1)^{n+1}}{2}} + \dfrac{1+(-1)^n}{2}.$

$(16) a_n = 4 \cdot 2^{\frac{1+(-1)^n}{2}} + \dfrac{1+(-1)^n}{2}.$

$(17) a_n = 3^{\frac{1+(-1)^{n+1}}{2}} + 8^{\frac{1+(-1)^n}{2}}.$

$(18) a_n = 4^{\frac{1+(-1)^{n+1}}{2}} \cdot 9^{\frac{1+(-1)^n}{2}}.$

我们还可发现,$f(n) = \dfrac{1+(-1)^n}{2}$ 有许多有趣的性质:

$(1) f(2k) = 1 (k \in \mathbf{N}^*).$

$(2) f(2k+1) = 0 (k \in \mathbf{N}^*).$

$(3) f(n+2k) = f(n) (k \in \mathbf{N}^*).$

$(4) [f(n)]^\alpha = f(n) (\alpha \in \mathbf{R}, \alpha \neq 0).$

$(5) f(n+1) + f(n) = 1.$

$(6) a^{f(n)} = a^{1-f(n+1)} (a \neq 0).$

$(7) a^{f(n+1)} = a - (a-1)f(n) (a \neq 0).$

$(8) a^{f(n)} = f(n+1) + af(n) (a \neq 0).$

$(9) a + 1 = a^{f(n)} + a^{f(n+1)} (a \neq 0).$

$(10) f(n) \cdot f(n+1) = 0.$

$(11) f(n+1) - f(n) = (-1)^{n+1}.$

由此,也可写出数列$\{x, y, x, y, \cdots\}$的通项为:

$(1) a_n = xf(n+1) + yf(n).$

$(2) a_n = x + (y-x)f(n).$

(3) $a_n = \dfrac{x+y}{2} + (-1)^n \dfrac{x-y}{2}.$

(4) $a_n = [\sqrt{x}f(n+1) + \sqrt{y} \cdot f(n)]^2.$

(5) $a_n = y + (y-x)f(n+1).$

(6) $a_n = [1 + (-1)^{n-1}]^2 \cdot \dfrac{x}{4} + y \cdot f(n).$

(7) $a_n = x(-1)^{n+1} + (x+y)f(n).$

(8) $a_n = \dfrac{y-x+1}{2}(-1)^n + \dfrac{x+y+1}{2} - f(n).$

(9) $a_n = \dfrac{y-x+1}{2}(-1)^n + \dfrac{x+y+1}{2}(-1)^{n+1}.$

(10) $a_n = y + 1 - (y-x+1)^{f(n+1)}.$

(11) $a_n = x - 1 + (y-x+1)^{f(n)}.$

(12) $a_n = x^{f(n+1)} + y^{f(n)} - 1.$

(13) $a_n = y - (y-x)^{f(n+1)} + f(n).$

(14) $a_n = x \cdot \left(\dfrac{y-1}{x}\right)^{f(n)} + f(n).$

(15) $a_n = (x-1)^{f(n+1)} + (y-1)^{f(n)}.$

(16) $a_n = x^{f(n+1)} y^{f(n)}.$

6. (1) 股与弦为连续数的六组数组

m	n	X	Y	Z
2	1	3	4	5
3	2	5	12	13
4	3	7	24	25
5	4	9	40	41
6	5	11	60	61
7	6	13	84	85

(2) 弦为平方数的六组数组

m	n	X	Y	Z
4	3	7	24	$25 = 5^2$
12	5	119	120	$169 = 13^2$
24	7	527	336	$625 = 25^2$
40	9	1 519	720	$1\,681 = 41^2$
60	11	3 479	1 320	$3\,721 = 61^2$
84	13	6 887	2 184	$7\,225 = 85^2$

(3) 勾是完全平方数的四组数组

m	n	X	Y	Z
5	4	9	40	41
13	12	25	312	313
25	24	49	1 200	1 201
41	40	81	3 280	3 281

(4) 勾是立方数的三组数组

m	n	X	Y	Z
6	3	27	36	45
10	6	64	120	136
15	10	125	300	325

7. 由1.4公式④,考虑p^6q^2的约数$1,p,p^2,p^3,p^4,q,q^2,pq,p^2q,pq^2$均小于$p^3q$即可及考虑$2^7p^2$的偶约数$2,2^2,2^3,2^4,2^5,2^6,2^7,2p,2^2p,2^3p$均小于$2^4p$即可.

8. 当$m_i=2k_i+1, n_i=2l_i+1$,则$\frac{1}{2}(m_i^2+n_i^2)$为$4x+1$的形式即说明.

9.

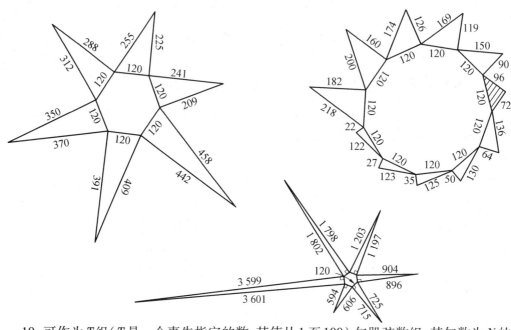

10. 可作为T组(T是一个事先指定的数,其值从1至100)勾股弦数组,其勾数为N的数如表1.4所示.

表1.4

T	N	L	H	T	N	L	H
1	$3=3$	1	0	51	$2^4 \times 5^6 = 250\,000$	45	6
2	$5=5$	1	1	52	$2^4 \times 3^2 \times 7 = 1\,008$	52	0
3	$2^4 = 16$	3	0	53	$2^4 \times 3^2 \times 5 = 720$	52	1
4	$2^2 \times 3 = 12$	4	0	54	$2^4 \times 3 \times 5^2 = 1\,200$	52	2
5	$3 \times 5 = 15$	4	1	55	$2^3 \times 3 \times 5^3 = 3\,000$	52	3
6	$5^3 = 125$	3	3	56	$2^{19} \times 5 =$	55	1
7	$2^3 \times 3 = 24$	7	0	57	$2^{12} \times 3^2 = 36\,864$	57	0
8	$2^3 \times 5 = 40$	7	1	58	$2^7 \times 3 \times 7 = 2\,688$	58	0
9	$3 \times 5^2 = 75$	7	2	59	$2^7 \times 3 \times 5 = 1\,920$	58	1
10	$2^4 \times 3 = 48$	10	0	60	$2^6 \times 3^5 = 15\,552$	60	0
11	$2^4 \times 5 = 80$	10	1	61	$2^{21} \times 3 =$	61	0
12	$2^3 \times 3^2 = 72$	12	0	62	$2^3 \times 3^2 \times 7^2 = 3\,528$	62	0
13	$2^2 \times 3 \times 7 = 84$	13	0	63	$2^{64} =$	63	0

续表1.4

T	N	L	H	T	N	L	H
14	$2^2 \times 3 \times 5 = 60$	13	1	64	$2^3 \times 3^2 \times 5^2 = 1\,800$	62	2
15	$2^{15} = 32\,768$	15	0	65	$3 \times 5^5 \times 13 = 121\,875$	49	16
16	$2^6 \times 3 = 192$	16	0	66	$2^{10} \times 3^3 = 27\,648$	66	0
17	$2^4 \times 3^2 = 144$	17	0	67	$2^3 \times 3 \times 7 \times 11 = 1\,848$	67	0
18	$2^{19} = 524\,288$	18	0	68	$2^3 \times 3 \times 5 \times 7 = 840$	67	1
19	$2^7 \times 3 = 384$	19	0	69	$2^2 \times 3 \times 5^2 \times 7 = 2\,100$	67	2
20	$2^7 \times 5 = 640$	19	1	70	$2^{24} \times 3 =$	70	0
21	$3 \times 5^5 = 9\,375$	16	5	71	$2^3 \times 3 \times 5 \times 13 = 1\,560$	67	4
22	$2^3 \times 3 \times 7 = 168$	22	0	72	$2^{15} \times 3^2 = 294\,912$	72	0
23	$2^3 \times 3 \times 5 = 120$	22	1	73	$2^4 \times 3^3 \times 7 = 3\,024$	73	0
24	$2^2 \times 3 \times 5^2 = 300$	22	2	74	$2^4 \times 3^3 \times 5 = 2\,160$	73	1
25	$2^9 \times 3 = 1\,536$	25	0	75	$2^4 \times 5^9 =$	66	9
26	$2^3 \times 5 \times 13 = 520$	22	4	76	$2^4 \times 3 \times 5^3 = 6\,000$	73	3
27	$2^6 \times 3^2 = 576$	27	0	77	$2^9 \times 3 \times 5 = 7\,680$	76	1
28	$2^{10} \times 3 = 3\,072$	28	0	78	$2^{79} =$	78	0
29	$3 \times 5^2 \times 13 = 975$	22	7	79	$2^{16} \times 5^2 =$	77	2
30	$2^{31} =$	30	0	80	$2^3 \times 5 \times 13 \times 17 = 8\,840$	67	13
31	$2^4 \times 3 \times 7 = 336$	31	0	81	$3 \times 5^{20} =$	61	20
32	$2^4 \times 3 \times 5 = 240$	31	1	82	$2^6 \times 3^2 \times 7 = 4\,032$	82	0
33	$3 \times 5^8 =$	25	8	83	$2^6 \times 3^2 \times 5 = 2\,880$	82	1
34	$2^2 \times 3 \times 5^3 = 1\,500$	31	3	84	$2^6 \times 3 \times 5^2 = 4\,800$	82	2
35	$2^4 \times 5 \times 13 = 1\,040$	31	4	85	$2^{10} \times 3 \times 7 = 21\,504$	85	0
36	$2^{37} =$	36	0	86	$2^{10} \times 3 \times 5 = 15\,360$	85	1
37	$2^3 \times 3^2 \times 7 = 504$	37	0	87	$2^4 \times 3^2 \times 7^2 = 7\,056$	87	0
38	$2^3 \times 3^2 \times 5 = 360$	37	1	88	$2^{30} \times 3 =$	88	0
39	$2^3 \times 3 \times 5^2 = 600$	37	2	89	$2^4 \times 3^2 \times 5^2 = 3\,600$	87	2
40	$2^2 \times 3 \times 7 \times 11 = 924$	40	0	90	$2^3 \times 3^2 \times 5^3 = 9\,000$	87	3
41	$2^2 \times 3 \times 5 \times 7 = 420$	40	1	91	$2^4 \times 5^{11} =$	80	11
42	$2^9 \times 3^2 = 4\,608$	42	0	92	$2^{19} \times 3^2 =$	92	0
43	$2^4 \times 5^5 = 50\,000$	38	5	93	$2^9 \times 3^5 = 124\,416$	93	0
44	$2^2 \times 3 \times 5 \times 13 = 780$	40	4	94	$2^4 \times 3 \times 7 \times 11 = 3\,696$	94	0

续表1.4

T	N	L	H	T	N	L	H
45	$2^7 \times 3^3 = 3\,456$	45	0	95	$2^4 \times 3 \times 5 \times 7 = 1\,680$	94	1
46	$2^{16} \times 3 = 196\,608$	46	0	96	$2^{97} =$	96	0
47	$2^{10} \times 3^2 = 9\,216$	47	0	97	$2^7 \times 3^2 \times 7 = 8\,064$	97	0
48	$2^7 \times 5^3 = 16\,000$	45	3	98	$2^4 \times 3 \times 5 \times 13 = 3\,120$	94	4
49	$2^6 \times 3 \times 7 = 1\,344$	49	0	99	$2^7 \times 3 \times 5^2 = 9\,600$	97	2
50	$2^6 \times 3 \times 5 = 960$	49	1	100	$2^{34} \times 3 =$	100	0

其中 L 表示 N 作为勾或股的个数，H 表示 N 作为弦的个数.

注：此表及第9题图均摘自《数论妙趣》（[美]阿尔伯特·H.贝勒著，上海教育出版社，2000年出版）.

11. 有 $(C+c)^2 - (A+a)^2 - (B+b)^2 = D^2$；

$Cc - Aa - Bb = 2E^2, Cc - Ab - aB = J^2$；

$Cc + Aa + Bb = 2F^2, Cc + Ab + aB = K^2$；

$Cc - Aa + Bb = 2G^2, Cc + Ab - aB = L^2$；

$Cc + Aa - Bb = 2H^2, Cc - Ab + aB = M^2$.

12. 由 $(a+bi)^n = (a^n - a^{n-2}b + \cdots) + (a^{n-1}b - a^{n-3}b^3 + \cdots)i$ 知 $(2+i)^3 = 8 + 12i + 6i^2 + i^3 = 2 + 11i$，得 $2^2 + 11^2 = 5^3$.

13. 通过对方格中数字的寻究，不仅发现方格中行、列、斜行各数之和均为15外，还可发现一些奇趣：

（1）横三行（或竖三列）的三个三位数（或三个二位数）构成回码等式（等号右边各数，是对照等号左边的各数，把数码颠倒过来）.

①$492 + 357 + 816 = 294 + 753 + 618 = 1\,665$；

②$438 + 951 + 276 = 834 + 159 + 672 = 1\,665$；

③$92 + 57 + 16 = 29 + 75 + 61 = 165$；

④$43 + 95 + 27 = 34 + 59 + 72 = 165$；

⑤$492^2 + 357^2 + 816^2 = 294^2 + 753^2 + 618^2 = 1\,035\,369$；

⑥$438^2 + 951^2 + 276^2 = 834^2 + 159^2 + 672^2 = 1\,172\,420$.

（2）被居中"5"隔开的四个二位数构成回码等式，且退至相同位置的一位数等式仍成立.

⑦$91 + 28 + 64 + 37 = 19 + 82 + 46 + 73 = 220$；

⑧$91^2 + 28^2 + 64^2 + 37^2 = 19^2 + 82^2 + 46^2 + 73^2 = 14\,530$；

⑨$9 + 2 + 6 + 3 = 1 + 8 + 4 + 7 = 20$；

⑩$9^2 + 2^2 + 6^2 + 3^2 = 1^2 + 8^2 + 4^2 + 7^2 = 130$.

（3）以5居中的四个三位数构成回码等式.

⑪$951 + 258 + 654 + 357 = 159 + 852 + 456 + 753 = 2\,220$；

⑫$951^2 + 258^2 + 654^2 + 357^2 = 159^2 + 852^2 + 456^2 + 753^2 = 1\,526\,130$.

由上面等式的结果中，我们还可以得到另一些等式，如比较式③，④，得

$$92 + 57 + 16 = 43 + 95 + 27 = 165$$

由式⑪,依次任取其中的二位数(或一位数)均能构成回码等式或等式,如

$$51 + 58 + 54 + 57 = 15 + 85 + 45 + 75 = 220$$

由式③,⑫,还可以通过数字的搬动,再构成型同、数不同的回码等式或等式56个,如

$$98 + 24 + 67 + 31 = 89 + 42 + 76 + 13 = 220$$

$$98^2 + 24^2 + 67^2 + 31^2 = 89^2 + 42^2 + 76^2 + 13^2 = 15\ 630$$

第二章 洞察的眼光

数学对象在一般情形下,常表示为文字、符号、图形等语言,如果你运用洞察的数学眼光看待那些简简单单的语言,你就会看到这无声的语言所表述的丰富信息,你就能真正理解这些无声的语言.

对于各种各样的数学对象,在一般人看来,可能平平淡淡,而用洞察的数学眼光来看,却是奇妙多彩,内涵深刻,它会告诉我们不少数学信息.

2.1 从不同的角度看同一个数学对象

2.1.1 把一个图形看成两个重合的图形

例1 如图 2.1,在 $\triangle ABC$ 中,$AB = AC$,$BD \perp AC$ 于 D,$CE \perp AB$ 于 E,此时有 $BD = EC$ 吗? 这正是问题:求证等腰三角形腰上的高相等.

此题证法很多,若采用一般的全等法,则要分锐角三角形、直角三角形、钝角三角形分别证明. 若采用面积法、三角法、坐标法等,虽比如上全等法要好一些,但所用的知识面要宽一些. 但是,如果注意到全等三角形的对应元素(对应角、对应边、对应高、对应中线、对应角的角平分线等)相等,而已知的三角形可以看成两个重合的三角形,那么,立即得到该题的如下有趣证法,这是罗增儒教授首先撰文介绍的(见文献[9]).

证明 如图 2.1,在 $\triangle ABC$ 中,$AB = AC$.

注意到 $\triangle ABC$ 和 $\triangle ACB$ 中,由 $AB = AC$,$AC = AB$,$\angle A = \angle A$(或 $BC = CB$),从而 $\triangle ABC \cong \triangle ACB$,则对应边 AB,AC 上的高相等,即 $BD = CE$.

注 这个证明有一般性,等腰三角形的很多性质均可以如法处理,并且这种处理也适合于锐角三角形、直角三角形和钝角三角形.

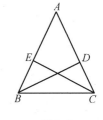

图 2.1

利用平面解析几何中两条重合的直线可以求解某些问题. 下面给出求解三角问题的例子.

两条直线重合的充要条件是对应项系数成比例. 即直线 $l_1: a_1x + b_1y + c_1 = 0$,直线 $l_2: a_2x + b_2y + c_2 = 0 (a_i \cdot b_i \cdot c_i \neq 0, i = 1, 2)$,若 l_1 与 l_2 重合,则有 $\dfrac{a_1}{a_2} = \dfrac{b_1}{b_2} = \dfrac{c_1}{c_2}$.

例2 已知 α, β 为锐角,且 $3\sin 2\alpha + 2\sin 2\beta = 1$;$3\sin 2\alpha - 2\sin 2\beta = 0$,求证:$\alpha + 2\beta = \dfrac{\pi}{2}$.

证明 由 $3\sin^2\alpha + 2\sin^2\beta = 1 \Rightarrow 3\sin^2\alpha - \cos 2\beta = 0$,又 $3\sin 2\alpha - 2\sin 2\beta = 0$. 易见点 $(\sin^2\alpha, \cos 2\beta)$,$(\sin 2\alpha, 2\sin 2\beta)$ 在直线 $3x - y = 0$ 上,又过这两点的直线方程为 $\dfrac{y - \cos 2\beta}{x - \sin^2\alpha} = \dfrac{\cos 2\beta - 2\sin 2\beta}{\sin^2\alpha - \sin 2\alpha}$,即

$$\frac{x}{\sin^2\alpha - \sin 2\alpha} - \frac{y}{\cos 2\beta - 2\sin 2\beta} + \frac{\cos 2\beta}{\cos 2\beta - 2\sin 2\beta} - \frac{\sin^2\alpha}{\sin^2\alpha - \sin 2\alpha} = 0$$

由于它与 $3x - y = 0$ 表示同一直线方程,所以

$$\frac{\cos 2\beta}{\cos 2\beta - 2\sin 2\beta} - \frac{\sin^2\alpha}{\sin^2\alpha - \sin 2\alpha} = 0$$

整理、化简,可得 $\cos(\alpha + 2\beta) = 0$,由 $0 < \alpha, \beta < \frac{\pi}{2}$,所以 $\alpha + 2\beta = \frac{\pi}{2}$,即得证.

例3 设 $\alpha, \beta \in \left(0, \frac{\pi}{2}\right)$,且 $\alpha \neq \beta$,满足方程 $a\cos x + b\sin x = c$. 求证: $\cos^2\frac{\alpha-\beta}{2} = \frac{c^2}{a^2 + b^2}$.

证明 设两点 $A(\cos\alpha, \sin\alpha), B(\cos\beta, \sin\beta)$ 在直线

$$ax + by - c = 0 \qquad ①$$

上,而过 A, B 两点的直线是唯一确定的,即可写成两点式

$$\frac{y - \sin\alpha}{\sin\beta - \sin\alpha} = \frac{x - \cos\alpha}{\cos\beta - \cos\alpha}$$

整理为

$$x \cdot \cos\left(\frac{\alpha+\beta}{2}\right) + y \cdot \sin\left(\frac{\alpha+\beta}{2}\right) - \cos\left(\frac{\alpha-\beta}{2}\right) = 0 \qquad ②$$

而原点 O 到直线 $ax + by - c = 0$ 的距离为 $\frac{|c|}{\sqrt{a^2+b^2}}$,实际上①,②为同一直线,则 $\frac{|c|}{\sqrt{a^2+b^2}} = \left|\cos\frac{\alpha-\beta}{2}\right|$,即 $\cos^2\frac{\alpha-\beta}{2} = \frac{c^2}{a^2+b^2}$.

2.1.2 从旋(或翻)转的角度看同一个图

例4 如图 2.2(a),在一个正 $\triangle ABC$ 内,由上而下依次画出 1 个,2 个,……,n 个小圆点,共 n 行,设这些小圆点的个数共有 $S_{(1)}$ 个,若要求 $S_{(1)}$ 的具体数值,则可取边 AC 的中点,以这个中点为旋转中心,顺时针方向将 $\triangle ABC$ 旋转 $180°$,得到如图 2.2(b) 所示的整

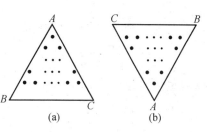

图 2.2

个图形. 在这个图形中,每一行的小圆点个数都是 $n+1$ 个,共有 n 行,即 $2S_{(1)} = n(n+1)$,从而求得 $S_{(1)} = \frac{1}{2}n(n+1)$.

这个公式,就是前 n 个非零自然数的求和公式.

在推导三角形的面积公式 $S_{三角形} = \frac{1}{2}$ 底 $\times$ 高,推导梯形的面积公式 $S_{梯形} = \frac{1}{2}$(上底 + 下底)$\times$ 高以及等差数列 $\{a_n\}$ 的前 n 项的和的公式 $S_n = \frac{1}{2}$(首项 + 末项)$\times$ 项数时,均是按例 2 的思想方法处理的.

例5 作出如图 2.3(a) 所示的正三角形数表,显然图中各行数字之和可记为 $S_{(2)} = 1^2 + 2^2 + 3^2 + \cdots + n^2$.

我们知道 $S_{(2)} = \frac{1}{6}n(n+1)(2n+1)$. 这个结论的推证法也有多种,我们能从这个数表图出发给出它的推导吗? 我们说,不仅能,而且有趣并简捷.

如果将图 2.3(a) 中的三角形数表的三个顶点分别记为 A, B, C,且绕顶点 C 顺时针方向旋转 $60°$ 得图 2.3(b),再将此图绕顶点 A 顺时针方向旋转 $60°$ 得图 2.3(c).

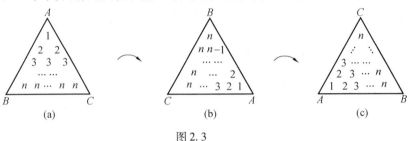

图 2.3

再把三个三角形重合起来,这时相应位置上的三数字之和都是 $2n+1$.

在一个三角形中,有 $1+2+3+\cdots+n$ 个数,即有 $\frac{1}{2}n(n+1)$ 个数,从而可得

$$3S_{(2)} = (2n+1) \cdot \frac{1}{2}n(n+1) = \frac{1}{2}n(n+1)(2n+1)$$

故

$$S_{(2)} = 1^2 + 2^2 + \cdots + n^2 = \frac{1}{6}n(n+1)(2n+1)$$

例 6 如果空间四边形(四顶点不共面)的两组对边分别相等,则两条对角线的中点连线垂直于两条对角线. 反之,如果空间四边形两条对角线的中点连线垂直于两条对角线,则四边形两组对角相等.

此题一般是通过作辅助图(如补形成平行六面体等)而证的. 我们用旋转的眼光来看,则有如下有趣的简捷证法.

证明 如图 2.4,设空间四边形 $ABCD$ 中,$AB=CD$,$AD=BC$,M,N 分别为对角线 AC,BD 的中点.

由题设可知,若交换 A 与 C,B 与 D 的位置可得一空间四边形,且是同一形状的四边形. 因此,后一四边形可看作前一四边形绕某轴旋转 $180°$ 后而得到的. 又 A 与 C 关于点 M 对称,B 与 D 关于点 N 对称,知对称轴必过 M,N,从而 $MN \perp AC$,$MN \perp BD$.

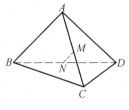

图 2.4

反之,若 MN 是 AC 和 BD 的中垂线,则将整个图形绕 MN 旋转 $180°$,交换 A 与 C,B 与 D 的位置,得到 $AB=CD$,$AD=BC$.

注 类似于此题,对于有两双对棱分别对应相等的四面体的一些性质的证明,均可这样处理.

2.1.3 对同一个算式中的项进行恰当的排列重组

例 7 正整数 $1,2,3,\cdots,1989,1990$ 的所有数位上的数字和是多少?

解 所给数的前 8 个数的和是 $1+2+3+\cdots+8=36$,后面从 9 到 1990 这 1982 个数,按下面形式排成两行

$$9, \quad 10, \quad 11, \quad 12, \quad \cdots, \quad 999$$
$$1\,990, \quad 1\,989, \quad 1\,988, \quad 1\,987, \quad \cdots, \quad 1\,000$$

我们竖着看,可以看出每列两数的和都没有进位,并且都是 1 999,数字和是 $1 + 3 \times 9 = 28$. 共有 991 列. 则它们的数字和是 $991 \times 28 = 27\,748$. 于是全部数字和是 $36 + 27\,748 = 27\,784$.

例 8 求和:$\left(\dfrac{1}{2} + \dfrac{1}{3} + \dfrac{1}{4} + \cdots + \dfrac{1}{2\,008}\right) + \left(\dfrac{2}{3} + \dfrac{2}{4} + \dfrac{2}{5} + \cdots + \dfrac{2}{2\,008}\right) + \left(\dfrac{3}{4} + \dfrac{3}{5} + \cdots + \dfrac{3}{2\,008}\right) + \cdots + \left(\dfrac{2\,006}{2\,007} + \dfrac{2\,006}{2\,008}\right) + \dfrac{2\,007}{2\,008} = \underline{\qquad}$.

分析 这是一道分数求和题,常规的解法无非是先对每个括号求和然后再相加,而括号里边求和就要通分,要找公分母,太麻烦了! 并且每个括号里都有一个不同的公分母,如果你有耐心这样计算下去,会有很大的计算量. 很多人对这种算法会望而生畏,踌躇不前! 如果我换个方式改写这个公式,你就会豁然开朗、喜上眉梢了!

$$\begin{aligned}
\text{原式} = &\dfrac{1}{2} + \dfrac{1}{3} + \dfrac{1}{4} + \cdots + \dfrac{1}{2\,007} + \dfrac{1}{2\,008} + \\
& \dfrac{2}{3} + \dfrac{2}{4} + \cdots + \dfrac{2}{2\,007} + \dfrac{2}{2\,008} + \\
& \dfrac{3}{4} + \cdots + \dfrac{3}{2\,007} + \dfrac{3}{2\,008} + \\
& \qquad\qquad\qquad\qquad \vdots \\
& \dfrac{2\,006}{2\,007} + \dfrac{2\,006}{2\,008} + \\
& \qquad\qquad\qquad\quad \dfrac{2\,007}{2\,008}
\end{aligned}$$

看出什么了吗? 请竖着看! 噢! 原来每列上的分母均相同,这是一个重大发现,我们可以先把每列求和,这就大大减轻了计算量.

解 原式 $= \dfrac{1}{2} + \left(\dfrac{1}{3} + \dfrac{2}{3}\right) + \left(\dfrac{1}{4} + \dfrac{2}{4} + \dfrac{3}{4}\right) + \cdots + \left(\dfrac{1}{2\,008} + \cdots + \dfrac{2\,007}{2\,008}\right) =$

$\dfrac{1}{2} + \dfrac{3}{3} + \dfrac{6}{4} + \cdots + \dfrac{1}{2\,008} \times \dfrac{2\,007 \times 2\,008}{2} =$

$\dfrac{1}{2} + 1 + \dfrac{3}{2} + \cdots + \dfrac{2\,007}{2} = \dfrac{1}{2} + \dfrac{2}{2} + \dfrac{3}{2} + \cdots + \dfrac{2\,007}{2} =$

$\dfrac{1}{2} \times \dfrac{2\,007 \times 2\,008}{2} = 1\,007\,514$

这真是"横看成岭侧成峰"!

2.2 方格图中的代数等式(公式)

2.2.1 划分方格图获得自然数方幂和或乘积和的有关求和公式

(1)首先,我们观察如图 2.5 所示的折线划分的矩形 10×9 方格图.图中告诉我们如下的信息

$1+2+3+4+5+6+7+8+9+9+8+7+6+5+4+3+2+1 = 10+10+10+10+10+10+10+10+10 = 9\times10 = 90$

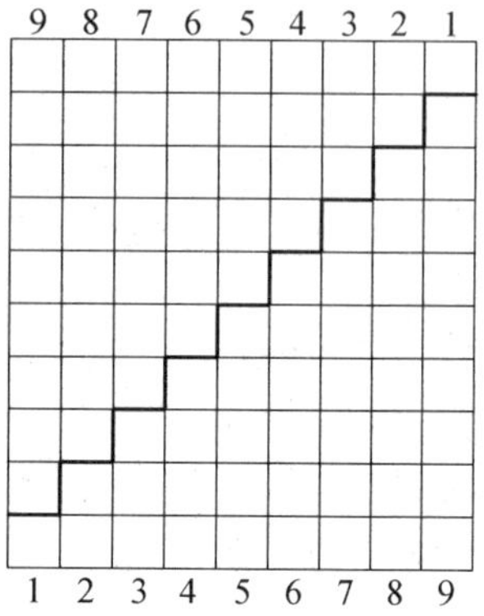

图 2.5 告诉我们一种方法,运用这种方法,我们又可以得到前几个非零自然数的求和公式,即由 $1+2+\cdots+n+n+\cdots+2+1 = n(n+1)$,有

$$S_{(1)} = 1+2+\cdots+n = \sum_{k=1}^{n}k = \frac{1}{2}n(n+1) \quad ①$$

图 2.5

同样,我们有

$$2+4+6+\cdots+2n = \sum_{k=1}^{n}2k = n(n+1) \quad ②$$

$$3+6+9+\cdots+3n = \sum_{k=1}^{n}3k = \frac{3}{2}n(n+1) \quad ③$$

上面的讨论是针对矩形方格图讨论的,若对于正方形方格表怎样讨论呢?可由图 2.6 所示,将图(a)的两个梯形方格图拼合成图(b),这时,对角线上有 n 个小方格重合.由此可得 $2(1+2+\cdots+n) - n = n^2$,即

$$1+2+\cdots+n = \sum_{k=1}^{n}k = \frac{1}{2}n(n+1)$$

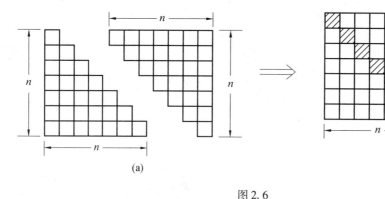

图 2.6

(2)对于正方形方格图,如果按图 2.7 那么划分,更为有趣,它表明

$1 = 1^2$

$1+3 = 4 = 2^2$

$1+3+5 = 9 = 3^2$

$1+3+5+7 = 16 = 4^2$

$$1 + 3 + 5 + 7 + 9 = 25 = 5^2$$
$$\vdots$$
$$1 + 3 + 5 + \cdots + (2n-1) = \sum_{k=1}^{n}(2k-1) = n^2 \qquad ④$$

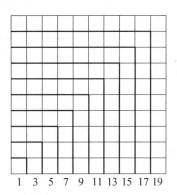

图 2.7

即从 1 开始 n 个连续奇数之和恰好是 n 的平方.

在图 2.7 的基础上, 我们观察图 2.8.

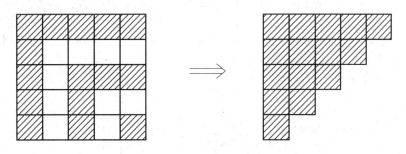

图 2.8

从图中获得信息: 交错平方和等于三角数. 即
$$n^2 - (n-1)^2 + \cdots + (-1)^{n-1} \cdot 1^2 = \sum_{i=0}^{n}(-1)^i(n-i)^2 = \frac{1}{2}n(n+1) \qquad ⑤$$

（3）对于正方形方格图, 如果按图 2.9 那么划分, 由中央向四周发展, 或从一个小方格出发向四周发展, 则分别有下面的信息

$$4 = 2^2$$
$$4 + 12 = 16 = 4^2$$
$$4 + 12 + 20 = 36 = 6^2$$
$$4 + 12 + 20 + 28 = 64 = 8^2$$
$$\vdots$$
$$4 + 12 + \cdots + [8(n-1) + 4] = \sum_{k=1}^{n}[8(k-1) + 4] = (2n)^2 = 4n^2 \qquad ⑥$$

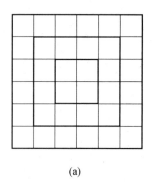 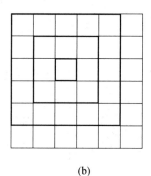

图 2.9

即

$$1 = 1 = 1^2$$
$$1 + 8 = 9 = 3^2$$
$$1 + 8 + 16 = 25 = 5^2$$
$$1 + 8 + 16 + 24 = 49 = 7^2$$
$$\vdots$$
$$1 + 8 + 16 + \cdots + 8(n-1) = \sum_{k=1}^{n} 8(k-1) + 1 = (2n-1)^2 \qquad ⑦$$

（4）对于长为 $\frac{1}{2}n(n+1)$，宽为 $2n+1$ 的矩形方格图，如果按图 2.10 那么划分，它表明

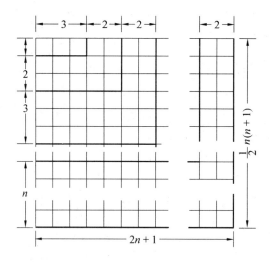

图 2.10

$$3 = 3 \times 1^2$$
$$3 + 12 = 3 \times 1^2 + 3 \times 2^2$$
$$3 + 12 + 27 = 3 \times 1^2 + 3 \times 2^2 + 3 \times 3^2$$
$$\vdots$$
$$3 + 12 + 27 + \cdots + [2n^2 + n + (n^2 - n)] = 3(1^2 + 2^2 + \cdots + n^2)$$

故

$$3(1^2 + 2^2 + \cdots + n^2) = \frac{1}{2}n(n+1)(2n+1)$$

即
$$S_{(2)} = 1^2 + 2^2 + \cdots + n^2 = \frac{1}{6}n(n+1)(2n+1) \qquad ⑧$$

（5）对于正方形方格图，如果按图 2.11 那么划分，其面积表明

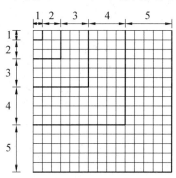

图 2.11

$1 = 2 \times 1 - 1^2 = 1^3$

$1 + [2 \times 2(1+2) - 2^2] = 1^3 + 2^3$

$1 + [2 \times 2(1+2) - 2^2] + [2 \times 3(1+2+3) - 3^2] = 1^3 + 2^3 + 3^3$

$1 + [2 \times 2(1+2) - 2^2] + [2 \times 3(1+2+3) - 3^2] + [2 \times 4(1+2+3+4) - 4^2] = 1^3 + 2^3 + 3^3 + 4^3$

$\vdots$

故 $\qquad 1^3 + 2^3 + 3^3 + \cdots + n^3 = (1 + 2 + \cdots + n)^2$ （正方形总方格数）

从而 $\qquad S_{(3)} = 1^3 + 2^3 + \cdots + n^3 = \left[\frac{1}{2}n(n+1)\right]^2 \qquad ⑨$

如果在正方形方格图中划分出一个直角边的比为 1∶2 的直角三角形方格图，其总方格数也可以呈现式⑨，如图 2.12 所示.

由图即得
$$1^3 + 2^3 + \cdots + n^3 = \left[\frac{1}{2}n(n+1)\right]^2$$

（6）对于长为 $\frac{1}{2}n(n+1)$，宽为 $\frac{2}{3}(n+2)$ 的矩形，如果按图 2.13 那么划分，则它表明

$$S_{AA_nB_nC_n} = 1 \times 2 + 2 \times 3 + 3 \times 4 + \cdots + n(n+1)$$

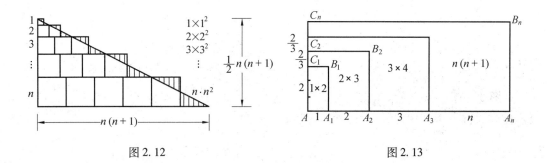

图 2.12 　　　　　　　　　　　图 2.13

又 $S_{AA_nB_nC_n} = (1+2+3+\cdots+n)\left(2+\underbrace{\frac{2}{3}+\frac{2}{3}+\cdots+\frac{2}{3}}_{n-1\uparrow}\right) =$

$$\frac{1}{2}n(n+1)\left[2+\frac{2}{3}(n-1)\right] = \frac{1}{3}n(n+1)(n+2)$$

所以

$$1\times 2 + 2\times 3 + 3\times 4 + \cdots + n(n+1) = \frac{1}{3}n(n+1)(n+2) \qquad ⑩$$

类似地,对于长和宽分别为 $\frac{1}{2}(n+2)(n+3)$, $\frac{1}{2}n(n+1)$; $\frac{1}{2}n(n+1)$, $2(n+1)$; $n(2n-1)$, $\frac{1}{3}(2n+1)$ 的矩形,如果按图 2.14 中的(a),(b),(c)那么划分,则可呈现如下的求和公式:它们分别表明

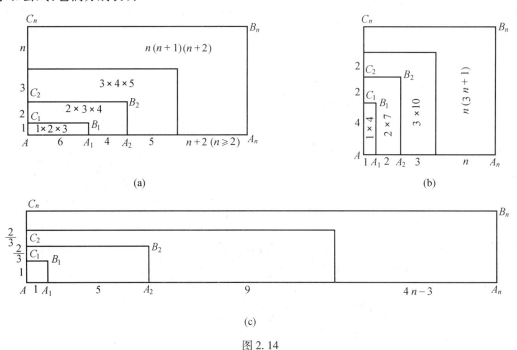

图 2.14

$$1\times 2\times 3 + 2\times 3\times 4 + 3\times 4\times 5 + \cdots + n(n+1)(n+2) = \frac{1}{4}n(n+1)(n+2)(n+3)$$
⑪

$$1\times 4 + 2\times 7 + 3\times 10 + \cdots + n(3n+1) = n(n+1)^2 \qquad ⑫$$

$$1^2 + 3^2 + 5^2 + \cdots + (2n-1)^2 = \frac{1}{3}n(4n^2-1) \qquad ⑬$$

(7) 构造长方形展示自然数方幂和公式

如图 2.15,一个长方形被分为 n 行和 n 列,底边的数字表示对应的列宽,左侧一列数字表示对应的行高,每一个拐角六边形的面积等于拐角处的数字,即

$$\frac{1}{2}(\underbrace{1+\cdots+1}_{k} + \underbrace{1+\cdots+1}_{k-2}) + 1 = k$$

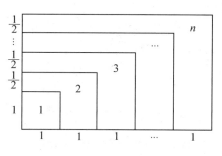

图 2.15

一方面,拐角六边形的面积和等于 $1 + 2 + 3 + \cdots + n$;另一方面,大长方形的面积等于

$$(\underbrace{1 + \cdots + 1}_{n})\left(1 + \underbrace{\frac{1}{2} + \cdots + \frac{1}{2}}_{n-1}\right) = n \times \frac{n+1}{2} = \frac{n(n+1)}{2}$$

所以

$$S_1(n) = 1 + 2 + 3 + \cdots + n = \frac{n(n+1)}{2} \qquad ⑭$$

如图 2.16,一个长方形被分为 n 行和 n 列,底边的一行数字表示对应的列宽,左侧一列数字表示对应的行高,每一个拐角六边形的面积等于拐角处的数字,即

$$\frac{2}{3} \times (1 + 2 + \cdots + i) + i \times \left(1 + \underbrace{\frac{2}{3} + \cdots + \frac{2}{3}}_{i-2}\right) = \frac{i(i+1)}{3} + \frac{i(2i-1)}{3} = i^2$$

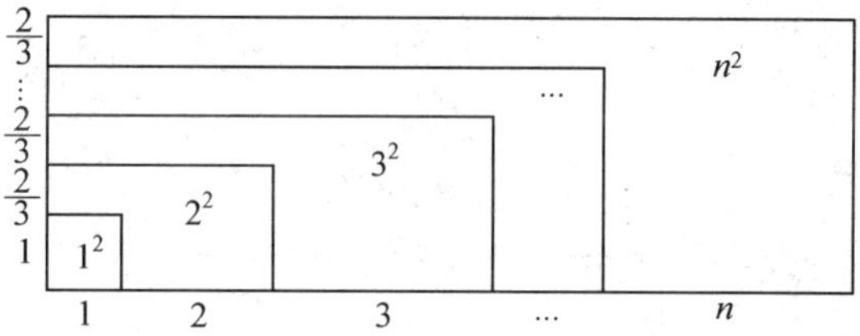

图 2.16

一方面,拐角六边形的面积和等于 $1^2 + 2^2 + 3^2 + \cdots + n^2$;另一方面,大长方形的面积等于

$$(1 + 2 + \cdots + n) \times \left(1 + \underbrace{\frac{2}{3} + \cdots + \frac{2}{3}}_{n-1}\right) = \frac{n(n+1)}{2} \times \frac{2n+1}{3} = \frac{n(n+1)(2n+1)}{6}$$

所以

$$1^2 + 2^2 + 3^2 + \cdots + n^2 = \frac{n(n+1)(2n+1)}{6} \qquad ⑮$$

如图 2.17,一个长方形被分为 n 行和 n 列,底边的一行数字表示对应的列宽,左侧一列数字表示对应的行高,每一个拐角六边形的面积等于拐角处的数字,即

$$i(1 + 2 + \cdots + i) + i[1 + 2 + \cdots + (i-1)] = \frac{i^2(i+1)}{2} + \frac{(i-1)i^2}{2} = i^3$$

一方面,拐角六边形的面积和等于 $1^3 + 2^3 + 3^3 + \cdots + n^3$;另一方面,大长方形的面积等于

$$(1+2+\cdots+n)\times(1+2+\cdots+n)=\left[\frac{n(n+1)}{2}\right]^2$$

所以

$$1^3+2^3+3^3+\cdots+n^3=\left[\frac{n(n+1)}{2}\right]^2 \qquad ⑯$$

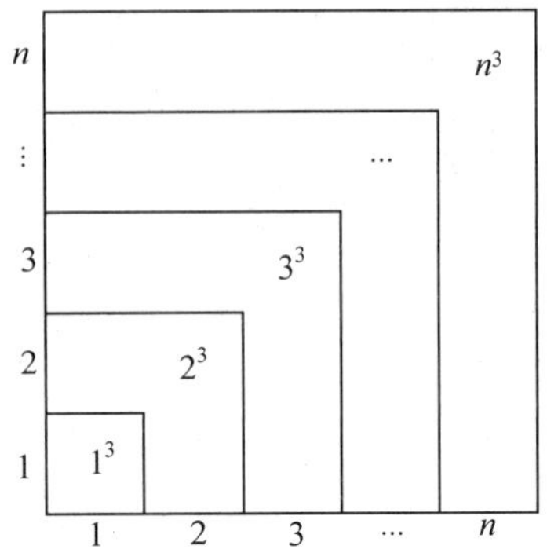

图 2.17

如图 2.18，一个长方形被分为 n 行和 n 列，底边的一行数字表示对应的列宽，左侧一列数字表示对应的行高，每一个拐角六边形的面积等于拐角处的数字，即

$$\frac{6}{5}\times i\times(1^2+2^2+\cdots+i^2)+i^2\times\left\{1+\frac{6}{5}[2+3+\cdots+(i-1)]\right\}=$$

$$\frac{6}{5}\times i\times\frac{i(i+1)(2i+1)}{6}+i^2\times\left[1+\frac{6}{5}\left(\frac{(i-1)i}{2}-1\right)\right]=$$

$$\frac{i^2(2i^2+3i+1)}{5}+\frac{i^2(3i^2-3i-1)}{5}=i^4$$

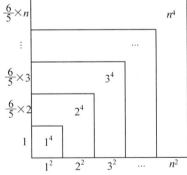

图 2.18

一方面，拐角六边形的面积和等于 $1^4+2^4+3^4+\cdots+n^4$；另一方面，大长方形的面积等于

$$(1^2+2^2+\cdots+n^2)\times\left[1+\frac{6}{5}(2+3+\cdots+n)\right]=$$

$$\frac{n(n+1)(2n+1)}{6}\times\left[1+\frac{6}{5}\left(\frac{n(n+1)}{2}-1\right)\right]=$$

$$\frac{n(n+1)(2n+1)}{6} \times \frac{3n^2+3n-1}{5} =$$
$$\frac{n(n+1)(2n+1)(3n^2+3n-1)}{30}$$

所以

$$1^4 + 2^4 + 3^4 + \cdots + n^4 = \frac{n(n+1)(2n+1)(3n^2+3n-1)}{30} \quad ⑰$$

如图 2.19，一个长方形被分为 n 行和 n 列，底边的一行数字表示对应的列宽，左侧一列数字表示对应的行高，每一个拐角六边形的面积等于拐角处的数字，即

$$\frac{4}{3} \times i \times (1^3 + 2^3 + \cdots + i^3) + i^3 \times \{1 + \frac{4}{3}[2 + 3 + \cdots + (i-1)]\} =$$
$$\frac{4}{3} \times i \times \frac{i^2(i+1)^2}{4} + i^3 \times \{1 + \frac{4}{3}[\frac{(i-1)i}{2} - 1]\} =$$
$$\frac{i^3(i+1)^2}{3} + i^3 \times \frac{2i^2 - 2i - 1}{3} = i^5$$

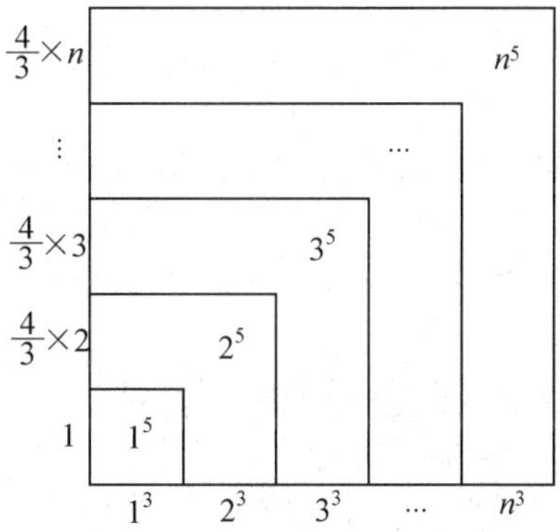

图 2.19

一方面，拐角六边形的面积和等于 $1^5 + 2^5 + 3^5 + \cdots + n^5$；另一方面，大长方形的面积等于

$$(1^3 + 2^3 + \cdots + n^3) \times [1 \times \frac{4}{3}(2 + 3 + \cdots + n)] =$$
$$\frac{n^2(n+1)^2}{4} \times [1 \times \frac{4}{3}(\frac{n(n+1)}{2} - 1)] =$$
$$\frac{n^2(n+1)^2}{4} \times \frac{2n^2 + 2n - 1}{3} =$$
$$\frac{n^2(n+1)^2(2n^2 + 2n - 1)}{12}$$

所以

$$1^5 + 2^5 + 3^5 + \cdots + n^5 = \frac{n^2(n+1)^2(2n^2 + 2n - 1)}{12} \quad ⑱$$

注 上述图中都是以 P 阶自然数幂作底构造图形展示 $P+1$ 阶或 $P+2$ 阶自然数幂和公式，但这种构造方法具有局限性. 要推广到一般情形，则需把所有比它小的低阶自然数幂和都考虑进去，因而可如下构造长方形图.

如图 2.20,把 $S_p(n)$ 构造成规格为 $1^p\times 1, 2^p\times 1, 3^p\times 1, \cdots, n^p\times 1$ 的长方形的组合,在其上部依次补充规格为 $(2^p-1^p)\times 1, (3^p-2^p)\times 2, (4^p-3^p)\times 3, \cdots, [(n+1)^p-n^p]\times n$ 大小的长方形,整个图形是由原有部分和补充部分构成的 $(n+1)^p\times n$ 长方形.

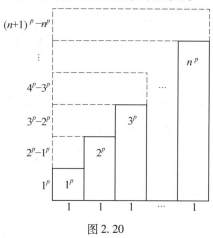

图 2.20

根据面积重算原理,则

$$n(n+1)^p = S_p(n) + \sum_{i=1}^{n}\left[(i+1)^p - i^p\right]\times i =$$
$$S_p(n) + \sum_{i=1}^{n}\left[C_p^{p-1}i^p + C_p^{p-2}i^{p-1} + \cdots + C_p^1 i^2 + C_p^0 i\right] =$$
$$S_p(n) + C_p^{p-1}\sum_{i=1}^{n}i^p + C_p^{p-2}\sum_{i=1}^{n}i^{p-1} + \cdots + C_p^1\sum_{i=1}^{n}i^2 + C_p^0\sum_{i=1}^{n}i =$$
$$(1+p)S_p(n) + C_p^{p-2}S_{p-1}(n) + \cdots + C_p^1 S_2(n) + C_p^0 S_1(n)$$

即

$$S_p(n) = \frac{1}{1+p}\{n(n+1)^p - [C_p^{p-2}S_{p-1}(n) + \cdots + C_p^1 S_2(n) + C_p^0 S_1(n)]\}$$

显然,只要知道 $S_1(n), S_2(n), \cdots, S_{p-1}(n)$,代入上式就可以求出 $S_p(n)$ 了.

注 以上内容参见了李世臣、苏久霞老师的文章《构造长方形求自然数幂和》(数学教学 2012 年 4 期).

2.2.2 划分方格图填数获得自然数方幂和的有关求和公式

由图 2.3 给我们提供了信息,数表图也可以推导有关求和公式,这启示我们:若在方格图中的每个小方格填上适当的数,然后再划分与拼合,这简单的填数方格图也可以告诉我们推导前面的求和公式的新颖方法.

(1) 如图 2.21(a),考察每个小方格填的正整数的特征:这个正方形方格图中,每一行依次填 $1, 2, \cdots, n-2, n-1, n$. 以下各行依次将上一行中的最大数改为次大的数,即第二行依次填 $1, 2, \cdots, n-2, n-1, n-1$;第三行依次填 $1, 2, \cdots, n-2, n-2, n-2$;……;第 n 行全部填成 1. 可以看出,正方形方格图中各数的和可由图 2.15(b) 中划分的角图的数字和表示为

$$S_{(2)} = 1^2 + 2^2 + \cdots + n^2$$

观察图 2.21(a) 中正方形方格中各数特征,显然,对角线 AC 上各小方格的数字之和为

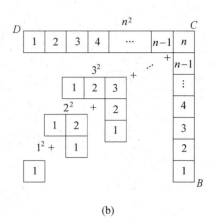

(a)　　　　　　　　　　　　(b)

图 2.21

$\frac{1}{2}n(n+1)$. 正方形 $ABCD$ 在对角线 AC 以下各数的和为(从最下面一行算起)

$$1(n-1) + 2(n-2) + 3(n-3) + \cdots + (n-1)[n-(n-1)] =$$
$$n + 2n + 3n + \cdots + (n-1)n - [1^2 + 2^2 + \cdots + (n-1)^2] =$$
$$n \cdot \frac{1}{2}n(n-1) - S_{(2)} + n^2 = \frac{1}{2}n^3 + \frac{1}{2}n^2 - S_{(2)}$$

从而正方形 $ABCD$ 内各数的和为

$$S_{(2)} = \frac{1}{2}n(n+1) + 2\left(\frac{1}{2}n^3 + \frac{1}{2}n^2 - S_{(2)}\right)$$

则　　　　　　　$6S_{(2)} = 2n^3 + 3n^2 + n = n(n+1)(2n+1)$

故　　　　　　　$S_{(2)} = \frac{1}{6}n(n+1)(2n+1)$ ⑲

(2) 由图 2.21 给我们提供的信息,在正方形方格图中,从下往上第 k 行的小方格依次填写上数 $k,2k,3k,4k,\cdots,nk$,并进行划分,如图 2.22 所示,它表明

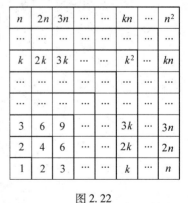

$1 = 1^3$
$1 + 8 = 1^3 + 2^3$
$1 + 8 + 27 = 1^3 + 2^3 + 3^3$
$\vdots$
$1 + 8 + 27 + \cdots + [2(k + 2k + \cdots + k^2) - k^2] =$
$1^3 + 2^3 + \cdots + k^3$

从而,正方形各小方格的数的和为

$$S_{(3)} = 1^3 + 2^3 + \cdots + n^3$$

图 2.22

注意各列的和依次为

$$1 + 2 + \cdots + n = \frac{1}{2}n(n+1) = S_{(1)}$$
$$2 + 4 + 6 + \cdots + 2n = 2S_{(1)}$$
$$\vdots$$

$$n + 2n + \cdots + n^2 = nS_{(1)}$$

故
$$S_{(3)} = 1^3 + 2^3 + \cdots + n^3 = S_{(1)}(1 + 2 + \cdots + n) = \left[\frac{1}{2}n(n+1)\right]^2 \quad ⑳$$

(3) 在正方形方格图中划分出直角三角形方格图, 又在每个小方格填上适当的数, 也可呈现出自然数的方幂和公式.

图 2.23 中所有正方形的面积之和为 $1^3 + 2^3 + 3^3 + \cdots + n^3$. 容易证明所有正方形的面积之和等于 $\triangle ABC$ 的面积, 即

$$S_{\triangle ABC} = \frac{1}{2}(1 + 2 + 3 + \cdots + n) \cdot n(n+1) = \left[\frac{1}{2}n(n+1)\right]^2$$

所以
$$1^3 + 2^3 + 3^3 + \cdots + n^3 = \left[\frac{1}{2}n(n+1)\right]^2$$

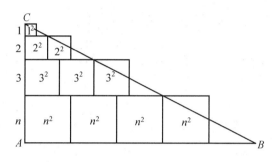

图 2.23

如图 2.24, 以对角线为界把正方形分成两部分, 注意这时将对角线上的数字归入上面的三角形. 于是把上面、下面三角形中所有数字之和分别记为 $\triangle_{上}$, $\triangle_{下}$, 则有

$$\triangle_{上} = S_{(2)} = 1 \times 1 + 2 \times 2 + \cdots + n \times n = \sum_{k=1}^{n} k^2$$

$$\triangle_{下} = 1 + (1+2) + \cdots + [1 + 2 + \cdots + (n-1)] =$$
$$1 + (1+2) + \cdots + [1 + 2 + \cdots + (n-1)] +$$
$$(1 + 2 + \cdots + n) - (1 + 2 + \cdots + n) =$$
$$\left(\frac{1^2}{2} + \frac{1}{2}\right) + \left(\frac{2^2}{2} + \frac{2}{2}\right) + \cdots + \left(\frac{n^2}{2} + \frac{n}{2}\right) - S_n^1 =$$
$$\frac{1}{2}(1^2 + 2^2 + \cdots + n^2) + \frac{1}{2}(1 + 2 + \cdots + n) -$$
$$S_n^1 = \frac{1}{2}S_{(2)} - \frac{1}{2}S_{(1)}$$

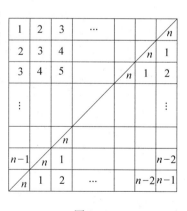

图 2.24

又显然正方形每一行数字的和为 $S_{(1)}$, 共有 n 行, 所以正方形中所有数字之和为 $nS_{(1)}$.

则
$$nS_{(1)} = \triangle_{上} + \triangle_{下} = S_{(2)} + \left(\frac{1}{2}S_{(2)} - \frac{1}{2}S_{(1)}\right)$$

即
$$S_{(2)} = \frac{2n+1}{2}S_{(1)} \times \frac{2}{3} = \frac{2n+1}{2} \cdot \left(\frac{n^2}{2} + \frac{n}{2}\right) \cdot \frac{2}{3}$$

故
$$S_{(2)} = \sum_{k=1}^{n} k^2 = \frac{n^3}{3} + \frac{n^2}{2} + \frac{n}{6}$$

如图 2.25,以对角线为界把正方形分成两部分,注意这时将对角线上的数字归入上面的三角形. 于是

$$\triangle_{\text{上}} = S_{(3)} = 1 \times 1^2 + 2 \times 2^2 + \cdots + n \times n^2 = \sum_{k=1}^{n} k^3$$

$$\triangle_{\text{下}} = 1^2 + (1^2 + 2^2) + \cdots + [1^2 + 2^2 + \cdots + (n-1)^2] =$$
$$1^2 + (1^2 + 2^2) + \cdots + [1^2 + 2^2 + \cdots + (n-1)^2] + (1^2 + 2^2 + \cdots + n^2) - (1^2 + 2^2 + \cdots + n^2) =$$
$$\left(\frac{1^3}{3} + \frac{1^2}{2} + \frac{1}{6}\right) + \left(\frac{2^3}{3} + \frac{2^2}{2} + \frac{2}{6}\right) + \cdots + \left(\frac{n^3}{3} + \frac{n^2}{2} + \frac{n}{6}\right) - S_{(2)}$$

$$\triangle_{\text{下}} = \frac{1}{3}(1^3 + 2^3 + \cdots + n^3) + \frac{1}{2}(1^2 + 2^2 + \cdots + n^2) + \frac{1}{6}(1 + 2 + \cdots + n) - S_{(2)} =$$
$$\frac{1}{3}S_{(3)} + \frac{1}{2}S_{(2)} + \frac{1}{6}S_{(1)} - S_{(2)} = \frac{1}{3}S_{(3)} - \frac{1}{2}S_{(2)} + \frac{1}{6}S_{(1)}$$

1^2	2^2	3^2	$\cdots$			n^2
2^2	3^2	4^2			n^2	1^2
3^2	4^2	5^2		n^2	1^2	2^2
$\vdots$						$\vdots$
			n^2			
$(n-1)^2$	n^2		1^2			$(n-2)^2$
n^2	1^2	2^2	$\cdots$		$(n-2)^2$	$(n-1)^2$

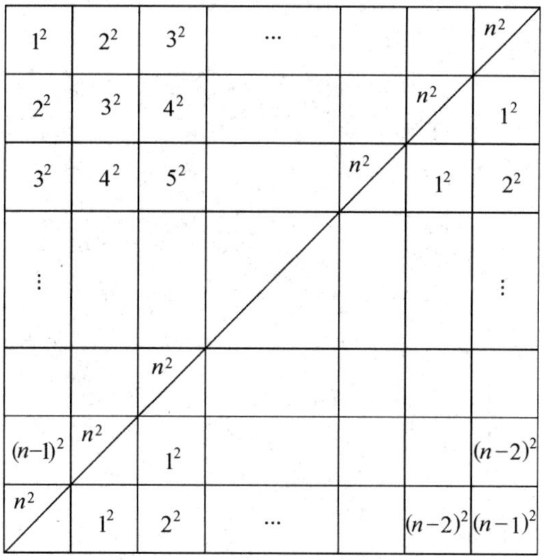

图 2.25

又所有数字之和为 $nS_{(2)}$,则有

$$nS_{(2)} = \triangle_{\text{上}} + \triangle_{\text{下}} = S_{(3)} + \left(\frac{1}{3}S_{(3)} - \frac{1}{2}S_{(2)} + \frac{1}{6}S_{(1)}\right)$$

则 $$S_{(3)} = \left(\frac{2n+1}{2}S_{(2)} - \frac{1}{6}S_{(1)}\right) \cdot \frac{3}{4} = \left[\frac{2n+1}{2}\left(\frac{n^3}{3} + \frac{n^2}{2} + \frac{n}{6}\right) - \frac{1}{6}\left(\frac{n^2}{2} + \frac{n}{2}\right)\right] \cdot \frac{3}{4}$$

故 $$S_{(3)} = \sum_{k=1}^{n} k^3 = \frac{n^4}{4} + \frac{n^3}{2} + \frac{n^2}{4} \qquad ㉑$$

依此类推我们可求得

$$S_{(4)} = \sum_{k=1}^{n} k^4 = \frac{1}{5}n^5 + \frac{1}{2}n^4 + \frac{1}{3}n^3 - \frac{1}{30}n \qquad ㉒$$

$$S_{(5)}=\sum_{k=1}^{n}k^{5}=\frac{1}{6}n^{6}+\frac{1}{2}n^{5}+\frac{5}{12}n^{4}-\frac{1}{12}n^{2} \qquad ㉓$$

$$\vdots$$

(4) 构造如图2.26的$n\times n$方格，每格都填入数1，依斜行观察知：各斜行的数字之和分别为$1,2,3,\cdots,n-1,n,n-1,\cdots,3,2,1$，表格内所有数字之和为$n^2$，于是有

$$2(1+2+3+\cdots+n)-n=n^{2}$$

即

$$2S_{(1)}=n^{2}+n\Rightarrow S_{(1)}=\frac{1}{2}n(n+1) \qquad ㉔$$

1	1	1	1		1
1	1	1	1		1
1	1	1	1		1
1	1	1	1		1
				⋱	
1	1	1	1		1

图 2.26

若按图2.27的填数方式表示$S_{(2)}$，则对$n\times n$方格数图做些说明：我们将水平方向的n个数称为行，共n行；将竖直方向的n个数称为列，共n列；将自左上角到右下角的数称为主对角线，共n个数. 这样图2.27的构造方式是：

(1) 主对角线方格内依次填$1,2,3,\cdots,n$；

(2) 第1行与第1列的数都是1；

(3) 主对角线方格中第k个数向右以及向下的数都填数字k（即都是第1行或第1列对应数字的k倍），其中$k=1,2,\cdots,n-1$.

1	1	1	1		1
1	2	2	2		2
1	2	3	3		3
1	2	3	4		4
				⋱	
1	2	3	4		n

图 2.27

观察图2.27中主对角线上数k，它与其向上和向左的所有数之和为

$$k+2[1+2+3+\cdots+(k-1)]=k+k(k-1)=k^{2}\quad(k=1,2,3,\cdots,n)$$

因此，图2.27中所有数的和为$1^2+2^2+3^2+\cdots+n^2=S_{(2)}$.

然而，整个正方形表格中，数k共有$1+2(n-k)$个，于是所有数k之和为$k+2k(n-k)=(2n+1)k-2k^2(k=1,2,3,\cdots,n)$.

所以图2.27中所有数的和又为

$$(2n+1)(1+2+3+\cdots+n)-2(1^{2}+2^{2}+3^{2}+\cdots+n^{2})=S_{(2)}$$

$$\Rightarrow(2n+1)S_{(1)}-2S_{(2)}=S_{(2)}$$

$$\Rightarrow 3S_{(2)}=(2n+1)\cdot\frac{1}{2}n(n+1)$$

$$\Rightarrow S_{(2)}=\frac{1}{6}n(n+1)(2n+1) \qquad ⑧$$

依图2.28的构造方式，按下列要求，填出图.

(1) 主对角线方格内依次填$1^2,2^2,3^2,\cdots,n^2$；

(2) 第1行与第1列的数都为$1,2,3,\cdots,n$；

(3) 主对角线方格中k^2向右的数都是第1行对应数的k倍；向下的数都是是第1列对应数的k倍（其中$k=1,2,\cdots,n-1$）.

1	2	3	4		n
2	4	6	8		$2n$
3	6	9	12		$3n$
4	8	12	16		$4n$
				⋱	
n	$2n$	$3n$	$4n$		n^2

图 2.28

观察图2.28中主对角线方格内的数k^2，它与其向上和向左的所有数之和为

$$k^{2}+2k[1+2+3+\cdots+(k-1)]=k^{2}+2k\left[\frac{k(k-1)}{2}\right]=k^{3}\quad(k=1,2,3,\cdots,n)$$

因此,图 2.28 中所有数的和为 $1^3 + 2^3 + 3^3 + \cdots + n^3 = S_{(3)}$.然而,图 2.28 中主对角线方格内的 k^2,它与其向右和向下的所有数之和为

$$k^2 + 2k[(k+1) + (k+2) + \cdots + n] =$$
$$k^2 + 2k[(1+2+3+\cdots+n) - (1+2+3+\cdots+k)] =$$
$$k^2 + kn(n+1) - k^2(1+k) =$$
$$kn(n+1) - k^3 \quad (k = 1,2,3,\cdots,n)$$

于是

$$S_{(3)} = n(n+1)S_{(1)} - S_{(3)} \Rightarrow 2S_{(3)} = \frac{1}{2}n^2(n+1)^2 \Rightarrow S_{(3)} = \frac{1}{4}n^2(n+1)^2 \quad ㉕$$

为了展示 $S_{(4)}$,则按下列方式填出图 2.29.

(1) 主对角线方格内依次填 $1^3, 2^3, 3^3, \cdots, n^3$;
(2) 第 1 行与第 1 列的数都为 $1^2, 2^2, 3^2, \cdots, n^2$;
(3) 主对角线方格中 k^3 向右的数为第 1 行对应数的 k 倍;向下的数为第 1 列对应数的 k 倍(其中 $k = 1, 2, \cdots, n-1$).

1	4	9	16	⋯	n^2
4	8	18	32	⋯	$2n^2$
9	18	27	48	⋯	$3n^2$
16	32	48	64	⋯	$4n^2$
⋯					
n^2	$2n^2$	$3n^2$	$4n^2$	⋯	n^2

图 2.29

观察图 2.29 中主对角线方格内的数 k^3,它与其向上和向左的所有数之和为

$$k^3 + 2k^2[1 + 2 + 3 + \cdots + (k-1)] =$$
$$k^3 + 2k^2\left[\frac{k(k-1)}{2}\right] = k^4 \quad (k = 1,2,3,\cdots,n)$$

因此,图 2.29 中所有数之和为 $1^4 + 2^4 + 3^4 + \cdots + n^4 = S_{(4)}$.
然而,图 2.29 中主对角线方格内的 k^3,它与其向右和向下的所有数之和为

$$k^3 + 2k[(k+1)^2 + (k+2)^2 + \cdots + n^2] =$$
$$k^3 + 2k[(1^2 + 2^2 + \cdots + n^2) - (1^2 + 2^2 + \cdots + k^2)] =$$
$$k^3 + 2k\left[\frac{1}{6}n(n+1)(2n+1) - \frac{1}{6}k(k+1)(2k+1)\right] =$$
$$k^3 + \frac{k}{3}n(n+1)(2n+1) - \frac{k^2}{3}(2k^2 + 3k + 1) =$$
$$\frac{k}{3}n(n+1)(2n+1) - \frac{2}{3}k^4 - \frac{k^2}{3} \quad (k = 1,2,3,\cdots,n)$$

于是

$$S_{(4)} = \frac{1}{3}n(n+1)(2n+1)S_{(1)} - \frac{2}{3}S_{(4)} - \frac{1}{3}S_{(2)} \Rightarrow \frac{5}{3}S_{(4)} =$$
$$\frac{1}{6}n^2(n+1)^2(2n+1) - \frac{1}{18}n(n+1)(2n+1) \Rightarrow S_{(4)} =$$
$$\frac{1}{30}n(n+1)(2n+1)(3n^2 + 3n - 1) \quad ㉖$$

总之,从以上由 $n \times n$ 方格数表求正整数方幂和的过程中,我们可看到:若已知 $S_{(1)}, S_{(2)}, S_{(3)}, \cdots, S_{(i)}$,则可构造 $n \times n$ 方格数表示求 $S_{(i+1)}$,其要求是:

(1) 主对角线方格内依次填 $1^i, 2^i, 3^i, \cdots, n^i (i = 1, 2, 3, \cdots)$;
(2) 第 1 行与第 1 列的数都是 $1^{i-1}, 2^{i-1}, 3^{i-1}, \cdots, n^{i-1}$;

(3) 主对角线方格中第 k 个数 k^i 向右的数为第 1 行对应数的 k 倍;向下的数为第 1 列对应数的 k 倍(其中 $k=1,2,\cdots,n-1$).

这样,主对角线中 k^i 与其向上和向左的所有数之和必为 k^{i+1},由此知,可仿上述方法求出 $S_{(i+1)}$.

从上述诸方格图(包括填数方格图)的各种划分与拼合中,我们不仅获得一系列有关非零自然数的方幂求和公式,而且获得了一种重要的数学方法 —— 算两次,从不同的角度计算同一个方格图中的方格数或填的数字和,"算两次" 也称作富比尼(G. Fubini)原理.

算两次的方法,不仅在计算题、求解题中广泛运用,在证明题中,也可用两种方法计算同一个量. 这是一种行之有效的基本方法,在日常生活中,在处理一些实际问题时,也需要运用算两次的方法. 例如,我们在列方程解应用题时,"为了得到一个方程,我们必须把同一个量以两种不同的方法表示出来"(波利亚语),即将一个量"算两次".

2.2.3 划分正三角形利用重心原理证明自然数方幂和公式

对于两个质点组的重心,有下面的结论:

若质点 A 放置 p 单位的质量,质点 B 放置 q 单位的质量,简记为 $A(p),B(q)$,又 A,B 的距离为 d,则质点组(记作 $\{A(p),B(q)\}$)的重心 G 的位置由

$$p \cdot AG = q \cdot GB$$

确定,或者记作

$$\frac{AG}{GB} = \frac{p}{q} \text{ 或 } \frac{AG}{AB} = \frac{q}{p+q}$$

即质点组的重心在两质点连线上,且到两质点的距离与这两点的质量成反比.

对于多个质点组成的质点组来讲,可先两两求出它们的重心,再把这些重心视为新的质点(质量为原来两质点的质量之和),再去求它们的重心,……,这样最后可求得整个质点组的重心.

例如,在一个没有质量的细棒上坐标为 $a_1,a_2,\cdots,a_n$ 的点处系上质量分别为 $p_1,p_2,\cdots,p_n$ 的重物,则由力系平衡的条件得到该系统的重心坐标为

$$x = \frac{a_1p_1 + a_2p_2 + \cdots + a_np_n}{p_1 + p_2 + \cdots + p_n}$$

下面,我们考虑正 $\triangle ABC$,其中顶点 A 的坐标为 a 且在直线 l 上,A_n 是 BC 的中点,它的坐标为 $a+(n-1)$,将 AA_n 均分为 $n-1$ 份,分点分别为 $A_2,A_3,\cdots,A_{n-1}$,再将 $\triangle ABC$ 各边均分为 $n-1$ 份,且通过各分点作与三边平行的直线段,得一系列小正三角形,如图 2.30.

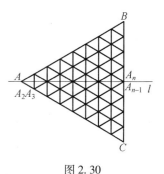

图 2.30

在每个小正三角形顶点上分别放置单位质量,则质点组的重心 X 在 AA_n 上,且坐标为

$$x = a + \frac{2}{3}(n-1)$$

整个系统的质量为

$$1 + 2 + 3 + \cdots + n = \frac{n(n+1)}{2}$$

另外，若 A 的坐标为 a，则 A_k 的坐标为
$$a + (k-1) \quad (k = 1, 3, \cdots, n)$$
又由式 ㉗ 有
$$a + \frac{2}{3}(n-1) = \frac{\sum_{k=1}^{n} k(a+k-1)}{\sum_{k=1}^{n} k}$$

即
$$\sum_{k=1}^{n} k(a+k-1) = \frac{n(n+1)}{2} \cdot \left[a + \frac{2}{3}(n-1)\right] \qquad ㉘$$

若在 ㉘ 中令 a 为某些特殊数，则可以分别求得一些自然数幂和公式，下面举几例加以说明．

例 1 证明平方和恒等式
$$\sum_{k=1}^{n} k^2 = \frac{1}{3}n^3 + \frac{1}{2}n^2 + \frac{1}{6}n$$

证明 在 ㉘ 中令 $a = 1$，则有
$$\sum_{k=1}^{n} k^2 = \frac{n(n+1)}{2} \cdot \left[1 + \frac{2}{3}(n-1)\right] =$$
$$\frac{n(n+1)}{2} \cdot \frac{2n+1}{3} = \frac{1}{3}n^3 + \frac{1}{2}n^2 + \frac{1}{6}n$$

例 2 证明恒等式
$$\sum_{k=1}^{n} k^3 = \frac{1}{4}n^4 + \frac{1}{3}n^3 + \frac{1}{4}n^2$$

证明 若在 $A_k(k=1,2,\cdots,n)$ 处放置质量为 $m_k = k(n-k+1)$ 的质点，且 A_k 的坐标为 k．

由质点位置与质量公式的对称性知 $m_k = m_{n-k+1}$，故系统的重心必在 $\frac{n+1}{2}$ 处，又因整个系统的质量为
$$\sum_{k=1}^{n} k(n-k+1) = (n+1)\sum_{k=1}^{n} k - \sum_{k=1}^{n} k^2 = \frac{(n+2)(n+1)n}{6}$$

故有
$$\sum_{k=1}^{n} (k \cdot m_k) = \frac{n+1}{2} \cdot \frac{(n+2)(n+1)n}{6} = \frac{n(n+1)^2(n+2)}{12}$$

即
$$\sum_{k=1}^{n} [k^2(n-k+1)] = \frac{n(n+1)^2(n+2)}{12}$$

所以
$$\sum_{k=1}^{n} k^3 = \sum_{k=1}^{n} [k^2(n+1)] - \sum_{k=1}^{n} [k^2(n-k+1)] =$$
$$\frac{n(n+1)^2(2n+1)}{6} - \frac{n(n+1)^2(n+2)}{12} =$$

$$\frac{1}{4}n^4 + \frac{1}{2}n^3 + \frac{1}{4}n^2$$

例3 证明恒等式

$$\sum_{k=1}^{n} k^5 = \frac{1}{6}n^6 + \frac{1}{2}n^5 + \frac{5}{12}n^4 - \frac{1}{12}n^2$$

证明 设在 $A_k(k=1,2,\cdots,n)$ 处放置质量为 $m_k = k(k+1)(n-k)(n-k+1)$ 的质点,且 A_k 的坐标为 k.

由 $m_k = m_{n-k}$ 知系统的重心必在 $\frac{n}{2}$ 处,故有

$$\sum_{k=1}^{n}(k \cdot m_k) = \frac{n}{2} \cdot \sum_{k=1}^{n} m_k$$

即

$$\sum_{k=1}^{n}[k \cdot k(k+1)(n-k)(n-k+1)] = \frac{n}{2}\sum_{k=1}^{n}[k(k+1)(n-k)(n-k+1)] \quad ㉙$$

若令 $S_n^{(m)} = \sum_{k=1}^{n} k^m$,则

$$\frac{n}{2}\sum_{k=1}^{n}[k(k+1)(n-k)(n-k+1)] = \frac{n}{2}[S_n^{(4)} - 2nS_n^{(3)} + (n^2-n-1)S_n^{(2)} + (n^2+n)S_n^{(1)}]$$

代入式 ㉙ 整理得

$$\sum_{k=1}^{n} k^5 = \frac{5n}{2}S_n^{(4)} - (2n^2-n-1)S_n^{(3)} + \frac{n}{2}(n^2-3n-3)S_n^{(2)} + \frac{n^2}{2}(n+1)S_n^{(1)} \quad ㉚$$

又由如下公式

$$(n+1)^5 - (n+1) = C_5^1 S_n^{(4)} + C_5^2 S_n^{(3)} + C_5^3 S_n^{(2)} + C_5^4 S_n^{(1)} \quad ㉛$$

联立式 ㉚ 和 ㉛,消去 $S_n^{(4)}$ 后结合例1、例2中的恒等式计算可得

$$\sum_{k=1}^{n} k^5 = \frac{1}{6}n^6 + \frac{1}{2}n^5 + \frac{5}{12}n^4 - \frac{1}{12}n^2$$

注 如上内容参见了赖巧芳、范琼老师的文章《重心原理在自然数幂和公式证明中的应用》(数学通讯 2014 年 6 期).

2.2.4 格点路径法证明组合恒等式

首先给出如下定理:

定理1 在 n 个不同的元素中取 r 个进行组合,其组合数为 C_n^r.

定理2 允许元素重复出现的排列,叫作有重复的排列,包括以下两种情形:

① 在 m 个不同的元素里,取出 n 个元素(可重复),按照一定的顺序排成一排,那么第一、第二、……、第 n 位上各选取元素的方法都是 m 个,故由乘法原理知,从 m 个不同的元素里取出 n 个元素的可重复排列数为 m^n.

② 有相同元素的全排列:如果 n 个元素里,第一类相同元素有 q_1 个,第二类相同元素有 q_2 个,……,第 i 类相同元素有 $q_i(q_1+q_2+\cdots+q_i\leqslant n)$ 个,则这 n 个元素全取的排列叫作 n 个有相同元素的全排列,它的排列数为 $\dfrac{n!}{q_1!\ q_2!\ \cdots q_t!}$.

定理 3 在格点平面上从点 $O(0,0)$ 到点 $A(m,n)$ 的最短路径数即格点路径(所谓"最短路径"指的是不允许后退,即不允许逆着 x,y 的正方向走)为: C_{m+n}^{m} (或 C_{m+n}^{n}).

证明 如图 2.31 所示,无论怎样走去,在 x 方向上总共走 m 步,在 y 方向上总共走 n 步. 若用一个 x 表示 x 方向的一步,一个字母 y 表示 y 方向的一步,则 $O(0,0)$ 到点 $A(m,n)$ 的每一条路径可表示为 m 个 x 与 n 个 y 的一个有重排列,将每一个有重排列的 x 和 y 分别编号,可得 $m!\ n!$ 个 $m+n$ 元的无重排列,由定理 2 可知,则共有 $\dfrac{(m+n)!}{m!\ n!}=C_{m+n}^{m}$ 路径数.

上述定理 3 可推广到一般:如图 2.32 所示,设 $c\geqslant a\geqslant 0,d\geqslant b\geqslant 0$,则 (a,b) 到 (c,d) 的最短路径为: $C_{(c-a)+(d-b)}^{(c-a)}$.

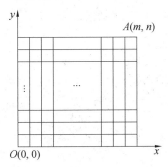
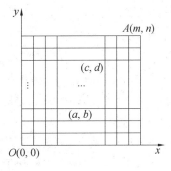

图 2.31 　　　　　　　　　　　图 2.32

定理 3 实际上告诉我们,任何一个组合数均可看成是一种格点路径(组合数的几何解释). 例如: C_n^r 可看作是点 $O(0,0)$ 到点 $P(n-r,r)$ 的格点路径数.

下面介绍几个重要组合恒等式的格点路径证法:

例 1(Pascal 公式) $C_n^r=C_{n-1}^r+C_{n-1}^{r-1}$.

证明 先从组合的几何意义看这个公式,如图 2.33 所示.

C_n^r 可看作是点 $O(0,0)$ 到点 $A(n-r,r)$ 的格点路径数;

C_{n-1}^r 可看作是点 $O(0,0)$ 到点 $C(n-r-1,r)$ 的格点路径数;

C_{n-1}^{r-1} 可看作是点 $O(0,0)$ 到点 $B(n-r,r-1)$ 的格点路径数.

显然,从点 $O(0,0)$ 到点 $A(n-r,r)$ 的格点路径数由两部分组成:一部分是从 $O(0,0)$ 到点 $B(n-r,r-1)$ 的路径再向 y 轴的正方向走一步;另一部分是点 $O(0,0)$ 到点 $C(n-r-1,r)$ 的路径再向 x 轴的正方向走一步,因此等式成立.

例 2 $C_n^0+C_{n+1}^1+C_{n+1}^2+\cdots+C_{n+r-1}^{r-1}+C_{n+r}^r=C_{n+r+1}^r$.

证明 如图 2.34 所示.

左端第一项 C_n^0 是从点 $O(0,0)$ 到点 $B(n,0)$ 的格点路径数;

左端第二项 C_{n+1}^1 是从点 $O(0,0)$ 到点 $(n,1)$ 的格点路径数;

$\vdots$

左端倒数第二项 C_{n+r-1}^{r-1} 是从点 $O(0,0)$ 到点 $(n,r-1)$ 的格点路径数;

左端最后一项 C_{n+r}^r 是从点 $O(0,0)$ 到点 (n,r) 的格点路径数;

因为从点 $O(0,0)$ 出发到达 $A(n+1,r)$ 的路径数就是从点 $O(0,0)$ 出发, 途经 (n,i) 点的边到达 $A(n+1,r)$ 的路径数 $(i=0,1,2,3,\cdots,r)$. 故从点 $O(0,0)$ 出发到达 $A(n+1,r)$ 的路径数为 $C_n^0 + C_{n+1}^1 + C_{n+2}^2 + \cdots + C_{n+r-1}^{r-1} + C_{n+r}^r$, 等式得证.

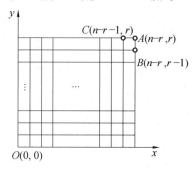
图 2.33

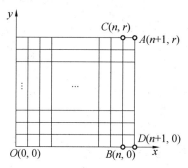
图 2.34

例 3 $C_m^0 + C_m^1 + C_m^2 + C_m^3 + \cdots + C_m^m = 2^m$.

证明 如图 2.35 所示.

C_m^0 表示从 $O(0,0)$ 到 $P(0,m)$ 的格点路径数;

C_m^1 表示从 $O(0,0)$ 到 $(1,m-1)$ 的格点路径数;

C_m^2 表示从 $O(0,0)$ 到 $(2,m-2)$ 的格点路径数;

$\vdots$

C_m^{m-1} 表示从 $O(0,0)$ 到 $(m-1,1)$ 的格点路径数;

C_m^m 表示从 $O(0,0)$ 到 $Q(m,0)$ 的格点路径数.

而这所有的格点路径数之和就是从点 $O(0,0)$ 到斜边 PQ 上的整点的路径数;另一方面从点 $O(0,0)$ 到斜边 PQ 上的整点的路径数是 m 步长,每一步是 x 或者不是 x,有两种选择,由乘法法则,m 步的不同选择方法的总数为 2^m, 所以等式成立.

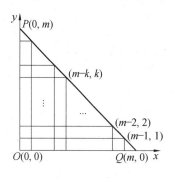
图 2.35

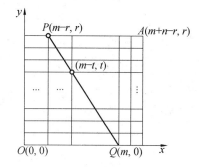
图 2.36

例 4(Vandermonde 恒等式)
$$C_m^0 C_n^r + C_m^1 C_n^{r-1} + \cdots + C_m^{r-1} C_n^1 + C_m^r C_n^0 = C_{m+n}^r \quad (r \leqslant \min(m,n))$$

证明 由图 2.36 可知,等式右边表示从 $O(0,0)$ 到 $A(m+n-r,r)$ 的格点路径数;

而由于从 $O(0,0)$ 到 $A(m+n-r,r)$ 必须穿过 PQ 上的整点.

其中 $P(m-r,r)$,$Q(m,0)$,PQ 上任意一整点坐标为 $(m-t,t)$,$t=0,1,2,\cdots,r$. 而从 $O(0,0)$ 到点 $(m-t,t)$ 的格点路径数为 C_m^t, 而从点 $(m-t,t)$ 到 $A(m+n-r,r)$ 的格点路径

数为 $C_{m+n-r-(m-t)+r-1}^{r} = C_n^{r-1}$.

由分步计数原理可知:

从点 $O(0,0)$ 到点 $(m-t,t)$ 再到 $A(m+n-r,r)$ 的格点路径数为 $C_m^t C_n^{r-1}$, 其中 $t=0,1,2,\cdots,r$.

由加法法则可得

$$C_m^0 C_n^r + C_m^1 C_n^{r-1} + \cdots + C_m^{r-1} C_n^1 + C_m^r C_n^0 = C_{m+n}^r$$

注 上述内容参见了刘桥连、陈清华、柯跃海老师的文章《另辟蹊径证明组合恒等式》(福建中学数学 2010 年 2 期).

2.3 图形分割中的计数公式

2.3.1 点分割线段及射线分割角(小于平角的角)

给出一条线段 AB, 在 AB 上取点, 这些点将 AB 分割成一些小线段, 如图 2.37 所示, 在 AB 上取点 C_1, AB 被分成两条小线段, 连同线段 AB 在内, 一共得到了 3 条线段; 在 AB 上取点 C_1, C_2, AB 被分成三条小线段, 此时图中线段(包括线段 AB) 共有 6 条线段. 依此类推, 若记 AB 上取 $k(k \geqslant 1)$ 个点后总共得到 $S_k(l)$ 条线段, 则图 2.37 表明

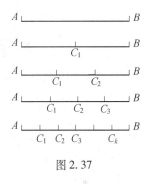

图 2.37

$$S_1(l) = 3 = 1 + 2$$
$$S_2(l) = 6 = 1 + 2 + 3$$
$$S_3(l) = 10 = 1 + 2 + 3 + 4$$
$$S_4(l) = 15 = 1 + 2 + 3 + 4 + 5$$
$$\vdots$$

故

$$S_k(l) = 1 + 2 + \cdots + k + (k+1) = \frac{1}{2}(k+1)(k+2) \qquad ①$$

运用点分割线段的计数公式, 这个信息告诉我们可以讨论直线分割矩形或正方形的问题了.

假设在矩形的一边上取 m 个点, 那么这条边上线段总数为 $\frac{1}{2}(m^2+3m+2)$; 在矩形的另一条边上取 n 个点, 那么这条边上的线段总数为 $\frac{1}{2}(n^2+3n+2)$, 过各分点作原矩形边的平行线, 那么, 图中矩形总数为

$$S_{m \times n}(\text{矩}) = \frac{1}{4}(m^2+3m+2)(n^2+3n+2) \qquad ②$$

直线分割正方形的问题和直线分割矩形的问题, 既有相同之处, 也有不同之处. 因为只有邻边相等的矩形才是正方形, 因此用相等的线段的数目相乘, 再把这些积加起来, 可得正方形总数.

假设矩形的一边被分成 m 等份, 它的邻边被分成 $n(m > n)$ 等份, 而且两边上每等份分

别相等,那么图中的正方形的个数为

$$S_{m \times n}(正) = mn + (m-1)(n-1) + \cdots + (m-n+2) \cdot 2 + (m-n+1) \cdot 1 \qquad ③$$

射线分割角(小于平角)与点分割线段类似吗? 这个问题留给读者作为练习.

2.3.2 直线分割平面或圆面

如果用一条直线来分割平面,显然它被分成两部分;如果用两条直线来分割平面,那么平面最多被分成四部分(两直线平行时只能将平面分割成三部分);如果用三条直线来分割平面,那么平面最多被分成七部分.依此类推,若 k 条直线分割平面 π,记最多被分成 $S_k(\pi)$ 部分,则图 2.38 表明

图 2.38

$$S_1(\pi) = 2 = 1 + 1$$
$$S_2(\pi) = 4 = 1 + 1 + 2$$
$$S_3(\pi) = 7 = 1 + 1 + 2 + 3$$
$$\vdots$$
$$S_k(\pi) = \frac{1}{2}(k^2 + k + 2) = 1 + 1 + 2 + \cdots + k = 1 + \frac{1}{2}k(k+1) \qquad ④$$

显然,直线分割圆面与直线分割平面相同. 如果考虑平面分割空间(或球体),通过画图分析也可类似地得到

$$F_k(V) = \frac{1}{6}(k^3 + 5k + 6) \qquad ⑤$$

注 上述式④,⑤ 的证明可参见本系列书中的《数学方法溯源》的 2.1.2 节及第三章思考题 13.

2.4 三角形三边所在直线上的三点问题

2.4.1 三角形三边所在直线上的三点组成的三角形

如图 2.39,点 D,E,F 分别是 $\triangle ABC$ 的边 BC,CA,AB 的中点,则 $\triangle DEF$ 称为 $\triangle ABC$ 的中点三角形(或中位线三角形),且有

$$\frac{DE}{AB} = \frac{EF}{BC} = \frac{FD}{AC} = \frac{1}{2}$$

从而 $\triangle DEF \backsim \triangle ABC$,故

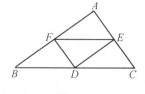

图 2.39

$$\frac{S_{\triangle DEF}}{S_{\triangle ABC}} = \left(\frac{1}{2}\right)^2 = \frac{1}{4}$$

(1) 对于上述情形,如果把点 D,E,F 看作边 BC,CA,AB 上的分点,$\triangle DEF$ 称为 $\triangle ABC$

的分点三角形,显然有 $\frac{BD}{DC} = \frac{CE}{EA} = \frac{AF}{FB} = 1$,此时这个比值1与 $\triangle DEF$ 和 $\triangle ABC$ 的面积比值 $\frac{1}{4}$ 能告诉我们什么信息吗?不管怎样,它们之间是有密切的联系的.那么这个密切的关系式是什么呢?不妨再看看下面的情形:

若 D,E,F 分别在 $\triangle ABC$ 的边 BC,CA,AB 上,且 $\frac{BD}{DC} = \frac{CE}{EA} = \frac{AF}{FB} = \lambda$,那么 $\frac{S_{\triangle DEF}}{S_{\triangle ABC}} = ?$ = $f(\lambda)$.

当 $\lambda = 2$ 时,如图 2.40 所示,为了求得 $\triangle DEF$ 与 $\triangle ABC$ 的面积的比值,可先求出 $\triangle BDF, \triangle DCE, \triangle AFE$ 分别与 $\triangle ABC$ 的面积的比值.为此,分别过点 A, F 作 $AH \perp BC$ 于 $H, FK \perp BC$ 于 K,则 $FK \parallel AH$,$\triangle BFK \backsim \triangle BAH$.

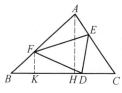

图 2.40

注意到
$$\frac{BD}{DC} = \frac{CE}{EA} = \frac{AF}{FB} = 2$$

知
$$\frac{FK}{AH} = \frac{BF}{BA} = \frac{1}{3}, \quad \frac{BD}{BC} = \frac{2}{3}$$

从而
$$\frac{S_{\triangle BDF}}{S_{\triangle ABC}} = \frac{\frac{1}{2}BD \cdot FK}{\frac{1}{2}BC \cdot AH} = \frac{2}{3} \times \frac{1}{3} = \frac{2}{(1+2)^2}$$

同理
$$\frac{S_{\triangle CDE}}{S_{\triangle ABC}} = \frac{S_{\triangle AEF}}{S_{\triangle ABC}} = \frac{2}{3} \times \frac{1}{3} = \frac{2}{(1+2)^2}$$

故
$$\frac{S_{\triangle DEF}}{S_{\triangle ABC}} = 1 - 3 \times \frac{2}{(1+2)^2} = \frac{(1+2)^2 - 3 \times 2}{(1+2)^2} = \frac{2^2 - 2 + 1}{(1+2)^2}$$

类似地,当 $\lambda = n$ 时,有
$$\frac{S_{\triangle DEF}}{S_{\triangle ABC}} = 1 - 3 \cdot \frac{n}{(1+n)^2} = \frac{n^2 - n + 1}{(1+n)^2}$$

由此,可知应有
$$f(\lambda) = \frac{\lambda^2 - \lambda + 1}{(1+\lambda)^2} \qquad ①$$

(2) 若进一步用洞察的眼光看待上述图,就会启发我们再看看这样的情形:当 D,E,F 分别在 $\triangle ABC$ 的边 BC,CA,AB 上,且 $\frac{BD}{DC} = \lambda_1, \frac{CE}{EA} = \lambda_2, \frac{AF}{FB} = \lambda_3$,那么 $\frac{S_{\triangle DEF}}{S_{\triangle ABC}} = ?$ = $f(\lambda_1, \lambda_2, \lambda_3)$.

当 D,E,F 分别在 $\triangle ABC$ 的边 BC,CA,AB 所在直线上(即在三角形的边上或者其延长线上)时,引入有向线段及有向线段的比的概念处理:如有向线段 $\overrightarrow{AB}$ 是规定了起点 A 和终点 B 的线段,有向线段的比 $\lambda = \frac{\overrightarrow{AP}}{\overrightarrow{PB}}$,当分点 P 在线段 AB 上时,$\lambda > 0$;当分点 P 在线段 AB 的延长线上时,$\lambda < 0$.若 $\frac{\overrightarrow{BD}}{\overrightarrow{DC}} = \lambda_1, \frac{\overrightarrow{CE}}{\overrightarrow{EA}} = \lambda_2, \frac{\overrightarrow{AF}}{\overrightarrow{FB}} = \lambda_3$,且三角形顶点按逆时针方向排列表有向面积为

正,否则表面积为负,那么 $\dfrac{S_{\triangle DEF}}{S_{\triangle ABC}} = ?\ = f(\lambda_1, \lambda_2, \lambda_3)$.

如图 2.41,仍仿照图 2.40 作 $AH \perp BC$ 于 H, $FK \perp BC$ 于 K,则 $FK \parallel AH$, $\triangle BFK \backsim \triangle BAH$. 又

$$\dfrac{\overrightarrow{AF}}{\overrightarrow{FB}} = \lambda_3$$

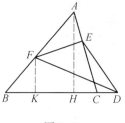

图 2.41

则 $\dfrac{FK}{AH} = \dfrac{BF}{BA} = \dfrac{1}{1+\lambda_3}$

又 $\dfrac{\overrightarrow{BD}}{\overrightarrow{DC}} = \lambda_1$

则 $\dfrac{\overrightarrow{BD}}{\overrightarrow{BC}} = \dfrac{\lambda_1}{1+\lambda_1}$

则 $\dfrac{S_{\triangle BDF}}{S_{\triangle ABC}} = \dfrac{\frac{1}{2} BD \cdot FK}{\frac{1}{2} BC \cdot AH} = \dfrac{\lambda_1}{1+\lambda_1} \cdot \dfrac{1}{1+\lambda_3} = \dfrac{\lambda_1}{(1+\lambda_1)(1+\lambda_3)}$

同理 $\dfrac{S_{\triangle DCE}}{S_{\triangle ABC}} = \dfrac{\lambda_2}{(1+\lambda_2)(1+\lambda_1)}$, $\dfrac{S_{\triangle AFE}}{S_{\triangle ABC}} = \dfrac{\lambda_3}{(1+\lambda_3)(1+\lambda_2)}$

而 $\dfrac{S_{\triangle AFE} + S_{\triangle BDF} + S_{\triangle DCE}}{S_{\triangle ABC}} = \dfrac{\lambda_1 + \lambda_2 + \lambda_3 + \lambda_1\lambda_2 + \lambda_2\lambda_3 + \lambda_3\lambda_1}{(1+\lambda_1)(1+\lambda_2)(1+\lambda_3)}$

故 $\dfrac{S_{\triangle DEF}}{S_{\triangle ABC}} = 1 - \dfrac{S_{\triangle AFE} + S_{\triangle BDF} + S_{\triangle DCE}}{S_{\triangle ABC}} = \dfrac{1+\lambda_1\lambda_2\lambda_3}{(1+\lambda_1)(1+\lambda_2)(1+\lambda_3)}$

由此,总有

$$f(\lambda_1, \lambda_2, \lambda_3) = \dfrac{1+\lambda_1\lambda_2\lambda_3}{(1+\lambda_1)(1+\lambda_2)(1+\lambda_3)} \qquad ②$$

显然,① 当 $\lambda_1 = \lambda_2 = \lambda_3 = n (n>0)$ 时,式 ② 即为式 ①;

② 当 $\lambda_1 = \lambda_2 = \lambda_3 = 0$ 时,有 $f(\lambda_1, \lambda_2, \lambda_3) = 1$,即 $S_{\triangle DEF} = S_{\triangle ABC}$,即 $\triangle DEF$ 与 $\triangle BCA$ 重合;

③ 当 $\lambda_1 \cdot \lambda_2 = 1$,且 $\lambda_1 > 0, \lambda_2 > 0$ 时,$f(\lambda_1, \lambda_2, \lambda_3) = \dfrac{\lambda_1}{(1+\lambda_1)^2}$,

此时与 λ_3 无关,实际上即 $DE \parallel AF$,事实上,此时如图 2.42 所示,由

$$\dfrac{S_{\triangle CDE}}{S_{\triangle ABC}} = \left(\dfrac{\lambda_1}{1+\lambda_1}\right)^2 = \dfrac{\lambda_1^2}{(1+\lambda_1)^2}$$

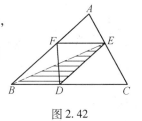

图 2.42

又 $S_{\triangle DEF} = S_{\triangle BDE} = \dfrac{1}{\lambda_1} S_{\triangle CDE}$

则 $S_{\triangle CDE} = \lambda_1 \cdot S_{\triangle DEF}$

即 $\dfrac{\lambda_1 \cdot S_{\triangle DEF}}{S_{\triangle ABC}} = \dfrac{\lambda_1^2}{(1+\lambda_1)^2}$, $\dfrac{S_{\triangle DEF}}{S_{\triangle ABC}} = \dfrac{\lambda_1}{(1+\lambda_1)^2}$ (与 λ_3 无关),其几何意义就在于此.

④ 当 $1+\lambda_1\lambda_2\lambda_3 = 0$ 时,$f(\lambda_1, \lambda_2, \lambda_3) = 0$,即 $S_{\triangle DEF} = 0$,亦即 D, E, F 三点共直线;反之,

当 $S_{\triangle DEF}=0$，即 D,E,F 三点共直线，则 $1+\lambda_1\lambda_2\lambda_3=0$，亦即 $\lambda_1\lambda_2\lambda_3=-1$，亦即 $\dfrac{\overrightarrow{BD}}{\overrightarrow{DC}}\cdot\dfrac{\overrightarrow{CE}}{\overrightarrow{EA}}\cdot\dfrac{\overrightarrow{AF}}{\overrightarrow{FB}}=-1$，此即为著名的梅涅劳斯定理：设 D,E,F 分别是 $\triangle ABC$ 的边 BC,CA,AB 或其延长线上的点，则 D,E,F 三点共线 $\Leftrightarrow \dfrac{\overrightarrow{BD}}{\overrightarrow{DC}}\cdot\dfrac{\overrightarrow{CE}}{\overrightarrow{EA}}\cdot\dfrac{\overrightarrow{AF}}{\overrightarrow{FB}}=-1$. 此时，$\lambda_1,\lambda_2,\lambda_3$ 中要么一个为负值，两个为正值；要么三个全为负值. 即 D,E,F 三点中要么一个点在边的延长线上，两个点在边上；要么三个点均在边的延长线上. 由此，也引发如下的问题：

⑤ 当 $\lambda_1\lambda_2\lambda_3=1$ 时，$f(\lambda_1,\lambda_2,\lambda_3)=\dfrac{2}{(1+\lambda_1)(1+\lambda_2)(1+\lambda_3)}$.

特别地，当 $\lambda_1=\lambda_2=\lambda_3=1$ 时，$f(\lambda_1,\lambda_2,\lambda_3)=\dfrac{1}{4}$，即 $\dfrac{S_{\triangle DEF}}{S_{\triangle ABC}}=\dfrac{1}{4}$，此即为本节开头的情形.

当 $\lambda_1\lambda_2\lambda_3=1$ 时，$\lambda_1,\lambda_2,\lambda_3$ 中要么两个为负值，一个为正值；要么三个均为正值. 即 D,E,F 三点中要么两个点在三角形边的延长线上，一个点在边上；要么三个点均在三边上. 此时，直线 AD,BE,CF 共点或平行，此即为著名的塞瓦定理：设 D,E,F 分别是 $\triangle ABC$ 的边 BC,CA,AB 或其延长线上的点，则 AD,BE,CF 三线共点或平行 $\Leftrightarrow \dfrac{\overrightarrow{BD}}{\overrightarrow{DC}}\cdot\dfrac{\overrightarrow{CE}}{\overrightarrow{EA}}\cdot\dfrac{\overrightarrow{AF}}{\overrightarrow{FB}}=1$. 于是，也引起我们考虑如下情形.

2.4.2 三角形三边所在直线上的点与顶点连线围成的三角形

如图 2.43，点 D,E,F 分别是 $\triangle ABC$ 的边 BC,CA,AB 的中点，则 AD,BE,CF 三线共点，此时可看作这三条线所围成的退化的内含三角形面积为零.

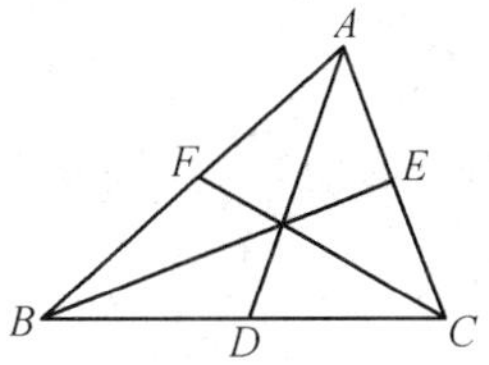

如果把点 D,E,F 看作边 BC,CA,AB 上的分点，此时若令 $\dfrac{BD}{DC}=\dfrac{CE}{EA}=\dfrac{AF}{FB}=\lambda$，则 $\lambda=1$，且 $\lambda\cdot\lambda\cdot\lambda=1$，即 $\dfrac{BD}{DC}\cdot\dfrac{CE}{EA}\cdot\dfrac{AF}{FB}=1$，这些比值的乘积等于 1 与这三条分点线围成的退化的内含三角形面积为零能告诉我们什么信息吗？再看看下面的情形：

图 2.43

若 D,E,F 分别在 $\triangle ABC$ 的边 BC,CA,AB 所在直线上，且 $\dfrac{\overrightarrow{BD}}{\overrightarrow{DC}}=\lambda_1,\dfrac{\overrightarrow{CE}}{\overrightarrow{EA}}=\lambda_2,\dfrac{\overrightarrow{AF}}{\overrightarrow{FB}}=\lambda_3$，又 AD,BE,CF 两两相交于 Q,R,P，有向三角形面积的正负同前，那么 $\dfrac{S_{\triangle PQR}}{S_{\triangle ABC}}=?=f(\lambda_1,\lambda_2,\lambda_3)$.

当 $\lambda_1,\lambda_2,\lambda_3$ 均为正值时，如图 2.44，联结 AR，则

$$\dfrac{S_{\triangle ERC}}{S_{\triangle EAR}}=\dfrac{CE}{EA}=\lambda_2$$

从而 $$\dfrac{S_{\triangle ARC}}{S_{\triangle ERC}}=\dfrac{1+\lambda_2}{\lambda_2}$$

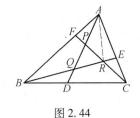

图 2.44

又因
$$\frac{S_{\triangle AFC}}{S_{\triangle BCF}} = \frac{S_{\triangle AFR}}{S_{\triangle BRF}} = \frac{AF}{FB} = \lambda_3$$

则
$$\frac{S_{\triangle ARC}}{S_{\triangle BCR}} = \frac{S_{\triangle AFC} - S_{\triangle AFR}}{S_{\triangle BCF} - S_{\triangle BRF}} = \frac{AF}{FB} = \lambda_3$$

故
$$S_{\triangle BCR} = \frac{S_{\triangle ARC}}{\lambda_3} = \frac{1+\lambda_2}{\lambda_2 \lambda_3} S_{\triangle ERC} \qquad (*)$$

而
$$S_{\triangle BCE} = S_{\triangle BCR} + S_{\triangle ERC} = \frac{1+\lambda_2+\lambda_2\lambda_3}{\lambda_2\lambda_3} S_{\triangle ERC}$$

$$\frac{S_{\triangle BCE}}{S_{\triangle ABC}} = \frac{CE}{CA} = \frac{\lambda_2}{1+\lambda_2}$$

即
$$S_{\triangle BCE} = \frac{\lambda_2}{1+\lambda_2} S_{\triangle ABC}$$

即有
$$S_{\triangle ERC} = \frac{\lambda_2 \lambda_3}{1+\lambda_2+\lambda_2\lambda_3} \cdot \frac{\lambda_2}{1+\lambda_2} \cdot S_{\triangle ABC}$$

将上式代入式 (*) 得
$$S_{\triangle BCR} = \frac{\lambda_2}{1+\lambda_2+\lambda_2\lambda_3} S_{\triangle ABC}$$

同理
$$S_{\triangle APC} = \frac{\lambda_3}{1+\lambda_3+\lambda_3\lambda_1} S_{\triangle ABC}$$

$$S_{\triangle ABQ} = \frac{\lambda_1}{1+\lambda_1+\lambda_1\lambda_2} S_{\triangle ABC}$$

故由
$$S_{\triangle PQR} = S_{\triangle ABC} - S_{\triangle APC} - S_{\triangle ABQ} - S_{\triangle BCR}$$

有
$$\frac{S_{\triangle PQR}}{S_{\triangle ABC}} = \frac{(1-\lambda_1\lambda_2\lambda_3)^2}{(1+\lambda_1+\lambda_1\lambda_2)(1+\lambda_2+\lambda_2\lambda_3)(1+\lambda_3+\lambda_3\lambda_1)} = f(\lambda_1,\lambda_2,\lambda_3) \qquad ③$$

显然,当 $\lambda_1 = \lambda_2 = \lambda_3 = \lambda$ 时,有
$$f(\lambda_1,\lambda_2,\lambda_3) = \frac{(1-\lambda)^2}{1+\lambda+\lambda^2} \qquad ④$$

特别地,当 $S_{\triangle PQR} = 0 \Leftrightarrow AD, BE, CF$ 共点或平行 $\Leftrightarrow \lambda_1\lambda_2\lambda_3 = 1$,此即为著名的塞瓦定理:设 D, E, F 分别为 $\triangle ABC$ 三边 BC, CA, AB 或其延长线上的点,则 AD, BE, CF 平行或共点 $\Leftrightarrow \dfrac{\overrightarrow{BD}}{\overrightarrow{DC}} \cdot \dfrac{\overrightarrow{CE}}{\overrightarrow{EA}} \cdot \dfrac{\overrightarrow{AF}}{\overrightarrow{FB}} = 1.$

2.4.3 梅涅劳斯定理与塞瓦定理的统一推广

设 D_1, E_1, F_1 分别是 $\triangle ABC$ 三边所在直线 BC, CA, AB 上的点,并且满足
$$\frac{\overrightarrow{BD_1}}{\overrightarrow{BC}} = \frac{1}{1+\mu_1}, \frac{\overrightarrow{CE_1}}{\overrightarrow{CA}} = \frac{1}{1+\mu_2}, \frac{\overrightarrow{AF_1}}{\overrightarrow{AB}} = \frac{1}{1+\mu_3}$$

其中 μ_1, μ_2, μ_3 是任意实数(当 $\mu_i = -1$ 时,视 D_1, E_1, F_1 为无穷远点). 则易得

$$\frac{\overrightarrow{D_1C}}{\overrightarrow{BC}} = \frac{\mu_1}{1+\mu_1}, \frac{\overrightarrow{E_1A}}{\overrightarrow{AC}} = \frac{\mu_2}{1+\mu_2}, \frac{\overrightarrow{F_1B}}{\overrightarrow{AB}} = \frac{\mu_3}{1+\mu_3}$$

于是
$$\frac{\overrightarrow{BD_1}}{\overrightarrow{D_1C}} \cdot \frac{\overrightarrow{CE_1}}{\overrightarrow{E_1A}} \cdot \frac{\overrightarrow{AF_1}}{\overrightarrow{F_1B}} = \frac{1}{\mu_1\mu_2\mu_3}$$

所以有：

(1) AD_1, BE_1, CF_1 共点或平行的充分必要条件是 $\mu_1\mu_2\mu_3 = 1$, 即为塞瓦定理.

(2) D_1, E_1, F_1 共线的充分必要条件是 $\mu_1\mu_2\mu_3 = -1$, 即为梅涅劳斯定理.

再引入三个点 D_2, E_2, F_2, 它们分别在直线 BC, CA, AB 上, 并且满足

$$\frac{\overrightarrow{D_2C}}{\overrightarrow{BC}} = \frac{1}{1+\lambda_1}, \frac{\overrightarrow{E_2A}}{\overrightarrow{CA}} = \frac{1}{1+\lambda_2}, \frac{\overrightarrow{F_2B}}{\overrightarrow{AB}} = \frac{1}{1+\lambda_3}$$

其中 $\lambda_1, \lambda_2, \lambda_3$ 是任意实数(当 $\lambda_i = -1$ 时, 视 D_2, E_2, F_2 为无穷远点), 则梅涅劳斯定理和塞瓦定理可同时推广为: D_2E_1, E_2F_1, F_2D_1 共点的充分必要条件是

$$\mu_1\mu_2\mu_3 + \lambda_1\lambda_2\lambda_3 + \lambda_1\mu_1 + \lambda_2\mu_2 + \lambda_3\mu_3 = 1 \qquad ⑤$$

这里的题设条件有两种可能的情形: 如果 D_2, E_2, F_2 分别与 B, C, A 重合, 则 $\lambda_1 = \lambda_2 = \lambda_3 = 0$. 于是由式 ⑤ 可导出 $\mu_1\mu_2\mu_3 = 1$, 这就是塞瓦定理(共点情形); 如果 D_2, E_2, F_2 分别与 D_1, E_1, F_1 重合, 则 $\lambda_1\mu_1 = \lambda_2\mu_2 = \lambda_3\mu_3 = 1$, 那么式 ⑤ 成为 $\mu_1\mu_2\mu_3 = -1$, 这就是梅涅劳斯定理.

为了证明这一结论, 采用重心坐标: 即平面上任取 $\triangle ABC$, 充当坐标三角形. M 为平面内任一点, 称三个三角形有向(规定顶点逆时针绕向为正)面积比 $S_{\triangle MBC} : S_{\triangle MCA} : S_{\triangle MAB} = \alpha : \beta : \gamma$, 叫作点 M 关于 $\triangle ABC$ 的面积坐标或重心坐标, 记为 $M(\alpha, \beta, \gamma)$.

这里也取 $\triangle ABC$ 为坐标三角形, 可得如下重心坐标: $D_1(0, \mu_1, 1), E_1(1, 0, \mu_2), F_1(\mu_3, 1, 0), D_2(0, 1, \lambda_1), E_2(\lambda_2, 0, 1), F_2(1, \lambda_3, 0)$.

设 x_1, x_2, x_3 是一般的重心坐标变量, 则直线 D_1F_2, E_1D_2, F_1E_2 的方程(过两点 $(\alpha_1, \beta_1, \gamma_1), (\alpha_2, \beta_2, \gamma_2)$) 的直线方程为 $(\beta_1\gamma_2 - \beta_2\gamma_1)x_1 + (\gamma_1\alpha_2 - \gamma_2\alpha_1)x_2 + (\alpha_1\beta_2 - \alpha_2\beta_1)x_3 = 0$, 用行列式表示为

$$\begin{vmatrix} x_1 & x_2 & x_3 \\ 0 & \mu_1 & 1 \\ 1 & \lambda_3 & 0 \end{vmatrix} = 0, \quad \begin{vmatrix} x_1 & x_2 & x_3 \\ 1 & 0 & \mu_2 \\ 0 & 1 & \lambda_1 \end{vmatrix} = 0, \quad \begin{vmatrix} x_1 & x_2 & x_3 \\ \mu_3 & 1 & 0 \\ \lambda_2 & 0 & 1 \end{vmatrix} = 0$$

即为
$$\lambda_3 x_1 - x_2 + \mu_1 x_3 = 0$$
$$\mu_2 x_1 + \lambda_1 x_2 - x_3 = 0$$
$$x_1 - \mu_3 x_2 - \lambda_2 x_3 = 0$$

又知这三条直线共点的充分必要条件是三个方程组成的方程组的系数行列式值为 0, 即

$$\begin{vmatrix} \lambda_3 & -1 & \mu_1 \\ \mu_2 & \lambda_1 & -1 \\ 1 & -\mu_3 & -\lambda_2 \end{vmatrix} = 0$$

将上述行列式展开整理, 即有

$$\mu_1\mu_2\mu_3 + \lambda_1\lambda_2\lambda_3 + \lambda_1\mu_1 + \lambda_2\mu_2 + \lambda_3\mu_3 = 1$$

2.5 二元一次方程组的求解

给出一个二元一次方程组,可以通过加减消元或代入消元求解出结果,当我们仔细察看并品味这个求解过程时,也有新的发现吗?

2.5.1 求解过程及结论的字母符号表示

我们解二元一次方程组

$$\begin{cases} 2x - 3y = 2 & \text{❶} \\ 5x + 4y = 3 & \text{❷} \end{cases}$$

可以用"加减消元法"或"代入消元法"求解.总之,基本的思路是:消去一元,代归为一元一次方程.例如,用加减法来消元,有

❶ × ❷ × 2,得 $-23y = 4$,即 $y = -\dfrac{4}{23}$.

❶ × 4 + ❷ × 3,得 $23x = 17$,即 $x = \dfrac{17}{23}$.

故原方程组的解为

$$\begin{cases} x = \dfrac{17}{23} \\ y = -\dfrac{4}{23} \end{cases}$$

一般地,我们用字母来表示,即对于非零常数 a_1, b_1, a_2, b_2,所给二元一次方程组

$$\begin{cases} a_1x + b_1y = c_1 & \text{❸ ①} \\ a_2x + b_2y = c_2 & \text{❹} \end{cases}$$

仍用加减消元法,得

❸ × b_2 − ❹ × b_1,有 $(a_1b_2 - a_2b_1)x = c_1b_2 - c_2b_1$.

❸ × a_2 − ❹ × a_1,有 $(a_1b_2 - a_2b_1)y = c_2a_1 - c_1a_2$.

这里,x, y 的系数相同,都是 $a_1b_2 - a_2b_1$,若 $a_1b_2 - a_2b_1 \neq 0$($a_1b_2 - a_2b_1 = 0$ 时,这里暂不考虑),则得到方程组的解

$$\begin{cases} x = \dfrac{c_1b_2 - c_2b_1}{a_1b_2 - a_2b_1} \\ y = \dfrac{c_2a_1 - c_1a_2}{a_1b_2 - a_2b_1} \end{cases} \quad ②$$

显然,上述解即为一般二元一次方程组的求解公式($a_1b_2 - a_2b_1 \neq 0$ 时).有了公式当然好,给出一个具体系数的二元一次方程组可以直接代公式求解,这也摆脱了"消元"的固有思路.这不是一个新的发现吗!

如果,我们继续怀着洞察的眼光审视这个公式:发现公式表现形式仍然不够理想,公式没有清楚地反映系数的排列,因而难于记忆和应用.怎样做到这一点?怎样把求解公式中的分子分母上的式子与原方程组中的系数排列挂起钩来?仔细对照,可以看出,应当让如下几

个式子成立

$$\begin{vmatrix} a_1 & b_1 \\ a_2 & b_2 \end{vmatrix} = a_1 b_2 - a_2 b_1, \quad \begin{vmatrix} c_1 & b_1 \\ c_2 & b_2 \end{vmatrix} = c_1 b_2 - c_2 b_1, \quad \begin{vmatrix} a_1 & c_1 \\ a_2 & c_2 \end{vmatrix} = c_2 a_1 - c_1 a_2$$

对比上述各式左右两边同样字母所在的位置,会发现三个等式的共同规律:数表左上与右下字母相乘,得正;左下到右上字母相乘,得负,即为 $\begin{vmatrix} a & c \\ b & d \end{vmatrix} = ad - bc$. 此时,我们称左边的表为行列式,它就表示右边的式子(右边的式子就是行列式的定义,也是它的值). 于是一般二元一次方程组的求解公式可以写成

$$x = \frac{\begin{vmatrix} c_1 & b_1 \\ c_2 & b_2 \end{vmatrix}}{\begin{vmatrix} a_1 & b_1 \\ a_2 & b_2 \end{vmatrix}}, \quad y = \frac{\begin{vmatrix} a_1 & c_1 \\ a_2 & c_2 \end{vmatrix}}{\begin{vmatrix} a_1 & b_1 \\ a_2 & b_2 \end{vmatrix}}, \quad a_1 b_2 - a_2 b_1 \neq 0$$

如果记 $D = \begin{vmatrix} a_1 & b_1 \\ a_2 & b_2 \end{vmatrix}$,且称 D 为方程①的系数行列式,又记分子上的两个行列式分别为

$$D_x = \begin{vmatrix} c_1 & b_1 \\ c_2 & b_2 \end{vmatrix}, \quad D_y = \begin{vmatrix} a_1 & c_1 \\ a_2 & c_2 \end{vmatrix}$$

其中 D_x 是把 D 中的 x 的系数 a_1, a_2 分别用 c_1, c_2 代替而得到的,D_y 中的构造类似. 于是,我们便得了方程组①的一个简练而完美的求解公式($D \neq 0$)

$$\begin{cases} x = \dfrac{D_x}{D} \\ y = \dfrac{D_y}{D} \end{cases} \qquad ③$$

由于 D 的构造(即它内部元素的排布)与方程组①中系数的位置完全一样,也便于运用和记忆,而且 D_x 和 D_y 的构造也与 D 有密切联系,因此,我们的发现是有意义的,由此,我们猜测,我们的前辈,正是由此建立了解线性方程组的理论.

显然,若 $D \neq 0$ 时,式①才有唯一解式③,若 $D = 0$,可推导得当 $D_x \neq 0$ 或 $D_y \neq 0$ 时,式①无解,若 $D_x = D_y = 0$,式①有无穷多个解.

2.5.2 求解公式的推广

对于二元一次方程组①我们已获得求解公式,那么对于三元一次方程组呢?对于 n 元一次方程组呢?数学家克莱姆(Cramer)已研究了这些问题,给出了求解公式.

一般地,对于 n 元一次方程组

$$\begin{cases} a_{11}x_1 + a_{12}x_2 + \cdots + a_{1n}x_n = b_1 \\ a_{21}x_1 + a_{22}x_2 + \cdots + a_{2n}x_n = b_2 \\ \vdots \\ a_{n1}x_1 + a_{n2}x_2 + \cdots + a_{nn}x_n = b_n \end{cases} \qquad ④$$

若 $D = |A| = |(a_{ij})| \neq 0 (i = 1, 2, \cdots, n, j = 1, 2, \cdots, n)$,则

$$x_1 = \frac{D_1}{D}, x_2 = \frac{D_2}{D}, \cdots, x_n = \frac{D_n}{D} \qquad ⑤$$

其中 D 为方程组 ④ 的系数行列式

$$\begin{vmatrix} a_{11} & a_{12} & \cdots & a_{1n} \\ a_{21} & a_{22} & \cdots & a_{2n} \\ \vdots & \vdots & & \vdots \\ a_{n1} & a_{n2} & \cdots & a_{nn} \end{vmatrix}$$

D_i 是把 D 中的 x_i 的系数 $a_{1i}, a_{2i}, \cdots, a_{ni}$ 分别用 $b_1, b_2, \cdots, b_n$ 代替而得到,D, D_i 均为 n 阶行列式.

数学上,对于方程组 ④ 的求解公式 ⑤ 常称为克莱姆法则.

2.6 从一道等差数列问题的求解谈起

在数学问题的求解过程中,运用洞察的眼光不断地探索和查寻,就能把我们的解题思维活动升华到活跃而又深刻的境界,并从中觉察出简单统一的数字运算规则.

学习数学离不开解题,但解题不在多而在深,肤浅地解决许多问题,在题海中浮游,就捕捞不到有价值的东西;反之,认真地研究一个问题,深入地钻研进去,就会进入另一番境界,归结出几条可供借鉴的规则,以后若遇到类似的或相近的问题,就不但会解,还可能从多方面去解,甚至推而广之,这就是以少胜多,以一当十的奥妙. 在日常解题与攻克难题获得数学上的重大发现之间,并没有不可逾越的鸿沟."一个重大的发现可以解决一些重大的问题,但在求解任何问题的过程中,也都会有点滴的发现.""一个有意义的题目的求解,为解此题所花的努力和由此得到的见解,可以打开通向一门新的科学,甚至通向一个科学新纪元的门户."(波利亚语)

2.6.1 问题及其求解

问题 等差数列 $\{a_n\}$ 的前 m 项和为 30,前 $2m$ 项和为 100,则它的前 $3m$ 项和为( ).
(A)130　　　　(B)170　　　　(C)210　　　　(D)260

此题是 1996 年全国高考选择题的压轴题,一般有如下几种解法.

灵活的考生会用如下特殊值法来做.

解法 1 取 $m = 1$,则 $a_1 = S_1 = 30, a_1 + a_2 = S_2 = 100$,则 $a_2 = 70, d = a_2 - a_1 = 40$,即 $a_3 = a_2 + d = 110$, 故 $S_{3m} = S_3 = a_1 + a_2 + a_3 = 210$,或直接得 $S_3 = 3a_2 = 210$. 故选(C).

如果知识广博一点,懂得在等差数列中,$S_m, S_{2m} - S_m, S_{3m} - S_{2n}$ 成等差数列,便得如下解法.

解法 2 依题意,$30, 100 - 30, S_{3m} - 100$ 成等差数列,则 $30 + S_{3m} - 100 = 2 \times (100 - 30) \Leftrightarrow S_{3m} = 210$. 故选(C).

如果用最常规的思路,也可这样来求解:

解法 3 展开已知条件 $S_m = 30$ 和 $S_{2m} = 100$ 得

$$ma_1 + \frac{m(m-1)}{2}d = 30$$

$$2ma_1 + \frac{2m(2m-1)}{2}d = 100 \qquad ❷$$

❷ - ❶ 得

$$ma_1 + \frac{m(3m-1)}{2}d = 70 \qquad ❸$$

而 $S_{3m} = 3ma_1 + \frac{3m(3m-1)}{2}d$ 恰为上式左边的 3 倍,而上式左边 = 70,故 $S_{3m} = 210$. 故选(A).

从上述 3 种解法中,我们能洞察出点什么吗?

解法 1 是特值法,对于含参量的问题常可对参量取特殊值求解. 解法 2 中用到了等差数列和的一个基本性质,在涉及等差数列和的问题常运用这条性质. 解法 3 看起来好像很原始,但进行细观深察,我们可看到式 ❸ 左边 = $S_{2m} - S_m$,于是我们发现有关系

$$\frac{S_{3m}}{3} = S_{2m} - S_m \qquad ①$$

写得更对称一点就是

$$\frac{S_{3m}}{3m} = \frac{S_{2m} - S_m}{2m - m} \qquad ②$$

可看出上式结构特征是由于 $3m$ 拆成 $2m$ 和 m 而出现的,这结构是否是某种一般规律性的特例呢?我们自然地猜想其一般规律:即对于自然数和 $p+q$,它能拆成 p 和 q,是否有

$$\frac{S_{p+q}}{p+q} = \frac{S_p - S_q}{p - q} \qquad ③$$

成立?

事实上,上式很容易证明.

因等差数列中有

$$\frac{S_n}{n} = a_1 + \frac{n-1}{2}d$$

则式 ③ 左边 = $a_1 + \frac{p+q-1}{2}d$

式 ③ 右边 = $\frac{1}{p-q}\left[pa_1 + \frac{p(p-1)}{2}d - qa_1 - \frac{q(q-1)}{2}d\right] = a_1 + \frac{p+q-1}{2}d$ = 左边.

于是式 ③ 成立,从而得到等差数列的一个新公式.

定理 1 在等差数列 $\{a_n\}$ 中,S_n 表示前 n 项和,则

$$\frac{S_{p+q}}{p+q} = \frac{S_p - S_q}{p - q}$$

这个公式多么整齐对称啊!又漂亮又好记. 要是早知这个公式,则对于前面所述的那道高考题就有妙法:

解法 4 因 $3m = 2m + m$,则

$$\frac{S_{3m}}{3m} = \frac{S_{2m} - S_m}{2m - m} = \frac{100 - 30}{m}$$

则
$$S_{3m} = 210$$

即选(C).

上述解法4的实质,就是找到了等差数列中的一条重要性质,即式①,而式①可写为
$$S_{3m} = 3(S_{2m} - S_m)$$
亦即
$$S_{2m+m} = f(S_{2m}, S_m)$$
其中 f 表示 S_{2m} 与 S_m 的差有关的关系式. 在此,是否也有
$$S_{2m+m} = g(S_{2m}, S_m)$$
其中 g 表示 S_{2m} 与 S_m 的和有关的关系式.

通过查寻,我们有如下结论:

定理 2 设等差数列 $\{a_n\}$ 的公差为 d,前 n 项的和为 S_n,则
$$S_{m+n} = S_m + S_n + mnd \qquad ④$$

证明 在等差数列 $\{a_n\}$ 中
$$a_{m+k} = a_k + md \, (m, k \in \mathbf{N}^*)$$
$$S_{m+n} = a_1 + a_2 + a_3 + \cdots + a_m + a_{m+1} + a_{m+2} + \cdots + a_{m+n} =$$
$$S_m + (a_1 + md) + (a_2 + md) + \cdots + (a_n + md) =$$
$$S_m + S_n + mnd$$

于是,我们又得到原问题的一种解法:

解法 5 设等差数列 $\{a_n\}$ 的公差为 d,由式 ④ 得
$$S_{2m} = S_m + S_m + m^2 d$$
因
$$S_{2m} = 100, S_m = 30$$
则
$$m^2 d = 40$$
故
$$S_{3m} = S_{2m} + S_m + 2m^2 d = 100 + 30 + 2 \times 40 = 210$$
即选(C).

2.6.2 一些联想

(1) 对式③的联想.

我们不应停止对式③的思考,我们要问,使式③成立的关键因素是什么呢?联想 S_n 的表达式 $S_n = \dfrac{d}{2}n^2 + (a_1 - \dfrac{d}{2})n$,它仅是 n 的一个缺常数项的二次函数,这就是式③成立的关键原因. 于是我们将式③从离散的情况推广到定义在 $\mathbf{R}$ 上的连续函数的情况.

定理 3 对于二次函数 $f(x) = ax^2 + bx$ 及满足 $x_1 \neq x_2, x_1 + x_2 \neq 0$ 的任意 $x_1, x_2 \in \mathbf{R}$, 必有
$$\frac{f(x_1 + x_2)}{x_1 + x_2} = \frac{f(x_1) - f(x_2)}{x_1 - x_2} \qquad ⑤$$

其证明是很简单的,只需对式⑤两端分别展开化简即获证.

观察式⑤的右边形式,联想解析几何中的两点求斜率公式,知它表示该抛物线 $y = f(x)$ 上两点 $M(x_1, y_1), N(x_2, y_2)$ 连线的斜率,于是得抛物线的如下性质:

命题 1 若 A, B, C, D 是抛物线 $y = ax^2 + bx$ 上四个不同的点,如果 $x_A + x_B = x_C + x_D$,那么 $AB \parallel CD$.

证明 如图 2.45,设 k_{AB},k_{CD} 表示 AB,CD 的斜率,由定理 3 得

$$k_{AB} = \frac{f(x_A) - f(x_B)}{x_A - x_B} = \frac{f(x_A + x_B)}{x_A + x_B}$$

$$k_{CD} = \frac{f(x_C) - f(x_D)}{x_C - x_D} = \frac{f(x_C + x_D)}{x_C + x_D}$$

上两式右端相等,则 $k_{AB} = k_{CD}$,故 $AB \parallel CD$.

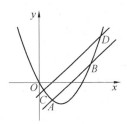

图 2.45

由于将抛物线向上(下)平移不影响命题 1 的结论,所以在命题 1 中将抛物线 $y = ax^2 + bx$ 换为 $y = ax^2 + bx + c$ 后,其相应条件不变时,所得结论也不变.

由于命题 1 中条件"$x_A + x_B = x_C + x_D \Rightarrow \frac{x_A + x_B}{2} = \frac{x_C + x_D}{2}$",即 AB 中点到 CD 中点的横坐标相等,于是易由该命题推出:

命题 2 若抛物线两弦的中点连线平行于抛物线的对称轴,则这两弦互相平行.

易知命题 1 的逆命题也成立,它相当于下述:

命题 3 抛物线的任何一组平行弦的中点都共线,且这条直线平行于该抛物线的对称轴.

证明 设抛物线为 $y = ax^2 + bx + c(a \neq 0)$,其平行弦所在直线束方程为 $l: y = kx + m$(截距 m 是参变量),联立上述两方程,消去 y 得

$$ax^2 + (b-k)x + (c-m) = 0$$

其两根 x_1,x_2 是直线 l 与抛物线交点 A,B 之横坐标. 设 AB 中点为 M,由韦达定理,$x_M = \frac{x_1 + x_2}{2} = \frac{k-b}{2a}$,与参变量 m 无关,故对任意 m,相应弦的中点在平行于 y 轴的直线 $x = \frac{k-b}{2a}$ 上,显然它也平行于抛物线的对称轴.

(2)对式 ④ 的联想.

由等差数列联想到等比数列,有:

定理 4 设等比数列 $\{a_n\}$ 的公比为 q,前 n 项的和为 S_n,则

$$S_{m+n} = S_m + S_n q^m \qquad ⑥$$

证明 在等比数列 $\{a_n\}$ 中

$$a_{m+k} = a_k q^m, m, k \in \mathbf{N}^*$$

$$S_{m+n} = a_1 + a_2 + a_3 + \cdots + a_m + a_{m+1} + a_{m+2} + \cdots + a_{m+n} =$$
$$S_m + a_1 q^m + a_2 q^m + \cdots + a_n q^m = S_m + S_n q^m$$

应用上述定理,可简便地解有关数列题,下面举例说明.

命题 4 已知数列 $\{a_n\}$ 是等比数列,S_n 是其前 n 项之和,设 $k \in \mathbf{N}^*$,$S_k \neq 0$,则 S_k,$S_{2k} - S_k$,$S_{3k} - S_{2k}$ 成等比数列.

证明 $S_k \neq 0$,则

$$S_{2k} - S_k = S_k q^k \neq 0, S_{3k} - S_{2k} = S_k q^{2k} \neq 0$$

又

$$S_k(S_{3k} - S_{2k}) = S_k(S_k q^{2k}) = (S_k q^k)^2 = (S_{2k} - S_k)^2$$

故 $k \in \mathbf{N}^*$,$S_k \neq 0$,S_k,$S_{2k} - S_k$,$S_{3k} - S_{2k}$ 成等比数列.

(3) 对式④,式⑥的再推广[75]:

定理 5 设等差数列 $\{a_n\}$ 公差为 d,前 n 项和为 S_n,则
$$S_{m+n+l} = S_m + S_n + S_l + (mn + ml + nl)d$$

证明 由式④得
$$S_{m+n+l} = S_{(m+n)+l} = S_{m+n} + S_l + (m+n)ld =$$
$$S_m + S_n + mnd + S_l + (m+n)ld =$$
$$S_m + S_n + S_l + (mn + ml + nl)d$$

该性质还可以一般推广为:

定理 6 设等差数列 $\{a_n\}$ 公差为 d,前 n 项和为 S_n,则
$$S_{\sum_{i=1}^{n} m_i} = \sum_{i=1}^{n} S_{m_i} + \left(\sum_{1 \leq i < j \leq n} m_i m_j\right)d, \quad n \geq 2$$

证明 当 $n = 2$ 时,$S_{m_1+m_2} = S_{m_1} + S_{m_2} + m_1 m_2 d$,显然成立.

假设当 $n = k$ 时定理成立,即
$$S_{\sum_{i=1}^{k} m_i} = \sum_{i=1}^{k} S_{m_i} + \left(\sum_{1 \leq i < j \leq k} m_i m_j\right)d$$

则 $n = k + 1$ 时
$$S_{\sum_{i=1}^{k+1} m_i} = S_{(\sum_{i=1}^{k} m_i) + m_{k+1}} = S_{\sum_{i=1}^{k} m_i} + S_{m_{k+1}} + \left(\sum_{i=1}^{k} m_i\right)m_{k+1}d =$$
$$\sum_{i=1}^{k} S_{m_i} + \left(\sum_{1 \leq i < j \leq k} m_i m_j\right)d + S_{m_{k+1}} + \left(\sum_{i=1}^{k} m_i\right)m_{k+1}d =$$
$$\sum_{i=1}^{k} S_{m_i} + S_{m_{k+1}} + \left(\sum_{1 \leq i < j \leq k} m_i m_j\right)d + \left(\sum_{i=1}^{k} m_i\right)m_{k+1}d =$$
$$\sum_{i=1}^{k+1} S_{m_i} + \left(\sum_{1 \leq i < j \leq k+1} m_i m_j\right)d$$

定理仍成立.

由此定理得证.

由定理 6,易得推论 1.

推论 1 设等差数列 $\{a_n\}$ 公差为 d,前 n 项和为 S_n,则:

① $S_{mn} = nS_m + C_n^2 m^2 d (n \geq 2)$;

② $S_{n^2} = nS_n + C_n^2 n^2 d (n \geq 2)$.

定理 7 设等比数列 $\{a_n\}$ 公比为 q,前 n 项和为 S_n,则
$$S_{m+n+l} = S_m + S_n q^m + S_l q^{m+n}$$

证明 由式⑥,得
$$S_{m+n+l} = S_{(m+n)+l} = S_{m+n} + S_l q^{m+n} = S_m + S_n q^m + S_l q^{m+n}$$

该定理还可以一般推广为:

定理 8 设等比数列 $\{a_n\}$ 公比为 q,前 n 项和为 S_n,则
$$S_{\sum_{i=1}^{n} m_i} = S_{m_1} + S_{m_2} q^{m_1} + S_{m_3} q^{m_1+m_2} + \cdots + S_{m_n} q^{m_1+m_2+\cdots+m_{n-1}}, \quad n \geq 2$$

证明 当 $n = 2$ 时,$S_{m_1+m_2} = S_{m_1} + S_{m_2} q^{m_1}$(定理 4),结论成立.

假设当 $n = k$ 时命题成立,即
$$S_{\sum_{i=1}^{k} m_i} = S_{m_1} + S_{m_2}q^{m_1} + S_{m_3}q^{m_1+m_2} + \cdots + S_{m_k}q^{m_1+m_2+\cdots+m_{k-1}}$$
则当 $n = k + 1$ 时
$$S_{\sum_{i=1}^{k+1} m_i} = S_{(\sum_{i=1}^{k} m_i)+m_{k+1}} = S_{\sum_{i=1}^{k} m_i} + S_{m_{k+1}} \cdot q^{m_1+m_2+\cdots+m_k} =$$
$$S_{m_1} + S_{m_2}q^{m_1} + S_{m_3}q^{m_1+m_2} + \cdots + S_{m_k}q^{m_1+m_2+\cdots+m_{k-1}} + S_{m_{k+1}}q^{m_1+m_2+\cdots+m_k} =$$
$$S_{m_1} + S_{m_2}q^{m_1} + S_{m_3}q^{m_1+m_2} + \cdots + S_{m_{k+1}}q^{m_1+m_2+\cdots+m_k}$$
定理仍成立.

由此定理得证. 类似地,由定理 8 易得推论 2.

推论 2 设等比数列 $\{a_n\}$ 公比为 q,前 n 项和为 S_n,则:

① $S_{mn} = S_m \left(\dfrac{1 - q^{mn}}{1 - q^m} \right)$.

② $S_{n^2} = S_n \left(\dfrac{1 - q^{n^2}}{1 - q^n} \right)$.

(4) 结合组合式的联想

等差(等比)数列的组合性质多是从等差(等比)中项的性质演变过来,演变中依赖于组合式(如 $i\mathrm{C}_n^i = n\mathrm{C}_{n-1}^{i-1}$, $\dfrac{\mathrm{C}_n^i}{i+1} = \dfrac{\mathrm{C}_{n+1}^{i+1}}{n+1}$ 等)的变换和数学归纳法等.

我们结合组合数,给出了项之间的交替和,从而得到了证等差数列的充要条件.

定理 9 当 $n \geq 2$ 时,数列 $\{a_n\}$ 是等差数列的充要条件是: $a_1 - \mathrm{C}_n^1 a_2 + \mathrm{C}_n^2 a_3 - \cdots + (-1)^N \mathrm{C}_n^n a_{n+1} = 0$,对任意 $n \in \mathbf{N}^*$ 成立.

以上结论的证明可参见曾晓新文《等差数列的一个充要条件》数学通报(1983(9)).

目前只发现等差数列项的交替和有组合式成立. 下述定理描述了项所满足的组合式、各项和满足的组合式及项的倒数满足的组合式.

定理 10 设 $\{a_n\}$ 是以 $d(q)$ 为公差(公比), a_1 为首项的等差(等比)数列,前 n 项和为 S_n,则有

(1) $a_1 \mathrm{C}_n^0 + a_2 \mathrm{C}_n^1 + a_3 \mathrm{C}_n^2 + \cdots + a_{n+1} \mathrm{C}_n^n = a_1(2 + nd)2^{n-1}$

对于等比数列,有 $a_1 \mathrm{C}_n^0 + a_2 \mathrm{C}_n^1 + a_3 \mathrm{C}_n^2 + \cdots + a_{n+1} \mathrm{C}_n^n = a_1(1+q)^n$,可知 $\left\{ \sum_{i=1}^{n+1} a_i \mathrm{C}_n^{i-1} \right\}$ 是等比数列;

(2) $S_1 \mathrm{C}_n^0 + S_2 \mathrm{C}_n^1 + S_3 \mathrm{C}_n^2 + \cdots + S_{n+1} \mathrm{C}_n^n = 2^{n-3}[4a_1(n+2) + dn(n+3)]$

对于等比数列,有 $S_1 \mathrm{C}_n^0 + S_2 \mathrm{C}_n^1 + S_3 \mathrm{C}_n^2 + \cdots + S_{n+1} \mathrm{C}_n^n = \begin{cases} (n+2)2^{n-1}a_1 (q=1) \\ \dfrac{a_1 2^n - a_1 q(1+q)^n}{1-q} (q \neq 1) \end{cases}$;

(3) $\dfrac{a_1 \mathrm{C}_n^0}{1} + \dfrac{a_2 \mathrm{C}_n^1}{2} + \dfrac{a_3 \mathrm{C}_n^2}{3} + \cdots + \dfrac{a_{i+1} \mathrm{C}_n^i}{i+1} + \cdots + \dfrac{a_{n+1} \mathrm{C}_n^n}{n+1} = \dfrac{(a_1 + a_n)(2^n - 1) + a_{n+1}}{n+1}$;

对于等比数列,有 $\dfrac{a_1 \mathrm{C}_n^0}{1} + \dfrac{a_2 \mathrm{C}_n^1}{2} + \dfrac{a_3 \mathrm{C}_n^2}{3} + \cdots + \dfrac{a_{i+1} \mathrm{C}_n^i}{i+1} + \cdots + \dfrac{a_{n+1} \mathrm{C}_n^n}{n+1} = \dfrac{a_1[(1+q)^{n+1} - 1]}{(n+1)q}$;

(4) $\dfrac{S_1 \mathrm{C}_n^0}{1} + \dfrac{S_2 \mathrm{C}_n^1}{2} + \cdots + \dfrac{S_{n+1} \mathrm{C}_n^n}{n+1} = 2^n a_1 + n \cdot 2^{n-2} d$;

对于等比数列,有 $\dfrac{S_1 C_n^0}{1} + \dfrac{S_2 C_n^1}{2} + \cdots + \dfrac{S_{n+1} C_n^n}{n+1} = \begin{cases} a_1 \cdot 2^n, q = 1 \\ \dfrac{a_1[2^{n+1} - (1+q)^n]}{(n+1)(1-q)}, q \neq 1 \end{cases}$;

(5) $\dfrac{(-1)^0 C_n^0}{a_1} + \dfrac{(-1)^1 C_n^1}{a_2} + \dfrac{(-1)^2 C_n^2}{a_3} + \cdots + \dfrac{(-1)^i C_n^i}{a_{i+1}} + \cdots + \dfrac{(-1)^n C_n^n}{a_{n+1}} = \dfrac{n! \, d^n}{a_1 a_2 a_3 \cdots a_n}$.

对于等比数列,有 $\dfrac{C_n^0}{a_1} + \dfrac{C_n^1}{a_2} + \dfrac{C_n^2}{a_3} + \cdots + \dfrac{C_n^i}{a_{i+1}} + \cdots + \dfrac{C_n^n}{a_{n+1}} = \dfrac{(q+1)^n}{a_{n+1}}$.

另外,等比数列项与其前 n 项和之间还存在一个类似的有趣等式

$$\dfrac{S_1 C_n^0}{a_1} + \dfrac{S_2 C_n^1}{a_2} + \dfrac{S_3 C_n^2}{a_3} + \cdots + \dfrac{S_{i+1} C_n^i}{a_{i+1}} + \cdots + \dfrac{S_{n+1} C_n^n}{a_{n+1}} = \begin{cases} (n+2)2^{n-1} \; (q=1) \\ \dfrac{(1+q)^n - q^{n+1} 2^n}{(1-q)q^n} \; (q \neq 1) \end{cases}$$

上述结论的证明可参见下列老师的文章:施刚良的《再探等差与等比数列前 n 项和的性质》福建中学数学(2013(7,8)).尹惠民的《等差、等比数列又几个漂亮性质》数学通讯(2011(5)),尹惠民的《等差、等比数列的两个新性质》数学通讯(2010(1)),王伯龙的《等差数列前 n 项和的一个性质》数学通讯(2009(8)).

定理 11 设 $\{a_n\}$ 是以 d 为公差,a_1 为首项的等差数列,$\{b_n\}$ 是以 q 为公比,b_1 为首项的等比数列,其中 $b_1 \neq 0, q \neq 0$,则有

$$\dfrac{a_1 C_n^0}{b_1} + \dfrac{a_2 C_n^1}{b_2} + \dfrac{a_3 C_n^2}{b_3} + \dfrac{a_{n+1} C_n^n}{b_{n+1}} = \dfrac{(1+q)^{n-1}(a_{n+1} + a_1 q)}{b_{n+1}}$$

以上结论的证明可参见尹惠民老师的文章《等差、等比数列的两个新性质》数学通讯(2010(1)).

2.7 直线方程 $x_0 x + y_0 y = r^2$ 的几何意义

高中数学课本中以例题的形式给出了如下的问题.

若已知圆的方程是 $x^2 + y^2 = r^2$,则经过圆上一点 $M(x_0, y_0)$ 的切线方程为

$$x_0 x + y_0 y = r^2 \qquad ①$$

此时和式 ① 的几何意义为:

几何意义 1 若点 $M(x_0, y_0)$ 在圆 $x^2 + y^2 = r^2$ 上,则直线方程式 ① 表示经过点 M 的圆的切线(此直线也可称为点 M 的极线),切点为 $M(x_0, y_0)$.

如果我们用洞察的眼光审视式 ①,即考虑点 $M(x_0, y_0)$ 在圆 $x^2 + y^2 = r^2$ 的外部或内部时,方程式 ① 的几何意义又是什么呢?

设点 $M(x_0, y_0)$ 在圆 $x^2 + y^2 = r^2$ 的外部,如图 2.46 所示.

过点 M 引圆的两条切线分别为 $MT_1, MT_2(T_1, T_2$ 为切点).设 T_1, T_2 的坐标分别为 $(x_1, y_1), (x_2, y_2)$,由几何意义 1 知,直线 MT_1, MT_2 的方程分别为 $x_1 x + y_1 y = r^2, x_2 x + y_2 y = r^2$.

因点 M 均在这两条直线上,从而有

$$x_1 x_0 + y_1 y_0 = r^2, \quad x_2 x_0 + y_2 y_0 = r^2$$

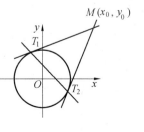

图 2.46

这说明了点 $T_1(x_1,y_1),T_2(x_2,y_2)$ 都在直线 $x_0x+y_0y=r^2$ 上,所以,直线 T_1T_2 的方程为 $x_0x+y_0y=r^2$.

于是,我们有:

几何意义 2 若点 $M(x_0,y_0)$ 在圆 $x^2+y^2=r^2$ 的外部,则直线方程式 ① 表示过点 M 的两条切线的切点弦(此直线也称为点 M 的极线)方程. 点 $M(x_0,y_0)$ 在切点弦的中垂线上.

设点 $M(x_0,y_0)$ 在圆 $x^2+y^2=r^2$ 的内部,如图 2.47 所示.

由于过点 M 可作无数条弦,但以点 M 为中点的弦是唯一的(为什么?试想一想). 设弦 T_1T_2 是以点 M 为中点的弦(变中寻不变),过弦的两端点 T_1,T_2 分别作圆的两条切线 T_1N_1,T_2N_2,显然当点 M 不为圆心时,两切线必相交,设交点为点 N,此时直线 ON 是弦 T_1T_2 的中垂线.

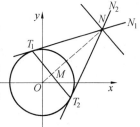

图 2.47

由于直线 ON 的斜率为 $\dfrac{y_0}{x_0}$(M 不在 y 轴上时),设点 N 的坐标为 (x',y'),则过 N 与 T_1T_2 平行的直线方程为

$$x_0x+y_0y=x_0x'+y_0y' \qquad (*)$$

又由几何意义 2,过点 $N(x',y')$ 的两条切线的切点弦 T_1T_2 的方程应为 $x'x+y'y=r^2$,而点 $M(x_0,y_0)$ 在直线 T_1T_2 上,即有 $x_0x'+y_0y'=r^2$,于是式(*)即为 $x_0x+y_0y=r^2$.

当点 M 在 y 轴上且不为圆心时,过点 N 与 T_1T_2 平行的,直线方程仍为 $x_0x+y_0y=r^2$.

于是,我们又有:

几何意义 3 若点 $M(x_0,y_0)$ 在圆 $x^2+y^2=r^2$ 的内部,且 M 不为圆心,则直线方程式 ① 表示过点 M 的反演点 N(即以点 M 为中点的弦端点的两条切线的交点),且与以点 M 为中点的弦平行的直线(此直线称为点 M 的极线)的方程. 点 $M(x_0,y_0)$ 为弦的中点.

综上,由几何意义 1,2,3 可知:直线方程式 ① 与圆 $x^2+y^2=r^2$ 总有明确的关系,而不是笼统的相切、相交、相离关系. 它们的关系取决于点 $M(x_0,y_0)$ 与圆 $x^2+y^2=r^2$ 的位置关系,即点 $M(x_0,y_0)$ 是在圆上、圆外,还是在圆内.

当然,直线方程式 ① 的几何意义是针对圆心是坐标原点的圆来说的. 若圆心不是坐标原点,如对圆 $(x-a)^2+(y-b)^2=r^2$ 来说,只需进行平移坐标轴,把坐标原点移到点 (a,b),建立新坐标系后也有类似于式 ① 的方程形式. 由此可知,对于圆 $(x-a)^2+(y-b)^2=r^2$ 来说,直线方程

$$(x_0-a)(x-a)+(y_0-b)(y-b)=r^2 \qquad ②$$

也具有上述的几何意义 1,2,3.

对于式 ① 和式 ②,如果我们再进一步考察,发现有变化规律:由圆的方程中的 x^2,y^2 或 $(x-a)^2,(y-b)^2$ 变为 x_0x,y_0y 或 $(x_0-a)(x-a),(y_0-b)(y-b)$,而得这些式子.

那么,这个规律对椭圆、双曲线、抛物线也有效吗?也就是说,如下的一系列命题是真确的吗?

命题 1 若点 $M(x_0,y_0)$ 在椭圆 $\dfrac{x^2}{a^2}+\dfrac{y^2}{b^2}=1(a>0,b>0)$ 上,则直线方程

$$\dfrac{x_0x}{a^2}+\dfrac{y_0y}{b^2}=1 \qquad ③$$

表示经过点 M 的椭圆的切线.

命题 2 若点 $M(x_0, y_0)$ 在椭圆 $\dfrac{x^2}{a^2} + \dfrac{y^2}{b^2} = 1(a>0, b>0)$ 的外部, 过点 M 所引椭圆的两条切线分别为 MT_1, MT_2(T_1, T_2 为切点), 则式③表示经过两切点 T_1, T_2 的直线(即切点弦直线).

命题 3 若点 $M(x_0, y_0)$ 在椭圆 $\dfrac{x^2}{a^2} + \dfrac{y^2}{b^2} = 1(a>0, b>0)$ 的内部, 且 M 不为椭圆的中心, 以 M 为中点的弦为 AB, 过点 A, B 的两条切线交于点 P, 则式③表示经过点 P 且平行于弦 AB 的直线(此直线称为点 M 的极线).

命题 4 若点 $M(x_0, y_0)$ 在双曲线 $\dfrac{x^2}{a^2} - \dfrac{y^2}{b^2} = 1(a>0, b>0)$ 上, 则直线方程

$$\frac{x_0 x}{a^2} - \frac{y_0 y}{b^2} = 1 \qquad ④$$

表示经过点 M 的双曲线的切线.

命题 5 若点 $M(x_0, y_0)$ 在双曲线 $\dfrac{x^2}{a^2} - \dfrac{y^2}{b^2} = 1(a>0, b>0)$ 的外部(双曲线不包含焦点的区域), 且 M 不为双曲线的中心, 过点 M 所引双曲线的两条切线分别为 MT_1, MT_2(T_1, T_2 为切点), 则式④表示经过两切点 T_1, T_2 的直线(即切点弦直线).

命题 6 若点 $M(x_0, y_0)$ 在双曲线 $\dfrac{x^2}{a^2} - \dfrac{y^2}{b^2} = 1(a>0, b>0)$ 的内部(双曲线包含焦点的区域), 以 M 为中点的弦为 AB, 过点 A, B 的两条切线交于点 P, 则式④表示过点 P 且平行于弦 AB 的直线(此直线称为点 M 的极线).

我们注意到抛物线方程 $y^2 = 2px$ 中, 当 $y>0$ 时, 抛物线方程可以写成 $y = \sqrt{2px}$, 对 x 求导, 则 $y' = \dfrac{p}{\sqrt{2px}}$, 所以以抛物线上一点 $M(x_0, y_0)$ 为切点的切线的斜率为 $\dfrac{p}{\sqrt{2px_0}}$, 从而切线方程为

$$y - y_0 = \frac{p}{\sqrt{2px_0}}(x - x_0)$$

即

$$y\sqrt{2px_0} - y_0\sqrt{2px_0} = p(x - x_0)$$

而 $y_0 = \sqrt{2px_0}$, 从而, 切线方程为

$$y_0 y = p(x_0 + x) \qquad ⑤$$

由式⑤, 我们又发现有规律: 曲线方程中的 x 或 y 变为 $\dfrac{x_0 + x}{2}$ 或 $\dfrac{y_0 + y}{2}$, 再加上前面规律, 可得到切线方程. 从而我们有:

命题 7 若点 $M(x_0, y_0)$ 在抛物线 $y^2 = 2px(p \neq 0)$ 上, 则直线方程式⑤是表示过点 M 的抛物线的切线方程.

命题 8 若点 $M(x_0, y_0)$ 在抛物线 $y^2 = 2px(p \neq 0)$ 的外部(不含焦点的区域), 则式⑤表示由点 M 向抛物线所引两条切线的切点弦直线.

命题 9 若点 $M(x_0, y_0)$ 在抛物线 $y^2 = 2px(p \neq 0)$ 的内部(含焦点的区域), 以 M 为中

点的弦为 AB,过点 A,B 的两条切线交于点 P,则式 ⑤ 表示过点 P 且平行于弦 AB 的直线(此直线称为点 M 的极线).

由于圆、椭圆、双曲线、抛物线可统称为圆锥曲线,为了证明上述的变化规律

$$x^2 \to x_0 x, y^2 \to y_0 y, x \to \frac{x_0 + x}{2}, y \to \frac{y_0 + y}{2}$$

$$(x-a)^2 \to (x_0 - a)(x - a), (y-b)^2 \to (y_0 - b)(y - b)$$

的真确性,及上述命题的真确性,我们给出如下的关于圆锥曲线的三个定理[53].

定理 1 若点 $M(x_0, y_0)$ 在圆锥曲线 $\Gamma: Ax^2 + Cy^2 + Dx + Ey + F = 0 (A^2 + C^2 \neq 0)$ 上,则直线 l

$$Ax_0 x + Cy_0 y + \frac{D(x + x_0)}{2} + \frac{E(y + y_0)}{2} + F = 0 \qquad ⑥$$

表示经过点 M 的曲线 C 的切线.

证明 对 $Ax^2 + Cy^2 + Dx + Ey + F = 0$ 的两边求 x 的导数得

$$2Ax + 2Cyy' + D + Ey' = 0$$
$$(2Cy + E)y' = -2Ax - D$$

记过点 $P(x_0, y_0)$ 的切线的斜率为 K,则

$$(2Cy_0 + E)K = -2Ax_0 - D$$

(1) 当 $C \neq 0$ 时,若 $2Cy_0 + E \neq 0$,即 $y_0 \neq -\frac{E}{2C}$ 时,$K = -\frac{2Ax_0 + D}{2Cy_0 + E}$,所以切线方程为

$$y - y_0 = -\frac{2Ax_0 + D}{2Cy_0 + E}(x - x_0)$$

化简,得

$$2Ax_0 x + 2Cy_0 y + Dx + Ey - 2Ax_0^2 - 2Cy_0^2 - Dx_0 - Ey_0 = 0$$

即

$$Ax_0 x + Cy_0 y + \frac{D(x + x_0)}{2} + \frac{E(y + y_0)}{2} + F = 0 \qquad (*)$$

若 $y_0 = -\frac{E}{2C}$ 时可以验证,方程 $(*)$ 同样适用.

(2) 当 $C = 0$ 时,则 $E \neq 0$,此时 $K = -\frac{2Ax_0 + D}{E}$,代入方程 $y = k(x - x_0) + y_0$,可知方程 $(*)$ 仍然适用.

综合 (1),(2) 可知直线方程

$$Ax_0 x + Cy_0 y + \frac{D(x + x_0)}{2} + \frac{E(y + y_0)}{2} + F = 0$$

表示经过点 P 的曲线 C 的切线.

定理 2 若点 $M(x_0, y_0)$ 在圆锥曲线 $\Gamma: Ax^2 + Cy^2 + Dx + Ey + F = 0 (A^2 + C^2 \neq 0)$ 外(若 C 为双曲线则点 M 异于其中心),过点 M 引曲线 C 的两条切线 $MT_1, MT_2 (T_1, T_2$ 为切点),则直线 $l: Ax_0 x + Cy_0 y + \frac{D(x + x_0)}{2} + \frac{E(y + y_0)}{2} + F = 0$ 表示经过两切点的直线(即切点弦 $T_1 T_2$ 所在的直线).

证明 设 T_1,T_2 两点的坐标分别为 $(x_1,y_1),(x_2,y_2)$,则由定理 1 可知切线 MT_1,MT_2 的方程分别为

$$Ax_1x + Cy_1y + \frac{D(x+x_1)}{2} + \frac{E(y+y_1)}{2} + F = 0$$

$$Ax_2x + Cy_2y + \frac{D(x+x_2)}{2} + \frac{E(y+y_2)}{2} + F = 0$$

点 $M(x_0,y_0)$ 的坐标满足上述方程,即

$$Ax_1x_0 + Cy_1y_0 + \frac{D(x_0+x_1)}{2} + \frac{E(y_0+y_1)}{2} + F = 0$$

$$Ax_2x_0 + Cy_2y_0 + \frac{D(x_0+x_2)}{2} + \frac{E(y_0+y_2)}{2} + F = 0$$

则 T_1,T_2 必在直线 $Ax_0x + Cy_0y + \frac{D(x+x_0)}{2} + \frac{E(y+y_0)}{2} + F = 0$ 上. 即直线方程 $Ax_0x + Cy_0y + \frac{D(x+x_0)}{2} + \frac{E(y+y_0)}{2} + F = 0$ 表示经过两切点的直线.

定理 3 若点 $M(x_0,y_0)$ 在曲线 $\Gamma:Ax^2 + Cy^2 + Dx + Ey + F = 0(A^2 + C^2 \neq 0)$ 内(若曲线 C 是椭圆则点 M 异于其中心),以 M 为中点的弦为 AB,过点 A,B 的两条切线交于点 P,则直线 $l:Ax_0x + Cy_0y + \frac{D(x+x_0)}{2} + \frac{E(y+y_0)}{2} + F = 0$ 表示经过点 P 且平行于弦 AB 的直线.

证明 设点 P 的坐标为 (s,t),由定理 2 可知弦 AB 所在的直线方程为

$$Asx + Cty + \frac{D(x+s)}{2} + \frac{E(y+t)}{2} + F = 0$$

又因点 $M(x_0,y_0)$ 在弦 AB 上,则

$$Asx_0 + Cty_0 + \frac{D(x_0+s)}{2} + \frac{E(y_0+t)}{2} + F = 0$$

这说明点 $P(s,t)$ 在直线 $Ax_0x + Cy_0y + \frac{D(x+x_0)}{2} + \frac{E(y+y_0)}{2} + F = 0$ 上.

因此,只需证明 AB 所在直线与直线 l 平行即可.

为此,设 AB 所在直线的斜率为 k,点 $M(x_0,y_0)$ 在 AB 直线上,则 AB 所在直线的方程为 $y = k(x - x_0) + y_0$,将 y 的表达式代入曲线 Γ 的方程,得

$$Ax^2 + C[k(x-x_0) + y_0]^2 + Dx + E[k(x-x_0) + y_0] + F = 0$$

化简并整理为 x 的二次方程就是

$$(A + Ck^2)x^2 + [2Ck(y_0 - kx_0) + D + Ek]x + C(y_0 - kx_0)^2 + E(y_0 - kx_0) + F = 0$$

由韦达定理,得

$$x_1 + x_2 = -\frac{2Ck(y_0 - kx_0) + D + Ek}{A + Ck^2}, A + Ck^2 \neq 0$$

因点 $M(x_0,y_0)$ 为弦 AB 的中心,则

$$\frac{x_1 + x_2}{2} = x_0$$

即

$$2x_0 = -\frac{2Ck(y_0 - kx_0) + D + Ek}{A + Ck^2}$$

化简,得
$$(2Cy_0 + E)k = -2Ax_0 - D$$

(1) 当 $C \neq 0$ 时,若 $2Cy_0 + E \neq 0$,即 $y_0 \neq -\dfrac{E}{2C}$ 时
$$k = -\dfrac{2Ax_0 + D}{2Cy_0 + E}$$

所以弦 AB 所在直线的方程为
$$y - y_0 = -\dfrac{2Ax_0 + D}{2Cy_0 + E}(x - x_0)$$

化简,得
$$2Ax_0x + 2Cy_0y + Dx + Ey - 2Ax_0^2 - 2Cy_0^2 - Dx_0 - Ey_0 = 0$$

即
$$Ax_0x + Cy_0y + \dfrac{D(x + x_0)}{2} + \dfrac{E(y + y_0)}{2} - Ax_0^2 - Cy_0^2 - Dx_0 - Ey_0 = 0$$

因点 M 不在曲线 C 上,则
$$Ax_0^2 + Cy_0^2 + Dx_0 + Ey_0 + F \neq 0$$

即
$$-Ax_0^2 - Cy_0^2 - Dx_0 - Ey_0 \neq F$$

故弦 AB 所在直线与直线 l 平行.

若 $y_0 = -\dfrac{E}{2C}$,弦 AB 所在直线方程为 $x = x_0$,直线 l 的方程为
$$Ax_0x + \dfrac{D(x + x_0)}{2} + F - \dfrac{E^2}{4C} = 0$$

显然弦 AB 所在直线与直线 l 平行.

(2) 当 $C = 0$ 时,则 $E \neq 0$,此时 $k = -\dfrac{2Ax_0 + D}{E}$,容易判断弦 AB 所在直线与直线 l 仍然平行.

综上,对于点 $M(x_0, y_0)$ 和圆锥曲线 $\Gamma: Ax^2 + Cy^2 + Dx + Ey + F = 0 (A^2 + C^2 \neq 0)$,直线 $l: Ax_0x + Cy_0y + \dfrac{D(x + x_0)}{2} + \dfrac{E(y + y_0)}{2}$,则称直线 l 为点 M 关于曲线 Γ 的极线,点 M 为直线 l 关于曲线 Γ 的极点.

极点、极线是圆锥曲线中的一对重要概念.

因为极点、极线反映的是圆锥曲线的基本几何性质,所以极点、极线不仅在中学数学教学的公式定理中,而且在例题练习中都有充分的体现.

首先,圆锥曲线的焦点和准线是一对特殊的极点和极线. 如果圆锥曲线是椭圆 $\dfrac{x^2}{a^2} + \dfrac{y^2}{b^2} = 1$,当 $P(x_0, y_0)$ 为其焦点 $(c, 0)$ 时,极线 $\dfrac{x_0x}{a^2} + \dfrac{y_0y}{b} = 1$ 变为 $x = \dfrac{a^2}{c}$ 是椭圆的准线,焦点在椭圆内,准线与椭圆相离. 如果圆锥曲线是双曲线 $\dfrac{x^2}{a^2} - \dfrac{y^2}{b^2} = 1$,当 $P(x_0, y_0)$ 为其焦点 $(c, 0)$ 时,极线 $\dfrac{x_0x}{a^2} - \dfrac{y_0y}{b} = 1$ 变为 $x = \dfrac{a^2}{c}$ 是双曲线的准线,焦点在双曲线内,准线与双曲线相离;如果圆锥

曲线是抛物线 $y^2 = 2px$，当 $P(x_0, y_0)$ 为其焦点 $(\frac{p}{2}, 0)$ 时，极线 $y_0 y = p(x + \frac{p}{2})$ 变为 $x = -\frac{p}{2}$ 是抛物线准线，焦点在抛物线内，准线与抛物线相离.

其次，教材中涉及直线与圆锥曲线位置关系判定的问题，均可转化为极点与圆锥曲线的位置关系来解决. 如：人民教育出版社 A 版教材 P_{71} 例 6 展现的就是可以借助于抛物线中的极点、极线与抛物线的位置关系来求解的一题. 已知抛物线的方程 $y^2 = 4x$，直线 l 过定点 $P(-2, 1)$，斜率为 k，问 k 为何值时，直线 l 与抛物线 $y^2 = 4x$ 只有一个公共点；有两个公共点；没有公共点？

教材中通过给出直线的点斜式方程，与抛物线方程组成方程组，消元后得一元二次方程，利用方程解的个数与判别式的关系，来求解参数 k 的范围. 如果我们借助于极点和极线与圆锥曲线的位置关系的一般形式，将直线与抛物线的位置关系问题转化为点与抛物线的位置关系，就能简化运算. 具体地，由题意知，直线 l 的方程是 $y - 1 = k(x + 2)$，可以化为 $y_0 y = k y_0 x + 2k y_0 + y_0$，设其对应的极点是 $P(x_0, y_0)$，相应的极线应为 $y_0 y = 2(x + x_0)$，是直线 l 的另一种方程形式，所以 $\begin{cases} k y_0 = 2 \\ 2k y_0 + y_0 = 2x_0 \end{cases}$. 当 $k \neq 0$ 时，$\begin{cases} x_0 = \frac{1}{k} + 2 \\ y_0 = \frac{2}{k} \end{cases}$，直线 l 与抛物线 $y^2 = 4x$ 有两个公共点 $\Leftrightarrow P(x_0, y_0)$ 在抛物线外 $\Leftrightarrow y_0^2 > 4x_0 \Leftrightarrow \frac{4}{k^2} > 4(\frac{1}{k} + 2)$，解得 $-1 < k < \frac{1}{2}$ 且 $k \neq 0$；同理可求 $k = -1$ 或 $k = \frac{1}{2}$ 或 $k = 0$ 时直线 l 与抛物线 $y^2 = 4x$ 只有一个公共点；$k < -1$ 或 $k > \frac{1}{2}$ 时，直线 l 与抛物线 $y^2 = 4x$ 没有公共点.

同样，人民教育出版社 A 版教材 P_{80} 习题的第 5 题：已知直线 $y = kx - 1$ 与双曲线没有公共点，求 k 的取值范围. 解答这类问题均可采用先求出与直线相应的极点坐标，再将直线与圆锥曲线的位置关系转化为极点与圆锥曲线的位置关系，列出不等式求解.

再如人民教育出版社 A 版教材第 62 页的 B 组第 4 题：已知双曲线 $x^2 - \frac{y^2}{2} = 1$，过点 $P(1, 1)$ 能否作直线 l，与双曲线交于 A, B 两点，且 P 是线段 AB 的中点.

设 $A(x_0, y_0)$，则由 P 是线段 AB 的中点，得点 B 的坐标是 $(2 - x_0, 2 - y_0)$，而 A, B 在双曲线 $x^2 - \frac{y^2}{2} = 1$ 上，所以 $\begin{cases} x_0^2 - \frac{y_0^2}{2} = 1 \\ (2 - x_0)^2 - \frac{(2 - y_0)^2}{2} = 1 \end{cases}$，两式相减得 $4x_0 - 2y_0 = 2$，即 $2x_0 - \frac{2y_0}{2} = 1$.

$2x - \frac{2y}{2} = 1$ 是点 $(2, 2)$ 对应的极线，而点 $(2, 2)$ 在双曲线内，所以极线与双曲线相离，这和直线与双曲线交于 A, B 两点矛盾，所以这样的直线不存在.

再次，对有关圆锥曲线的问题，隐含有极点，极线的背景时，可运用极点和极线的关系处理问题和探讨.

例如，有如下问题：

命题 设 $\lambda > 0$,点 A,B 分别是抛物线 $x^2 = 2py$ 上的定点和动点,点 Q 满足 $\overrightarrow{BQ} = \lambda \overrightarrow{QA}$,经过点 Q 与 x 轴垂直的直线交抛物线于点 M,点 P 满足 $\overrightarrow{BQ} = \lambda \overrightarrow{MP}$,则点 P 的轨迹方程是 $x_0 x = p(y + y_0)$.

证明 参见图 2.50,设 $A(x_0, y_0), B(a, \dfrac{a^2}{2p}), P(x, y)$,由 $\overrightarrow{BQ} = \lambda \overrightarrow{QA}$ 得 $Q\left(\dfrac{a + \lambda x_0}{1 + \lambda}, \dfrac{\dfrac{a^2}{2p} + \lambda y_0}{1 + \lambda}\right)$,由经过点 Q 与 x 轴垂直的直线交抛物线于点 M,且点 P 满足 $\overrightarrow{QM} = \lambda \overrightarrow{MP}$,得 $M(x, \dfrac{x^2}{2p})$ 和

$$\begin{cases} x = \dfrac{a + \lambda x_0}{1 + \lambda} & \text{①} \\ \dfrac{x^2}{2p} = \dfrac{\dfrac{a^2}{2p} + \lambda y_0}{1 + \lambda} + \lambda y \\ \hline 1 + \lambda & \text{②} \end{cases}$$

由 ① 得,$a = (1 + \lambda)x - \lambda x_0$,代入 ② 得

$$(1 + \lambda)^2 x^2 = [(1 + \lambda)x - \lambda x_0]^2 + 2p\lambda y_0 + 2p(1 + \lambda)\lambda y$$

又 $A(x_0, y_0)$ 在 $x^2 = 2py$ 上,得 $x_0^2 = 2py_0$,所以上式可以化为 $2(1 + \lambda)\lambda x_0 x = 2p(1 + \lambda)\lambda y_0 + 2p(1 + \lambda)\lambda y$,又 $\lambda > 0$,所以 $x_0 x = p(y + y_0)$.

对该题深入反思,$x_0 x = p(y + y_0)$ 是与 $A(x_0, y_0)$ 相应的极线,也是过 $A(x_0, y_0)$ 的抛物线的切线. 据此可得到下列一些结论:

推论 1 设 $\lambda > 0$,点 A,B 分别是抛物线 $x^2 = 2py$ 上的定点和动点,点 Q 满足 $\overrightarrow{BQ} = \lambda \overrightarrow{QA}$,经过点 Q 与 x 轴垂直的直线交抛物线于点 M,点 P 满足 $\overrightarrow{QM} = \lambda \overrightarrow{MP}$,则点 P 的轨迹是与点 A 相应的极线(即抛物线在 A 处的切线).

推论 2 点 A,B 分别是抛物线上的定点和动点,点 Q 满足 $\overrightarrow{BQ} = \lambda \overrightarrow{QA}$,经过点 Q 与抛物线的准线垂直的直线交抛物线于点 M,点 P 满足 $\overrightarrow{QM} = \lambda \overrightarrow{MP}$,则点 P 的轨迹是与点 A 相应的极线(即抛物线在 A 处的切线).

进一步引申,可以继续得到一些结论:

推论 3 点 A,B 分别是抛物线上的定点和动点,点 Q 满足 $\overrightarrow{BQ} = \lambda \overrightarrow{QA}$,经过点 Q 与抛物线的准线垂直的直线交抛物线于点 M,交与点 A 相应的极线(即抛物线在 A 处的切线)于点 P,则 $\overrightarrow{QM} = \lambda \overrightarrow{MP}$.

推论 4 点 A,B 分别是抛物线上的定点和动点,点 Q 是弦 AB 上的任一点. 经过点 Q 与抛物线的准线垂直的直线交抛物线于点 M,交与点 A 相应的极线(即抛物线在 A 处的切线)于点 P,则 $\dfrac{BQ}{QA} = \dfrac{QM}{MP}$.

推论 5 点 A,B 分别是抛物线上的定点和动点,点 Q 满足 $\overrightarrow{BQ} = \lambda \overrightarrow{QA}$,经过点 Q 与抛物线的准线垂直的直线交与 A 相应的极线(即抛物线在 A 处的切线)于点 P,若 $\overrightarrow{QM} = \lambda \overrightarrow{MP}$,则

点 M 在抛物线上.

证明 如图 2.48,不妨设抛物线的方程是 $x^2 = 2py$,设 $A(x_0, y_0)$,$B(a, \dfrac{a^2}{2p})$,$P(x,y)$,由 $\overrightarrow{BQ} = \lambda \overrightarrow{QA}$ 得 $Q\left(\dfrac{a + \lambda x_0}{1 + \lambda}, \dfrac{\dfrac{a^2}{2p} + \lambda y_0}{1 + \lambda}\right)$,由经过点 Q 与抛物线的准线垂直的直线交与 A 相应的极线(即抛物线在 A 处的切线):$x_0 x = p(y + y_0)$ 于点 P,得 $P\left(\dfrac{a + \lambda x_0}{1 + \lambda}, \dfrac{x_0(a + \lambda x_0)}{p(1 + \lambda)} - y_0\right)$.由点 P 满足 $\overrightarrow{QM} = \lambda \overrightarrow{MP}$,得

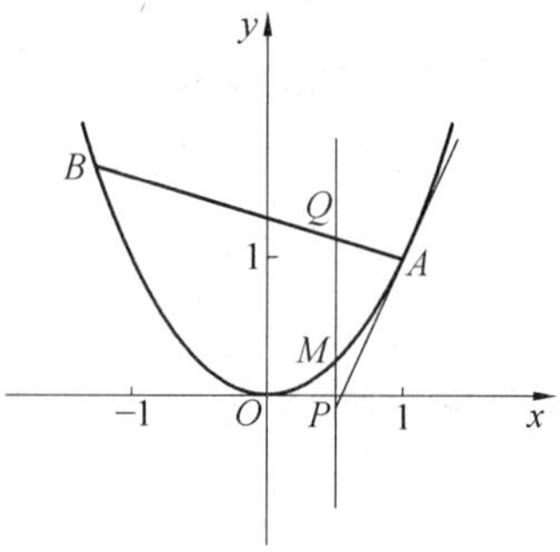

$$M\left(\dfrac{a + \lambda x_0}{1 + \lambda}, \dfrac{\dfrac{\dfrac{a^2}{2p} + \lambda y_0}{1 + \lambda} + \lambda\left[\dfrac{x_0(a + \lambda x_0)}{p(1 + \lambda)} - y_0\right]}{1 + \lambda}\right)$$

图 2.48

$$y_M = \dfrac{\dfrac{\dfrac{a^2}{2p} + \lambda y_0}{1 + \lambda} + \lambda\left[\dfrac{x_0(a + \lambda x_0)}{p(1 + \lambda)} - y_0\right]}{1 + \lambda} =$$

$$\dfrac{a^2 + 2p\lambda y_0 + 2\lambda a x_0 + 2\lambda^2 x_0^2 - 2p(1+\lambda)\lambda y_0}{2p(1 + \lambda)^2} =$$

$$\dfrac{a^2 + 2\lambda a x_0 + \lambda^2 x_0^2}{2p(1 + \lambda)^2} =$$

$$\dfrac{(a + \lambda x_0)^2}{2p(1 + \lambda)^2} =$$

$$\dfrac{x_M^2}{2p}$$

所以点 M 在抛物线 $x^2 = 2py$ 上,命题得证.

推论 6 点 A 是抛物线上的定点,在与 A 相应的极线(即抛物线在 A 处的切线)上取点 P,过点 P 作与抛物线的准线垂直的直线交抛物线于点 M,若点 Q 满足 $\overrightarrow{QM} = \lambda \overrightarrow{MP}$,作直线 AQ 交抛物线于点 B,则 $\overrightarrow{BQ} = \lambda \overrightarrow{QA}$.

证明 不妨设抛物线的方程是 $x^2 = 2py$,设 $A(x_0, y_0)$,则与 A 相应的极线(即抛物线在 A 处的切线)方程是 $x_0 x = p(y + y_0)$,所以可设其上点 P 的坐标为 $(a, \dfrac{x_0}{p}a - y_0)$.因为过点 P 作与抛物线的准线垂直的直线交抛物线于点 M,所以 $M(a, \dfrac{a^2}{2p})$.由 $\overrightarrow{QM} = \lambda \overrightarrow{MP}$ 得,$\overrightarrow{MQ} = -\dfrac{\lambda}{1 + \lambda} \overrightarrow{QP}$,于是有 $Q\left(a, \dfrac{1}{2p}[(1+\lambda)a^2 - 2\lambda x_0 a + 2\lambda p y_0]\right)$,所以直线 AQ 的斜率

$$k = \dfrac{\dfrac{1}{2p}[(1+\lambda)a^2 - 2\lambda x_0 a + 2\lambda p y_0] - y_0}{a - x_0} = \dfrac{1}{2p}[(1+\lambda)a - (\lambda - 1)x_0]$$

所以直线 AQ 的方程是

$$y - y_0 = \dfrac{1}{2p}[(1+\lambda)a - (\lambda - 1)x_0](x - x_0)$$

它与 $x^2 = 2py$ 联立消 y，得 $\dfrac{x^2}{2p} - y_0 = \dfrac{1}{2p}[(1+\lambda)a - (\lambda-1)x_0](x - x_0)$

则点 B 的横坐标 x_B 与 x_0 是此方程的两根，所以
$$x_B = (1+\lambda)a - (\lambda-1)x_0 - x_0 = (1+\lambda)a - \lambda x_0$$

所以若设 $\overrightarrow{BQ} = \mu \overrightarrow{QA}$，则
$$\mu = \frac{x_Q - x_B}{x_A - x_Q} = \frac{a - [(1+\lambda)a - \lambda x_0]}{x_0 - a} = \lambda$$

所以 $\overrightarrow{BQ} = \lambda \overrightarrow{QA}$.

推论 7 点 A 是抛物线上的定点，在与点 A 相应的极线（即抛物线 A 处的切线）上取点 P，过点 P 作与抛物线的准线垂直的直线交抛物线于点 M，若点 Q 满足 $\overrightarrow{QM} = \lambda \overrightarrow{MP}$，$\overrightarrow{BQ} = \lambda \overrightarrow{QA}$，则点 B 在抛物线上.

其证明思路仿推论 5，过程略.

注 上述推论参见了李凤华老师的文章《圆锥曲线的极点、极线及其应用》（数学通讯 2012 年 4 期）.

下面，我们再回到几何意义上，若点 $M(x_0, y_0)$ 在圆 $x^2 + y^2 = r^2$ 的内部，且 M 不为圆心 O，令点 M 的极线为 l，则其方程为 $x_0 x + y_0 y = r^2$.

过点 M 任作一条弦 BD，设圆上一点 A 与直线 l 在 BD 的两侧，设直线 AB 交 l 于点 N，直线 AD 交 l 于点 L，如图 2.49 所示.

令过点 A,M 的弦的另一端点为 C，则可证得 B,C,L 三点共线，D,C,N 三点共线，且点 N,L 关于圆 O 的极线分别为 ML 与 MN 所在的直线.

事实上，由于 $ABCD$ 是圆内接四边形，直线 AD 与 BC 交于 $L(x_1, y_1)$，直线 AC 与 BD 交于点 $M(x_0, y_0)$，则有 $x_0 x_1 + y_0 y_1 = r^2$，这表明点 $L(M)$ 在点 $M(L)$ 关于圆 O 的极线上.

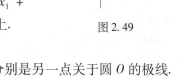

图 2.49

同理，点 $N(M)$ 在点 $M(N)$ 关于圆 O 的极线上.

因此，我们可以说：过 M,N,L 中任意两点的直线，分别是另一点关于圆 O 的极线.

对于一般的二次曲线，我们也有着上述性质. 为此，先看两条引理：

引理 1 过不在二次曲线上的点 A 的直线与二次曲线交于 C,D，与直线 l 交于 B，则直线 l 为点 A 关于二次曲线的极线的充要条件是 A,B 调和分割 C,D.

证明 必要性 设二次曲线
$$Ax^2 + Bxy + Cy^2 + Dx + Ey + F = 0 \qquad ❶$$

直线 l 是 $A(x_1, y_1)$ 关于二次曲线的极线. 则
$$Ax_1 x + \frac{B}{2}(x_1 y + y_1 x) + Cy_1 y + \frac{D}{2}(x_1 + x) + \frac{E}{2}(y_1 + y) + F = 0 \qquad ❷$$

又因 B 在直线 l 上，设 $B(x_2, y_2)$，则有
$$Ax_1 x_2 + \frac{B}{2}(x_1 y_2 + y_1 x_2) + Cy_1 y_2 + \frac{D}{2}(x_1 + x_2) + \frac{E}{2}(y_1 + y_2) + F = 0 \qquad ❸$$

又直线 AB 的方程为

$$\begin{cases} x = \dfrac{x_1 + \lambda x_2}{1 + \lambda} \\ y = \dfrac{y_1 + \lambda y_2}{1 + \lambda} \end{cases} \quad (\text{式中} \lambda \text{为参变量}) \qquad ❹$$

把方程 ❹ 代入方程 ❶,经整理得关于 λ 的二次方程

$$(Ax_2^2 + Bx_2y_2 + Cy_2^2 + Dx_2 + Ey_2 + F)\lambda^2 + 2\left[Ax_1x_2 + \frac{B}{2}(x_1y_2 + y_1x_2) + \right.$$

$$\left. Cy_1y_2 + \frac{D}{2}(x_1 + x_2) + \frac{E}{2}(y_1 + y_2) + E\right]\lambda +$$

$$(Ax_1^2 + Bx_1y_1 + Cy_1^2 + Dx_1 + Ey_1 + F) = 0 \qquad ❺$$

若方程两根为 λ_1,λ_2,由式 ❸ 可知:方程 ❺ 的两根满足 $\lambda_1 + \lambda_2 = 0$,又由 λ 的几何意义可知

$$\lambda_1 = \frac{AC}{CB}, \quad \lambda_2 = \frac{AD}{DB}$$

则有

$$\frac{AC}{CB} + \frac{AD}{DB} = 0$$

故 A,B 调和分割 C,D.

充分性 (证略).

引理 2 过二次曲线外一点 A 作二次曲线的两条割线交二次曲线于 P,Q 及 R,S;直线 PR 与 QS,PS 与 QR 分别交于 B,C,则 BC 必是点 A 关于二次曲线的极线.

证明 设直线 BC 与 PQ,RS 的交点分别为 M,N,则由梅涅劳斯定理可知:对于 $\triangle BPQ$ 及截线 SRA,有

$$\frac{BS}{SQ} \cdot \frac{QA}{AP} \cdot \frac{PR}{RB} = -1 \qquad ❶$$

又对 $\triangle BPQ$ 及点 C 应用塞瓦定理可知

$$\frac{BS}{SQ} \cdot \frac{QM}{MP} \cdot \frac{PR}{RB} = 1 \qquad ❷$$

则由式 ❶❷ 可知

$$\frac{AQ}{PA} + \frac{MQ}{PM} = 0$$

即 A,M 调和分割 P,Q. 同理 A,N 调和分割 S,R. 由引理 1 知 M,N 都在点 A 关于二次曲线的极线上,则直线 MN 为点 A 关于二次曲线的极线,即 BC 为点 A 关于二次曲线的极线. 同理,直线 AC 为点 B 关于二次曲线的极线,又由极线的性质可知:点 C 关于二次曲线的极线即为 AB.

由上述的两个引理,显然有:

定理 4 设 $ABCD$ 是二次曲线的内接四边形,直线 AD,BC 交于 L,AC,BD 交于 M. 若二次曲线的方程为 $Ax^2 + Bxy + Cy^2 + Dx + Ey + F = 0$,$L,M$ 坐标分别为 $(x_1,y_1),(x_0,y_0)$,则

$$Ax_1x_0 + \frac{B}{2}(x_1y_0 + x_0y_1) + Cy_1y_0 + \frac{D}{2}(x_1 + x_0) + \frac{E}{2}(y_1 + y_0) + F = 0$$

显然,上述结论也可有如下的等价说法:

结论 1 过定点 $M(x_0,y_0)$ 的两条动直线 AC,BD 分别与圆 $x^2 + y^2 = r^2$ 相交于点 $A,B,C,$

D. 设直线 AB,CD 相交于点 L, 直线 AD,BC 相交于点 N, 则点 L,N 的轨迹是定直线 $l: x_0 x + y_0 y = r^2$.

结论2 过定点 $M(x_0, y_0)$ 的两条动直线 AC, BD 分别与圆锥曲线相交于点 A, B, C, D. 设直线 AB, CD 相交于点 L. AD, BC 相交于点 N, 则

(1) 当圆锥曲线为椭圆 $\dfrac{x^2}{a^2} + \dfrac{y^2}{b^2} = 1 (a > b > 0)$, 且 $M(x_0, y_0)$ 不为坐标原点时, 点 L, N 的轨迹都是定直线 $l: \dfrac{x_0 x}{a^2} + \dfrac{y_0 y}{b^2} = 1$;

(2) 当圆锥曲线为双曲线 $\dfrac{x^2}{a^2} - \dfrac{y^2}{b^2} = 1 (a > 0, b > 0)$, 且点 $M(x_0, y_0)$ 不为坐标原点时, 点 L, N 的轨迹都是定直线 $l: \dfrac{x_0 x}{a^2} - \dfrac{y_0 y}{b^2} = 1$;

(3) 当圆锥曲线为抛物线 $y^2 = 2px (p > 0)$ 时, 点 L, N 的轨迹都是定直线 $l: y_0 y = p(x + x_0)$.

思 考 题

1. 优美的点共线图的作出在植树画线中的应用:
(1) 9 棵树栽 9 行, 每行 3 棵如何栽? 能栽成 10 行吗?
(2) 10 棵树, 每行栽 3 棵, 最多可栽几行? 每行栽 4 棵, 最多可栽几行?
2. 用正多边形重叠的方法作出正多边形.
3. 在用两种大小不同规格的正方形地面砖铺成的地面图案中, 隐藏有新的正方形图案吗?
4. 正三角形的连接(共顶点)图有什么优美性质?
5. 正方形的连接(共顶点)图有什么优美性质?
6. 可以有多少种方法(E_n)用对角线把一个凸 $n(n \geq 3)$ 边形全部剖分成三角形?
7. 寻找直线 $\dfrac{x_0 x}{a^2} \pm \dfrac{y_0 y}{b^2} = \dfrac{x_0^2}{a^2} \pm \dfrac{y_0^2}{b^2}$ 的几何意义.

思考题参考解答

1. (1)

(2)

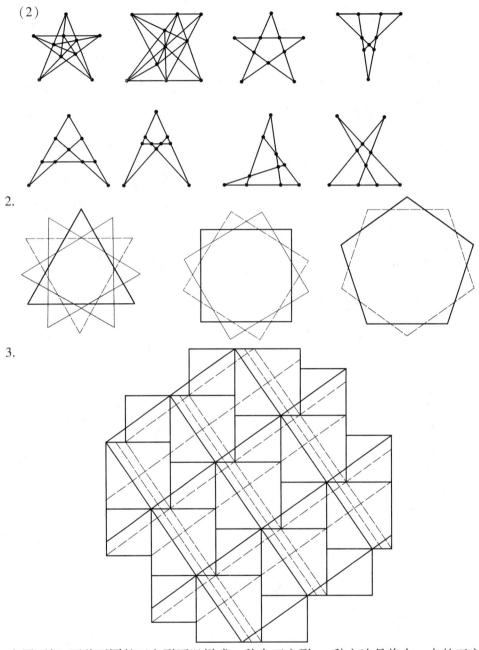

2.

3.

由图可知,两种不同的正方形可以拼成一种大正方形. 一种方法是将大一点的正方形分成 4 块,小一点的不分;另一种方法是将大一点的分成 3 块,小一点的分成两块.

4. (1) 正 $\triangle ABC$, $\triangle ADE$(字母绕向均为逆时针方向下均同) 共顶点 A,则由 $\triangle CAE \cong \triangle BAD$,知 $BD = CE$.

(2) 正 $\triangle ABC$, $\triangle ADE$ 共顶点 A, F, G 分别是 BD, CE 的中点,则由 $\triangle CAE \cong \triangle BAD$,知 $AG = AF$. $\triangle AGE \cong \triangle AFD$,有 $\angle GAE = \angle FAD$,从而 $\angle GAF = \angle GAE + \angle EAF = \angle FAD + \angle EAF = 60°$,故 $\triangle AFG$ 为正三角形.

(3) 正 $\triangle ABC$, $\triangle AFG$ 共顶点 A,联结 BF 并延长至 D 使 $FD = BF$,联结 CG 并延长至 E 使

$GE = CG$,则由(2)可推知 $\triangle ADE$ 为正三角形.

(4) 正 $\triangle ABC,\triangle ADE$ 共顶点 A,F,G,H 分别是 AD,BE,AC 的中点,若分别延长 AE,CB 后相交于 P,延长 DE,AB 后交于 Q,则 $\angle P = \angle Q$,又取 BD 中点 M,CE 中点 N,则 $\angle FMG$, $\angle GNH,\angle HAF$,均等于 $\angle P$(或 $\angle Q$) 的补角,推知 $\triangle FMG \cong \triangle GNH \cong \triangle HAF$,由此即知 $\triangle FGH$ 为正三角形.

若延长 AE,CB 后不相交,则延长 DE,AB 后也不相交,此时也易证 $\triangle FGH$ 为正三角形.

(5) 正 $\triangle ABC,\triangle CDE$ 共顶点 C,M,N 分别是 BD,AE 的中点,O 是 $\triangle ABC$ 的中心,则可证 $\triangle OME \backsim \triangle OND$,事实上,可取 BC,AC 的中点 P,Q,将 $\triangle OPM$ 绕点 O 按逆时针方向旋转 $60°$. 然后,再作以中心为 O 且系数为 2 的位似变换,它变为 $\triangle OCE$,则 $\angle EOM = 60°,EO = 2MO$,同理,由 $\triangle OQN$,绕 O 顺时针旋转 $60°$,再位似变换成 $\triangle OCD$,也有$\angle NOD =60°,DO = 2NO$.

(6) 三个正 $\triangle ABC,\triangle CDE,\triangle EHK$ 分别共顶点 C,E,且 D 为 AK 中点,则可证 $\triangle BHD$ 为正三角形.

(7) 三个正 $\triangle AC_1B,\triangle BA_1C,\triangle CB_1A$ 分别共顶点 A,B,且在 $\triangle ABC$ 外侧,则可证 $AA_1 = BB_1 = CC_1$;AA_1,BB_1,CC_1 三线交于一点,且两两成 $60°$ 角;$\triangle AC_1B,\triangle BA_1C,\triangle CB_1A_1$ 的外接圆共点,$\triangle AC_1B,\triangle BA_1C,\triangle CB_1A_1$ 的中心构成一个三角形;$\triangle ABC$ 与 $\triangle A_1B_1C_1$ 有相同的重心.

(8) 三个正 $\triangle ABC,\triangle AFG,\triangle ADE$ 共顶点 A,且按逆时针排列不重叠,则可证 $\triangle BFD \cong \triangle CGE$;且 CF,GD,BE 的中点构成正三角形.

还有四个正三角形、六个正三角形的连接也有许多有趣性质,这里略写了,可参见文献[18].

5. (1) 两个正方形 $AEDB,ACFB$(字母绕向逆时针方向,下均同) 共顶点 A,则 BG 和 CE 垂直且相等;BG,CE,DF 三线共点,设 BG,CE,DF 交于 K,则 $AK \perp DF$.(证略)

(2) 正方形 $AEDB,ACFG$ 共顶点 A,取 AD,BC,AF 的中点 O_1,M,O_2,则 $\triangle O_1MO_2$ 为等腰直角三角形,且 M 为直角顶点.(证略)

(3) 正方形 $AEDB,ACFG$ 共顶点 A,EG 的中点为 M,则 $AM = \dfrac{1}{2}BC$;若延长 MA 交 BC 于 H,则 $AH \perp BC$;AH,CD,BF 三直线共点.(证略)

(4) 正方形 $AGBM,ANCH$ 共顶点 A,BC 交 AM 于 D,交 AN 于 E,则$\dfrac{BD \cdot BE}{CD \cdot CE} = \dfrac{AB^2}{AC^2}$.(证略)

(5) 正方形 $ADEF,AGCB$ 共顶点 A,BC 的中点为 M,则 $\triangle BMD,\triangle FMG$ 均为等腰直角三角形,且 M 为直角顶点.(证略)

(6) 正方形 $ADEF,AGCB$ 共顶点 A,作 $AH \perp FG$ 于 H,延长 HA 至 K 使 $AK = FG$,作 $AS \perp BD$ 于 S,延长 SA 至 R 使 $AR = BD$,则 $PCKE$ 为正方形.(证略)

以上性质的证明及三个正方形连接的性质与证明均可参见文献[19].

6. $E_4 = 2,E_5 = 5,E_6 = 14,E_7 = 42,E_8 = 132,E_9 = 429,E_n = E_2E_{n-1} + E_3E_{n-2} + \cdots + E_{n-1}E_2$ 或 $E_n = \dfrac{(4n - 10)!}{(n - 1)!}$,$E_n = \dfrac{4n - 10}{n - 1} \cdot E_{n-1}$.

7. 设已知点 $D(x_0,y_0)$ 不在坐标原点.

几何意义1：当$\dfrac{x_0^2}{a^2} - \dfrac{y_0^2}{b^2} = 1$(点$D(x_0, y_0)$在双曲线$\dfrac{x^2}{a^2} - \dfrac{y^2}{b^2} = 1$上)时，直线$\dfrac{x_0 x}{a^2} - \dfrac{y_0 y}{b^2} = \dfrac{x_0^2}{a^2} - \dfrac{y_0^2}{b^2}$是双曲线$\dfrac{x^2}{a^2} - \dfrac{y^2}{b^2} = 1$的切线，切点为$D(x_0, y_0)$. 当$\dfrac{x_0^2}{a^2} + \dfrac{y_0^2}{b^2} = 1$(点$D(x_0, y_0)$在椭圆$\dfrac{x^2}{a^2} + \dfrac{y^2}{b^2} = 1$上)时，直线$\dfrac{x_0 x}{a^2} + \dfrac{y_0 y}{b^2} = \dfrac{x_0^2}{a^2} + \dfrac{y_0^2}{b^2}$是椭圆$\dfrac{x^2}{a^2} + \dfrac{y^2}{b^2} = 1$的切线，切点为$D(x_0, y_0)$.

几何意义2：当$\dfrac{x_0^2}{a^2} - \dfrac{y_0^2}{b^2} = 0$时，直线$\dfrac{x_0 x}{a^2} - \dfrac{y_0 y}{b^2} = \dfrac{x_0^2}{a^2} - \dfrac{y_0^2}{b^2}$是双曲线$\dfrac{x^2}{a^2} - \dfrac{y^2}{b^2} = 1$的渐近线.

几何意义3：当$\dfrac{x_0^2}{a^2} - \dfrac{y_0^2}{b^2} < 0$或$\dfrac{x_0^2}{a^2} - \dfrac{y_0^2}{b^2} > 1$时，直线$\dfrac{x_0 x}{a^2} - \dfrac{y_0 y}{b^2} = \dfrac{x_0^2}{a^2} - \dfrac{y_0^2}{b^2}$必与双曲线$\dfrac{x^2}{a^2} - \dfrac{y^2}{b^2} = 1$相交，且相交弦的中点为$D(x_0, y_0)$；双曲线$\dfrac{x^2}{a^2} - \dfrac{y^2}{b^2} = 1$以$D(x_0, y_0)$为中点的中点弦的直线方程为$\dfrac{x_0 x}{a^2} - \dfrac{y_0 y}{b^2} = \dfrac{x_0^2}{a^2} - \dfrac{y_0^2}{b^2}$.（当$\dfrac{x_0^2}{a^2} + \dfrac{y_0^2}{b^2} < 1$时，直线$\dfrac{x_0 x}{a^2} + \dfrac{y_0 y}{b^2} = \dfrac{x_0^2}{a^2} + \dfrac{y_0^2}{b^2}$必与椭圆$\dfrac{x^2}{a^2} + \dfrac{y^2}{b^2} = 1$相交，且相交弦的中点为$D(x_0, y_0)$，椭圆$\dfrac{x^2}{a^2} + \dfrac{y^2}{b^2} = 1$以$D(x_0, y_0)$为中点的中点弦的直线方程是$\dfrac{x_0 x}{a^2} + \dfrac{y_0 y}{b^2} = \dfrac{x_0^2}{a^2} + \dfrac{y_0^2}{b^2}$）.

证明 先证直线$\dfrac{x_0 x}{a^2} - \dfrac{y_0 y}{b^2} = \dfrac{x_0^2}{a^2} - \dfrac{y_0^2}{b^2}$必与双曲线$\dfrac{x^2}{a^2} - \dfrac{y^2}{b^2} = 1$相交.

解方程组

$$\begin{cases} b^2 x_0 x - a^2 y_0 y = b^2 x_0^2 - a^2 y_0^2 & \text{①} \\ b^2 x^2 - a^2 y^2 = a^2 b^2 & \text{②} \end{cases}$$

由式①得

$$y = \dfrac{b^2 x_0 x - (b^2 x_0^2 - a^2 y_0^2)}{a^2 y_0}$$

代入式②整理得

$$b^2(a^2 y_0^2 - b^2 x_0^2) x^2 + 2 b^2 x_0 (b^2 x_0^2 - a^2 y_0^2) x - (b^2 x_0^2 - a^2 y_0^2)^2 - a^4 b^2 y_0^2 = 0 \quad (*)$$

其判别式Δ为

$[2 b^2 x_0 (b^2 x_0^2 - a^2 y_0^2)]^2 + 4 \cdot b^2 (a^2 y_0^2 - b^2 x_0^2) \cdot [(b^2 x_0^2 - a^2 y_0^2)^2 + a^4 b^2 y_0^2] =$
$4 b^2 (b^2 x_0^2 - a^2 y_0^2) [b^2 x_0^2 (b^2 x_0^2 - a^2 y_0^2) - (b^2 x_0^2 - a^2 y_0^2)^2 - a^4 b^2 y_0^2] =$
$4 b^2 (b^2 x_0^2 - a^2 y_0^2) [(b^4 x_0^4 - a^2 b^2 x_0^2 y_0^2) - (b^4 x_0^4 - 2 a^2 b^2 x_0^2 y_0^2 + a^4 y_0^4) - a^4 b^2 y_0^2] =$
$4 b^2 (b^2 x_0^2 - a^2 y_0^2) \cdot a^2 y_0^2 (b^2 x_0^2 - a^2 y_0^2 - a^2 b^2) =$
$4 a^2 b^2 y_0^2 (b^2 x_0^2 - a^2 y_0^2)(b^2 x_0^2 - a^2 y_0^2 - a^2 b^2)$

显然 $\Delta > 0 \Leftrightarrow \dfrac{x_0^2}{a^2} - \dfrac{y_0^2}{b^2} < 0$ 或 $\dfrac{x_0^2}{a^2} - \dfrac{y_0^2}{b^2} > 1$

$$\Delta < 0 \Leftrightarrow 0 < \dfrac{x_0^2}{a^2} - \dfrac{y_0^2}{b^2} < 1 \quad (**)$$

当$\dfrac{x_0^2}{a^2} - \dfrac{y_0^2}{b^2} < 0$或$\dfrac{x_0^2}{a^2} - \dfrac{y_0^2}{b^2} > 1$时，设直线$\dfrac{x_0 x}{a^2} - \dfrac{y_0 y}{b^2} = \dfrac{x_0^2}{a^2} - \dfrac{y_0^2}{b^2}$与双曲线$\dfrac{x^2}{a^2} - \dfrac{y^2}{b^2} = 1$交于点$A(x_1$,

y_1),$B(x_2,y_2)$,则由式(*)得 $x_1+x_2=2x_0$,故弦 AB 的中点为 $D(x_0,y_0)$.

再证中点弦方程为
$$\frac{x_0 x}{a^2} - \frac{y_0 y}{b^2} = \frac{x_0^2}{a^2} - \frac{y_0^2}{b^2}$$

设以 $D(x_0,y_0)$ 为中点的中点弦端点为点 $A(x_1,y_1)$,$B(x_2,y_2)$,则 $x_1+x_2=2x_0$,$y_1+y_2=2y_0$.

当直线 AB 的斜率存在时,所在的直线方程为 $y-y_0=k(x-x_0)$.

$$\begin{cases} \dfrac{x_1^2}{a^2} - \dfrac{y_1^2}{b^2} = 1 & \text{③} \\ \dfrac{x_2^2}{a^2} - \dfrac{y_2^2}{b^2} = 1 & \text{④} \end{cases}$$

由 ④ - ③ 整理得
$$k = \frac{y_2+y_1}{x_2+x_1} = \frac{b^2}{a^2} \cdot \frac{x_0}{y_0}$$

故弦 AB 所在的直线方程为
$$y - y_0 = \frac{b^2}{a^2} \frac{x_0}{y_0}(x-x_0)$$

即
$$\frac{x_0 x}{a^2} - \frac{y_0 y}{b^2} = \frac{x_0^2}{a^2} - \frac{y_0^2}{b^2}$$

显然,当直线 AB 的斜率不存在时,方程也满足
$$\frac{x_0 x}{a^2} - \frac{y_0 y}{b^2} = \frac{x_0^2}{a^2} - \frac{y_0^2}{b^2}$$

几何意义 4:当 $0 < \dfrac{x_0^2}{a^2} - \dfrac{y_0^2}{b^2} < 1$ 时,直线 $\dfrac{x_0 x}{a^2} - \dfrac{y_0 y}{b^2} = \dfrac{x_0^2}{a^2} - \dfrac{y_0^2}{b^2}$ 与双曲线 $\dfrac{x^2}{a^2} - \dfrac{y^2}{b^2} = 1$ 无交点;同时此时双曲线 $\dfrac{x^2}{a^2} - \dfrac{y^2}{b^2} = 1$ 不存在以 $D(x_0,y_0)$ 为中点的中点弦.(当 $\dfrac{x_0^2}{a^2} + \dfrac{y_0^2}{b^2} > 1$ 时,直线 $\dfrac{x_0 x}{a^2} + \dfrac{y_0 y}{b^2} = \dfrac{x_0^2}{a^2} + \dfrac{y_0^2}{b^2}$ 与椭圆 $\dfrac{x^2}{a^2} + \dfrac{y^2}{b^2} = 1$ 无交点).

证明 当 $0 < \dfrac{x_0^2}{a^2} - \dfrac{y_0^2}{b^2} < 1$ 时,由式(**)可知,直线 $\dfrac{x_0 x}{a^2} - \dfrac{y_0 y}{b^2} = \dfrac{x_0^2}{a^2} - \dfrac{y_0^2}{b^2}$ 与双曲线 $\dfrac{x^2}{a^2} + \dfrac{y^2}{b^2} = 1$ 无交点.

假设双曲线 $\dfrac{x^2}{a^2} - \dfrac{y^2}{b^2} = 1$ 存在以 $D(x_0,y_0)$ 为中点的中点弦,则其方程为 $\dfrac{x_0 x}{a^2} - \dfrac{y_0 y}{b^2} = \dfrac{x_0^2}{a^2} - \dfrac{y_0^2}{b^2}$,且与双曲线相交,则 $\Delta > 0 \Leftrightarrow \dfrac{x_0^2}{a^2} - \dfrac{y_0^2}{b^2} < 0$ 或 $\dfrac{x_0^2}{a^2} - \dfrac{y_0^2}{b^2} > 1$,与已知矛盾.

第三章 搜索的眼光

在对有关对象认识的过程中,运用搜索的眼光,宽角度、多侧面、逐层次地去探索与追寻,就能使我们的认识升华到一个较高的境界,就能认识到对象的本质属性.

我们在数学学习中,对一个问题探求它的多种求解方法,对某一条性质寻找它的广泛应用,对一个图形分析它的各种性质,……搜索的数学眼光给我们指出了学好数学的一条重要途径和方法.

3.1 勾股定理的证明

如果说哥德巴赫猜想是以其难证闻名于世的话,那么勾股定理是以其多证吸引了众多数学爱好者. 人们往往以能从一个新角度给出它的一个证明为荣. 据有关资料介绍,1940 年鲁米斯(Loomis)搜集整理的一本书中就给出了 370 种不同证明,我国的李志昌编辑了一本《勾股定理190 例证》,可惜笔者经多方寻找,始终未见到这两本书. 出于自己的爱好,笔者从 20 多年前就开始收集其证明,这里给出的一些证法就是笔者的笔记的整理,遗憾的是有的证法当时没有记录其出处.

勾股定理是一类特殊的三角形——直角三角形的一条优美性质,通过对有关图形出入相补、组合变换、构造引模等,可以给出勾股定理多种多样,绚丽多彩的证明来.

3.1.1 图形出入相补

一个平面图形从一处移置他处,面积不变. 又若把图形分割成若干块,那么各部分面积的和等于原来图形的面积,因而图形移置前后面积的和、差有简单的相等关系,这就是我国古代几何学中的出入相补原理.

证法 1 (《周髀算经》中商高的证法[56])

弦图最早出现在《周髀算经》中,可惜其原图已不复存在.《周髀算经》中记载西周开国时期周公与大夫商高的一段对话,商高答周公问题时提到:"故折矩以为勾广三,股修四,径隅五. 既方其外,半之一矩,环而共盘. 得成三四五,两矩共长二十有五,是谓积矩." 英国人李约瑟(Joseph Needham)是这样解释这段话的:"设把一个矩形沿对角线切开,让宽等于3 单位,长等于 4 单位. 这样,两个对角之间的对角线的长度就等于5 单位. 现在用这条对角线作为边长画一个正方形,再用几个同外面那个半矩形相似的半矩形把这个正方形围起来,形成一个方形盘. 这样,外面那四个宽为 3,长为 4,对角线为 5 的半矩形,合在一起便构成两个矩形,总面积等于 24,然后从方形盘的总面积 49 减去这 24,便得到余数 25. 这种方法称为'积矩'." 根据原文及解释我们可以猜测商高使用了图 3.1 的方法,虽然商高在这里只给出"3,4,5"这组特殊的勾股数,但书中"以日下为勾,日高为股,勾、股各自乘,并而开方除之,得邪至日"则已推广到一般

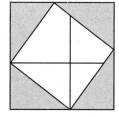

图 3.1

情形. 而且"既方其外,半之一矩,环而共盘"的证明方法和过程也不失一般性,所以,我们认为,商高已经证明了勾股定理.

证法 2 (赵爽在《周髀算经注》中的证法[56])

赵爽为《周髀算经》作注时给出弦图(图 3.2)后,有一"勾股圆方图说"的短文,除了根据他的弦图对勾股定理给予证明之外,还纵论了勾、股、弦三边的各种关系,给出了一系列公式. 该文第一段对其弦图的说明如下:"勾股各自乘,并之为弦实,开方除之即弦. 案:弦图又可以勾股相乘为朱实二,倍之为朱实四,以勾股之差为中黄实,加差实亦成弦实."第一句是勾股定理的一个命题称述."案"以下的文字,既是对弦图构造的解说,同时也是对勾股定理的一个完整证法."弦图",相当于运用面积的出入相补证明了勾股定理. 如图 3.3,考虑以一直角三角形的勾和股为边的两个正方形的合并图形(a),其面积应有 a^2+b^2. 然后如图(b)截下两个直角边分别为 a 和 b 的直角三角形,并平移(或旋转)如图(c)放置,将得到一个以原三角形之弦为边的正方形,其面积应为 c^2,因此 $a^2+b^2=c^2$.

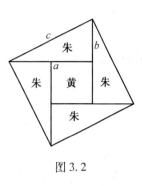

图 3.2

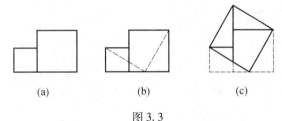

图 3.3

证法 3 (刘徽在《九章算术注》中的证法[55])

刘徽在为《九章算术》作注时给出他用出入相补原理对勾股定理的证明,并有一图,不过他的原图已失传,清代数学家李锐和李潢对其图作了复原,正如图 3.4 中实线所构成的图形.

证法 4 (德国人 W. Weber(1842—1913) 的证法[55])

把以斜边上正方形分成两个矩形,通过证明它们分别与两个直角边上正方形的面积相等. 在证明面积相等的时候,再次把两矩形分成若干小块,然后分别经平移拼成直角边上两个正方形,如图 3.5 所示. 这一证法与我国清初数学家梅文鼎的证法有异曲同工之妙.

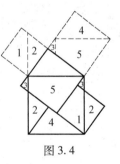

图 3.4

证法 5 (德国人 P. Epstein(1871—1939) 与 Da Vinci 的证法[55])

如图 3.6,很明显,1,2,5,6 构成左边的直角梯形,3,4,7,8 构成右边的直角梯形.

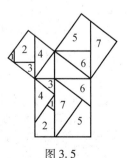

图 3.5

证法 6 （H. Perigal（国籍不详）在 1873 年的证法）

如图 3.7 所示，即证.

证法 7 （英国人 H. E. Dudeney 在 1917 年的证法）

如图 3.8 所示，即证.

从上述一些证法，我们可以看到：用图形出入相补来证明勾股定理，就是用线段把勾（较短的直角边）方与股（另一直角边）方各分割成几块，并把这几块移到弦（斜边）方中去，如图 3.9，它们的面积之和正好与弦方的面积相等，因图形中很容易找到全等的三角形与四边形.

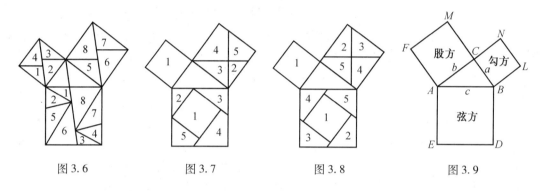

图 3.6　　　图 3.7　　　图 3.8　　　图 3.9

证法 8 （丹麦人 N. Nielsen(1865—1931) 的证法[55]或于琛的证法[12]）

如图 3.10，首先分割股方，过点 F 引线段 AB 的平行线交线段 CM 于点 P. 再过点 P 引线段 AE 的平行线交线段 AC 于点 H，把股方分割成三部分.

其次分割勾方，作线段 DB 的延长线交线段 CN 于点 G，把勾方分割成两部分.

最后，再分割弦方，过点 E,D 分别作线段 AC,BC 的平行线 EK 与 DJ，两者交于点 J，延长线段 FA 交线段 EK 于 I，在线段 AI 上取点 Q，并令 $QI = a$，再引 QR 平行 CA，交 AE 于 R，这时弦方就被分割成五部分.

事实上，(1) 因 $FP = AB = ED$，由"角边角"判定条件可得 $\triangle FPM \cong \triangle EDJ$.

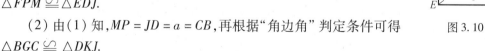

图 3.10

(2) 由 (1) 知，$MP = JD = a = CB$，再根据"角边角"判定条件可得 $\triangle BGC \cong \triangle DKJ$.

(3) 因 $FP = AB$，并且所有的对应角都相等，所以四边形 $AFPH$ 与四边形 $IABK$ 也全等.

(4) 由 $QI = a = NL$，并且所有对应角也都相等，所以四边形 $BGNL$ 与四边形 $ERQI$ 也全等.

(5) 因 $\triangle AEI$ 中，$AE = c, EI = a$，则 $AI = b$，故 $AQ = b - a = PC$，再根据"角边角"判定条件可得 $\triangle PHC \cong \triangle ARQ$.

进行移补（图 3.11）：①平移 $\triangle FPM$，②平移 $\triangle BGC$，③平移四边形 $AFPH$，④平移四边形 $BGNL$，⑤平移 $\triangle PHC$.

经过以上五步证明与平移到正方形 $ABDE$ 中的相应位置之后，根据出入相补原理可得

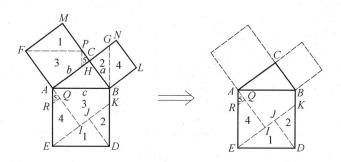

图 3.11

$$a^2 + b^2 = c^2$$

我们对于所给的图形,利用上述分割方法,给出了勾股定理的一种证法. 实际上,当弦方的分割方法不变,而勾方与股方还可以有多种不同的分割方法,从而给出与上述不同的多种证法;当弦方的分割方法变化时,又可给出与上述不同的多种证法.

证法 9 ~ 23 (于琛证法)

当弦方的分割方法不变时,勾方与股方有如图 3.12 所示的 15 种不同的分割方法,因而得 15 种证法.

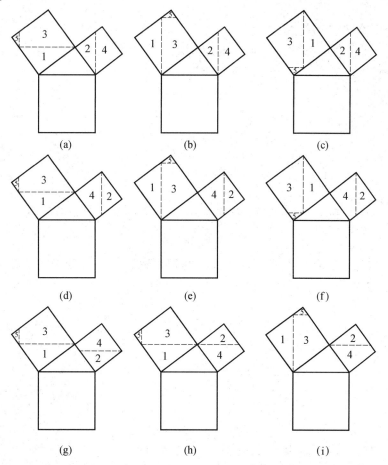

(a)　　　　(b)　　　　(c)

(d)　　　　(e)　　　　(f)

(g)　　　　(h)　　　　(i)

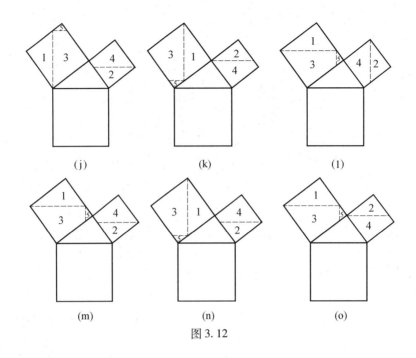

图 3.12

证法 24 ~ 71 （于琛证法）

当弦方的分割方法有如图 3.13 所示的 3 种情形时,勾方与股方按前述各种不同分割法,因而可得 48 种证法.

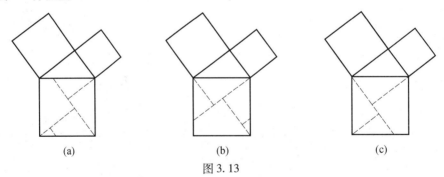

图 3.13

证法 72 ~ 135 类似于上述证法,我们还可以讨论如图 3.14 所示的情形,也可以得到另外的 64 种证法.

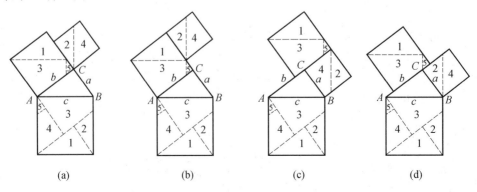

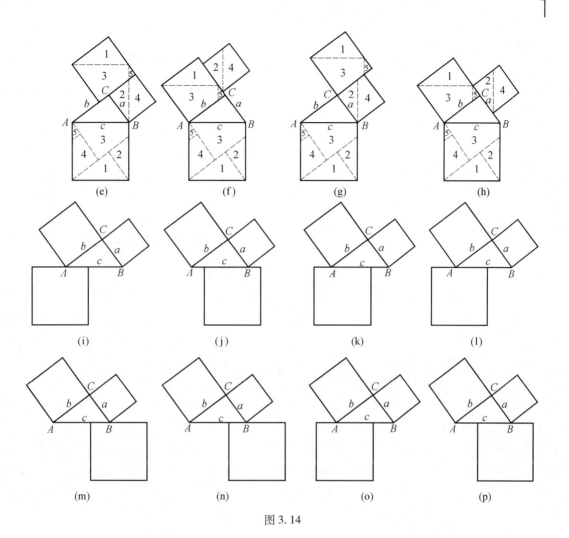

图 3.14

证法 136 ~ 138 （地板砖证法）

如图 3.15,也可得 3 种证法.

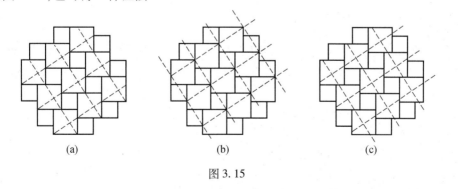

图 3.15

证法 139 （七巧板证法）

如图 3.16, 即证.

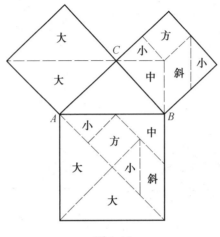

图 3.16

我们可以看到：上述证法中的三个正方形图均在直角三角形外侧，下面再看至少有一个正方形不在直角三角形外侧的证法.

证法 140 （梅文鼎在《勾股举隅》中的证法[56]）

如图 3.17，$\triangle ABC$ 是直角三角形，要证明正方形 $ABML$ 与正方形 $ACDF$ 面积之和等于正方形 $BCHG$ 面积，而图中正方形 $ABML$ 与正方形 $FJGI$ 全等. 因为 $\triangle CDH$ 与 $\triangle BIG$ 全等，$\triangle JGH$ 与 $\triangle ABC$ 全等，于是有 $AB^2 + AC^2 = BC^2$.

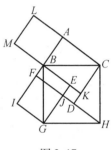

图 3.17

证法 141 如图 3.18，由
$$a^2 + b^2 = (S_4 + S_5) + (S_1 + S_2 + S_3 + S_6) = c^2$$

有
$$a^2 + b^2 = c^2$$

证法 142 如图 3.19，由
$$a^2 + b^2 = (S_2 + S_5) + (S_1 + S_3 + S_4) = c^2$$

有
$$a^2 + b^2 = c^2$$

证法 143 如图 3.20，由
$$a^2 + b^2 = (S_2 + S_3) + (S_1 + S_4 + S_5) = c^2$$

即
$$a^2 + b^2 = c^2$$

另
$$S_{ACHGK} = a^2 + b^2 + 2S_{\triangle ABC} = c^2 + 2S_{\triangle ABC}$$

得
$$a^2 + b^2 = c^2$$

证法 144　如图 3.21,有
$$a^2 = S_4 + S_5$$
$$b^2 = S_1 + S_2 + S_3$$
$$c^2 = S_2 + S_3 + S_5 + S_1 + S_4 = a^2 + b^2$$
即
$$a^2 + b^2 = c^2$$

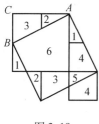

图 3.18　　图 3.19　　图 3.20　　图 3.21

证法 145　如图 3.22,分别以 Rt△ABC 各边为一边作正方形,按图摆放,有
$$a^2 = S_1 + S_2$$
$$b^2 = S_1 + S_2 + S_3 + S_4 + S_5$$
$$c^2 = 2S_1 + 2S_2 + S_3 + S_4 + S_5 = a^2 + b^2$$
即
$$a^2 + b^2 = c^2$$

证法 146　如图 3.23,以 Rt△ABC 的各边为一边作正方形,过 B 作 BA 的垂线交 AC 延长线于 D. 易知 $BC^2 = AC \cdot CD$,可知 $S_2 = S_6$. 由
$$a^2 = 2S_3 + S_6 = 2S_3 + S_2$$
$$b^2 = S_1 + S_4 + S_5$$
$$c^2 = S_1 + S_2 + 2S_3 + S_4 + S_5 = (S_2 + 2S_3) + (S_1 + S_4 + S_5) = a^2 + b^2$$
即
$$a^2 + b^2 = c^2$$

证法 147　如图 3.24,分别以 Rt△ABC 的各边为一边作正方形.按如图所示划割,有
$$a^2 = S_2 + S_3$$
$$b^2 = S_2 + S_3 + 2S_1 + S_4$$
$$c^2 = 2S_1 + 2S_2 + 2S_3 + S_4 = (S_2 + 2S_3) + (S_2 + S_3 + 2S_1 + S_4) = a^2 + b^2$$
即
$$a^2 + b^2 = c^2$$

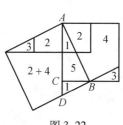　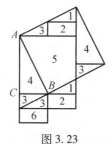

图 3.22　　　图 3.23　　　图 3.24

证法 148　如图 3.25,有
$$a^2 = S_2 + S_3$$
$$b^2 = S_1 + S_5 + S_2 + S_4$$
$$c^2 = S_1 + 2S_2 + S_3 + S_4 + S_5 = a^2 + b^2$$
即
$$a^2 + b^2 = c^2$$

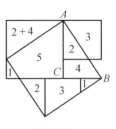

图 3.25

证法 149　如图 3.26,有
$$a^2 = q + r$$
$$b^2 = m + n + p$$
$$c^2 = m + n + r + p + q$$
故
$$a^2 + b^2 = c^2$$

类似于这些证法,我们还可以对下述(图 3.27)情形的图形运用出入相补给出一些证法,这就留给读者作为练习了.

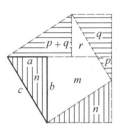

图 3.26

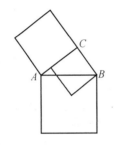 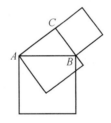 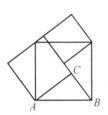

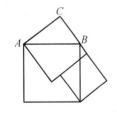 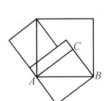 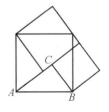

图 3.27

证法 150　如图 3.28,有
$$a^2 + b^2 + 4 \cdot \frac{1}{2}ab = c^2 + 4 \cdot \frac{1}{2}ab$$
故
$$a^2 + b^2 = c^2$$

证法 151　如图 3.29,以 BC,CA 为邻边作矩形 $BDAC$,将四个这样的矩形拼成如图所示的形状. 有
$$c^2 = (a+b)^2 - 4S_{\triangle ABC} = a^2 + b^2 + 2ab - 2ab = a^2 + b^2$$
即
$$c^2 = a^2 + b^2$$

或
$$c^2 = (b-a)^2 + 4S_{\triangle ABC} = a^2 - 2ab + b^2 + 2ab = a^2 + b^2$$
即
$$c^2 = a^2 + b^2$$

证法 152 如图 3.30,有
$$c^2 = 4 \cdot \frac{ab}{2} + (b-a)^2$$
故
$$c^2 = a^2 + b^2$$

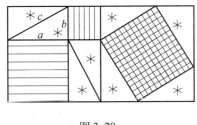
图 3.28

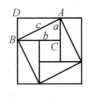
图 3.29

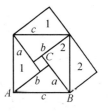
图 3.30

证法 153 如图 3.31,有
$$c^2 = 4 \cdot \frac{ab}{2} + (b-a)^2$$
故
$$c^2 = a^2 + b^2$$

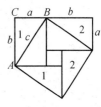
图 3.31

3.1.2 图形面积推算

通过计算与直角三角形有关的图形面积,分析图形面积间的关系,也可给出勾股定理的若干种证法.

证法 154 (欧几里得证法)

如图 3.32,在 Rt$\triangle ABC$ 中,$\angle C = 90°$,$BC = a$,$AC = b$,$AB = c$(以下证法均同). 在 $\triangle ABC$ 外侧分别作边长为 a,b,c 的三个正方形 $CBLN$,$ACMF$,$AEDB$,又由点 C 作 $CHK \perp AB$ 交 AB 于 H,交 ED 于 K. 联结 CE,BF,以 A 为中心将 $\triangle CAE$ 绕点 A 逆时针方向旋转 $90°$,即与 $\triangle FAB$ 重合,从而 $S_{\triangle CAE} = S_{\triangle FAB}$. 又

$$S_{\triangle CAE} = \frac{1}{2} S_{矩形AEKH}, \quad S_{\triangle FAB} = \frac{1}{2} S_{正方形FACM}$$

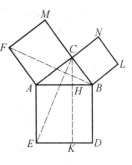
图 3.32

即
$$S_{矩形AEKH} = b^2$$
同理
$$S_{矩形KDBH} = a^2$$
故
$$a^2 + b^2 = c^2$$
由
$$S_{直角梯形ACDE} = 2S_{\triangle ACB} + S_{\triangle ABE}$$
有
$$\frac{1}{2}(a+b)^2 = 2 \times \frac{1}{2}ab + \frac{1}{2}c^2$$
即
$$a^2 + b^2 = c^2$$

证法 155　（怀德拉证法）

如图 3.33，作 $\text{Rt}\triangle CDE \cong \text{Rt}\triangle ACB$，则 $AB \perp CE$，设其交点为 P，且由面积关系有 $PC = \dfrac{ab}{c}$，$PB = \dfrac{a^2}{c}$（联结 BE，有 $\dfrac{1}{2}PB \cdot EC = \dfrac{1}{2}CB \cdot DE$）. 由

$$S_{\text{直角梯形}ACDE} = 2S_{\triangle ACB} - S_{\triangle CBP} + S_{\triangle APE}$$

有 $\dfrac{1}{2}(a+b) \cdot b = 2 \cdot \dfrac{1}{2}ab - \dfrac{1}{2} \cdot \dfrac{ab}{c} \cdot \dfrac{a^2}{c} + \dfrac{1}{2}\left(c - \dfrac{ab}{c}\right)\left(c - \dfrac{a^2}{c}\right)$

所以 $a^2 + b^2 = c^2$

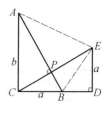

图 3.33

证法 156　（张景中证法）

如图 3.34，把 $\text{Rt}\triangle ABC$ 绕直角顶点 C 顺时针转 $90°$ 到 $\triangle A'B'C$ 的位置，显然 $A'B' \perp AB$，设 $A'B'$ 延长后交 AB 于 D，则

$\dfrac{1}{2}a^2 + \dfrac{1}{2}b^2 = S_{\triangle BCB'} + S_{\triangle ACA'} = S_{\triangle BB'A'} + S_{\triangle AB'A'} =$

$\dfrac{1}{2}A'B' \cdot BD + \dfrac{1}{2}A'B' \cdot AD = \dfrac{1}{2}A'B' \cdot AB = \dfrac{1}{2}c^2$

所以 $a^2 + b^2 = c^2$

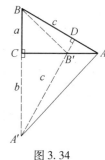

图 3.34

证法 157　如图 3.35，以边长为 a, b 向 $\triangle ABC$ 内侧作正方形 $BCNL, AFMC$，以边长为 c 向 $\triangle ABC$ 外侧作正方形 $AEDB$.

以 A 为中心，将 $\triangle ABC$ 绕点 A 顺时针方向旋转 $90°$，即与 $\triangle AEF$ 重合；再以 B 为中心，将 $\triangle BCA$ 绕 B 逆时针方向旋转 $90°$，即与 $\triangle BLD$ 重合，显然，延长 BL 交 AF 于 G，设 LD 交 FM 于 H，在矩形 $FHLG$ 中，$LG = b - a = LH$，则 $FHLG$ 为正方形. 又 $\text{Rt}\triangle AEF$，$\text{Rt}\triangle EDH$，$\text{Rt}\triangle DBL$，$\text{Rt}\triangle ABG$ 都与 $\text{Rt}\triangle ABC$ 全等，于是 $S_{\text{正方形}AEDB} = 4S_{\triangle ABC} + S_{\text{正方形}FHLG}$，即

$$c^2 = 4 \cdot \dfrac{ab}{2} + (b-a)^2$$

故 $c^2 = a^2 + b^2$

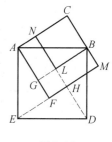

图 3.35

注　上述证法和谐统一了勾股定理的中西证法.

证法 158　（加菲尔德证法）

如图 3.36，在直角梯形 $ACDE$ 中，$\text{Rt}\triangle ACB \cong \text{Rt}\triangle BDE$，则 $\angle ABE = 90°$，$AB = BE = c$. 由 $S_{\text{梯形}ACDE} = S_{\triangle ACB} + S_{\triangle ABE} + S_{\triangle BDE}$ 即证.

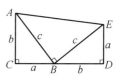

图 3.36

证法 159　（意大利 Leonardo Da Vinci(1452—1519) 证法）

如图 3.37，在 $\text{Rt}\triangle ABC$ 外侧作正方形 $CBLN, ACMF, AEDB$，且在 DE 边上向形外作全等于 $\triangle ABC$ 的 $\triangle EDP$，联结 MN, FL（必过点 C），CP，则 $\text{Rt}\triangle ABC \cong \text{Rt}\triangle NMC$，四边形 $ABLF \cong$ 四边形 $AEPC$，四边形 $LNMF \cong$ 四边形 $CBDP$，从而六边形

ABLNMF 的面积等于六边形 *AEPDBC* 的面积.

又 $\triangle NMC \cong \triangle EDP$, 且 $\triangle ABC$ 为两个六边形的公共图形, 故

$$S_{\text{正方形}AEDB} = S_{\text{正方形}ACMF} + S_{\text{正方形}BLNC}$$

即

$$c^2 = a^2 + b^2$$

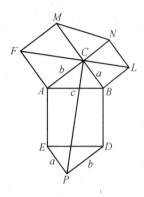

图 3.37

证法 160 如图 3.38, 在 Rt△*ABC* 外侧作等腰 Rt△*CBE*(*BE* = *BC*), 等腰 Rt△*ACF*(*AF* = *AC*), 等腰 Rt△*ADB*(*BD* = *AB*), 并设 ∠*CAE* = α, 设 *AE* 和 *CD* 相交于点 *O*, 则

$$\triangle ABE \cong \triangle DBC$$

且

$$AE \perp CD$$

则

$$S_{\triangle AEF} = \frac{1}{2} AE \cdot AF \cdot \sin(90° + \alpha) = \frac{1}{2} AE \cdot AF \cdot \cos\alpha$$

$$S_{\triangle DCA} = \frac{1}{2} CD \cdot CA \cdot \cos\alpha$$

由 $AE = CD, AF = CA$, 有

$$S_{\triangle AEF} = S_{\triangle DCA}$$

从而

$$S_{\triangle ABE} + S_{\triangle AEF} = S_{\triangle DBC} + S_{\triangle DCA}$$

即

$$S_{\text{四边形}ABEF} = S_{\text{四边形}DBCA}$$

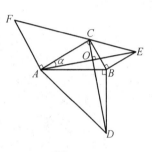

图 3.38

再从两个四边形面积中各减去 $S_{\triangle ABC}$, 并注意到

$$S_{\triangle ADB} = \frac{1}{2}c^2, \quad S_{\triangle BEC} = \frac{1}{2}a^2, \quad S_{\triangle CFA} = \frac{1}{2}b^2$$

即

$$a^2 + b^2 = c^2$$

证法 161 (见[美]《数学教师》1993(1):68)

如图 3.39, 设 Rt△*ABC* 的内切圆分别切三边于 *D*, *E*, *F*, 设 $AD = AF = x, BD = BE = y, CE = CF = z$, 则

$$x + y = c, y + z = a, x + z = b$$

且

$$S_{\triangle ABC} = \frac{1}{2}ab = \frac{1}{2}(x+z)(y+z)$$

又

$$S_{\triangle ABC} = S_{\text{正方形}ECFI} + 2S_{\triangle AIF} + 2S_{\triangle BIE} = z^2 + xz + yz$$

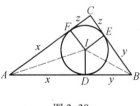

图 3.39

故

$$z^2 + xz + yz = \frac{1}{2}(x+z)(y+z)$$

或

$$xy = z^2 + xz + yz$$

此式两边乘以 2, 并分别加上 $x^2 + y^2$, 得

$$(x+y)^2 = (x+z)^2 + (y+z)^2$$

即

$$c^2 = a^2 + b^2$$

注 由 $xy = z^2 + xz + yz = S_{\triangle ABC} = \sqrt{p(p-a)(p-b)(p-c)} = \sqrt{(x+y+z)xyz}$,亦有 $(x+y)^2 = (x+z)^2 + (y+z)^2$.

证法 162 如图 3.40,分别以 Rt$\triangle ABC$ 的各边为一边向形外作正方形,由 D 引 BA 的平行线,交 AC 于 E,由 C 引 BG 的平行线,分别交 BA, GK 于 H, K,由 G 引 BC 的平行线,交 KC 于 F. 易知四边形 $AEDB$ 与四边形 $BGFC$ 是全等的平行四边形,$\triangle FGK \cong \triangle CBH$. 于是

$$S_{GKHB} = S_{GFCB} = S_{AFDB} = DB \cdot BC = a^2$$

同理 $\qquad S_{KPAH} = b^2$

而 $\qquad S_{GKHB} + S_{KPAH} = S_{GPAB} = c^2$

故 $\qquad a^2 + b^2 = c^2$

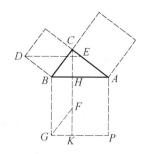

图 3.40

证法 163 如图 3.41,以 BC, CA 为邻边作矩形 $ADBC$,将矩形 $ADBC$ 绕点 A 按逆时针方向旋转 $90°$,到 $AEFG$ 位置,以 BA, AF 为邻边作正方形 $BAFH$,分别由 H, F 作 AG, AC 的垂线,K, E 为垂足. 有

$$\triangle AFG \cong \triangle ABD \cong \triangle PHB \cong \triangle HLF \cong \triangle ABC$$

易知 $\qquad S_{PKDB} = b^2, \quad S_{LFGK} = a^2, \quad S_{ABHF} = c^2$

$$S_{DBHFG} = 2S_{\triangle ABC} + c^2 = a^2 + b^2 + 2S_{\triangle ABC}$$

得 $\qquad a^2 + b^2 = c^2$

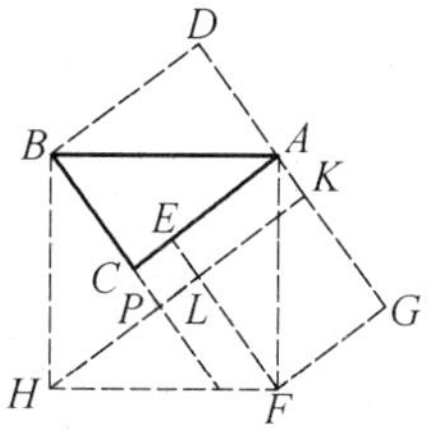

图 3.41

证法 164 ~ 167 如图 3.42(a),以 AC, CB 为邻边作矩形 $ACBD$,将 $ACBD$ 绕点 B 按顺时针方向旋转 $90°$ 到 $A'C'B'D'$ 位置. 显然 $\triangle ABA'$ 为等腰直角三角形,$S_{\triangle ABA'} = \frac{1}{2}c^2$,则

$$S_{\text{梯形}ACD'A'} = \frac{1}{2}(a+b)^2$$

又 $\qquad S_{\text{梯形}ACD'A} = S_{\triangle ABA'} + 2S_{\triangle ABC} = \frac{1}{2}c^2 + ab$

得 $\qquad \frac{1}{2}(a+b)^2 = \frac{1}{2}c^2 + ab$

得 $\qquad a^2 + b^2 = c^2$

注 (1) 对图 3.42(a),也可以这样来证,注意 $S_{\triangle ABA'} = \frac{1}{2}c^2$,由

$$S_{\text{四边形}ACBA'} = S_{\triangle ACB} + S_{\triangle ABA'} = \frac{1}{2}ab + \frac{1}{2}c^2$$

$$S_{\text{四边形}ACBA'} = S_{\text{梯形}ACD'A'} - S_{\triangle A'BD'} = \frac{1}{2}(a+b)^2 - \frac{1}{2}ab$$

得

$$\frac{1}{2}ab + \frac{1}{2}c^2 = \frac{1}{2}(a+b)^2 - \frac{1}{2}ab$$

故
$$a^2 + b^2 = c^2$$

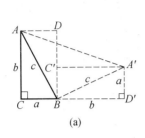
(a)

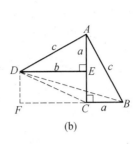
(b)

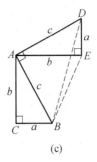
(c)

图 3.42

（2）由 3.42(a) 也可以看作是由两个全等的直角三角形摆放而成（参见图 3.36）. 由两个全等的直角形摆放还有如图 3.42(b), 3.42(c) 也可以证明勾股定理（在图 3.42(c) 中 $\angle ABD = 90°$）；

对于图 3.42(b)，联结 DB，过点 D 作 BC 边上的高 DF，则 $DF = EC = b - a$. 由

$$S_{四边形ADCB} = S_{\triangle ACD} + S_{\triangle ABC} = \frac{1}{2}b^2 + \frac{1}{2}ab$$

$$S_{四边形ADCB} = S_{\triangle ADB} + S_{\triangle DCB} = \frac{1}{2}c^2 + \frac{1}{2}a(b-a)$$

有

$$\frac{1}{2}b^2 + \frac{1}{2}ab = \frac{1}{2}c^2 + \frac{1}{2}a(b-a)$$

故

$$a^2 + b^2 = c^2$$

对于图 3.42(c)，联结 DB，则 $\triangle DBE$ 的高为 $b - a$. 由

$$S_{四边形ACBD} = S_{\triangle ACB} + S_{\triangle ABD} = \frac{1}{2}ab + \frac{1}{2}c^2$$

$$S_{四边形ACBD} = S_{\triangle ACB} + S_{\triangle AED} + S_{\triangle ABE} - S_{\triangle BDE} = \frac{1}{2}ab + \frac{1}{2}ab + \frac{1}{2}b^2 - \frac{1}{2}a(b-a) =$$

$$\frac{1}{2}ab + \frac{1}{2}b^2 + \frac{1}{2}a^2$$

有

$$\frac{1}{2}ab + \frac{1}{2}c^2 = \frac{1}{2}ab + \frac{1}{2}b^2 + \frac{1}{2}a^2$$

故

$$a^2 + b^2 = c^2$$

或者由

$$S_{四边形ABED} = S_{\triangle ABE} + S_{\triangle AED} = \frac{1}{2}b^2 + \frac{1}{2}ab$$

$$S_{四边形ABED} = S_{\triangle ABD} + S_{\triangle BED} = \frac{1}{2}c^2 + \frac{1}{2}a(b-a) = \frac{1}{2}c^2 + \frac{1}{2}ab - \frac{1}{2}a^2$$

有
$$\frac{1}{2}b^2 + \frac{1}{2}ab = \frac{1}{2}c^2 + \frac{1}{2}ab - \frac{1}{2}a^2$$

即
$$a^2 + b^2 = c^2$$

证法 168 如图 3.43,分别以 Rt△ABC 的各边为一边向形外作正方形,再以 $a+b$ 为边作两个正方形,从面积换算中,可得
$$a^2 + b^2 = c^2$$

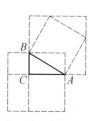

图 3.43

证法 169 （张景中证法）

如图 3.44,以 AC,CB 为邻边作矩形 $ACBD$,将 $ACBD$ 绕点 D 按顺时针方向旋转 $90°$,到 $GFED$ 位置,易知 $EH \perp AB$,则

$$S_{\triangle ADG} = \frac{1}{2}a^2, \quad S_{\triangle DEB} = \frac{1}{2}b^2$$

$$S_{\triangle AGE} = \frac{1}{2}AH \cdot EG, \quad S_{\triangle BGE} = \frac{1}{2}BH \cdot GE$$

则
$$S_{\triangle AGE} + S_{\triangle BGE} = \frac{1}{2}EG(AH + BH) = \frac{1}{2}c^2$$

而
$$S_{\triangle ADG} + S_{\triangle DEB} = S_{\triangle AGE} + S_{\triangle BGE}$$

则
$$\frac{1}{2}a^2 + \frac{1}{2}b^2 = \frac{1}{2}c^2$$

即
$$a^2 + b^2 = c^2$$

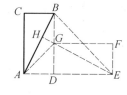

图 3.44

证法 170 如图 3.45,作 Rt△ABC 的内切圆,则内切圆的半径 $r = \frac{1}{2}(a+b-c)$,一方面
$$S_{\triangle ABC} = \frac{1}{2}(a+b+c) \cdot r = \frac{1}{4}(a+b+c)(a+b-c)$$

另一方面
$$S_{\triangle ABC} = \frac{1}{2}ab$$

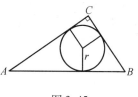

图 3.45

从而
$$\frac{1}{4}(a+b+c)(a+b-c) = \frac{1}{2}ab$$

故
$$a^2 + b^2 = c^2$$

证法 171 如图 3.46,在 Rt△ABC 外侧作正方形 $CBLN,ACMF,AEDB$,延长 FM,LN,设它们交于点 P,联结 PC 并延长交 AB 于 H,交 ED 于 Q.

由 Rt△PCN ≌ Rt△ABC,知 $PC = AB = BD, PC \perp AB$,即有 $PC \parallel BD$,故 $HQ \parallel BD$,$HQ = PC$.

延长 EA 交 FP 于 R,延长 DB 交 PL 于 S,则

$$S_{正方形ACMF} + S_{正方形BLNC} = S_{平行四边形ACPR} + S_{平行四边形BSPC} =$$
$$S_{矩形EQHA} + S_{矩形QDBH} = S_{正方形AEDB}$$

故
$$a^2 + b^2 = c^2$$

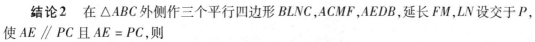

注 对于证法 170 和证法 171,先可证对一般三角形有结论:

结论 1 设 I 为 $\triangle ABC$ 的内心,内切圆半径为 r,$\angle IAB = \alpha$,$\angle IBC = \beta$,$\angle ICA = \gamma$,令 $P = \dfrac{1}{2}(a + b + c)$,$x = p - a$,$y = p - b$,$z = p - c$,则有

$$\tan\alpha \cdot \tan\beta + \tan\beta \cdot \tan\gamma + \tan\gamma \cdot \tan\alpha = 1$$

或
$$r^2(x + y + z) = xyz$$

且
$$S_{\triangle ABC} = rp = r(x + y + z)$$

结论 2 在 $\triangle ABC$ 外侧作三个平行四边形 $BLNC$,$ACMF$,$AEDB$,延长 FM,LN 设交于 P,使 $AE \mathbin{/\mkern-6mu/} PC$ 且 $AE = PC$,则

$$S_{平行四边形AEDB} = S_{平行四边形BLNC} + S_{平行四边形ACMF}$$

再由 $\triangle ABC$ 为直角三角形,即证得
$$a^2 + b^2 = c^2$$

3.1.3 相似图形推演

构造或发掘与直角三角形相似的图形,运用相似图形的性质推演,也可以给出勾股定理的若干种证法.

证法 172 如图 3.47,从直角顶点 C 作斜边 AB 上的高 CD,垂足为 D,则

$$\mathrm{Rt}\triangle ABC \backsim \mathrm{Rt}\triangle ACD \backsim \mathrm{Rt}\triangle CBD$$

故有
$$\dfrac{AB}{AC} = \dfrac{AC}{AD}, \quad \dfrac{AB}{BC} = \dfrac{BC}{BD}$$

即
$$AC^2 = AB \cdot AD, \quad BC^2 = AB \cdot BD$$

而
$$AD + DB = AB$$

故
$$AC^2 + BC^2 = AB(AD + DB) = AB^2$$

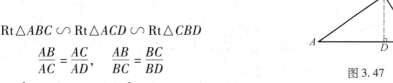

图 3.47

证法 173 (郭璋证法)

如图 3.48,过点 B 作 AB 的垂线与 AC 的延长线相交于点 D. 在 $\mathrm{Rt}\triangle ACB$ 和 $\mathrm{Rt}\triangle BCD$ 中,$\angle ACB = \angle DCB = 90°$,又 $\angle 2$ 与 $\angle 1$ 互余,$\angle 2$ 与 $\angle 3$ 互余,则 $\angle 1 = \angle 3$,从而

$$\mathrm{Rt}\triangle ACB \backsim \mathrm{Rt}\triangle BCD$$

有
$$\dfrac{AC}{BC} = \dfrac{BC}{CD}$$

即
$$BC^2 = AC \cdot CD$$

在 $\mathrm{Rt}\triangle ABD$ 和 $\mathrm{Rt}\triangle ACB$ 中,同样有

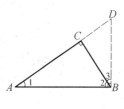

图 3.48

$$\frac{AD}{AB} = \frac{AB}{AC}$$

即 $AB^2 = AD \cdot AC = (AC + CD) \cdot AC = AC^2 + AC \cdot CD = AC^2 + BC^2$

证法 174 如图 3.49,在 AB 延长线上取一点 D,使 $DB = BC$,过 D 作 AD 的垂线,交 AC 延长线于 E,有 $\mathrm{Rt}\triangle ABC \backsim \mathrm{Rt}\triangle AED$,且 $EC = ED$,得

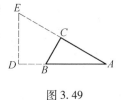

图 3.49

$$\frac{DE}{BC} = \frac{AD}{AC}$$

则 $$DE = \frac{BC \cdot AD}{AC} = EC$$

于是 $$AE = EC + AC = \frac{AC^2 + BC \cdot AD}{AC}$$

又 $$\frac{BC}{ED} = \frac{AB}{AE}$$

有 $$\frac{AC}{AD} = \frac{AB \cdot AC}{AC^2 + BC(AB + BD)}$$

则 $AB \cdot AD = AC^2 + AB \cdot BC + BC \cdot BD$

即 $AB(AD - BC) = AC^2 + BC^2$

故 $AB^2 = AC^2 + BC^2$

亦即 $c^2 = a^2 + b^2$

证法 175 如图 3.50,在 AB 上取一点 D,使 $BD = BC$,过 D 作 AB 的垂线,交 AC 于 E,有

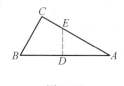

图 3.50

$$\mathrm{Rt}\triangle ABC \backsim \mathrm{Rt}\triangle AED$$

且 $EC = ED$

得 $$\frac{AE}{AB} = \frac{AD}{AC}$$

则 $$AE = \frac{AB(AB - BC)}{AC}$$

又 $$DE = CE = AC - AE = \frac{AC^2 - AB^2 + AB \cdot BC}{AC}$$

再由 $$\frac{DE}{BC} = \frac{AE}{AB}$$

得 $$\frac{AC^2 - AB^2 + AB \cdot BC}{AC \cdot BC} = \frac{AB - BC}{AC}$$

则 $AC^2 - AB^2 + AB \cdot BC = AB \cdot BC - BC^2$

即 $AC^2 + BC^2 = AB^2$

亦即 $a^2 + b^2 = c^2$

证法 176 如图 3.51,分别以 $\mathrm{Rt}\triangle ABC$ 的各边为一边向形外作正方形 $ABDE$, $AGFC$,

$BCHK$. CB 与 ED 的延长线相交于 L,由 D 引 BL 的垂线,P 为垂足,联结 BG,PA,AL. 易知
$$\triangle BDP \cong \triangle ABC$$
$AGBP$ 为平行四边形,又有
$$\triangle ABG \cong \triangle BAP$$

由
$$S_{\triangle ABG} = \frac{1}{2} AG \cdot FG = \frac{1}{2} S_{AGFC} = \frac{1}{2} b^2$$

有
$$S_{\triangle ABP} = \frac{1}{2} S_{AGFC}$$

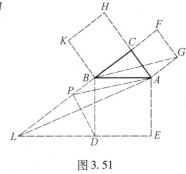

图 3.51

易知 $\triangle DLP \backsim \triangle ABC$,有
$$\frac{PD}{AC} = \frac{PL}{BC}$$

则
$$PL = \frac{a^2}{b}$$

$$S_{\triangle APL} = \frac{1}{2} PL \cdot AC = \frac{1}{2} \cdot \frac{a^2}{b} \cdot AC = \frac{1}{2} a^2$$

$$S_{\triangle ABL} = \frac{1}{2} BD \cdot AB = \frac{1}{2} c^2$$

由
$$S_{\triangle APL} + S_{\triangle ABP} = S_{\triangle ABL}$$

有
$$\frac{1}{2} a^2 + \frac{1}{2} b^2 = \frac{1}{2} c^2$$

即
$$a^2 + b^2 = c^2$$

证法 177 如图 3.52,将 $\triangle ABC$,$\triangle AHC$,$\triangle HBC$ 各向外翻折,

由
$$\mathrm{Rt}\triangle ABC \backsim \mathrm{Rt}\triangle ACH \backsim \mathrm{Rt}\triangle CBH$$

有
$$\frac{S_{\triangle ABC}}{c^2} = \frac{S_{\triangle ACH}}{b^2} = \frac{S_{\triangle CBH}}{a^2} = \lambda \ (\lambda \neq 0)$$

所以
$$S_{\triangle ABC} = c^2 \lambda, \quad S_{\triangle ACH} = b^2 \lambda, \quad S_{\triangle CBH} = a^2 \lambda$$

又
$$S_{\triangle ACH} + S_{\triangle CBH} = S_{\triangle ABC}$$

故
$$a^2 + b^2 = c^2$$

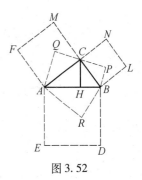

图 3.52

注 也可直接由相似三角形面积等于相似比的平方证,而不用作翻折图.

证法 178 如图 3.52,在 $\triangle ABC$ 外侧作正方形 $BLNC$,$ACMF$,$AEDB$,由 $\mathrm{Rt}\triangle CBP \backsim \mathrm{Rt}\triangle ACQ \backsim \mathrm{Rt}\triangle ABR$,$S_{\triangle CBP} + S_{\triangle ACQ} = S_{\triangle ABR}$,正方形 $BLNC \backsim$ 正方形 $ACMF \backsim$ 正方形 $AEDB$,故 $\triangle ABC$ 各边上的三角形与正方形成等比,则
$$S_{\text{正方形}AEDB} = S_{\text{正方形}BLNC} + S_{\text{正方形}ACMF}$$

故
$$c^2 = a^2 + b^2$$

证法 179（郭璋证法）

如图 3.53,延长 AB 至 D,使 $BD = BC$,在 AB 上截取 $BE = BC$,在 $\triangle CDE$ 中,$DB = BC = BE$,则 $\angle DCE = 90°$,又 $\angle ACB = 90°$,则 $\angle 1 = \angle 2$,注意到 $BD = BC$,即 $\angle 3 = \angle 2$,则 $\angle 1 = \angle 3$,又 $\angle CAE = \angle CAD$,则 $\triangle ACD \backsim \triangle AEC$,即有 $\dfrac{AC}{AE} = \dfrac{AD}{AC}$,亦即有 $\dfrac{AC}{AB-BC} = \dfrac{AB+BC}{AC}$,故 $AC^2 + BC^2 = AB^2$.

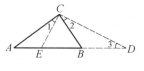

图 3.53

证法 180 如图 3.54,延长 CB 至 Q,延长 CA 至 P,使 $BQ = CB = a$,$AP = AC = b$,联结 PQ,并作 $AT \perp PQ$ 于 T,$BR \perp PQ$ 于 R. 令 $QR = x$,$PT = y$.

此时四边形 $ATRB$ 为矩形,$\triangle QCP \backsim \triangle BCA$,且相似比为 2,$\angle Q = \angle CBA$,从而 $\triangle ABC \backsim \triangle BQR$,得 $\dfrac{a}{c} = \dfrac{x}{a}$,即 $a^2 = cx$. 同理 $b^2 = cy$,于是 $a^2 + b^2 = c(x+y)$. 但

$$PQ = 2AB = 2c, \quad RT = AB = c$$

所以 $\qquad x + y = c$

故 $\qquad a^2 + b^2 = c^2$

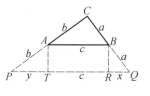

图 3.54

证法 181 如图 3.55,设 E 为 B 关于 AC 的对称点,AC 的延长线交 $\triangle ABE$ 的外接圆于 D. 有

$$AC \cdot CD = BC \cdot CE = BC^2$$

由 $\qquad \mathrm{Rt}\triangle ABD \backsim \mathrm{Rt}\triangle ACE$

有 $\qquad \dfrac{AB}{AC} = \dfrac{AD}{AE}$

得 $\qquad AB \cdot AE = AC \cdot AD = AC(AC + CD) = AC^2 + AC \cdot CD = AC^2 + BC^2$

故 $\qquad AB^2 = AB \cdot AE = AC^2 + BC^2$

即 $\qquad c^2 = a^2 + b^2$

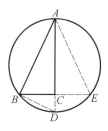

图 3.55

证法 182 如图 3.56,以 AB 为直径作圆 O,联结 CO 交圆 O 于 D,联结 AD,BD,易知四边形 $ADBC$ 为矩形,依托勒密定理有

$$AC \cdot DB + AD \cdot BC = AB \cdot DC$$

即 $\qquad AC^2 + BC^2 = AB^2$

故 $\qquad a^2 + b^2 = c^2$

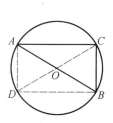

图 3.56

证法 183 如图 3.57,以 $\mathrm{Rt}\triangle ABC$ 的顶点 B 为圆心,BC 长为半径作圆交 AB 于 E,交 AB 的延长线于 D,由切割线定理,有

即 $$b^2 = AE \cdot AD = (c-a)(c+a) = c^2 - a^2$$
$$c^2 = a^2 + b^2$$

证法 184 如图 3.58,以 Rt△ABC 的顶点 B 为圆心,BA 长为半径作圆交 AC 的延长线于 R,交线段 BC 两端的延长线于 S,T,则有
$$RC = AC = b, \quad BS = BA = BT = c,$$
$$CS = c-a, \quad CT = c+a$$
由相交弦定理,有
$$b \cdot b = (c-a)(c+a)$$
故 $$a^2 + b^2 = c^2$$

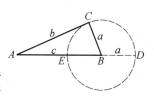

图 3.57

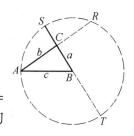

图 3.58

证法 185 如图 3.59,以 Rt△ABC 的顶点 B 为圆心,AC 长($c = b > a = BC$)为半径作圆交 AB 于 R,延长 AB 交圆于 S,并自 A 作 AC′ 切圆于 C′,联结 BC′(或过 B 作 BC′ // CA 交圆于 C′,联结 AC′),则
$$BC' = b, AR = c-b, AS = c+b$$
由 Rt△ABC′ ≌ Rt△ABC,知 AC′ = a,从而
$$a^2 = (c-b)(c+b) = c^2 - b^2$$
即 $$a^2 + b^2 = c^2$$

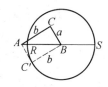

图 3.59

证法 186 如图 3.60,设 BC ≤ AC,即 $a \leq b$,以 B 为圆心,$\sqrt{2}a$ 长为半径作圆,并 AC 于 M,交 AC 的延长线于 N,交 AB 于 S,交 AB 的延长线于 R,则
$$BM = \sqrt{2}a, MC = a, AM = b-a,$$
$$AN = b+a, AS = c-\sqrt{2}a, AR = c+\sqrt{2}a$$
由割线定理
$$(b-a)(b+a) = (c-\sqrt{2}a)(c+\sqrt{2}a)$$
故 $$a^2 + b^2 = c^2$$

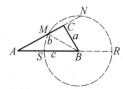

图 3.60

证法 187 如图 3.61,以 Rt△ABC 的直角边 AC 为直径作圆交 AB 于 D,则此圆切 BC 于 C,过 B,C,D 的圆切 AC 于 C,由切割线定理,有
$$BC^2 = AB \cdot BD, \quad AC^2 = AB \cdot AD$$
故
$$BC^2 + AC^2 = AB \cdot BD + AB \cdot AD = AB^2$$

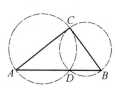

图 3.61

证法 188 如图 3.62,以线段 AB 为直径作半圆,在半圆上取 D,E 两点,设直线 AE 与 BD 相交于点 C,过 C 作 $CF \perp AB$ 于 F,联结 AD,BE,则由

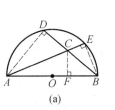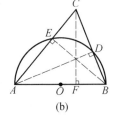

图 3.62

$$\text{Rt}\triangle ABE \backsim \text{Rt}\triangle ACF$$

有 $\quad AC \cdot AE = AB \cdot AF$

同理,有 $\quad BC \cdot BD = AB \cdot BF$

于是
$$AC \cdot AE + BC \cdot BD = AB \cdot AF + AB \cdot BF = AB^2 \quad (*)$$

由于点 C 的任意性,当点 C 在半圆周上时,C,D,E 三点合一,有
$$AE = AC, \quad BD = BC$$

故式(*)有
$$AC^2 + BC^2 = AB^2$$

证法 189 如图 3.63,作 $\triangle ABC$ 的外接圆,过 C 作 $CH \perp AB$ 于 H,交圆于 D,则 $DH = CH$(垂径分弦),由

$$\text{Rt}\triangle CHB \backsim \text{Rt}\triangle ACB$$

得 $\quad CH = \dfrac{ab}{c}, \quad BH = \dfrac{a^2}{c}$

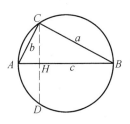

图 3.63

由相交弦定理,有
$$CH \cdot HD = AH \cdot HB$$

即 $\quad \left(\dfrac{ab}{c}\right)^2 = \dfrac{a^2}{c}\left(c - \dfrac{a^2}{c}\right)$

故得 $\quad a^2 + b^2 = c^2$

证法 190 如图 3.64,以 $\text{Rt}\triangle ABC$ 的直角顶点 C 为圆心,作圆切 AB 于 D,设圆半径为 r,则由切割线定理知
$$AD^2 = (AC - r)(AC + r) = AC^2 - CD^2$$

同理 $\quad BD^2 = BC^2 - CD^2$

延长 CD 至 C',使 $DC' = CD$,则 AB 为 $C'C$ 的中垂线,从而
$$AC = AC', \quad BC = BC'$$

即有 $\quad \triangle ABC \cong \triangle ABC'$

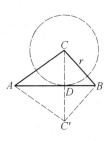

图 3.64

亦即有 $\quad \angle AC'B = \angle ACB = 90°$

于是 A,C',B,C 四点共圆,由相交弦定理,有
$$CD^2 = CD \cdot DC' = AD \cdot DB$$

故
$$AC^2 + BC^2 = (AD^2 + CD^2) + (BD^2 + CD^2) = AD^2 + BD^2 + 2AD \cdot DB = AB^2$$

证法 191 如图 3.65,以 Rt△ABC 的直角顶点 C 为圆心,以 $BC(BC \leqslant AC)$ 为半径作圆交 AB 于 F,交 AC 于 H,交 AC 的延长线于 G,延长 BC 交圆于 B',联结 $B'F$,$B'A$ 且交圆于 E.

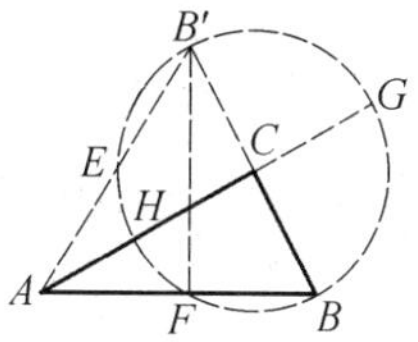

由 $\angle AFB' = 90° = \angle ACB'$,知 A,F,C,B' 四点共圆. 由割线定理,有

$$BF \cdot AB = BC \cdot BB' = 2BC^2 \qquad (*)$$

图 3.65

对于圆 C 又用割线定理,有

$$AF \cdot AB = AH \cdot AG = (AC - BC)(AC + BC) = AC^2 - BC^2$$

从而与上式(*)相加,有

$$AC^2 + BC^2 = AB \cdot AF + BF \cdot AB = AB^2$$

证法 192 如图 3.66,作 Rt△DEF ≌ Rt△ABC,F,C 均为直角顶点,令 $DE = AB = c$,$EF = BC = a$,$DF = AC = b$,且点 B 在 DF 边上,点 C 在 DF 的延长线上. 延长 AB 交 DE 于点 G,AE 交 FC 于点 H,则由 △DGB ∽ △ACB,知 $BG \perp DE$.

由 Rt△EFH ∽ Rt△ACH,有 $\dfrac{FH}{CH} = \dfrac{EF}{AC} = \dfrac{a}{b}$,即有 $CH \cdot a = FH \cdot b$,亦即有 $S_{\triangle HEC} = S_{\triangle AFH}$. 联结有关线数如图.

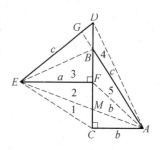

图 3.66

若记 $S_{\triangle HEC} = S_1$,$S_{\triangle EFH} = S_2$,$S_{\triangle BEF} = S_3$,$S_{\triangle ADB} = S_4$,$S_{\triangle ABF} = S_5$,$S_{\triangle AFH} = S_6$,则

$$\dfrac{1}{2}a^2 + \dfrac{1}{2}b^2 = S_{\triangle BEC} + S_{\triangle ADF} = (S_1 + S_2 + S_3) + (S_4 + S_5) =$$
$$(S_1 + S_2) + S_3 + S_4 + S_5 =$$
$$(S_6 + S_2) + S_3 + S_4 + S_5 =$$
$$S_4 + (S_2 + S_3 + S_5 + S_6) = S_{\triangle ABD} + S_{\triangle ABE} =$$
$$\dfrac{1}{2}AB \cdot BG + \dfrac{1}{2}AB \cdot ED = \dfrac{1}{2}AB \cdot DE = \dfrac{1}{2}c^2.$$

故 $a^2 + b^2 = c^2$.

证法 193 如图 3.67,以 Rt△ABC 的两直角边边长之和 $CD = a + b$ 为边作正方形,再以斜边 AB 为边作此正方形的内接正方形,则此两正方形的边长之比为 $\dfrac{c}{a+b}$,以此类推,再继续作边长之比为 $\dfrac{c}{a+b}$ 的内接正方形.

设从第一个正方形开始,图中的粗黑线所围部分面积为 A,从第二个正方形(除去第一个)开始,类似于前述情况图中的粗黑线所围部分面积为 A',则

$$A' = \left(\dfrac{c}{a+b}\right)^2 A$$

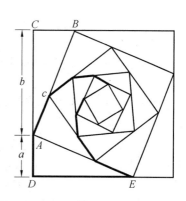

图 3.67

且
$$A = A' + \frac{ab}{2}$$

注意到
$$A = \frac{1}{4}(a+b)^2$$

由
$$A = \left(\frac{c}{a+b}\right)^2 A + \frac{ab}{2}$$

有
$$\left[1 - \left(\frac{c}{a+b}\right)^2\right] \cdot \frac{1}{4}(a+b)^2 = \frac{1}{2}ab$$

即
$$(a+b)^2 - c^2 = 2ab$$

故
$$a^2 + b^2 = c^2$$

3.1.4 其他图形或性质推导

证法 194 如图 3.68,在 Rt△ABC 中,由直角顶点 C 向斜边 AB 作垂线 CD,垂足为 D. 设 ∠ACD = α,∠BCD = β,则

$$S_{\triangle ACB} = \frac{1}{2} AC \cdot BC \cdot \sin(\alpha + \beta)$$

$$S_{\triangle ACD} = \frac{1}{2} AC \cdot CD \cdot \sin \alpha$$

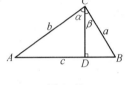

图 3.68

$$S_{\triangle BCD} = \frac{1}{2} BC \cdot CD \cdot \sin \beta$$

而
$$DC = AC \cdot \cos \alpha = BC \cdot \cos \beta$$

且
$$S_{\triangle ACB} = S_{\triangle ACD} + S_{\triangle BCD}$$

则 $\frac{1}{2} AC \cdot BC \cdot \sin(\alpha + \beta) = \frac{1}{2} AC \cdot BC \cdot \cos \beta \cdot \sin \alpha + \frac{1}{2} BC \cdot AC \cdot \cos \alpha \cdot \sin \beta$

故
$$\sin(\alpha + \beta) = \sin \alpha \cdot \cos \beta + \cos \alpha \cdot \sin \beta$$

又
$$\sin(\alpha + \beta) = \sin 90° = 1$$

$$\sin \alpha = \cos A = \cos \beta = \frac{b}{c}$$

$$\cos \alpha = \sin A = \sin \beta = \frac{a}{c}$$

从而
$$1 = \frac{b^2}{c^2} + \frac{a^2}{c^2}$$

故
$$a^2 + b^2 = c^2$$

证法 195 如图 3.69,P 为半圆内或外一点,AB 为直径,PA,PB 分别与半圆交于 C,D. 联结 AD,BC 作 PE ⊥ AB 于 E,则由 Rt△ABC ∽ Rt△APE,得

$$AP \cdot AC + BP \cdot BD = AB^2$$

同理有
$$BP \cdot BD = AB \cdot BE$$

从而
$$AP \cdot AC + BP \cdot BD = AB^2$$

当点 P 移到半圆上时,则 P 与 C,D 重合,即

$$AP = AC, \quad BP = BD = BC$$

故 $$AC^2 + BC^2 = AB^2$$

证法 196 如图 3.70,以 Rt$\triangle ABC$ 的直角顶点 C 为原点,建立复平面,设顶点 A,B,C 分别与复数 $z_1,z_2,0$ 对应,则 $\overrightarrow{AB}$ 与 z_2-z_1 对应.于是
$$|z_1|=b, \quad |z_2|=a, \quad |z_2-z_1|=c$$
若 $\angle C=90°$,即 z_1,z_2 所对应的向量垂直.

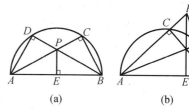

图 3.69

因 $z_1\neq 0, z_2\neq 0$,所以有 $r\in\mathbf{R}$,且 $r\neq 0$,使 $z_2=r\cdot z_1\mathrm{i}$ 成立. 从而 $z_2\cdot\bar{z_1}=r\cdot|z_1|^2\cdot\mathrm{i}$,即 $\mathrm{Re}(z_2\cdot\bar{z_1})=0$(即 $z_2\cdot\bar{z_1}$ 的实部为零),并推得
$$z_2\cdot\bar{z_1}+\bar{z_2}\cdot z_1=0$$
从而
$$|z_2-z_1|^2=(z_2-z_1)(\bar{z_2}-\bar{z_1})=|z_2|^2+|z_1|^2+(z_2\bar{z_1}+z_1\bar{z_2})=|z_2|^2+|z_1|^2$$
即 $$c^2=a^2+b^2$$

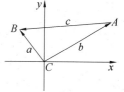

图 3.70

证法 197 先证一个辅助命题:设有 $\angle POQ$,从 OQ 上一点 A 向 OP 作投影得点 A',记 $OA'=kOA$,这里 k 是实数 $0\leq k\leq 1$,那么从 OP 上任一点 B 作它在 OQ 上的投影得点 B',必也有 $OB'=kOB$.

事实上,如图 3.71,作 $\angle POQ$ 的平分线 OL,沿 OL 对折,OP 变为 OQ,OQ 变为 OP,而整个角未变,于是由 OP 向 OQ 作投影等于 OQ 向 OP 作投影,所以 k 是相同的.

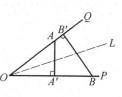

图 3.71

下面再证勾股定理,设有 Rt$\triangle ABC$,如图 3.72,CD 是边 AB 边上的高,由上述辅助命题,知
$$AD=k_1AC=k_1(k_1AB)=k_1^2AB$$
$$DB=k_2BC=k_2(k_2AB)=k_2^2AB$$
因 $$AB=AD+DB=(k_1^2+k_2^2)AB$$
故知 $$k_1^2+k_2^2=1$$
但 $$AC=k_1AB, \quad BC=k_2AB$$
故 $$AC^2+BC^2=(k_1^2+k_2^2)AB^2$$
即 $$AC^2+BC^2=AB^2$$

图 3.72

证法 198(四川宋之宇证法)

设 $\triangle ABC$ 的三边为 a,b,c,半周长为 p,即 $p=\dfrac{1}{2}(a+b+c)$.面积为 S.它的内切圆 I 与三边相切于点 D,E,F,如图 3.73.

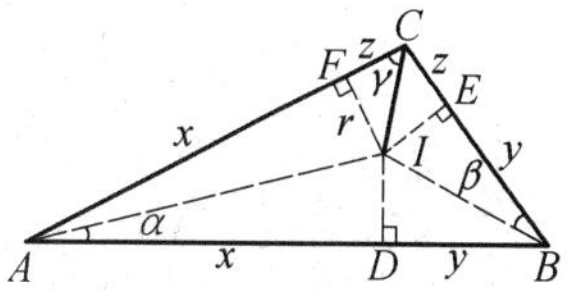

设 $AD=AF=x, BD=BE=y, CE=CF=z, \angle IAD=\alpha, \angle IBE=\beta, \angle ICF=\gamma$,圆 I 的半径为 r.

易知,$x=p-a, y=p-b, z=p-c, x+y+z=p, \alpha+\beta+\gamma=90°$.

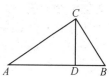

图 3.73

由 $\alpha + \beta + \gamma = 90°$,得

$$\tan \alpha = \tan[90° - (\beta + \gamma)] = \cot(\beta + \gamma) = \frac{1}{\tan(\beta + \gamma)} = \frac{1 - \tan\beta \cdot \tan\gamma}{\tan\beta + \tan\gamma}$$

故

$$\tan\alpha \cdot \tan\beta + \tan\beta \cdot \tan\gamma + \tan\gamma \cdot \tan\alpha = 1$$

因

$$\tan\alpha = \frac{r}{x}, \quad \tan\beta = \frac{r}{y}, \quad \tan\gamma = \frac{r}{z}$$

则

$$\frac{r}{x} \cdot \frac{r}{y} + \frac{r}{y} \cdot \frac{r}{z} + \frac{r}{z} \cdot \frac{r}{x} = 1$$

即

$$r^2(x + y + z) = xyz \qquad ①$$

$$[r(x + y + z)]^2 = (x + y + z)xyz$$

又因

$$S = rp = r(x + y + z)$$

则

$$S^2 = p(p-a)(p-b)(p-c)$$

$$S = \sqrt{p(p-a)(p-b)(p-c)} \qquad ②$$

特别地,$\angle C = 90°$,即 $\triangle ABC$ 为直角三角形时,有 $r = z$,代入式 ① 可得

$$zx + yz + z^2 = xy$$

上式两边同乘以2,再加上 $(x^2 + y^2)$,则有

$$(y + z)^2 + (z + x)^2 = (x + y)^2$$

而

$$y + z = a, z + x = b, x + y = c$$

故

$$a^2 + b^2 = c^2 \qquad ③$$

式 ③ 即为著名的勾股定理,式 ② 即为著名的海伦公式.

证法 199 (宁波乐嗣康证法)

先证一个一般性结论:于 $\triangle ABC$ 的两边 AB, AC 上向外侧作两个正方形 $ABDE$ 和 $ACFG$,则 $2(AB^2 + AC^2) = BC^2 + EG^2$.

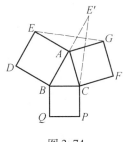

图 3.74

事实上,如图 3.74,以 A 为中心,将 $\triangle AGE$ 以顺时针方向旋转 $90°$ 后处于 $\triangle ACE'$ 的位置. 因 $\angle BAE = 90°$,则 BAE' 为一直线,且 $AB = AE = AE'$,即 A 为 BE' 的中点,AE 重合于 AE',又由 $\angle GAC = 90°$,且 $AG = AC$,则旋转 $90°$ 后 AG 与 AC 重合,于是在 $\triangle BCE'$ 中,AC 为 BE' 上的中线,所以由中线定理可得

$$BC^2 + E'C^2 = 2 \cdot AC^2 + 2 \cdot AB^2$$

但

$$EG = E'C$$

则

$$BC^2 + EG^2 = 2(AB^2 + AC^2)$$

即

$$2(AB^2 + AC^2) = BC^2 + EG^2$$

得到了证明.

这就是说,$\triangle ABC$ 中 AB,AC 边上正方形面积和的2倍等于第三边 BC 边上正方形面积与 EG 边上正方形的面积的和. 当 $\angle A = 90°$ 时,$EG = BC$,代入即得

$$2(AB^2 + AC^2) = BC^2 + BC^2$$

即

$$AB^2 + AC^2 = BC^2$$

证法 200 （新疆冯录祥 1990 年证法）

设 $\triangle ABC$ 和 $\triangle A'B'C'$ 的三边分别为 a,b,c 及 a',b',c'，如果 $\angle B = \angle B'$，且 $\angle A + \angle A' = 180°$，我们可证

$$aa' = bb' + cc' \tag{$*$}$$

事实上，由题设，有

$$\angle C' = 180° - \angle A' - \angle B' = \angle A - \angle B$$

设 $\triangle ABC$ 和 $\triangle A'B'C'$ 的外接圆半径分别为 R 和 R'，则

$$bb' + cc' = 4RR'(\sin B \cdot \sin B' + \sin C \cdot \sin C') =$$
$$4RR'[\sin^2 B + \sin(A+B) \cdot \sin(A-B)] =$$
$$4RR'(\sin^2 B + \sin^2 A - \sin^2 B) =$$
$$4RR' \cdot \sin^2 A = 2R\sin A \cdot 2R'\sin A' = aa'$$

故

$$aa' = bb' + cc'$$

特别地，当 $a' = a, b' = b, c' = c$ 时，$\triangle ABC$ 为直角三角形，这时式（$*$）即为

$$a^2 = b^2 + c^2$$

证法 201 （江苏卞志荣证法）

设图 3.75 中 A,B 两球质量均为 m，B 球原来静止. 让 A 球以速度 $\boldsymbol{v}$ 跟 B 球做完全弹性碰撞. 将 $\boldsymbol{v}$ 分解为沿两球心连心方向的分速度 $\boldsymbol{v}_2$ 和跟 $\boldsymbol{v}_2$ 垂直的分速度 $\boldsymbol{v}_1$. 斜碰后，两球交换分速度 $\boldsymbol{v}_2$，B 球以速度 $\boldsymbol{v}_2$ 沿 AB 方向运动，A 球以速度 $\boldsymbol{v}_1$ 沿 AC 方向运动，如图 3.75 所示.

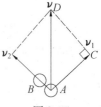

图 3.75

两球做完全弹性碰撞，系统动量守恒得

$$m\boldsymbol{v}_1 + m\boldsymbol{v}_2 = m\boldsymbol{v}$$

所以

$$\boldsymbol{v}_1 + \boldsymbol{v}_2 = \boldsymbol{v}$$

作出 A 球 $\boldsymbol{v}_1, \boldsymbol{v}_2$ 合成的矢量图 $\triangle ACD$，则 $\triangle ACD$ 是一直角三角形.

由动能守恒得

$$mv_1^2/2 + mv_2^2/2 = mv^2/2$$

所以

$$v_1^2 + v_2^2 = v^2$$

即在 Rt$\triangle ACD$ 中，$AD^2 = AC^2 + CD^2$.

从而用完全弹性碰撞规律证明了数学中的勾股定理.

3.2 两正数的算术与几何平均值不等式

中学课本以定理的形式给出了二元均值不等式.

定理 如果 $a,b \in \mathbf{R}$，那么

$$a^2 + b^2 \geqslant 2ab \tag{①}$$

其中"="当且仅当 $a = b$ 时取得.

推论 如果 $a,b \in \mathbf{R}_+$，那么

$$\frac{a+b}{2} \geqslant \sqrt{ab} \tag{②}$$

其中"="当且仅当 $a=b$ 时取得.

现在,我们用搜索的眼光审视不等式①或②,也有新的发现吗?当我们从二元几何与算术均值不等式的证明、应用、变式、推广等几方面审视时,发现可以用各种构造术给出它的若干精巧证明,在各类问题中有着广泛应用,由它可以引发许多联想.

3.2.1 寻证明,多思路

我们在寻求这个均值不等式的证明时,发现有着广阔的思路,可以运用各种知识给出它的若干精巧的构造法论证,这里以式②的证明为例说明之.

此时可以看到:若令 $a+b=1$,并不影响论题实质,这是因为,若 $a+b=m\neq 1$,只要令 $ma=a',mb=b'$,则

$$\frac{a+b}{2}\geq\sqrt{ab}\Rightarrow\frac{ma+mb}{2}\geq\sqrt{ma\cdot mb}\Rightarrow\frac{a'+b'}{2}\geq\sqrt{a'b'}$$

(1) 非负数构造术.

证法 1 由 $a>0, b>0$,有 $(\sqrt{a}-\sqrt{b})^2\geq 0$,即

$$a+b-2\sqrt{ab}\geq 0$$

故

$$\frac{a+b}{2}\geq\sqrt{ab}$$

显然,当且仅当 $a=b$ 时,不等式取等号(在下面各种证法中,此步均略去).

证法 2 由 $a=\frac{a+b}{2}+\frac{a-b}{2}, b=\frac{a+b}{2}-\frac{a-b}{2}$,有 $ab=\left(\frac{a+b}{2}\right)^2-\left(\frac{a-b}{2}\right)^2\leq\left(\frac{a+b}{2}\right)^2$,及 $a>0, b>0$,从而有

$$\frac{a+b}{2}\geq\sqrt{ab}$$

证法 3 设 $a+b=1, a>b>0$,令 $t=2\sqrt{ab}=2\sqrt{a(1-a)}$,则

$$4a^2-4a+t^2=0$$

由 $a\in\mathbf{R}_+$,有

$$\Delta\geq 0\Rightarrow 0<t\leq 1\Rightarrow\frac{a+b}{2}\geq\sqrt{ab}$$

证法 4 注意到以 $\sqrt{a},\sqrt{b}$ 为根的一元二次方程为

$$(x-\sqrt{a})(x-\sqrt{b})=0$$

即

$$x^2-(\sqrt{a}+\sqrt{b})x+\sqrt{ab}=0$$

此方程有两根,其判别式非负,即

$$[-(\sqrt{a}+\sqrt{b})]^2-4\sqrt{ab}\geq 0$$

故

$$a+b \geqslant 2\sqrt{ab}$$

证法 5 令 $t = b-a$,不妨设 $t \geqslant 0$,则
$$b = a+t$$
且
$$ab = a(a+t) = a^2+at = (a+\frac{t}{2})^2 - \frac{t^2}{4} \leqslant (a+\frac{t}{2})^2$$
于是
$$2\sqrt{ab} \leqslant 2(a+\frac{t}{2}) = a+b$$

(2) 平面几何知识构造术.

证法 6 设 $a \neq b$,作线段 AB,在 AB 上取点 C,使 $AC = a, CB = b$,以 AB 为直径作(半)圆 O,如图 3.76,又作 $CD \perp AB$ 交圆 O 于 D,则
$$CD^2 = AC \cdot BC = ab$$
即
$$CD = \sqrt{ab}$$

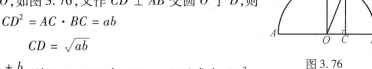

图 3.76

联结 OD,则 $OD = \dfrac{a+b}{2}$,则 Rt$\triangle OCD$ 中,$OD > CD$(或由 $OD^2 = OC^2 + CD^2$ 有 $OD > CD$),故
$$\frac{a+b}{2} > \sqrt{ab}$$
或作 $OE \perp AB$ 交圆 O 于 E,则 $OE > CD$,有
$$\frac{a+b}{2} > \sqrt{ab}$$
当 $a = b$ 时,C 与 O 重合 $\Rightarrow D$ 与 E 重合 $\Rightarrow \dfrac{a+b}{2} = \sqrt{ab}$.

证法 7 设 $a \leqslant b$,作线段 PAB,使 $PA = a, PB = b$,取 AB 中点 O,以 AB 为直径作圆 O,如图 3.77 所示.

过点 P 作圆 O 的切线切圆于点 C,联结 OC,则 $PC = \sqrt{ab}$,$PO = \dfrac{a+b}{2}$,显然 $PC \leqslant PO$,故 $\dfrac{a+b}{2} \geqslant \sqrt{ab}$.

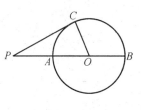

图 3.77

证法 8 设 $a \geqslant b$,则 $\sqrt{a} \geqslant \sqrt{b}$,以 $\sqrt{a} + \sqrt{b}$ 为边长作正方形 $ABCD$,在 AB 上取点 E,使 $AE = \sqrt{a}$,则 $EB = \sqrt{b}$,在 BC 上取点 F,使 $BF = \sqrt{b}$,则 $FC = \sqrt{a}$,如图 3.78 所示.

联结 BD,分别过 E, F 作 $EE' \parallel BC$,交 CD 于 E',$Ff' \parallel CD$ 交 AD 于 f',则 BD, EE', Ff' 相交,设交点为 O,则
$$S_{\triangle DOE'} = \frac{1}{2}a, S_{\triangle OBF} = \frac{1}{2}b, S_{OFCE'} = \sqrt{ab}$$

过点 O 作 $OH \perp BD$ 交 FC 于 G,交 DC 的延长线于 H(因 $\sqrt{a} \geqslant \sqrt{b}$,有 $FC \geqslant FG$),由

$$S_{\triangle OBF} + S_{\triangle ODE'} = S_{\triangle OFG} + S_{\triangle OE'H} \geqslant S_{OFCE'}$$

即有

$$\frac{a+b}{2} \geqslant \sqrt{ab}$$

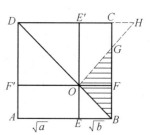

图 3.78

证法 9 设 $a > b$,以 a 为边长作正方形 $ABCD$,取 $AE = b$,取 EB 的中点 M,以 AM 为边作同侧正方形 $MFGA$,如图 3.79 所示.

作 $EH \parallel BC$ 交 CD 于 H,则

$$AM = AG = \frac{a+b}{2}$$

$$GD = MB = \frac{a-b}{2}$$

设 EH 与 FG 交于 N,则由

$$S_{MFNE} - S_{NHDG} = \frac{1}{2}(a-b) \cdot \frac{1}{2}(a+b) - \frac{1}{2}(a-b) \cdot b =$$

$$\frac{1}{2}(a-b)^2 > 0 \Rightarrow S_{MFNE} > S_{NHDG} \Rightarrow$$

$$\left(\frac{a+b}{2}\right)^2 > ab \Rightarrow \frac{a+b}{2} > \sqrt{ab}$$

当 $a = b$ 时,M, E 重合 $\Rightarrow \frac{a+b}{2} = \sqrt{ab}$.

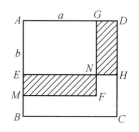

图 3.79

证法 10 如图 3.80,以 $\sqrt{a}$ 为边长作正方形 $ABCD$,以 $\sqrt{b}$ 为边长作正方形 $AEFG$(其中 $\sqrt{b} < \sqrt{a}$),由图知

$$S_{长方形ABHD} + S_{长方形AEKD} - S_{正方形AEFG} \leqslant S_{正方形ABCD}$$

由此,有 $2\sqrt{ab} - b \leqslant a$. 故 $a + b \geqslant 2\sqrt{ab}$.

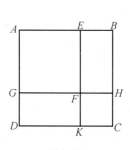

图 3.80

证法 11 以 $\sqrt{a+b}$ 为边长作正方形 $ABCD$,在正方形内作四个全等的直角 $\triangle ABA'$,$\triangle BCB'$,$\triangle CDC'$,$\triangle DAD'$,使两直角边的长分别为 $\sqrt{a}$,$\sqrt{b}$,例如,$AA' = \sqrt{a}$,$A'B = \sqrt{b}$,如图 3.81 所示. 由

$$S_{正方形ABCD} \geqslant 4 S_{\triangle ABA'}$$

有

$$(\sqrt{a+b})^2 \geqslant 4 \cdot \frac{1}{2} \sqrt{a} \cdot \sqrt{b}$$

故

$$\frac{a+b}{2} \geqslant \sqrt{ab}$$

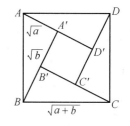

图 3.81

证法 12 作线段 $AB = \sqrt{a} + \sqrt{b}$,在 AB 上取点 C,使 $AC = \sqrt{a}$,则

$CB=\sqrt{b}$，又作两个全等的直角 $\triangle ACD$ 和 $\triangle CBE$，如图 3.82 所示. 使 $AD=BC=\sqrt{b}$，$BE=AC=\sqrt{a}$.

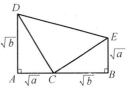

联结 DE，由 $\angle ACD$ 与 $\angle BCE$ 互余，知 $\angle DCE=90°$，从而
$$DE=\sqrt{CD^2+CE^2}=\sqrt{2(a+b)}$$
又 $DE\geqslant AB$，则有

图 3.82

$$\sqrt{2(a+b)}\geqslant \sqrt{a}+\sqrt{b} \Rightarrow 2(a+b)\geqslant (\sqrt{a}+\sqrt{b})^2 \Rightarrow \frac{a+b}{2}\geqslant \sqrt{ab}$$

证法 13 以 $\sqrt{a}+\sqrt{b}$ 为边长作正 $\triangle ABC$，分别在三边上取点 D,E,F，使 $AD=BE=CF=\sqrt{a}$，则 $DB=EC=FA=\sqrt{b}$，如图 3.83 所示. 由

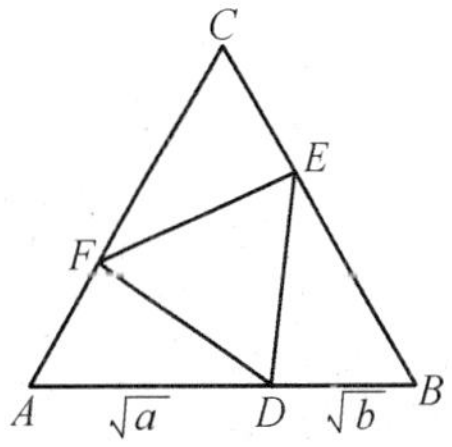

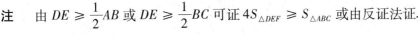

$$S_{\triangle ABC}=\frac{\sqrt{3}}{4}AB^2=\frac{\sqrt{3}}{4}(\sqrt{a}+\sqrt{b})^2$$
$$S_{\triangle ADF}=S_{\triangle BED}=S_{\triangle CFE}=\frac{1}{2}\sqrt{a}\sqrt{b}\cdot\sin 60°=\frac{\sqrt{3}}{4}\sqrt{ab}$$

图 3.83

及 $S_{\triangle ABC}\leqslant 4S_{\triangle DEF}$

有 $S_{\triangle DEF}\geqslant S_{\triangle ADF}$

即 $\frac{\sqrt{3}}{4}(\sqrt{a}+\sqrt{b})^2-3\cdot\frac{\sqrt{3}}{4}\sqrt{ab}\geqslant \frac{\sqrt{3}}{4}\sqrt{ab}$

故 $\frac{a+b}{2}\geqslant \sqrt{ab}$

注 由 $DE\geqslant \frac{1}{2}AB$ 或 $DE\geqslant \frac{1}{2}BC$ 可证 $4S_{\triangle DEF}\geqslant S_{\triangle ABC}$ 或由反证法证.

(3) 三角知识构造术.

证法 14 设 $\frac{a+b}{2}=k^2$，则有
$$\left(\frac{\sqrt{a}}{\sqrt{2}k}\right)^2+\left(\frac{\sqrt{b}}{\sqrt{2}k}\right)^2=1$$

令 $\sqrt{a}=\sqrt{2}k\sin\theta$，$\theta\in(0,\frac{\pi}{2}]$

则 $\sqrt{b}=\sqrt{2}k\cos\theta$

由 $\left(\frac{\sqrt{a}+\sqrt{b}}{2}\right)^2=\left[\frac{\sqrt{2}k(\sin\theta+\cos\theta)}{2}\right]^2=k^2\sin^2(\theta+\frac{\pi}{4})<k^2=\frac{a+b}{2}$

故 $\frac{a+b}{2}\geqslant \sqrt{ab}$

或由 $\sqrt{ab}=\sqrt{2}k\sin\theta\sqrt{2}k\cos\theta=2k^2\sin\theta\cos\theta=k^2\sin 2\theta\leqslant k^2=\frac{a+b}{2}$

即证.

（4）解析几何知识构造术.

证法 15 作平面直角坐标系 xOy，设 $P(\sqrt{a},\sqrt{b})$，过 P 作直线 $x+y=0$ 的垂线，垂足为 Q，如图 3.84 所示，则

$$|PQ|=\frac{|\sqrt{a}+\sqrt{b}|}{\sqrt{2}}, \quad |PO|=\sqrt{a+b}$$

由 $|PO|\geqslant|PQ|$，有

$$a+b\geqslant\left(\frac{|\sqrt{a}+\sqrt{b}|}{\sqrt{2}}\right)^2=\frac{1}{2}(a+b+2\sqrt{ab})$$

故

$$\frac{a+b}{2}\geqslant\sqrt{ab}$$

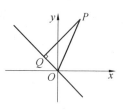

图 3.84

证法 16 作平面直角坐标系 xOy，设 $A(\sqrt{a},0),B(\sqrt{b},0)$，$C\left(\frac{\sqrt{a}+\sqrt{b}}{2},0\right)$，分别过 A,C,B 作与 x 轴垂直的直线交抛物线 $y=x^2$ 于 E,D,F，如图 3.85 所示，则

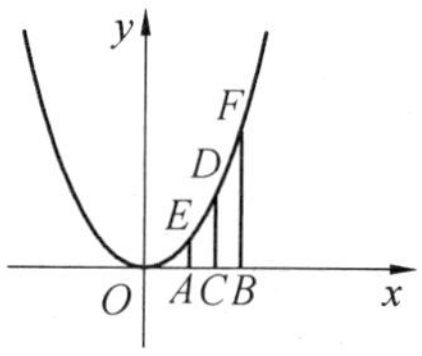

$$|CD|=\frac{1}{2}(|AE|+|BF|)=\frac{a+b}{2}$$

$$|CO|=\left(\frac{\sqrt{a}+\sqrt{b}}{2}\right)^2$$

图 3.85

而

$$|CD|>|CO|$$

从而

$$\frac{a+b}{2}>\left(\frac{\sqrt{a}+\sqrt{b}}{2}\right)^2$$

故

$$\frac{a+b}{2}>\sqrt{ab}$$

当 A,B 重合时，有 $\frac{a+b}{2}=\sqrt{ab}$.

（5）复数知识构造术.

证法 17 设 $z_1=\sqrt{a}+\sqrt{b}\mathrm{i},z_2=1+\mathrm{i}$，则由

$$|z_1|\cdot|z_2|=|z_1\cdot z_2|=|(\sqrt{a}+\sqrt{b}\mathrm{i})(1+\mathrm{i})|=|(\sqrt{a}-\sqrt{b})+(\sqrt{a}+\sqrt{b})\mathrm{i}|$$

有

$$\sqrt{a+b}\cdot\sqrt{2}=\sqrt{(\sqrt{a}-\sqrt{b})^2+(\sqrt{a}+\sqrt{b})^2}\geqslant\sqrt{(\sqrt{a}+\sqrt{b})^2}=\sqrt{a}+\sqrt{b}$$

从而

$$2(a+b)\geqslant(\sqrt{a}+\sqrt{b})^2$$

故

$$\frac{a+b}{2}\geqslant\sqrt{ab}$$

（6）函数知识构造术.

证法 18 作二次函数 $f(x)=x^2-(a+b)x+ab$，因 $f(a)=f(b)=0$，且其图像为开口向上的抛物线，则

$$f_{极小}(x)=\frac{1}{4}\{4ab-[-(a+b)]^2\}\leqslant 0$$

从而
$$\frac{a+b}{2} \geq \sqrt{ab}$$

证法 19 作二次函数 $f(x) = x^2 + \frac{\sqrt{a}+\sqrt{b}}{2}x + \frac{a+b}{8}$,则
$$f(x) = \frac{1}{2}(x+\frac{\sqrt{a}}{2})^2 + \frac{1}{2}(x+\frac{\sqrt{b}}{2})^2 \geq 0$$
从而
$$\Delta = \left(\frac{\sqrt{a}+\sqrt{b}}{2}\right)^2 - 4 \cdot \frac{a+b}{8} \leq 0$$
即
$$\frac{a+b}{2} \geq \frac{1}{4}(\sqrt{a}+\sqrt{b})^2$$
故
$$\frac{a+b}{2} \geq \sqrt{ab}$$

证法 20 考虑函数 $f(x) = x + \frac{1}{x}(x>0)$,则 $f'(x) = 1 - \frac{1}{x^2}$,从而,当 $0 < x < 1$ 时,$f'(x) < 0$,$f(x)$ 单调递减;当 $x \geq 1$ 时,$f'(x) \geq 0$,$f(x)$ 单调递增. 因此,$f(x)$ 在 $x = 1$ 时取最小值 $f(1) = 2$. 所以,当 $x > 0$ 时,$f(x) = x + \frac{1}{x} \geq 2$,所以
$$f\left(\sqrt{\frac{b}{a}}\right) = \sqrt{\frac{b}{a}} + \sqrt{\frac{a}{b}} \geq 2$$
即
$$a + b \geq 2\sqrt{ab}$$

证法 21 注意到 $f(x)$ 是下凸函数时,有
$$f(x) + f(y) \geq 2f\left(\frac{x+y}{2}\right)$$
若令 $a = e^x, b = e^y$,且知 $f(x) = e^x$ 是下凸函数. 则 $e^x + e^y \geq 2e^{\frac{x+y}{2}}$,故 $a + b \geq 2\sqrt{ab}$.

证法 22 设 $a + b = 1$,视 a, b 为一矩形之长与宽,则 $S_{矩形} = a(1-a) = a - a^2$,利用导求,得 $S' = 1 - 2a$,$S'' = -2 < 0$,从而当 $a = \frac{1}{2} = b$ 时,S 有最大值 $\frac{1}{4}$,故有 $ab \leq \frac{1}{4}$,即 $\sqrt{ab} \leq \frac{a+b}{2}$.

证法 23 设 $a \geq b > 0$,作函数 $f(x) = ax + (1-x)b, x \in [0,1]$,由 $f'(x) = a - b \geq 0$,知 $f(x)$ 在 $[0,1]$ 上递增(或由 $f(x) = (a-b)x + b$, $a - b > 0$ 知斜率为正),则
$$f(\frac{1}{2}) \geq f\left(\frac{\sqrt{b}}{\sqrt{a}+\sqrt{b}}\right) \Rightarrow \frac{a+b}{2} \geq \sqrt{ab}$$

证法 24 设 $f(x) = \ln x, x > 0$,由 $f'(x) = \frac{1}{x} > 0$,$f''(x) = -\frac{1}{x^2} < 0$,知 $f(x)$ 是上凸函

数,则
$$\ln\frac{a+b}{2} \geqslant \frac{\ln a + \ln b}{2} = \ln\sqrt{ab}$$

又 $f(x)$ 在 $x > 0$ 上递增,故 $\frac{a+b}{2} \geqslant \sqrt{ab}$.

证法 25 设 $f(x) = \left(\frac{a^x + b^x}{2}\right)^{\frac{1}{x}}$,由 $f(x)$ 递增,有
$$f(x) \geqslant f\left(\frac{x}{2}\right) \geqslant \cdots \geqslant f\left(\frac{x}{2^n}\right) \geqslant \cdots$$

从而
$$\frac{a+b}{2} = f(1) \geqslant \lim_{x \to 0} f(x) = e^{\lim_{x \to 0} \frac{\ln \frac{a^x+b^x}{2}}{x}} = \sqrt{ab}$$

证法 26 设 $f(x) = x^{\frac{1}{2}}$,设 $a \geqslant b > 0$,若令 $\frac{a}{b} = x$,则 $x \in [1, +\infty)$,在 $[1, +\infty)$ 上对 $f(x)$ 运用微分中值公式,则
$$\frac{f(x) - f(1)}{x - 1} = f'(x_0), \quad x_0 \in (1, x)$$

从而
$$x^{\frac{1}{2}} = 1 + (x-1) \cdot \frac{1}{2} x_0^{-\frac{1}{2}} \leqslant 1 + \frac{x-1}{2} = \frac{x+1}{2}$$

故
$$\sqrt{ab} \leqslant \frac{a+b}{2}$$

证法 27 设 $\varphi(x) = x(x \geqslant 0)$,则 $\varphi(x)$ 为严格单调递增的连续函数,且 $\varphi(0) = 0$,则 $\int_0^a \varphi(x) \mathrm{d}x + \int_0^b \varphi^{-1}(x) \mathrm{d}x \geqslant ab \Rightarrow \frac{a+b}{2} = \int_0^{\sqrt{a}} x \mathrm{d}x + \int_0^{\sqrt{b}} x \mathrm{d}x \leqslant \sqrt{ab}$.

(7) 向量、复数、行列式知识构造术.

证法 28 设向量 $\boldsymbol{\alpha} = (\sqrt{a}, \sqrt{b}), \boldsymbol{\beta} = (1, 1)$,则 $|\boldsymbol{\alpha}| = \sqrt{a+b}, |\boldsymbol{\beta}| = \sqrt{2}$. 由 $\boldsymbol{\alpha} \cdot \boldsymbol{\beta} \leqslant |\boldsymbol{\alpha}||\boldsymbol{\beta}|$,有 $\sqrt{a} + \sqrt{b} \leqslant \sqrt{a+b} \cdot \sqrt{2}$,故 $a + b \geqslant 2\sqrt{ab}$.

证法 29 设向量 $\boldsymbol{\alpha} = (\sqrt{a}, \sqrt{b}), \boldsymbol{\beta} = (\sqrt{b}, \sqrt{a}), \boldsymbol{\alpha} \cdot \boldsymbol{\beta} \leqslant |\boldsymbol{\alpha}||\boldsymbol{\beta}|$,有 $\sqrt{a} \cdot \sqrt{b} + \sqrt{b} \cdot \sqrt{a} \leqslant \sqrt{(\sqrt{a})^2 + (\sqrt{b})^2} \cdot \sqrt{(\sqrt{b})^2 + (\sqrt{a})^2}$,故 $a + b \geqslant 2\sqrt{ab}$.

证法 30 注意到 $\sqrt{a+b}, \sqrt{2}$ 可分别看作复数 $z_1 = \sqrt{a} + \sqrt{b}\mathrm{i}, z_2 = 1 + \mathrm{i}$ 的模,则 $|z_1||z_2| = |z_1 \cdot z_2| = |(\sqrt{a} + \sqrt{b}\mathrm{i})(1+\mathrm{i})| = |(\sqrt{a} - \sqrt{b}) + (\sqrt{a} + \sqrt{b})\mathrm{i}|$,则 $\sqrt{a+b} \cdot \sqrt{2} = \sqrt{(\sqrt{a} - \sqrt{b})^2 + (\sqrt{a} + \sqrt{b})^2} \geqslant \sqrt{(\sqrt{a} + \sqrt{b})^2} = \sqrt{a} + \sqrt{b}$. 故 $a + b \geqslant 2\sqrt{ab}$.

证法 31　设 $f(x_1,x_2)=(a+b)(x_1^2+x_2^2)+4\sqrt{ab}\,x_1x_2=(\sqrt{a}\,x_1+\sqrt{b}\,x_2)^2+(\sqrt{b}\,x_1+\sqrt{a}\,x_2)^2$,则 $f(x_1,x_2)$ 是正定的,从而

$$|A|=\begin{vmatrix} a+b & 2\sqrt{ab} \\ 2\sqrt{ab} & a+b \end{vmatrix}\geqslant 0 \Rightarrow \frac{a+b}{2}\geqslant\sqrt{ab}$$

上述诸种证法使我们看到,一个简简单单的不等式,可以启发我们广开思路,恰当地引入构造术,运用各种知识探求证明收到了出奇制胜的效果,获得了二十多种精巧的证明,这也使我们发现,一个简单结论证明的背后往往可展示引人入胜的各种思路.

(8) 构造函数、几何图形展示不等式链.

证法 1　构造函数

$$f(x)=\frac{a^{x+1}+b^{x+1}}{a^x+b^x}\quad(a,b>0,\text{不妨设}\ a\neq b)$$

不妨命 $a>b$,则

$$f(x)=\frac{a^{x+1}+b^{x+1}}{a^x+b^x}=\frac{a\left(\frac{a}{b}\right)^x+b}{\left(\frac{a}{b}\right)^x+1}=a+\frac{b-a}{\left(\frac{a}{b}\right)^x+1}$$

由于 $\frac{a}{b}>1$,故 $\left(\frac{a}{b}\right)^x+1$ 为增函数,$\frac{b-a}{\left(\frac{a}{b}\right)^x+1}$ 也为增函数.

由上即知 $f(x)$ 在 $\mathbf{R}$ 上为增函数.

再由 $f(1)>f(0)>f\left(-\frac{1}{2}\right)>f(-1)$,得

$$\frac{a^2+b^2}{a+b}>\frac{a+b}{2}>\frac{a^{\frac{1}{2}}+b^{\frac{1}{2}}}{a^{-\frac{1}{2}}+b^{-\frac{1}{2}}}>\frac{a}{a^{-1}+b^{-1}}$$

整理即得

$$\sqrt{\frac{a^2+b^2}{2}}>\frac{a+b}{2}>\sqrt{ab}>\frac{2}{\frac{1}{a}+\frac{1}{b}}$$

故当 $a\geqslant b$ 时,有

$$\sqrt{\frac{a^2+b^2}{2}}\geqslant\frac{a+b}{2}\geqslant\sqrt{ab}\geqslant\frac{2}{\frac{1}{a}+\frac{1}{b}}$$

证法 2　注意到在数轴上,$\frac{a+b}{2}$ 所对应的点是 a,b 所对应点的一个分点(即中点),考虑 $\frac{2}{\frac{1}{a}+\frac{1}{b}}$,$\sqrt{ab}$ 也可看作 a,b 所对应点的一个分点,即它们均可化为 $\frac{b+xa}{1+x}$ 的形式.由此,可给出均值不等式链的一个统一的证明.

此时,可分别令 $f(x)=\frac{b+xa}{1+x}=\frac{2}{\frac{1}{a}+\frac{1}{b}}$,$\sqrt{ab}$,$\frac{a+b}{2}$ 可得 $x=\frac{b}{a}$,$\sqrt{\frac{b}{a}}$,1. 显然,若设 $a>$

$b > 0$,则函数 $f(x)$ 在 $[0, +\infty)$ 上单调递增,故 $0 < \dfrac{b}{a} < \sqrt{\dfrac{b}{a}} < 1 < \dfrac{a}{b}$,于是有

$$f\left(\dfrac{b}{a}\right) < f\left(\sqrt{\dfrac{b}{a}}\right) < f(1) < f\left(\dfrac{a}{b}\right)$$

得

$$f\left(\dfrac{b}{a}\right) < f\left(\sqrt{\dfrac{b}{a}}\right) < f(1) < \left(\sqrt{f(1)f\left(\dfrac{a}{b}\right)}\right)$$

即

$$\dfrac{2}{\dfrac{1}{a}+\dfrac{1}{b}} < \sqrt{ab} < \dfrac{a+b}{2} < \sqrt{\dfrac{a^2+b^2}{2}}$$

当且仅当 $a = b$ 时,有 $\dfrac{2}{\dfrac{1}{a}+\dfrac{1}{b}} = \sqrt{ab} = \dfrac{a+b}{2} = \sqrt{\dfrac{a^2+b^2}{2}}$

证法 3 如果我们设 $\dfrac{a+b}{2} = R$,则能借助三角代换给出均值不等式链一个统一的论证.

于是,设 $\dfrac{a+b}{2} = R, \theta \in \left(0, \dfrac{\pi}{2}\right)$ 则可令

$$a = 2R\cos^2\theta, b = 2R\sin^2\theta$$

从而

$$\sqrt{ab} = R\sin 2\theta$$

$$\sqrt{\dfrac{a^2+b^2}{2}} = R\sqrt{1+\cos^2 2\theta}$$

$$\dfrac{2}{\dfrac{1}{a}+\dfrac{1}{b}} = \dfrac{2ab}{a+b} = \dfrac{(R\sin 2\theta)^2}{R} = R\sin^2 2\theta$$

由

$$\sin^2 2\theta < \sin 2\theta < 1 < \sqrt{1+\cos^2 2\theta}$$

得

$$R\sin^2 2\theta < R\sin 2\theta < R < R\sqrt{1+\cos^2 2\theta}$$

即

$$\dfrac{2}{\dfrac{1}{a}+\dfrac{1}{b}} < \sqrt{ab} < \dfrac{a+b}{2} < \sqrt{\dfrac{a^2+b^2}{2}}$$

当且仅当 $\cos\theta = \sin\theta$,即 $a = b$ 时,有

$$\dfrac{2}{\dfrac{1}{a}+\dfrac{1}{b}} = \sqrt{ab} = \dfrac{a+b}{2} = \sqrt{\dfrac{a^2+b^2}{2}}$$

证法 4 注意到 Rt$\triangle ABC$ 斜边 BC 上的高 AD 将斜边也分为 a, b 两部分. $BD = a, DC =$

$b(a>b)$ 时,则其高 $AD=\sqrt{ab}$,斜边上的中线 AE 长即为 $\dfrac{a+b}{2}$,作 $DM\perp AE$,垂足为 M,如图3.86,则

$$AM=\dfrac{AD^2}{AE}=\dfrac{ab}{\dfrac{a+b}{2}}=\dfrac{2}{\dfrac{1}{a}+\dfrac{1}{b}}$$

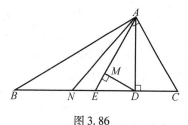

图 3.86

在 BD 上取点 N,使得 $DN=\dfrac{\sqrt{2}}{2}(a-b)$,则由 $DE=DB-BE=a-\dfrac{a+b}{2}=\dfrac{a-b}{2}$ 知. $DN>DE$,而

$$AN=\sqrt{AD^2+DN^2}=\sqrt{ab+\dfrac{(a-b)^2}{2}}=\sqrt{\dfrac{a^2+b^2}{2}}$$

过 D 作 $\triangle AED$ 的高交 AE 于 M,有

$$AE\cdot MD=AD\cdot ED$$

$$MD=\dfrac{\sqrt{ab}\cdot\dfrac{a-b}{2}}{\dfrac{a+b}{2}}=\sqrt{ab}\,\dfrac{a-b}{a+b}$$

$$AM=\sqrt{AD^2-MD^2}=\dfrac{2}{\dfrac{1}{a}+\dfrac{1}{b}}$$

又显然有 $AM<AD<AE<AN$,因此

$$\dfrac{2}{\dfrac{1}{a}+\dfrac{1}{b}}<\sqrt{ab}<\dfrac{a+b}{2}<\sqrt{\dfrac{a^2+b^2}{2}}$$

当且反 $\triangle ABC$ 为等腰直角三角形,即 $a=b$ 时,有 $\dfrac{2}{\dfrac{1}{a}+\dfrac{1}{b}}=\sqrt{ab}=\dfrac{a+b}{2}=\sqrt{\dfrac{a^2+b^2}{2}}$.

证法5 如图3.87,在 $Rt\triangle ABC$ 中,AD,AM 分别是斜边 BC 上的高线和中线,作 $DH\parallel AM,AH\perp DH$ 于 H,延长 HA 至 G,使得 $AG=DM$,设 $BD=a,DC=b$,则 $AM=\dfrac{a+b}{2}$,$AD=\sqrt{ab}$,$Rt\triangle DHA\backsim Rt\triangle ADM$,$HD=\dfrac{AD^2}{AM}=\dfrac{ab}{\dfrac{a+b}{2}}=\dfrac{2ab}{a+b}$,又 $DM=AG=\dfrac{b-a}{2}$,所以

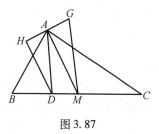

图 3.87

$$MG=\sqrt{AM^2+AG^2}=\sqrt{\left(\dfrac{a+b}{2}\right)^2+\left(\dfrac{b-a}{2}\right)^2}=\sqrt{\dfrac{a^2+b^2}{2}}$$

由图3.87可知,$HD\leqslant AD\leqslant AM\leqslant MG$(当 $Rt\triangle ABC$ 为等腰三角形时,即 $a=b$ 时取到等号),所以有

$$\frac{2ab}{a+b} \leqslant \sqrt{ab} \leqslant \frac{a+b}{2} \leqslant \sqrt{\frac{a^2+b^2}{2}} \quad (a>0, b>0, a,b \in \mathbf{R})$$

证法6 如图3.88,作半圆周l,过点O及点C分别作AB的垂线交l于点D及点E.过E作OD的垂线EF交OD于F,过F作AF的垂线交AB于G,联结AE,BE,CD,设$CB=a$,$AC=b(b \geqslant a > 0)$,则$OD=\frac{a+b}{2}, CE=\sqrt{ab}, OC=\frac{b-a}{2}$,$CD=\sqrt{\frac{a^2+b^2}{2}}$,由图3.88,观察$OD,CE,CD,OG$的关系,在

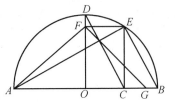

图3.88

$\triangle AOF$中,$AO=OD>OF$,所以$\angle AFO > \angle FAO$,从而$\angle CGF > \angle OFG$,所以$OF > OG$,即$OG < CE$.所以$OG \leqslant CE \leqslant OD \leqslant CD$,当$O,C$重合时,即$a=b$时取到等号,所以有

$$\frac{2ab}{a+b} \leqslant \sqrt{ab} \leqslant \frac{a+b}{2} \leqslant \sqrt{\frac{a^2+b^2}{2}} \quad (a>0, b>0, a,b \in \mathbf{R})$$

证法7 如图3.89,AB为直径,D是半圆上一点,过D作$DC \perp AB$于C,连OD,过C作$CE \perp OD$于E,以O为圆心OC为半径作半圆,过O作$FO \perp OD$交半圆于F,过F作FD的垂线交DO的延长线于G,则根据图中线段的大小直观判断其大小,即$CE \leqslant CD \leqslant OD \leqslant DF \leqslant DG$;设$BC=a, AC=b$,则$CD = \sqrt{ab}, CD^2 = DO \cdot OE$,所以$DE = \frac{CD^2}{DO} = \frac{ab}{\frac{a+b}{2}} = \frac{2ab}{a+b}$,

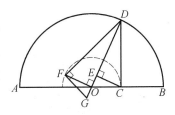

图3.89

由$CD > DE$,得$\frac{2ab}{a+b} < \sqrt{ab}$,又在$\text{Rt}\triangle ODC$中,由$OD > CD$,得$\sqrt{ab} < \frac{a+b}{2}$,在$\text{Rt}\triangle ODF$中,$DF^2 = OF^2 + OD^2 = \left(\frac{b-a}{2}\right)^2 + \left(\frac{a+b}{2}\right)^2 = \frac{a^2+b^2}{2}$,所以$DF = \sqrt{\frac{a^2+b^2}{2}}$,由$DO < DF$,得$\frac{a+b}{2} < \sqrt{\frac{a^2+b^2}{2}}$,在$\text{Rt}\triangle DFG$中,$DF^2 = DO \cdot DG$,则$DG = \frac{DF^2}{DO} = \frac{a^2+b^2}{a+b}$,又由$DF < DG$,得

$$\sqrt{\frac{a^2+b^2}{2}} < \frac{a^2+b^2}{a+b} \quad (a>0, b>0, a,b \in \mathbf{R})$$

当$a=b$时,即C,B重合时,不等式的两边相等,即等号成立.
综上所述

$$\frac{2ab}{a+b} \leqslant \sqrt{ab} \leqslant \frac{a+b}{2} \leqslant \sqrt{\frac{a^2+b^2}{2}} \quad (a>0, b>0, a,b \in \mathbf{R})$$

证法8 由ab联想到点对圆的幂,设C为圆O外一点,割线CBA交圆O于B,A,令$CA=a, BC=b, E$为AB中点,则$CE = \frac{a-b}{2} + b = \frac{a+b}{2}$.

又作CP是圆O的切线,则$CP^2 = CB \cdot CA = ab$,即$CP = \sqrt{ab}$.

现在延长OE至F,使$EF = EB = \frac{a-b}{2}$,则

$$CF = \sqrt{CE^2 + EF^2} = \sqrt{\frac{(a+b)^2}{4} + \frac{(a-b)^2}{4}} = \sqrt{\frac{a^2+b^2}{2}}$$

(1) 在 Rt△FCE(含退化情形,下同)中,由于 $CF \geqslant CE$,则

$$\sqrt{\frac{a^2+b^2}{2}} \geqslant \frac{a+b}{2} \qquad ①$$

(2) 在 △PEC 中,由于 $OE \perp AB, OP \perp PC$,则 E,O,C,P 四点共圆,于是 $\angle PEC = \angle POC < \angle PMC = \angle CPO < \angle CPE$,从而 $EC \geqslant PC$,即

$$\frac{a+b}{2} \geqslant \sqrt{ab} \qquad ②$$

(3) 在 △CDP 中,$\angle PDC$ 或 $\angle QDC$ 有一个为非锐角,如图 3.90. 若 $\angle PDC$ 为非锐角,则 $CP \geqslant CD$,即

$$\sqrt{ab} \geqslant \frac{2}{\frac{1}{a}+\frac{1}{b}} \qquad ③$$

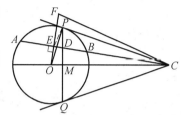

图 3.90

故

$$\sqrt{\frac{a^2+b^2}{2}} \geqslant \frac{a+b}{2} \geqslant \sqrt{ab} \geqslant \frac{2}{\frac{1}{a}+\frac{1}{b}}$$

其中等号当且仅当 $a = b$ 时成立,即割线 CBA 为圆 O 的切线.

证法 9 由关系式

$$\sqrt{\frac{a^2+b^2}{2}} = \sqrt{\left(\frac{a+b}{2}\right)^2 + \left(\frac{a-b}{2}\right)^2}$$

的启发,可先构造 Rt△ABC,使得

$$BC = \frac{a+b}{2}, AC = \frac{a-b}{2}$$

如图 3.91. 此时

$$AB = \sqrt{BC^2 + AC^2} =$$
$$\sqrt{\left(\frac{a+b}{2}\right)^2 + \left(\frac{a-b}{2}\right)^2} =$$
$$\sqrt{\frac{a^2+b^2}{2}}$$

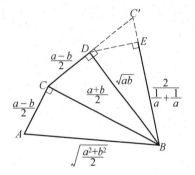

图 3.91

再以 $BC = \frac{a+b}{2}$ 为斜边,$CD = \frac{a-b}{2}$ 为直角边构造 Rt△BCD,则

$$BD = \sqrt{BC^2 - CD^2} = \sqrt{\left(\frac{a+b}{2}\right)^2 + \left(\frac{a-b}{2}\right)^2} = \sqrt{ab}$$

最后,作 Rt△$BC'D$ ∽ Rt△BCD,过 D 作 $DE \perp BC'$ 交 BC' 于 E.

由 $BD^2 = BE \cdot BC'$ 得

$$BE = \frac{BD^2}{BC'} = \frac{(\sqrt{ab})^2}{\frac{a+b}{2}} = \frac{2}{\frac{1}{a}+\frac{1}{b}}$$

由图形直观得
$$AB > BC > BD > BE$$
即
$$\sqrt{\frac{a^2+b^2}{2}} > \frac{a+b}{2} > \sqrt{ab} > \frac{2}{\frac{1}{a}+\frac{1}{b}}$$

证法 10 如图 3.92,2002 年国际数学家大会的会标正方形 $ABCD$,内接正方形 $EFGH$. 设 $AE=a,BE=b$,由图可知 $\mathrm{Rt}\triangle BEF$ 的内接正方形 $BRST$ 边长易得为 $\frac{ab}{a+b}$,则 $\left(\frac{ab}{a+b}\right)^2 \leqslant \frac{ab}{4}$,所以 $\frac{2ab}{a+b} \leqslant \sqrt{ab}$,又由

$$S_{AEQH} + S_{BFME} + S_{FCGN} + S_{DGPH} + S_{MNPQ} = S_{ABCD}$$

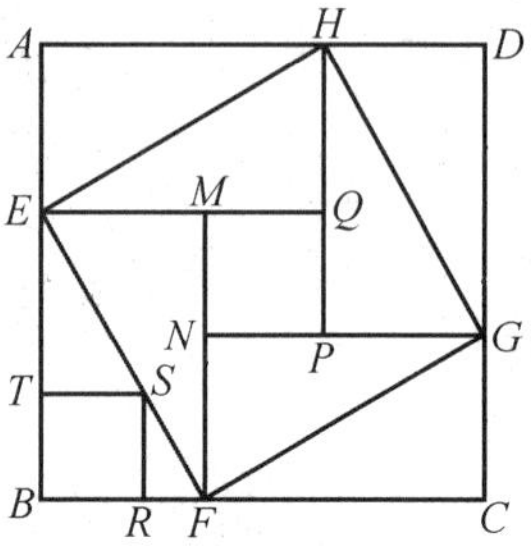

所以
$$4ab + (b-a)^2 = (a+b)^2$$
则
$$4ab \leqslant (a+b)^2, \sqrt{ab} \leqslant \frac{a+b}{2} \quad (当 a=b 时等号等立)$$

图 3.92

从正方形的各部分面积之间的关系,可得到 $(a+b)^2 = 2(a^2+b^2) - (b-a)^2 \leqslant 2(a^2+b^2)$,所以 $\frac{a+b}{2} \leqslant \sqrt{\frac{a^2+b^2}{2}}$(当 $a=b$ 时等号成立),所以

$$\frac{2ab}{a+b} \leqslant \sqrt{ab} \leqslant \frac{a+b}{2} \leqslant \sqrt{\frac{a^2+b^2}{2}} \quad (a>0, b>0, a,b \in \mathbf{R})$$

证法 11 如图 3.93,设 $BC=a, AB=b(b \geqslant a > 0)$,四边形 $ABCD$ 为矩形,$BEFG, HIDJ$ 是 $\mathrm{Rt}\triangle ABC, \mathrm{Rt}\triangle ACD$ 的内接正方形,线段 JH 延长交 GF 于 K,点 M 是 AC 上一点,过 M 分别作 $MP \perp BC$, $MQ \perp AB, P, Q$ 为垂足,由题设知,易得内接正方形的边长为 $\frac{ab}{a+b}$, 又 $KF \leqslant HK, \frac{2ab}{a+b} - a \leqslant b - \frac{2ab}{a+b} \Rightarrow \frac{2ab}{a+b} \leqslant \frac{a+b}{2}$,设 $BP = x (0 < x < a)$,矩形 $BPMQ$ 的面积为 $S(x)$,则

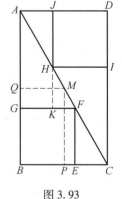

图 3.93

$$S(x) = x\left(b - \frac{b}{a}x\right) = -\frac{b}{a}\left(x - \frac{a}{2}\right)^2 + \frac{ab}{4} \leqslant \frac{ab}{4}$$

所以
$$\left(\frac{ab}{a+b}\right)^2 \leqslant \frac{ab}{4}$$

所以
$$\left(\frac{2ab}{a+b}\right)^2 \leqslant ab \leqslant \left(\frac{a+b}{2}\right)^2 \Rightarrow \frac{2ab}{a+b} \leqslant \sqrt{ab} \leqslant \frac{a+b}{2}$$

当且仅当 $a=b$ 时等号成立.

证法 12 如图 3.94,设四边形 $ABCD$ 是一个直角梯形,线段 EF, GH, MN, PQ, RS 均与上

下底平行，PQ 等分梯形面积，MN 为中位线，GH 将梯形分成两个，且梯形 $AGHD \backsim$ 梯形 $GBCH$，EF 过梯形的对角线 AC，BD 的交点 I. 设 $AD = a, BC = b$，则 $MN = \dfrac{a+b}{2}$. 由梯形 $AGHD \backsim$ 梯形 $GBCH$，GH 是 AD 与 BC 的比例中项，所以 $GH = \sqrt{ab}$，EF 过梯形的对角线 AC, BD 的交点 I，则 $EI = IF$，$\dfrac{EI}{AD} = \dfrac{BI}{BD}$，$\dfrac{IF}{BC} = \dfrac{DI}{BD}$，且 $DI + BI = BD$，所以 $EI = \dfrac{ab}{a+b}$，所以 $EF = \dfrac{2ab}{a+b}$. 由 $EF < GH$ 得，$\dfrac{2ab}{a+b} < \sqrt{ab}$，由 $GH < MN$ 得，$\sqrt{ab} < \dfrac{a+b}{2}$.

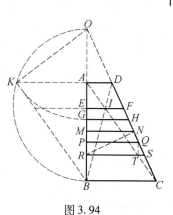

图 3.94

PQ 平分梯形面积，设梯形 $APQD$ 的高为 h，梯形 $ABCD$ 的高为 H，$PQ = c$，则 $\dfrac{h}{H} = \dfrac{c-a}{b-a}$，所以 $h = \dfrac{c-a}{b-a}H$，所以

$$S_{\text{梯形}APQD} = \dfrac{1}{2}(a+c)h = \dfrac{1}{2}S_{\text{梯形}ABCD} = \dfrac{1}{2} \cdot \dfrac{1}{2}(a+b)H$$

$$\dfrac{1}{2}(a+c)\dfrac{c-a}{b-a} \cdot H = \dfrac{1}{2} \cdot \dfrac{1}{2}(a+b)H$$

所以 $c^2 = \dfrac{a^2+b^2}{2}$，所以 $c = \sqrt{\dfrac{a^2+b^2}{2}}$，即 $PQ = \sqrt{\dfrac{a^2+b^2}{2}}$，又由 $MN < PQ$，得 $\dfrac{a+b}{2} < \sqrt{\dfrac{a^2+b^2}{2}}$. 以 N 为圆心，PQ 为半径的圆交 AB 于 R，作 $RS \parallel AD$ 交 DC 于 S，则 Rt$\triangle MNR \backsim$ Rt$\triangle NRS$，所以 $RN^2 = MN \cdot RS$，所以 $RS = \dfrac{RN^2}{MN} = \dfrac{a^2+b^2}{a+b}$. 又由于 $PQ < RS$，则 $\sqrt{\dfrac{a^2+b^2}{2}} < \dfrac{a^2+b^2}{a+b}$. 当 $a = b$ 时，不等式两边取等号，所以有

$$\dfrac{2ab}{a+b} \leqslant \sqrt{ab} \leqslant \dfrac{a+b}{2} \leqslant \sqrt{\dfrac{a^2+b^2}{2}} \leqslant \dfrac{a^2+b^2}{a+b} \; (a>0, b>0, a,b \in \mathbf{R})$$

证法 13 由不等式链中 $\dfrac{a+b}{2}$ 可联想到构造梯形的中位线. 于是构造梯形 $ABCD$，如图 3.95.

使 $BC = a, AD = b, E, F$ 分别是两腰上的中点，由梯形中位线定理有

$$EF = \dfrac{a+b}{2} \qquad ①$$

又设梯形 $AGHD \backsim$ 梯形 $GBCH$，则

$$\dfrac{AD}{GH} = \dfrac{GH}{BC}$$

即

$$GH^2 = AD \cdot BC = ab, GH = \sqrt{ab} \qquad ②$$

联结 AC,BD 交于点 O,过 O 作 $IJ \parallel AD$,交 AB,DC 于 I,J.
由
$$\frac{IO}{BC} = \frac{AI}{AB} = \frac{DJ}{DC} = \frac{OJ}{BC}$$
知
$$IO = OJ$$
又
$$\frac{IO}{BC} = \frac{AI}{AB}, \frac{IO}{AD} = \frac{BI}{AB}$$

将这两式相加得

$$\frac{IO}{a} = \frac{IO}{b} = \frac{AI + BI}{AB} = 1, IO = \frac{1}{\frac{1}{a} + \frac{1}{b}}, IJ = \frac{2}{\frac{1}{a} + \frac{1}{b}} \qquad ③$$

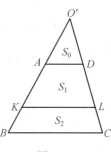

图 3.96

最后,作 $KL \parallel BC$ 交 AB,DC 于 K,L,使 $S_{梯形AKLD} = S_{梯形KBCL} = S$.
延长 BA,CD 交于点 O',如图 3.96,设 $S_{\triangle O'AD} = S_0$.
由
$$\frac{AD^2}{KL^2} = \frac{S_0}{S_0 + S_1}, \frac{BC^2}{KL^2} = \frac{S_0 + 2S}{S_0 + S_1}$$

两式相加,得

$$\frac{AD^2}{KL^2} + \frac{BC^2}{KL^2} = 2$$

即

$$KL = \sqrt{\frac{AD^2 + BC^2}{2}} = \sqrt{\frac{a^2 + b^2}{2}} \qquad ④$$

显见,$S_{梯形AEFD} < S_{梯形EBCF}$,所以线段 KL 应位于线段 EF 的下方.
又设梯形 $AGHD$,$GBCH$ 的高分别为 h_1,h_2,梯形 $ABCD$ 的高为 h,则

$$\frac{AD}{GH} = \frac{GH}{BC} = \frac{h_1}{h_2}$$

也即

$$\frac{AD}{AD + GH} = \frac{GH}{GH + BC} = \frac{h_1}{h_1 + h_2} = \frac{h_1}{h} \qquad ⑤$$

又设 $\triangle AOD, \triangle COB$ 底边 AD,BC 上的高分别为 h'_1,h'_2.
则 $\frac{AD}{BC} = \frac{h'_1}{h'_2}$,也即

$$\frac{AD}{AD + BC} = \frac{h'_1}{h'_1 + h'_2} = \frac{h'_1}{h} \qquad ⑥$$

由 $\frac{AD}{AD + GH} > \frac{AD}{AD + BC}$,再比较 ⑤,⑥ 得 $\frac{h_1}{h} > \frac{h'_1}{h}$,即 $h_1 > h'_1$. 又 $h_1 < h_2, h'_1 < h'_2$.
这表明,线段 GH,IJ 位于线段 EF 上方,且线段 IJ 位于线段 GH 的上方,如图 3.96 所示.
故由直观得 $KL > EF > GH > IJ$,即

$$\sqrt{\frac{a^2+b^2}{2}} > \frac{a+b}{2} > \sqrt{ab} > \frac{2}{\frac{1}{a}+\frac{1}{b}}$$

注 以上证法综合了3篇文章的有关内容:康宇老师的《关于不等式链的函数与几何模型》(数学通报2009年11期,薛党鹏老师的《均值不等式链的统一证明探究》(数学教学2011年3期)、杨志芳老师的《均值不等式n种几何模型归类解析》(中学数学杂志2013年11期)).

证法14 注意到抛物线焦点弦中点在准线上射影的特性,我们可得如下证法:

如图3.97,过抛物线$y^2 = 2px(p>0)$的焦点F作焦点弦AB使直线AB的倾斜角θ满足$0 < \theta < \frac{\pi}{2}$.

抛物线准线l与x轴交于点M,过AB的中点C作l的垂线,垂足为D,在l上取点E,使$DE = FC$,联结EC.

令$AF = a, BF = b (a > b > 0)$,设点$A$在直线$l$上、$x$轴上的射影分别为$A_0, N$,则由抛物线定义知$AA_0 = AF = a, MN = AF = a$,从而$a = MF + FN = P + a\cos\theta$,故$a = \frac{P}{1-\cos\theta}$.

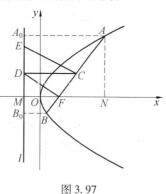

图 3.97

同理,$b = \frac{P}{1+\cos\theta}$.

又设$A(x_1, y_1), B(x_2, y_2)$,则$y_1^2 = 2px_1, y_2^2 = 2px_2$,且$D$的坐标为$(-\frac{p}{2}, \frac{y_1+y_2}{2})$,于是

$$\overrightarrow{FD} = (-p, \frac{y_1+y_2}{2}), \overrightarrow{AB} = (x_2-x_1, y_2-y_1) = (\frac{y_2^2}{2p} - \frac{y_1^2}{2p}, y_2-y_1)$$

从而

$$\overrightarrow{FD} \cdot \overrightarrow{AB} = -p\left(\frac{y_2^2}{2p} - \frac{y_1^2}{2p}\right) + \frac{y_1+y_2}{2}(y_2-y_1) = 0$$

即$DF \perp AB$. 此时

$$FM = P = \frac{2}{\frac{1}{a}+\frac{1}{b}}, DF = \frac{MF}{\sin\angle MDF} = \frac{P}{\sin\theta} = \sqrt{ab}$$

$$CD = \frac{AA_0 + BB_0}{2} = \frac{a+b}{2}$$

或者

$$CD = \frac{DF}{\sin\theta} = \frac{P}{\sin^2\theta} = \frac{a+b}{2}$$

$$FC = \frac{DF}{\tan\theta} = \frac{P\cos\theta}{\sin^2\theta}, DE = FC$$

$$EC = \sqrt{DE^2 + CD^2} = \frac{P\sqrt{1+\cos^2\theta}}{\sin^2\theta} = \sqrt{\frac{a^2+b^2}{2}}$$

由直角三角形性质,有$EC > CD > DF > FM$.

从而

$$\sqrt{\frac{a^2+b^2}{2}} > \frac{a+b}{2} > \sqrt{ab} > \frac{2}{\frac{1}{a}+\frac{1}{b}} \quad (a>b>0)$$

当 $a=b$ 时,$\theta=\frac{\pi}{2}$,C,F 重合,点 D,E,M 重合,有 $EC=CD=DF=FM$. 上述不等式链中 "="成立.

上面,我们给出了这个不等式链的 14 种图形展示. 在本套书中的《数学应用展观》的图 2.85 中也给出了与此不同的 13 种图形展示.

3.2.2 谈运用,有角度

熟练而灵活运用二元均值不等式,①或②是驾驭不等式的基础,在运用时,有时需要一些凑配技巧,而凑配可以从不同的角度入手.

(1) 从等号成立的角度入手.

例 1 设 $a,b,c \in \mathbf{R}_+$,$a+b+c=1$,求证:$\sqrt{3a+1}+\sqrt{3b+1}+\sqrt{3c+1} \leqslant 3\sqrt{2}$.

分析 由于不等式中 a,b,c 的对称性,又在 $a=b=c=\frac{1}{3}$ 时等号成立,且 $\sqrt{3a+1}=\sqrt{3b+1}=\sqrt{3c+1}=\sqrt{2}$,由此可考虑配常数因子,以便能运用不等式 ②.

证明 由

$$\sqrt{2} \cdot \sqrt{3a+1} \leqslant \frac{2+(3a+1)}{2} = \frac{3a+3}{2}$$

$$\sqrt{2} \cdot \sqrt{3b+1} \leqslant \frac{3b+3}{2}, \quad \sqrt{2} \cdot \sqrt{3c+1} \leqslant \frac{3c+3}{2}$$

三式相加,并利用 $a+b+c=1$,即得所证.

例 2 求函数 $y=x+\frac{p}{x}$ 在下列条件下的最小值:$0<x \leqslant b$,p 是一个正常数,且 $p \geqslant b^2$;$0<a \leqslant x$,p 是一个正常数,且 $p \leqslant a^2$.

分析 x 与 $\frac{p}{x}$ 不一定相等,为了能运用上 ②,可考虑引入一个参数 λ.

解 设 $y=x+\frac{p-\lambda}{x}+\frac{\lambda}{x}(0 \leqslant \lambda \leqslant p)$,则

$$y \geqslant 2\sqrt{p-\lambda}+\frac{\lambda}{x} \geqslant 2\sqrt{p-\lambda}+\frac{\lambda}{b}$$

上述两个不等号中的等号同时成立,当且仅当 $x^2=p-\lambda$,且 $x=b \Rightarrow \lambda=p-b^2$ 且 $x=b$,于是

$$y_{\min}=b+\frac{p}{b}$$

设 $y=x+\frac{\lambda}{x}-\frac{\lambda-p}{x}(\lambda \geqslant p)$,则

$$y \geqslant 2\sqrt{\lambda}-\frac{\lambda-p}{x} \geqslant 2\sqrt{\lambda}-\frac{\lambda-p}{a}$$

上述两个不等号中的等号同时成立,当且仅当

$$x^2=\lambda \text{ 且 } x=a \Rightarrow \lambda=a^2 \text{ 且 } x=a$$

于是

$$y_{\min}=a+\frac{p}{a}$$

(2) 从"配对"的角度入手.

例3 设 $a_1, a_2, \cdots, a_n \in \mathbf{R}_+$,求证: $\dfrac{a_1^2}{a_2} + \dfrac{a_2^2}{a_3} + \cdots + \dfrac{a_{n-1}^2}{a_n} + \dfrac{a_n^2}{a_1} \geqslant a_1 + a_2 + \cdots + a_n$.

证明 为了约去 $\dfrac{a_k^2}{a_{k+1}}$ 中的分母,可考虑配上一项 $a_{k+1}(k=1,2,\cdots,n)$,于是有

$$\dfrac{a_1^2}{a_2} + a_2 \geqslant 2a_1, \dfrac{a_2^2}{a_3} + a_3 \geqslant 2a_2, \cdots, \dfrac{a_n^2}{a_1} + a_1 \geqslant 2a_n$$

以上 n 个不等式相加即得所证.

例4 设 $a,b,c \in \mathbf{R}_+$,求证: $\dfrac{a^2}{a+b} + \dfrac{b^2}{b+c} + \dfrac{c^2}{c+a} \geqslant \dfrac{a+b+c}{2}$.

证明 设 k 为任一大于 0 小于 1 的参数,则

$$\dfrac{a^2}{a+b} + k^2(a+b) \geqslant 2ak$$

$$\dfrac{b^2}{b+c} + k^2(b+c) \geqslant 2bk$$

$$\dfrac{c^2}{c+a} + k^2(c+a) \geqslant 2ck$$

以上三式相加,并注意到 $k(1-k) \leqslant \dfrac{1}{4}(0<k<1)$,得

$$\dfrac{a^2}{a+b} + \dfrac{b^2}{b+c} + \dfrac{c^2}{c+a} + 2(a+b+c)k^2 \geqslant 2(a+b+c)k$$

故

$$\dfrac{a^2}{a+b} + \dfrac{b^2}{b+c} + \dfrac{c^2}{c+a} \geqslant [2(a+b+c)k - 2(a+b+c)k^2]_{\max} = \dfrac{a+b+c}{2}$$

(3) 从分拆变形的角度入手.

例5 设 $a,b,c \in \mathbf{R}_+, a+b+c=4$,求证: $\dfrac{1}{a} + \dfrac{4}{b} + \dfrac{9}{c} \geqslant 9$.

证明 注意到 $a+b+c=4, 1 = \dfrac{1}{4}(a+b+c)$,则

$$\dfrac{1}{a} + \dfrac{4}{b} + \dfrac{9}{c} = \dfrac{a+b+c}{4a} + \dfrac{a+b+c}{b} + \dfrac{9a+9b+9c}{4c} =$$

$$\left(\dfrac{1}{4} + 1 + \dfrac{9}{4}\right) + \left(\dfrac{b}{4a} + \dfrac{a}{b}\right) + \left(\dfrac{c}{4a} + \dfrac{9a}{4c}\right) + \left(\dfrac{c}{b} + \dfrac{9b}{4c}\right) \geqslant$$

$$\left(\dfrac{1}{4} + 1 + \dfrac{9}{4}\right) + 1 + \dfrac{3}{2} + 3 = 9$$

其中等号当且仅当 $a = \dfrac{2}{3}, b = \dfrac{4}{3}, c = 2$ 时成立.

例6 设 $x,y,z \in \mathbf{R}_+$,求 $u = \dfrac{xy + 2yz}{x^2 + y^2 + z^2}$ 的最大值.

解 此问题可等价于求 $\dfrac{1}{u} = \dfrac{x^2 + y^2 + z^2}{xy + 2yz}$ 的最小值,若在运用不等式 ① 后使之可在分子上产生类似于分母的因式约去即得最小值,注意到分母是两项 xy 与 $2yz$,都含有 y 且系数

之比为 $1:2$,故可考虑将分子中的 y^2 拆成两项,使系数之比为 $1:4$,即有

$$\frac{1}{u} = \frac{x^2 + \frac{1}{5}y^2 + \frac{4}{5}y^2 + z^2}{xy + 2yz} \geq \frac{2\sqrt{\frac{1}{5}}xy + 2\sqrt{\frac{4}{5}}yz}{xy + 2yz} = \frac{2}{\sqrt{5}}$$

从而当 $x = \frac{\sqrt{5}}{5}y, z = \frac{2}{5}\sqrt{5}y$ 时,u 取最大值 $\frac{\sqrt{5}}{2}$.

例7 设 $c \geq 0, a \geq c, b \geq c$,求证:$\sqrt{c(a-c)} + \sqrt{c(b-c)} \leq \sqrt{ab}$.

证明 若 $ab = 0$,不等式显然成立.

若 $ab \neq 0$,由

$$\sqrt{\frac{c}{b}\left(1 - \frac{c}{a}\right)} \leq \frac{1}{2}\left(\frac{c}{b} + 1 - \frac{c}{a}\right)$$

$$\sqrt{\frac{c}{a}\left(1 - \frac{c}{b}\right)} \leq \frac{1}{2}\left(\frac{c}{a} + 1 - \frac{c}{b}\right)$$

可得

$$\sqrt{\frac{c}{b}\left(1 - \frac{c}{a}\right)} + \sqrt{\frac{c}{a}\left(1 - \frac{c}{b}\right)} \leq 1$$

上式两边同乘 $\sqrt{ab}$ 即得所证.

(4) 从定值的角度入手.

课本中以例题的形式给出了式 ① 在求一类最值的理论根据:设 $x, y \in \mathbf{R}_+, x + y = s$,$xy = p$,若 p 是定值,那么当且仅当 $x = y$ 时,s 的值最小,最小值为 $2\sqrt{p}$;若 s 是定值,那么当且仅当 $x = y$ 时,p 的值最大,最大值为 $\frac{1}{4}s^2$.

例8 设 $x > 0, y > 0, x + y = 1$,求证:$\left(x + \frac{1}{x}\right)\left(y + \frac{1}{y}\right) \geq \frac{25}{4}$.

证明 因 $x > 0, y > 0, x + y = 1$,则

$$\sqrt{xy} \leq \frac{x+y}{2} = \frac{1}{2} \qquad (*)$$

即有

$$xy \leq \frac{1}{4}, 1 - xy \geq \frac{3}{4}$$

于是

$$\left(x + \frac{1}{x}\right)\left(y + \frac{1}{y}\right) = \frac{x^2+1}{x} \cdot \frac{y^2+1}{y} = \frac{x^2y^2 + x^2 + y^2 + 1}{xy} = \frac{(1-xy)^2 + (x+y)^2}{xy} \geq 4\left[\left(\frac{3}{4}\right)^2 + 1\right] = \frac{25}{4}$$

显然,当且仅当 $x = y = \frac{1}{2}$ 时,式 $(*)$ 成立,从而原不等式当 $x = y = \frac{1}{2}$ 时,等号成立.

3.2.3 析变式,广应用

式 ① 或式 ② 是证明不等式与求最值的有力工具,应用十分广泛.如果熟悉式 ① 或式 ② 的一些变式,则可在证明不等式或求最值中发挥更大的作用(因有些问题直接应用式 ① 或式 ② 原型不易发挥作用).

变式 I
$$(a+b)^2 \geq 4ab \qquad ③$$

例9 试确定最大的实数 z,使得 $x+y+z=5, xy+yz+zx=3$,且 x,y 也是实数.

解 由 $x+y=5-z, xy=3-z(x+y)=z^2-5z+3$ 及 $(x+y)^2 \geq 4xy$,有
$$(5-z)^2 \geq 4(z^2-5z+3)$$

解得 $-1 \leq z \leq \dfrac{13}{3}$,当 $x=y=\dfrac{1}{3}$ 时,$y=\dfrac{13}{3}$,故 $z_{\max}=\dfrac{13}{3}$.

变式 II
$$a^2+b^2 \geq 2|ab| \qquad ④$$

例10 实数 x,y 满足 $4x^2-5xy+4y^2=5$,设 $S=x^2+y^2$,求 $\dfrac{1}{S_{\max}}+\dfrac{1}{S_{\min}}$ 的值.

解 由 $4x^2-5xy+4y^2=5$ 及 $x^2+y^2=5$ 得 $xy=\dfrac{4}{5}S-1$,由
$$x^2+y^2 \geq 2|xy|$$

有
$$S \geq 2\left|\dfrac{4}{5}S-1\right|$$

解得
$$\dfrac{10}{13} \leq S \leq \dfrac{10}{3}$$

故
$$\dfrac{1}{S_{\max}}+\dfrac{1}{S_{\min}}=\dfrac{8}{5}$$

例11 (柯西不等式)设 $a_i, b_i \in \mathbf{R}(i=1,2,\cdots,n)$,求证
$$(a_1^2+a_2^2+\cdots+a_n^2)(b_1^2+b_2^2+\cdots+b_n^2) \geq (a_1b_1+a_2b_2+\cdots+a_nb_n) \qquad ⑤$$

其中等号当且仅当 $\dfrac{a_1}{b_1}=\dfrac{a_2}{b_2}=\cdots=\dfrac{a_n}{b_n}$ 时成立.

证明 令 $|x_i|=\dfrac{|a_i|}{\sqrt{a_1^2+a_2^2+\cdots+a_n^2}}, |y_i|=\dfrac{|b_i|}{\sqrt{b_1^2+b_2^2+\cdots+b_n^2}}$,取 $i=1,2,\cdots,n$,并注意到
$$\dfrac{1}{2}(x_i^2+y_i^2) \geq |x_i| \cdot |y_i|$$

则有 n 个不等式相加得
$$\dfrac{1}{2}\left(\dfrac{|a_1|^2+|a_2|^2+\cdots+|a_n|^2}{a_1^2+a_2^2+\cdots+a_n^2}+\dfrac{|b_1|^2+|b_2|^2+\cdots+|b_n|^2}{b_1^2+b_2^2+\cdots+b_n^2}\right) \geq$$
$$\dfrac{|a_1|\cdot|b_1|+|a_2|\cdot|b_2|+\cdots+|a_n|\cdot|b_n|}{\sqrt{a_1^2+a_2^2+\cdots+a_n^2} \cdot \sqrt{b_1^2+b_2^2+\cdots+b_n^2}}$$

即
$$\sqrt{a_1^2+a_2^2+\cdots+a_n^2} \cdot \sqrt{b_1^2+b_2^2+\cdots+b_n^2} \geq |a_1b_1|+|a_2b_2|+\cdots+|a_nb_n| \geq$$
$$|a_1b_1+a_2b_2+\cdots+a_nb_n|$$

故 $(a_1^2+a_2^2+\cdots+a_n^2)(b_1^2+b_2^2+\cdots+b_n^2) \geq (a_1b_1+a_2b_2+\cdots+a_nb_n)^2$

其中等号成立的条件由 $x_i=y_i$,即得.

变式 Ⅲ
$$\frac{a^2+b^2}{2} \geq \left(\frac{a+b}{2}\right)^2 \text{ 或 } a^2+b^2 \geq \frac{1}{2}(a+b)^2 \qquad ⑥$$

或
$$\sqrt{2}\cdot\sqrt{a^2+b^2} \geq a+b \qquad ⑦$$

例 12 设实数 a,b,c,d,e 满足 $a+b+c+d+e=8, a^2+b^2+c^2+d^2+e^2=16$,试确定 e 的最大值.

解 由
$$a^2+b^2+c^2+d^2 \geq \frac{1}{2}[(a+b)^2+(c+d)^2] \geq \frac{1}{4}(a+b+c+d)^2$$

有
$$16-e^2 \geq \frac{1}{4}(8-e)^2$$

解得
$$0 \leq e \leq \frac{16}{5}$$

故当 $a=b=c=d=\frac{6}{5}$ 时,$e=\frac{16}{5}$,即 $e_{\max}=\frac{16}{5}$.

例 13 已知 $a,b \in \mathbf{R}_+$,且 $a+b=1$,求证 $(a+\frac{1}{a})^2+(b+\frac{1}{b})^2 \geq \frac{25}{2}$.

证明 由
$$(a+\frac{1}{a})^2+(b+\frac{1}{b})^2 \geq \frac{1}{2}(a+\frac{1}{a}+b+\frac{1}{b})^2 = \frac{1}{2}(1+\frac{1}{ab})^2$$

而 $ab \leq \left(\frac{a+b}{2}\right)^2 = \frac{1}{4}$,有 $\frac{1}{ab} \geq 4$,从而
$$\frac{1}{2}\left(1+\frac{1}{ab}\right) \geq \frac{25}{2}$$

故
$$(a+\frac{1}{a})^2+(b+\frac{1}{b})^2 \geq \frac{25}{2}$$

例 14 求函数 $y = \sqrt{3x} + \sqrt{1-3x}$ 的最大值.

解 因 $\sqrt{3x} \geq 0, \sqrt{1-3x} \geq 0$,有
$$y = \sqrt{3x} + \sqrt{1-3x} \leq \sqrt{2}\cdot\sqrt{(\sqrt{3x})^2+(\sqrt{1-3x})^2} = \sqrt{2}$$

当且仅当 $\sqrt{3x} = \sqrt{1-3x}$,即 $x=\frac{1}{6}$ 时,$y_{\max}=\sqrt{2}$.

变式 Ⅳ 由 $a^2+b^2 \geq 2ab$,或 $a^2-ab \geq ab-b^2$ 两边同除以 ab(当 $ab>0$),有
$$\frac{b}{a}+\frac{a}{b} \geq 2 \quad \text{或} \quad \frac{a-b}{b} \geq \frac{a-b}{a}, ab>0 \qquad ⑧$$

例 15 已知 $x_1,x_2,\cdots,x_n$ 为两两不相同的正整数,求证:对于任意正整数 n,不等式 $\frac{x_1}{1^2} + \frac{x_2}{2^2} + \cdots + \frac{x_n}{n^2} \geq \frac{1}{1}+\frac{1}{2}+\cdots+\frac{1}{n}$ 成立.

证明 左 $-$ 右 $= \frac{x_1-1}{1} + \frac{x_2-1}{2^2} + \cdots + \frac{x_n-n}{n^2} \geq$

$$\frac{x_1-1}{x} + \frac{1}{2}\cdot\frac{x_2-2}{x_2} + \frac{1}{3}\cdot\frac{x_3-3}{x_3} + \cdots + \frac{1}{n}\cdot\frac{x_n-n}{x_n} =$$
$$\left(1 + \frac{1}{2} + \cdots + \frac{1}{n}\right) - \left(\frac{1}{x_1} + \frac{1}{x_2} + \cdots + \frac{1}{x_n}\right) \geq 0$$

即证.

变式 V 由
$$4a^2 \geq 4ab - b^2$$
有
$$\frac{a^2}{b} \geq a - \frac{1}{4}b \qquad ⑨$$

例 16 设 $a,b,c \in \mathbf{R}_+$,且 $abc = 1$,求证
$$\frac{1}{a^3(b+c)} + \frac{1}{b^3(c+a)} + \frac{1}{c^3(a+b)} \geq \frac{3}{2}$$

证明 由
$$\frac{1}{a^3(b+c)} = \frac{b^2c^2}{ab+ac} \geq bc - \frac{1}{4}(ab+ac)$$
$$\frac{1}{b^3(c+a)} \geq ac - \frac{1}{4}(bc+ab)$$
$$\frac{1}{c^3(a+b)} \geq ab - \frac{1}{4}(ac+bc)$$

有
$$\frac{1}{a^3(b+c)} + \frac{1}{b^3(a+c)} + \frac{1}{c^3(a+b)} \geq \frac{ab+bc+ac}{2} \geq \frac{3}{2}\sqrt[3]{a^2b^2c^2} = \frac{3}{2}$$

变式 VI 由 $a^2 + \lambda^2 b^2 \geq 2\lambda ab(\lambda \in \mathbf{R})$ 两边分别同除以 b, ab^2 及 $ab(ab \neq 0)$,则

当 $b \in \mathbf{R}_+$,有
$$\frac{a^2}{b} \geq 2\lambda a - \lambda^2 b \qquad ⑩$$

当 $a \in \mathbf{R}_+$,有
$$\frac{a}{b^2} \geq \frac{2\lambda}{b} - \frac{\lambda^2}{a} \qquad ⑪$$

当 $ab > 0$,有
$$\frac{a}{b} \geq 2\lambda - \lambda^2 \frac{b}{a} \qquad ⑫$$

例 17 设 $a,b,c \in \mathbf{R}_+$,求证:$\frac{a}{\sqrt{b}} + \frac{b}{\sqrt{c}} + \frac{c}{\sqrt{a}} \geq \sqrt{a} + \sqrt{b} + \sqrt{c}$.

证明 由式 ⑩,取 $\lambda = 1$,有
$$\frac{a}{\sqrt{b}} + \frac{b}{\sqrt{c}} + \frac{c}{\sqrt{a}} \geq (2\sqrt{a} - \sqrt{b}) + (2\sqrt{b} - \sqrt{c}) + (2\sqrt{c} - \sqrt{a}) =$$
$$\sqrt{a} + \sqrt{b} + \sqrt{c}$$

例 18 已知 $a,b,c,d \in \mathbf{R}_+$,且 $ab + bc + cd + da = 1$,求证
$$\frac{a^2}{b+c+d} + \frac{c^2}{c+d+a} + \frac{c^2}{d+a+b} + \frac{d^2}{a+b+c} \geq \frac{2}{3}$$

证明　由式⑩,取 $\lambda = \dfrac{1}{3}$,有

$$原不等式左边 \geqslant \dfrac{2}{3}(a+b+c+d) - \dfrac{3}{9}(a+b+c+d) =$$
$$\dfrac{1}{3}[(a+c)+(b+d)] \geqslant \dfrac{2}{3}\sqrt{(a+c)(c+d)} = \dfrac{2}{3}$$

例19　已知 $x_1, x_2, \cdots, x_n \in \mathbf{R}_+$,且 $x_1 + x_2 + \cdots + x_n = 1(n \geqslant 2)$,求证

$$\dfrac{x_1^2}{1-x_1} + \dfrac{x_2^2}{1-x_2} + \cdots + \dfrac{x_n^2}{1-x_n} \geqslant \dfrac{1}{n-1}$$

证明　由式⑩,有

$$原不等式左边 \geqslant 2\lambda(x_1 + x_2 + \cdots + x_n) - \lambda^2[n - (x_1 + x_2 + \cdots + x_n)] =$$
$$2\lambda - \lambda^2(n-1)$$

只要存在 λ,使 $2\lambda - \lambda^2(n-1) = \dfrac{1}{n-1}$ 成立即可.

由 $(n-1)^2\lambda^2 - 2(n-1)\lambda + 1 = 0$,解得 $\lambda = \dfrac{1}{n-1}$,此即说明由式⑩,取 $\lambda = \dfrac{1}{n-1}$ 即证.

例20　已知 $a_1, a_2, \cdots, a_n \in \mathbf{R}_+$,且 $a_1 + a_2 + \cdots + a_n = 1(n \geqslant 2)$,求证

$$\dfrac{a_2}{a_1^2} + \dfrac{a_3}{a_2^2} + \cdots + \dfrac{a_1}{a_n^2} \geqslant n^2$$

证明　由式⑪,有

$$原不等式左边 \geqslant 2\lambda\left(\dfrac{1}{a_1} + \dfrac{1}{a_2} + \cdots + \dfrac{1}{a_n}\right) - \lambda^2\left(\dfrac{1}{a_1} + \dfrac{1}{a_2} + \cdots + \dfrac{1}{a_n}\right) =$$
$$(2\lambda - \lambda^2)\left(\dfrac{1}{a_1} + \dfrac{1}{a_2} + \cdots + \dfrac{1}{a_n}\right) \cdot (a_1 + a_2 + \cdots + a_n) \geqslant$$
$$(2\lambda - \lambda^2) \cdot n^2$$

由 $2\lambda - \lambda^2 = 1$,解得 $\lambda = 1$,故由式⑪取 $\lambda = 1$,即证得原不等式成立.

例21　若 α, β, γ 为锐角,且满足 $\cos^2\alpha + \cos^2\beta + \cos^2\gamma = 1$,求证

$$\cot^2\alpha + \cot^2\beta + \cot^2\gamma \geqslant \dfrac{3}{2}$$

证明　原不等式即为

$$\dfrac{\cos^2\alpha}{\sin^2\alpha} + \dfrac{\cos^2\beta}{\sin^2\beta} + \dfrac{\cos^2\gamma}{\sin^2\gamma} \geqslant \dfrac{3}{2} \Leftrightarrow$$
$$\dfrac{1-\sin^2\alpha}{\sin^2\alpha} + \dfrac{1-\sin^2\beta}{\sin^2\beta} + \dfrac{1-\sin^2\gamma}{\sin^2\gamma} \geqslant \dfrac{3}{2} \Leftrightarrow$$
$$\dfrac{1}{\sin^2\alpha} + \dfrac{1}{\sin^2\beta} + \dfrac{1}{\sin^2\gamma} \geqslant \dfrac{3}{2} + 3 = \dfrac{9}{2}$$

由式⑫,有

$$\dfrac{1}{\sin^2\alpha} + \dfrac{1}{\sin^2\beta} + \dfrac{1}{\sin^2\gamma} \geqslant (2\lambda - \lambda^2\sin^2\alpha) + (2\lambda - \lambda^2\sin^2\beta) + (2\lambda - \lambda^2\sin^2\gamma) =$$
$$6\lambda - \lambda^2(\sin^2\alpha + \sin^2\beta + \sin^2\gamma) =$$

$$6\lambda - \lambda^2(3 - \cos^2\alpha - \cos^2\beta - \cos^2\gamma) = 6\lambda - 2\lambda^2$$

由 $6\lambda - 2\lambda^2 = \dfrac{9}{2}$,解得 $\lambda = \dfrac{3}{2}$. 故由式⑫,取 $\lambda = \dfrac{3}{2}$ 即证得原不等式.

变式Ⅶ 当 $b > 0, \lambda > 0$ 时,用 $\dfrac{b}{\lambda}$ 代 b 于式①,有

$$\dfrac{a^2}{b} \geqslant \dfrac{2a}{\lambda} - \dfrac{b}{\lambda^2} \qquad ⑬$$

由 $\dfrac{b}{a} + \dfrac{a}{b} \geqslant 2 (ab > 0)$ 及令 $\dfrac{b}{a} = \lambda$,有

$$\lambda - 1 \geqslant 1 - \dfrac{1}{\lambda} \qquad ⑭$$

下面运用式⑬给出 3.2.2 中例 4 的另证:由

$$\dfrac{a^2}{a+b} + \dfrac{b^2}{b+c} + \dfrac{c^2}{a+c} \geqslant \left(\dfrac{2a}{\lambda} - \dfrac{a+b}{\lambda^2}\right) + \left(\dfrac{2b}{\lambda} - \dfrac{b+c}{\lambda^2}\right) + \left(\dfrac{2c}{\lambda} - \dfrac{a+c}{\lambda^2}\right) =$$
$$(a+b+c)\left(\dfrac{2}{\lambda} - \dfrac{2}{\lambda^2}\right)$$

令 $\dfrac{2}{\lambda} - \dfrac{2}{\lambda^2} = \dfrac{1}{2}$,解得 $\lambda = 2$.

故由式⑬,取 $\lambda = 2$,即证得原不等式.

例 22 设 α, β, γ 为锐角,且 $\sin^2\alpha + \sin^2\beta + \sin^2\gamma = 1$,求证

$$\dfrac{\sin^3\alpha}{\sin\beta} + \dfrac{\sin^3\beta}{\sin\gamma} + \dfrac{\sin^3\gamma}{\sin\alpha} \geqslant 1$$

证明 因 $\alpha, \beta, \gamma \in (0, \dfrac{\pi}{2})$,则 $\sin\alpha > 0, \sin\beta > 0, \sin\gamma > 0$. 由式⑭,有

$$\dfrac{\sin^3\alpha}{\sin\beta} - \sin^2\alpha = \sin^2\alpha\left(\dfrac{\sin\alpha}{\sin\beta} - 1\right) \geqslant \sin^2\alpha\left(1 - \dfrac{\sin\beta}{\sin\alpha}\right) = \sin^2\alpha - \sin\alpha \cdot \sin\beta$$

同理
$$\dfrac{\sin^3\beta}{\sin\gamma} - \sin^2\beta \geqslant \sin^2\beta - \sin\beta \cdot \sin\gamma$$

$$\dfrac{\sin^3\gamma}{\sin\alpha} - \sin^2\gamma \geqslant \sin^2\gamma - \sin\gamma \cdot \sin\alpha$$

将上述三式相加,有

$$\dfrac{\sin^3\alpha}{\sin\beta} + \dfrac{\sin^3\beta}{\sin\gamma} + \dfrac{\sin^3\gamma}{\sin\alpha} - \sin^2\alpha - \sin^2\beta - \sin^2\gamma \geqslant$$
$$\dfrac{1}{2}(\sin\alpha - \sin\beta)^2 + \dfrac{1}{2}(\sin\beta - \sin\gamma)^2 + \dfrac{1}{2}(\sin\gamma - \sin\alpha)^2 \geqslant 0$$

再注意到 $\sin^2\alpha + \sin^2\beta + \sin^2\gamma = 1$,原不等式即证.

3.2.4 深推广,宽联想

打开数学史你会发现:数学在一定程度上是在推广中(包括概念或结论)发展的,考虑不等式①或②的推广,发现可以从结构特征方面考虑,也可以从应用方面考虑,还可以从多方面联想考虑.

(1) 将两个变元推广到三个变元

如果 $a,b,c \in \mathbf{R}_+$, 则 $a^3 + b^3 + c^3 \geqslant 3abc$, 其中等号当且仅当 $a = b = c$ 时成立.

证法 1　注意到两个变元的平均值不等式, 有
$$a^3 + b^3 + c^3 = a^3 + b^3 + c^3 + abc - abc \geqslant$$
$$2\sqrt{a^3b^3} + 2\sqrt{abc^4} - abc \geqslant$$
$$2\sqrt{2\sqrt{a^3b^3} \cdot 2\sqrt{abc^4}} - abc =$$
$$4abc - abc = 3abc$$

其中等号成立当且仅当 $a^3 = b^3$ 且 $c^3 = abc$, 即 $a = b = c$ (以下证法等号成立条件均略).

证法 2　由 $A = \dfrac{a^3 + b^3 + c^3}{3} \xrightarrow{\text{等比}} \dfrac{a^3 + b^3 + c^3 + A}{4} \geqslant$
$$\dfrac{1}{2}(\sqrt{a^3b^3} + \sqrt{c^3A}) \geqslant \sqrt{\sqrt{a^3b^3} \cdot \sqrt{c^3A}} = \sqrt[4]{a^3b^3c^3A}$$

有 $A^4 \geqslant a^3b^3c^3A$, 故
$$\dfrac{a^3 + b^3 + c^3}{3} = A \geqslant abc$$

证法 3　令 $abc = B$, 则
$$\dfrac{a^3}{B} + \dfrac{b^3}{B} + \dfrac{c^3}{B} + 1 \geqslant 2\sqrt{\dfrac{a^3b^3}{B^2}} + 2\sqrt{\dfrac{c^3}{B} \cdot 1} \geqslant$$
$$2\sqrt{2\sqrt{\dfrac{a^3b^3}{B^2}} \cdot 2\sqrt{\dfrac{c^3}{B}}} = 4$$

故 $\dfrac{a^3 + b^3 + c^3}{B} \geqslant 3$, 即 $a^3 + b^3 + c^3 \geqslant 3abc$.

证法 4　注意到代数式的恒等变形(或运用代数恒等式), 有
$$a^3 + b^3 + c^3 - 3abc = (a+b)^3 - 3a^2b - 3ab^2 + c^3 - 3abc =$$
$$[(a+b)^3 + c^3] - 3a^2b - 3ab^2 - 3abc =$$
$$(a+b+c)[(a+b)^2 - (a+b)c + c^2] - 3ab(a+b+c) =$$
$$(a+b+c)(a^2 + 2ab + b^2 - ac - bc + c^2 - 3ab) =$$
$$\dfrac{1}{2}(a+b+c)[(a-b)^2 + (b-c)^2 + (c-a)^2] \geqslant 0$$

从而 $a^3 + b^3 + c^3 \geqslant 3abc$.

证法 5　由
$$a^3 + b^3 + c^3 = (\sqrt{a^3} - \sqrt{b^3})^2 + (\sqrt{c^3} - \sqrt{abc})^2 + 2\sqrt{a^3b^3} + 2\sqrt{abc^4} - abc =$$
$$(\sqrt{a^3} - \sqrt{b^3})^2 + (\sqrt{c^3} - \sqrt{abc})^2 + 2(\sqrt[4]{a^3b^3} - \sqrt[4]{abc^4})^2 + 3abc \geqslant$$
$$3abc$$

即证.

证法 6　注意到证法 4, 有
$$(a-b)^2 + (b-c)^2 + (c-a)^2 \geqslant 0$$

即有

$$\frac{1}{2}(a+b+c)[(a-b)^2+(b-c)^2+(c-a)^2] \geq 0 \Leftrightarrow a^3+b^3+c^3-3abc \geq 0$$

故
$$a^3+b^3+c^3 \geq 3abc$$

证法 7 注意到两个变元的平均值不等式与代数式变形,有
$$(a-b)^2(a+b)+(b-c)^2(b+c)-(c-a)^2(c+a) \geq 0$$

或
$$(a-b)(a^2-b^2)+(b-c)(b^2-c^2)+(c-a)(c^2-a^2) \geq 0$$

亦即
$$2(a^3+b^3+c^3) \geq a(b^2+c^2)+b(c^2+a^2)+c(a^2+b^2) \geq$$
$$a \cdot 2bc + b \cdot 2ca + c \cdot 2ab = 6abc$$

故
$$a^3+b^3+c^3 \geq 3abc$$

证法 8 注意到 $a^3 = ab \cdot \frac{a^2}{b} \geq ab(2a-b) = 2a^2b - ab^2$,及
$$a^3 = ac \cdot \frac{a^2}{c} \geq ac(2a-c) = 2a^2c - ac^2$$

同理
$$b^3 \geq 2b^2c - bc^2, b^3 \geq 2ab^2 - a^2b$$
$$c^3 \geq 2c^2a - ca^2, c^3 \geq 2bc^2 - b^2c$$

以上 6 式相加,得
$$2(a^3+b^3+c^3) \geq a(b^2+c^2)+b(c^2+a^2)+c(a^2+b^2) \geq 6abc$$

故
$$a^3+b^3+c^3 \geq 3abc$$

证法 9 由两个变元的均值不等式,或三个元素的排序不等式,有
$$a^2+b^2+c^2 \geq ab+bc+ca \qquad ①$$

亦有
$$(a+b+c)(a^2+b^2+c^2) \geq (a+b+c)(ab+bc+ca)$$

故
$$a^3+b^3+c^3 \geq 3abc$$

证法 10 由两个元素的排序不等式,有 $a^3+b^3 \geq a^2b+ab^2, b^3+c^3 \geq b^2c+bc^2, c^3+a^3 \geq c^2a+ca^2$.

上述 3 式相加,有
$$2(a^3+b^3+c^3) \geq a(b^2+c^2)+b(c^2+a^2)+c(a^2+b^2) \geq 6abc$$

故
$$a^3+b^3+c^3 \geq 3abc$$

证法 11 由 $a^3+b^3+c^3-3abc = \frac{1}{2}[(b^3+c^3)+(c^3+a^3)+(a^3+b^3)-6abc] \geq$
$$\frac{1}{2}[(b^2c+bc^2)+(c^2a+ca^2)+(a^2b+ab^2)-6abc] =$$

$$\frac{1}{2}[a(b-c)^2 + b(c-a)^2 + c(a-b)^2] \geq 0$$

即有
$$a^3 + b^3 + c^3 \geq 3abc$$

证法 12 由两个变元的均值不等式和式①,有
$$(a+b+c)^2 = a^2 + b^2 + c^2 + 2ab + 2bc + 2ca \geq 3(ab+bc+ca) \qquad ②$$

于是
$$(a+b+c)^3 \geq 3(ab+bc+ca)(a+b+c)$$

故
$$a^3 + b^3 + c^3 \geq 3abc$$

证法 13 由两个变元的均值不等式或式①,有
$$3(a^2+b^2+c^2) = a^2+b^2+c^2 + 2(a^2+b^2+c^2) \geq$$
$$a^2+b^2+c^2 + 2(ab+bc+ca) = (a+b+c)^2 \qquad ③$$

于是
$$3(a^2+b^2+c^2)(a+b+c) \geq (a+b+c)^3$$

故
$$a^3 + b^3 + c^3 \geq 3abc$$

证法 14 注意到式②,有
$$(a^3+b^3+c^3)^3 = (a^3+b^3+c^3)^2(a^3+b^3+c^3) \geq$$
$$3(a^3b^3 + b^3c^3 + c^3a^3)(a^3+b^3+c^3) =$$
$$3[a^3(b^6+c^6) + b^3(c^6+a^6) + c^3(a^6+b^6) + 3a^3b^3c^3] \geq$$
$$3[2a^3b^3c^3 + 2a^3b^3c^3 + 2a^3b^3c^3 + 3a^3b^3c^3] = 27a^3b^3c^3$$

故
$$a^3 + b^3 + c^3 \geq 3abc$$

证法 15 累次运用式③,有
$$(a^3+b^3+c^3)^4 = [3(b^3c^3 + c^3a^3 + a^3b^3)]^2 \geq$$
$$9 \cdot 3(c^3a^3 \cdot a^3b^3 + a^3b^3 \cdot b^3c^3 + b^3c^3 \cdot c^3a^3) =$$
$$27a^3b^3c^3(a^3+b^3+c^3)$$

故
$$a^3 + b^3 + c^3 \geq 3abc$$

证法 16 注意到柯西不等式的变形(或权方和)不等式
$$\frac{x_1^2}{y_1} + \frac{x_2^2}{y_2} + \frac{x_3^2}{y_3} \geq \frac{(x_1+x_2+x_3)^2}{y_1+y_2+y_3}$$

以及式②,有
$$a^3 + b^3 + c^3 = abc\left(\frac{a^2}{bc} + \frac{b^2}{ca} + \frac{c^2}{ab}\right) \geq abc \cdot \frac{(a+b+c)^2}{bc+ca+ab} \geq 3abc$$

证法 17 $a^3 + b^3 + c^3 = \frac{a^2}{a^{-1}} + \frac{b^2}{b^{-1}} + \frac{c^2}{c^{-1}} \geq$
$$\frac{(a+b+c)^2}{a^{-1}+b^{-1}+c^{-1}} \geq \frac{3(ab+bc+ca)}{(ab+bc+ca)/abc} = 3abc$$

证法 18 $a^3 + b^3 + c^3 = \dfrac{a^4}{a} + \dfrac{b^4}{b} + \dfrac{c^4}{c} \geqslant$
$$\dfrac{(a^2 + b^2 + c^2)^2}{a+b+c} \geqslant \dfrac{(ab+bc+ca)^2}{a+b+c} \geqslant$$
$$\dfrac{3(ab \cdot bc + bc \cdot ca + ca \cdot ab)}{a+b+c} = 3abc$$

证法 19 由对称性,不妨设 $a \geqslant b \geqslant c$,则 $a^3 \geqslant b^3 \geqslant c^3$. 令 $A = \dfrac{a^3+b^3+c^3}{3}$,则 $(a^3 - A) \cdot (A - c^3) \geqslant 0$,即 $a^3 c^3 \leqslant A(a^3 + c^3 - A)$,由上即知 $a^3 + c^3 - A \geqslant 0$.

于是
$$a^3 b^3 c^3 \leqslant A \cdot b^3 (a^3 + c^3 - A) \leqslant A \cdot \left[\dfrac{b^3 + (a^3 + c^3 - A)}{2}\right]^2 = A^3$$

故
$$a^3 + b^3 + c^3 \geqslant 3abc$$

证法 20 由对称性,不妨设 $a \geqslant b \geqslant c$,则有
$$c(a-c)(b-c) \geqslant 0, (a-b)^2(a+b-c) \geqslant 0$$

上述两个不等式相加,得
$$c(a-c)(b-c) + (a-b)^2(a+b-c) \geqslant 0$$

即
$$a^3 + b^3 + c^3 + 3abc \geqslant a^2 b + ab^2 + b^2 c + bc^2 + c^2 a + ca^2 =$$
$$a(b^2 + c^2) + b(c^2 + a^2) + c(a^2 + b^2) \geqslant 6abc \quad ④$$

故
$$a^3 + b^3 + c^3 \geqslant 3abc$$

证法 21 由对称性,不妨设 $a \geqslant b \geqslant c$,则有
$$a(a-c)^2 + b(b-c)^2 \geqslant 0, (a-c)(b-c)(a+b-c) \leqslant 0$$

于是
$$a(a-c)^2 + b(b-c)^2 \geqslant (a-c)(b-c)(a+b-c)$$

即
$$a^3 + b^3 + c^3 + 3abc \geqslant a^2 b + ab^2 + b^2 c + bc^2 + c^2 a + ca^2 \geqslant 6abc$$

故
$$a^3 + b^3 + c^3 \geqslant 3abc$$

证法 22 由对称性,不妨设 $a \geqslant b \geqslant c$,则可设
$$a = c + \alpha + \beta, b = c + \alpha, \alpha, \beta \geqslant 0$$

于是
$$a^3 + b^3 + c^3 - 3abc = (c + \alpha + \beta)^3 + (c + \alpha)^3 + c^3 - 3(c + \alpha + \beta)(c + \alpha)c =$$
$$3c(\alpha^2 + \alpha\beta + \beta^2) + (\alpha + \beta)^3 + \alpha^3 \geqslant 0$$

故
$$a^3 + b^3 + c^3 \geqslant 3abc$$

证法 23 注意到不等式
$$abc \geqslant (b+c-a)(c+a-b)(a+b-c) \quad ⑤$$

展开得式 ④
$$a^3 + b^3 + c^3 + 3abc \geq a^2b + ab^2 + b^2c + bc^2 + c^2a + ca^2$$
由此即可得
$$a^3 + b^3 + c^3 \geq 3abc$$
而对于式⑤,可有如下途径得到:

(1) 由 $a^2 \geq a^2 - (b-c)^2 = (a-b+c)(c+a-b)$ 等三式相乘;

(2) 由 $a^2 = \left(\dfrac{c+a-b}{2} + \dfrac{a+b-c}{2}\right)^2 \geq 4 \cdot \dfrac{c+a-b}{2} \cdot \dfrac{a+b-c}{2} = (c+a-b)(a+b-c)$ 等三式相乘.

(3) 由 $(x+y)(y+z)(z+x) \geq 2\sqrt{xy} \cdot 2\sqrt{yz} \cdot 2\sqrt{zx} = 8xyz$,作代换 $y+z=a, z+x=b, x+y=c$,有 $x = \dfrac{1}{2}(b+c-a)$ 等三式.

(4) 由舒尔不等式: $a^r(a-b)(a-c) + b^r(b-a)(b-c) + c^r(c-b)(c-a) \geq 0$ 变形.

证法 24 由 $a^3 + 2b^3 - 3ab^2 = (a-b)^2(a+2b) \geq 0$,有 $a^3 + 2b^3 \geq 3ab^2$. 同理 $a^3 + 2c^3 \geq 3ac^2$.

上述两式相加,并注意 $b^2 + c^2 \geq 2bc$,有
$$2a^3 + 2b^3 + 2c^3 \geq 3a(b^2 + c^2) \geq 6abc$$
故
$$a^3 + b^3 + c^3 \geq 3abc$$

证法 25 注意到 $x^3 - 2x + 3 = (x-1)^2(x+2) \geq 0$,有 $x^3 \geq 3x - 2$(可参见后面的式⑰),则
$$a^3 + b^3 + c^3 = a^3 + b^3 + \sqrt{a^3b^3} \cdot \left(\dfrac{c}{\sqrt{ab}}\right)^3 \geq$$
$$2\sqrt{a^3b^3} + \sqrt{a^3b^3}\left(3 \cdot \dfrac{c}{\sqrt{ab}} - 2\right) = 3abc$$

证法 26 欲证 $a^3 + b^3 + c^3 \geq 3abc$,即证 $a^3 + b^3 + c^3 - 3abc \geq 0$.

考虑函数 $f(x) = x^3 - 3bcx + b^3 + c^3$,则 $f'(x) = 3x^2 - 3bc$.

即知 $x = \sqrt{bc}$(即 $f'(x) = 0$)时,$f(x)$ 取极(最)小值.

此时,$f(\sqrt{bc}) = (\sqrt{bc})^3 - 3\sqrt{bc} \cdot bc + b^3 + c^3 = (b^{\frac{3}{2}} - c^{\frac{3}{2}})^2 \geq 0$.

故 $f(x) \geq 0$,即 $a^3 + b^3 + c^3 \geq 3abc$.

证法 27 注意到多项式知识,用 $a = -b - c$ 代入式子 $a^3 + b^3 + c^3 - 3abc$ 得其为0,即 $(-b-c)^3 + b^3 + c^3 - 3(-b-c)bc = 0$.

运用带余除法,有
$$f(x) = x^3 - 3bcx + b^3 + c^3 = (x-a)(x^2 + ax + a^2 - 3bc) + a^3 + b^3 + c^3 - 3abc$$
知
$$f(a) = a^3 + b^3 + c^3 - 3abc = 0$$

于是,即知 $x = a = -b - c$ 是多项式 $f(x) = x^3 - 3bcx + b^3 + c^3$ 的根,因而 $f(x)$ 有因式 $x - a$,即 $a + b + c$.

从而

$$a^3 + b^3 + c^3 - 3abc = a^3 - 3bca + b^3 + c^3 =$$
$$(a + b + c)[(-b-c)^2 + a(-b-c) + a^2 - 3bc] =$$
$$\frac{1}{2}(a+b+c)[(b-c)^2 + (c-a)^2 + (a-b)^2] \geq 0$$

故
$$a^3 + b^3 + c^3 \geq 3abc$$

证法 28 设 $x, y, z \in \mathbf{R}_+$，且 $xyz = 1$ 时，则知 x, y, z 中必有一个不小于 1，另一个不大于 1. 不妨设为 $x \geq 1, y \leq 1$. 于是
$$(1-x)(1-y) \leq 0$$
即有
$$x + y \geq 1 + xy$$
从而有
$$x + y + z \geq 1 + xy + z \geq 1 + 2\sqrt{xyz} = 3$$
即
$$x + y + z \geq 3$$

若令 $x = \dfrac{a^2}{bc}, y = \dfrac{b^2}{ca}, z = \dfrac{c^2}{ab}$，此时 $xyz = 1$，且 $x, y, z \in \mathbf{R}_+$，则由
$$\frac{a^2}{bc} + \frac{b^2}{ca} + \frac{c^2}{ab} \geq 3$$
有
$$a^3 + b^3 + c^3 \geq 3abc$$

证法 29 设 $x, y, z \in \mathbf{R}_+$，且 $x + y + z = 1$ 时，则知 x, y, z 中必有一个不小于 $\dfrac{1}{3}$，另一个不大于 $\dfrac{1}{3}$，不妨设 $x \geq \dfrac{1}{3}, y \leq \dfrac{1}{3}$，于是
$$(x - \frac{1}{3})(y - \frac{1}{3}) \leq 0$$
即有
$$x + y \geq \frac{1}{3} + 3xy$$
从而有
$$x + y + z \geq \frac{1}{3} + 3xy + z \geq \frac{1}{3} + 2\sqrt{3xyz}$$
即有 $1 \geq \dfrac{1}{3} + 2\sqrt{3xyz}$，从而 $xyz \leq \dfrac{1}{27}$.

若令 $x = \dfrac{a^3}{a^3 + b^3 + c^3}, y = \dfrac{b^3}{a^3 + b^3 + c^3}, z = \dfrac{c^3}{a^3 + b^3 + c^3}$，此时有 $x + y + z = 1$，且 $x, y, z \in \mathbf{R}_+$，则由
$$\frac{a^3}{a^3 + b^3 + c^3} \cdot \frac{b^3}{a^3 + b^3 + c^3} \cdot \frac{c^3}{a^3 + b^3 + c^3} \leq \frac{1}{27}$$
有

$$a^3 + b^3 + c^3 \geqslant 3abc$$

证法 30 运用数形结合处理.

如图 3.98,先以 $a^2 + b^2 + c^2$ 为长,$a + b + c$ 为宽作矩形 $ABCD$,再以 $ab + bc + ca$ 为长,$a + b + c$ 为宽作矩形 $CDEF$.

注意到 $ab + bc + ca \leqslant a^2 + b^2 + c^2$,则
$$(ab + bc + ca)(a + b + c) \leqslant (a^2 + b^2 + c^2)(a + b + c)$$

即
$$S_{\text{矩形}CDEF} \leqslant S_{\text{矩形}ABCD}$$

又
$$\sum_{i=1}^{6} S_i + a^3 + b^3 + c^3 = S_{\text{矩形}ABCD}$$

$$\sum_{i=1}^{6} S_i + 3abc = S_{\text{矩形}CDEF}$$

从而
$$a^3 + b^3 + c^3 - 3abc = S_{\text{矩形}ABCD} - S_{\text{矩形}CDEF} \geqslant 0$$

故
$$a^3 + b^3 + c^3 \geqslant 3abc$$

证法 31 作出如下矩形图 3.99:

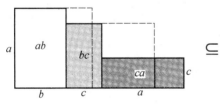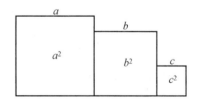

图 3.99

当 $a \geqslant b \geqslant c > 0$ 时,有 $ab + bc + ca \leqslant a^2 + b^2 + c^2$.

又作如下矩形图 3.100.

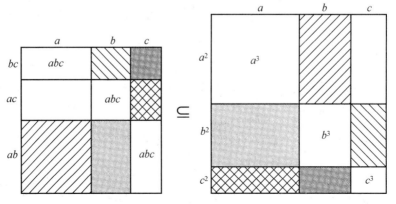

图 3.100

即有 $(ab+bc+ac)(a+b+c) \leqslant (a^2+b^2+c^2)(a+b+c)$,即 $3abc \leqslant a^3+b^3+c^3$.

证法 32　构造正方体证明.

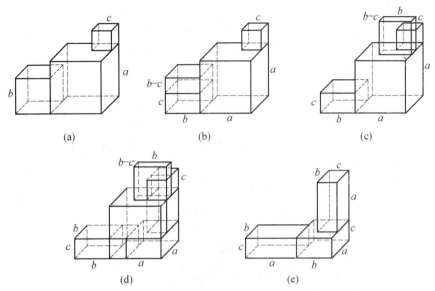

图 3.101

① 作棱长分别为 a,b,c 的三个正方体,并组成如图 3.101(a)所示的组合体,则该组合体的体积为 $a^3+b^3+c^3$.

② 从棱长为 b 的正方体中挖去一个以该正方体上底面为底面,高为 $b-c$ 的正四棱柱,如图 3.101(b).

③ 将图 3.101(b)中几何体挖去的正四棱柱按图 3.101(c)所示的方式与剩下的几何体重新拼成一个新组合体. 易知该组合体的体积仍为 $a^3+b^3+c^3$.

④ 新的组合体中含有三个棱长分别为 a,b,c 的长方体,如图 3.101(d).

⑤ 比较新组合体与三个长方体,如图 3.101(e),可以发现有新组合体的体积不小于三个长方体的体积和,故有
$$a^3+b^3+c^3 \geqslant 3abc$$
当且仅当 $a=b=c$ 时等号成立.

证法 33　构造四棱锥证明.

先将原不等式变形为 $\dfrac{a^3}{3}+\dfrac{b^3}{3}+\dfrac{c^3}{3} \geqslant 3abc$.

考虑四棱锥 $P-ABCD$ 如图 3.102,其底面 $ABCD$ 是边长为 t 正方形,高 $PA=t$,则
$$V_{P-ABCD} = \frac{1}{3}t \cdot t^2 = \frac{1}{3}t^3$$

分别取 $t=a,b,c$,可以得到三个四棱锥,它们的体积和为 $\dfrac{a^3}{3}+\dfrac{b^3}{3}+\dfrac{c^3}{3}$. 下面用几何方式说明三个四棱锥的体积和大于 abc.

设正方体 $ABCD-PQRS$ 的棱长为 a,在棱 PS 上取一点 A_1,使 $PA_1=b$,过 A_1 且垂直于 PA_1 的平面分别交 PD,PC,PR 于点 B_1,C_1,D_1,则四棱锥 $P-A_1B_1C_1D_1$ 的体积为 $\dfrac{1}{3}b^3$.

在棱 PQ 上取一点 A_2，使 $PA_2 = c$. 过 A_2 作垂直于 PQ 的平面分别交 PR, PC, PB 于点 B_2，C_2, D_2，则四棱锥 $P - A_2 B_2 C_2 D_2$ 的体积为 $\frac{1}{3}c^3$ 如图 3.103.

以 PA, PA_1, PA_2 为棱作长方体. 由图 3.104 可知，长方体的体积小于三个四棱锥的体积之和. 即 $\frac{a^3}{3} + \frac{b^3}{3} + \frac{c^3}{3} \geqslant 3abc$.

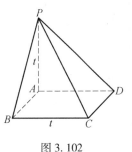

图 3.102

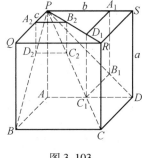

图 3.103

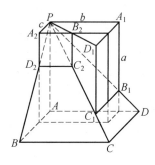

图 3.104

当且仅当 $a = b = c$ 时，三个四棱锥构成的组合体是正方体，从而有 $\frac{a^3}{3} + \frac{b^3}{3} + \frac{c^3}{3} = 3abc$. 此时等号成立.

注 证法 32,33 参见了朱胜强老师的文章《三元均值不等式的几何解释》(数学通报 2013 年第 7 期).

证法 34 我们运用行列式来证明这个不等式.

由

$$a^3 + b^3 + c^3 - 3abc = \begin{vmatrix} a & b & c \\ c & a & b \\ b & c & a \end{vmatrix} = \begin{vmatrix} a+b+c & b+a+c & c+b+a \\ c & a & b \\ b & c & a \end{vmatrix} =$$

$$(a+b+c) \begin{vmatrix} 1 & 1 & 1 \\ c & a & b \\ b & c & a \end{vmatrix} =$$

$$(a+b+c)(a^2 - bc + b^2 - ac + c^2 - ab) =$$

$$\frac{1}{2}(a+b+c)[(a-b)^2 + (b-c)^2 + (c-a)^2] \geqslant 0$$

知

$$a^3 + b^3 + c^3 \geqslant 3abc$$

证法 35 我们还可以给出这个不等式的加细证法：即证明

$$a^3 + b^3 + c^3 \geqslant \frac{a(b^2+c^2)}{b+c} + \frac{b(c^2+a^2)}{c+a} + \frac{c(a^2+b^2)}{a+b} \geqslant$$

$$2abc\left(\frac{a}{b+c} + \frac{b}{c+a} + \frac{c}{a+b}\right) \geqslant 3abc$$

事实上，由

$$a^3 + b^3 + c^3 - \frac{a(b^2+c^2)}{b+c} - \frac{b(c^2+a^2)}{c+a} - \frac{c(a^2+b^2)}{a+b} =$$

$$a^3 - \frac{a(b^2+c^2)}{b+c} + b^3 - \frac{b(c^2+a^2)}{c+a} + c^3 - \frac{c(a^2+b^2)}{a+b} =$$

$$\frac{a^2 b(a-b) - ca^2(c-a)}{b+c} + \frac{b^2 c(b-c) + ab^2(a-b)}{c+a} + \frac{c^2 a(c-a) - bc^2(b-c)}{a+b} =$$

$$\frac{a^2 b(a-b)}{b+c} - \frac{ab^2(a-b)}{c+a} + \frac{b^2 c(b-c)}{c+a} - \frac{bc^2(b-c)}{a+b} + \frac{c^2 a(c-a)}{a+b} - \frac{ca^2(c-a)}{b+c} =$$

$$\frac{ab(a-b)^2(a+b+c)}{(b+c)(c+a)} + \frac{bc(b-c)^2(a+b+c)}{(c+a)(a+b)} + \frac{ca(c-a)^2(a+b+c)}{(a+b)(b+c)} \geqslant 0$$

有

$$a^3 + b^3 + c^3 \geqslant \frac{a(b^2+c^2)}{b+c} + \frac{b(c^2+a^2)}{c+a} + \frac{c(a^2+b^2)}{a+b}$$

显然有

$$\frac{a(b^2+c^2)}{b+c} + \frac{b(c^2+a^2)}{c+a} + \frac{c(a^2+b^2)}{a+b} \geqslant 2abc\left(\frac{a}{b+c} + \frac{b}{c+a} + \frac{c}{a+b}\right)$$

注意到

$$\frac{a}{b+c} + \frac{b}{c+a} = \frac{a^2+b^2+ca+cb}{(b+c)(c+a)} \geqslant \frac{ab+ab+ca+cb}{(b+c)(c+a)} = \frac{a}{c+a} + \frac{b}{b+c}$$

及

$$\frac{b}{c+a} + \frac{c}{a+b} \geqslant \frac{b}{a+b} + \frac{c}{c+a}, \frac{c}{a+b} + \frac{a}{b+c} \geqslant \frac{c}{b+c} + \frac{a}{a+b}$$

于是,有

$$\frac{a}{b+c} + \frac{b}{b+a} + \frac{c}{a+b} \geqslant \frac{1}{2}\left(\frac{a+b}{a+b} + \frac{b+c}{b+c} + \frac{c+a}{c+a}\right) = \frac{3}{2}$$

从而有

$$2abc\left(\frac{a}{b+c} + \frac{b}{c+a} + \frac{c}{a+b}\right) \geqslant 3abc$$

(2) 将两个变元推广到 $n(n>2)$ 个变元

如果 $a_1, a_2, \cdots, a_n \in \mathbf{R}_+$,且 $n > 2$,那么

$$\frac{a_1 + a_2 + \cdots + a_n}{n} \geqslant \sqrt[n]{a_1 \cdot a_2 \cdot \cdots \cdot a_n} \qquad ⑮$$

其中等号当且仅当 $a_1 = a_2 = \cdots = a_n$ 时成立,且式⑮常简记为 $A_n \geqslant G_n$.

式⑮有多种证法,这里给出一个简单的证法.

证明 当 $n=2$ 时,由式②成立,故结论成立.

假设 $n=k$ 时,不等式成立,即 $A_k \geqslant G_k$ 成立,那么当 $n = k+1$ 时,令 $\frac{a_1 + a_2 + \cdots + a_k + a_{k+1}}{k+1} = \alpha$,由归纳假设,也应有

$$\frac{a_{k+1} + (k-1)\alpha}{k} \geqslant \sqrt[k]{a_{k+1} \cdot \alpha^{k-1}}$$

于是

$$\frac{1}{2}\left[\frac{a_1 + a_2 + \cdots + a_k}{k} + \frac{a_{k+1} + (k-1)\alpha}{k}\right] \geqslant \sqrt{\frac{a_1 + a_2 + \cdots + a_k}{k} \cdot \frac{a_{k+1} + (k-1)\alpha}{k}} \geqslant$$

则
$$\left[\frac{(k+1)\alpha + (k-1)\alpha}{2k}\right]^{2k} \geq \sqrt{\sqrt[k]{a_1 \cdot a_2 \cdot \cdots \cdot a_k} \cdot \sqrt[k]{a_{k+1} \cdot \alpha^{k-1}}} \geq a_1 \cdot a_2 \cdot \cdots \cdot a_k \cdot a_{k+1} \cdot \alpha^{k-1}$$

故 $\alpha^{k+1} \geq a_1 \cdot \cdots \cdot a_k \cdot a_{k+1}$

即 $A_{k+1} \geq G_{k+1}$

综上所述,由归纳法原理不等式获证,其中等号成立的条件由推导过程即得.

式 ⑮ 的应用也是非常广泛的,限于篇幅这里就不介绍了.

如果在式 ① 中令 $b = 1$,则有
$$a^2 \geq 2a - 1 \qquad ⑯$$

若将式 ⑯ 推广到一般,则有:设 $a \in \mathbf{R}_+, n \in \mathbf{N}$ 且 $n \geq 2$,则
$$a^n \geq na - (n-1) \qquad ⑰$$

其中等号当且仅当 $a = 1$ 时成立.

式 ⑰ 由式 ⑮ 即证. 下面看式 ⑰ 的应用例题.

例 23 已知 $a, b, c \in \mathbf{R}_+$,且 $2a + 3b + c = 14$,求证:$3a^3 + 2b^3 + 6c^3 \geq 84$.

证明 由式 ⑰,并注意到当 $\frac{3a^3}{2a} = \frac{2b^3}{3b} = \frac{6c^3}{c} = \frac{84}{14}$,即 $a = 2, b = 3, c = 1$ 时不等式等号成立,有

$$\left(\frac{a}{2}\right)^3 \geq 3\left(\frac{a}{2}\right) - 2, \left(\frac{b}{3}\right)^3 \geq 3\left(\frac{b}{3}\right) - 2, c^3 \geq 3c - 2$$

故 $3a^3 + 2b^3 + 6c^3 \geq 18(2a + 3b + c) - 2(24 + 54 + 6) = 84$

例 24 求证:$\sin^{10}\alpha + \cos^{10}\alpha \geq \frac{1}{16}$.

证明 由式 ⑰,并注意到 $\sin^2\alpha = \cos^2\alpha = \frac{1}{2}$ 时原不等式等号成立,有

$$\sin^{10}\alpha + \cos^{10}\alpha = \frac{1}{32}\left[(2\sin^2\alpha)^5 + (2\cos^2\alpha)^5\right] \geq$$
$$\frac{1}{32}\left[(10\sin^2\alpha - 4) + (10\cos^2\alpha - 4)\right] =$$
$$\frac{1}{32}\left[10(\sin^2\alpha + \cos^2\alpha) - 8\right] = \frac{1}{16}$$

(3) 从次数 2 推广到 n 及考虑分隔式.

显然式 ① 可以写成 $a^2 + b^2 \geq ab + ab$,现将次数 2 推广到 n:设 $a, b \in \mathbf{R}_+, n, k \in \mathbf{N}$ 且 $n > k$,则
$$a^n + b^n \geq a^k \cdot b^{n-k} + a^{n-k} \cdot b^k \geq 2a^{\frac{n}{2}} \cdot b^{\frac{n}{2}} \qquad ⑱$$

其中等号当且仅当 $a = b$ 时成立.

事实上,式 ⑱ 右边不等式由式 ① 即证,对于左边不等式,不论 $a > b, a = b, a < b$,总有
$$(a^{n-k} - b^{n-k})(a^k - b^k) \geq 0$$

于是,由
$$a^n + b^n - a^k \cdot b^{n-k} - a^{n-k} \cdot b^k = (a^{n-k} - b^{n-k})(a^k - b^k) \geq 0$$

即得.

例 25 设 $p,q \in \mathbf{R}_+$ 且 $p^3+q^3=2$,求证: $p+q \leq 2$.

证明 由 $(p+q)^3 = p^3+q^3+3(p^2q+pq^2) \leq$
$$p^3+q^3+3(p^3+q^3)=4(p^3+q^3)=8$$
有 $$p+q \leq 2$$

例 26 设 $a,b \in \mathbf{R}_+, n,k \in \mathbf{N}$,求证: $\dfrac{b^n}{a^{n+k}} + \dfrac{a^n}{b^{n+k}} \geq \dfrac{1}{a^k} + \dfrac{1}{b^k}$.

证明
$$\frac{b^n}{a^{n+k}} + \frac{a^n}{b^{n+k}} = \frac{b^{2n+k}+a^{2n+k}}{a^{n+k} \cdot b^{n+k}} \geq \frac{b^n \cdot a^{n+k}+b^{n+k} \cdot a^n}{a^{n+k} \cdot b^{n+k}} = \frac{1}{a^k}+\frac{1}{b^k}$$

(4) 考虑不等式②的分隔式或次数从 $\dfrac{1}{2}$ 变到 $\dfrac{1}{\alpha+\beta}$.

对于式②,我们有如下分隔式:设 $a,b \in \mathbf{R}_+,\alpha,\beta$ 为两任意正实数,则有
$$a+b \geq (a^\alpha \cdot b^\beta)^{\frac{1}{\alpha+\beta}} + (a^\beta \cdot b^\alpha)^{\frac{1}{\alpha+\beta}} \geq 2\sqrt{ab} \qquad ⑲$$
其中等号当且仅当 $a=b$ 时成立.

事实上,由
$$a+b-(a^\alpha \cdot b^\beta)^{\frac{1}{\alpha+\beta}}-(a^\beta \cdot b^\alpha)^{\frac{1}{\alpha+\beta}} = (a^{\frac{\alpha}{\alpha+\beta}}-b^{\frac{\alpha}{\alpha+\beta}})(a^{\frac{\beta}{\alpha+\beta}}-b^{\frac{\beta}{\alpha+\beta}})$$

因 $a,b \in \mathbf{R}_+, \alpha,\beta \in \mathbf{R}_+$,则 $\dfrac{\alpha}{\alpha+\beta}, \dfrac{\beta}{\alpha+\beta} \in \mathbf{R}_+$,从而不管 $a \geq b$,还是 $a \leq b$,均有
$$(a^{\frac{\alpha}{\alpha+\beta}}-b^{\frac{\alpha}{\alpha+\beta}})(a^{\frac{\beta}{\alpha+\beta}}-b^{\frac{\beta}{\alpha+\beta}}) \geq 0$$

由此,式⑲左边不等式获证,其右边不等式由式②即证.

例 27 设 a,b,c 均为正数,求证
$$\sqrt[7]{(a+b\sin^2x)^6(c+b\cos^2x)} + \sqrt[7]{(a+b\sin^2x)(c+b\cos^2x)^6} \leq a+b+c$$

证明 由 $a+b\sin^2x>0, c+b\cos^2x>0$,及对式⑲中 α 取 $n-1=6, \beta$ 取 1,则有
$$原不等式左边 \leq (a+b\sin^2x)+(c+b\cos^2x)=a+b+c$$

例 28 解不等式: $\sqrt[26]{(13x+3)^{11}(29-13x)^{15}} + \sqrt[26]{(13x+3)^{15}(29-13x)^{11}} \geq 32$.

解 要使原式有意义,则
$$\begin{cases}(13x+3)^{11}(29-13x)^{15} \geq 0 \\ (13x+3)^{15}(29-13x)^{11} \geq 0\end{cases} \Rightarrow -\frac{3}{13} \leq x \leq \frac{29}{13}$$

令 $f(x) = \sqrt[26]{(13x+3)^{11}(29-13x)^{15}} + \sqrt[26]{(13x+3)^{15}(29-13x)^{11}}$,则
$$f(-\frac{3}{13}) = f(\frac{29}{13}) = 0$$

于是当 $13x+3>0, 29-13x>0$ 时,由式⑲,得
$$f(x) \leq (13x+3)+(29-13x) = 32$$

其中等号当且仅当 $13x+3=29-13x$,即 $x=1$ 时成立. 又 $f(x) \geq 2$,从而 $f(x)=32$,故原不等式的解为 $x=1$.

(5) 将次数与系数同样推广.

由 $\dfrac{a^2}{2} + \dfrac{b^2}{2} \geq ab$ 或 $\dfrac{1}{2}a + \dfrac{1}{2}b \geq a^{\frac{1}{2}} \cdot b^{\frac{1}{2}}$ 推广,有:

设 $a,b \in \mathbf{R}_+, p > 1, q > 1$ 且 $\dfrac{1}{p} + \dfrac{1}{q} = 1$，则

$$\dfrac{a^p}{p} + \dfrac{b^q}{q} \geq ab \qquad ⑳$$

设 $a,b \in \mathbf{R}_+, \alpha > 0, \beta > 0$ 且 $\alpha + \beta = 1$，则

$$\alpha a + \beta b = a^\alpha \cdot b^\beta \qquad ㉑$$

其中式 ⑳ 与式 ㉑ 的等号当且仅当 $a = b$ 时成立.

对于式 ⑳，当 p 为正有理数时，可设 $p = \dfrac{m}{n}$ ($m, n \in \mathbf{N}, m > n$)，再注意到式 ⑮，有

$$\dfrac{a^p}{p} + \dfrac{b^q}{q} = \dfrac{n}{m}a^{\frac{m}{n}} + \dfrac{m-n}{m}b^{\frac{m}{m-n}} = \dfrac{a^{\frac{m}{n}} + \cdots + a^{\frac{m}{n}} + \cdots + b^{\frac{m}{m-n}} + \cdots + b^{\frac{m}{m-n}}}{m} \geq$$

$$\sqrt[m]{a^{\frac{m}{n} \cdot n} \cdot b^{\frac{m}{m-n} \cdot (m-n)}} = ab$$

当 p 为正实数时，则有正有理数序列 $p_1, p_2, \cdots, p_n$，且 $\lim\limits_{n \to \infty} p_n = p$，有

$$\lim_{n \to \infty} \dfrac{a^{p_n}}{p_n} = \dfrac{a^{\lim\limits_{n \to \infty} p_n}}{\lim\limits_{n \to \infty} p_n} = \dfrac{a^p}{p}$$

由此可证得 p 为正实数，q 为实数时式 ⑳ 成立. 由式 ⑳ 即可得到式 ㉑.

例 29 （Hölder 不等式）设 $a_i, b_i \in \mathbf{R}_+, i = 1, 2, \cdots, n, \alpha, \beta \in \mathbf{R}_+$，且 $\alpha + \beta = 1$，则

$$\sum_{i=1}^{n} a_i^\alpha \cdot b_i^\beta \leq \left(\sum_{i=1}^{n} a_i\right)^\alpha \cdot \left(\sum_{i=1}^{n} b_i\right)^\beta \qquad ㉒$$

其中等号当且仅当 $\dfrac{a_1}{b_1} = \dfrac{a_2}{b_2} = \cdots = \dfrac{a_n}{b_n}$ 时成立.

证明 由 $\dfrac{\sum\limits_{i=1}^{n} a_i^\alpha \cdot b_i^\beta}{\left(\sum\limits_{i=1}^{n} a_i\right)^\alpha \cdot \left(\sum\limits_{i=1}^{n} b_i\right)^\beta} = \sum\limits_{i=1}^{n} \left(\dfrac{a_i}{\sum\limits_{i=1}^{n} a_i}\right)^\alpha \left(\dfrac{b_i}{\sum\limits_{i=1}^{n} b_i}\right)^\beta \leq$

$$\sum_{i=1}^{n} \left(\alpha \cdot \dfrac{a_i}{\sum\limits_{i=1}^{n} a_i} + \beta \cdot \dfrac{b_i}{\sum\limits_{i=1}^{n} b_i}\right) = \alpha + \beta = 1$$

有 $$\sum_{i=1}^{n} a_i^\alpha \cdot b_i^\beta \leq \left(\sum_{i=1}^{n} a_i\right)^\alpha \cdot \left(\sum_{i=1}^{n} b_i\right)^\beta$$

其中等号成立的条件可由式 ㉑ 等号成立条件推得.

(6) 将次数与系数都推广.

设 $a, b, p, q \in \mathbf{R}_+$，则

$$pa^{p+q} + qb^{p+q} \geq (p+q)a^p b^q \qquad ㉓$$

其中等号当且仅当 $a = b$ 时成立.

事实上，由式 ㉑，令 $\alpha = \dfrac{p}{p+q}, \beta = \dfrac{q}{p+q}$，即得式 ㉓，由式 ㉓，即有

$$\dfrac{a^{p+q}}{b^p} \geq \dfrac{p+q}{q} \cdot a^p - \dfrac{p}{q} \cdot b^q \qquad ㉔$$

若令 $p = n, q = 1$，则由式 ㉔，又有

$$\frac{a^{n+1}}{b^n} \geq (n+1)a - nb \qquad \text{㉕}$$

例 30 设 α, β 为锐角, $n \in \mathbf{N}$, 求证: $\dfrac{\sin^{n+2}\alpha}{\cos^n\beta} + \dfrac{\cos^{n+2}\alpha}{\sin^n\beta} \geq 1$.

证明 由式 ㉔, 有

$$\text{原不等式左边} \geq \left(\frac{n+2}{2}\sin^2\alpha - \frac{n}{2}\cos^2\beta\right) + \left(\frac{n+2}{2}\cos^2\alpha - \frac{n}{2}\sin^2\beta\right) =$$

$$\frac{n+2}{2}(\sin^2\alpha + \cos^2\alpha) - \frac{n}{2}(\cos^2\beta + \sin^2\beta) = 1$$

例 31 设 $A_1, A_2, \cdots, A_m$ 为任意凸 m 边形内角, $m, n \in \mathbf{N}$, 且 $m \geq 3$, 求证

$$\frac{1}{A_1^n} + \frac{1}{A_2^n} + \cdots + \frac{1}{A_m^n} \geq \frac{m^{n+1}}{[(m-2)\pi]^n}$$

证明 因 $A_1 + A_2 + \cdots + A_m = (m-2)\pi$, 由式 ㉕ 并注意到当 $A_1 = A_2 = \cdots = A_m = \dfrac{m-2}{m}\pi$ 时等号成立, 有

$$\text{原不等式左边} = \left[\frac{m}{(m-2)\pi}\right]^{n+1} \cdot \sum_{k=1}^{m} \frac{\left(\dfrac{m-2}{m}\pi\right)^{n+1}}{A_k^n} \geq$$

$$\left[\frac{m}{(m-2)\pi}\right]^{n+1} \cdot \sum_{k=1}^{m}\left[(n+1)\cdot\frac{m-2}{m}\pi - nA_k\right] =$$

$$\left[\frac{m}{(m-2)\pi}\right]^{n+1} \cdot [(n+1)(m-2)\pi - n(m-2)\pi] =$$

$$\frac{m^{n+1}}{[(m-2)\pi]^n}$$

(7) 从幂平均概念来看不等式 $\sqrt{ab} \leq \dfrac{a+b}{2}$.

设 $a, b \in \mathbf{R}_+$, 则称 $M_r(a,b) = \left(\dfrac{a^r + b^r}{2}\right)^{\frac{1}{r}}$ $(r \neq 0)$ 为这两个数的 r 次幂平均, 并记为 $M_r(A)$.

若令 $x = \dfrac{a^r + b^r}{2} - 1$, 则

$$\lim_{r \to 0} \ln M_r(A) = \lim_{r \to 0} \frac{\ln(1+x)}{x} \cdot \frac{x}{r}$$

而 $\lim\limits_{r \to 0} x = 0$, 则

$$\lim_{r \to 0} \frac{\ln(1+x)}{x} = \lim_{x \to 0} \frac{\ln(1+x)}{x} = 1$$

又

$$\lim_{r \to 0} \frac{x}{r} = \frac{1}{2}\lim_{r \to 0}\left(\frac{a^r + b^r - 2}{r}\right) = \frac{1}{2}(\ln a + \ln b) = \ln\sqrt{ab}$$

从而有 $\lim\limits_{r \to 0} M_r(A) = \sqrt{ab}$, 故可定义 $M_0(A) = \sqrt{ab}$. 因此 $\sqrt{ab} \leq \dfrac{a+b}{2}$, 即为 $M_0(A) \leq M_1(A)$.

显然, 由幂平均不等式, 当 $\alpha < \beta$ 时, 有

$$M_\alpha(A) \leq M_\beta(A) \qquad ㉖$$

可见式 ㉖ 是式 ② 的一种推广式.

特别地,取 $r = -1, 0, 1, 2$,则由式 ㉖ 有

$$\frac{2}{a^{-1} + b^{-1}} \leq \sqrt{ab} \leq \frac{a+b}{2} \leq \sqrt{\frac{a^2+b^2}{2}}$$

(8) 考虑二元均值不等式的逆向不等式.

对于式 ①,考虑其逆向,则有

记 $a, b \in \mathbf{R}$,且 $\alpha \geq 1$,则

$$a^2 + b^2 \leq 2ab + \alpha(a-b)^2 \qquad ㉗$$

其中等号当且仅当 $a = b$,且 $\alpha = 1$ 时成立,事实上,注意到 $\alpha - 1 \geq 0$,有

$$2ab + \alpha(a-b)^2 - a^2 - b^2 = (\alpha - 1)(a-b)^2 \geq 0$$

即得式 ㉗.

运用式 ㉗,可获得一些著名不等式的逆向式.

例 32 设 $a, b, c \in \mathbf{R}_+, l_i \geq \frac{1}{2} (i = 1, 2, 3)$,则

$$a^3 + b^3 + c^3 \leq 3abc + (a+b+c)[\lambda_1(a-b)^2 + \lambda_2(b-c)^2 + \lambda_3(c-a)^2] \qquad ㉘$$

其中等号当且仅当 $a = b = c$ 时取得.

证明 由式 ㉗,取 $\alpha_i = 2\lambda_i (i = 1, 2, 3)$,有

$$a^2 + b^2 \leq 2ab + 2\lambda_1(a-b)^2$$
$$b^2 + c^2 \leq 2ab + 2\lambda_2(b-c)^2$$
$$c^2 + a^2 \leq 2ca + 2\lambda_3(c-a)^2$$

上述三式相加,有

$$a^2 + b^2 + c^2 \leq ab + bc + ca + \lambda_1(a-b)^2 + \lambda_2(b-c)^2 + \lambda_3(c-a)^2 \qquad (*)$$

注意到 $a + b + c > 0$,及

$$a^3 + b^3 + c^3 - 3abc = (a+b+c)(a^2 + b^2 + c^2 - ab - bc - ca)$$

再将式 $(*)$ 代入上式,整理即得式 ㉘.

例 33 设 $a_i, b_i \in \mathbf{R}$ 且 a_i, b_i 不全为零 $(i = 1, 2, \cdots, n)$,$\lambda_i \geq \frac{1}{2} (i = 1, 2, \cdots, n)$,则

$$\sqrt{\sum_{i=1}^n a_i^2} \cdot \sqrt{\sum_{i=1}^n b_i^2} \leq \sum_{i=1}^n a_i b_i + \sum_{i=1}^n \lambda_i \left(\sqrt{\frac{B}{A}} a_i - \sqrt{\frac{A}{B}} b_i \right)^2 \qquad ㉙$$

其中,$A = \sqrt{\sum_{i=1}^n a_i^2}, B = \sqrt{\sum_{i=1}^n b_i^2}$,等号当且仅当 $\frac{a_1}{b_1} = \frac{a_2}{b_2} = \cdots = \frac{a_n}{b_n}$ 时取得.

证明 由式 ㉗,取 $\alpha_i = 2\lambda_i (i = 1, 2, \cdots, n)$,有

$$A \cdot B = \frac{AB}{2} \cdot \sum_{i=1}^n \left(\frac{a_i^2}{A^2} + \frac{b_i^2}{B^2} \right) \leq$$

$$\frac{AB}{2} \cdot \sum_{i=1}^n \left[2 \frac{a_i}{A} \cdot \frac{b_i}{B} + 2\lambda_i \left(\frac{a_i}{A} - \frac{b_i}{B} \right)^2 \right] =$$

$$\sum_{i=1}^n a_i b_i + \sum_{i=1}^n \lambda_i \left(\sqrt{\frac{B}{A}} a_i - \sqrt{\frac{A}{B}} b_i \right)^2$$

(9) 二变元和(或积)为定值时的最值问题.

二变元和(或积)为定值时的最值问题涉及面也较广.

前面(即3.2.2中)讨论的是和(或积)为定值,当且仅当两变元相等时,取得和的最小值(或积的最大值). 若和(或积)为定值,两变元不相等时,怎样求得和的最小值(或积的最大值)呢?

注意到$(x+y)^2 = (x-y)^2 + 4xy$,即$S^2 = (x-y)^2 + 4p$,其中$x+y = S, xy = p$,我们可以得到:若S为定值,当差$x-y$的绝对值最小时,其积最大,而差的绝对值最大时,其积最小,此时$p = \frac{1}{4}S^2 - \frac{1}{4}(x-y)^2$;若$p$为定值,当差的绝对值最小时,其和最小,而差的绝对值最大时,其和最大,此时$S = \sqrt{4p - (x-y)^2}$.

例34 求函数$y = -x^2 + 3\sqrt{x^2+5} - 5$的最大值,其中$x \in (-2, 2)$.

解 设$f(x) = -x^2 + 3\sqrt{x^2+5} - 5 = \sqrt{x^2+5}(3 - \sqrt{x^2+5})$,因$\sqrt{x^2+5} > 0, x \in (-2, 2)$,则$3 - \sqrt{x^2+5} > 0$,且$\sqrt{x^2+5} + (3 - \sqrt{x^2+5}) = 3$(定值),但$\sqrt{x^2+5} \neq 3 - \sqrt{x^2+5}$.

又当$x = 0$时,$|\sqrt{x^2+5} - (3 - \sqrt{x^2+5})| = |2\sqrt{x^2+5} - 3|$最小,则由

$$\sqrt{x^2+5}(3 - \sqrt{x^2+5}) = \frac{1}{4} \times 3^2 - \frac{1}{4}[\sqrt{x^2+5} - (3 - \sqrt{x^2+5})]^2$$

可知,当$x = 0$时,有$f_{\max}(x) = 3\sqrt{5} - 5$.

例35 求函数$y = \dfrac{x^2+5}{\sqrt{x^2+4}}$的最小值.

解 设$f(x) = \dfrac{x^2+5}{\sqrt{x^2+4}} = \sqrt{x^2+4} + \dfrac{1}{\sqrt{x^2+4}}$.

因$\sqrt{x^2+4} > 0, \dfrac{1}{\sqrt{x^2+4}} > 0$,且$\sqrt{x^2+4} \cdot \dfrac{1}{\sqrt{x^2+4}} = 1$(定值),

但是$\sqrt{x^2+4} \neq \dfrac{1}{\sqrt{x^2+4}}$.

又当$x = 0$时,$\left|\sqrt{x^2+4} - \dfrac{1}{\sqrt{x^2+4}}\right|$最小,则由

$$\left(\sqrt{x^2+4} + \dfrac{1}{\sqrt{x^2+4}}\right)^2 = \left(\sqrt{x^2+4} - \dfrac{1}{\sqrt{x^2+4}}\right)^2 + 4 \times 1$$

可知,当$x = 0$时,有$f_{\min}(x) = \dfrac{5}{2}$.

(10) 二元均值不等式及推广与等周问题.

二元均值不等式及推广实际上给出了如下等周定理的证明.

由$ab \leq \left(\dfrac{a+b}{2}\right)^2$,则知:

定理1 在周长相等的矩形中,以正方形的面积为最大.

定理2 在面积相等的矩形中,以正方形的周长为最小.

由 $abc \leqslant \left(\dfrac{a+b+c}{3}\right)^3$,则知:

定理3 在表面积相等的长方体中,以正方体的体积为最大.

定理4 在体积相等的长方体中,以正方体的表面积为最小.

定理5 在周长为 p 的一切三角形中,以正三角形的面积为最大,且最大值为 $\dfrac{\sqrt{3}}{36}p^2$.

定理6 在面积为 S 的一切三角形中,以正三角形的周长为最小,且最小值为 $\sqrt{12\sqrt{3}\,S}$.

在这里,仅给出定理5、定理6的证明.

证明 设三角形的三边长为 a,b,c,周长 $a+b+c=p$,面积为 S.

令 $x=-a+b+c, y=a-b+c, z=a+b-c$,易知 x,y,z 均为正数,且 $x+y+z=a+b+c=p$.

由海伦公式,知 $S=\dfrac{1}{4}\sqrt{p}\cdot\sqrt{xyz}$.

注意到 $xyz \leqslant \left(\dfrac{x+y+z}{3}\right)^3 = \left(\dfrac{p}{3}\right)^3$,从而

$$\sqrt{xyz} \leqslant \dfrac{1}{9}\sqrt{3}\cdot p\sqrt{p} \qquad (*)$$

若 p 为定值,则

$$S \leqslant \dfrac{1}{4}\sqrt{p}\cdot\dfrac{1}{9}\sqrt{3}\cdot p\sqrt{p} = \dfrac{\sqrt{3}}{36}p^2$$

若 S 为定值,则

$$p \geqslant \left(\dfrac{36}{\sqrt{3}}S\right)^{\frac{1}{2}} = \sqrt{12\sqrt{3}\,S}$$

显然,使式 $(*)$ 等号成立的条件是当且仅当 $x=y=z$,即 $a=b=c$,故两定理获证.

(11) 一个新的不等式链

由前介绍,如设 $a>0, b>0$,则有不等式链

$$\sqrt{\dfrac{a^2+b^2}{2}} \geqslant \dfrac{a+b}{2} \geqslant \sqrt{ab} \geqslant \dfrac{2}{\dfrac{1}{a}+\dfrac{1}{b}} \qquad (*)$$

其中的 $\sqrt{\dfrac{a^2+b^2}{2}}, \dfrac{a+b}{2}, \sqrt{ab}, \dfrac{2}{\dfrac{1}{a}+\dfrac{1}{b}}$ 分别称为两个正数的平方平均,算术平均,几何平均和调和平均.

如设 $A=\sqrt{\dfrac{a^2+b^2}{2}}-\dfrac{a+b}{2}, B=\dfrac{a+b}{2}-\sqrt{ab}, C=\sqrt{ab}-\dfrac{2}{\dfrac{1}{a}+\dfrac{1}{b}}$,则有 $A \geqslant 0, B \geqslant 0, C \geqslant 0$.

现在的问题是,比照不等式链 $(*)$,通过类比联想,是否有

$$A \geqslant B \geqslant C$$

也就是,是否有不等式链

$$\sqrt{\frac{a^2+b^2}{2}} - \frac{a+b}{2} \geqslant \frac{a+b}{2} - \sqrt{ab} \geqslant \sqrt{ab} - \frac{2}{\frac{1}{a}+\frac{1}{b}}$$

南京市的张云飞老师探讨如上不等式链不成立,但有如下一个不等式链(见数学通报 2014 年第 1 期).

结论 设 $a>0, b>0$,则

$$\frac{a+b}{2} - \sqrt{ab} \geqslant \sqrt{\frac{a^2+b^2}{2}} - \frac{a+b}{2} \geqslant \sqrt{ab} - \frac{2}{\frac{1}{a}+\frac{1}{b}}$$

证明 (1)要证

$$\sqrt{\frac{a^2+b^2}{2}} - \frac{a+b}{2} \leqslant \frac{a+b}{2} - \sqrt{ab}$$

即证

$$\sqrt{\frac{a^2+b^2}{2}} + \sqrt{ab} \leqslant a+b$$

只要证

$$\left(\sqrt{\frac{a^2+b^2}{2}} + \sqrt{ab}\right)^2 \leqslant (a+b)^2$$

即

$$\frac{a^2+b^2}{2} + 2\sqrt{\frac{a^2+b^2}{2}}\sqrt{ab} + ab \leqslant a^2 + 2ab + b^2$$

即 $2\sqrt{\frac{a^2+b^2}{2}}\sqrt{ab} \leqslant \frac{a^2+b^2}{2} + ab$,而上式显然成立.

至此,就否定了不等式链

$$\sqrt{\frac{a^2+b^2}{2}} - \frac{a+b}{2} \geqslant \frac{a+b}{2} - \sqrt{ab} \geqslant \sqrt{ab} - \frac{2}{\frac{1}{a}+\frac{1}{b}}$$

但得到了两个不等式

$$\frac{a+b}{2} - \sqrt{ab} \geqslant \sqrt{ab} - \frac{2}{\frac{1}{a}+\frac{1}{b}}$$

$$\frac{a+b}{2} - \sqrt{ab} \geqslant \sqrt{\frac{a^2+b^2}{2}} - \frac{a+b}{2}$$

(2)要证

$$\sqrt{\frac{a^2+b^2}{2}} - \frac{a+b}{2} \geqslant \sqrt{ab} - \frac{2}{\frac{1}{a}+\frac{1}{b}}$$

即证

$$\sqrt{\frac{a^2+b^2}{2}} \geqslant \sqrt{ab} + \left(\frac{a+b}{2} - \frac{2}{\frac{1}{a}+\frac{1}{b}}\right)$$

即证
$$\sqrt{\frac{a^2+b^2}{2}} \geqslant \sqrt{ab} + \frac{(a-b)^2}{2(a+b)}$$

两边平方得
$$\frac{a^2+b^2}{2} \geqslant ab + \frac{\sqrt{ab}(a-b)^2}{a+b} + \frac{(a-b)^4}{4(a+b)^2}$$

即证
$$\frac{a^2+b^2}{2} - ab \geqslant \frac{\sqrt{ab}(a-b)^2}{a+b} + \frac{(a-b)^4}{4(a+b)^2}$$

即证
$$\frac{(a-b)^2}{2} \geqslant \frac{\sqrt{ab}(a-b)^2}{a+b} + \frac{(a-b)^4}{4(a+b)^2}$$

即证
$$\frac{1}{2} \geqslant \frac{\sqrt{ab}}{a+b} + \frac{(a-b)^2}{4(a+b)^2}$$

去分母,移项,整理得
$$a^2 + 6ab + b^2 \geqslant 4\sqrt{ab}(a+b)$$

即
$$4ab + (a+b)^2 \geqslant 4\sqrt{ab}(a+b)$$

而上式显然成立.

综上,就获得了这个不等式链.

3.3 蝶形探微

两条相交线段构成的两个对顶三角形继而构成一个蝶形,亦即为有一个自交点的四边封闭折线,如图 3.105 所示.

图中蝶形 $ABCD$ 的两条不交边 AB,CD 称为翅边,相交边 AC 和 BD 的交点 E 称为蝶心, $\angle AEB$ 和 $\angle CED$ 称为蝶角,两 $\triangle ABE$ 和 $\triangle CDE$ 分别称为左、右翅(或上、下翅), A,B,C,D 称为其顶点, $\angle A, \angle B, \angle C, \angle D$ 称为其顶角.

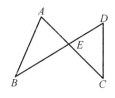

图 3.105

这个简单的图形,当我们用搜索的数学眼光审视时,就会看到它的丰富信息,它是一个美丽的图形,它像一只翩翩起舞的蝴蝶栖止不定,变化多端,可以引发人们极大的兴致.

3.3.1 蝶形的性质及应用

对于蝶形的一些优美性质,杨世明特级教师曾做过专题研究[13],受他的研究的启发,我们进行了更深入的探究.

在凸四边形中,两条对角线一连,就构成一对共生的蝶形,在梯形、平行四边形研究中,派上了大用场;在三角形内任取一点 P,将顶点和这点相连并延长与边相交,即把三角形划分为三个共生蝶形,它们不仅在三角形的各巧合点(内心、外心、重心、垂心、界心等),而且在高、角平分线、中线等研究中发挥独特作用;单折边封闭折线(平面上若干条线段顺次首尾相接的封闭图形)、圆周角定理、相交弦定理等的研究中也离不开蝶形.

性质 1 蝶形两翅中的顶角和相等.

在图 3.105 中,$\angle A + \angle B = \angle C + \angle D$.

例 1 如图 3.106,求各单折边封闭折线的顶角和.

解 对于图 3.106(a),联结 CD,则
$$\angle B + \angle E = \angle 1 + \angle 2$$
从而
$$\angle A + \angle B + \angle C + \angle D + \angle E =$$
$$\angle A + (\angle C + \angle 1) + (\angle 2 + \angle D) = 180°$$

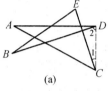

对于图 3.106(b),联结 BE,KF,则
$$\angle D + \angle C = \angle 1 + \angle 2$$
$$\angle G + \angle H = \angle 3 + \angle 4$$
从而
$$\angle A + \angle B + \angle C + \angle D + \angle E + \angle F + \angle G + \angle H + \angle K = 540°$$

性质 2 凸四边形中共生蝶形面积相等的充分必要条件是有一条相交边被平分.

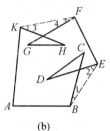

图 3.106

事实上,如图 3.107 所示标以相应字母,令 $EA = a, EB = b, EC = c, ED = d, \angle AEB = \alpha$(以下所设均同),则有

$$(S_1 + S_2) - (S_3 + S_4) = (\frac{1}{2}ab\sin\alpha + \frac{1}{2}cd\sin\alpha) -$$
$$[\frac{1}{2}ad\sin(180° - \alpha) + \frac{1}{2}bc\sin(180° - \alpha)] =$$
$$\frac{1}{2}(ab + cd - ad - bc) \cdot \sin\alpha =$$
$$\frac{1}{2}(b - d)(a - c)\sin\alpha = 0 \Leftrightarrow$$
$$b = d \text{ 或 } a = c$$

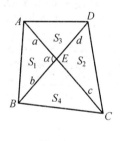

图 3.107

若 $ABCD$ 是平行四边形,则两个蝶形翅边均平行;若 $ABCD$ 是梯形,则有一个蝶形两翅边平行,于是,我们又有:

性质 3 蝶形 $ABDC$ 的两翅边 $AB \parallel CD$ 的充分必要条件是被蝶心所分的相交边对应成比例,即 $\dfrac{a}{d} = \dfrac{b}{c}$.

推论 蝶形两翅边平行的充分必要条件是它的共生蝶形两翅等积.

例 2 如图 3.108,在 $\triangle ABC$ 中,$AB = AC$,在 AB 边上取点 D,在 AC 的延长线上取点 F,使 $BD = CF$,BC 与 DF 相交于 E. 求证:$S_{\triangle BDE} + S_{\triangle CFE} = S_{\triangle CDE} + S_{\triangle BFE}$.

证明 由性质 2 知,仅需证 $DE = EF$,过 D 作 $DK \parallel CF$ 交 BE 于 K,从而 $DK = DB = CF$,则四边形 $KFCD$ 为平行四边形,故 $DE = EF$,即证.

性质 4 蝶形 $ABCD$ 的两翅边 $AB /\!/ CD$ 的充分必要条件是两翅边中点的连线过蝶心.

事实上,如图 3.109 所示,设 M,N 分别为 AB,CD 的中点,E 为蝶形 $ABCD$ 的蝶心.

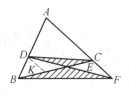

图 3.108

充分性,若 M,E,N 共线,作 DC 的平行线使其与 AE,BE 分别相交于 C',D',与 EM 交于 N'. 联结 $C'M,D'M$,作 $C'G \perp AB$ 于 $G,D'H \perp AB$ 于 H.

由 $C'D' /\!/ CD$,有 $\dfrac{C'N'}{CN} = \dfrac{EN'}{EN} = \dfrac{N'D'}{ND}$,而 $CN = ND$,即知 N' 为 $C'D'$ 的中点. 易证 $S_{\triangle EC'N'} = S_{\triangle ED'N'}$,$S_{\triangle MD'N'} = S_{\triangle MC'N'}$,$S_{\triangle EAM} = S_{\triangle EBM}$,从而 $S_{\triangle AMC'} = S_{\triangle BMD'}$. 又 $AM = MB$,则必有 $C'G = D'H$. 注意到 C',D' 在 AB 同侧,故 $C'D' /\!/ AB$,即 $AB /\!/ CD$(注:若作 $MG /\!/ BD$ 交 AE 于 G,则 G 为 AE 中点,作 $NH /\!/ DB$ 交 EC 于 H,则 H 为 EC 中点,则 $\triangle EGM \backsim \triangle EHN$ 可得 $\triangle EAM \backsim \triangle ECN$,亦可证 $AB /\!/ CD$).

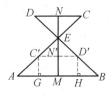

图 3.109

必要性,显然(联结 ME 延长交 CD 于 N',证 N' 与 N 重合即可).

类似于性质 3 和性质 4,考虑非翅边,有:

性质 5 蝶形 $ABCD$ 的两非翅边 $AD /\!/ BC$ 的充分必要条件是被蝶心所分的相交边对应成反比,即 $\dfrac{a}{d} = \dfrac{c}{b}$.

性质 6 蝶形 $ABCD$ 的两非翅边 $AD /\!/ BC$ 的充分必要条件是两非翅边中点的连线过蝶心.

注意到平行线截割定理,又可得:

性质 7 蝶形两翅边平行时,平行于翅边的直线被蝶形所截割的两线段相等,反之亦真.

性质 8 蝶形两非翅边平行时,平行于非翅边的直线被蝶形所截割的两线段相等,反之亦真.

上面的性质 3、性质 5 是对蝶形中相交边上不同在一直线上的线段乘积($ac = bd$ 或 $ab = cd$)而言的,若考虑在同一直线上的线段乘积,则有:

性质 9 蝶形 $ABCD$ 四顶点共圆的充要条件是 $ad = bc$.

由此性质又有如下的:

性质 10 在蝶形 $ABCD$ 中,若不共边顶角 $\angle A = \angle C$,则 A,B,C,D 四点共圆.

事实上,性质中的图形如图 3.110(a) 所示,可用反证法证明:过 B,C,D 作圆 O,若 A 不在圆 O 上,则 A 在圆 O 外(图 3.110(b))或在圆 O 内(图 3.110(c)). 设 DA 或其延长线交圆 O 于 A',联结 BA',则依圆周角定理及三角形外角定理,有 $\angle C = \angle BA'D > \angle A$(图 3.110(b))或 $\angle C = \angle BA'D < \angle A$(图 3.110(c)),均与已知 $\angle A = \angle C$ 矛盾,从而命题获证.

由圆的相交弦定理和割线定理,我们又有:

性质 11 蝶形内接于圆的充分必要条件是脐点所分相交边对应线段乘积相等,即 $ad = bc$.

性质 12 翅边不平行的蝶形内接于圆的充分必要条件是翅边延长相交的交点到翅边

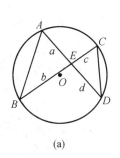 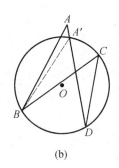 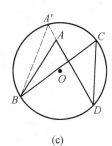

(a)　　　　　　　　(b)　　　　　　　　(c)

图 3.110

两端点对应线段的乘积相等.

性质 13　设 $ABCD$ 为圆内接直脐蝶形（蝶角为直角），E 为蝶心，直线 MN 过 E 交两翅边 AB 于 M，CD 于 N，则 M 平分 AB 的充分必要条件是 N 为垂足（卡拉美古塔定理）.

事实上，如图 3.111 所示，M 为 AB 中点 $\Leftrightarrow \angle 1 = \angle A \Leftrightarrow \angle 1 + \angle B = 90° \Leftrightarrow \angle 2 + \angle C = 90° \Leftrightarrow MN \perp CD$.

若蝶形的翅边延长相交，则得到完全四边形. 完全四边形有一系列优美的性质及著名的定理，它在处理平面几何高难度的问题中发挥重要作用，我们在本丛书中的《数学竞赛采风》中专辟一章介绍.

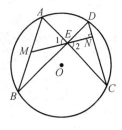

蝶形还有一系列有趣的性质，下面我们专辟一节讨论一条性质，即所谓的蝴蝶定理，其他性质留给读者来列出.

图 3.111

3.3.2　蝴蝶定理种种

若蝶形的四顶点在某两直线或凸四边形或圆锥曲线上，这两直线或凸四边形或圆锥曲线上一条线段的中点与脐点重合，则这条线段与两翅边的交点到蝶心的距离相等，这就是我们要讨论的蝴蝶定理的各种情形.

(1) 直线对中的"蝴蝶定理".

定理 1　蝶形 $CDEF$ 的两顶点 E，C 在 l_1 上，两顶点 F，D 在 l_2 上，线段 AB 的中点为蝶心 M，A 在 l_1 上，B 在 l_2 上，又翅边 CF，ED（或其延长线）分别交 AB（或其延长线）于 P，Q，则 $PM = MQ$.

事实上，若两直线 l_1 与 l_2 平行，此时只不过是平行截割定理的特例，故仅证两直线交于 S 的情形如图 3.112 所示.

对于图 3.112(a)，依次考虑直线 CPF 截 $\triangle MBD$，DQE 截 $\triangle MAC$，EMF 截 $\triangle SCD$ 和 $\triangle SAB$，由梅涅劳斯定理，得（不考虑线段方向）

$$\frac{MP}{PB} \cdot \frac{BF}{FD} \cdot \frac{DC}{CM} = 1, \quad \frac{MD}{DC} \cdot \frac{CE}{EA} \cdot \frac{AQ}{QM} = 1$$

$$\frac{SE}{EC} \cdot \frac{CM}{MD} \cdot \frac{DF}{FS} = 1, \quad \frac{SF}{FB} \cdot \frac{BM}{MA} \cdot \frac{AE}{ES} = 1$$

此四式相乘，化简得

$$\frac{MP}{PB} \cdot \frac{AQ}{QM} \cdot \frac{BM}{MA} = 1$$

由　　　　　　　　　　　　　　$AM = MB$

得 $$\frac{MP}{PB} \cdot \frac{AQ}{QM} = 1, \frac{AQ}{QM} = \frac{PB}{MP}$$

即有 $$\frac{AQ + QM}{QM} = \frac{PB + MP}{MP}$$

亦即有 $$\frac{AM}{QM} = \frac{BM}{MP}$$

故 $$PM = MQ$$

对于图 3.112(b),上述证明原则上适用,只需将最后式子略加改变即可,略.

(2) 四边形中的蝴蝶定理.

定理2 在"筝形"$ABCD$ 中,$AB = AD,BC = CD$,经 AC,BD 的交点 O 任作两条直线,分别交 AD 于 E,交 BC 于 F,交 AB 于 G,交 CD 于 H,GF,EH 分别交 BD 于 I,J,则 $IO = OJ$.

事实上,如图 3.113 所示,可设 $\angle DOE = \alpha, \angle DOH = \beta$,$OA = a, BO = OD = b, OC = c$,则在 $\triangle GOF$ 用张角定理,有

$$\frac{\sin \alpha}{OG} + \frac{\sin \beta}{OF} = \frac{\sin(\alpha + \beta)}{IO}$$

整理得 $$IO = \frac{OF \cdot OG \cdot \sin(\alpha + \beta)}{OF \cdot \sin \alpha + OG \cdot \sin \beta}$$

又在 $\triangle AOB$ 和 $\triangle BOC$ 中用张角定理,有

$$OG = \frac{ab}{a \cdot \cos \beta + b \cdot \sin \beta}, \quad OF = \frac{bc}{b \cdot \sin \alpha + c \cdot \cos \alpha}$$

从而 $$IO = \frac{abc \cdot \sin(\alpha + \beta)}{ac \cdot \sin(\alpha + \beta) + b(a + c) \cdot \sin \alpha \cdot \sin \beta}$$

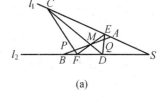

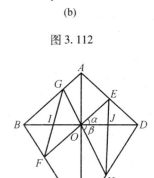

图 3.112

图 3.113

注意到上式关于 α,β 是对称的,由对角角的关系,在计算 OJ 时,只需把 α,β 的位置变换一下,其结果仍和上式中得到的一样,故 $IO = OJ$.

如上定理,张景中先生也给出了两个简证.

简证1 设 $OB = OD = b, OI = x, OJ = y, \angle GBO = \gamma, \angle BOF = \alpha, \angle BOG = \beta$,$\angle ODH = \delta$,由面积关系及正弦定理可得

$$\frac{x}{b-x} \cdot \frac{b-y}{y} = \frac{OI}{BI} \cdot \frac{DJ}{OJ} = \frac{S_{\triangle OGF}}{S_{\triangle BGF}} \cdot \frac{S_{\triangle DHE}}{S_{\triangle OHE}} =$$

$$\frac{S_{\triangle DGF}}{S_{\triangle DHE}} \cdot \frac{S_{\triangle DHE}}{S_{\triangle BGF}} = \frac{OG \cdot OF}{OH \cdot OE} \cdot \frac{DH \cdot DE}{BG \cdot BF} =$$

$$\frac{OG}{BG} \cdot \frac{OF}{BF} \cdot \frac{DH}{OH} \cdot \frac{DE}{OE} =$$

$$\frac{\sin \gamma}{\sin \beta} \cdot \frac{\sin \delta}{\sin \alpha} \cdot \frac{\sin \beta}{\sin \delta} \cdot \frac{\sin \alpha}{\sin \beta} = 1$$

故 $x(b - y) = y(b - x) \Rightarrow x = y$,即证.

简证 2 所设同上,由

$$\frac{x}{b-x} \cdot \frac{b-y}{y} = \frac{OI}{BI} \cdot \frac{DJ}{OJ} = \frac{S_{\triangle OGF}}{S_{\triangle BGF}} \cdot \frac{S_{\triangle DHE}}{S_{\triangle OHE}} = \frac{OG}{OH} \cdot \frac{OF}{OE} \cdot \frac{DE \cdot DH}{BG \cdot BF} =$$

$$\frac{S_{\triangle BGD}}{S_{\triangle BHD}} \cdot \frac{S_{\triangle BFD}}{S_{\triangle BED}} \cdot \frac{DE \cdot DH}{BG \cdot BF} = \frac{S_{\triangle BGD}}{S_{\triangle BED}} \cdot \frac{S_{\triangle BFD}}{S_{\triangle BHD}} \cdot \frac{DE \cdot DH}{BG \cdot BF} =$$

$$\frac{BG \cdot BD}{DE \cdot BD} \cdot \frac{BF \cdot BD}{DH \cdot BD} \cdot \frac{DE \cdot DH}{BG \cdot BF} = 1$$

故 $x(b-y) = y(b-x) \Rightarrow x = y$. 即证.

上述几个证明中,都用到了 $AB = AD, BC = CD$,有此条件才有 $\angle ABD = \angle ADB, \angle CBD = \angle CDB$,但从平行投影观点看,命题的结论应当与角度无关,因而关于角的条件似可取消,于是有定理:

定理 3 凸四边形 $ABCD$ 的对角线 AC 平分 BD 于 O,过 O 任作两条直线,一条交 AB 于 E,交 CD 于 F,另一条交 AD 于 G,交 BC 于 H,FG 和 EH 分别交 BD 于 I 和 J,则 $IO = OJ$.

事实上,如图 3.114 所示,以 O 为原点,BD 为 y 轴建立直角坐标系,设直线 AC, EF, GH 的斜率分别为 k, m, n,则各点坐标可设为 $A(a, ka), B(0, b), C(c, kc), D(0, -b), E(e, me), F(f, mf), G(g, ng), H(h, nh), I(0, i), J(0, j)$.

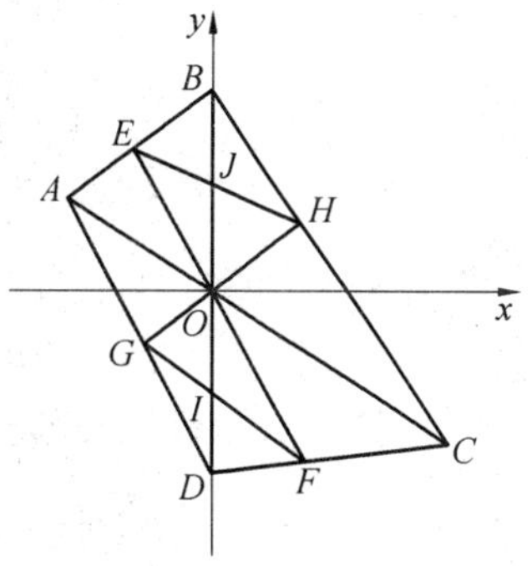

由直线 EJH 得 $\frac{me - j}{e} = \frac{nh - j}{h}$,有

$$m - n = j\left(\frac{1}{e} - \frac{1}{h}\right) \qquad ①$$

由直线 GIF 得 $\frac{ng - i}{g} = \frac{mf - i}{f}$,有

$$m - n = i\left(\frac{1}{f} - \frac{1}{g}\right) \qquad ②$$

由直线 AEB 得 $\frac{me - b}{e} = \frac{ka - b}{a}$,有

$$\frac{1}{e} = \frac{m - k}{b} + \frac{1}{a} \qquad ③$$

由直线 DHC 得 $\frac{nh - b}{h} = \frac{kc - b}{c}$,有

$$\frac{1}{h} = \frac{n - k}{b} + \frac{1}{c} \qquad ④$$

由直线 AGD 得 $\frac{ng + b}{g} = \frac{ka + b}{a}$,有

$$\frac{1}{g} = \frac{k - n}{b} + \frac{1}{a} \qquad ⑤$$

由直线 CFD 得 $\frac{mf + b}{f} = \frac{kc + b}{c}$,有

$$\frac{1}{f} = \frac{k - m}{b} + \frac{1}{c} \qquad ⑥$$

由式③,④,⑤,⑥得

图 3.114

$$\frac{1}{e} - \frac{1}{h} = \frac{1}{g} - \frac{1}{f}$$

再利用式 ①,② 得 $j = -i$,故 $IO = OJ$.

注 由于定理3可由定理2利用平行投影(例如,从窗玻璃上的图形变到它在阳光下投射到桌面上的影子)将点和直线对应地变到点和直线,交点变到交点,连线变到连线,并且在同一直线上的线段比保持不变而得到. 定理2也可以类似定理3,建立直角坐标系运用解析法证明.

显然,定理2中的简证方法也可类推到定理3的证明. 如图3.114,记 $OB = OD = b, OI = x, OJ = y$,则有

$$\frac{x}{b-x} \cdot \frac{b-y}{y} = \frac{OI}{DI} \cdot \frac{BJ}{OJ} = \frac{S_{\triangle OGF}}{S_{\triangle DGF}} \cdot \frac{S_{\triangle BHE}}{S_{\triangle OHE}} =$$

$$\frac{S_{\triangle OGF}}{S_{\triangle OHE}} \cdot \frac{S_{\triangle BHE}}{S_{\triangle BAC}} \cdot \frac{S_{\triangle BAC}}{S_{\triangle DAC}} \cdot \frac{S_{\triangle DAC}}{S_{\triangle DGF}} =$$

$$\frac{OG \cdot OF}{OH \cdot OE} \cdot \frac{BH \cdot BE}{BC \cdot BA} \cdot \frac{OB}{OD} \cdot \frac{DA \cdot DC}{DG \cdot DF} =$$

$$\frac{S_{\triangle GDB}}{S_{\triangle HDB}} \cdot \frac{S_{\triangle FDB}}{S_{\triangle EDB}} \cdot \frac{S_{\triangle HDB}}{S_{\triangle BCD}} \cdot \frac{S_{\triangle EDB}}{S_{\triangle ABD}} \cdot \frac{OB}{OD} \cdot \frac{S_{\triangle ABD}}{S_{\triangle GDB}} \cdot \frac{S_{\triangle BCD}}{S_{\triangle FDB}} = \frac{OB}{OD} = 1$$

(下略)

在上述证明中,条件 $OB = OD$ 是最后才用上的,这就马上得到了一个更广泛的结果:

定理4 设 O 是凸四边形 $ABCD$ 的对角线的交点,过 O 作两直线分别与 AB, CD 交于 E, F 与 AD, BC 交于 G, H. 联结 GF, EH 分别交 OD, OB 于 I, J,则 $\frac{OI}{DI} \cdot \frac{BJ}{OJ} = \frac{OB}{OD}$.

如图3.114,证明当然不用再写了,只要把上述证法去头截尾留中段即可.

定理4是对凸四边形而言的,如果改为凹四边形或者折四边形,也有类似定理4的结论:

定理5 设 O 为凹(或折)四边形 $ABCD$ 的两条对角线 AC, BD 所在直线的交点,过 O 作两直线分别交直线 AB, CD 于 E, F,交直线 AD, BC 于 G, H. 联结 EH, GF 并延长分别交 OD, OB 所在直线于 I, J,则

$$\frac{OI}{DI} \cdot \frac{BJ}{OJ} = \frac{OB}{OD}$$

定理5所表示的图形如图3.115所示,图(a)为凹四边形、图(b)为折四边形情形.

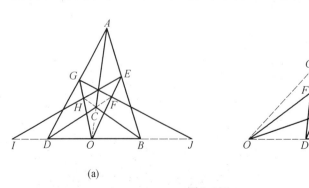

图 3.115

有趣的是,此定理的证明,可以依样画葫芦,由前述定理 4 的证明一字不改地写出来即是.

现在,我们又回到定理 4,考察其图形,若用直线 EG,FH 代替直线 GF,EH,是否仍有等式

$$\frac{OI}{DI} \cdot \frac{BJ}{OJ} = \frac{OB}{OD}$$

成立?如图 3.116 所示.

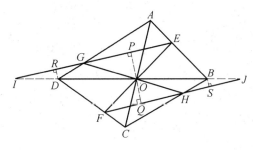

图 3.116

经探索结论仍成立,但证法不能再如法炮制,作 $DR \perp IG$ 于 $R, OD \perp GE$ 于 $P, BS \perp HJ$ 于 $S, OQ \perp FH$ 于 Q. 则

$$\frac{OI}{DI} \cdot \frac{BJ}{OJ} = \frac{OP}{DR} \cdot \frac{BS}{OQ} = \frac{S_{\triangle OGE}}{S_{\triangle DGE}} \cdot \frac{S_{\triangle BFH}}{S_{\triangle OFH}} = \frac{S_{\triangle OGE}}{S_{\triangle OFH}} \cdot \frac{S_{\triangle BFH}}{S_{\triangle DGE}} =$$

$$\frac{OG}{OH} \cdot \frac{OE}{OF} \cdot \frac{S_{\triangle BFH}}{S_{\triangle DGE}} = \frac{S_{\triangle GDB}}{S_{\triangle HDB}} \cdot \frac{S_{\triangle BFH}}{S_{\triangle DGE}} \cdot \frac{OE}{OF} =$$

$$\frac{S_{\triangle GDB}}{S_{\triangle DGE}} \cdot \frac{S_{\triangle BFH}}{S_{\triangle HDB}} \cdot \frac{OE}{OF} = \frac{AB}{AE} \cdot \frac{FC}{DC} \cdot \frac{OE}{OF} =$$

$$\frac{S_{\triangle AOB}}{S_{\triangle AOE}} \cdot \frac{S_{\triangle COE}}{S_{\triangle COD}} \cdot \frac{OE}{OF} = \frac{S_{\triangle AOB}}{S_{\triangle COD}} \cdot \frac{S_{\triangle COF}}{S_{\triangle AOE}} \cdot \frac{OE}{OF} =$$

$$\frac{OA}{OD} \cdot \frac{OB}{OC} \cdot \frac{OC}{DE} \cdot \frac{OF}{OA} \cdot \frac{OE}{OF} = \frac{OB}{OD}$$

有了这个证明作蓝本,把图 3.116 改成凹或折四边形,我们可以一字不改地证明同样的结论,读者不妨一试.

对于四边形,我们还有:

定理 6 设凸四边形 $AXBY$ 两对角线交于 O,在 OX 上任取一点 M,过 M 作两直线 CD,EF 分别交 AX,BY 于 C,D 与 AY,BX 交于 F,E,联结 CF,DE 分别交 AB 于 G,H,EF,DC 分别交 AB 于 P,Q. 则

$$\frac{GP}{AG} \cdot \frac{BH}{HQ} = \frac{BP}{AQ}$$

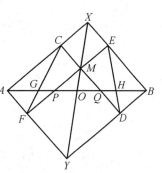

图 3.117

证明 如图 3.117,则

$$\frac{GP}{AG} \cdot \frac{BH}{HQ} = \frac{S_{\triangle PCF}}{S_{\triangle ACF}} \cdot \frac{S_{\triangle BDE}}{S_{\triangle QDE}} = \frac{S_{\triangle PCF}}{S_{\triangle MCF}} \cdot \frac{S_{\triangle MCF}}{S_{\triangle MDE}} \cdot \frac{S_{\triangle MDE}}{S_{\triangle QDE}} \cdot \frac{S_{\triangle BDE}}{S_{\triangle BXY}} \cdot \frac{S_{\triangle BXY}}{S_{\triangle AXY}} \cdot \frac{S_{\triangle AXY}}{S_{\triangle ACF}} =$$

$$\frac{FP}{FM} \cdot \frac{CM \cdot FM}{EM \cdot DM} \cdot \frac{DM}{DQ} \cdot \frac{BD \cdot BE}{BY \cdot BX} \cdot \frac{OB}{OA} \cdot \frac{AX \cdot AY}{AC \cdot AF} =$$

$$\frac{FP \cdot CM}{DQ \cdot EM} \cdot \frac{S_{\triangle ABD}}{S_{\triangle ABY}} \cdot \frac{S_{\triangle ABE}}{S_{\triangle ABX}} \cdot \frac{OB}{OA} \cdot \frac{S_{\triangle ABX}}{S_{\triangle ABC}} \cdot \frac{S_{\triangle ABY}}{S_{\triangle ABF}} =$$

$$\frac{FP}{DQ} \cdot \frac{CM}{EM} \cdot \frac{S_{\triangle ABD}}{S_{\triangle ABC}} \cdot \frac{S_{\triangle ABE}}{S_{\triangle ABF}} \cdot \frac{OB}{OA} =$$

$$\frac{FP}{DQ} \cdot \frac{CM}{EM} \cdot \frac{DQ}{CQ} \cdot \frac{PE}{PF} \cdot \frac{OB}{OA} = \frac{CM}{CQ} \cdot \frac{PE}{ME} \cdot \frac{OB}{OA} =$$

$$\frac{S_{\triangle AMX}}{S_{\triangle AQX}} \cdot \frac{S_{\triangle BPX}}{S_{\triangle BMX}} \cdot \frac{OB}{OA} = \frac{OA}{OB} \cdot \frac{BP}{AQ} \cdot \frac{OB}{OA} = \frac{BP}{AQ}$$

在特殊情形下,当 $AP = BQ$ 时有 $\frac{BP}{AQ} = 1$,推出 $GP = QH$,这是凸四边形蝴蝶定理的变形推广.

类似地,也可考虑 $AXBY$ 为凹或折四边形时情形,这也留给读者了.

(3) 圆锥曲线中的蝴蝶定理.

定理 7 过圆中弦 AB 的中点 M 引任意两弦 CD 和 EF,联结 CF 和 ED 分别交 AB 于 P,Q,则 $PM = MQ$.

这就是最先出现在 1815 年英国一本通俗杂志"男士日记"的问题征解栏中的著名的蝴蝶定理. 在 1972 年以前,人们都把它看成是一个著名的几何难题,因为在这之前,所给出的证明都比较复杂,或非初等的. 1973 年,一位叫斯特温(Steven)的中学教师给出了一个漂亮的初等证明. 1983 年,中国科技大学的单墫博士又给出了一个简捷的解析证明,张景中院士也给出了一个运用线段比转化的简证.

斯特温证法 如图 3.118,有四对相等的角 $\alpha, \beta, \gamma, \delta$. 若设 $PM = x, MQ = y, AM = MB = a$,则有

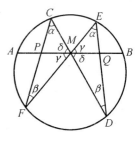

图 3.118

$$\frac{S_{\triangle CMP}}{S_{\triangle QEM}} \cdot \frac{S_{\triangle QEM}}{S_{\triangle PFM}} \cdot \frac{S_{\triangle PFM}}{S_{\triangle QMD}} \cdot \frac{S_{\triangle QMD}}{S_{\triangle CMP}} = 1$$

即

$$\frac{CM \cdot CP \cdot \sin\alpha}{EM \cdot EQ \cdot \sin\alpha} \cdot \frac{EM \cdot MQ \cdot \sin\gamma}{FM \cdot PM \cdot \sin\gamma} \cdot \frac{FP \cdot FM \cdot \sin\beta}{DM \cdot DQ \cdot \sin\beta} \cdot$$

$$\frac{MQ \cdot DM \cdot \sin\delta}{PM \cdot CM \cdot \sin\delta} = 1$$

化简得

$$CP \cdot EP \cdot (MQ)^2 = EQ \cdot DQ \cdot (PM)^2$$

由相交弦定理,知

$$CP \cdot FP = AP \cdot PB = (a-x)(a+x) = a^2 - x^2$$
$$EQ \cdot DQ = AQ \cdot QB = (a+y)(a-y) = a^2 - y^2$$

故

$$(a^2 - x^2)y^2 = (a^2 - y^2)x^2 \Rightarrow x^2 = y^2$$

因 $x > 0, y > 0$,上式仅在 $x = y$ 时成立,故 $PM = MQ$.

单墫证法 如图 3.119 建立直角坐标系,则圆的方程为
$$x^2 + (y+m)^2 = R^2$$

直线 CD 的方程为
$$y = k_1 x$$

直线 EF 的方程为
$$y = k_2 x$$

由于圆和两相交直线组成的二次曲线系为
$$\mu[x^2 + (y+m)^2 - R^2] + \lambda(y - k_1 x)(y - k_2 x) = 0$$

令 $y = 0$,知点 P 和点 Q 的横坐标满足二次方程
$$(\mu + \lambda k_1 k_2)x^2 + \mu(m^2 - R^2) = 0$$

由于一次项系数为零,知两根 x_1 与 x_2 之和为零,即 $x_1 = -x_2$,故 $PM = QM$.

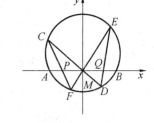

图 3.119

张景中证法 如图 3.118 或图 3.119,记 $MA = MB = a, MP = x, MQ = y$,则

$$\frac{x}{a-x} \cdot \frac{a-y}{y} = \frac{MP}{AP} \cdot \frac{BQ}{MQ} = \frac{S_{\triangle MCF}}{S_{\triangle ACF}} \cdot \frac{S_{\triangle BDE}}{S_{\triangle MDE}} = \frac{S_{\triangle MCF}}{S_{\triangle MDE}} \cdot \frac{S_{\triangle BDE}}{S_{\triangle BDA}} \cdot \frac{S_{\triangle BDA}}{S_{\triangle BFA}} \cdot \frac{S_{\triangle BFA}}{S_{\triangle CFA}} =$$

$$\frac{MC \cdot MF}{MD \cdot ME} \cdot \frac{BE \cdot DE}{AB \cdot AD} \cdot \frac{BD \cdot AD}{BF \cdot AF} \cdot \frac{AB \cdot BF}{AC \cdot CF} =$$

$$\frac{MC}{MD} \cdot \frac{MF}{ME} \cdot \frac{BE \cdot BD \cdot DE}{AF \cdot AC \cdot CF}$$

注意到用相似三角形或面积关系有
$$\frac{BE}{AF} = \frac{ME}{MA}, \quad \frac{BD}{AC} = \frac{MB}{MC}, \quad \frac{DE}{CF} = \frac{MD}{MF}$$

代入前式得
$$\frac{x}{a-x} \cdot \frac{a+y}{y} = \frac{MP}{AP} \cdot \frac{BQ}{MQ} = \frac{MC}{MD} \cdot \frac{MF}{ME} \cdot \frac{ME}{MA} \cdot \frac{MB}{MC} \cdot \frac{MD}{MF} = \frac{MB}{MA} = 1$$

(下略)

用这种手法,可给出大同小异的多种证法,如

$$\frac{x}{a-x} \cdot \frac{a-y}{y} = \frac{MP}{AP} \cdot \frac{BQ}{MQ} = \frac{S_{\triangle MCF}}{S_{\triangle ACF}} \cdot \frac{S_{\triangle BDE}}{S_{\triangle MDE}} = \frac{S_{\triangle MCF}}{S_{\triangle MDE}} \cdot \frac{S_{\triangle BDE}}{S_{\triangle BDC}} \cdot \frac{S_{\triangle BDC}}{S_{\triangle ADC}} \cdot \frac{S_{\triangle ADC}}{S_{\triangle AFC}} =$$

$$\frac{MC \cdot MF}{MD \cdot ME} \cdot \frac{BE \cdot DE}{BC \cdot CD} \cdot \frac{MB}{MA} \cdot \frac{AD \cdot CD}{AF \cdot CF} =$$

$$\frac{MC \cdot MF}{MD \cdot ME} \cdot \frac{BE}{AF} \cdot \frac{AD}{BC} \cdot \frac{DE}{CF} \cdot \frac{MB}{MA} =$$

$$\frac{MC \cdot MF}{MD \cdot ME} \cdot \frac{ME}{MA} \cdot \frac{MA}{MC} \cdot \frac{MD}{MF} \cdot \frac{MB}{MA} = \frac{MB}{MA} = 1$$

(下略)

当然,此定理的证明还可用反证法、分析法、综合法、面积法、三角法、计算法、不等式法(两边夹)、极坐标法等多种方法,这就留给读者作为练习了.

如上的蝴蝶定理,根据图形的特征我们还可获得一系列引申和推广.

显然,由单墫证法可知,定理条件中的圆可以改换为圆锥曲线,其结论照样成立,其证明

也相同,这也留给读者自行写出.

由张景中证法,注意到条件 $MA=MB$ 仅仅在最后一步才用上,我们便得到蝴蝶定理的一种推广:

定理 8 圆内三弦 AB,CD,EF 交于 M,弦 CF 交 AB 于 P,弦 DE 交 AB 于 Q,则有

$$\frac{MP}{AP} \cdot \frac{BQ}{MQ} = \frac{MB}{MA}$$

如果 CE,DF 延长后分别交直线 AB 于 P,Q,类似于图 3.120,则有:

定理 9 圆内三弦 AB,CD,EF 交于 M,延长 CE,DF 后分别交直线 AB 于 P,Q,则有

$$\frac{MP}{AP} \cdot \frac{BQ}{MQ} = \frac{MB}{MA}$$

如图 3.120,此定理的证明与蝴蝶定理的张景中证法完全相同,一字不差搬来即可.

由于定理 9 的证明如此特殊,这两个定理在本质上是不是一回事呢?

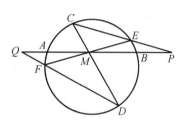

图 3.120

如图 3.121,圆内三弦 AB,CD,EF 交于一点 M,直线 AC 与 BE 交于 X,直线 AF 与 BD 交于 Y,如果直线 XY 经过 M,则圆上的蝴蝶也就成了四边形 $AXBY$ 上的蝴蝶,圆的蝴蝶定理就成了四边形蝴蝶定理的特款:

定理 10 设圆内接凸六边形 $ACEBDF$ 的三条对角线 AB,CD,EF 交于一点 M,又设直线 AC 与 BE 交于 X,直线 AF 与 BD 交于 Y,则 X,M,Y 共直线.

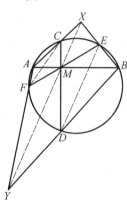

图 3.121

证明 只要证明 $\dfrac{S_{\triangle AXY}}{S_{\triangle BXY}} = \dfrac{MA}{MB}$ 即可.

事实上,由图 3.121 可得

$$\frac{S_{\triangle AXY}}{S_{\triangle BXY}} = \frac{S_{\triangle AXY}}{S_{\triangle ACF}} \cdot \frac{S_{\triangle ACF}}{S_{\triangle ABF}} \cdot \frac{S_{\triangle ABF}}{S_{\triangle ABD}} \cdot \frac{S_{\triangle ABD}}{S_{\triangle EBD}} \cdot \frac{S_{\triangle EBD}}{S_{\triangle BXY}} =$$

$$\frac{AX \cdot AY}{AC \cdot AF} \cdot \frac{AC \cdot CF}{AB \cdot BF} \cdot \frac{AF \cdot BF}{AD \cdot BD} \cdot$$

$$\frac{AB \cdot AD}{BE \cdot ED} \cdot \frac{BE \cdot BD}{BX \cdot BY} =$$

$$\frac{AX}{BX} \cdot \frac{AY}{BY} \cdot \frac{CF}{DE} = \frac{AE}{BC} \cdot \frac{AD}{BF} \cdot \frac{CF}{DE} =$$

$$\frac{AE}{BF} \cdot \frac{AD}{BC} \cdot \frac{CF}{DE} = \frac{MA}{MF} \cdot \frac{MD}{MB} \cdot \frac{MF}{MD} = \frac{MA}{MB}$$

如果将定理 10 中的条件改变一下,则有:

定理 11 设圆内两弦 CD,EF 交于 M,分别在 $\overset{\frown}{CF},\overset{\frown}{DE}$ 上取点 A,B. 直线 AC 与 BE 交于 X,直线 AF 与 BD 交于 Y,则 X,Y,M 三点在同一直线上.

证明 设 XY 与 CD 交于 R,与 EF 交于 S,要证明的是 R 与 S 重合,为此,只要证明 $\dfrac{RX}{RY} = \dfrac{SX}{SY}$ 即可.

如图 3.121,有

$$\frac{RX}{RY} \cdot \frac{SY}{SX} = \frac{S_{\triangle XCD}}{S_{\triangle YCD}} \cdot \frac{S_{\triangle YEF}}{S_{\triangle XEF}} = \frac{S_{\triangle XCD}}{S_{\triangle ACD}} \cdot \frac{S_{\triangle ACD}}{S_{\triangle BCD}} \cdot \frac{S_{\triangle BCD}}{S_{\triangle YCD}} \cdot \frac{S_{\triangle YEF}}{S_{\triangle AEF}} \cdot \frac{S_{\triangle AEF}}{S_{\triangle BEF}} \cdot \frac{S_{\triangle BEF}}{S_{\triangle XEF}} =$$

$$\frac{CX}{CA} \cdot \frac{CA \cdot AD}{CB \cdot BD} \cdot \frac{BD}{DY} \cdot \frac{FY}{AF} \cdot \frac{AF \cdot AE}{BF \cdot BE} \cdot \frac{BE}{XE} =$$

$$\frac{CX}{XE} \cdot \frac{FY}{DY} \cdot \frac{AD}{BC} \cdot \frac{AE}{BF} = \frac{BC}{AE} \cdot \frac{BF}{AD} \cdot \frac{AD}{BC} \cdot \frac{AE}{BF} = 1$$

如果进一步地用搜索的眼光看待图 3.121 或定理 11,不妨把 AFEBDC 看成圆内接六边形,且不是凸的而是折的,它有一双对边 EF,CD 交于 M. 另两对对边 AF 与 BD 延长后交于 Y,AC 与 BE 延长后交于 X,这恰好是巴斯卡定理的变种.

巴斯卡定理通常叙述为:"若一六边形内接于一圆,则每两条对边所在直线相交所得的三点必共线."上面定理 11 的证法,几乎一字不改地可以用于证明巴斯卡定理关于圆内接凸六边形的情形.

如果把定理 6 和定理 11 结合起来,便有:

定理 12 设圆内两弦 CD 与 EF 交于 M,CD,EF 分别与弦 AB 交于 Q,P,弦 CF,DE 分别与 AB 交于 G,H,则有

$$\frac{GP}{AG} \cdot \frac{BH}{HQ} = \frac{BP}{AQ}$$

特别地,当 BP = AQ 时,GP = HQ.

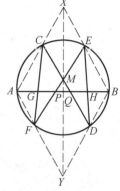

图 3.122

证明 如图 3.122,设直线 AC 与 BE 交于 X,直线 AF 与 BD 交于 Y,由定理 11 知 X,Y,M 三点共线,再用定理 6,即得所要之结论.

定理 11,12 还有很多变化和推广,例如,在定理 11 中,可改变 A,F,D,B,E,C 各点在圆上的顺序,在定理 12 中,可让点 M 落在圆周上或圆外,还可考虑 AC ∥ BE 的情形,等等,这均留给读者了.

如果我们从斯特温证法出发,则有如下定理:

定理 13 过圆的弦 AB 中点 M 任意引弦 CD 和 EF,联结 CE 和 DF 交 AB 的延长线于 Q',P',则 P'M = Q'M.

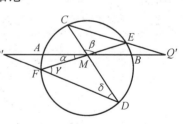

图 3.123

事实上,如图 3.123 所示,仿斯特温证法有

$$\frac{S_{\triangle MEQ'}}{S_{\triangle MEP'}} \cdot \frac{S_{\triangle MFP'}}{S_{\triangle MFCQ'}} \cdot \frac{S_{\triangle MCQ'}}{S_{\triangle MDP'}} \cdot \frac{S_{\triangle MDP'}}{S_{\triangle MEQ'}} = 1$$

即

$$\frac{ME \cdot MQ' \cdot \sin\alpha}{MF \cdot MP' \cdot \sin\alpha} \cdot \frac{MF \cdot P'F \cdot \sin\gamma}{CM \cdot CQ' \cdot \sin\gamma} \cdot \frac{MC \cdot MQ' \cdot \sin\beta}{MP' \cdot MD \cdot \sin\beta} \cdot \frac{DM \cdot DP' \cdot \sin\delta}{EM \cdot EQ' \cdot \sin\delta} = 1$$

化简得

$$(MQ')^2 \cdot P'F \cdot DP' = (MP')^2 \cdot CQ' \cdot EQ'$$

设 P'M = x,MQ' = y,AM = MB = a,则由割线定理有

$$P'F \cdot P'D = P'A \cdot P'B = x^2 - a^2$$

$$Q'C \cdot Q'E = Q'B \cdot Q'A = y^2 - a^2$$

故

$$y^2(x^2 - a^2) = x^2(y^2 - a^2)$$

因 $x>0, y>0$，故有 $x=y$，即 $P'M=Q'M$.

注 此定理也可运用单增证法即证.

若将 AB 移到圆外，则有：

定理 14 AB 为圆 O 外一直线，$OM \perp AB$ 于 M，过 M 任作两条割线 CD, EF，CF 与 ED 分别与 AB 交于 P, Q，则 $PM = QM$.

事实上，如图 3.124 所示，可作 E 关于 OM 的对称点 E'，联结 $E'M, E'P, E'C$，易证 $\triangle QEM \cong \triangle PE'M$，从而 $PM = QM$.

对中点 M 推广，可得：

定理 15 设 AB 是圆 O 内一条弦，过 AB 上一点 M 任作两弦 CD, EF，设 CF, ED 交 AB 于 P, Q，并设 $AM = a, BM = b, PM = x$，$QM = y$，则 $\dfrac{1}{a} - \dfrac{1}{b} = \dfrac{1}{x} - \dfrac{1}{y}$.

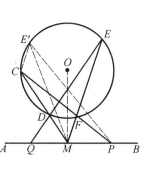

图 3.124

事实上，如图 3.125 所示，由斯特温证法中的等式有
$$CP \cdot FP \cdot MQ^2 = EQ \cdot DQ \cdot PM^2$$
从而有 $(a-x)(b+x)y^2 = (a+y)(b-y)x^2$

故 $\dfrac{1}{a} - \dfrac{1}{b} = \dfrac{1}{x} - \dfrac{1}{y}$

显然，当 M 为 AB 中点时，$a = b$，有 $x = y$.

将弦 CD, EF 的交点移至 AB 外还有：

定理 16 M 为圆内弦 AB 的中点，过圆内一点 G 引两条弦 CD 和 EF，分别交 AB 于 H, K，使 $HM = MK$，联结 CF 和 ED，分别交 AB 于 P, Q，则 $PM = MQ$.

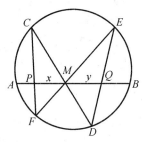

图 3.125

事实上，如图 3.126 所示，仿斯特温证法，有
$$\dfrac{CH \cdot CP \cdot \sin\alpha}{EK \cdot EQ \cdot \sin\alpha} \cdot \dfrac{EK \cdot KQ \cdot \sin\gamma}{PK \cdot KF \cdot \sin\gamma} \cdot \dfrac{FP \cdot FK \cdot \sin\beta}{DQ \cdot DH \cdot \sin\beta} \cdot$$
$$\dfrac{HQ \cdot HD \cdot \sin\delta}{HC \cdot HP \cdot \sin\delta} = 1$$

化简得 $CP \cdot KQ \cdot FP \cdot HQ = EQ \cdot PK \cdot DQ \cdot HP$

所以有 $CP \cdot FP \cdot (y^2 - b^2) = EQ \cdot DQ \cdot (x^2 - b^2)$

又 $CP \cdot FP = (a-x)(a+x) = a^2 - x^2$

$EQ \cdot DQ = (a+y)(a-y) = a^2 - y^2$

则 $(a^2 - x^2)(y^2 - b^2) = (a^2 - y^2)(x^2 - b^2)$

从而 $y^2(a^2 - b^2) = x^2(a^2 - b^2)$

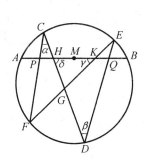

图 3.126

又 $x > 0, y > 0, a^2 - b^2 \neq 0$，故 $x = y$，即有 $PM = MQ$.

定理 15 向圆锥曲线推广，可得：

定理 17 设 M 为圆锥曲线 Γ 的弦 AB 上一点，过 M 任作两弦 CD, EF，过 C, F, D, E 的任一圆锥曲线与 AB 交于 P, Q，设 $AM = a, BM = b, MP = p, MQ = q$，则

$$\dfrac{1}{a} - \dfrac{1}{b} = \dfrac{1}{p} - \dfrac{1}{q}$$

事实上,如图 3.127 所示,建立直角坐标系,则 M,B 的坐标分别为 $(a,0),(a+b,0)$;圆锥曲线 Γ,直线 CD,EF 的方程分别为
$$x^2 + cxy + dy^2 - (a+b)x + ey = 0$$
$$y = k_1(x-a)$$
$$y = k_2(x-a)$$

从而过点 C,D,E,F 的二次曲线方程为

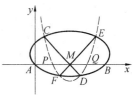

图 3.127

$$x^2 + cxy + dy^2 - (a+b)x + ey + \lambda(k_1 x - y - k_1 a)(k_2 x - y - k_2 a) = 0$$

设 P,Q 两点的横坐标分别为 x_1, x_2,则 x_1, x_2 应满足方程
$$x^2 - (a+b)x + \lambda(k_1 x - k_1 a)(k_2 x - k_2 a) = 0$$
即
$$(1 + \lambda k_1 k_2)x^2 - (a + b + 2\lambda a k_1 k_2)x + k_1 k_2 a^2 \lambda = 0$$
因此
$$\frac{1}{p} - \frac{1}{q} = \frac{1}{a - x_1} - \frac{1}{x_2 - a} = \frac{1}{a - x_1} + \frac{1}{a - x_2} =$$
$$\frac{2a - (x_1 + x_2)}{a^2 - (x_1 + x_2)a + x_1 x_2} =$$
$$\frac{2a - \dfrac{a + b + 2\lambda a k_1 k_2}{1 + \lambda k_1 k_2}}{a^2 - \dfrac{a + b + 2\lambda a k_1 k_2}{1 + \lambda k_1 k_2}a + \dfrac{k_1 k_2 a^2 \lambda}{1 + \lambda k_1 k_2}} =$$
$$\frac{2a - (a+b)}{a^2 - (a+b)a} = \frac{1}{a} - \frac{1}{b}$$

特别地,当 M 为 AB 中点时,有:

定理 18 设 M 为圆锥曲线 Γ 的弦 AB 的中点,过 M 任作两弦 CD,EF,过 C,D,E,F 的任一圆锥曲线与 AB 交于 P,Q,则 $PM = QM$.

有趣的"蝴蝶定理"磨炼着无数数学爱好者的毅力和才华. 历史名题,像颗颗珍珠闪耀着人类的智慧的光彩. 勤劳的笔耕者,不仅追求构思巧妙的解法,而且还追逐着它的变化,延伸与推广. 下面的两个定理是由朱履乾[15]和田文字[16]两先生分别给出的,它们更为美妙,内容更丰富.

定理 19 设 O 为任意二次曲线 Γ 的弦 AB 上任意一点,D,E 在直线 AB 上且关于点 O 对称. 二次曲线 Γ_1 过 D,E 二点且交曲线 Γ 于 M,N,S,T;过 M,N,S,T 的任意一条二次曲线 Γ_2 交直线 AB 于 U,V. 记 $DO = OE = d, OA = a, OB = b, OU = u, OV = v$,则 a,b,d,u,v 满足几何关系式
$$(ab - d^2)(u - v) = (uv - d^2)(a - b) \tag{I}$$

证明 如图 3.128,建立直角坐标系,AB 所在直线为 x 轴,设任意二次曲线 Γ 的方程为
$$F(x,y) = x^2 + exy + fy^2 + gx + by + p = 0 \qquad ①$$
它与 x 轴的交点 $A(-a,0), B(b,0)$,满足方程
$$x^2 + gx + p = 0 \qquad ②$$
依韦达定理,知 $g = a - b, p = -ab$,于是 ① 可改写为

$$F(x,y) = x^2 + exy + fy^2 + (a-b)x + hy - ab = 0 \quad ③$$

设二次曲线 Γ_1 的方程为

$$F_1(x,y) = x^2 + e_1 xy + f_1 y^2 + g_1 x + h_1 y + p_1 = 0 \quad ④$$

它与 x 轴的交点 $D(-d,0), E(d,0)$ 满足方程

$$x^2 + g_1 x + p_1 = 0 \quad ⑤$$

依韦达定理,知 $g_1 = 0, p_1 = -d^2$,于是 ④ 可改写为

$$F_1(x,y) = x^2 + e_1 xy + f_1 y^2 + h_1 y - d^2 = 0 \quad ⑥$$

从而过 ③,⑥ 的交点 M,N,S,T 的任意一条二次曲线 Γ_2 的方程为

$$\lambda F(x,y) + F_1(x,y) = 0, \lambda \in \mathbf{R} \quad ⑦$$

二次曲线 $F_1(x,y)$,包容直线 MT, NS;二次曲线束 ⑦ 既包容直线 MS, NT,如图 3.129(a),也包容直线 MN, ST 如图 3.129(b).

曲线 ⑦ 与 x 轴的交点 $U(-u,0), V(v,0)$ 满足方程

$$\lambda [x^2 + (a-b)x - ab] + x^2 - d^2 = 0 \quad ⑧$$

于是有

$$\lambda [x^2 - (a-b)u - ab] + u^2 - d^2 = 0 \quad ⑨$$

$$\lambda [x^2 + (a-b)v - ab] + v^2 - d^2 = 0 \quad ⑩$$

由 ⑨,⑩ 消去 λ 得

$$[u^2 - (a-b)u - ab](v^2 - d^2) = [v^2 + (a-b)v - ab](u^2 - d^2)$$

将上式两边分别展开,化简即得

$$(ab - d^2)(u - v) = (uv - d^2)(a - b)$$

证毕.

定理 19 的内容相当丰富,由于直线和圆是二次曲线中的一员,则有以下几点:

(i) Γ 为 $F(x,y) = x^2 + y^2 + (a-b)x + hy - ab = 0$,$\Gamma_1$ 为 $F_1(x,y) = [y - k_3(x+d)][y - k_4(x-d)] = 0$ 时,定理 19 即为:设 O 为圆的弦 AB 上任意一点,D,E 在直线 AB 上且关于点 O 对称. 过 D,E 引直线 MT, NS 交圆于 M,N,S,而 MS, NT 交直线 AB 于 U,V,记 $DO = OE = d, OA = a, OB = b, OU = u, OV = v$,则 a,b,d,u,v 满足几何关系式(Ⅰ).

此即为定理 15 与定理 13 的推广.

(ii) Γ 为 $F(x,y) = [y - k_1(x+a)][y - k_2(x-b)] = 0$,$\Gamma_1$ 为 $F_1(x,y) = [y - k_3(x+d)][y - k_4(x-d)] = 0$ 时,定理 19 即为:设 O 为线段 AB 上任意一点,D,E 在直线 AB 上且关于点 O 对称. 过 D,E 引直线 NS, MT 分别交直线 JB, KA 于 N, S, M, T. 而 MS, NT 交直线 AB 于 U, V,记 $DO = OE = d, OA = a, OB = b, OU = u, OV = v$,则 a,b,d,u,v 满足几何关系式(Ⅰ).

此时即为定理 1 的推广,如图 3.130 所示.

(iii) 当 $a = b, d > 0$ 时,式(Ⅰ)变为 $u = v$,即 $OU = OV$.

当 $a \neq b, d = 0$ 时,式(Ⅰ)变为

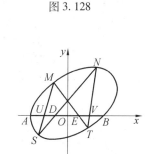

图 3.128

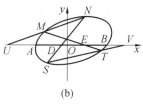

图 3.129

$$\frac{1}{a}-\frac{1}{b}=\frac{1}{u}-\frac{1}{v}$$

即

$$\frac{1}{OA}-\frac{1}{OB}=\frac{1}{OU}-\frac{1}{OV}$$

当 $a=b, d=0$ 时,式(I)变为 $u=v$,即 $OU=OV$.

定理 20 设 $\Gamma_1, \Gamma_2, \Gamma_3$ 为三条均过 M, N, T, S 四点的二次曲线,它们顺次与有向直线 x 交于 $A, B; D, E; U, V$ 点,O 为有向直线 x 上任一点,记有向线段数量 $OA=a$,$OB=b, OD=d, OE=e, OU=u, OV=v$,且 ab, de, uv 两两不等,则有

$$\frac{(a+b)-(d+e)}{ab-de}=\frac{(d+e)-(u+v)}{de-uv}=$$
$$\frac{(u+v)-(a+b)}{uv-ab} \quad (\text{II})$$

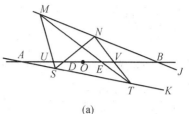

(a)

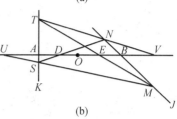

(b)

图 3.130

此定理的关系式结构整齐对称,和谐优美,并且只要 $\Gamma_1, \Gamma_2, \Gamma_3$ 中有一个是退化二次曲线,蝴蝶之形便出现图中,参见图 3.127 即可.

在式(II)中,取 $d=-e$,再换 b 为 $-b$,换 v 为 $-v$,便成为式(I),因而式(II)是广义蝴蝶定理的进一步拓广.

证明 如图 3.132,以 O 为原点,有向直线 x 为横轴建立直角坐标系.

设二次曲线 Γ_1 的方程为 $F_1(x,y)=0$,曲线 Γ_2 的方程为 $F_2(x,y)=0$.

因为二次曲线 $\Gamma_1, \Gamma_2, \Gamma_3$ 均过点 M, N, T, S,故存在实数 λ,使曲线 Γ_3 的方程为

$$F_1(x,y)+\lambda F_2(x,y)=0$$

图 3.132

由于二次曲线 Γ_1 与 x 轴交于点 $A(a,0), B(b,0)$,故 a,b 是方程 $F_1(x,0)=0$ 的二实根,不妨令 $F_1(x,0)=x^2+p_1 x+q_1=0$,则由韦达定理知 $a+b=-p_1$ 且 $ab=q_1$,故得

$$F_1(x,0)=x^2-(a+b)x+ab=0$$

同理由二次曲线 Γ_2 与 x 轴交于点 $D(d,0), E(e,0)$,得

$$F_2(x,0)=x^2-(d+e)x+de=0$$

再由二次曲线 Γ_3 与 x 轴交于点 $U(u,0), V(v,0)$,故 u,v 是方程

$$F_1(x,0)+\lambda F_2(x,0)=0$$

即

$$[x^2-(a+b)x+ab]+\lambda[x^2-(d+e)x+de]=$$
$$(1+\lambda)x^2-[(a+b)+\lambda(d+e)]x+ab+\lambda de=0$$

的二实根,由韦达定理知

$$\begin{cases} u+v=\dfrac{a+b+\lambda(d+e)}{1+\lambda} \\ uv=\dfrac{ab+\lambda de}{1+\lambda} \end{cases} \Rightarrow \begin{cases} (u+v)-(a+b)=\lambda[(d+e)-(u+v)] \\ uv-ab=\lambda(de-uv) \end{cases}$$

因 $ab \neq de, de \neq uv, uv \neq ab$,则

$$\frac{(u+v)-(a+b)}{uv-ab} = \frac{(d+e)-(u+v)}{de-uv}$$

再由等比定理,得

$$\frac{(a+b)-(d+e)}{ab-de} = \frac{(d+e)-(u+v)}{de-uv} = \frac{(u+v)-(a+b)}{uv-ab}$$

证毕.

3.4 点到直线距离公式的推导

已知点 $P(x_0, y_0)$ 和直线 $l: Ax + By + C = 0 (A^2 + B^2 \neq 0)$,则点 P 到直线 l 的距离 d,有下述公式

$$d = \frac{|Ax_0 + By_0 + C|}{\sqrt{A^2 + B^2}} \qquad (\text{I})$$

公式(I)的推导,可以从各种不同的角度出发来进行.

(1) 利用两点间距离公式.

证法 1 如图 3.133,过点 P 作 $PQ \perp l$,垂足为 $Q(x, y)$,知 $k_{PQ} = \frac{B}{A}$,则 PQ 的方程为

$$y - y_0 = \frac{B}{A}(x - x_0)$$

解方程组

$$\begin{cases} Ax + By + C = 0 \\ y - y_0 = \frac{B}{A}(x - x_0) \end{cases}$$

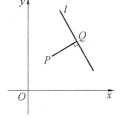

图 3.133

可得

$$\begin{cases} x - x_0 = -\frac{A}{A^2 + B^2}(Ax_0 + By_0 + C) \\ y - y_0 = -\frac{B}{A^2 + B^2}(Ax_0 + By_0 + C) \end{cases}$$

故

$$d = \sqrt{(x-x_0)^2 + (y-y_0)^2} = \frac{|Ax_0 + By_0 + C|}{\sqrt{A^2 + B^2}}$$

注 也可以不解方程组,由方程组变形得

$$\begin{cases} A(x - x_0) + B(y - y_0) = -(Ax_0 + By_0 + C) \\ A(y - y_0) - B(x - x_0) = 0 \end{cases}$$

把上面两式两边分别平方后相加,即可求得. 见证法 2.

证法 2 由直线方程的点斜式,可求得过点 $P(x_0, y_0)$ 与已知直线 $Ax + By + C = 0$ 平行的直线方程为

$$A(x-x_0)+B(y-y_0)=0 \qquad ①$$

可求得过点 $P(x_0,y_0)$ 与已知直线 $Ax+By+C=0$ 垂直的直线方程为
$$B(x-x_0)-A(y-y_0)=0 \qquad ②$$

又由方程 $Ax+By+C=0$ 变形,有
$$A(x-x_0)+B(y-y_0)=-(Ax_0+By_0+C) \qquad ③$$

联立方程①,②,可求得垂足点 Q 的坐标 (x,y),联立③,②亦可视为联立①,②,由 $②^2+③^2$ 得

$$(A^2+B^2)[(x-x_0)^2+(y-y_0)^2]=(Ax_0+By_0+C)^2$$

因
$$\sqrt{A^2+B^2}\neq 0$$

从而有
$$d=\sqrt{(x-x_0)^2+(y-y_0)^2}=\frac{|Ax_0+By_0+C|}{\sqrt{A^2+B^2}}$$

证法 3 如图 3.133,设 $Q(x_1,y_1)$,则直线 PQ 的斜率为 $\dfrac{y_1-y_0}{x_1-x_0}$。由 $PQ\perp l$,有

$$\left(-\frac{A}{B}\right)\cdot\left(\frac{y_1-y_0}{x_1-x_0}\right)=-1$$

即
$$\frac{y_1-y_0}{B}=\frac{x_1-x_0}{A}$$

令上述比值为 m,则 $x_1=mA+x_0$,$y_1=mB+y_0$,将其代入直线 l 的方程,得
$$A(mA+x_0)+B(mB+y_0)+C=0$$

从而
$$m=-\frac{Ax_0+By_0+C}{A^2+B^2}$$

故
$$d=\sqrt{(x_1-x_0)^2+(y_1-y_0)^2}=\sqrt{(mA)^2+(mB)^2}=$$
$$|m|\cdot\sqrt{A^2+B^2}=\frac{|Ax_0+By_0+C|}{\sqrt{A^2+B^2}}$$

证法 4 设点 P 关于直线 l 的对称点为 $P'(x',y')$,则 $Q\left(\dfrac{x'+x_0}{2},\dfrac{y'+y_0}{2}\right)$,而点 Q 在直线 l 上,则有

$$A\cdot\frac{x'+x_0}{2}+B\cdot\frac{y'+y_0}{2}+C=0 \qquad ④$$

又 $PP'\perp l$,有
$$\frac{y'-y_0}{x'-x_0}\cdot\left(-\frac{A}{B}\right)=-1 \qquad ⑤$$

联立④,⑤得

$$\begin{cases} x' = \dfrac{1}{A^2+B^2}(B^2x_0 - A^2x_0 - 2ABy_0 - 2AC) \\ y' = \dfrac{1}{A^2+B^2}(A^2y_0 - B^2y_0 - 2ABx_0 - 2BC) \end{cases}$$

故

$$d = |PQ| = \frac{1}{2}\sqrt{(x'-x_0)^2 + (y'-y_0)^2} = \frac{|Ax_0 + By_0 + C|}{\sqrt{A^2+B^2}}$$

证法5 如图3.134,设过点 $P(x_0,y_0)$ 与直线 l 平行的直线为 l_1,由恒等式

$$A \cdot \left(-\frac{AC}{A^2+B^2}\right) + B \cdot \left(-\frac{BC}{A^2+B^2}\right) + C = 0$$

知,点 $M\left(-\dfrac{AC}{A^2+B^2}, -\dfrac{BC}{A^2+B^2}\right)$ 在直线 $l:Ax+By+C=0$ 上,并且易推知 $OM \perp l$(由 $OE \cdot OF = EF \cdot OM$ 即证).

又 l_1 的方程为 $Ax+By+C'=0$,其中 $C' = -Ax_0 - By_0$,同样,知点 $N\left(-\dfrac{AC'}{A^2+B^2}, -\dfrac{BC'}{A^2+B^2}\right)$ 在直线 l_1 上,且易推知 $ON \perp l_1$. 于是

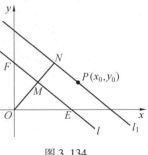

图 3.134

$$d = |MN| = \sqrt{\left(-\frac{AC}{A^2+B^2} + \frac{AC'}{A^2+B^2}\right)^2 + \left(-\frac{BC}{A^2+B^2} + \frac{BC'}{A^2+B^2}\right)^2} =$$

$$\frac{|C-C'|}{\sqrt{A^2+B^2}} = \frac{|Ax_0 + By_0 + C|}{\sqrt{A^2+B^2}}$$

(2)利用直角三角形性质.

证法6 如图3.135,设直线 $l:Ax+By+C=0$ 分别交 Ox, Oy 于 $E\left(-\dfrac{C}{A},0\right), F\left(0,-\dfrac{C}{B}\right)$. 过点 P 作 x 轴的垂线,交 l 于 $M\left(x_0, -\dfrac{Ax_0+C}{B}\right)$,则 $Rt\triangle PNQ \backsim Rt\triangle EFO$. 所以

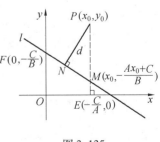

图 3.135

$$\frac{|PN|}{|OE|} = \frac{|PM|}{|EF|} \Rightarrow \frac{d}{\left|\dfrac{C}{A}\right|} = \frac{\left|y_0 + \dfrac{Ax_0+C}{B}\right|}{\left|\dfrac{C\sqrt{A^2+B^2}}{AB}\right|} \Rightarrow d = \frac{|Ax_0+By_0+C|}{\sqrt{A^2+B^2}}$$

证法7 如图3.135. 设 l 的倾斜角为 α,过点 P 作 $PM \parallel y$ 轴交 l 于 M,得

$$|PM| = |y_M - y_0| = \left|\frac{1}{B}(Ax_0 + By_0 + C)\right|$$

则
$$\tan\alpha = -\frac{A}{B}$$
从而
$$|\cos\alpha| = \frac{|B|}{\sqrt{A^2+B^2}}$$
故
$$d = |PQ| = |PM\cdot\cos\alpha| = \left|\frac{1}{B}(Ax_0+By_0+C)\cdot\frac{B}{\sqrt{A^2+B^2}}\right| = \frac{|Ax_0+By_0+C|}{\sqrt{A^2+B^2}}$$

证法 8 如图 3.136,过点 P 分别作直线 l,x 轴和 y 轴的垂线,分别交直线 l 于点 Q,P_1,P_2. 由

$$S_{\triangle PP_1P_2} = \frac{1}{2}|P_1P_2|\cdot|PQ| = \frac{1}{2}|PP_1|\cdot|PP_2|$$

有
$$|P_1P_2|\cdot|PQ| = |PP_1|\cdot|PP_2|$$

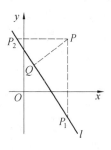

图 3.136

$$|PQ| = \frac{|PP_1|\cdot|PP_2|}{|P_1P_2|} = \frac{|PP_1|\cdot|PP_2|}{\sqrt{|PP_1|^2+|PP_2|^2}} = \sqrt{\frac{|PP_1|^2\cdot|PP_2|^2}{|PP_1|^2+|PP_2|^2}} = \sqrt{\frac{1}{\frac{1}{|PP_1|^2}+\frac{1}{|PP_2|^2}}}$$

由点 P 的坐标及直线 l 的方程可以求得

$$P_1(x_0, -\frac{A}{B}x_0-\frac{C}{B}), \quad P_2(-\frac{B}{A}y_0-\frac{C}{A}, y_0)$$

$$|PP_1|^2 = \frac{(Ax_0+By_0+C)^2}{B^2}$$

$$|PP_2|^2 = \frac{(Ax_0+By_0+C)^2}{A^2}$$

故
$$d = |PQ| = \sqrt{\frac{1}{\frac{B^2}{(Ax_0+By_0+C)^2}+\frac{A^2}{(Ax_0+By_0+C)^2}}} = \frac{|Ax_0+By_0+C|}{\sqrt{A^2+B^2}}$$

注 若设 $P_1(x_0,y_1), P_2(x_2,y_0)$,则 P_1,P_2 在 l 上有 $Ax_0+By_1+C=0, Ax_2+By_0+C=0$,此两式相减再变形有 $\frac{y_1-y_0}{x_2-x_0} = \frac{A}{B}$,由 $|P_1P_2|\cdot d = |PP_1|\cdot|PP_2|$,有

$$d = \frac{|PP_1|\cdot|PP_2|}{|P_1P_2|} = \frac{|y_1-y_0|\cdot|x_2-x_0|}{\sqrt{(x_2-x_0)^2+(y_1-y_0)^2}} = \frac{|y_1-y_0|}{\sqrt{1+\left(\frac{y_1-y_0}{x_2-x_0}\right)^2}} = $$

$$\frac{|By_1-By_0|}{\sqrt{A^2+B^2}} = \frac{|Ax_0+By_0+C|}{\sqrt{A^2+B^2}}$$

证法 9 如图 3.137,同证法 8 用同一个三角形面积相等,有

$$S_{\triangle EPF} = \left| \frac{1}{2} \begin{vmatrix} -\frac{C}{A} & 0 & 1 \\ x_0 & y_0 & 1 \\ 0 & -\frac{C}{B} & 1 \end{vmatrix} \right| = \left| \frac{-C(Ax_0 + By_0 + C)}{2AB} \right|$$

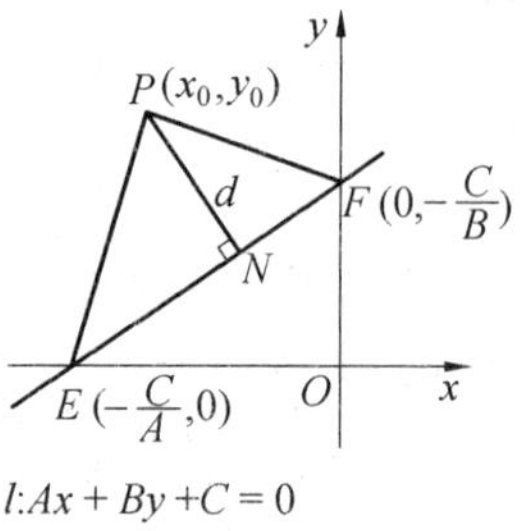

又 $$S_{\triangle EPF} = \left| \frac{1}{2} EF \cdot PN \right| = \left| \frac{C\sqrt{A^2+B^2}}{2AB} d \right|$$

故 $$\sqrt{A^2+B^2} \cdot d = |Ax_0 + By_0 + C| \Rightarrow d = \frac{|Ax_0 + By_0 + C|}{\sqrt{A^2+B^2}}$$

图 3.137

注 若设 E, F 为直线 l 上的两个动点, 若令 $E(x, y)$, 则可令 $F(x-B, y+A)$, 则 $|EF| = \sqrt{A^2+B^2}$

$$S_{\triangle PEF} = \left| \frac{1}{2} \begin{vmatrix} x_0 & y_0 & 1 \\ x & y & 1 \\ x-B & y+A & 1 \end{vmatrix} \right| = \frac{1}{2} |Ax_0 + By_0 - Ax - By| = \frac{1}{2} |Ax_0 + By_0 + C| = \frac{1}{2} |EF| \cdot d$$

故
$$d = \frac{S_{\triangle PEF}}{|EF|} = \frac{|Ax_0 + By_0 + C|}{\sqrt{A^2+B^2}}$$

证法 10 如图 3.136, 由射影定理有
$$|P_1 P|^2 = |P_1 Q| \cdot |P_1 P_2|$$
$$|P_2 P|^2 = |P_2 Q| \cdot |P_1 P_2|$$
$$|PQ|^2 = |P_2 Q| \cdot |P_1 Q|$$

则
$$|PQ|^2 = \frac{|P_1 P|^2 \cdot |P_2 P|^2}{|P_1 P_2|^2} = \frac{|P_1 P|^2 \cdot |P_2 P|^2}{|P_1 P|^2 + |P_2 P|^2}$$

故
$$d = |PQ| = \sqrt{\frac{1}{\frac{1}{|P_1 P|^2} + \frac{1}{|P_2 P|^2}}}$$

以下同证法 8.

证法 11 注意相似三角形性质, 现分两种情况推导.

(i) $C \neq 0$, 如图 3.138, 设直线 l 与两坐标轴分别交于点 M, N, 过点 P 作 $PP_1 \perp x$ 轴交直线 l 于点 P_1. 由
$$\triangle PQP_1 \backsim \triangle MON$$
有
$$\frac{|PQ|}{|PP_1|} = \frac{|OM|}{|MN|}$$

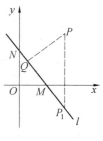

图 3.138

由点 P 的坐标和直线 l 的方程易求得

$$M\left(-\frac{C}{A}, 0\right), N\left(0, -\frac{C}{B}\right), P_1\left(x_0, -\frac{A}{B}x_0 - \frac{C}{B}\right)$$

$$|PP_1| = \left|y_0 + \frac{A}{B}x_0 + \frac{C}{B}\right|, \quad |OM| = \left|\frac{C}{A}\right|$$

$$|MN| = \sqrt{\left|\frac{C}{A}\right|^2 + \left|\frac{C}{B}\right|^2}$$

故 $$d = |PQ| = \frac{\left|\frac{A}{B}x_0 + \frac{C}{B} + y_0\right| \cdot \left|\frac{C}{A}\right|}{\sqrt{\left|\frac{C}{A}\right|^2 + \left|\frac{C}{B}\right|^2}} = \frac{|Ax_0 + By_0 + C|}{\sqrt{A^2 + B^2}}$$

（ii）$C = 0$，如图 3.139，过点 P 作 $PP_1 \perp x$ 轴交直线 l 于 P_1，交 x 轴于 P_2，由 $\triangle PQP_1 \backsim \triangle OP_2P_1$，得

$$\frac{|PQ|}{|OP_2|} = \frac{|PP_1|}{|OP_1|}$$

$$|PQ| = \frac{|OP_2| \cdot |PP_1|}{|OP_1|}$$

而 $P_1\left(x_0, -\frac{A}{B}x_0\right), P_2(x_0, 0)$，则

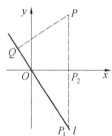

图 3.139

$$|OP_2| = |x_0|, \quad |PP_1| = \left|y_0 + \frac{A}{B}x_0\right|$$

$$|OP_1| = \sqrt{|x_0|^2 + \left|\frac{A}{B}x_0\right|^2}$$

故 $$d = |PQ| = \frac{|x_0| \cdot \left|y_0 + \frac{A}{B}x_0\right|}{\sqrt{|x_0|^2 + \left|\frac{A}{B}x_0\right|^2}} = \frac{|Ax_0 + By_0|}{\sqrt{A^2 + B^2}} = \frac{|Ax_0 + By_0 + C|}{\sqrt{A^2 + B^2}}$$

（3）利用求极值的方法．

证法 12 如图 3.140，设直线 $l: Ax + By + C = 0$ 上任意一点坐标为 $T\left(x, -\frac{Ax + C}{B}\right)$，由两点距离公式得 d 关于 x 的函数

$$d = \sqrt{(x - x_0)^2 + \left(\frac{Ax + C}{B} + y_0\right)^2}$$

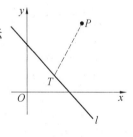

图 3.140

即

$$d = \sqrt{(x - x_0)^2 + \left(\frac{A(x - x_0) + Ax_0 + C}{B} + y_0\right)^2} =$$

$$\sqrt{(x - x_0)^2 + \left(\frac{A(x - x_0) + Ax_0 + By_0 + C}{B}\right)^2} =$$

$$\sqrt{\frac{(A^2 + B^2)(x - x_0)^2 + 2A(x - x_0)(Ax_0 + By_0 + C) + (Ax_0 + By_0 + C)^2}{B^2}}$$

因为根号内是关于 x 定义在 $\mathbf{R}$ 上的一元二次函数，根据一元二次函数当二次项函数大于 0 时

在顶点取得最小值的性质,得

$$d_{\min} = \sqrt{\frac{4(A^2+B^2)(Ax_0+By_0+C)^2 - 4A^2(Ax_0+By_0+C)^2}{4B^2(A^2+B^2)}} =$$

$$\sqrt{\frac{B^2(Ax_0+By_0+C)^2}{B^2(A^2+B^2)}} = \frac{|Ax_0+By_0+C|}{\sqrt{A^2+B^2}}$$

证法 13　如图 3.140,在 l 上任取一点 $T(x,y)$,由两点的距离公式有
$$|PT|^2 = (x-x_0)^2 + (y-y_0)^2$$
为了利用条件 $Ax+By+C=0$,将上式变形一下,配凑系数处理得
$$(A^2+B^2)[(x-x_0)^2+(y-y_0)^2] =$$
$$A^2(x-x_0)^2 + B^2(y-y_0)^2 + A^2(y-y_0)^2 + B^2(x-x_0)^2 =$$
$$[A(x-x_0)+B(y-y_0)]^2 + [A(y-y_0)-B(x-x_0)]^2 \geqslant$$
$$[A(x-x_0)+B(y-y_0)]^2 =$$
$$(Ax_0+By_0+C)^2 \quad (\text{其中注意 } C=-Ax-By)$$

其中等号当且仅当 $A(y-y_0)-B(x-x_0)=0$ 时取得.

于是 PT 的最小值 $d = \dfrac{|Ax_0+By_0+C|}{\sqrt{A^2+B^2}}$

证法 14　如图 3.140,在 l 上任取一点 $T(x,y)$,则
$$|PT| = \sqrt{(x_0-x)^2 + (y_0-y)^2}$$
由柯西不等式,得
$$\sqrt{A^2+B^2} \cdot \sqrt{(x_0-x)^2+(y_0-y)^2} \geqslant \sqrt{[A(x_0-x)+B(y_0-y)]^2}$$
则 $\sqrt{(x_0-x)^2+(y_0-y)^2} \geqslant \dfrac{|A(x_0-x)+B(y_0-y)|}{\sqrt{A^2+B^2}} = \dfrac{|Ax_0-Ax+By_0-By|}{\sqrt{A^2+B^2}} =$
$$\frac{|(Ax_0+By_0+C)-(Ax+By+C)|}{\sqrt{A^2+B^2}} = \frac{|Ax_0+By_0+C|}{\sqrt{A^2+B^2}}$$

即
$$\sqrt{(x_0-x)^2+(y_0-y)^2} \geqslant \frac{|Ax_0+By_0+C|}{\sqrt{A^2+B^2}}$$

当且仅当 $\dfrac{x_0-x}{A} = \dfrac{y_0-y}{B}$ 时,等号成立,加之 $Ax+By+C=0$,可确定 x,y 的值,这是等号成立的具体条件,即点 T 的坐标. 则
$$|PT|_{\min} = \frac{|Ax_0+By_0+C|}{\sqrt{A^2+B^2}}$$

故
$$d = |PT|_{\min} = \frac{|Ax_0+By_0+C|}{\sqrt{A^2+B^2}}$$

证法 15 如图 3.140,设点 $P(x_0,y_0)$,直线 l 的方程为 $Ax + By + C = 0$,作集合 $D = \{(x,y) \mid Ax + By + C = 0\}$,则 D 就是直线 l 上全体点构成的集合.

对于 D 中的每一个点 $T(x,y)$,由两点间距离公式可得点 P 与点 T 的距离
$$|PT| = \sqrt{(x-x_0)^2 + (y-y_0)^2}$$
显然,当 $P \in D$,即 P 在 l 上时,有 $|PT| = 0$,当 $P \notin D$,即 P 不在 l 上时,有 $|PT| > 0$.求点 P 到直线 l 的距离就是在 D 中找一点且只有一点 $T'(x',y')$ 使得 $|T'P|$ 最小,这样就将求距离的问题转化为求极值的问题.

令 $\varphi(x) = (x-x_0)^2 + (y-y_0)^2$,其中 $y = -\dfrac{A}{B}x - \dfrac{C}{B}$,则由上面的讨论知,当 $P \notin D$ 时,$\varphi(x) > 0$,所以 $\varphi(x)$ 只有最小值且其最小值就是 $|PT|$ 的最小值.

由于 $\varphi(x)$ 是二次函数,可用二次函数极值判别条件求出最小值.下面用微分方法求极值点,即求 T',由
$$\varphi'(x) = 2(x - x_0) - \dfrac{2A}{B}\left(-\dfrac{A}{B}x - \dfrac{C}{B} - y_0\right) = 0$$
得
$$x' = \dfrac{B^2 x_0 + AC - ABy_0}{A^2 + B^2}$$
$$y' = \dfrac{A^2 y_0 + BC - ABx_0}{A^2 + B^2}$$

所以点 P 到直线 l 的距离为
$$d = \min_{P \in D}|PT| = |PT'| = \sqrt{(x'-x_0)^2 + (y'-y_0)^2} =$$
$$\sqrt{\left(\dfrac{B^2 x_0 + AC - ABy_0}{A^2 + B^2} - x_0\right)^2 + \left(\dfrac{A^2 y_0 + BC - ABx_0}{A^2 + B^2} - y_0\right)^2} =$$
$$\dfrac{|Ax_0 + By_0 + C|}{\sqrt{A^2 + B^2}}$$

(4) 利用直线和圆相切的条件.

证法 16 如图 3.141,以点 P 为圆心,d 为半径作圆,则直线 l 为该圆的一条切线(不妨设切点为 A).平移坐标轴,将直角坐标系 xOy 的原点移至点 P,于是,相对于新坐标系 $x'O'y'$ 有:

圆的方程为
$$x'^2 + y'^2 = d^2$$

直线 l 的方程为
$$Ax' + By' + Ax_0 + By_0 + C = 0 \qquad ⑥$$

点 A 的坐标设为 (x_1,y_1),因此,以点 A 为切点的圆的切线方程为
$$x_1 x' + y_1 y' = d^2 \qquad ⑦$$

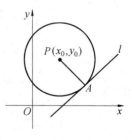

图 3.141

因方程 ⑥ 与 ⑦ 实为同一条直线的方程,所以有
$$\dfrac{x_1}{A} = \dfrac{y_1}{B} = \dfrac{-d^2}{Ax_0 + By_0 + C} \Rightarrow \dfrac{x_1^2}{A^2} = \dfrac{y_1^2}{B^2} = \dfrac{d^4}{(Ax_0 + By_0 + C)^2} \Rightarrow$$

$$\frac{x_1^2 + y_1^2}{A^2 + B^2} = \frac{d^4}{(Ax_0 + By_0 + C)^2}(x_1^2 + y_1^2 = d^2) \Rightarrow$$

$$(Ax_0 + By_0 + C)^2 = d^2(A^2 + B^2) \Rightarrow$$

$$d = \frac{|Ax_0 + By_0 + C|}{\sqrt{A^2 + B^2}}$$

如果 $A = 0$ 或 $B = 0$,容易验证,上面的距离公式仍然成立. 故点 $P(x_0, y_0)$ 到直线 $l: Ax + By + C = 0$ 的距离 d 的计算公式为

$$d = \frac{|Ax_0 + By_0 + C|}{\sqrt{A^2 + B^2}}$$

证法 17 参见图 3.141,设以 $P(x_0, y_0)$ 为圆心,以 R 为半径的圆的方程为 $(x - x_0)^2 + (y - y_0)^2 = R^2$,联立直线方程 $l: Ax + By + C = 0$ 得方程组

$$\begin{cases} (x - x_0)^2 + (y - y_0)^2 = R^2 & \text{⑧} \\ Ax + By + C = 0 & \text{⑨} \end{cases}$$

式 ⑨ 可化为

$$A(x - x_0) + B(y - y_0) = -Ax_0 - By_0 - C$$

即

$$B(y - y_0) = -(Ax_0 + By_0 + C) - A(x - x_0)$$

式 ⑧ 可化为

$$B^2(x - x_0)^2 + [B(y - y_0)]^2 = B^2 R^2$$

消去 $B(y - y_0)$ 得

$$B^2(x - x_0)^2 + [A(x - x_0) + Ax_0 + By_0 + C]^2 = B^2 R^2$$

整理得

$$(A^2 + B^2)(x - x_0)^2 + 2A(Ax_0 + By_0 + C)(x - x_0) + (Ax_0 + By_0 + C)^2 - B^2 R^2 = 0$$

当圆与直线相切时,则有

$$\Delta = 4A^2(Ax_0 + By_0 + C)^2 - 4(A^2 + B^2)[(Ax_0 + By_0 + C)^2 - B^2 R^2] = 0 \Rightarrow$$

$$R^2 = \frac{B^2(Ax_0 + By_0 + C)^2}{B^2(A^2 + B^2)} \Rightarrow R = \frac{|Ax_0 + By_0 + C|}{\sqrt{A^2 + B^2}}$$

因当直线与圆相切时,圆到直线的距离等于圆的半径,故 $P(x_0, y_0)$ 到直线 $Ax + By + C = 0$ 的距离为 $\frac{|Ax_0 + By_0 + C|}{\sqrt{A^2 + B^2}}$.

(5) 利用参数方程.

证法 18 如图 3.142,由已知直线 $l: Ax + By + C = 0$(设 $A > 0$)与点 $P(x_0, y_0)$,构造垂线 PQ 的参数方程,借助于参数的几何意义来求. 不妨设直线 l 的倾斜角为 $\alpha(\alpha < 90°)$,则 PQ 倾斜角为 $90° + \alpha$.

则 PQ 的参数方程为

$$\begin{cases} x = x_0 + t\cos(90° + \alpha) \\ y = y_0 + t\sin(90° + \alpha) \end{cases}$$

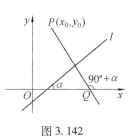

图 3.142

将其代入直线方程 $Ax + By + C = 0$,求得点 Q 的参数值,即

$$A(x_0 - t\sin\alpha) + B(y_0 + t\cos\alpha) + C = 0 \Rightarrow t = \frac{Ax_0 + By_0 + C}{A\sin\alpha - B\cos\alpha}$$

因 $\tan\alpha = -\dfrac{A}{B}$，又 α 为锐角，则 $B < 0$，从而

$$\cos\alpha = \frac{1}{\sec\alpha} = \frac{1}{\sqrt{1+\tan^2\alpha}} = \sqrt{\frac{B^2}{A^2+B^2}} = -\frac{B}{\sqrt{A^2+B^2}}$$

$$\sin\alpha = \sqrt{\frac{A^2}{A^2+B^2}} = \frac{A}{\sqrt{A^2+B^2}}$$

故

$$d = t = \frac{Ax_0 + By_0 + C}{\sqrt{A^2+B^2}}$$

当 $\alpha > 90°$ 时，直线 PQ 的倾斜角为 $\alpha - 90°$，同理可得.

证法 19 以 P 为圆心，R 为半径作圆，参数方程为

$$\begin{cases} x = x_0 + R\cos\theta \\ y = y_0 + R\sin\theta \end{cases} \quad (\theta \text{ 为参数})$$

代入 l 的方程研究相交时 R 的情况.

$$A(x_0 + R\cos\theta) + B(y_0 + R\sin\theta) + C = 0$$

即

$$R = \frac{|Ax_0 + By_0 + C|}{|A\cos\theta + B\sin\theta|}$$

由于

$$|A\cos\theta + B\sin\theta| \leqslant \sqrt{A^2+B^2}$$

则

$$R \geqslant \frac{|Ax_0 + By_0 + C|}{\sqrt{A^2+B^2}}$$

注意到：当圆与 l 相切时，R 有最小值，这个最小值也就是点 P 到 l 的距离. 故

$$d = R_{\min} = \frac{|Ax_0 + By_0 + C|}{\sqrt{A^2+B^2}}$$

（6）利用向量.

证法 20 从向量的数量积角度来推导.

设 $P_1(x_1, y_1), P_2(x_2, y_2)$ 是直线 $l: Ax + By + C = 0$ 上的任意两点，代入方程，两式左右两边分别相减，得 $A(x_1 - x_2) + B(y_1 - y_2) = 0$，$\boldsymbol{n} = (A, B)$ 是与直线 l 垂直的向量，由向量的数量积公式，知 $\boldsymbol{n} \cdot \overrightarrow{P_1P_2} = 0$.

P 为直线 l 外的已知点，当 $\boldsymbol{n}$ 与 $\overrightarrow{P_1P}$ 的夹角 θ 为锐角（图 3.120(a)）时

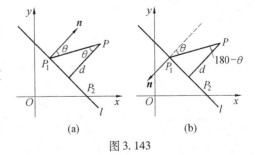

图 3.143

$$d = |\overrightarrow{P_1P_0}| \cdot \cos\theta$$

当 $\boldsymbol{n}$ 与 $|\overrightarrow{P_1P}|$ 的交角 θ 为钝角（图 3.120(b)）时

$$d = |\overrightarrow{P_1P}|\cos(180° - \theta) = -|\overrightarrow{P_1P}|\cos\theta = |\overrightarrow{P_1P}||\cos\theta|$$

所以,都有 $d=|\overrightarrow{P_1P}||\cos\theta|$. 因

$$\boldsymbol{n}\cdot\overrightarrow{P_1P}=|\boldsymbol{n}||\overrightarrow{P_1P}|\cdot\cos\theta$$

故

$$d=\frac{|\boldsymbol{n}\cdot\overrightarrow{P_1P}|}{|\boldsymbol{n}|}=\frac{|(A,B)\cdot(x_0-x_1,y_0-y_1)|}{\sqrt{A^2+B^2}}=$$

$$\frac{|A(x_0-x_1)+B(y_0-y_1)|}{\sqrt{A^2+B^2}}=\frac{|Ax_0+By_0+C|}{\sqrt{A^2+B^2}}$$

(因为 $Ax_1+By_1+C=0$,所以 $-Ax_1-By_1=C$).

证法 21 设 $P_1(x,y)$ 是直线 $l:Ax+By+C=0$ 上任意一点,Q 为过点 P 与 l 垂直的直线上一点,则直线 l 的方向向量为 $\boldsymbol{m}=(B,A)$,直线 l 的法向量为 $\boldsymbol{n}=(A,B)$,亦即 $\overrightarrow{PQ}=(A,B)$,向量 $\overrightarrow{PP_1}=(x-x_0,y-y_0)$,向量 $\overrightarrow{PP_1}$ 在向量 $\overrightarrow{PQ}$ 上的射影即为点 P 到直线 l 的距离 d. 由向量射影公式,有

$$d=\frac{|\overrightarrow{PP_1}\cdot\overrightarrow{PQ}|}{|\overrightarrow{PQ}|}=\frac{|A(x-x_0)+B(y-y_0)|}{\sqrt{A^2+B^2}}=\frac{|Ax_0+By_0+C|}{\sqrt{A^2+B^2}}$$

证法 22 从向量的坐标运算角度来推导.

直线 $l:Ax+By+C=0$ 的法向量为 $\boldsymbol{n}=(A,B)$. 点 $P(x_0,y_0)$ 为 l 外一点,设 PQ 是直线 l 的垂线段,则 $\overrightarrow{PQ}=\lambda\boldsymbol{n}=\lambda(A,B)=(\lambda A,\lambda B)$. 则

$$(x-x_0,y-y_0)=(\lambda A,\lambda B)\Rightarrow\begin{cases}x=x_0+\lambda A\\y=y_0+\lambda B\end{cases}$$

代入直线方程,得

$$A(x_0+\lambda A)+B(y_0+\lambda B)+C=0$$

则

$$\lambda=-\frac{Ax_0+By_0+C}{A^2+B^2}$$

故

$$|\overrightarrow{PQ}|=|(A,B)|\cdot|\lambda|=\frac{|Ax_0+By_0+C|}{\sqrt{A^2+B^2}}$$

思 考 题

1. 寻求如下不等式的多种证法及变式:已知 $a,b,m\in\mathbf{R}_+$,且 $a<b$,求证:$\dfrac{a+m}{b+m}>\dfrac{a}{b}$.

2. 在梯形 $ABCD$ 中,两条对角线 AC,BD 交于点 O,设 $\triangle COD,\triangle DOA,\triangle AOB,\triangle BOC$ 的面积分别为 S_1,S_2,S_3,S_4,求证:(1)$S_2=S_4$;(2)$S_4=\sqrt{S_1S_3}$. 证明上述问题并寻找其应用.

3. 设 F 为椭圆 $\dfrac{x^2}{a^2}+\dfrac{y^2}{b^2}=1(a>b>0)$ 的焦点,AB,CD 为过 F 的弦,$AB\perp CD$,则蝶形 $ACFBD$ 面积的最大值为 b^2,最小值为 $\dfrac{2b^4}{a^2+b^2}$,试证明上述问题并探讨在抛物线中的情形.

4. 命题:若 $x_1, x_2, \cdots, x_n$ 都是正数,那么 $\dfrac{x_1^2}{x_2} + \dfrac{x_2^2}{x_3} + \cdots + \dfrac{x_{n-1}^2}{x_n} + \dfrac{x_n^2}{x_1} \geq x_1 + x_2 + \cdots + x_n$ 在运用不等式 $\dfrac{a^2}{b} \geq 2a - b$ 证明时,你可以探寻到一些新的不等式命题吗?

5. 试探讨,搜寻有关抛物线切线的结论.

6. 如图 3.144,设抛物线 $y^2 = 2px(p > 0)$,过其焦点 F 作抛物线的弦 AB,M 为 AB 中点,AD,BC,MN 分别垂直准线于点 D,C,N. 设 $A(x_1, y_1)$,$B(x_2, y_2)$,$\angle AFx = \alpha$,K 为准线与 x 轴的交点,O 为坐标原点. 试在此梯形图形中,搜寻出有关的结论.

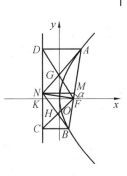

图 3.144

7. 请写出勾股恒等式.

思考题参考解答

1. 可给出如下 6 种几何证法和 5 种代数证法.

证法 1 (构造直角三角形)作 $Rt\triangle ABC$,设 $AC = a$,$AB = b$,延长 AC,AB 到 D,E,使 $CD = BE = m$,联结 DE,BD,CE,如图 3.145 所示,则

$$S_{\triangle BCD} > S_{\triangle BCE}$$

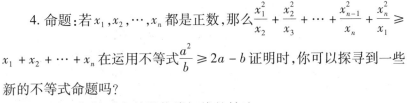

图 3.145

从而

$$S_{\triangle ABD} > S_{\triangle ACE}$$

即

$$\frac{1}{2} \cdot b(a+m)\sin A > \frac{1}{2} \cdot a(b+m)\sin A$$

所以

$$\frac{a+m}{b+m} > \frac{a}{b}$$

注 若作过 D 与 AD 垂直的直线与 AE 的延长线交于点 F,过 B 作 $BG \parallel AD$ 交 DF 于 G,则

$$\frac{a}{b} = \frac{AC}{AB} = \frac{AD}{AF} = \frac{a+m}{a+BF}$$

而

$$BF > BE$$

故

$$\frac{a+m}{b+m} > \frac{a+m}{a+BF} = \frac{a}{b}$$

证法 2 (构造正三角形)以 $a + m + b$ 为边长作正 $\triangle ABC$,如图 3.146 所示,则

$$S_{\triangle BDG} = S_{\triangle EFC}, S_{\triangle DEG} > S_{\triangle DEF}$$

则

$$S_{\triangle BEG} > S_{\triangle DCF}, \frac{1}{2} \cdot b(a+m) \cdot \sin 60° > \frac{1}{2} \cdot a(b+m) \cdot \sin 60°$$

即
$$\frac{a+m}{b+m} > \frac{a}{b}$$

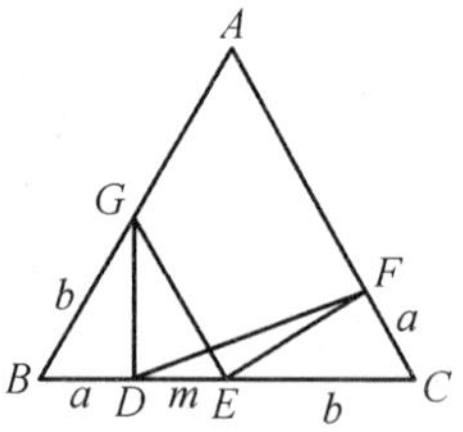

证法3 （构造矩形）以 $a+m, b+m$ 为边长作一矩形,如图 3.147 所示,则 $S_1 > S_3, S_1 + S_2 > S_2 + S_3$,则
$$b(a+m) > a(b+m)$$

即
$$\frac{a+m}{b+m} > \frac{a}{b}$$

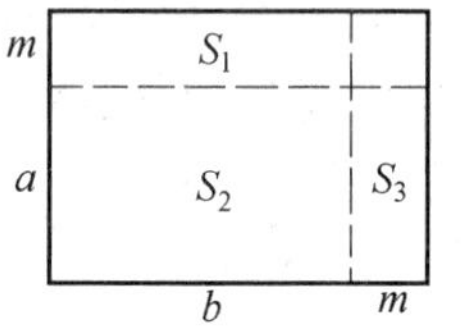

图 3.147

证法4 （构造直角梯形）作上底为 a,下底为 b,高为 $b+m+a$ 的直角梯形 $ABCD$,如图 3.148 所示,则
$$S_{\triangle ADE} = S_{\triangle BCF}, \quad S_{\triangle EFC} > S_{\triangle DEF}$$

则
$$S_{\triangle BCE} > S_{\triangle AFD}$$

即
$$\frac{1}{2} \cdot b \cdot (a+m) > \frac{1}{2} \cdot a(b+m)$$

故
$$\frac{a+m}{b+m} > \frac{a}{b}$$

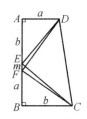

图 3.148

证法5 （构造点的坐标）设 $A(b,a), B(-m,-m)$,则知点 A 必在第一象限内且在直线 $y=x$ 的下方,点 B 必在第三象限内且在直线 $y=x$ 上,如图 3.149 所示,因此,AB 所在直线的倾斜角大于 OA 所在直线的倾斜角,即 $k_{AB} > k_{OA}$,故
$$\frac{a+m}{b+m} > \frac{a}{b}$$

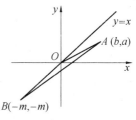

图 3.149

证法6 待证的不等式可转化为 $a(b+m) < b(a+m)$. 若令 $a(b+m) = bx$,其中 $x < a+m$,这就使我们联想到相交弦定理,因此,可构造圆来解决.

如图 3.150,以 $a+b+m$ 为直径作圆 O,在直径 AB 上取点 P,使 $AP = a, PB = b+m$. 因为 $b > a$,所以 P 不是圆心,过 P 作弦 CD,使 $PC = b$. 设 $PD = x$,由相交弦定理得
$$a(b+m) = bx, x = \frac{a(b+m)}{b}$$

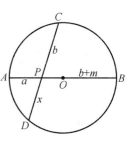

图 3.150

又因为有 $CD<AB$,所以 $b+x<a+b+m$,即 $x<a+m$,即 $\dfrac{a(b+m)}{b}<a+m$,所以 $\dfrac{a+m}{b+m}>\dfrac{a}{b}$.

证法 7 （比差法）由 $a,b,m\in \mathbf{R}_+$,且 $a<b$,则有
$$\frac{a+m}{b+m}-\frac{a}{b}=\frac{m(b-a)}{b(b+m)}>0\Rightarrow \frac{a+m}{b+m}>\frac{a}{b}$$

证法 8 （比商法）$\dfrac{\frac{a+m}{b+m}}{\frac{a}{b}}=\dfrac{ab+bm}{ab+am}$.

由于 $a,b,m\in \mathbf{R}_+,a<b$,于是推出 $bm>am\Rightarrow ab+bm>ab+am\Rightarrow \dfrac{\frac{a+m}{b+m}}{\frac{a}{b}}>1\Rightarrow \dfrac{a+m}{b+m}>\dfrac{a}{b}$.

证法 9 （分析法）要证 $\dfrac{a+m}{b+m}>\dfrac{a}{b}$,只要证 $b(a+m)>a(b+m)$,展开化简即证 $a<b$,而这正是已知条件,以上各步可逆.

证法 10 （反证法）假设 $\dfrac{a+m}{b+m}\leqslant \dfrac{a}{b}$,由 $a,b,m\in \mathbf{R}_+$,于是 $(a+m)b\leqslant a(b+m)\Rightarrow bm\leqslant am\Rightarrow b\leqslant a$.这与已知条件 $a<b$ 相矛盾,从而假设不成立,故 $\dfrac{a+m}{b+m}>\dfrac{a}{b}$.

证法 11 （构造函数法）构造函数 $f(x)=\dfrac{x+a}{x+b}(a<b)$,由导数易得函数在 $x\in[0,+\infty)$ 上是增函数,则有 $f(m)>f(0)\Rightarrow \dfrac{a+m}{b+m}>\dfrac{a}{b}\Rightarrow \dfrac{a+m}{b+m}>\dfrac{a}{b}$.

变式 1 若 $a,b,m\in \mathbf{R}_+$,且 $a>b$,则有 $\dfrac{a+m}{b+m}<\dfrac{a}{b}$.

变式 2 若 $a,b,m\in \mathbf{R}_+$,且 $a<b,a>m$,则有 $\dfrac{a-m}{b-m}<\dfrac{a}{b}$.

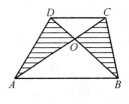

图 3.151

2.(1) 如图 3.151,因 $S_{\triangle ABD}=S_{\triangle ABC}$(等底等高),则
$$S_{\triangle ABD}-S_{\triangle AOB}=S_{\triangle ABC}-S_{\triangle AOB}$$
故 $S_{\triangle AOD}=S_{\triangle BOC}$,即 $S_2=S_4$.

(2) 因 $\dfrac{S_1}{S_2}=\dfrac{OC}{OA}=\dfrac{S_4}{S_3}$,则 $S_2S_4=S_1S_3$.

由(1)知 $S_2 = S_4$,故 $S_4 = \sqrt{S_1 S_3}$.

上面的两个结论常称为梯形中蝶形性质,下面给出应用的例子.

例1 (1988年江苏省初中数学竞赛题) 如图3.152梯形$ABCD$的面积为S,$AB \parallel CD$,$AB = b$,$CD = a(a<b)$,对角线AC与BD相交于O,$\triangle BOC$的面积为$\dfrac{2}{9}S$,求$\dfrac{a}{b}$.

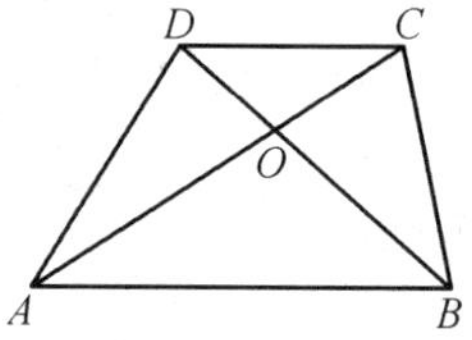

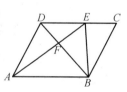

图3.152

解 设 $\triangle COD$,$\triangle AOB$ 的面积分别为S_1,S_2,由蝶形的性质得

$$S_1 + S_2 = S - 2 \times \dfrac{2}{9}S = \dfrac{5}{9}S$$

$$S_1 \cdot S_2 = \dfrac{4}{81}S$$

由韦达定理得S_1,S_2是方程$x^2 - \dfrac{2}{9}Sx + \dfrac{4}{81}S^2 = 0$的两根,解之得

$$S_1 = \dfrac{1}{9}S, \quad S_2 = \dfrac{4}{9}S$$

因 $\triangle COD \sim \triangle AOB$,且 $a < b$,故

$$\dfrac{a}{b} = \sqrt{\dfrac{S_1}{S_2}} = \dfrac{1}{2}$$

例2 (1995年山东省初中数学竞赛题) 如图3.153,在$\square ABCD$中,E为DC上一点,且$DE:EC = 5:3$,联结AE,BE,设AE,BD相交于F,$\triangle DEF$、$\triangle EFB$、$\triangle ABF$的面积分别为S_1,S_2,S_3,则$S_1:S_2:S_3$等于( ).

(A)5:8:10 (B)25:64:100
(C)9:25:64 (D)25:40:64

图3.153

解 因$DE:EC = 5:3$,则$DE:DC = 5:8$,即$DE:AB = 5:8$. 又$DE \parallel AB$,所以$\triangle DFE \sim \triangle BFA$. 则

$$S_1 : S_2 = 5^2 : 8^2 = 25:64$$

故

$$S_1 = \dfrac{25}{64}S_3$$

又由蝶形的性质得

$$S_2 = \sqrt{S_1 S_3} = \dfrac{5}{8}S_3$$

则

$$S_1 : S_2 : S_3 = \dfrac{25}{64}S_3 : \dfrac{5}{8}S_3 : S_3 = 25:40:64$$

故选(D).

例3 (1993~1994学年度广州等五市数学竞赛题) 如图3.154,梯形$ABCD$中,上底DC,下底AB,AC,BD交于E,若$\triangle DCE$的面积与$\triangle DCB$的面积比为$1:3$,则$S_{\triangle DCE}$与$S_{\triangle ABC}$的比为( ).

(A)1:5 (B)1:6 (C)1:7 (D)1:9

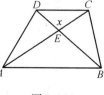

图3.154

解 因

$$S_{\triangle DCE} : S_{\triangle DCB} = 1 : 3$$

则
$$S_{\triangle DCE} : S_{\triangle BCE} = 1 : 2$$

设 $S_{\triangle DCE} = x$,则 $S_{\triangle BCE} = 2x$. 由蝶形的性质得 $2x = \sqrt{x \cdot S_{\triangle AEB}}$,则 $S_{\triangle AEB} = 4x$. 从而
$$S_{\triangle DCE} : S_{\triangle ABC} = x : (4x + 2x) = 1 : 6$$

故选(B).

例 4 (1991 年全国初中数学联赛题) 如图 3.155,已知 E 是 $\square ABCD$ 的边 BC 上的中点,AE 交对角线于 G,如果 $\triangle BEG$ 的面积是 1, 则 $\square ABCD$ 的面积是多少?

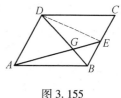

图 3.155

解 联结 DE,因 $BE \parallel AD$,则 $\triangle BEG \backsim \triangle DAG$. 从而
$$S_{\triangle BEG} : S_{\triangle DAG} = BE^2 : AD^2 = 1 : 4$$

则 $S_{\triangle DAG} = 4$.

由蝶形的性质得
$$S_{\triangle AGB} = \sqrt{S_{\triangle BEG} \cdot S_{\triangle DAE}} = 2$$

故
$$S_{\square ABCD} = 2 S_{\triangle ABD} = 2 \times (4 + 2) = 12$$

3. 如图 3.156,设 F 为极点,Fx 为极轴,则椭圆的极坐标方程为 $\rho = \dfrac{ep}{1 - e\cos\theta}$ (e 为离心率,p 为焦点到相应准线的距离). 设

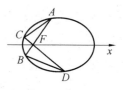

图 3.156

$$\angle AFx = \alpha \left(0 \leqslant \alpha \leqslant \dfrac{\pi}{2}\right)$$

则
$$\angle CFx = \alpha + 90°$$

从而
$$AF = \dfrac{ep}{1 - e\cos\alpha}$$

$$CF = \dfrac{ep}{1 - e\cos(90° + \alpha)}$$

$$BF = \dfrac{ep}{1 - e\cos(180° + \alpha)}$$

$$DF = \dfrac{ep}{1 - e\cos(180° + 90° + \alpha)}$$

所以
$$S_{ACFDB} = S_{\triangle ACF} + S_{\triangle BDF} = \dfrac{1}{2} AF \cdot CF + \dfrac{1}{2} BF \cdot FD =$$
$$\dfrac{1}{2} \cdot \dfrac{ep}{1 - e\cos\alpha} \cdot \dfrac{ep}{1 - e\cos(90° + \alpha)} + \dfrac{1}{2} \cdot \dfrac{ep}{1 - e\cos(180° + \alpha)} \cdot$$
$$\dfrac{ep}{1 - e\cos(180° + 90° + \alpha)} =$$
$$\dfrac{1}{2} \cdot \dfrac{ep}{1 - e\cos\alpha} \cdot \dfrac{ep}{1 + e\sin\alpha} + \dfrac{1}{2} \cdot \dfrac{ep}{1 + e\cos\alpha} \cdot \dfrac{ep}{1 - e\sin\alpha} =$$
$$\dfrac{e^2 p^2 (1 - e^2 \sin\alpha \cos\alpha)}{1 - e^2 + e^4 \sin^2\alpha \cos^2\alpha}$$

设 $\sin\alpha \cos\alpha = t \left(0 \leqslant t \leqslant \dfrac{1}{2}\right)$,则

$$S_{ACFDB} = \frac{e^2 p^2 (1-e^2 t)}{1-e^2+e^4 t^2}$$

再设 $1-e^2 t = x(1-\frac{1}{2}e^2 \leqslant x \leqslant 1)$,则

$$S_{ACFDB} = e^2 p^2 \cdot \frac{x}{1-e^2+(1-x)^2} = e^2 p^2 \cdot \frac{1}{x+\frac{2-e^2}{x}-2} \quad (*)$$

注意到式($*$)在$[1-\frac{1}{2}e^2,1]$上单调递增,及

$$e = \frac{c}{a}, p = \frac{b^2}{c}$$

故 $x=1$ 时,蝶形 $ACFBD$ 面积的最大值为 b^2;$x=1-\frac{1}{2}e^2$ 时,蝶形 $ACFBD$ 面积的最小值为 $\frac{2b^4}{a^2+b^2}$.

对于抛物线,我们有结论:设 F 为抛物线 $y^2=2px(p>0)$ 的焦点,AB,CD 为过 F 的弦,$AB \perp CD$,则蝶形 $ADFCB$ 面积的最小值为 $2p^2$,最大值不存在.

证明 先证明焦半径的一个结论:M 为抛物线 $y^2=2px(p>0)$ 上一点,F 为焦点,$\angle MFx = \alpha$,则 $MF = \frac{p}{1-\cos\alpha}$.

事实上,如图 3.157,作 MB 垂直准线于 B,由抛物线定义知:$MF=MB$,作 FA 垂直 MB 于 A,则

$$AB = p, 又 \angle AMF = \angle MFx = \alpha$$

由 $\quad MF = MB = BA + AM = p + AM = p + MF\cos\alpha$

得 $\quad MF = p + MF\cos\alpha$

解得 $\quad MF = \frac{p}{1-\cos\alpha}$

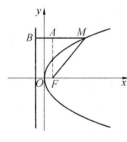

图 3.157

再证明原结论.

如图 3.158,不妨设 F 为焦点,AB,CD 中倾斜角较小的直线为 AB,且 $\angle AFx = \alpha$,容易知道 $0 < \alpha < \frac{\pi}{2}$,$\angle DFx = \alpha + 90°$,由上面结论有

$$AF = \frac{p}{1-\cos\alpha}$$

$$DF = \frac{p}{1-\cos(90°+\alpha)}$$

$$BF = \frac{p}{1-\cos(180°+\alpha)}$$

$$CF = \frac{p}{1-\cos(180°+90°+\alpha)}$$

则 $\quad S_{ADFCB} = S_{\triangle ADF} + S_{\triangle CFB} = \frac{1}{2}AF \cdot DF + \frac{1}{2}BF \cdot CF =$

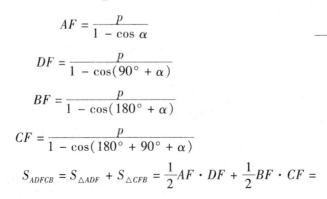

图 3.158

$$\frac{1}{2} \cdot \frac{p}{1-\cos\alpha} \cdot \frac{p}{1-\cos(90°+\alpha)} + \frac{1}{2} \cdot \frac{p}{1-\cos(180°+\alpha)} \cdot \frac{p}{1-\cos(180°+90°+\alpha)} =$$

$$\frac{1}{2} \cdot \frac{p}{1-\cos\alpha} \cdot \frac{p}{1+\sin\alpha} + \frac{1}{2} \cdot \frac{p}{1+\cos\alpha} \cdot \frac{p}{1-\sin\alpha} =$$

$$\frac{p^2(1-\sin\alpha\cos\alpha)}{\sin^2\alpha\cos^2\alpha}$$

设 $\sin\alpha\cos\alpha = t (0 < t \le \frac{1}{2})$,则

$$S_{ADFCB} = p^2\left(\frac{1}{t^2} - \frac{1}{t}\right) = p^2\left[\left(\frac{1}{t} - \frac{1}{2}\right)^2 - \frac{1}{4}\right]$$

容易知道 $t = \frac{1}{2}$ 时,即 $\alpha = 45°$ 时,S_{ADFCB} 的最小值为 $2p^2$,且最大值不存在.

4. 在不等式

$$\frac{a^2}{b} \ge 2a - b \qquad (*)$$

中,分别用 x_i 代 a,a_{i+1} 代 b,$i = 1, 2, \cdots, n$,其中 $x_{n+1} = x_1$,则

$$\frac{x_1^2}{x_2} \ge 2x_1 - x_2, \frac{x_2^2}{x_3} \ge 2x_2 - x_3, \cdots, \frac{x_n^2}{x_1} \ge 2x_n - x_1$$

相加可得

$$\frac{x_1^2}{x_2} + \frac{x_2^2}{x_3} + \cdots + \frac{x_{n-1}^2}{x_n} + \frac{x_n^2}{x_1} \ge x_1 + x_2 + \cdots + x_n$$

这样便证明原命题.

下面,我们探寻一些新的不等式命题.

若在 $(*)$ 中,分别用 $x_i + x_{i+1}$ 代 a,$x_{i+1} + x_{i+2}$ 代 b,$i = 1, 2, \cdots, n$. 其中 $x_{n+1} = x_1$,$x_{n+2} = x_2$,则有

$$\frac{(x_1 + x_2)^2}{x_2 + x_3} \ge 2(x_1 + x_2) - (x_2 + x_3)$$

$$\frac{(x_2 + x_3)^2}{x_3 + x_4} \ge 2(x_2 + x_3) - (x_3 + x_4)$$

$$\vdots$$

$$\frac{(x_{n-1} + x_n)^2}{x_n + x_1} \ge 2(x_{n-1} + x_n) - (x_n + x_1)$$

$$\frac{(x_n + x_1)^2}{x_1 + x_2} \ge 2(x_n + x_1) - (x_1 + x_2)$$

相加可得到一命题:

命题 1 如果 $x_1, x_2, \cdots, x_n$ 都是正数,那么

$$\frac{(x_1+x_2)^2}{x_2+x_3} + \frac{(x_2+x_3)^2}{x_3+x_4} + \cdots + \frac{(x_{n-1}+x_n)^2}{x_n+x_1} + \frac{(x_n+x_1)^2}{x_1+x_2} \ge 2(x_1 + x_2 + \cdots + x_n)$$

我们可在不等式(*)中,用 $\dfrac{a}{2}$ 代 a,$\dfrac{b}{4}$ 代 b,则可得不等式

$$\dfrac{a^2}{b} \geqslant a - \dfrac{b}{4}, b > 0 \qquad ①$$

在式 ① 中,分别用 x_i 代 a,$x_i + x_{i+1}$ 代 b,$i = 1,2,\cdots,n$,其中 $x_{n+1} = x_1$,则有

$$\dfrac{x_1^2}{x_1 + x_2} \geqslant x_1 - \dfrac{1}{4}(x_1 + x_2)$$

$$\dfrac{x_2^2}{x_2 + x_3} \geqslant x_2 - \dfrac{1}{4}(x_2 + x_3)$$

$$\vdots$$

$$\dfrac{x_n^2}{x_n + x_1} \geqslant x_n - \dfrac{1}{4}(x_n + x_1)$$

相加可得

$$\dfrac{x_1^2}{x_1 + x_2} + \dfrac{x_2^2}{x_2 + x_3} + \cdots + \dfrac{x_n^2}{x_n + x_1} \geqslant \dfrac{1}{2}(x_1 + x_2 + \cdots + x_n)$$

这样得到了:

命题 2 如果 $x_1, x_2, \cdots, x_n$ 为正数,那么

$$\dfrac{x_1^2}{x_1 + x_2} + \dfrac{x_2^2}{x_2 + x_3} + \cdots + \dfrac{x_n^2}{x_n + x_1} \geqslant \dfrac{1}{2}(x_1 + x_2 + \cdots + x_n)$$

在命题 2 中,若令 $x_1 + x_2 + \cdots + x_n = 1$,则有:

命题 3 如果正数 $x_1, x_2, \cdots, x_n$ 的和为 1,那么

$$\dfrac{x_1^2}{x_1 + x_2} + \dfrac{x_2^2}{x_2 + x_3} + \cdots + \dfrac{x_n^2}{x_n + x_1} \geqslant \dfrac{1}{2}$$

此题是 1990 年全苏数学竞赛试题.

我们又在不等式(*)中,用 $\dfrac{1}{a}$ 代 a,$\dfrac{1}{b}$ 代 b,则有不等式

$$\dfrac{b}{a^2} \geqslant \dfrac{2}{a} - \dfrac{1}{b}, a > 0, b > 0 \qquad ②$$

在式 ② 中,分别用 x_i 代 b,y_i 代 a,$i = 1,2,\cdots,n$,则有

$$\dfrac{x_1}{y_1^2} \geqslant \dfrac{2}{y_1} - \dfrac{1}{x_1}, \dfrac{x_2}{y_2^2} \geqslant \dfrac{2}{y_2} - \dfrac{1}{x_2}, \cdots, \dfrac{x_n}{y_n^2} \geqslant \dfrac{2}{y_n} - \dfrac{1}{x_n}$$

相加得

$$\dfrac{x_1}{y_1^2} + \dfrac{x_2}{y_2^2} + \cdots + \dfrac{x_n}{y_n^2} \geqslant 2\left(\dfrac{1}{y_1} + \dfrac{1}{y_2} + \cdots + \dfrac{1}{y_n}\right) - \left(\dfrac{1}{x_1} + \dfrac{1}{x_2} + \cdots + \dfrac{1}{x_n}\right) \qquad ③$$

在式 ③ 中,令 $y_k = k$,$k = 1,2,\cdots,n$,x_k 为两两各不相同的正整数,则式 ③ 变为

$$\dfrac{x_1}{1^2} + \dfrac{x_2}{2^2} + \cdots + \dfrac{x_n}{n^2} \geqslant 2\left(1 + \dfrac{1}{2} + \cdots + \dfrac{1}{n}\right) - \left(\dfrac{1}{x_1} + \dfrac{1}{x_2} + \cdots + \dfrac{1}{x_n}\right) \geqslant$$

$$1 + \dfrac{1}{2} + \cdots + \dfrac{1}{n}$$

这样得到:

命题 4　如果 $x_1, x_2, \cdots, x_n$ 为两两各不相同的正整数,那么对任何正整数 n,都有

$$x_1 + \frac{x_2}{2^2} + \frac{x_3}{3^2} + \cdots + \frac{x_n}{n^2} \geqslant 1 + \frac{1}{2} + \frac{1}{3} + \cdots + \frac{1}{n}$$

这是一道国际数学奥林匹克试题(IMO20 - 5).

5. 可得如下一系列结论[93]:

结论 1　若过抛物线上一点 P 的切线交其对称轴于点 T,过 P 作 PS 平行于对称轴,则 $|PF| = |TF|$(F 为抛物线的焦点),$\angle TPF = \angle KPS$(K 在 TP 延长线上).

证明　设抛物线的方程为 $y^2 = 2px$,点 P 的坐标为 (x_0, y_0),则过点 P 的切线方程为 $y_0 y = p(x + x_0)$,切线与 x 轴交点 T 的坐标为 $(-x_0, 0)$. 故

$$|TF| = \frac{p}{2} + x_0$$

又

$$|PF| = \frac{p}{2} + x_0$$

所以 $|PF| = |TF|$,从而 $\angle KPS = \angle PTF = \angle TPF$.

结论 2　过抛物线一弦 AB 的中点平行于对称轴的直线与抛物线交于点 P,若过 P 的切线为 PT,则 $PT \parallel AB$.

证明　设抛物线的方程为 $y^2 = 2px$,弦 AB 的方程为 $y = kx + b(k \neq 0)$,将 $x = \frac{y-b}{k}$ 代入抛物线的方程得 $ky^2 - 2py + 2pb = 0$. 此方程的两个根 y_1, y_2 是点 A, B 的纵坐标. 故 AB 中点 M 的纵坐标为

$$y_M = \frac{y_1 + y_2}{2} = \frac{p}{k}$$

即点 P 的纵坐标 y_0 也为 $\frac{p}{k}$,而过点 P 的切线的斜率为 $\frac{p}{y_0} = \frac{p}{\frac{p}{k}} = k$. 所以 $PT \parallel AB$.

结论 3　过抛物线的焦点 F 作直线与抛物线的任一切线垂直,则此直线与准线的交点 N 和切点 P 的连线必平行于此抛物线的对称轴.

证明　抛物线 $y^2 = 2px$ 任意一切线的切点为 $P(x_1, y_1)$,则切线方程为 $y_1 y = p(x + x_1)$,过焦点 F 与此切线垂直的直线方程为

$$y_1 x + py = \frac{p}{2} y_1 \qquad ①$$

准线方程为

$$x = -\frac{p}{2} \qquad ②$$

解方程①与②,得它们的交点为 $N\left(-\frac{p}{2}, y_1\right)$. 因为 $y_P = y_N$,所以 PN 平行于抛物线的对称轴.

结论 4　过抛物线的准线上任一点所作抛物线的两条切线必互相垂直.

证明　设抛物线的方程为 $y^2 = 2px$,准线上一点为 $\left(-\frac{p}{2}, y_0\right)$,设过此点的切线为

$$y = k\left(x + \frac{p}{2}\right) + y_0 (k \neq 0)$$

即

$$x = \frac{y - y_0}{k} - \frac{p}{2}$$

代入 $y^2 = 2px$，得

$$ky^2 - 2py + 2py_0 + kp^2 = 0$$

其判别式 $\Delta = 4p^2 - 4k(2py_0 + kp^2) = 0$，整理得

$$k^2p^2 + 2py_0 k - p^2 = 0$$

则 $k_1 \cdot k_2 = -1$，因为 k_1, k_2 是过点 $\left(-\frac{p}{2}, y_0\right)$ 与抛物线相切的两切线的斜率，故两条切线相互垂直.

结论 5 从抛物线焦点弦两端所作的两条切线的交点必在它的准线上.

证明 设抛物线的方程为 $y^2 = 2px$，(x_0, y_0) 为从抛物线焦点弦两端所作的两条切线的交点. 又设切点为 (x_1, y_1)，(x_2, y_2). 则两条切线方程分别为

$$yy_1 = p(x + x_1), \quad yy_2 = p(x + x_2)$$

由于两条切线交点为 (x_0, y_0)，所以

$$y_0 y_1 = p(x_0 + x_1), \quad y_0 y_2 = p(x_0 + x_2)$$

作直线 $y_0 y = p(x_0 + x)$，那么这条直线过切点 (x_1, y_1)，(x_2, y_2). 所以，点 (x_0, y_0) 关于抛物线的切点弦方程为

$$y_0 y = p(x + x_0)$$

如果切点弦过焦点 $\left(-\frac{p}{2}, 0\right)$，则 $p\left(\frac{p}{2} + x_0\right) = 0$，故 $x_0 = -\frac{p}{2}$. 即两切线的交点 (x_0, y_0) 在准线上.

结论 6 抛物线的三切线围成的三角形的垂心必在准线上.

证明 设抛物线的方程为 $y^2 = 2px$，其三条切线的切点为 $A(2pt_1^2, 2pt_1)$，$B(2pt_2^2, 2pt_2)$，$C(2pt_3^2, 2pt_3)$，则在点 B, C 处切线的交点 P 的坐标为 $(2pt_2 t_3, p(t_2 + t_3))$.

从点 P 向过点 A 的切线 $2t_1 y = x + 2pt_1^2$ 引垂线，其方程为

$$2t_1 x + y = p(t_2 + t_3) + 4pt_1 t_2 t_3$$

它和准线 $x = -\frac{p}{2}$ 的交点纵坐标为

$$y = p(t_1 + t_2 + t_3) + 4pt_1 t_2 t_3$$

因为这个坐标关于 t_1, t_2, t_3 是对称的，所以过 A, B, C 三点所组成的三角形，它们各边上的高与准线的交点均为 $\left(-\frac{p}{2}, p(t_1 + t_2 + t_3) + 4pt_1 t_2 t_3\right)$，此点即为垂心，故此三角形的垂心必在准线上.

结论 7 从抛物线的焦点向它的任意切线作垂线，则其垂足必在过抛物线顶点的切线上.

证明 设抛物线的方程为 $y^2 = 2px$，点 P 的坐标为 (x_0, y_0)，则过点 P 的切线方程为 $y_0 y = p(x + x_0)$，过焦点 $\left(-\frac{p}{2}, 0\right)$ 向切线引垂线的方程为

$$y = -\frac{y_0}{p}x + \frac{y_0}{2}$$

它们的交点满足

$$\begin{cases} y_0 y = p(x + x_0) \\ y = -\dfrac{y_0}{p}x + \dfrac{y_0}{2} \end{cases}$$

消去 y，得

$$px + px_0 + \frac{y_0^2}{p} - \frac{y_0^2}{2} = 0$$

将 $y_0^2 = 2px_0$ 代入，得

$$px + px_0 + 2x_0 x - px_0 = 0$$

即 $(p + 2x_0)x = 0$，而 $p + 2x_0 \neq 0$，所以 $x = 0$. 故垂足在过抛物线顶点的切线 $x = 0$ 上.

结论 8 若经过抛物线准线上的一点引抛物线的两条切线，则准线上这点和焦点连线与准线的夹角被切线平分.

证明 设抛物线的方程为 $y^2 = 2px$，点 P 的坐标为 $(2pt^2, 2pt)$，则过点 P 的切线方程为
$$2ty = x + 2pt^2$$

它与准线 $x = -\dfrac{p}{2}$ 交于点 $Q\left(-\dfrac{p}{2}, -\dfrac{p}{4t} + pt\right)$，$FQ$ 的直线方程为

$$y = -\left(-\frac{1}{4t} + t\right)x + \frac{p}{2}\left(-\frac{1}{4t} + t\right)$$

点 P 到 FQ 的距离为

$$\left|\frac{\left(\dfrac{1}{4t} - t\right)2pt^2 - 2pt - \dfrac{p}{8t} + \dfrac{pt}{2}}{\sqrt{1 + \left(\dfrac{1}{4t} - t\right)^2}}\right| = \left|\frac{-pt - 2pt^2 - \dfrac{p}{8t}}{t + \dfrac{1}{4t}}\right| = \frac{p(4t^2 + 1)}{2} = 2pt^2 + \frac{p}{2}$$

而点 P 到准线 $x = -\dfrac{p}{2}$ 的距离为 $2pt^2 + \dfrac{p}{2}$，所以点 P 到 FQ 的距离等于点 P 到准线的距离. 故 PQ 是准线和 QF 夹角的平分线.

结论 9 以抛物线上任意两点为切点作两条切线，这两条切线与过抛物线顶点的切线交于两点，则：

(1) 这两个交点与两条切线的交点及抛物线的焦点四点共圆.

(2) 两条切线的交点与抛物线的焦点之间的线段长是两切点的焦半径的比例中项.

证明 如图 3.158，该抛物线的方程为 $y^2 = 2px, p > 0$，F 为其焦点，l 为其准线，P_1, P_2 为此抛物线上任意两点，过 P_1, P_2 的切线为 l_1，l_2，且 $l_1 \cap l_2 = M$，l_1, l_2 分别与 y 轴交于 A, B 两点，l_1 与 x 轴交于点 G，过 P_1, P_2 分别作 $P_1C \perp l$ 于点 C，$P_2D \perp l$ 于点 D，则 $|P_1C| = |P_1F|$，由引理已知，$\angle 2 = \angle 3$，而 $\angle 3 = \angle 1$，故 $\angle 1 = \angle 2$，所以 $|P_1F| = |GF|$，又设 P_1C 与 y 轴交于点 N，因 $|CN| = |OF|$，故 $|NP_1| = |GO|$，故 $\mathrm{Rt}\triangle GAO \cong \mathrm{Rt}\triangle P_1AN$，故 $|GA| = |AP_1|$，所以 $FA \perp P_1M$，同理可证，$FB \perp P_2M$，所以 M, B, F, A 四点共圆. 因

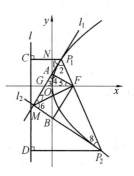

图 3.158

$$\angle 4 + \angle 5 = 90°, \quad \angle 3 + \angle 5 = 90°$$

所以 $\angle 3 = \angle 4$

而 $\angle 4 = \angle 6, \quad \angle 3 = \angle 2$

所以 $\angle 2 = \angle 6$

同理可证 $\angle 7 = \angle 8$

所以 $\triangle P_1 FM \backsim \triangle MFP_2$

所以 $|MF|^2 = |P_1 F| \cdot |P_2 F|$

6. 可寻找到如下一系列结论[94]:

结论1 $AF = AD = x_1 + \dfrac{p}{2}, BF = BC = x_2 + \dfrac{p}{2}, AB = (x_1 + x_2) + p.$

结论2 $\angle DFC = \angle ANB = 90°.$

证明 因 $AF = AD$,则 $\angle ADF = \angle AFD$,又由 $\angle ADF = \angle DFK$,有 $\angle AFD = \angle DFK$. 同理 $\angle BFC = \angle CFK$,所以 $\angle DFC = 90°$.

另外,由于

$$MN = \frac{AD + BC}{2} = \frac{AB}{2} = MA = MB$$

则 N 在以 AB 为直径的圆上,故 $\angle ANB = 90°$.

结论3 $FN \perp AB.$

证明 当 $x_1 = x_2$ 时,显然成立;

当 $x_1 \neq x_2$ 时,有

$$k_{AB} = \frac{y_2 - y_1}{x_2 - x_1} = \frac{y_2 - y_1}{\dfrac{1}{2p}(y_2^2 - y_1^2)} = \frac{2p}{y_2 + y_1} = \frac{p}{y_0}$$

又由 $k_{FN} = -\dfrac{y_0}{p}$(y_0 为点 M 的纵坐标),有 $k_{AB} \cdot k_{FN} = -1$,综上可知 $FN \perp AB$.

结论4 以 AB 为直径的圆与 CD 相切;以 CD 为直径的圆与 AB 相切.

结论5 MN 是 AF 与 BF 的等差中项;FN 是 AF 与 BF 的等比中项,也是 MN 与 FK 的等比中项.

证明 由结论2的证明易得 MN 是 AF 与 BF 的等差中项. 在 Rt$\triangle ABN$ 中,$FN \perp AB$,则 $FN^2 = AF \cdot BF$,即 FN 是 AF 与 BF 的等比中项. 又因

$$\angle NMF = \angle FNK = \alpha$$

则

$$\sin \alpha = \frac{FN}{MN} = \frac{FK}{FN}$$

即

$$FN^2 = MN \cdot FK$$

故 FN 也是 MN 与 FK 的等比中项.

结论6 AN 为线段 DF 的中垂线,BN 为线段 CF 的中垂线,且垂足均在 y 轴上.

证明 因 $\angle DAN = \angle MNA = \angle MAN$,则 AN 是等腰三角形 ADF 的顶角平分线,即 AN 是其底边 DF 的中垂线,垂足为 G 是 FD 的中点.

同理,BN 是 CF 的中垂线,垂足为 H 是 FC 的中点.

又因为点 O 是 FK 的中点,这样 y 轴就成为 $\triangle FCD$ 的中位线,自然经过 FD 与 FC 的中点

G 和 H.

结论 7　直线 AN 和 BN 是抛物线的切线.

证明　假设直线 AN 不是抛物线的切线,则 AN 必与抛物线有另一个交点 P. 过 P 作准线的垂线 PQ,垂足为 Q. 则 $PQ = PF$. 又由结论 6 可知,PN 为 DF 的垂直平分线,所以 $PF = PD$,则 $PQ = PD$,与 $PD > PQ$ 矛盾! 即直线 AN 是抛物线的切线. 同理 BN 也是抛物线的切线.

利用结论 7 可方便地证明抛物线的光学性质:从焦点发出的光,经过抛物线上的一点反射后,反射光线平行于抛物线的对称轴.

光线 FA 经抛物线反射,就是经点 A 处切线所反射,设反射光线为 AR,由光学原理,入射角等于反射角,故得 $\angle FAN = \angle RAT$,其中 NAT 是切线. 但另一方面,$\angle FAN = \angle DAN$,则 $\angle DAN = \angle RAT$,因此 $\angle DAN$ 与 $\angle RAT$ 成为对顶角,故 D,A,R 三点在一直线上,即反射光线 AR 平行于抛物线的对称轴 x 轴.

结论 8　$y_1 y_2 = -p^2, x_1 x_2 = \dfrac{p^2}{4}$.

证明　因 $\triangle DFC$ 为直角三角形,则
$$y_1 y_2 = |DK| \cdot (-|KC|) = -|KF|^2 = -p^2$$

从而
$$x_1 x_2 = \dfrac{y_1^2 \cdot y_2^2}{4p^2} = \dfrac{p^2}{4}$$

结论 9　直线 AC 和 BD 均经过原点 O.

证明　设 $C(-\dfrac{p}{2}, y_2)$,则由结论 8,$y_1 y_2 = -p^2$. 则

$$k_{OC} = \dfrac{y_2}{-\dfrac{p}{2}} = \dfrac{2p}{y_1} = \dfrac{2px_1}{x_1 y_1} = \dfrac{y_1^2}{x_1 y_1} = \dfrac{y_1}{x_1} = k_{OA}$$

即直线 AC 经过原点 O.

同理,直线 BD 经过原点 O.

结论 10　$AB = \dfrac{2p}{\sin^2 \alpha}$.

证明　由 $AF = AD = p + AF \cdot \cos \alpha, BF = BC = p - BF \cdot \cos \alpha$,则
$$AF = \dfrac{p}{1 - \cos \alpha}, \quad BF = \dfrac{p}{1 + \cos \alpha}$$

即
$$AB = \dfrac{p}{1 - \cos \alpha} + \dfrac{p}{1 + \cos \alpha} = \dfrac{2p}{\sin^2 \alpha}$$

结论 11　$\dfrac{1}{AF} + \dfrac{1}{BF} = \dfrac{2}{p}$.

证明　由结论 10 的证明可得
$$AF = \dfrac{p}{1 - \cos \alpha}, \quad BF = \dfrac{p}{1 + \cos \alpha}$$

故
$$\dfrac{1}{AF} + \dfrac{1}{BF} = \dfrac{1 - \cos \alpha}{p} + \dfrac{1 + \cos \alpha}{p} = \dfrac{2}{p}$$

7. 勾股恒等式是由勾股形的勾、股、弦三边 a, b, c 构成的等式. 由它们构成的具有连比例形式的恒等式共有 20 个,分别为:

(1) $(c-b)(c+b) = a^2$;
(2) $(c-a)(c+a) = b^2$;
(3) $(b+a-c)(b+a+c) = 2ab$;
(4) $(c-b+a)(b-a+c) = 2ab$;
(5) $2(c+b)(c+a) = (b+a+c)^2$;
(6) $2(c+b)(c-a) = (b-a+c)^2$;
(7) $2(c-b)(c+a) = (c-b+a)^2$;
(8) $2(c-b)(c-a) = (b+a-c)^2$;
(9) $2a(c+a) = (c-b+a)(b+a+c)$;
(10) $2a(c-a) = (b+a-c)(b-a+c)$;
(11) $2b(c+b) = (b-a+c)(b+a+c)$;
(12) $2b(c-b) = (c-b+a)(b+a-c)$;
(13) $a(b+a+c) = (c+b)(c-b+a)$;
(14) $a(c-b+a) = (c-b)(b+a+c)$;
(15) $a(b+a-c) = (c-b)(b-a+c)$;
(16) $a(b-a+c) = (c+b)(b+a-c)$;
(17) $b(b+a+c) = (c+a)(b-a+c)$;
(18) $b(c-b+a) = (c+a)(b+a-c)$;
(19) $b(b+a-c) = (c-a)(c-b+a)$;
(20) $b(b-a+c) = (c-a)(b+a+c)$.

第四章 敏锐的眼光

运用数学眼光看问题时,常常由于敏锐观察而产生执著的好奇心.数字林海中的花果,如果你用敏锐的眼光细观深察,总会有所发现;如果你用灵巧的眼光妙视操摆,总会采摘到一些奇花异果.如果坚持下去,它将点点滴滴地使你增长知识,扩展视野;它将零零星星地启发你的思维,开发智力;它将一步一步地引导你进入数论王国,一级一级地指导你步入数学科学殿堂.数学中的数字,仿如茫茫无涯郁郁葱葱的森林,这数字林海枝繁叶茂,生机勃勃,硕果累累.但这数字林海有异于普通林海,它的枝叶花果欢迎任何人采摘,希望人们采摘得越多越好,这枝叶花果永远采摘不完,而且会越来越盛.这个数字林海以它特有的魅力吸引着古往今来的人们.成千上万的入林者,他们虽然同在林中漫步,但结果却各不相同.其中,有心不在焉者,即入即出,空手而归;也有不认真者,顺手拨叶攀枝,觉得无甚可取,又顺手丢去;只有那些有敏锐眼光者,专心致志不辞劳苦,努力采摘,而终于满载而归.

4.1 从哥德巴赫猜想谈起

在两个半世纪以前,德国一位中学数学教师哥德巴赫发现一个很有趣的现象,这就是很多正整数差不多都能表示为三个素数的和.他做了大量的试验,哪怕是一些大得出奇的正整数也具有这一特性.因此,他估计任意不低于 5 的自然数,很可能都能表为三个素数之和.尽管他猜想到这一点,但始终在理论上找不到证明.1742 年 6 月 7 日,哥德巴赫怀着兴奋和期待的心情把这一发现写信告诉欧拉,并期望欧拉能提供理论上的证明.欧拉对哥氏的来信很感兴趣,经过反复研究和思索,发现要解决这一问题的根本关键,在于着力证明任意大于 2 的偶数都能表为两个素数之和.要是这后一问题被证实,那么哥德巴赫提出的问题便成为一条极为明显的推论.欧拉本人也做了大量的核对和验证,坚信他自己的发现很可能是真理,便于当年 6 月 30 日复信哥德巴赫,信中指出:"任何大于 2 的偶数都是两个素数的和.虽然,我还不能证明它,但我确信无疑这是完全正确的定理."

两位数学家在通信往来中所提出的两点估计,两百多年来吸引了千千万万人的注意,很多人前赴后继,不懈地钻研,谋求解决,但全都力不从心,皆未获得成功.因此,人们就把这个估计称为"哥德巴赫"猜想.哥德巴赫猜想的内容浅显易知:$6 = 3 + 3, 8 = 3 + 5, 10 = 3 + 7 = 5 + 5, 12 = 5 + 7, 14 = 3 + 11 = 7 + 7, 16 = 3 + 13 = 5 + 11, 18 = 5 + 13 = 7 + 11, 20 = 3 + 17 = 7 + 13, 22 = 3 + 19 = 5 + 17 = 11 + 11, \cdots$

哥德巴赫猜想的困难程度是可以和任何没有解决的数学问题相比的,鉴于哥德巴赫猜想出奇的困难程度,长期以来,它一直被人们誉为"皇冠上的明珠".为了探索它的证明,数学家们开创了一系列引人入胜的数学方法和数学定理,拓广了数学领域,极大地加速了数学的发展.在这中间,我国著名数学家陈景润于 1966 年证明了"任何充分大的偶数都是一个素(质)数及一个不超过两个素数的乘积之和."在国际上被称为"陈氏定理".

关于哥德巴赫问题:"证明或反驳 (1 + 1)"的研究历程是[67]:

1920 年,朗道证明了 (9 + 9).

1924 年,拉德马赫尔证明了(7 + 7).

1932 年,依斯特曼证明了(6 + 6).

1938 年,布赫夕塔布证明了(5 + 5).

1938 年,华罗庚证明了几乎所有的偶数都成立(1 + 1).

1940 年,布赫夕塔布等证明了(4 + 4).

1947 年,瑞尼证明了(1 + α).

1955 年,王元证明了(3 + 4).

1957 年,维诺格拉多夫证明了(3 + 3).

1957 年,王元证明了(2 + 3).

1962 年,潘承洞证明了(1 + 5).

1962 年,潘承洞、王元证明了(1 + 4).

1965 年,布赫夕塔布、维诺格拉多夫、庞比尼证明了(1 + 3).

1966 年,陈景润证明了(1 + 2),于 1973 年发表.

尽管(1 + 2)离(1 + 1)只有"一步之遥",但一步登天的事谈何容易!从陈景润搞出(1 + 2)至今已有 40 多年,一直没有人在这个阵地上前进半步,我国的陈景润仍然是此项世界纪录的保持者. 陈氏定理的获证,给人们带来了极大的振奋. 但"哥德巴赫猜想"尚未最后解决. 显然,彻底获证绝非轻而易举之事,还需后来者继续呕心沥血.

由于哥德巴赫的细心观察,提出了名垂数学史的佳题. 如果我们进一步细心观察哥德巴赫猜想的内容,也会得到哥德巴赫猜想的引申:任何大于 12 的偶数均可以表示为至少两组素数之和;任何大于 68 的偶数均可以表示为至少三组素数之和. 这个引申的困难程度怎样?留给读者思考吧!

4.2 神奇的数表[①]

4.2.1 奇妙的数字宝塔

(1)

$$
\begin{array}{rcl}
1 \times 1 & = & 1 \\
11 \times 11 & = & 121 \\
111 \times 111 & = & 12321 \\
1111 \times 1111 & = & 1234321 \\
11111 \times 11111 & = & 123454321 \\
111111 \times 111111 & = & 12345654321 \\
1111111 \times 1111111 & = & 1234567654321 \\
11111111 \times 11111111 & = & 123456787654321 \\
111111111 \times 111111111 & = & 12345678987654321 \\
\end{array}
$$

---

① 本节的一部分内容选自《数论妙趣》.

（2）

$$7 \times 7 = 49$$
$$67 \times 67 = 4489$$
$$667 \times 667 = 444889$$
$$6667 \times 6667 = 44448889$$
$$66667 \times 66667 = 4444488889$$
$$666667 \times 666667 = 444444888889$$
$$6666667 \times 6666667 = 44444448888889$$
$$\vdots$$

（3）

$$4 \times 4 = 16$$
$$34 \times 34 = 1156$$
$$334 \times 334 = 111556$$
$$3334 \times 3334 = 11115556$$
$$33334 \times 33334 = 1111155556$$
$$\vdots$$

（4）

$$9 \times 9 = 81$$
$$99 \times 99 = 9801$$
$$999 \times 999 = 998001$$
$$9999 \times 9999 = 99980001$$
$$99999 \times 99999 = 9999800001$$
$$999999 \times 999999 = 999998000001$$
$$9999999 \times 9999999 = 99999980000001$$
$$\vdots$$

（5）

$$7 \times 9 = 63$$
$$77 \times 99 = 7623$$
$$777 \times 999 = 776223$$
$$7777 \times 9999 = 77762223$$
$$77777 \times 99999 = 7777622223$$
$$777777 \times 999999 = 777776222223$$
$$\vdots$$

(6)

$$1 \times 7 + 3 = 10$$
$$14 \times 7 + 2 = 100$$
$$142 \times 7 + 6 = 1000$$
$$1428 \times 7 + 4 = 10000$$
$$14285 \times 7 + 5 = 100000$$
$$142857 \times 7 + 1 = 1000000$$
$$1428571 \times 7 + 3 = 10000000$$
$$14285714 \times 7 + 2 = 100000000$$
$$142857142 \times 7 + 6 = 1000000000$$
$$1428571428 \times 7 + 4 = 10000000000$$
$$14285714285 \times 7 + 5 = 100000000000$$
$$142857142857 \times 7 + 1 = 1000000000000$$

这显然来源于 $\frac{1}{7}$ 的循环节.

(7)

$$1 \times 9 + 2 = 11$$
$$12 \times 9 + 3 = 111$$
$$123 \times 9 + 4 = 1111$$
$$1234 \times 9 + 5 = 11111$$
$$12345 \times 9 + 6 = 111111$$
$$123456 \times 9 + 7 = 1111111$$
$$1234567 \times 9 + 8 = 11111111$$
$$12345678 \times 9 + 9 = 111111111$$
$$123456789 \times 9 + 10 = 1111111111$$

如果我们把等式左边的一般项（第 n 项）改写为
$$(10^{n-1} + 2 \times 10^{n-2} + 3 \times 10^{n-3} + \cdots + r \times 10^{n-r} + \cdots + n) \times (10 - 1) + (n + 1)$$
上述现象的底蕴即显而易见了. 因为, 在把括弧乘出并化简后, 即得
$$10^n + 10^{n-1} + 10^{n-2} + 10^{n-3} + \cdots + 10 + 1 = \frac{10^{n+1} - 1}{9}$$

如用普通的书写法, 那就是 1 重复出现 $(n+1)$ 次.

(8)
$$9 \times 9 + 7 = 88$$
$$98 \times 9 + 6 = 888$$
$$987 \times 9 + 5 = 8888$$
$$9876 \times 9 + 4 = 88888$$
$$98765 \times 9 + 3 = 888888$$
$$987654 \times 9 + 2 = 8888888$$
$$9876543 \times 9 + 1 = 88888888$$
$$98765432 \times 9 + 0 = 888888888$$

这里,第 n 项表达式为
$$[9 \times 10^{n-1} + 8 \times 10^{n-2} + 7 \times 10^{n-3} + \cdots + r \times 10^{n-10+r} + \cdots + (10-n)] \times (10-1) + (8-n)$$
化简后,即得
$$9 \times 10^n - (10^{n-1} + 10^{n-2} + 10^{n-3} + \cdots + 10 + 1) - 1 = \frac{8(10^{n+1} - 1)}{9}$$

由于 $\frac{10^{n+1} - 1}{9}$ 便是把 1 连写 $n+1$ 遍,此数再乘上 8,就得到所需乘积. 若 $n = 5$,即有
$$\frac{8(10^6 - 1)}{9} = 8 \times 111111 = 888888$$

(9)
$$1 \times 8 + 1 = 9$$
$$12 \times 8 + 2 = 98$$
$$123 \times 8 + 3 = 987$$
$$1234 \times 8 + 4 = 9876$$
$$12345 \times 8 + 5 = 98765$$
$$123456 \times 8 + 6 = 987654$$
$$1234567 \times 8 + 7 = 9876543$$
$$12345678 \times 8 + 8 = 98765432$$
$$123456789 \times 8 + 9 = 987654321$$

(10)

$13^2 = 169$ $19^2 = 361$

$133^2 = 17689$ $199^2 = 39601$

$1333^2 = 1776889$ $1999^2 = 3996001$

$13333^2 = 177768889$ $19999^2 = 399960001$

$\vdots$ $\vdots$

$$34^2 = 1156 \qquad\qquad 1^2 = 1$$
$$334^2 = 111556 \qquad\qquad 2^2 = 1 + 2 + 1$$
$$3334^2 = 11115556 \qquad\qquad 3^2 = 1 + 2 + 3 + 2 + 1$$
$$33334^2 = 1111155556 \qquad 4^2 = 1 + 2 + 3 + 4 + 3 + 2 + 1$$
$$\vdots \qquad\qquad\qquad\qquad \vdots$$

(11)

$$22 \times 22 = 484 \qquad\qquad 2 \times 9 = 18$$
$$222 \times 22 = 4884 \qquad\qquad 12 \times 9 = 108$$
$$2222 \times 22 = 48884 \qquad\qquad 112 \times 9 = 1008$$
$$22222 \times 22 = 488884 \qquad 1112 \times 9 = 10008$$
$$\vdots \qquad\qquad\qquad\qquad \vdots$$

(12)

$$1 \times 9 + 1 \times 2 = 11$$
$$12 \times 18 + 2 \times 3 = 222$$
$$123 \times 27 + 3 \times 4 = 3333$$
$$\vdots$$
$$123456789 \times 81 + 9 \times 10 = 9999999999$$

(13)

$$1^2 + 2^3 = (1 + 2)^2$$
$$1^2 + 2^3 + 3^3 = (1 + 2 + 3)^2$$
$$1^2 + 2^3 + 3^3 + 4^3 = (1 + 2 + 3 + 4)^2$$
$$\vdots$$

(14)

$$22^2 = 121 \times (1 + 2 + 1)$$
$$333^2 = 12321 \times (1 + 2 + 3 + 1)$$
$$4444^2 = 1234321 \times (1 + 2 + 3 + 4 + 3 + 2 + 1)$$
$$55555^2 = 123454321 \times (1 + 2 + 3 + 4 + 5 + 4 + 3 + 2 + 1)$$
$$\vdots$$

4.2.2 奇妙的数型

(1)

$$7 \times 15873 = 111111$$
$$14 \times 15873 = 222222$$
$$21 \times 15873 = 333333$$
$$28 \times 15873 = 444444$$
$$\vdots$$

(2)
$$12345679 \times 9 = 111111111$$
$$12345679 \times 18 = 222222222$$
$$12345679 \times 27 = 333333333$$
$$12345679 \times 36 = 444444444$$
$$12345679 \times 45 = 555555555$$
$$12345679 \times 54 = 666666666$$
$$12345679 \times 63 = 777777777$$
$$12345679 \times 72 = 888888888$$
$$12345679 \times 81 = 999999999$$

(3)
$$987654321 \times 9 = 8888888889$$
$$987654321 \times 18 = 17777777778$$
$$987654321 \times 27 = 26666666667$$
$$987654321 \times 36 = 35555555556$$
$$987654321 \times 45 = 44444444445$$
$$987654321 \times 54 = 53333333334$$
$$987654321 \times 63 = 62222222223$$
$$987654321 \times 72 = 71111111112$$
$$987654321 \times 81 = 80000000001$$

(4)
$$(8+1)^2 = 81$$
$$(5+1+2)^3 = 512$$
$$(4+9+1+3)^3 = 4913$$
$$(5+8+3+2)^3 = 5832$$
$$(1+7+5+7+6)^3 = 17576$$
$$(1+9+6+8+3)^3 = 19683$$
$$(2+4+0+1)^4 = 2401$$
$$(2+3+4+2+5+6)^4 = 234256$$
$$(3+9+0+6+2+5)^4 = 390625$$
$$(6+1+4+6+5+6)^4 = 614656$$
$$(1+2+3+4)^2 = 1^3 + 2^3 + 3^3 + 4^3$$

4.3 排 队 数

数字世界,无奇不有,将数字 1,2,3,4,5,6,7,8,9 这九个数(有时也让 0 参与)按照某种规则"排队",可以表演出类似于音乐舞蹈团体操的众多节目[10,24,47].

(1) 不用任何运算符号

例如,1~9这9个数码顺序排列成数123 456 789,其显然不是质(素)数(是9的倍数),但去掉最前面的1或在其后面添上1后,数23 456 789,1 234 567 891 就是质数了.

人们发现,9个顺序数码连排三次后再在其后添上数码1,即
$$1\ 234\ 567\ 891\ 234\ 567\ 891\ 234\ 567\ 891$$
是一个质(素)数.

又如,用1~9这9个数字组成3个三位数,要求都是3的倍数,且其中一个是另外两个的算术平均值,这3个数分别是
$$123,456,789$$

用数字1~9还可以组成3个三位的完全平方数,分别是
$$361(=19^2),529(=23^2),784(=28^2)$$

而用数字0~9这10个数字,则可组成4个位数分别为1,2,3,4的完全平方数,分别是
$$9(=3^2),16(=4^2),784(=28^2),3\ 025(=55^2)$$

若这些完全平方数排成三角形,则形成一个"金字塔",如图4.1.

此外,还有3个由四个完全平方数组成的金字塔,如下面的4.2中的三个图.

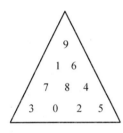

图4.1

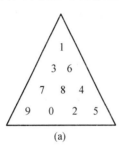

(a)

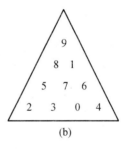

(b)

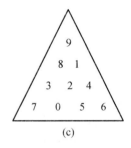

(c)

图4.2

(2) 运用"加""减"("+""-")运算符号作导具,则有

173 + 295 = 468　　152 + 487 = 639　　157 + 68 + 9 = 234

26 + 48 + 79 = 153　　123 + 57 = 96 + 84　　534 + 87 = 612 + 9

……

这样的等式,一共可以列出800多个.

1 978 + 56 = 2 034　　163 + 278 + 9 = 450　　350 + 469 = 812 + 7

……

这样的等式,可列出3 000多个.

468 − 173 = 295　　123 − 96 = 84 − 57　　450 − 163 − 279 = 8

……

这样的等式,可列出的个数是加法等式的2倍.

我们还可以得到限定某些条件的等式,如

1 + 2 + 3 + 4 + 5 − 6 − 7 + 8 − 9 = 1　　　　1 + 2 + 3 + 4 − 5 + 6 + 7 − 8 − 9 = 1

1 + 2 + 3 + 4 − 5 − 6 − 7 + 8 − 9 = 3　　　　1 + 2 − 3 − 4 − 5 + 6 + 7 + 8 − 9 = 3

……　　　　　　　　　　　　　　　　　　　　1 + 2 + 3 + 4 + 5 + 6 + 7 + 8 + 9 = 45

12 − 3 + 4 + 5 + 6 − 7 − 8 − 9 = 0　　　　　1 + 2 + 34 − 5 − 6 − 7 − 8 − 9 = 2

12 − 3 − 4 − 5 − 6 − 7 + 8 + 9 = 4

……

123 − 45 − 67 + 89 = 100

123 − 4 − 5 − 6 − 7 + 8 − 9 = 100

1 + 23 − 4 + 5 + 6 + 78 − 9 = 100

12 + 3 − 4 + 5 + 67 − 8 + 9 = 100

12 − 3 + 4 − 5 + 6 − 7 + 8 − 9 = 6

12 − 3 − 4 + 5 + 6 − 7 + 89 = 98

123 + 45 − 67 + 8 − 9 = 100

12 − 3 + 4 + 5 − 6 + 7 + 89 = 100

1 + 2 + 34 − 5 + 67 − 8 + 9 = 100

1 + 23 − 4 + 56 + 7 + 8 + 9 = 100

98 − 76 + 54 + 3 + 21 = 100

上述等式是将1~9这9个数字正序排列的,若将1~9这9个数字,反序排列也适当添上"+""−",同样可以组成许多值等于100的算式,例如

9 − 8 + 7 + 65 − 4 − 32 − 1 = 100

9 + 8 + 76 + 5 − 4 + 3 + 2 + 1 = 100

9 − 8 + 76 − 5 + 4 + 3 + 21 = 100

9 − 8 + 76 + 54 − 32 + 1 = 100

98 + 7 − 6 − 5 + 4 + 3 − 2 + 1 = 100

98 + 7 + 6 − 5 − 4 − 3 + 2 − 1 = 100

98 − 7 + 6 − 5 − 4 + 3 + 2 + 1 = 100

98 − 7 − 6 − 5 − 4 + 3 + 21 = 100

98 − 7 + 6 + 5 + 4 − 3 − 2 − 1 = 100

……

99 也被人们认为吉祥数(俗说:饭后百步走活到九十九),因而,用十个数码组成99的算式也颇具魅力。

在1~9这9个数字正序排列中,仅用"+"连接使式子和为99的情形只有三种

1 + 2 + 3 + 4 + 5 + 67 + 8 + 9 = 99

12 + 3 + 4 + 56 + 7 + 8 + 9 = 99

1 + 23 + 45 + 6 + 7 + 8 + 9 = 99

在1~9这9个数字反序排列中,只使用"+"使其值等于99的方式仅有两种

9 + 8 + 7 + 65 + 4 + 3 + 2 + 1 = 99

9 + 8 + 7 + 6 + 5 + 43 + 21 = 99

当然,在1~9的正、反序排列中,若允许添加更多的运算符号使其组成值为99的算式则更多,例如,在1~9这9个数字正序排列中,适当添上"+""−"使其代数和为99

1 − 23 − 4 + 56 + 78 − 9 = 99

12 + 3 + 4 + 5 + 6 + 78 − 9 = 99

1 + 23 + 4 + 5 + 67 + 8 − 9 = 99

1 + 2 + 34 + 56 + 7 + 8 − 9 = 99

1 + 23 + 4 − 5 − 6 − 7 + 89 = 99

1 − 23 + 45 − 6 − 7 + 89 = 99

1 − 2 + 3 + 4 + 5 + 6 − 7 + 89 = 99

在这些等式中,你能发现使用"加""减"运算符号导具的规律吗?

(3) 运用"乘"(×)运算符号作导具,则有

$18 \times 297 = 5\ 346$ $27 \times 198 = 5\ 346$

$12 \times 483 = 5\ 796$ $42 \times 138 = 5\ 796$

$39 \times 186 = 7\ 254$ $48 \times 159 = 7\ 632$

$28 \times 157 = 4\ 396$ $4 \times 1\ 738 = 6\ 952$

$4 \times 1\ 963 = 7\ 852$ $6 \times 9 \times 138 = 7\ 452$

$3 \times 6\ 918 = 20\ 754$ $1 \times 2 \times 5 \times 7 \times 69 = 4\ 830$

……

这样的等式可列出80多个.

还有更奇妙的

$$3 \times 58 = 6 \times 29 = 174$$
$$2 \times 78 = 4 \times 39 = 156$$
$$174 \times 52 = 96 \times 58$$
$$\cdots$$
$$3 \times 51\ 249\ 876 = 153\ 749\ 628$$
$$6 \times 32\ 547\ 891 = 195\ 287\ 346$$
$$9 \times 16\ 583\ 742 = 149\ 253\ 678$$

对于 1~9 这 9 个数字按正序排列适当添上"+""−""×"三种符号,使其值等于 100 的方法更多.

对于正序排列的情形如

$$1 + 2 + 3 + 4 + 5 + 6 + 7 + 8 \times 9 = 100$$
$$1 + 2 \times 3 + 4 \times 5 - 6 + 7 + 8 \times 9 = 100$$
$$-(1 \times 2) - 3 - 4 - 5 + 6 \times 7 + 8 \times 9 = 100$$
$$(1 + 2 - 3 - 4) \times (5 - 6 - 7 - 8 - 9) = 100$$
$$1 + 2 \times 3 + 4 + 5 + 67 + 8 + 9 = 100$$
$$1 \times 2 + 34 + 56 + 7 - 8 + 9 = 100$$
$$\cdots$$

对于反序的情形留给读者考虑.

此外,对于数码乱序而用其他数学符号连接而成 100 的算式还有很多,例如

$$1.234 + 98.765, 97 + \frac{8}{12} + \frac{4}{6} + \frac{5}{3}, \cdots$$

(4) 运用"平方"运算符号作导具,则有

$$567^2 = 321\ 489 \quad 854^2 = 729\ 316$$

(5) 运用"除"(或分数线)运算符号作导具,则有

$\dfrac{459}{3\ 672}\left(=\dfrac{1}{8}\right)$ $\dfrac{973}{4\ 865}\left(=\dfrac{2}{10}\right)$ ⋯

$\dfrac{6\ 729}{13\ 458}\left(=\dfrac{1}{2}\right)$ $\dfrac{5\ 823}{17\ 469}\left(=\dfrac{1}{3}\right)$ $\dfrac{3\ 942}{15\ 768}\left(=\dfrac{1}{4}\right)$

$\dfrac{2\ 697}{13\ 485}\left(=\dfrac{1}{5}\right)$ $\dfrac{2\ 943}{17\ 658}\left(=\dfrac{1}{6}\right)$ $\dfrac{2\ 394}{16\ 758}\left(=\dfrac{1}{7}\right)$

$$3\frac{187}{25\ 496}\left(=\frac{1}{8}\right) \qquad 6\frac{381}{57\ 429}\left(=\frac{1}{9}\right)$$

$$\frac{8}{32\ 461\ 759}\left(=\left(\frac{2}{319}\right)^3\right) \qquad \frac{8}{24\ 137\ 569}\left(=\left(\frac{2}{289}\right)^3\right) \qquad \frac{125}{438\ 976}\left(=\left(\frac{5}{76}\right)^3\right)$$

$$\frac{512}{438\ 976}\left(=\left(\frac{8}{76}\right)^3\right) \qquad \frac{9261}{804\ 357}\left(=\left(\frac{2}{93}\right)^3\right)$$

$$96\frac{2\ 148}{537}(=100) \qquad 96\frac{1\ 752}{438}(=100) \qquad 96\frac{1\ 428}{357}(=100)$$

$$94\frac{1\ 578}{263}(=100) \qquad 91\frac{7\ 524}{836}(=100) \qquad 91\frac{5\ 742}{638}(=100)$$

$$91\frac{5\ 823}{647}(=100) \qquad 82\frac{3\ 546}{197}(=100) \qquad 81\frac{7\ 524}{396}(=100)$$

$$81\frac{5\ 643}{297}(=100) \qquad 3\frac{69\ 258}{714}(=100) \qquad \frac{13\ 584}{6\ 792}=2$$

$$\frac{17\ 469}{5\ 823}=3 \qquad \frac{15\ 768}{3\ 942}=4 \qquad \frac{13\ 485}{2\ 697}=5$$

$$\frac{17\ 658}{2\ 943}=6 \qquad \frac{16\ 758}{2\ 394}=7 \qquad \frac{25\ 496}{3\ 187}=8$$

$$\frac{57\ 429}{6\ 381}=9$$

这些解答不是唯一的（如 $\frac{13\ 458}{6\ 729}=2$ 等）.

用 0~9 这 10 个数字再加上两条分式线可以组成两个分式等式

$$\frac{38}{76}=\frac{145}{290}\left(\text{或}\frac{76}{38}=\frac{290}{145}\right)$$

$$\frac{35}{70}=\frac{148}{296}\left(\text{或}\frac{70}{35}=\frac{296}{148}\right)$$

用 0~9 这 10 个数码组成一个假分数去近似地表示圆周率 π，可有多种方法（当然精度不一），例如

$$\frac{97\ 468}{31\ 025}=3.141\ 595\ 487\cdots$$

$$\frac{67\ 389}{21\ 450}=3.141\ 678\ 322\cdots$$

$$\frac{76\ 591}{24\ 380}=3.141\ 550\ 451\cdots$$

$$\frac{39\ 480}{12\ 567}=\frac{78\ 960}{25\ 134}=3.141\ 561\ 232\cdots$$

$$\frac{95\ 761}{30\ 482}=3.141\ 558\ 952\cdots$$

$$\frac{37\ 869}{12\ 054}=3.141\ 612\ 742\cdots$$

$$\frac{95\ 147}{30\ 286}=3.141\ 616\ 588\cdots$$

$$\frac{49\,270}{15\,683} = 3.141\,618\,312\cdots$$

$$\frac{83\,159}{26\,470} = 3.141\,632\,036\cdots$$

再如,用 1～9 这 9 个数码和分数(式)线可组成 13 到 16 的整数

$$9\frac{5\,472}{1\,368} = 13,\ 9\frac{6\,435}{1\,287} = 14,\ \frac{3\frac{8\,952}{746}}{1} = 15,\ 12\frac{3\,576}{894} = 16$$

这里,包含了假分数,有的甚至使用了两次分数线.

此外,9 个数码仅用分数(式)线还可组成下面的数

$$\frac{9\frac{5\,742}{638}}{1},\ 6\frac{13\,258}{947},\ 15\frac{9\,432}{786},\ 24\frac{9\,756}{813},$$

$$27\frac{5\,148}{396},\ 42\frac{9\,756}{813},\ 56\frac{1\,892}{473},\ 51\frac{9\,432}{786},$$

$$65\frac{1\,892}{473},\ 59\frac{3\,614}{278},\ 57\frac{3\,648}{192},\ 75\frac{3\,648}{192},$$

$$95\frac{3\,614}{278},\ \cdots$$

它们可以分别组成 18,20,27,36,40,54,60,63,69,72,76,94,108,….

值得注意的是,这些式子两位的整数部分 15 与 51,24 与 42,27 与 72,56 与 65,57 与 75,59 与 95 只需互相交换一下其中一个的两个数码,即可得到结果相异的另一种算式,它们组成的数虽然不同,但本质上讲是同类表示(因为其分数(假分数)部分都是一样的).

我们还可运用导具"加""减""乘""平方""除"排演出 1,2,3,4,5,6,7,8,9 的节目吗? 请往下看.

(6) $\qquad$ 123 456 789 × 9 = 1 111 111 101

$\qquad\qquad$ 123 456 789 × 18 = 2 222 222 202

$\qquad\qquad$ 123 456 789 × 27 = 3 333 333 303

$\qquad\qquad$ 123 456 789 × 36 = 4 444 444 404

$\qquad\qquad$ 123 456 789 × 45 = 5 555 555 505

$\qquad\qquad$ 123 456 789 × 54 = 6 666 666 606

$\qquad\qquad$ 123 456 789 × 63 = 7 777 777 707

$\qquad\qquad$ 123 456 789 × 72 = 8 888 888 808

$\qquad\qquad$ 123 456 789 × 81 = 9 999 999 909

还有 $\dfrac{16 \times 2}{7 - 3} + 4 + 5 = 8 + 9, \cdots$.

(7) $\qquad$ 12 345 678 987 654 321 = 111 111 111^2

(8) $\qquad$ 123 456 789 = $3^2 \times 3\,607 \times 3\,803$ = 61 728 395^2 - 61 728 394^2 =

$\qquad\qquad$ 20 576 133^2 - 20 576 130^2 =

$\qquad\qquad$ 6 858 715^2 - 6 858 706^2 =

$\qquad\qquad$ 18 917^2 - 15 310^2 =

$$18\,133^2 - 14\,330^2$$
$$11\,115^2 - 294^2$$
$$987\,654\,321 = 3^2 \times 17^2 \times 379\,721 = 493\,827\,161^2 - 493\,827\,160^2 =$$
$$164\,609\,055^2 - 164\,609\,052^2 =$$
$$54\,869\,689^2 - 54\,869\,680^2 =$$
$$29\,048\,665^2 - 29\,048\,648^2 =$$
$$9\,682\,911^2 - 9\,682\,860^2 =$$
$$3\,227\,705^2 - 3\,227\,552^2 =$$
$$1\,708\,889^2 - 1\,708\,600^2 =$$
$$570\,015^2 - 596\,148^2 =$$
$$191\,161^2 - 188\,560^2$$

(9) 含有9位不重复数码的平方数(共有83个)

$11\,826^2 = 139\,854\,276$	$19\,629^2 = 385\,297\,641$	$25\,059^2 = 627\,953\,481$
$12\,363^2 = 152\,843\,769$	$20\,316^2 = 412\,739\,856$	$25\,572^2 = 653\,927\,184$
$12\,543^2 = 157\,326\,849$	$22\,887^2 = 523\,814\,769$	$25\,941^2 = 672\,935\,481$
$14\,676^2 = 215\,384\,976$	$23\,019^2 = 529\,874\,361$	$26\,409^2 = 697\,435\,281$
$15\,681^2 = 245\,893\,761$	$23\,178^2 = 537\,219\,684$	$26\,733^2 = 714\,653\,289$
$15\,963^2 = 254\,817\,369$	$23\,439^2 = 549\,386\,721$	$27\,129^2 = 735\,982\,641$
$18\,072^2 = 326\,597\,184$	$24\,237^2 = 587\,432\,169$	$27\,273^2 = 743\,816\,529$
$19\,023^2 = 361\,874\,529$	$24\,276^2 = 589\,324\,176$	$29\,034^2 = 842\,973\,156$
$19\,377^2 = 375\,468\,129$	$24\,441^2 = 597\,362\,481$	$29\,106^2 = 847\,159\,236$
$19\,569^2 = 382\,945\,761$	$24\,807^2 = 615\,387\,249$	$30\,384^2 = 923\,187\,456$

……

(10) 含有10位不重复数码的平方数(共有87个)

$32\,043^2 = 1\,026\,753\,849$	$45\,624^2 = 2\,081\,549\,376$
$32\,286^2 = 1\,042\,385\,796$	$55\,446^2 = 3\,074\,258\,916$
$33\,144^2 = 1\,098\,524\,736$	$68\,763^2 = 4\,728\,350\,169$
$35\,172^2 = 1\,237\,069\,584$	$83\,919^2 = 7\,042\,398\,561$
$39\,147^2 = 1\,532\,487\,609$	$99\,066^2 = 9\,814\,072\,356$

……

(11) 在一本古老破旧的《圣经》活页上记录了一些关系式,它表明两个平方数的差是一个9数码齐全,不重不漏的数,我们将它摘录如下

$$11\,113^2 - 200^2 = 11\,313 \times 10\,913 = 123\,458\,769$$
$$31\,111^2 - 200^2 = 31\,311 \times 30\,911 = 967\,854\,321$$
$$11\,117^2 - 200^2 = 11\,317 \times 10\,917 = 123\,547\,689$$
$$11\,356^2 - 2\,000^2 = 13\,356 \times 9\,356 = 124\,958\,736$$
$$12\,695^2 - 6\,017^2 = 18\,712 \times 6\,678 = 124\,958\,736$$
$$16\,260^2 - 11\,808^2 = 28\,068 \times 4\,452 = 124\,958\,736$$
$$12\,372^2 - 300^2 = 12\,672 \times 12\,072 = 152\,976\,384$$

其中第一、二行中的第一个平方数,第一个因子以及最后的结果都是互为逆序数的.

有趣的是,值得指出 9 个数码的全排列总数为 9! = 362 880. 其中的 $\frac{1}{4}$,即 90 720 个正整数具有 $4x+2$ 的形状,即结尾为 02,06,10,14,…,98 的整数,它们是无法表示为两数平方差的. 加上 1 与 4 之后,共有 90 722 个数不能作此种表示. 剩下来的还有 272 158 个 9 数码齐全,不重不漏的数可以表示为两数的平方差. 因此,破旧《圣经》上的表格,远远谈不上完整,不值得破格重视.

(12) 对于 1,2,3,4,5,6,7,8,9 这九个数字,如果缺少某一个或几个数字,也有如下奇观.

缺"8"的排队数"12 345 679"与 3 的倍数且不超过 81 的数相乘时,乘积是"三位一体"地重复出现;与 9 的倍数且不超过 81 的数相乘时,乘积是"清一色"的数出现;与 3 的倍数且不是 84 以内的两位数相乘时,乘积中的"三位一体"要稍作一点技术处理,例如

12 345 679 × 12 = 148 148 148　　12 345 679 × 78 = 962 962 962
12 345 679 × 9 = 111 111 111　　12 345 679 × 81 = 999 999 999
12 345 679 × 3 = 37 037 037　　12 345 679 × 84 = 1 037 037 036

缺"8"的排队数"12 345 679"与不是 3 的倍数的数相乘时,此时虽然没有"清一色"或"三位一体"现象,但仍可看到一种奇异现象:乘积的各位数字均无雷同,缺什么数存在着明确的规律,它们是按照"均匀分布"出现的,即与在区间[1,8],[10,17],[19,26],[28,35],[37,44],[46,53],[55,62],[64,71],[73,80](均排除 3 的倍数)内的整数相乘时,乘积缺的数字完全类似(不包括零),且这九个区间的乘数(成公差为 9 的等差数列的数)乘得的结果缺同一个数字时,其他各个数字轮换移位

12 345 679 × 8 = 098 765 432　　12 345 679 × 17 = 209 876 543
12 345 679 × 26 = 320 987 654　　12 345 679 × 35 = 432 098 765
12 345 679 × 44 = 543 209 876　　12 345 679 × 53 = 654 320 987
12 345 679 × 62 = 765 432 098　　12 345 679 × 71 = 876 543 209
12 345 679 × 80 = 987 654 320

缺"8"的排队数"12 345 679"与不是 3 的倍数的数相乘时,乘积中缺 3,缺 6,缺 9 的情况肯定不存在;且当与相邻两数之和为 3 的倍数的两数相乘时,乘得的两个积呈现"回文结对,携手并进"现象,如

12 345 679 × 4 = 49 382 716　　12 345 679 × 5 = 61 728 395
12 345 679 × 40 = 493 827 160　　12 345 679 × 41 = 506 172 839

(12) 缺"3""6""9"的排队数"142 857"也有如下奇观

142 857 × 2 = 285 714　　142 857 × 3 = 428 571
142 857 × 4 = 571 428　　142 857 × 5 = 714 285
142 857 × 6 = 857 142　　142 857 × 7 = 999 999
142 857 × 8 = 1 142 856　　142 857 × 9 = 1 285 713

4.4　回　文　数

如果一个自然数的数字倒读与顺读都是同一个数,这个数就叫作回文数,例如,44,121,

2 662,等等. 回文数由于它的数字组合的对称性而引人注目,并诱发人们的兴趣. 那么,怎么得到回文数呢？

任取一个两位数,如果它不是回文数,就把这个数的数字倒过来写(不妨把它叫作原数的倒写数),并把这两个数相加,若得到的和数不是回文数的话,就再加上这个和数的倒写数,重复这个步骤,一直到获得一个回文数止.

例如,取 12,作一次加法就得到回文数:12 + 21 = 33；

取 57,作两次加法得到回文数:57 + 75 = 132,132 + 231 = 363；

取 59,作三次加法得到回文数:59 + 95 = 154,154 + 451 = 605,605 + 506 = 1 111.

两位数如此,其他各位数又如何呢？

对于一位数,显然无须讨论,对于三位数,四位数,…… 我们可以举出许多数,各自通过有限次如上的加法运算,也最终得到回文数.

据此,是不是可以提出如下猜想呢？

任意不是回文数的自然数,加上它的倒写数,如果不是回文数,就重复以上步骤,经过有限次这样的加法运算,一定能得到一个回文数.

如上结论在没有被证明以前,始终是猜想,我们虽然可以验证相当多个数这个结论是对的,但对 196 或 879 这两个数却是一个不可逾越的障碍,已经有人用计算机对 196 这个数作过几十万步运算,尚未得到回文数. 也没有人能断定它永远也不会产生回文数. 因此,我们至今还不知道上述猜想是否正确.

在此,我们也奉劝个别的数学执迷者,请你不要浪费时间做碰壁的事. 当然,两位数时的猜想是正确的,我们是可以证明的,可参见本章思考题第 1 题.

回文数还有一些有趣的猜想,例如,回文数中存在许多质数,如 11,101,131,151,191,等等,除了 11 以外,所有回文质数都是奇数位数；又如,完全平方数、完全立方数中的回文数,其比例要比一般自然数中的大得大,如 $11^2 = 121, 22^2 = 484, 7^3 = 343, 11^3 = 1\,331, \cdots$ 都是回文数.

4.5 可拆素数,顺次可拆素数

在正整数的王国中,素数似乎处于一种非常特殊的位置. 每一个正整数都有唯一的素因子分解式,例如,10 的素因子分解式是 2×5,18 的素因子分解式是 $2 \times 3 \times 3$. 在素数中,2 是唯一的偶素数；没有比 5 大的素数能够以 5 为结尾(个位)；在素数 2,3,5,7 之后,其他的素数必须以 1,3,7,9 为结尾；两个素数的积绝不会是一个完全平方数；如果将 2 和 3 以外的素数加上 1 或减去 1,其结果必有一个被 6 整除；没有最大的素数,素数的个数是无限多的,等等,这些都是素数的一些特性. 虽然寻找一个新的素数困难重重,但难不倒有志者,据新华社洛杉矶 1998 年 2 月 12 日电讯,美国加州州立大学的 19 岁学生 L. 克拉克森,在计算机上通过 46 天的计算终于找到了当时为止最大的素数,该数为 $2^{3\,021\,377} - 1$. 此后,又分别在 1999 年,2001 年,2003 年,2004 年,2005 年找到了新的素数,到 2005 年为止,找到的最大素数是 $2^{30\,402\,457} - 1$. 因此,我们相信,以后还会发现新的素数.

当我们重新摆弄素数时,发现了两类奇特的素数:可拆素数、顺次可拆素数.

把一个素数的各位数字不改变各数字间顺序拆开后所得的数仍为素数,则称原素数为可拆素数. 例如,对于素数 373,可以拆成 3,7,3,37,73 这五个数,而这五个数都是素数,因而 373 可称为可拆素数.

由上可知,可拆素数的各个数位上都不能是 1,4,6,8,9,否则拆成一位数时,都不是素数;还可发现除首位外,各数位上的数字也不能是 2 和 5,否则,将可能与它前一位或几位数组成大于 2 的偶数或能被 5 整除的数. 因而,可拆素数首位上可出现 2 和 5,其余各位上只可出现 3 和 7,且每个数字不能连续出现在相邻数位上. 于是,寻找可拆素数的范围就小多了.

当数字不超过三位时,所有满足如上条件的数只可能是 23,27,237,273,373,53,57,537,573,73,737 这 12 个数,由于其中有七个数是 3 或 11 的倍数,故只有 23,37,53,73,373 这五个数满足可拆素数的条件,因而它们是可拆素数.

当组成的数大于三位时,首先考虑四位数的情形:若首位上是 2 或 5,则有 2 373,5 373,2 737,5 737 这四个数,而 2 737 和 5 737 由于 737 不是素数被排除,2 373 和 5 373 各数位上数字之和为 3 的倍数也被排除;若首位上不出现 2 或 5,则只能用 3 或 7 连续出现或间隔出现,即为 3 773,7 337,3 737,7 373,这四个数不是本身能被 11 整除,就是分拆数能被 11 整除,故也被排除. 从而四位数中无可拆素数. 由此也推知,四位以上的数中也无可拆素数.

因此,可拆素数一共只有 23,37,53,73,373 这五个数.

把一个素数的各位数字不改变各数字间顺序顺次一位、二位、三位 …… 拆开后所得的数仍为素数,则称原素数为顺次可拆素数. 例如,对于素数 373,可以拆成 3,37 这两个素数,因而 373 是顺次可拆素数. 可见可拆素数一定是顺次可拆素数. 又例如,对于素数 233,可以拆成 2,23 这两个素数,因而 233 是顺次可拆素数,但 233 不是可拆素数,因 33 有 3 的约数,可见顺次可拆素数不一定是可拆素数.

寻找顺次可拆素数当数位较少时,还较易得到,但数位较多时一般是一件较为困难的工作,例如,在 10 ~ 100 内就可找到 23,29,31,37,53,59,71,73,79 这九个顺次可拆素数;在 101 ~ 200 内没有一个顺次可拆素数;在 201 ~ 300 内也可找到 233,239,293 这三个顺次可拆素数.

如果视 1 为平凡素数,则 10 ~ 20 内还有 11,13,17,19 为顺次可拆素数. 特别是 1997 年(香港回归年),1999 年(澳门回归年)这是具有历史意义的两个顺次可拆素数年,更有趣的是,那些 20 世纪 90 年代初出生的人有幸接连渡过了三个顺次可拆素数年(还有 1993 年),可惜 21 世纪出生的人将没有一个人能渡过一个顺次可拆素数年,因为 1999 年后的下一个顺次可拆素数年是 2 333 年,要等三百多年才遇上.

4.6　奇妙的多边形数

多边形数是这样的数,它的形状与正多边形的形状有着密切的关系,如表 4.1 所示.

表 4.1

序号	项（阶）				
	1	2	3	4	5
三角形数	○	△	△	△	△
正方形数	○	□	□	□	□
五边形数	○	⬠	⬠	⬠	⬠
六边形数	○	⬡	⬡	⬡	⬡
七边形数	○	⬢	⬢	⬢	⬢
八边形数	○	⯄	⯄	⯄	⯄
⋮					

由表 4.1 可知，这些多边形数实际上是分别指如下序列．

三角形数：$1,3,6,10,15,21,28,36,\cdots,\frac{1}{2}r(r+1)$；

正方形数：$1,4,9,16,25,36,49,64,\cdots,r^2$；

五边形数：$1,5,12,22,35,51,70,92,\cdots,\frac{1}{2}r(3r-1)$；

六边形数：$1,6,15,28,45,66,91,120,\cdots,r(2r-1)$；

七边形数：$1,7,18,34,55,81,112,148,\cdots,\frac{1}{2}r(5r-3)$；

八边形数：$1,8,21,40,65,96,113,176,\cdots,r(3r-2)$；

　⋮

n 边形数：$1,n,3(n-1),2(3n-4),5(2n-3),3(5n-8),7(3n-5),4(7n-12),\cdots,$
$\frac{1}{2}r[(r-1)n-2(r-2)]$．

4.6.1 三角形数的奇妙性质

这类数中的任一个数,其中除第一项 T_1 外每项都是将其下标加在前一个三角形数上构成. 例如

$$p_3^2 = p_3^1 + 2 = 1 + 2 = 3$$
$$p_3^3 = p_3^2 + 3 = 3 + 3 = 6$$
$$p_3^4 = p_3^3 + 4 = 6 + 4 = 10$$
$$\vdots$$

依此类推,其中 $p_3^2, p_3^3, p_3^4, \cdots$ 分别表示第二个三角形数,第三个三角形数,第四个三角形数,……

如果用如上递推的方法或用几何图阵列的方法来计算 $p_3^{100} = p_3^{99} + 100$ 将是麻烦的,实际上是要求前 100 个非零自然数的和,因此,必须探索规律,寻求简便的方法.

在一个三角形点阵上再倒放上一个相同的三角形点阵,就发现了规律:行数 × 行的点数 ÷ 2 = 三角形数. 即

$$p_3^1 = \frac{1 \times 2}{2}, \quad p_3^2 = \frac{2 \times 3}{2}, \quad p_3^3 = \frac{3 \times 4}{2}, \quad p_3^4 = \frac{4 \times 5}{2}, \cdots$$

于是,可以发现,每一个三角形数都是它的上标及比它的上标数大 1 的数的两个数的乘积的 $\frac{1}{2}$,即 $p_3^n = \frac{1}{2}n(n+1)$.

学习了数学归纳法之后,这个结论可以运用数学归纳法证明是真确的,从而 $p_3^{100} = \frac{100 \times 101}{2} = 5\,050$.

我们再回过头来看 $p_3^{100} = p_3^{99} + 100$,由此,有

$$p_3^{100} - p_3^{99} = 100\,(\text{或}\ p_3^{99} - p_3^{100} = -100)$$

这说明两个相邻三角形数的差(或上标相差 1 的两三角形数)的绝对值等于上标较大的那个上标数. 一般地有 $p_3^n - p_3^{n-1} = n$.

又考虑上标相差 2 的两个三角形数之差

$$p_3^5 - p_3^3 = (p_3^5 - p_3^4) + (p_3^4 - p_3^3) = 5 + 4 = 9 = 5 + 3 + 1$$
$$p_3^n - p_3^{n-2} = (p_3^n - p_3^{n-1}) + (p_3^{n-1} - p_3^{n-2}) = n + n - 1 = 2n - 1 = n + (n-2) + 1$$

这说明,上标相差 2 的两个三角形数之差的绝对值等于两个上标之和再加上 1.
一般地,有

$$p_3^n - p_3^{n-1} = n$$
$$p_3^n - p_3^{n-2} = 2n - 1 = 2n - p_3^1$$
$$p_3^n - p_3^{n-3} = 3n - 3 = 3n - p_3^2$$
$$p_3^n - p_3^{n-4} = 4n - 6 = 4n - p_3^3$$
$$\vdots$$
$$p_3^n - p_3^{n-j} = jn - p_3^{j-1}$$

上述最后一式,注意到 $P_3^n = \frac{1}{2}n(n+1)$,由

$$p_3^n - p_3^{n-j} = \frac{1}{2}n(n+1) - \frac{1}{2}(n-j)(n-j+1) = \frac{1}{2}(2nj - j^2 + j) = nj - p_3^{j-1}$$

即得.

最后,我们还顺便指出,立方数 1,8,27,… 与三角形数有联系:从 1 开始的连续 r 个立方数之和必定等于 $(p_3^r)^2$.

4.6.2 多边形数的和

由多边形数的几何图阵列可看到:

任意一个 r 级正方形数可表示为同一级的三角形数与次一级的三角形数之和,即
$$p_4^r = p_3^r + p_3^{r-1}$$

任意一个 r 级五边形数可表示为同一级的正方形数与次一级的三角形数之和,即
$$p_5^r = p_4^r + p_3^{r-1}$$

一般地,任意一个 r 级 n 边形数可表示为同级的 $n-1$ 边形数与次一级的三角形数之和,即
$$p_n^r = p_{n-1}^r + p_3^{r-1}$$

事实上,我们可类似于 $p_3^r = \frac{1}{2}r(r+1)$ 的推导证明.

证明
$$p_n^r = \frac{1}{2}r[(r-1)n - 2(r-2)]$$

由此,即有

$$\frac{1}{2}r[(r-1)(n-1) - 2(r-2)] + \frac{1}{2}(r-1) \times r =$$

$$\frac{1}{2}(r-1)[r(n-1) + r] - \frac{1}{2}r \times 2(r-2) =$$

$$\frac{1}{2}r[(r-1)n - 2(r-2)]$$

从而结论获证.

用普通代数方法可以找到各种类型的多边形数间的关系,其中有不少几何模式相当有趣. 表 4.2 已给出了某些关系(其中 f_1^{r+1} 表示 $r+1$ 级线性数).

表 4.2

图　　形	数 的 语 言	图　　形	数 的 语 言
	$\frac{r(r+1)}{2} + (r+1) =$ $\frac{(r+1)(r+2)}{2}$		$4\frac{r(r+1)}{2} + (r+1) =$ $(r+1)(2r+1)$
	$p_3^r + f_1^{r+1} = p_3^{r+1}$		$4p_3^r + f_1^{r+1} = p_6^{r+1}$
	$2\frac{r(r+1)}{2} = r(r+1)$		$6\frac{r(r+1)}{2} + (r+1) =$ $(r+1)(3r+1)$
	$2p_3^r = r(r+1)$		$6p_3^r + f_1^{r+1} = p_8^{r+1}$

续表 4.2

图 形	数 的 语 言	图 形	数 的 语 言
	$r^2 + (2r+1) = (r+1)^2$		$3\dfrac{r(r+1)}{2} + \dfrac{(r+1)(r+2)}{2} = \dfrac{(2r+1)(2r+2)}{2}$
	$p_4^r + f_1^{2r+1} = p_4^{r+1}$		$3p_3^r + p_3^{r+1} = p_3^{2r+1}$
	$8\dfrac{r(r+1)}{2} + 1 = (2r+1)^2$		$14\dfrac{2\times 3}{2} + 2\dfrac{3\times 4}{2} + 1 = \dfrac{10\times 11}{2}$
	$8p_3^r + 1 = p_4^{2r+1}$		$14p_3^2 + 2p_3^3 + 1 = p_3^{10}$
	$3\dfrac{r(r+1)}{2} + (r+1) = \dfrac{(r+1)(3r+2)}{2}$		$2\dfrac{r(r+1)}{2} + (r+1) = (r+1)^2$
	$3p_3^r + f_1^{r+1} = p_5^{r+1}$		$2p_3^r + f_1^{r+1} = p_4^{r+1}$

4.7 平 方 数

平方数实际上就是正方形数.

4.7.1 平方数的计算

(1) 利用多边形数计算.

由 $p_4^r = p_3^r + p_3^{r-1} = \dfrac{1}{2}r(r+1) + \dfrac{1}{2}(r-1)\times r = r^2$ 计算,例如,有

$$3+1=2^2, 6+3=3^2, 10+6=4^2,\cdots$$

由 $p_4^r = p_5^r - p_3^{r-1} = \dfrac{1}{2}r[(r-1)\times 5 - 2(r-2)] - \dfrac{1}{2}(r-1)\times r = r^2$ 计算,例如,有

$$5-1=2^2, 12-3=3^2, 22-6=4^2,\cdots$$

(2) 利用代数公式计算.

由 $(a+b)^2 = a^2 + 2ab + b^2$ 及 $(a+1)^2 = a^2 + 2a + 1$ 计算,例如,有

$$19^2 = (18+1)^2 = 18^2 + 2\times 18 + 1 = 324 + 36 + 1 = 361$$
$$62^2 = (60+2)^2 = 60^2 + 2\times 60 + 2^2 = 3\,600 + 240 + 4 = 3\,844$$

由 $(a-b)^2 = a^2 - 2ab + b^2$ 及 $(a-1)^2 = a^2 - 2a + 1$ 计算,例如,有

$$19^2 = (20-1)^2 = 20^2 - 2\times 20 + 1 = 400 - 40 + 1 = 361$$

由 $(10a+5)^2 = 100a^2 + 10\times 10a + 25 = a(a+1)\times 100 + 25 = \overline{a(a+1)25}$ 计算,例如,有

$$25^2 = 2\times 3\times 100 + 25 = 625$$

由 $(50 \pm b)^2 = 50^2 \pm 2 \times 50b + b^2 = (25 \pm b) \times 100 + b^2$ 计算 40 ~ 60 间的平方数,例如,有
$$46^2 = (25 - 4) \times 100 + 4^2 = 2\,116$$
$$57^2 = (25 + 7) \times 100 + 7^2 = 3\,249$$

由
$$(100 \pm b)^2 = 100^2 \pm 2 \times 100b + b^2 = (100 \pm 2b) \times 100 + b^2 = [(100 \pm b) \pm b] \times 100 + b^2$$
计算 90 ~ 110 间的平方数,例如,有
$$97^2 = (97 - 3) \times 100 + 3^2 = 9\,409$$
$$104^2 = (104 + 4) \times 100 + 4^2 = 10\,816$$

由 $(a+b)(a-b) = a^2 - b^2$,即 $a^2 = (a+b)(a-b) + b^2$ 计算,例如,有
$$47^2 = (47 + 3)(47 - 3) + 3^2 = 50 \times 44 + 9 = 2\,209$$
$$179^2 = (179 + 21)(179 - 21) + 21^2 = 200 \times 158 + 441 = 32\,041$$

4.7.2 平方数的特性

一个自然数是平方数当且仅当它能表成相差 2 的两数之积与 1 的和,即 $(a-1)(a+1) + 1 = a^2$;

任何四个连续自然数之积与 1 的和是平方数,即
$$a(a+1)(a+2)(a+3) + 1 = (a^2 + 3a + 1)^2$$

平方数的末位(个位)数只能是 0,1,4,5,6,9 这 6 个数中的 1 个;平方数的末两位(十位与个位)数只能是 00,01,04,09,16,21,24,25,29,36,41,44,49,56,61,64,69,76,81,84,89,99 这 22 个数中的 1 个,平方数的个位数是 6 时,其十位数必为奇数.

$500a \pm 38$ 的平方数是末三位均是 4(其中 a 为任意非负整数,如 $a = 0, 38^2 = 1\,444; a = 1, 538^2 = 289\,444, 462^2 = 213\,444\cdots$).

一个数的各位数字之和等于 1,4,7,9,它不可能是一个平方数(由于一切整数可表为 $9a, 9a \pm 1, 9a \pm 2, 9a \pm 3, 9a \pm 4$,其平方除以 9 的余数为 0,1,4,9,7,由此即可推证).

偶数的平方为 4 的倍数,奇数的平方是 4 的倍数加 1,在两相邻整数的平方之间不再存在平方数.

一个数的平方只可能是 3 的倍数或 3 的倍数加 1,因而 3 的倍数加 2 的数不可能是平方数.

一个奇数的平方的十位数是偶数,或当一个整数的个位数与十位数同为奇数时,该数一定不是平方数.

若一个整数被 8 除余 2,3,5,6,7,则该数一定不是平方数.

一个正整数是平方数,则它的正约数的个数一定为奇数;反之,若一个正整数的正约数的个数为奇数,则该数一定为平方数.

前 n 个奇数之和为 n^2.

若整系数二次多项式 $ax^2 + bx + c$ 有两个不等的整数,则 $\Delta = b^2 - 4ac$ 一定为平方数.

大于 1 的任一个奇数的平方都可以表示成两个连续的自然数的平方差:如 $3^2 = 5^2 - 4^2$, $5^2 = 13^2 - 12^2, \cdots$,一般地,有
$$(2k+1)^2 = 4k^2 + 4k + 1 = (2k^2 + 2k + 1) + (2k^2 + 2k) =$$

$$[(2k^2 + 2k + 1) + (2k^2 + 2k)] \times [(2k^2 + 2k + 1) - (2k^2 + 2k)] = (2k^2 + 2k + 1)^2 - (2k^2 + 2k)^2$$

若一奇数可用两种方式表示两平方数之和,则它必为合数,并且有办法找出它的因子,例如,$221 = 14^2 + 5^2 = 11^2 + 10^2$,知 221 为合数,如果两个平方数不互质,则其公因子是该数的一个除数.

如一奇数可唯一地表示为两个互质的平方数之和,则必是一个素数或其乘幂,如 $229 = 15^2 + 2^2$ 知 229 为素数,若该数能表示为两个具公因子的平方数之和,则该数不可能是素数或素数的平方,但肯定是素数的某个高次方幂,公因子本身也是素数的一个乘幂.

如一性质之明之数为 $4x + 1$ 的形式(如 77),且不能表示为两个平方数之和,则它必为合数,且有偶数个素因子,每一个都取 $4x - 1$ 形状;

如一性质不明之数为 $4x - 1$ 形式(如 223),且在任何情况下都不能表示为两个平方数之和,则用以判定一数是否为素数的平方数和测试法对它无效.

两个平方数之和乘以两个平方数之和,所得之乘积仍是两个平方数之和,即有

$$(a^2 + b^2)(c^2 + d^2) = (ac + bd)^2 + (ad - bc)^2 = (ac - bd)^2 + (ad + bc)^2$$
$$(a^2 + b^2)(a^2 + b^2) = (a^2 + b^2)^2 = (a^2 - b^2)^2 + (2ab)^2$$
$$(a^2 + b^2) \times (1 + 1) = (a + b)^2 + (a - b)^2$$

两平方数之和也可以是一立方数,即

$$(a^2 + b^2)^3 = [(a^2 - b^2)^2 + (2ab)^2](a^2 + b^2) = (a^3 + ab^2)^2 + (-a^2b - b^3)^2 = (a^3 - 3ab^2)^2 + (3a^2b - b^3)^2$$

平方数与构成它的数码之间有着许多值得注意的关系. 例如,在平方数 2 025 的每个数码上都加上 1,得出的四位数 3 136 依旧是平方数,等等. 又如把 65 的数码逆写得 56,便有 $65^2 - 56^2 = 33^2$,对两位数来说,具有此种关系的仅此一家而已. 再如,我们在 4.3 中的排队数中,列出了具有九位数码、十位数码不重不漏的特殊平方数.

平方数有一系列神奇的关系:如以 $n(2n+1)$ 的平方开始的 $n+1$ 个连续数的平方数,其和正好等于其后 n 个连续数的平方数之和(见 1.4 中连续勾股弦数组),如

n	实 例
1	$3^2 + 4^2 = 5^2$
2	$10^2 + 11^2 + 12^2 = 13^2 + 14^2$
3	$21^2 + 22^2 + 23^2 + 24^2 = 25^2 + 26^2 + 27^2$
4	$36^2 + 37^2 + 38^2 + 39^2 + 40^2 = 41^2 + 42^2 + 43^2 + 44^2$
⋮	⋮

又如,许多连续平方数之和仍是一个平方数,如

$$1^2 + 2^2 + 3^2 + \cdots + 24^2 = 4\ 900 = 70^2$$
$$18^2 + 19^2 + 20^2 + \cdots + 28^2 = 5\ 929 = 77^2$$
$$25^2 + 26^2 + 27^2 + \cdots + 50^2 = 38\ 025 = 195^2$$
$$38^2 + 39^2 + 40^2 + \cdots + 48^2 = 20\ 449 = 143^2$$
$$456^2 + 457^2 + 458^2 + \cdots + 466^2 = 2\ 337\ 841 = 1\ 529^2$$
$$854^2 + 855^2 + 856^2 + \cdots + 864^2 = 8\ 116\ 801 = 2\ 849^2$$

再如,可以有其他等差数列的若干项,其平方和仍是一平方数,如

$$2^2 + 5^2 + 8^2 + 11^2 + 14^2 + 17^2 + 20^2 + 23^2 + 26^2 = 48^2$$

三个平方数可以形成等差数列(这可由勾股弦数组推得三数为$[\pm(m^2-n^2-2mn)]^2$, $(m^2+n^2)^2$, $(m^2-n^2+2mn)^2$),但四个或更多个平方数就不行. 如：

1,25,49,其公差为24,其中$m=2, n=1$;

49,169,289,其公差为120,其中$m=3, n=2$;

49,289,529,其公差为240,其中$m=4, n=1$;

289,625,961,其公差为336,其中$m=4, n=3$;

1,841,1 681,其公差为840,其中$m=5, n=2$;

……

4.7.3 平方数变换

给出一个0～9的整数,计算其平方,平方后,若不满两位数,则在前面用0补足,拆成两部分,前一位为一部分,后一位为一部分,得到两个新的一位数. 将这两个新的一位数相加,再适当加9的$n(-1 \leq n \leq 9)$倍,则其和为平方数. 如：

$7^2 = 49$,而$4 + 9 + 9 \times 4 = 7^2$ 或 $4 + 9 + 9 \times (-1) = 2^2$;

$2^2 = 4$,而$0 + 4 + 9 \times 0 = 2^2$ 或 $0 + 4 + 9 \times 5 = 7^2$;

给出一个0～99的整数,计算其平方,平方后,若不满四位数,则在前面用0补足,拆成两部分,前一位为一部分,后两位为一部分,得到两个新的两位数. 将这两个新的两位数相加,再适当加99的$n(-1 \leq n \leq 99)$倍,则其和为平方数. 如：

$25^2 = 625$,而$06 + 25 + 99 \times 6 = 25^2$ 或 $06 + 25 + 99 \times 55 = 74^2$;

$7^2 = 49$,而$00 + 49 + 99 \times 0 = 7^2$ 或 $00 + 49 + 99 \times 85 = 92^2$.

继续按上述法则办理,给出一个0～999的整数,计算其平方,平方后,若不满六位数,则在前面用0补足,拆成两部分,前三位为一部分,后三位为一部分,得到两个新的三位数,将这两个新的三位数相加,再适当加999的$n(-1 \leq n \leq 999)$倍,则它们的和也是一个平方数. 如：

$954^2 = 910\ 116$,而$910 + 116 + 999 \times 910 = 954^2$ 或 $910 + 116 + 999 \times 1 = 45^2$;

$7^2 = 49$,而$000 + 049 + 999 \times 0 = 7^2$ 或 $000 + 049 + 999 \times 985 = 992^2$.

由此,一般地,若给出一个整数$a(0 \leq a \leq 999)$,按上述法则将a^2拆成两部分n_1和n_2,即

$$1\ 000n_1 + n_2 = a^2$$

亦即

$$n_1 + n_2 = a^2 - 999n_1$$

若取$n = n_1$,则

$$n_1 + n_2 + 999n = n_1 + n_2 + 999n_1 = a^2 \qquad (*)$$

若取

$$n = 999 + n_1 - 2a$$

则

$$n_1 + n_2 = 999n = n_1 + n_2 + 999(999 + n_1 - 2a) =$$
$$(n_1 + n_2 + 999n_1) - 2 \times 999a + 999^2 =$$
$$a^2 - 2 \times 999a + 999^2 = (999 - a)^2 \qquad (**)$$

显然,式(*)与式(**)是一、两位数时的推广式,前述六个例子均符合式(*)与式(**),式(*)与式(**)给出了适当取n的倍数的具体方法. 由此可知,式(*)与式(**)还可推广,因而对任意$k(k \geq 1)$位数都有类似的平方变换现象.

4.7.4 连写数平方数

若一个自然数是一个平方数(另一个自然数的平方),且由两个连续自然数连写而成,我们称这样的自然数为连写数平方数. 例如,$183\,184 = 428^2$,它就是一个连写数平方数,如何寻求连写数平方数呢?

首先可设构成连写数平方数 a 的两个自然数中位于右边的那一个为 m,则左边的那一个就是 $m-1$ 或 $m+1$,于是可对 m 的位数进行讨论来寻求连写数平方数 a.

当 m 是一位数,显然没有这样的 a.

当 m 是两位数时,则有

$$100(m-1) + m = a^2$$

或

$$100(m+1) + m = a^2$$

即有

$$101(m-1) = (a+1)(a-1)$$

或

$$101m = (a+10)(a-10)$$

由于 101 是质数,且 $m \leq 99$,所以只能是 $a+1 = 101$ 或 $a+10 = 101$,即 $a = 91$ 或 $a = 100$(不合要求,舍),故 m 是两位数时,只有一个连写平方数 $8\,281 = 91^2$.

当 m 是三位数时,则有

$$1\,000(m-1) + m = a^2$$

或

$$1\,000(m+1) + m = a^2$$

即有

$$7 \times 11 \times 13 \times (m-1) = (a+1)(a-1)$$

或

$$7 \times 11 \times 13 \times (m+1) = a^2 + 1$$

显然,后一式中 $a^2 + 1$ 不会含有因数 7,从而无解. 前一式中 $7 \times 11 \times 13 \times (m-1)$ 可设成 $7 \times 11 \times 13 \times pq$,即设 $m-1 = pq$(p, q 均为自然数,且 p, q 且互质),此时可分六种情况讨论

$$\begin{cases} n+1 = 7p \\ n-1 = 11 \times 13q \end{cases}, \begin{cases} n+1 = 11p \\ n-1 = 7 \times 13q \end{cases}, \begin{cases} n+1 = 13p \\ n-1 = 7 \times 11q \end{cases}$$

$$\begin{cases} n+1 = 77p \\ n-1 = 13q \end{cases}, \begin{cases} n+1 = 91q \\ n-1 = 11p \end{cases}, \begin{cases} n+1 = 143q \\ n-1 = 7p \end{cases}$$

对于第一种情形,有 $7p = 143q + 2$,从而 $p = 20q + \dfrac{3q+2}{7}$,再令 $\dfrac{3q+2}{7} = k$,则 $q = 2k + \dfrac{k-2}{3}$,于是取 $k = 2$,得 $q = 4, p = 82$. 此时 $a = 573$,故 $573^2 = 328\,329$ 为所求.

类似地,可求得满足后面五种情形的 a^2 分别是

$274^2 = 075\,076, 155^2 = 024\,025, 846^2 = 715\,716, 727^2 = 528\,529, 428^2 = 183\,184$

当 m 是四位数时,留作练习(参见本章练习题第 3 题)请读者来讨论.

4.7.5 连续平方数数组

1996 年 2 月,两位印度数学家 J. V. Chaudri 和 M. N. Deshpande 在数学研究中,发现了如下的一个奇妙连续数组 956 ~ 968.

$956^2 = 913\,936 \to 913 + 936 = 1\,849 = 43^2$

$957^2 = 915\ 849 \rightarrow 915 + 849 = 1\ 764 = 42^2$

$958^2 = 917\ 764 \rightarrow 917 + 764 = 1\ 681 = 41^2$

$959^2 = 919\ 681 \rightarrow 919 + 681 = 1\ 600 = 40^2$

$960^2 = 921\ 600 \rightarrow 921 + 600 = 1\ 521 = 39^2$

⋮

$968^2 = 937\ 024 \rightarrow 937 + 024 = 961 = 31^2$

1996 年 9 月,美国俄亥俄州的数学家欧文·托马斯运用同余理论又发现了从 9 859 ~ 9 900 这 42 个自然数也具有与上述 956 ~ 968 类似的性质.

由上可知,上述组数有如下特征:

这组连续自然数组中的每个数 a 的平方数,平均(不能平均时前面补 0)分拆成两部分后组成的两个新数的和也是一个平方数,且两新数的和的算术平方根 b 也是一组连续自然数.

我们称满足上述特征的数组为连续平方数组,除了上述两组连续平方数组外,还有其他连续平方数组吗？怎样寻找出来呢？

显然,这样的连续平方数组的第一个数 a 也可能是奇数位(如 956 是奇数位),也可能是偶数位(如 9 859 是偶数位). 由上述例子可以看出,若第一个数 a 的数位为 $k(k \geq 1)$,a^2 平均分拆成两部分 n_1 与 n_2 的和组成的新数的算术平方根为 b,则 $a + b = 10^k - 1$.

首先,我们讨论当 $k = 2m(m \geq 1, m \in \mathbf{N})$ 时的情形:此时,$10^m \leq a < 10^{m+1}$.

由 $a + b = 10^{2m} - 1$,知 $b + 1 = 10^{2m} - a$.

注意到 $a^2 = 10^{2m} \cdot n_1 + n_2$,且 $n_1 + n_2 = b^2$,知 n_1 是一个 $2m$ 位数,n_2 是位数不超过 $2m$ 位的数,从而,知 $n_1 = a - b = 10^{2m} - 2b - 1$ 且 $10^m \leq b + 1$,又由 $a + b = 10^{2m} - 1$,得

$$a^2 = [10^{2m} - (b+1)]^2 = (10^{2m} - 2b - 1) \cdot 10^{2m} + (b+1)^2 - 10^{2m}$$

从而 $(b+1)^2 - 10^{2m}$ 是一个不超过 $2m$ 位的数,则有 $10^m \leq b + 1 < \sqrt{2} \cdot 10^m$. 于是,我们有结论:

结论 1 设 a 是 $2m$ 位自然数($m \in \mathbf{N}^*$),$a + b = 10^{2m} - 1$,若 $10^m \leq b + 1 < \sqrt{2} \cdot 10^m$,则 a^2 可表示为 $10^{2m} \cdot n_1 + n_2$,且 $n_1 + n_2 = b^2$,其中 n_1 是 $2m$ 位正整数,n_2 是不超过 $2m$ 位的非负整数.

例如,当 $m = 1$ 时,$9 \leq b < 14$,有 $a = 86, 87, 88, 89, 90$(因 $a + b = 99$).

当 $m = 2$ 时,$99 \leq b < 141$,有 $a = 9\ 859, 9\ 860, \cdots, 9\ 900$(因 $a + b = 9\ 999$).

当 $m = 3$ 时,$999 \leq b < 1\ 414$,有 $a = 998\ 586, 998\ 587, \cdots, 999\ 000$(因 $a + b = 999\ 999$).

⋮

当 $k = 2m - 1(m \in \mathbf{N}^*)$ 时,也可类似于 $k = 2m(m \in \mathbf{N}^*)$ 的讨论,得到:

结论 2 设 a 是 $2m - 1(m \in \mathbf{N}^*)$ 位自然数,$a + b = 10^{2m-1} - 1$,若 $\sqrt{10} \times 10^{m-1} \leq b + 1 < \sqrt{20} \times 10^{m-1}$,则 a^2 可表示为 $10^{2m-1} \cdot n_1 + n_2$,且 $n_1 + n_2 = b^2$,其中 n_1 是 $2m - 1$ 位正整数,n_2 是位数不超过 $2m - 1$ 的非负整数.

例如,当 $m = 1$ 时,$2 < b < 4$,有 $a = 6$.

当 $m = 2$ 时,$30 < b < 44$,有 $a = 956, 957, \cdots, 968$(因 $a + b = 999$),这就是本节开头的例子.

当 $m = 3$ 时,$315 < b < 447$,有 $a = 99\,553, 99\,554, \cdots, 99\,683$(因 $a + b = 99\,999$).

⋮

类似地,也可推导连续四次方数组(即连续平方数的平方数组):一个连续自然数组中的每个数的四次方后平均分拆成四部分后组成的四个新数的和也是一个整数的四次方,且这些四个新数之和的四次方根也是一组连续自然数. 我们有如下结论:

结论 3 设 a 是 $2m$ 位数 ($m > 1, m \in \mathbf{N}^*$),$a + b = 10^{2m} - 1$,若 $\sqrt[4]{2 \times 10^{2m}} \leqslant b + 1 < \sqrt[4]{3 \cdot 10^{2m}}$,则 a^4 可表示为 $10^{6m} \cdot n_1 + 10^{4m} \cdot n_2 + 10^{2m} \cdot n_3 + n_4$,且 $n_1 + n_2 + n_2 + n_3 = b^4$,其中 n_1 是 $2m$ 位自然数,n_2, n_3, n_4 均是不超过 $2m$ 位的非负整数.

结论 4 设 a 是 $2m - 1$ ($m > 2, m \in \mathbf{N}^*$) 位自然数,$a + b = 10^{2m-1} - 1$,若 $\sqrt[4]{2 \cdot 10^{2m-1}} \leqslant b + 1 < \sqrt[4]{3 \times 10^{2m-1}}$,则 a^4 可表示为 $10^{6m-3} \cdot n_1 + 10^{4m-2} \cdot n_2 + 10^{2m-1} \cdot n_3 + n_4$,且 $n_1 + n_2 + n_3 + n_4 = b^4$,其中 n_1 是 $2m - 1$ 位自然数,n_2, n_3, n_4 是位数不超过 $2m - 1$ 的非负整数.

例如,$n = 2$ 时,由结论 3,$10 < b < 13$,有 $a = 9\,987, 9\,988$. 即

$9\,987^4 = 9\,948\,101\,312\,148\,561 \to 9\,948 + 1\,013 + 1\,214 + 8\,561 = 12^4$

$9\,988^4 = 9\,952\,086\,330\,900\,736 \to 9\,952 + 0\,863 + 3\,090 + 0\,736 = 11^4$

$n = 3$ 时,由结论 4,$20 < b < 23$,有 $a = 99\,977, 99\,978$,即

$99\,977^4 = 99\,908\,031\,735\,133\,479\,841 \to 99\,908 + 03\,173 + 51\,334 + 79\,841 = 22^4$

$99\,978^4 = 99\,912\,029\,035\,741\,034\,256 \to 99\,912 + 02\,903 + 57\,410 + 34\,256 = 21^4$

4.7.6 重写数平方数

将一个自然数重写两次或两次以上得到的数,我们称为重写数,例如,$1\,212, 625\,625$ 便为重写数. 如果重写数又是一个平方数,则称为重写数平方数,存在重写数平方数吗? 怎样寻求?

设自然数 a 为重写数,由 k 位自然数 c 重写两次,即

$$a = 10^k c + c = (10^k + 1)c$$

如果 a 又是一个平方数,即有自然数 b,使得

$$a = b^2 = (10^k + 1)c \qquad (***)$$

若 $c = 10^k + 1$,则知 c 为 $k + 1$ 位自然数与前面所设 c 为 k 位自然数矛盾. 从而,要使式 $(***)$ 满足,须使得 $c = (10^k + 1) \cdot x^2$ 为 k 位自然数,此时 x^2 既要为纯小数又要与 $10^k + 1$ 相乘得整数,这样的 x^2 不存在,由此可知,$10^k + 1$ 须含有某个平方数因数,于是可设 $10^k + 1 = d^2 \cdot e$.

注意 $10 + 1 = 11, 10^3 = 11 \times 91, 10^5 + 1 = 11 \times 9\,091, 10^7 + 1 = 11 \times 909\,091$

$10^9 + 1 = 11 \times 90\,909\,091, 10^{11} + 1 = 11 \times 9\,090\,909\,091$

因 $10^2 + 1, 10^4 + 1, 10^6 + 1, 10^8 + 1, 10^{10} + 1$ 均不能分解质因数为质数 1,且 $9\,090\,909\,091$ 也可分解含 11 的因数出来,即 $9\,090\,909\,091 = 11 \times 826\,446\,281$(或偶位上的数的和与奇位上的数的和之差能被 11 整数,则这个数能被 11 整除). 从而可取 $d = 11$. 当 $k = 11$ 时,e_0 是 9 位数且 $e_0 = 826\,446\,281$,此时,要使 $ce_0 = l^2$,则取 $c = e_0 m^2 = 826\,446\,281 m^2$,若 m 依次取 4,5,6,7,8,9,则得 c 的值,亦即得 a 和 b 如下:

$1\ 322\ 314\ 049\ 613\ 223\ 140\ 496 = 36\ 363\ 636\ 364^2$

$2\ 066\ 115\ 702\ 520\ 661\ 157\ 025 = 45\ 454\ 545\ 455^2$

$2\ 528\ 926\ 511\ 625\ 289\ 265\ 116 = 54\ 545\ 454\ 546^2$

$3\ 949\ 586\ 776\ 939\ 495\ 867\ 769 = 63\ 636\ 363\ 637^2$

$5\ 289\ 256\ 198\ 452\ 892\ 561\ 984 = 72\ 727\ 272\ 728^2$

$6\ 694\ 214\ 876\ 166\ 942\ 148\ 761 = 81\ 818\ 181\ 819^2$

由上，我们可讨论更一般的情形：

注意到 $10^{11(2n+1)} + 1$（n 为非负整数）能被 11 整除，且商为 $9090\cdots9091$（共有 $\frac{11(2n+1)-1}{2}$ 个9）是 $11(2n+1)-1$ 位数，这商的偶位上的数的和与奇位上的数的和之差是 $9 \cdot \frac{11(2n+1)-1}{2} - 1 = \frac{11[9(2n+1)-1]}{2}$，它能被 11 整除，得其商 e 是 $11(2n+1)-2$ 位且首位数字为8的数，令 $c = em^2$（$m = 4,5,6,7,8,9$），易知 c 是 $11(2n+1)$ 位数，再令 $a = (10^{11(2n+1)} + 1)c$，则 $e = \frac{10^{11(2n+1)}+1}{11^2}$，此时 $b = \frac{10^{11(2n+1)}+1}{11} \cdot m$，其中 $m = 4,5,6,7,8,9$.

显然，上述一般情形中，取 $n = 0$ 即得前面所求得的 6 个数.

4.7.7 一个数表示为平方数之和

任给一个自然数能表为两个平方数的和吗？例如，$2 = 1^2 + 1^2$，$5 = 2^2 + 1^2$，$8 = 2^2 + 2^2$，$10 = 3^2 + 1^2$，$13 = 3^2 + 2^2$ 等.

如果允许出现 0^2，则一个平方数也可以表示为两个平方数的和，例如，$1 = 1^2 + 0^2$，$4 = 2^2 + 0^2$，$9 = 3^2 + 0^2$ 等.

经过探索，我们发现在 100 以内只有 42 个数能表示为两个平方数的和；还发现凡是形如 $4k + 3$ 的数都不能表示成两个平方数的和，例如，$7,11,15,19,23$；也发现若两个数都能表示成两个平方数的和，则它们的乘积也能表示成两个平方数的和，例如，$65 = 5 \times 13 = (2^2 + 1^2)(3^2 + 2^2) = (2 \times 3 + 1 \times 2)^2 + (2 \times 2 - 1 \times 3)^2 = 8^2 + 1^2$，一般地有

$$(a^2 + b^2)(c^2 + d^2) = (ac + bd)^2 + (ad - bc)^2$$

任给一个自然数能表为三个平方数的和吗？

经过探索，发现若一个自然数能表示为两个平方数的和，则必能表示成三个平方数的和，例如，$5 = 2^2 + 1^2 = 2^2 + 1^2 + 0^2$，而且有些不能表示成平方数的和的自然数，也有可能表示成三个平方数的和，例如，$3 = 1^2 + 1^2 + 1^2$，$6 = 1^2 + 1^2 + 2^2$，$11 = 3^2 + 1^2 + 1^2$，$12 = 2^2 + 2^2 + 2^2$，$14 = 3^2 + 2^2 + 1^2$，$19 = 3^2 + 3^2 + 1^2$，$21 = 4^2 + 2^2 + 1^2$，等等. 尽管这样，在 100 以内仍有 15 个数不能表示为三个平方数的和，例如，$7,15,23,31,39,47,55$ 等形如 $8m + 7$ 的数（m 为非负整数）以及 $28,60,92$ 即为.

注意到 $28 = 4 \times 7$，$60 = 4 \times 15$，$92 = 4 \times 23$，因此上述不能表示为三个平方数的和的自然数，可以归结为形如 $4^k(8m + 7)$ 的数（其中 k,m 均为非负整数）. 实际上，除了形如 $n = 4^k(8m + 7)$ 的数外其他的自然数都可以写成三个平方数的和.

任给一个自然数能表为四个平方数的和吗？

这个问题已由法国数学家朗格朗日给出了肯定的回答,并给出了一个公式(公式较繁略去). 这就是说任给一个自然数都可表示成四个整数的平方和. 例如,$36 = 6^2 + 0^2 + 0^2 + 0^2 = 3^2 + 3^2 + 3^2 + 3^2 = 5^2 + 3^2 + 1^2 + 1^2$,$37 = 6^2 + 1^2 + 0^2 + 0^2 = 5^2 + 2^2 + 2^2 + 2^2 = 4^2 + 4^2 + 2^2 + 1^2$,$204 = 13^2 + 5^2 + 3^2 + 1^2$,等等.

4.8 平方舞伴数

曾仪先生在一篇编译文章中给我们介绍了平方舞伴数[62].

波士顿大学卡罗尔·格林顿在1987年加利福尼亚南方数学年会上曾提出这样一个问题:"对18名学生,从1到18给予编号,当他们相互选择舞伴的时候,这9对人中每一对人的号码之和恰好都是一个平方数. 问他们之间应该谁与谁相互配对?"

这个问题可以通过试验获得答案:$18 + 7,17 + 8,16 + 9,15 + 1,14 + 2,13 + 3,12 + 4,11 + 5,10 + 6$. 在试验过程中,虽有 $14 + 2,14 + 11$ 均为平方数,选取前者即为前述答案中情形,若选取后者,则会使有的数配不成平方数.

通过这个问题,也给我们提出了一般性的问题:除了18之外,什么样的偶数 n 具有这样的性质:集$\{1,2,\cdots,n\}$ 能够被分成若干对,使得每一对数字之和恰好都是一个平方数. 并且我们称这样性质的偶数 n 为平方舞伴数. 显然,18就是一个平方舞伴数. 通过实验,知道最小的平方舞伴数是 $8:8 + 1,7 + 2,6 + 3,5 + 4$.

这个例子也给我们提供识别许多平方舞伴数的一个方法:注意到8是比一个奇数平方(3^2)小1的数. 从而易获得如下的结论:

结论1 对任何一个奇平方数 b,则 $b - 1$ 是一个平方舞伴数.

事实上,这只需将 $b - 1$ 与 $1,b - 2$ 与 $2,\cdots,\frac{1}{2}(b + 1)$ 与 $\frac{1}{2}(b - 1)$ 分别配对即可.

由此,可知 $8,24,48,80,\cdots$ 都是平方舞伴数.

为了寻求其他的平方舞伴数,需要像18这个数一样,进行有系统的反复实验. 例如,经过实验,可以证实 $14,16,26,28,38,58,60$ 都是平方舞伴数. 例如,$14 + 2,13 + 3,12 + 4,11 + 5,10 + 6,9 + 7,8 + 1;16 + 9,15 + 10,14 + 11,13 + 12,8 + 1,7 + 2,6 + 3,5 + 4$

由上注意到16这个数,所拆成的数对是建立在8这个数所拆成的数对基础上的,这样的一种结构可以被一般化为下面的结论:

结论2 如果 n 是一个平方舞伴数,而 b 是一个奇平方数,且满足 $2n + 1 < b$,那么 $b - 1 - n$ 是一个平方舞伴数.

事实上,由于假定 n 是一个平方舞伴数,所以从1到 n 已经被分成各个数对,每一个数对中两个数字之和为一平方数. 又从 $n + 1$ 到 $b - 1 - n$ 这些数,我们可以这样进行配对:$b - 1 - n$ 与 $n + 1$ 配对,$b - 2 - n$ 与 $n + 2$ 配对,$\cdots,\frac{b + 1}{2}$ 与 $\frac{b - 1}{2}$ 配对(因 $2n + 1 < b$,则 $\frac{1}{2}(b - 1) \geq n + 1 > n$). 这样配对显然符合要求,所以 $b - 1 - n$ 是一个平方舞伴数.

例如,以下这些数都是平方舞伴数

$$30 = 49 - 1 - 18, 32 = 49 - 1 - 16, 34 = 49 - 1 - 14$$
$$40 = 49 - 1 - 8, 42 = 81 - 1 - 38, 44 = 81 - 1 - 36$$
$$46 = 81 - 1 - 34, 50 = 81 - 1 - 30, 52 = 81 - 1 - 28$$
$$54 = 81 - 1 - 26, 56 = 81 - 1 - 24$$

综上,现在我们可以看到,除了 2,4,6,10,12,20,22 这七个数外,比 62 小的偶数都是平方舞伴数. 至于这七个数,我们可以证明它们都不是平方舞伴数. 例如,假设 22 是一个平方舞伴数,则 18 只能和 7 配对,……,2 只能和 14 配对,11 只能和 5 配对,这样 9 就找不到与它配对的数. 所以 22 不是平方舞伴数. 这样的讨论也适用于 2,4,6,10,12 和 20. 我们可以证明,除了这七个数之外,所有的偶数都是平方舞伴数.

4.9 自 生 数

一个 n 位自然数,当它自身相乘后,其积的后半部(即后 n 位数)如果与原来的数字完全相同,如 $5^2 = 25, 25^2 = 625, 625^2 = 390\,625, 90\,625^2 = 8\,212\,890\,625, 6^2 = 36, 76^2 = 5\,776, 376^2 = 141\,376, \cdots$ 像这样的数,我们称之为自生数,即 5,6 是一位自生数,25,76 是两位自生数,625,376 是三位自生数,等等[29~31].

显然,自生数具有如下性质:

性质 1 若 A_n 为 n 位自生数,则 $\dfrac{A_n^2 - A_n}{10^n} = 0$(或记为 $A_n^2 - A_n \equiv 0 \pmod{10^n}$).

性质 2 任何(除 0,1 外)一个自生数的个位数必为 5 或 6.

我们可以证明 n 位自生数是存在的(参见本章练习题第 4 题). 由此,我们有如下结论:

结论 1 当 n 确定时,n 位自生数不超过 2 个.

结论 2 若 A_n 为 n 位自生数,则 $10^n + 1 - A_n$ 也是 n 位自生数,且 $10^n + 1 - A_n \neq A_n$.

结论 3 若 A_n, B_n 都是 n 位自生数,且 $A_n \neq B_n$,则 $A_n + B_n = 10^n + 1$.

如何求自生数呢? 周伯壎教授给我们提供了一个极为简捷的递推公式:

设 $A_n = a_{n-1} \cdot 10^{n-1} + a_{n-2} \cdot 10^{n-2} + \cdots + a_1 \cdot 10 + a_0 = a_{n-1} \cdot 10^{n-1} + A_{n-1}$($a_k$ 为整数,$0 \leq a_k \leq 9, k = 0, 1, 2, \cdots, n-1$)是 n 位自生数,则 A_{n-1} 是 $n-1$ 位自生数,且满足

$$a_{n-1}(2A_{n-1} - 1) + \frac{A_{n-1}(A_{n-1} - 1)}{10^{n-1}} \equiv 0 \pmod{10}$$

其中 $a_0 = A_1$.

因为一位自生数只可能是 5 或 6,所以让 $A_1 = a_0 = 5$ 或 6 代入上述递推公式及 A_n 式即求得各位自生数. 例如:

当 $a_0 = A_1 = 5$,代入求得 $a_1 = 2$ 及 $A_2 = 25$;再代入求得 $a_2 = 6$ 及 $A_3 = 625$;依此得 $a_3 = 0$ 及 $A_4 = 0\,625; a_4 = 9$ 及 $A_5 = 90\,625; a_5 = 8$ 及 $A_6 = 890\,625; a_6 = 2$ 及 $A_7 = 2\,890\,625; a_7 = 1$ 及 $A_8 = 12\,890\,625; \cdots$

当 $a_0 = A_1 = 6$,代入求得 $a_1 = 7$ 及 $A_2 = 76$;再代入求得 $a_2 = 3$ 及 $A_3 = 376$;依此得 $a_3 = 9$ 及 $A_4 = 9\,376; a_4 = 0$ 及 $A_5 = 09\,376; a_5 = 1$ 及 $A_6 = 109\,376; a_6 = 7$ 及 $A_7 = 7\,109\,376; a_7 = 8$ 及 $A_8 = 87\,109\,376; \cdots$

由上可知,所有的自生数见于上面两个数列.

上面，我们考虑的是一个 n 位自然数平方后其后面的 n 位数与原数完全相同的情况，这也可称其长为 n 的二阶自生数. 如果考虑一个 n 位自然数 $k(k \geq 2)$ 次方后其后面的 n 位数与原数完全相同的情况，则提出了长为 n 的 k 阶自生数问题.

例如，下列各数均为 3 阶自生数

$$1, 51, 751, 8\,751, 18\,751, \cdots$$
$$1, 01, 251, 3\,751, 63\,751, \cdots$$
$$4, 24, 624, 90\,624, \cdots$$
$$5, 25, 75, 125, 625, 375, 875, \cdots$$
$$6, 76, 376, 9\,376, \cdots$$
$$9, 49, 99, 249, 749, 499, 999, \cdots$$

我们也可以推得 k 阶自生数的如下性质：

性质 1 x_n 为 n 位 k 阶自生数的充要条件是

$$x_n^k - x_n \equiv 0 (\bmod 10^n)$$

性质 2 若 x_n 为 n 位 2 阶自生数，则 x_n 为 n 位 k 阶自生数.

性质 3 n 位 k 阶自生数是存在的.

性质 4 $x_n = a_{n-1} \cdot 10^{n-1} + a_{n-2} \cdot 10^{n-2} + \cdots + a_1 \cdot 10 + a_0 = a_{n-1} \cdot 10^{n-1} + x_{n-1} (n > 1, a_k$ 为整数，$0 \leq a_k \leq 9, k = 0, 1, 2, \cdots, n-1)$ 是 n 位 k 阶自生数，等价于 x_{n-1} 是 $n-1$ 阶自生数，且满足

$$a_{n-1}(k \cdot x_{n-1}^{k-1} - 1) + \frac{x_{n-1}(x_{n-1}^{k-1} - 1)}{10^{n-1}} \equiv 0 (\bmod 10)$$

其中 $a_0 = x_1$（其证明参见本章练习题第 5 题）.

性质 5 任何一个 n 位 3 阶自生数，其个位数必为 1, 4, 5, 6 或 9.

性质 6 若 x_n 为 n 位 3 阶自生数，则 x_n 为大于 1 的奇数阶自生数.

性质 7 若 x_n 为 $p + 1$ 阶自生数，则 x_n 也是 n 位 $ps + 1$ 阶自生数（s 为任意正整数）.

性质 8 若 x_n 的末位数为 1, 3, 7 或 9，则 x_n 是 n 位 $4 \times 10^{n-1} s + 1$ 阶自生数.

性质 9 若 x_n 的末位数是 5，且含有因子 5^n，则 x_n 是 n 位 $2^{n-1} s + 1$ 阶自生数.

性质 10 若 x_n 的末位数为 2, 4, 6 或 8，且含有因子 2^n，则 x^n 为 n 位 $4 \times 5^{n-1} s + 1$ 阶自生数.

性质 6 ~ 10 运用性质 1 及有关同余知识即证，证明留给读者.

4.10 亲 和 数

传说在公元前 500 多年，古希腊美丽的克罗托那城中，毕达哥拉斯学派正在讨论"数对于万物的作用". 一位学者问："在我结交朋友时，存在数的作用吗？" 伟大的数学先师毕达哥拉斯答道："朋友是你灵魂的情影，就像 220 与 284 一样亲密." 这话说得蹊跷，两个数字怎能谈得上"亲密"？ 毕达哥拉斯接着宣布："神默示我们，220 的全部真因子之和 1 + 2 + 4 + 5 + 10 + 11 + 20 + 22 + 44 + 55 + 110 恰好等于 284，而 284 的全部真因子之和 1 + 2 + 4 + 71 + 142 又恰好等于 220. 它们是一对奇妙的'亲和数'."

古欧洲人对亲和数很感兴趣，赋予种种神秘色彩.《圣经·创世纪》说，雅各送给哥哥以

扫 200 只母山羊，20 只公山羊和 200 只母绵羊，20 只公绵羊. 据说山羊、绵羊数之所以各是 220，是因为隐含着它的亲和数 284，以体现送礼人和受礼人之间的亲密关系.

在公元九世纪时期，阿拉伯数学家伊本柯拉（Ibn Kurra，836—901）发现了一种求亲和数的方法：如果 $p = 3 \times 2^n - 1, q = 3 \times 2^{n-1} - 1, r = 3^2 \times 2^{2n-1} - 1$ 都是质数，且 $n > 1$，则 $pq \cdot 2^n$ 和 $r \cdot 2^n$ 是一对亲和数. 例如，取 $n = 2$，得 $p = 11, q = 5, r = 71$，则 $pq \cdot 2^n = 220, r \cdot 2^n = 284$ 是一对亲和数，虽然伊本柯拉本人并没有根据这一方法具体求出任何一组亲和数，但他为以后的数学家寻找亲和数作出了有益的贡献. 几个世纪以后，法国著名数学家费马利用这一方法于 1636 年宣布，他找到了第二对亲和数 $17\,296 = 47 \times 23 \times 2^4, 18\,416 = 1\,151 \times 2^4$. 两年后，即 1638 年，法国著名数学家笛卡儿得出了第三对亲和数 $9\,363\,584 = 383 \times 191 \times 2^7$，$9\,437\,056 = 73\,727 \times 2^7$. 到 18 世纪，欧拉曾系统地寻找过亲和数，在 1750 年前后列出了含有 64 对亲和数的表（其中 2 对有错误）. 非常有趣的是，意大利一位 16 岁的少年帕格尼尼（Paganini, 1850—？）于 1866 年发现了被人们长期忽视的、比较小的一对亲和数：1 184 和 1 210.

1913 年，数学家迪克森证明了：较小数小于 6 233 的亲和数只有 5 对. 虽然，目前已知的亲和数已超过了 1 200 对，但在 10 000 以内仍只有如下 5 对

$$220 = 11 \times 5 \times 2^2, \quad 284 = 71 \times 2^2$$
$$1\,184 = 2^5 \times 37, \quad 1\,210 = 2 \times 5 \times 11^2$$
$$2\,620 = 2^2 \times 5 \times 131, \quad 2\,924 = 2^2 \times 17 \times 43$$
$$5\,020 = 2^2 \times 5 \times 251, \quad 5\,564 = 2^2 \times 13 \times 107$$
$$6\,232 = 2^3 \times 19 \times 41, \quad 6\,368 = 2^5 \times 199$$

今天，电子计算机特别适用于寻找亲和数对. 对每个数 m，让机器去确定它的所有的真因子（即不包括 m 本身）及它们的和 n，然后，下一步对 n 施行同样的运算，如果经过这一运算后回到原来的数 m，那么就找到了一对亲和数 (m, n). 20 世纪 60 年代，在美国耶鲁大学的计算机 IBM7094 上，对全部一百万以下的数进行了这种清查，结果找到了 42 对亲和数，其中有一些是新的. 下面是十万以下的亲和数 13 对（其中，一万以内的 5 对就不重复列上了）

$$10\,744 = 2^3 \times 17 \times 79, \quad 10\,856 = 2^3 \times 23 \times 59$$
$$12\,285 = 3^3 \times 5 \times 7 \times 13, \quad 14\,595 = 3 \times 5 \times 7 \times 139$$
$$17\,296 = 2^4 \times 23 \times 47, \quad 18\,416 = 2^4 \times 1\,151$$
$$63\,020 = 2^2 \times 5 \times 23 \times 137, \quad 76\,084 = 2^2 \times 23 \times 827$$
$$66\,928 = 2^4 \times 47 \times 89, \quad 66\,992 = 2^4 \times 53 \times 79$$
$$67\,095 = 3^3 \times 5 \times 7 \times 71, \quad 71\,145 = 3^3 \times 5 \times 17 \times 31$$
$$69\,615 = 3^2 \times 5 \times 7 \times 13 \times 17, \quad 87\,633 = 3^2 \times 7 \times 13 \times 107$$
$$79\,750 = 2 \times 5^3 \times 11 \times 29, \quad 88\,730 = 2 \times 5 \times 19 \times 467$$

以及 9 363 584 与 9 437 056，111 448 537 712 与 118 853 793 424，……

目前，我们所知道的最大的一对亲和数是 152 位的自然数

$$m = 3^4 \times 5 \times 11 \times 5\,281^{19} \times 29 \times 89 (2 \times 1\,291 \times 5\,281^{19} - 1)$$
$$n = 3^4 \times 5 \times 11 \times 5\,281^{19} (2^3 \times 3^3 \times 5^2 \times 1\,291 \times 5\,281^{19} - 1)$$

伴随着科学的发展，人们还找出了更加奥妙的亲和数——高阶亲和数和多亲同和数.

按亲和数的运算法则,从一个数出发,经循环还可以回到原数,即有一组自然数 a_1, $a_2,\cdots,a_k$ 满足条件 $s(a_1) = a_1 + a_2, s(a_2) = a_2 + a_3, \cdots, s(a_k) = a_k + a_1$(其中 $s(a_i)$ 表示 a_i 的所有正约数的和),则称 $a_1, a_2, \cdots, a_k$ 为 k 阶的循环亲和数.

例如,1918 年波勒特(Poulet)发现了一组 5 阶循环亲和数:$12\,496 = 2^4 \times 11 \times 71$, $14\,288 = 2^4 \times 19 \times 47, 15\,472 = 2^4 \times 967, 14\,536 = 2^3 \times 23 \times 79, 14\,264 = 2^3 \times 1\,783$.

同年波勒特还发现了一组 28 阶的循环亲和数:14 316,19 116,31 704,47 616,83 328, 177 792,295 488,629 072,589 786,294 896,358 336,418 904,366 556,274 924,275 444, 243 760,376 736,381 028,285 778,152 990,122 410,97 946,48 976,45 946,22 976,22 744, 19 916,17 716. 1969 ~ 1972 年期间,数学家们又发现了多组 4 阶循环亲和数,例如,$1\,264\,460 = 2^2 \times 5 \times 17 \times 3\,719, 1\,547\,860 = 2^2 \times 5 \times 193 \times 401, 1\,727\,636 = 2^2 \times 521 \times 829, 1\,305\,184 = 2^5 \times 40\,787$. 但是对于 3 阶循环亲和数,现在还没找到,究竟是否存在呢? 这是一个尚未解决的问题.

如果有三个不全相等的自然数 l, m, n,按照亲和数的运算法则,满足条件 $s(l) = s(m) = s(n) = l + m + n$,则称 l, m, n 为一组三亲同和数,如果 l, m, n 两两互异,则称 l, m, n 是一组两两互异的三亲同和数. 湖北洪湖市的一位青年数论爱好者叶桂斌在 1990 ~ 1992 年间就寻找出了两两互异的一组三亲同和数:$9\,810 = 2^2 \times 3^3 \times 5 \times 17, 9\,504 = 2^5 \times 3^3 \times 11$, $11\,556 = 2^2 \times 3^3 \times 107$ 以及一组非两两互异的三亲同和数:$7\,776 = 2^5 \times 3^5, 7\,776 = 2^5 \times 3^5$, $7\,380 = 2^2 \times 3^2 \times 5 \times 41$. 1992 年 4 ~ 6 月,湖北师范学院数学系的学生向琪写毕业论文时,又发现了两组更小的三亲同和数:$1\,980 = 2^2 \times 3^2 \times 5 \times 11, 2\,016 = 2^5 \times 3^2 \times 7, 2\,556 = 2^2 \times 3^2 \times 71$ 以及 $1\,560 = 2^3 \times 3 \times 5 \times 13, 1\,740 = 2^2 \times 3 \times 5 \times 13, 1\,740 = 2^2 \times 3 \times 5 \times 29$.

类似地,可以定义四亲同和数,多亲同和数,但是想具体寻求出一组四亲同和数或多亲同和数,只有经过坚韧不拔的努力才有可能发现. 亲爱的读者,你有这样的毅力吗?

作为本节的结束语,我们也顺便指出,目前,寻找亲和数还存在几个有待攻克的问题,例如:

(1) 是否存在着无限多对亲和数? 它有公式吗?

(2) 目前找到的每一对亲和数所含的两个数,人们发现总是同为偶数或同为奇数,猜想是否存在一对亲和数其一是偶数,而另一个是奇数呢?

(3) 目前找到的奇亲和数均是 3 的倍数,这是偶然性? 还是必然规律?

(4) 是否数值很大的每对亲和数,它们两个数之比接近于 1 呢?

回顾两千多年数学家的不懈努力,发现了一千对以上的亲和数,"看似寻常最奇崛,成如容易却艰辛"(王安石诗),未来正等待着不畏困苦的人们,"路漫漫其修远兮,吾将上下而求索?"

4.11 完 全 数

古代意大利把 6 看作属于爱神维纳斯的数,"它来自两性的结合,男性数为 3,是一个奇数;女性数是 2,是一个偶数."6 具有一种特殊的性质:把它所有的正约数(不包括本身)加起来,恰好等于这个数本身

$$6 = 1 + 2 + 3$$

具有上述性质的自然数称为完全数. 一般地,用 $s(a)$ 表示自然数 a 的所有正约数的和,若 $s(a) = 2a$,则称 a 为完全数.

经过数学家们的探寻,在 1 到 4 千万的自然数中,完全数只有如下五个

$6 = 1 + 2 + 3$

$28 = 1 + 2 + 4 + 7 + 14$

$496 = 1 + 2 + 4 + 8 + 16 + 31 + 62 + 124 + 248$

$8\ 128 = 1 + 2 + 4 + 8 + 16 + 32 + 64 + 127 + 254 + 508 + 1\ 016 + 2\ 032 + 4\ 064$

$33\ 550\ 336 = 1 + 2 + 4 + 8 + 16 + 32 + 64 + 128 + 256 + 512 + 1\ 024 + 2\ 048 + 4\ 096 +$
$\qquad\qquad\quad 8\ 191 + 16\ 382 + 32\ 764 + 65\ 528 + 131\ 056 + 262\ 112 + 524\ 224 + 1\ 048\ 448 +$
$\qquad\qquad\quad 2\ 096\ 896 + 4\ 193\ 792 + 8\ 387\ 584 + 16\ 775\ 168$

完全数有许多奇妙的性质,比如:

(1) 每一个完全数有下面的表现形式

$$6 = 2 \times (2^2 - 1)$$
$$28 = 2^2 \times (2^3 - 1)$$
$$496 = 2^4 \times (2^5 - 1)$$
$$8\ 128 = 2^6 \times (2^7 - 1)$$
$$\vdots$$

欧拉已经证明:每一个偶完全数必定具有 $2^n(2^{n+1} - 1)$ 这种形式. 已有的 40 多个完全数都是偶数,并且它们的结尾不是 6 就是 28.

(2) 所有的完全数都为三角形数,即所有的完全数都可以表示为一些连续自然数和的形式. 例如

$$6 = 1 + 2 + 3$$
$$28 = 1 + 2 + 3 + 4 + 5 + 6 + 7$$
$$496 = 1 + 2 + 3 + 4 + 5 + 6 + \cdots + 30 + 31$$
$$8\ 128 = 1 + 2 + 3 + 4 + 5 + 6 + 7 + 8 + \cdots + 126 + 127$$
$$\vdots$$

(3) 所有已知的完全数(除了 6 以外),反复求各位数字之和,最终的结果总是 1. 例如,对于 496,有

$$4 + 9 + 6 = 19, 1 + 9 = 10, 1 + 0 = 1$$

(4) π 的数值取小数点后面三位数相加恰好是第一个完全数,即 $6 = 1 + 4 + 1$;小数点后的七位数字相加正好等于第二个完全数,即 $28 = 1 + 4 + 1 + 5 + 9 + 2 + 6$.

(5) 每一个完全数的所有约数(包括本身)的倒数之和等于 2,如

$$\frac{1}{1} + \frac{1}{2} + \frac{1}{3} + \frac{1}{6} = 2$$

$$\frac{1}{1} + \frac{1}{2} + \frac{1}{4} + \frac{1}{7} + \frac{1}{14} + \frac{1}{28} = 2$$

$$\frac{1}{1} + \frac{1}{2} + \frac{1}{4} + \frac{1}{8} + \frac{1}{16} + \frac{1}{31} + \frac{1}{62} + \frac{1}{124} + \frac{1}{248} + \frac{1}{496} = 2$$

$$\vdots$$

(6) 完全数是 2 的连续（指数相继）方幂和，如

$$6 = 2^1 + 2^2$$
$$28 = 2^2 + 2^3 + 2^4$$
$$496 = 2^4 + 2^5 + 2^6 + 2^7 + 2^8$$
$$8\ 128 = 2^6 + 2^7 + 2^8 + \cdots + 2^{12}$$
$$33\ 550\ 336 = 2^{12} + 2^{13} + 2^{14} + 2^{15} + \cdots + 2^{23} + 2^{24}$$
$$\vdots$$

(7) 除 6 之外，它们是相继奇数的立方和，如

$$28 = 1^3 + 3^3$$
$$496 = 1^3 + 3^3 + 5^3 + 7^3$$
$$8\ 128 = 1^3 + 3^3 + 5^3 + 7^3 + 9^3 + 11^3 + 13^3 + 15^3$$
$$33\ 550\ 336 = 1^3 + 3^3 + 5^3 + \cdots + 125^3 + 127^3$$
$$\vdots$$

我们从上述几个完全数看到，这些数全为偶数. 完全数和完美无缺的人一样是十分罕见的. 从欧几里得开始起，几千年的研究仍然没有搞清楚有没有奇数完全数. 到 2006 年，人们具体写出了 43 个完全数，例如 6，28，496，8 128，33 550 336，8 589 869 056，137 438 691 328，2 305 843 008 139 952 128 等. 后面的完全数都非常之大. 例如，1936 年美国联合通讯社播发了一条令外行人瞠目结舌的新闻，《纽约先驱论坛报》报道说："S. I. 克利格（Kireger）博士发现了一个 155 位的完全数 $2^{256}(2^{257} - 1)$，该数的各位数字依次为：26815615859885194199148049996411692254958731641184786755447122887443528060146978161514511280138383284395055028465118831722842125059853682308859384882528256. 这位博士说，为了证明它确为完全数，足足奋斗了五年之久."这位博士也真够孤陋寡闻和盲目行事的了. 实际上在两千多年前，欧几里得就已经告诉大家 $2^{n-1}(2^n - 1)$ 是完全数，其中 n 是正整数，后经欧拉严格证明，欧几里得公式是正确的. 数学狂热者应当当心，自己发现的可能是块"旧大陆"，并非什么新成就.

对于偶完全数，有欧几里得 - 欧拉定理的漂亮结果：正整数 a 是偶完全数的充分必要条件是 $a = 2^{p-1}(2^p - 1)$，并且 $2^p - 1$ 是质数（此定理的证明请参见本章思考题第 14 题）. 可见寻找偶完全数的问题可以转化为求形如 $2^p - 1$ 的质数问题，并且偶完全数的"个数"与形如 $2^p - 1$ 的质数的"个数"相同. 容易证明，当 p 是合数时，$2^p - 1$ 一定也是合数（由乘法公式 $a^{sk} - 1 = (a^s - 1)(a^{s(k-1)} + \cdots + 1)$ 即证）. 当 p 是质数时，$2^p - 1$ 也可能是质数，也可能是合数，如 $2^3 - 1 = 7$ 是质数，$2^{11} - 1 = 2047 = 23 \times 89$ 是合数. 但是，如果 $2^p - 1$ 是质数，可用反证法证明 p 一定是质数. 在此，我们也可看到，完全数与 $2^p - 1$ 是质数有关，下一节我们将看到：找到了 43 个形如 $2^p - 1$ 的质数，因而，我们也就找到了 43 个完全数.

在 A. H. 贝勒著，谈祥柏译的《数论妙趣》一书中还给出了一个 28 节的亲和圈

$$v_1 v_2 v_3 \cdots v_{27} v_{28} v_1$$

其中

$$v_1 = 14\ 316, v_2 = 19\ 116, v_3 = 31\ 704, v_4 = 47\ 616$$
$$v_5 = 83\ 328, v_6 = 177\ 792, v_7 = 295\ 488, v_8 = 629\ 072$$

$v_9 = 589\ 786, v_{10} = 294\ 896, v_{11} = 358\ 336, v_{12} = 418\ 904$

$v_{13} = 366\ 556, v_{14} = 274\ 924, v_{15} = 275\ 444, v_{16} = 243\ 760$

$v_{17} = 376\ 736, v_{18} = 381\ 028, v_{19} = 285\ 778, v_{20} = 152\ 990$

$v_{21} = 122\ 410, v_{22} = 97\ 946, v_{23} = 48\ 976, v_{24} = 45\ 946$

$v_{25} = 22\ 976, v_{26} = 22\ 744, v_{27} = 19\ 916, v_{28} = 17\ 716$

我们仍约定,自然数的因数中含1不含该自然数本身,则v_1因数之和等于v_2,v_2因数之和等于v_3,…,v_{28}因数之和等于v_1,这是一个周期为28的循环亲和圈,28也是一个好数,它是第二个完全数.

4.12 梅 森 数

在寻找偶完全数的问题中,很多数学家研究过形如$2^p - 1$的数何时为质数的问题,其中法国修道士梅森(M. Mersenne,1588—1648)是研究这个问题比较早的数学家之一. 一般地,当p是一个素数时,形如$2^p - 1$的数称为梅森数,记作$M_p = 2^p - 1$.

梅森证明了当$p = 2,3,5,7,13,17,19,31$时,M_p是素数. 迄今已知道48个梅森素数,除已提到的8个外,另外40个分别是:$p = 61,89,107,127,521,607,1\ 279,2\ 203,2\ 281,3\ 217,4\ 253,4\ 423,9\ 689,9\ 941,11\ 213,19\ 937,21\ 701,23\ 209,44\ 497,86\ 243,110\ 503,132\ 049,216\ 091,756\ 839,859\ 433,1\ 257\ 787,1\ 398\ 269,2\ 976\ 221,3\ 021\ 377,6\ 972\ 593,13\ 466\ 917,20\ 996\ 011,24\ 036\ 583,25\ 964\ 951,30\ 402\ 457,32\ 582\ 657,37\ 156\ 667,42\ 643\ 801,43\ 112\ 609,57\ 885\ 161$. 从第13个梅森素数起都是1952年以来借助电子计算机陆续发现的. 表4.3给出人们发现第35～48个梅森素数的简况[68].

表4.3

序号	p	M_p的数位	时间	发 现 人
35	1 398 269	420 921	1996	J. Armengand & G. F. Wltowan(GIMPS)
36	2 976 221	895 932	1997	G. Spence(GIMPS)
37	3 021 377	909 526	1998	L. Clackson(GIMPS)
38	6 972 593	2 098 960	1999	N. Hajratwala(GIMPS)
39	13 466 917	4 053 543	2001	M. Cameron(GIMPS)
40	20 996 011	6 320 430	2003	M. Shafer(GIMPS)
41	24 036 583	7 235 733	2004	Josh Findley(GIMPS)
42	25 964 951	7 816 230	2005	Martin Nowak (GIMPS)
43	30 402 457	9 152 052	2005	C. Cooper & S. Bonne(GIMPS)
44	32 582 657	9 808 358	2006	C. Cooper & S. Boone(GIMPS)
45	37 156 667	11 185 272	2008	Hans-Michael Elvenich(GIMPS)
46	42 643 801	12 837 064	2009	O. M. Strindmo(GIMPS)
47	43 112 609	12 978 189	2008	E. Smith(GIMPS)
48	57 885 161	17 425 170	2013	C. Cooper(GIMPS)

实际上从1996年起寻找梅森素数的工作突然提速了,而且所介绍的文章中频频出现 GIMPS 字样,这是随着因特网的世界性普及(1995 年,美国因特网上的广告收入就达 5 亿美元,1997 年全世界联入因特网的国家和地区达到 134 个,联入因特网的计算机主机有 1 614.6万台,用户机达1亿台,2005 年仅中国的计算机网络用户就超过了 1 亿户)在得以实现的,从 1995 年起,人们开始了利用因特网进行有组织的国际性合作来寻找新的梅森素数. 这一年,美国的程序设计师乔治·沃特曼(George Woltman)收集整理了有关梅森素数计算的数据,并编制了一个梅森素数寻找程序,把它放在网页上供数学爱好者免费使用. 这就是 "因特网梅森素数大搜索"计划(GIMPS,the Great Internet Mersenne Prime Search)的开始. 1997 年斯科特·库洛夫斯基(Scott Kurowski)和其他人建立了"素数网"(Prime Net),使分配搜索区间和向 GIMPS 发送报告自动化. 现在一个人只要到 GIMPS 的主页下载那个免费程序,就可以立刻参加 GIMPS 计划搜寻梅森素数.

从 1996~1998 年,GIMPS 计划就发现了三个梅森素数:$M_{1\,398\,269}$(第 35 个),$M_{2\,976\,221}$(第 36 个)和 $M_{3\,021\,377}$(第 37 个). 1999 年 3 月,在因特网上活动的一个协会"电子新领域基金" (EFF,Electronic Frontier Foundation)宣布了由一位匿名者资助的为寻找巨大素数而设立的奖金. 它规定向第一个找到超过一百万位的素数的个人或机构颁发五万美元的奖金,此后又发现了表中的后 4 个梅森素数,第 38 个梅森素数(第 1 个超过一百万位的梅森素数)的发现者哈吉拉特瓦拉(N. Hajratwala)得到了这个五万美元的奖金. 后面的奖金依次为:超过一千万位,十万美元;超过一亿位,十五万美元;超过十亿位,二十五万美元. 已知的第 40 个梅森素数有 600 多万位,第 43 个梅森素数达到 900 多万位,还不能得到第二级奖金. "搜索"在继续,欢迎你参加,并希望你能获奖. 实际上,有了 GIMPS,参加梅森素数搜索的就不一定是专业数学家,例如,2004 年 5 月发现第 41 个梅森素数的芬德利就是美国国家海洋和大气局 (NOAA)的信息技术专家,一位业余数学爱好者. 发现第 42 个梅森素数的诺瓦克(Nowak) 是一位德国的眼科医生,也是一位业余计算数论爱好者.

2013 年 1 月 25 日,美国中央密苏里大学(University of Central Missouri)数学教授柯蒂斯·库珀(Curtis Cooper)领导的研究小组发现了到现在为止已知的最大梅森素数—— $2^{57\,885\,161}-1$,该素数是一个 17 425 170 位数,如果用五号字将它连续打印下来,它的长度可超过 65 km.

这是人们已经发现的第 48 个梅森素数,这一发现距离第 47 个梅森素数的发现(2009 年 4 月 12 日)已经过了将近 4 年(3 年 9 个月),这与自从进入网络分布式计算的所谓因特网梅森素数大搜索计划(GIMPS)以来,每年至多隔年就有新的梅森素数发现——2005 年和 2008 年甚至是双响炮,一年发现了两个新的梅森素数——比较起来就有些不同寻常了. 不寻常在什么地方呢? 需要进一步地研究.

发现者库珀博士是搜索素数的老手了,还有两个梅森素数也是他和他的团队一起发现的,一个是 2005 年 12 月 15 日发现的 $M(30\,402\,457)$,另一个是 2006 年 9 月 4 日发现的 $M(32\,582\,657)$,它们分别是人类发现的第 43 个和第 44 个梅森素数. 按照相关的奖金赞助者的新规定,第 48 个梅森素数的发现者获得 3 000 美元的梅森素数发现奖. 这个素数也成为目前人类所知道的最大的素数.

4.13 费 马 数

与梅森数形状类似的是 $2^m + 1$ 形状的数,若 $2^m + 1$ 是质数,那么 m 应该具备什么条件? 我们可以证得 m 是 2 的幂. 事实上,假设 m 有奇约数 q,即 $m = qr$,那么 $2^m + 1 = (2^r)^q + 1 = (2^r + 1)(2^{r(q-1)} - \cdots + 1)$,但 $1 < 2^r + 1 < 2^m + 1$,这与 $2^m + 1$ 是质数矛盾,所以 m 没有奇约数,只可能为 $m = 2^k$.

费马(P. D. Fermat,1601—1665)研究了形如 $2^{2^n} + 1$ 的数,当初费马猜测形如这样的数都是质数. 现在,把形如 $2^{2^n} + 1$ 的数叫作费马数,记为 $F_n = 2^{2^n} + 1$. 1732 年欧拉举出 $F_5 = 2^{2^5} + 1 = 641 \times 670\,041\,7$,否认了费马猜想. 于是费马数也与梅森数一样,有的是质数,有的是合数. 迄今已知的只有前五个费马数 $F_0 = 3, F_1 = 5, F_2 = 17, F_3 = 257, F_4 = 65\,537$ 是素数. 此外是否还有费马素数,也是数论中至今未能解决的难题.

高斯曾证明:假如质数 p 是费马数,即 $p = F_n$,那么正 p 边形可以用圆规与直尺作出.

到目前为止,数学家们已证明了 68 个费马合数. 这些合数可以分成三类:① 当 $n = 5,6,7,8,9,10,11$,得到了 F_n 的标准分解式;② 当 $n = 12,13,15,16,17,18,19,21,23,25,26,27,30,32,38,39,42,52,55,58,63,73,77,81,117,125,144,150,207,226,228,250,267,268,284,316,329,334,398,416,452,554,556,637,692,744,931,1\,551,1\,945,2\,023,2\,089,2\,456,3\,310,4\,724,6\,537,6\,835,9\,428,9\,448,23\,471$ 时,只知道 F_n 的部分因数;③ 当 $n = 14,20,22,24$,只知道 F_n 是合数,但它们的任何真因数都不知道,其余的 F_{24} 还不知是素数还是合数.

1880 年,法国数学家 Landry 和 Lasseur 分解了 F_6,即
$$F_6 = 2^{2^6} + 1 = 2^{64} + 1 = 274\,177 \times 67\,280\,421\,310\,721$$

1970 年,美国数学家 Morrison 和 Brillhart 应用连分数算法(即 CFRAC 法)分解了 F_7,即
$$F_7 = 2^{2^7} + 1 = 2^{128} + 1 = 59\,649\,589\,127\,497\,217 \times 5\,704\,689\,200\,685\,129\,054\,721$$

1980 年,澳大利亚计算机科学家 Brent 和 Pollard 应用一种基于概率论的方法的蒙特卡罗算法(即改进的 RHO 方法)分解了 F_8.

1990 年英、美、荷等国的数学家联合作战分解了 F_9.

1990 年 Brent 采用椭圆曲线法(即 ECM 法)在 VP100 巨型机上分解了 F_{10} 和 F_{11}.

目前,在对费马数的研究中,是否有无穷多个费马合数? 是否还有费马素数以及费马合数的分解等仍是数论中的难题.

在此,我们需要说明一点的是,为什么要对 $F_n (n \geq 5)$ 讨论它的分解,尤其为什么要投入那么大的人力物力来研究呢? 这可以从两方面看,一方面可以认为是为了数学研究的需要,也可满足数学家们的好奇心;另一方面是因为它具有重要的实用价值. 例如当今世界上通用的 RSA 公开键密码技术中(RSA 为三位美国数学家之姓氏的首字母缩写),就是基于人类还不能分解一个任意 200 位的整数之事实. 亦即如果我们能依据一个随机的具有 200 位的整数(该整数是由两个素因子构成的乘积)来编制密码,那么现有的计算条件(包括算法与机器)下,谁也破译不了. 因为破译这种密码涉及分解一个随机的 200 位的整数,而分解这样一个 200 位的整数,就是在最现代化的巨型计算机上,也需要大约 20 亿年的时间. 因此,整数分解不仅具有重要的理论意义,而且具有重要的实用价值. 而寻求整数分解的工作又突出地

集中在分解 F_n 上,因 F_n 这种数具有特殊的形式,相对来讲分解起来要容易些. 事实上,数学家们就是想以 F_n 分解为突破口,通过分解这种特殊形式的数,寻找规律,研究技巧,为从特殊到一般奠定基础,并期望最终找到一种通用的有整的整数分解算法. 例如,在分解 F_7 时,应用的连分数法就是一个比较通用的分解算法,它也适用于其他形式的整数的分解. 分解 F_9 时,所用的 NFS 算法虽然是一种特殊的方法,但它可望扩展成一般的方法,使之适合于分解一般形式的整数. 倘若真能如此,那么解决整数分解问题就为期不远了.

表 4.4 前 20 个费马数的分解情况

n	$F_n = 2^{2^n} + 1$ 的分解
0~4	3,5,17,357,65 537(质数)
5	641 × 6 700 417
6	274 177 × p_{14}(p_k 代表 k 位的质数,下同)
7	59 649 589 127 497 217 × p_{22}
8	1 238 926 361552 897 × p_{62}
9	2 424 833 × 7 455 602 825 647 884 208 337 395 736 200 454 918 783 366 342 657 × p_{99}
10	45 592 577 × 6 487 031 809 × 4 659 775 785 220 018 543 264 560 743 076 778 192 897 × p_{252}
11	319 489 × 974 849 × 167 988 556 341 760 475 137 × 356 084 190 445 833 920 513 × p_{564}
12	114 689 × 26 017 793 × 63 766 529 × 190 274 191 361 × 1 256 132 134 125 569 × $c_{1\,187}$(c_k 代表 k 位合数,下同)
13	2 710 954 639 361 × 2 663 848 877 152 141 313 × 3 603 109 844 542 291 969 × 319 546 020 820 551 643 220 672 513 × $c_{2\,391}$
14	$c_{4\,933}$
15	1 214 251 009 × 2 327 042 503 868 417 × $C_{9\,840}$
16	825 753 601 × $c_{19\,720}$
17	31 065 037 602 817 × $c_{39\,444}$
18	13 631 489 × $c_{78\,906}$
19	70 525 124 609 × 646 730 219 521 × $c_{157\,804}$

4.14　等幂和数

4.14.1　神奇的和

请看这里的两组六位数:123 789,561 945,642 864 和 242 868,323 787,761 943.

我们把两组数分别相加,结果相等,再把各数平方后分别相加,结果又相等;如果把各数从前面依次去掉一个,两个,…… 数字,重复前面的运算,仍得到同样的结论,即每组数的和相等,每位数的平方和也相等;如果我们把各数从末尾乃至中间相同位置去掉一个或几个数字,重复上面的运算,仍会得出相同的结论.

这个问题表面上十分神奇,给人一种天衣无缝的感觉,其实,它不过是利用数论中有关等幂和的知识,把具有某些性质的一系列的两组数,像糖葫芦般串起来玩玩戏法罢了.

4.14.2 规律在探索中展现

为了探求规律,我们先看各数的首位数字,它们分别是 1,5,6;2,3,7,它们是 4 的前后各三个连续整数的顺序数列:1,2,3 和 5,6,7,只是 1 和 7 交换了位置,分成了 1,5,6 和 2,3,7 两组.

于是,我们可以联想,既然 1,2,3,5,6,7 有这个性质,换成 3,4,5,7,8,9 又如何或将数列的公差(相邻两项,后一项与前一项的相同的差)换成 1 以外的数又将怎样? 我们可以用一些数字来试算、检验. 例如,1,2,6 和 0,4,5;5,6,10 和 4,8,9;3,6,18 和 0,12,15 等都是符合前述运算的数组.

一般地,我们可以把两组数中间的缺项记为 a,把数组的公差记为 d 来考查,六个数分别为

$$a-3d, a-2d, a-d \text{ 和 } a+d, a+2d, a+3d \qquad ①$$

由于数组 ① 是关于 a 左右对称的,我们称之为对称数组. 将 $a-3d$ 与 $a+3d$ 对换后分成

$$a+3d, a-2d, a-d \text{ 和 } a+d, a+2d, a-3d \qquad ②$$

两组(每组中的数显然可交换位置),计算后得

$$a+3d+a-2d+a+d = 3a = a+d+a+2d+a-3d \qquad ③$$

$$(a+3d)^2 + (a-2d)^2 + (a-d)^2 = 3a^2 + 14d^2 = (a+d)^2 + (a+2d)^2 + (a-3d)^2 \qquad ④$$

看来,这是一条规律,例如,分别令 $a=3,7,9, d=1,1,3$ 则得到前面试算中的三对数组,每一对数组中,两组数的和与平方和都相等.

显然,数组 ② 中的 a 或 d 可以取零或负值,结论仍然成立.

下面,我们进一步探求数组的内在联系.

由于把对称数组的首末两项相交换,这就保证了两组数中含 d 项的代数和为 0,于是有式 ③ 成立,同时也保证了两边各数平方后含 d 的一次项代数和为 0,故有式 ④ 成立. 于是,我们可以大胆猜想:如果对称数组

$$a-p, a-n, a-m \text{ 和 } a+m, a+n, a+p$$

满足 $p = m+n$,那么首尾交换成

$$a+p, a-n, a-m \text{ 和 } a+m, a+n, a-p \qquad ⑤$$

两组,也一定满足式 ③ 和式 ④,这时数组各数已不限于等差关系了,通过验证,此猜想是真确的.

运用式 ② 或式 ⑤,我们可以寻找出 0~9 这十个整数满足式 ③ 和式 ④ 的两数组 14 对:

$a=3, d=1$ 时,为 6,1,2 和 4,5,0;

$a=4, d=1$ 时,为 7,2,3 和 5,6,1;

$a=5, d=1$ 时,为 8,3,4 和 6,7,2;

$a=6, d=1$ 时,为 9,4,5 和 7,8,3;

$a=2, m=n=1, p=2$ 时,为 4,1,1 和 3,3,0;

$a=3, m=n=1, p=2$ 时,为 $5,2,2$ 和 $4,4,1$;

$a=4, m=n=1, p=2$ 时,为 $6,3,3$ 和 $5,5,2$;

$a=5, m=n=1, p=2$ 时,为 $7,4,4$ 和 $6,6,3$;

$a=6, m=n=1, p=2$ 时,为 $8,5,5$ 和 $7,7,4$;

$a=7, m=n=1, p=2$ 时,为 $9,6,6$ 和 $8,8,5$;

$a=4, m=n=2, p=4$ 时,为 $8,2,2$ 和 $6,6,0$;

$a=5, m=n=2, p=4$ 时,为 $9,3,3$ 和 $7,7,1$;

$a=4, m=1, n=3, p=4$ 时,为 $8,1,3$ 和 $5,7,0$;

$a=5, m=1, n=3, p=4$ 时,为 $9,2,4$ 和 $6,8,1$.

此时,我们还可以证明如下结论:

结论1 对于任意给定的三个整数 a,d,e 存在且仅存在三个整数 b,c,f,使之与 a,d,e 满足式 ⑤.

事实上,令 $a=A+m, d=A+n, e=A-p(m+n=p)$,显然有 $A=\frac{1}{3}(a+d+e)$,则

$$A-m=2A-a=b$$
$$A-n=2A-d=c$$
$$A+p=2A-e=f$$

结论2 满足式 ⑤ 的各数同时加上或减去同一个数,结果仍满足式 ⑤;满足式 ⑤ 的各数同时扩大或缩小相同倍数,结果仍满足式 ⑤.

结论3 两组满足式 ⑤ 的数对应项相加减所得结果仍满足式 ⑤.

对于结论2,结论3的证明,留给读者自证.

4.14.3 认识在规律中升华

我们把满足 ⑤ 的数组中六个数记为 a_1, b_1, c_1 和 a_2, b_2, c_2,则有 $a_1+b_1+c_1=a_2+b_2+c_2$,且 $a_1^2+b_1^2+c_1^2=a_2^2+b_2^2+c_2^2$. 为了方便,记为 $[a_1,b_1,c_1]_2=[a_2,b_2,c_2]_2$,并且称这个数组为二阶三项等幂和组. 这样,前面的结论2、结论3就可以用式子表示如下:

(1) 若 $[a_1,b_1,c_1]_2=[a_2,b_2,c_2]_2$,则对于任意非零整数 m,有

$$[a_1+m, b_1+m, c_1+m]_2 = [a_2+m, b_2+m, c_2+m]_2$$
$$[a_1 \cdot m, b_1 \cdot m, c_1 \cdot m]_2 = [a_2 \cdot m, b_2 \cdot m, c_2 \cdot m]_2$$

(2) 若 $[a_1,b_1,c_1]_2=[a_2,b_2,c_2]_2$,$[x_1,y_1,z_1]_2=[x_2,y_2,z_2]_2$,则

$$[a_1+x_1, b_1+y_1, c_1+z_1]_2 = [a_2+x_2, b_2+y_2, c_2+z_2]_2$$
$$[a_1-x_1, b_1-y_1, c_1-z_1]_2 = [a_2-x_2, b_2-y_2, c_2-z_2]_2$$

显然,若 $[a_1,b_1,c_1]_2=[a_2,b_2,c_2]_2$,则 $a_1 \neq a_2, b_1 \neq b_2, c_1 \neq c_2$,注意到六整数 a,b,c,d,e,f 满足 $a<b \leq c \leq d \leq e<f$,且:

当 $a+b+f=c+d+e$ 时,有 $a^2+b^2+f^2 > c^2+d^2+e^2$;

当 $a+c+f=b+d+e$ 时,有 $a^2+c^2+f^2 > b^2+d^2+e^2$;

当 $a+d+f=b+c+e$ 时,有 $a^2+d^2+f^2 > b^2+c^2+e^2$;

当 $a+e+f=b+c+d$ 时,有 $a^2+e^2+f^2 > b^2+c^2+d^2$.

还注意到,若六个整数组成一对二阶三项等幂和组时,最小数和最大数不能在等号同

旁. 因而, 我们有:

结论 4 若 a,b,c,d,e,f 六数组合成一对二阶三项等幂和组, 且 $a<b\leqslant c<d\leqslant e<f$, 则必属 $[a,d,e]_2=[b,c,f]_2$ 的形式.

我们又可推得:

结论 5 六个由小到大排列的整数 $a-p, a-n, a-m, a+l, a+q, a+p$ ($n\geqslant m\geqslant 0$, $q\geqslant l\geqslant 0$) 组成二阶三项等幂和组 $[a-p, a+l, a+q]_2=[a-n, a-m, a+p]_2$ 的充要条件是

$$\begin{cases} 2p = l+q+n+m \\ l^2+q^2 = n^2+m^2 \end{cases}$$

于是, 如果 $n=2m, q=2l$, 且 $l=m$, 则 $p=3m$, 有:

(3) $[a-3m, a+m, a+2m]_2 = [a-2m, a-m, a+3m]_2$, 此即为式 ②.

如果 $l=q=n-m$, 则 $p=2m$, 有:

(4) $[a-2m, a+m, a+m]_2 = [a-m, a-m, a+2m]_2$

如果 $l=m, q=n$, 则 $p=m+n$, 有:

(5) $[a-(m+n), a+m, a+n]_2 = [a-m, a-n, a+(m+n)]_2$, 此即为式 ⑤.

显然, 我们又可推得:

(6) 若 $[a,d,e]_2=[b,c,f]_2 (a<b\leqslant c<d\leqslant e<f)$, 则
$$a+f = d+c = e+b$$

(7) 若 $[a_1, d_1, e_1]_2 = [b_1, c_1, f_1]_2 (a_1 < b_1 \leqslant c_1 < d_1 \leqslant e_1 < f_1)$, $[a_2, d_2, e_2]_2 = [b_2, c_2, f_2]_2 (a_2 < b_2 \leqslant c_2 < d_2 \leqslant e_2 < f_2)$, 则

$$a_1 a_2 + d_1 d_2 + e_1 e_2 = b_1 b_2 + c_1 c_2 + f_1 f_2$$
$$a_1 f_2 + d_1 c_2 + e_1 b_2 = b_1 e_2 + c_1 d_2 + f_1 a_2$$
$$a_1 b_2 + d_1 c_2 + e_1 f_2 = b_1 a_2 + c_1 d_2 + f_1 e_2$$
$$a_1 e_2 + d_1 d_2 + e_1 a_2 = b_1 f_2 + c_1 c_2 + f_1 b_2$$

由此, 有
$$[a_1+a_2, d_1+d_2, e_1+e_2]_2 = [b_1+b_2, c_1+c_2, f_1+f_2]_2$$
$$[a_1+f_2, d_1+c_2, e_1+b_2]_2 = [b_1+e_2, c_1+d_2, f_1+a_2]_2$$

(8) 若 $[a,d,e]_2 = [b,c,f]_2 (a<b\leqslant c<d\leqslant e<f)$, 且 α, β, γ 三整数成等差数列, 则
$$a\alpha + d\gamma + e\beta = b\beta + c\alpha + f\gamma$$

由此, 有
$$[a+\alpha, d+\gamma, e+\beta]_2 = [b+\beta, c+\alpha, f+\gamma]_2$$

4.14.4 揭开神奇的和的面纱

我们再回到本节开头所提到的两组数, 为方便计, 我们把同一数位上的六个数称为同一层. 例如, 十万位上的数字 1,5,6;2,3,7, 万位上的数字 2,6,4;4,2,6,…, 个位上的数字 9,5,4;8,7,3 等都分别属同一层, 逐一记作 $(1,5,6)=(2,3,7), (2,6,4)=(4,2,6),…, (9,5,4)=(8,7,3)$. 最高位上一层叫作最高层, 个位上一层叫作最低层. 按其结构的不同, 可得到这样神奇数组的三种类型.

第一类, 各层数字均由某一对二阶三项等幂和数组成. 这类数组无论是从左边还是从右

边去掉一个,两个,……,甚至从左右两边同时去掉,都使剩下的六个数仍为二阶三项等幂和组. 因为 0～9 这十个数字组成的二阶三项等幂和有 14 对,再注意到(1)与(7),即可构造 56 层的数组,只要从 56 层中随意挑选 $m(456)$ 层,按一定顺序串起来(注意最高层不出现 0)即可.

例如,$[2\ 172\ 818, 6\ 336\ 867, 7\ 287\ 583]_2 = [3\ 603\ 929, 4\ 554\ 645, 8\ 178\ 694]_2$.

第二类,除了最高层和最低层分别由一对二阶三项等幂和组外,其余各层均由形如 $(\alpha, \gamma, \beta) = (\beta, \alpha, \gamma)$ (其中 α, β, γ 成等差数列)的六个一位非负整数依一定顺序串成. 本节开头的两组数就属于这一类.

第三类,除首末两层是一对等幂和数组外,中间可由若干对等幂和数与形如 $(\alpha, \gamma, \beta) = (\beta, \alpha, \gamma)$ (其中 α, β, γ 成等差数列)的一些层穿插而成.

显然,由于各层数字可重复使用,层次也不受限制,故形形色色的神奇的和可由你摆弄.

4.14.5 欲穷千里目,更上一层楼

前面我们已经弄清由六个数构成的一对二阶三项等幂和数组. 那么 8 个,10 个以上的数能构成二阶四项、二阶五项以上的等幂和数组呢?

在关于数组①的讨论中,我们知道,之所以经过换项后能使各项的和与平方和相等是因为 $p = m + n$. 这就启发我们对于八项以上的对称数组

$$a - k_n, a - k_{n-1}, \cdots, a - k_1, a + k_1, \cdots, a + k_{n-1}, a + k_n \qquad ⑥$$

我们将 $k_1, k_2, \cdots, k_n$ 中若干个之和记作 $\sum k_i$,而将其余的若干个之和记作 $\sum k_j$,如果

$$\sum k_i = \sum k_j \quad (i \neq j) \qquad ⑦$$

则我们可以将含 k_i 项与另一侧的对应项对换,这样分组后,有

$$左边 = na + \sum k_i - \sum k_j = na$$
$$右边 = na - \sum k_i + \sum k_j = na$$

各项平方后相加有

$$左边 = na^2 - 2a(\sum k_i - \sum k_j) + \sum_{l=1}^{n} k_l^2 = na^2 + \sum_{l=1}^{n} k_l^2$$

$$右边 = na^2 + 2a(\sum k_j - \sum k_i) + \sum_{l=1}^{n} k_l^2 = na^2 + \sum_{l=1}^{n} k_l^2$$

由此可见,八项以上的对称数组⑥只要满足式⑦,经过换项后均可构成二阶方幂和数组.

例如,令 $a = 6, k_1 = 1, k_2 = 2, k_3 = 3, k_4 = 4$ 即得,对称数组 2,3,4,5,7,8,9,10. 注意到 $k_2 + k_3 = k_1 + k_4$,故可将 2 与 10,5 与 7 对换,可得

$$[10, 3, 4, 7]_2 = [5, 8, 9, 2]_2$$

前面讨论过的二阶三项等幂和数组的性质一般也适用于二阶四项及四项以上等幂和数组.

如果已知四个以上的一组数,同样存在另外的一组数,使之与已知的数组构成二阶等幂和数组. 例如,已知 4,7,10,3,则推知 $a = 6$,由 $2a - 4 = 8, 2a - 7 = 5, 2a - 10 = 2, 2a - 3 = 9$,有

$$[4,7,10,3]_2 = [8,5,2,9]_2$$

下面,我们再考虑高阶等幂和数组问题.

一般地,令 $N(k)$ 是最小的整数 s,有整数 $x_1, x_2, \cdots, x_s$ 和整数 $y_1, y_2, \cdots, y_s$ 存在,使

$$\sum_{i=1}^s x_i = \sum_{i=1}^s y_i, \quad \sum_{i=1}^s x_i^2 = \sum_{i=1}^s y_i^2, \cdots, \sum_{i=1}^s x_i^k = \sum_{i=1}^s y_i^k$$

又以 $M(k)$ 表示最小整数 s,满足上述 k 个等式,并且 $\sum_{i=1}^s x_i^{k+1} \neq \sum_{i=1}^s y_i^{k+1}$,则称 $x_1, x_2, \cdots, x_s$ 和 $y_1, y_2, \cdots, y_s$ 为一对 k 阶 s 项等幂和,记作

$$[x_1, x_2, \cdots, x_s]_k = [y_1, y_2, \cdots, y_s]_k$$

其中 $M(k) \geqslant N(k) \geqslant k+1, N(k) \leqslant M(k) \leqslant 2^k, N(k) \leqslant \frac{1}{2}k(k+1)+1$,且若 $k \leqslant q$,则 $M(k) = N(k) = k+1$. 例如

$$[0,3]_1 = [1,2]_1$$
$$[1,2,6]_2 = [0,4,5]_2$$
$$[0,4,7,11]_3 = [1,2,9,10]_3$$
$$[1,2,10,14,18]_4 = [0,4,8,16,17]_4$$
$$[0,4,9,17,22,26]_5 = [1,2,12,14,24,25]_5$$

1997 年重庆云阳普安小学的丁学明老师还发现了一对八阶十项等幂和数组

$$[1,6,7,23,24,30,38,47,54,55]_8 = [2,3,10,19,27,33,34,50,51,56]_8$$

其一,二,$\cdots$,八阶幂和分别为 285, 11 685, 536 085, 26 043 813, 1 309 753 125, 67 334 006 085, 35 122 615 447 765, 185 039 471 773 893.

以上面的一对八阶十项等幂和数组为基数组,不难用二项式定理这组基数组的每个数都加上相同的任意整数 n,则所得的新数组仍具有八次等幂和的现象.

4.15 轮环整除数

首先,看一个有趣的现象:如果我们将 12 195 这个五位数的五个数依顺时针方向写在圆周上的五点处,如图 4.1 所示. 此时,无论我们从哪一个数字开始作为首位数,以顺时针方向依次将各个数字排列起来得到一个五位数,它们都可以被 2 439 整除,例如,12 195 ÷ 2 439 = 5, 21 951 ÷ 2 439 = 9, 19 512 ÷ 2 439 = 8, 95 121 ÷ 2 439 = 39, 51 219 ÷ 2 439 = 21.

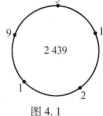

图 4.1

我们称这种现象的被除数和除数数对为轮环整除数对. 这种现象的奥妙在哪里呢? 是一种什么样的数字关系呢?

一般地,可设 $A = \overline{a_1 a_2 \cdots a_n}$ 是一个 n 位自然数. 我们称 n 个自然数 $A_1 = \overline{a_1 a_2 \cdots a_n}, A_2 = \overline{a_2 a_3 \cdots a_n a_1}, A_3 = \overline{a_3 a_4 \cdots a_n a_1 a_2}, \cdots, A_n = \overline{a_n a_1 a_2 \cdots a_{n-1}}$ 是 A 的轮环数组. 如果 A 的轮环数组中的 n 个数都可被一个大于 1 的自然数 m 整除,那么称 A 为关于 m 的 n 位轮换整除数,并记为 $m \mid LH(A)$.

现在,我们考察五位数的情形. 令 $A = \overline{a_1 a_2 a_3 a_4 a_5}$,于是

$$10A = a_1 100\,000 + \overline{a_2 a_3 a_4 a_5} 10 = 99\,999 a_1 + \overline{a_2 a_3 a_4 a_5} 10 + a_1 =$$
$$9 \times 41 \times 271 a_1 + \overline{a_2 a_3 a_4 a_5 a_1}$$

由于 10 分别与 9, 41, 271 互质, 从上式可知 $\overline{a_1 a_2 a_3 a_4 a_5}$ 与 $\overline{a_2 a_3 a_4 a_5 a_1}$, 要么同时被 99 999 的因数: 9, 41, 123, 369, 271, 813, 2 439 整除, 要么同时不被它们整除.

类似地, 从 $10\overline{a_2 a_3 a_4 a_5 a_1} = 9\,999 a_2 + \overline{a_3 a_4 a_5 a_1 a_2}$ 知, $\overline{a_3 a_4 a_5 a_1 a_2}$ 与 $\overline{a_2 a_3 a_4 a_5 a_1}$ 要么同时可被 9 999 的各因数: 9, 41, 123, 369, 271, 813, 2 439 整除, 要么同时不被它们整除. 重复上述推导可见, 一个五位数只要它是 99 999 某因数的某些倍数, 则它的各个轮环数都是该因数的倍数, 从而有:

$2\,439 \mid LH(2\,439k), 5 \leqslant k \leqslant 41$ (满足 $2439k$ 为五位数);

$813 \mid LH(813k), 13 \leqslant k \leqslant 123$ (满足 $813k$ 为五位数);

$271 \mid LH(271k), 37 \leqslant k \leqslant 369$ (满足 $271k$ 为五位数);

$\vdots$

例如, 本节开头的数 $12\,195 = 2\,439 \times 5$ 就为关于 2 439 的五位轮环整除数. 如果取数 $39\,024 = 2\,439 \times 16$, 则它也是关于 2 439 的五位轮换整除数.

一般地, 我们可以从研究 $\underbrace{99\cdots9}_{n\text{个}}$ 的因数出发, 来探讨 n 位轮环整除数的规律. 若记 $I_n = \underbrace{11\cdots1}_{n\text{个}}$, 则 $\underbrace{99\cdots9}_{n\text{个}} = 9I_n$. 如果 I_n 为质数, 那么 n 位轮环整除数, 仅有 $3k, 9k, I_n k$ 三种情况. 当 $n = 3l$ 时, I_n 必定能被 3, 37 或 7, 11, 13 整除; 当 $n = 2l$ 时, I_n 必能被 11 整除. 只要对 I_n 的因数研究清楚, n 位轮环整除数的规律也就掌握了.

如果一个 n 位轮环整除数中, 含有若干个 0, 那么它的轮环数中一定包括若干位数小于 n 的数. 如 $41\,841 \mid LH(2\,092\,050)$, 七位数 2 092 050 的轮环数包括下列三个六位数: 209 205, 502 092, 920 502. 此时, 我们可以把它们看成关于 41 841 的七位轮环整除数(前面补 0 或七位). 特别地, 我们有 $41\,841 \mid LH(0\,041\,841)$, 从而 $41\,841 \mid 1\,004\,184, 41\,841 \mid 4\,100\,418$ 等.

有时候, 形如图 4.2 的轮环整除数的各数码在圆周上还构成某种对称形式的数. 例如, $76\,923 \mid LH(538\,461), 729\,927 \mid LH(46\,715\,328)$, 轮环整除数的各数码顺时针方向均匀写在圆周上时, 圆周上关于中心对称的两数都是 9, 又如 $123\,456\,789 \mid LH(271\,604\,938)$, 其轮环数各数码顺时针方向均匀写在圆周上时, 以数 0 为中心对称的每两数的和为 10.

4.16 黑 洞 数

首先, 我们看这样一种现象: 任给一个首数码和末数码不同的三位数, 将其数字重排, 用所得最大数减去最小数(称为重排求差), 对结果再施行同样运算, 最后都得到 495. 例如, 取 207, 重排求差有 $702 - 207 = 495$; 取 158, 重排求差有 $851 - 158 = 693$, 再重排求差有 $963 - 369 = 594$, 再重排求差有 $954 - 459 = 495$.

事实上, 若设三位数重排求差为 $|\overline{abc} - \overline{cba}| = \overline{a_1 b_1 c_1} (a \geqslant b \geqslant c, \text{且} a \neq c)$, 则

$$\overline{a_1 b_1 c_1} = |(100a + 10b + c) - (100c + 10b + a)| = |a - c| \cdot 99$$

且知 $b_1 = 9$.

若 $|a-c|=5$，则 $\overline{a_1b_1c_1}=495$；

若 $|a-c|=1,2,3,4,6,7,8,9$，则由 $b_1=9$，知

$$\overline{a_1b_1c_1}=99|a-c|=[100(|a-c|-1)]+90+[9-(|a-c|)-1]$$

故

$$a_1=|a-c|-1, c_1=9-(|a-c|-1), |a_1-c_1|=|11-2|a-c||$$

从而相应地有

$$|a_1-c_1|=9,7,5,3,1,3,5,7$$

然后对 $\overline{a_1b_1c_1}$ 进行重排求差，重复若干次，必然得到 $|a_k-c_k|=5$，从而最终得 495.

一般地，设 N_m 表示由 m 个不尽相同（特别是首位与末位不同）的数字排成的自然数（也包括前面有若干位为 0 的数），将其数字重排，用所得最大数减去最小数（称重排求差运算 T），对结果施行一次或多次同样运算 T，最终得到一个或几个确定的数，我们称最后得到的确定的数 A_m 为黑洞数 A_m，并记为 (N_m,T) 中的黑洞数为 A_m 或黑洞 (A_m)[37,70].

显然，(N_3,T) 中恰有一个黑洞数 495.

在对两位数求黑洞数过程中，常得到循环数 09,81,63,27,45. 例如，取两位数 92，重排求差有 $92-29=63$，再重排求差有 $63-36=27$. 再重排求差有 $72-27=45$，照前运算则出现 09,81,63,27,45 的循环. 此时，我们就说，(N_2,T) 中恰有一个周长 $k=5$ 的黑洞 (09,81,63,27,45).

类似地，我们可探求得：

(N_4,T) 中恰有一个周长 $k=1$ 的黑洞 (6 174).

(N_5,T) 中有三个黑洞：(63 954,61 974,82 962,75 933), $k=4$；(62 964,71 973,83 952,74 943), $k=4$；(53 955,59 994), $k=2$.

(N_6,T) 中有三个黑洞（仅写其中一个数）：(642 654,…), $k=7$；(631 764), $k=1$；(549 945,…), $k=7$.

(N_7,T) 中的一个黑洞：(8 719 722,…), $k=8$.

(N_8,T) 中的四个黑洞：(63 317 664), $k=1$；(97 508 421), $k=1$；(83 208 762,…), $k=3$；(86 308 632,…), $k=7$.

(N_9,T) 中的三个黑洞：(864 197 532), $k=1$；(554 999 445), $k=1$；(965 296 431,…), $k=14$.

(N_{10},T) 中的九个黑洞

(9 753 086 421), $k=1$；(6 333 176 664), $k=1$；(9 975 084 201), $k=1$

(8 655 264 432,…), $k=3$；(8 653 266 432,…), $k=3$

(8 765 264 322,…), $k=3$；(8 633 086 632,…), $k=7$

(9 775 084 221,…), $k=3$；(8 631 088 632,…), $k=6$

(N_{11},T) 中的三个黑洞：(76 320 987 633,…), $k=8$；(86 420 987 532,…), $k=5$；(86 431 976 532), $k=1$.

(N_{12},T) 中的 16 个黑洞

(865 332 666 432,⋯),k = 3;(865 532 664 432,⋯),k = 3;(865 552 644 432,⋯),k = 3
(876 532 664 322,⋯),k = 3;(876 552 644 322,⋯),k = 3;(863 330 866 632,⋯),k = 7
(977 510 884 221,⋯),k = 3;(977 530 864 211,⋯),k = 3;(877 652 643 222,⋯),k = 3
(975 550 844 421,⋯),k = 3;(997 510 884 201,⋯),k = 3;(997 530 864 201),k = 1
(975 330 866 421),k = 1;(633 331 766 664),k = 1;(555 499 994 445),k = 1
(999 750 842 001),k = 1

(N_{13},T) 中有五个黑洞(略).

由上,我们观察得黑洞数有如下性质:

性质 1 黑洞数必为 9 的倍数.(证略)

性质 2 奇数位黑洞数 $\overline{b_1 b_2 \cdots b_{2m-1}}(m \geq 2)$ 必能被 99 整除,且 $b_m = 9$.

事实上,可设黑洞数为

$$A_{2m-1} = \overline{a_1 a_2 \cdots a_{2m-1}} - \overline{a_{2m-1} \cdots a_2 a_1}$$

其中 $a_1 \geq a_2 \geq \cdots \geq a_{2m-1}, a_1 \neq a_{2m-1}$.

则 $A_{2m-1} = a_1(10^{2m-2} - 1) + a_2(10^{2m-3} - 10) + \cdots + a_{2m-1}(1 - 10^{2m-2})$.

因 $10^{2m-2} - 1, 10^{2m-3} - 1, \cdots, 1 - 10^{2m-2}$ 均能被 99 整除,故 A_{2m-1} 能被 99 整除.又 $\overline{a_{m+1} a_{m+2} \cdots a_{2m+1}} < \overline{a_{m-1} \cdots a_1}$,所以在进行减法运算的过程中,必须从被减数的 a_m 上借去 1(因此又须从上位借来 1 当 10),从而

$$b_m = [10 + (a_m - 1)] - a_m = 9$$

性质 3 黑洞数 $A_m = \overline{b_1 b_2 \cdots b_m}(m \geq 4)$ 恰属于下列两种情形之一.

(1) $b_1 + b_m = 10$;

(2) $b_1 + b_m = 9$ 且 $b_2 = b_3 = \cdots = b_{m-1} = 9$.

事实上,考虑减去 $N_m = \overline{b_1 b_2 \cdots b_m} = \overline{a_1 a_2 \cdots a_m} - \overline{a_m \cdots a_2 a_1}(a_1 \geq a_2 \geq \cdots \geq a_m)$ 因 $a_1 > a_m$,得 $b_m = 10 + a_m - a_1$.于是,当 $a_2 > a_{m-1}$ 时,则由 a_2 减去 a_{m-1}(以及可能被下位借走 1)时,无须从上位 a_1 中去借,则 $b_1 = a_1 - a_m$,于是 $b_1 + b_m = (a_1 - a_m) + 10 + a_m - a_1 = 10$;当 $a_2 = a_{m-1}$ 时,由 $a_2 \geq a_3 \geq \cdots \geq a_{m-1}$,知必有 $a_2 = a_3 = \cdots = a_{m-1}$,则在相减时须连续借位,从而 $b_2 = b_3 = \cdots = b_{m-1} = 9$ 及 $b_1 = a_1 - 1 - a_m$,那么 $b_1 + b_m = a_1 - 1 - a_m + 10 + a_m - a_1 = 9$.

至此,我们也顺便指出:性质 3 中情形(2)的数最多经过两次"重排求差"运算即化为情形(1).性质 1~3 乃是经过至少一次重排求差运算 T 的结果的数具有的性质,且为黑洞数的必要条件,这就大大缩小了寻求黑洞数时须考虑的数的范围.

例如,两位黑洞数仅能由 18,27,36,45 通过 T 运算产生,结果只得一个黑洞($09 \to 81 \to 63 \to 27 \to 45$);

三位黑洞数只能由 198,297,396,495 经 T 运算产生,仅得一个黑洞(495);

四位黑洞数仅能由 $1ij9, 2ij8, 3ij7, 4ij6, 5ij5(i + j = 8, i = 0,1,2,3,4$ 或 $i = 8, j = 9)$,经 T 运算产生,仅得一个黑洞(6 174);

五位黑洞数只能由 $1i9j9, 2i9j8, 3i9j7, 4i9j6, 5i9j5(i + j = 8, i = 0,1,2,3,4$ 或 $i = 8, j = 9)$ 中产生,经 T 运算产生,仅得三个黑洞(见前,略).

六位黑洞数仅能从 $1ijkl9, 2ijkl8, 3ijkl7, 4ijkl6, 5ijkl5(i + l = 9, i = 0,1,2,3,4, j + k = 8,$

$j=0,1,2,3,4$)以及 $1i99j9, 2i99j8, 3i99j7, 4i99j6, 5i99j5 (i+j=8, i=0,1,2,3,4)$ 中产生,结果得三个黑洞(见前,略).

仿此计算可得七位、八位、九位 …… 黑洞数与黑洞.

观察已有黑洞数的结构,你能发现黑洞数的衍生方法吗？作为练习,留给读者思考(参见本章思考题第7题).

4.17 水仙花数(Randle 数)或回归数(方幂和数)

人们在研究数字立方和"黑洞"时,发现了下面的等式

$$153 = 1^3 + 5^3 + 3^3, 370 = 3^3 + 7^3 + 0^3, 371 = 3^3 + 7^3 + 1^3, 407 = 4^3 + 0^3 + 7^3$$

由于心理学上有一个名称叫"水仙花情结",其意思便是"自恋狂",因而,这些数常被冠以"水仙花"数的美称.

尔后,Randle 发现:$1634 = 1^4 + 6^4 + 3^4 + 4^4$,此外他还找到了:$54748 = 5^5 + 4^5 + 7^5 + 4^5 + 8^5$ 等. 为此他定义了以自己名字来命名的数,Randle 数即满足 $\overline{a_1 a_2 a_3 \cdots a_n} = a_1^n + a_2^n + a_3^n + \cdots + a_n^n$ 的整数.

我国有人把具有这样性质(一个 n 位自然数是其各位数字的 n 次方幂之和)的数称为回归数[72]或方幂和数.

1986 年安东尼·迪拉那(Anthony Diluna)证明了:Randle 数仅当 $n \leqslant 60$ 时才可能存在,这是因为 n 位数字的 n 次方和不能超过 $n \cdot a^n$,而当 $n = 61$ 时,$61 \times 9^{61} < 10^{60}$.

四川广安市龙安乡小学的王天权老师借助自己的 1.1G 赛扬微机,自编 VB 程序找出了表 4.4 中的 89 个这样的数[72].

表 4.4

位数	回归数(方幂和数)或水仙花数(Randle 数)				个数
1	1　2　3　4　5　6　7　8　9				9
3	153　370　371　407				4
4	1 634　8 208　9 474				3
5	54 748　92 727　93 084				3
6	548 834				1
7	1 741 725　4 210 818　9 800 817　9 926 315				4
8	24 678 050　24 678 051　88 593 477				3
9	146 511 208　472 335 975　534 494 836　912 985 153				4
10	4 679 307 774				1
11	32 164 049 650　32 164 049 651　40 028 394 225　42 678 290 603　44 708 635 679　49 388 550 606　82 693 916 578　94 204 591 914				8
14	28 116 440 335 967				1
16	4 338 281 769 391 370　4 338 281 769 391 371				2

续表 4.4

位数	回归数(方幂和数)或水仙花数(Randle 数)	个数
17	21 897 142 587 612 075　　35 641 594 208 964 132　　35 875 699 062 250 035	3
19	1 517 841 543 307 505 039　　3 289 582 984 443 187 032 4 498 128 791 164 624 869　　4 929 273 885 928 088 826	4
20	14 543 398 311 484 532 713　　63 105 425 988 599 693 916	2
21	128 468 643 043 731 391 252　　449 177 399 146 038 697 307	2
23	21 887 696 841 122 916 288 858　　28 361 281 321 319 229 463 398 27 879 694 893 054 074 471 405　　35 452 590 104 031 691 935 943 27 907 865 009 977 052 567 814	5
24	188 451 485 447 897 896 036 875　　239 313 664 430 041 569 350 093 174 088 005 938 065 293 023 722	3
25	1 553 242 162 893 771 850 669 378　　3 706 907 995 955 475 988 644 381 4 422 095 118 095 899 619 457 938　　3 706 907 995 955 475 988 644 380 1 550 475 334 214 501 539 088 894	5
27	177 265 453 171 792 792 366 489 765　　174 650 464 499 531 377 631 639 254 128 851 796 696 487 777 842 012 787　　121 204 998 563 613 372 405 438 066 121 270 696 006 801 314 328 439 376	5
29	23 866 716 435 523 975 980 390 369 295　　19 008 174 136 254 279 995 012 734 741 14 607 640 612 971 980 372 614 873 089　　19 008 174 136 254 279 995 012 734 740	4
31	1 927 890 457 142 960 697 580 636 236 639　　1 145 037 275 765 491 025 924 292 050 346 2 309 092 682 616 190 307 509 695 338 915	3
32	17 333 509 997 782 249 308 725 103 962 772	1
33	186 709 961 001 538 790 100 634 132 976 991 186 709 961 001 538 790 100 634 132 976 990	2
34	1 122 763 285 329 372 541 592 822 900 204 593	1
35	12 679 937 780 272 278 566 303 885 594 196 922 12 639 369 517 103 790 328 947 807 201 478 392	2
37	1 219 167 219 625 434 121 569 735 803 609 966 019	1
38	12 815 792 078 366 059 955 099 770 545 296 129 367	1
39	115 132 219 018 763 992 565 095 597 973 971 522 400 115 132 219 018 763 992 565 095 597 973 971 522 401	2

上表说明,n 等于 2,12,13,15,18,22,26,28,30,36,40~60 的回归数不存在.

王老师还介绍了寻找这些数的方法:

假若我们一个一个数的进行检验,这种方法肯定是不现实的. 我们知道,任何一个数,只能由 0~9 这 10 个数字组成,不同的 n 个数字,最多可以组成 $n!$ 个不同的 n 位数,但这 n 个数字的 n 次幂之和是固定的. 因此我们可以反其道而行之,算出 n 个数字的 n 次幂之和,看它的和中是否就是这 n 个数字. 如 n 个数字的 n 次幂之和中刚好就是这 n 个数字,那么这 n 个数字的 n 次幂之和就是一个回归数,否则就不是. 以 10 位数为例,说明具体怎样来找出回归数.

一个 10 位数,假设它之中 $0,1,2,\cdots,8,9$ 的个数为 $a_0,a_1,\cdots,a_8,a_9$,则 $a_0,a_1,\cdots,a_8,a_9$ 是十元一次不定方程 $a_0+a_1+a_2+\cdots+a_8+a_9=10$ 的非负整数解. 这个方程的非负整数解只有 92 378 个. 我们用计算机一一算出 $a_0\times 0^{10}+a_1\times 1^{10}+a_2\times 2^{10}+\cdots+a_8\times 8^{10}+a_9\times 9^{10}$ 的和,再看每个和中数字 $0,1,2,\cdots,8,9$ 的个数是否与 $a_0,a_1,\cdots,a_8,a_9$ 的值都相等,如都相等,则这个和就是一个 10 位回归数. 否则,这 10 个数字就不能组成一个 10 位回归数. 在我的微机上,不到 5 秒钟就算出了所有的 10 位回归数.

当 n 很大时,$a_0+a_1+a_2+\cdots+a_8+a_9=n$ 的非负整数解很多,这时我们可以限定 a_0, $a_1,\cdots,a_8,a_9$ 的值. 根据 n 位回归数的定义,有

$$a_i\times i^n+(n-a_i)\times 9^n > 10^{n-1}, i=0,1,2,\cdots,7,8$$

$$a_i < \frac{n\times 9^n-10^{n-1}}{9^n-i^n}, i=0,1,2,\cdots,7,8$$

因此,$a_0,a_1,\cdots,a_7,a_8$ 的最大值为

$$\frac{n\times 9^n-10^{n-1}}{9^n-i^n}, i=0,1,2,\cdots,7,8$$

又有

$$a_9\times 9^n+(n-a_9)\times 8^n > 10^{n-1}$$

$$a_9 > \frac{10^{n-1}-n\times 8^n}{9^n-8^n}$$

所以 a_9 的最小值为 $\frac{10^{n-1}-n\times 8^n}{9^n-8^n}$. 经过这样限制 $a_0,a_1,\cdots,a_7,a_8$ 的值后,当 n 很大时, $a_0+a_1+a_2+\cdots+a_8+a_9=n$ 的非负整数解就很少了. 如当 $n=60$ 时,它只有 715 组解. 通过以上的算法,我们就可以编出程序了.

思 考 题

1. 试证:任何一个不是回文数的两位数,加上它的倒写数,如果其和不是回文数,就重复以上步骤,经过有限次这样的加法运算,一定能得到一个回文数.

2. 如果一个自然数是质数,而且它的数字位置经过任意交换后仍为质数,则称这个质数为绝对质数. 证明:任一绝对质数的不同数字的个数至多是 3.

3. 求四位数连写平方数.

4. 试证:n 位自生数是存在的.

5. 试推导 n 位 k 阶自生数的递推公式(即证明 n 位 k 阶自生数的性质 4).

6. 试证:若 x_n 为 n 位 3 阶自生数,则 x_n 为大于 1 的奇数阶自生数(即 k 阶自生数性质 6).

7. 观察已知黑洞数的结构,归纳出黑洞数的一些衍生方法.

8. 135 是一个奇异有趣的数,因为 $135=1+3^2+5^3$,试找出具有上述特点的其他所有三位数.

9. 81 也是一个特殊而有趣的数,因为 $81=(8+1)^2$,即这个两位数等于其各位数字和的 2 次方,试找出具有类似特点的两位数、三位数、四位数、五位数……

10. 若将一个四位数从中间分成两段,每段平方后再相加,则其和恰好等于原数,求所有这样的四位数.

11. 试证: $n(2 \leq n \leq 9)$ 个不同的非零数字组成的 $P_n^m(2 \leq m \leq n)$ 个 m 位数的和等于这 n 个数字和的 $(n-1)(n-2)\cdots(n-m+1)\underbrace{11\cdots1}_{m+1\uparrow}$ 倍.

12. 早在二百多年前,数学大师欧拉就曾研究过天平砝码的最佳(省)设置问题,同时给出了: 若只允许砝码放在天平的一端,则有 2^0 g, 2^1 g, 2^2 g, $\cdots$, 2^k g 重的砝码,可以称出 $1 \sim 2^{k+1}-1$ 之间任何整数克重的物品;若允许砝码放在天平的两端,则有 3^0 g, 3^1 g, 3^2 g, $\cdots$, 3^k g 重的砝码,可称出 $1 \sim \frac{1}{2}(3^{k+1}-1)$ 之间任何整数克重的物品.

类似地,现在给你一根长 13 cm 的尺子,请在尺子上刻出 n 个刻度来,能量出 $1 \sim 13$ cm 的每一个刻度,且刻度个数最少. 如果给出的尺子长度是 6 cm,11 cm,17 cm,22 cm,25 cm,34 cm,36 cm,40 cm,44 cm,55 cm 呢?

13. 已知有 $2^2+3^2+4^2+9^2=5^2+6^2+7^2$,且 $2+3+4+9=5+6+7$,即四个自然数的平方和等于三个自然数的平方和,且去掉平方后和也相等,你还能找得出这样的自然数吗?

14. 试证: 正整数 a 是偶完全数的必要充分条件是 $a=2^{p-1}(2^p-1)$,并且 2^p-1 是质数.

15. 你能从 $5^2-2^2=2(3+4+5)-(5-2)=2(3+4+5)-(1+1+1)$, $5^2-2^3=3(3^2+4^2+5^2)-3(3+4+5)+(1+1+1)$ 中发现什么?

16. 你能写出符合下列情形的奇特等式吗?

(1) 把三个两位数的个位与十位互换后所得平方和等于原三数的平方和.

(2) 改变乘号的位置,而乘积不变.

(3) 改变四则运算中的运算符号,而结果不变.

(4) 将幂积式中的指数变为积中的数字.

(5) 一个数等于它的数字和的 n 次方.

(6) 一个数等于它的分段数字的方幂和.

(7) 一个两位数与一个两(或三)位数的积等于它们各自的倒序数的乘积.

17. 可找到一些诸如两数的和与积或倒序数的平方等,其中有数字巧合出现的数对吗?

18. 有些自然数将其各位数字倒序排列后,两者的平方幂也恰好互相倒序对称. 例如,两位数中有 4 组: $\begin{cases}12^2=144\\21^2=441\end{cases}$, $\begin{cases}13^2=169\\31^2=961\end{cases}$, $\begin{cases}11^2=121\\11^2=121\end{cases}$, $\begin{cases}22^2=484\\22^2=484\end{cases}$. 你能在三位数中找到这样的数组吗?

19. 当 $1 \leq i \leq 9$ 时,由 $S_i=1\times10^{i-1}+2\times10^{i-2}+\cdots+i\times10^{i0}$ 与 $10\times S_i=1\times10^i+2\times10^{i-1}+\cdots+i\times10$ 相减,可得 $S_i\times9=\underbrace{1\cdots1}_{i+1\uparrow}-(i+1)$,即 $S_i\times9+(i-1)=\underbrace{1\cdots1}_{i+1\uparrow}$.

(1) 请用上述结论写出形如 4.2.1 中的数字宝塔;

(2) 题设中的 S_i 可简写为 $S_i=12\cdots i$,现在令 $S'_i=987\cdots i(1\leq i\leq 9)$,也可得

$$S'_i\times9+(i-1)=9\times10^{10-i}-\underbrace{1\cdots1}_{10-i\uparrow}.$$

也请用此结论写出形如 4.2.1 中的数字宝塔.

20. 用 4 个 4 和 $+,-,\times,\div$ 四种运算符号,可以得出 1 到 10,如果再添上平方根记号,则可得出 1 至 20 的结果,例如 $13=\frac{44}{4}+\sqrt{4}$,$\cdots\cdots$ 不过,令人沮丧也更生兴趣的是唯独得不到

19. 你还能用其他运算符号得到 19 吗?

思考题参考解答

1. 设两位数为 $10a+b(0<a\leqslant 9,0\leqslant b\leqslant 9)$,则
$$(10a+b)+(10b+a)=11(a+b)$$

(1) 若 $a+b\leqslant 9$ 或 $a+b=11$,则 $11(a+b)$ 就是一个回文数;

(2) 若 $a+b=10$,则 $11(a+b)=110,110+011=121$,作两次加法运算就得回文数;

(3) 若 $a+b=12,13,14,15,16$ 时,分别经过两次、两次、三次、四次、六次加法运算,就可得到回文数,它们的位数分别是三、三、四、四、五;

(4) 若 $a+b=17$(即两位数是 89 或 98)时,要耐心地计算下去,经过 24 次加法运算,也会得到 13 位的回文数:8 813 200 023 188;

(5) 当 $a+b=18$(即两位数是 99)时,经过十次加法运算得到七位回文数 5 940 495.

2. 若绝对质数 M 中有多于 3 个的不同数字,显然 M 的数字中不能是 0,2,4,6,8 和 5,只能是 1,3,7,9,不妨设 $M=\overline{a_1a_2\cdots a_n1\ 379}=A+1\ 379$,令 $M_1=A+3\ 179,M_2=A+9\ 137$,$M_3=A+7\ 913,M_4=A+1\ 397,M_5=A+3\ 197,M_6=A+7\ 139$. 但 $M,M_1,M_2,\cdots,M_6$ 分别用 7 来除都有不同的余数,故必有一个可被 7 整除,因而不是绝对质数. 由此即证.

3. 设 m 是一个四位数,则根据连写数成平方数,有
$$10\ 000(m-1)+m=n^2$$
或
$$10\ 000(m+1)+m=n^2$$
即
$$73\times 137\times p\times q=(n+1)(n-1)$$
或
$$73\times 137\times p\times q=(n+100)(n-100)$$
其中 p,q 均为自然数且 p,q 互质. 由前后两式各得两个方程组

$$\begin{cases}n+1=73p\\n-1=137q\end{cases} \quad ①$$

$$\begin{cases}n+1=137p\\n-1=73q\end{cases} \quad ②$$

$$\begin{cases}n+100=73p\\n-100=137q\end{cases} \quad ③$$

$$\begin{cases}n+100=137p\\n-100=37q\end{cases} \quad ④$$

由 ① 有
$$73p=137q+2,p=q+\frac{64q+2}{73}$$

令 $\dfrac{64q+2}{73}=t$,则
$$q=t+\frac{9t-2}{64}$$

再令 $\dfrac{9t+2}{64}=s$,则

$$t = 7s + \frac{s+2}{9}$$

取 $s = 7$，得
$$t = 50, q = 57, n = 7\,810$$
故
$$n^2 = 7\,810^2 = 60\,996\,100$$

类似地由②,③,④有
$$n^2 = 2\,191^2 = 0\,480\,0481, n^2 = 922^2 = 00\,850\,084, n^2 = 9\,079^2 = 82\,428\,241$$

4. 显然一位自生数是存在的，有 5,6 两个. 假设 k 位自生数存在，设为 A_k，则根据自生数的性质，有 $A_k^2 - A_k \equiv 0 \pmod{10^k}$. 令
$$T = (a \cdot 10^k + A_k)^2 - (a \cdot 10^k + A_k) =$$
$$a^2 \cdot 10^{2k} + 2A_k \cdot a \cdot 10^k + A_k^2 - a \cdot 10^k - A_k, 0 \leq a \leq 9$$

(1) 设 A_k 的个位数是 5，则 $2A_k \equiv 0 \pmod{10}$，所以
$$a^2 \cdot 10^{2k} + 2A_k \cdot a \cdot 10^k \equiv 0 \pmod{10^{k+1}}$$

由归纳假设 $A_k^2 - A_k \equiv 0 \pmod{10^k}$，设 $A_k^2 - A_k = 10^{k+1}q + r \cdot 10^k (0 \leq r \leq 9)$，于是取 $a = r$，则
$$r \cdot 10^k - a \cdot 10^k = A_k^2 - A_k - 10^{k+1}q - a \cdot 10^k \equiv 0 \pmod{10^{k+1}} \Leftrightarrow$$
$$A_k^2 - A_k - a \cdot 10^k \equiv 0 \pmod{10^{k+1}} \Leftrightarrow T \equiv 0 \pmod{10^{k+1}}$$

故 $A_{k+1} = a \cdot 10^k + A_k$ 是 $k+1$ 位自生数.

(2) 设 A_k 的个位数是 6，则 $2A_k \cdot a \cdot 10^k = 2(A_k - 1) \cdot a \cdot 10^k + 2a \cdot 10^k$，所以 $2(A_k - 1) \cdot a \cdot 10^k \equiv 0 \pmod{10^{k+1}}$.

设 $A_k^2 - A_k = 10^{k+1} \cdot q + r \cdot 10^k (0 \leq r \leq q)$，于是取 $a = 10 - r$，则
$$r \cdot 10^k + a \cdot 10^k = A_k^2 - A_k - 10^{k+1} \cdot q + a \cdot 10^k \pmod{10^{k+1}} \Leftrightarrow$$
$$A_k^2 - A_k + a \cdot 10^k \equiv 0 \pmod{10^{k+1}} \Leftrightarrow T \equiv 0 \pmod{10^{k+1}}$$

故 $A_{k+1} = a \cdot 10^k + A_k$ 是 $k+1$ 位自生数.

由归纳原理，可知 n 位自生数是存在的.

5. x_n 是 n 位 k 阶自生数 $\Rightarrow x_n^k - x_n \equiv 0 \pmod{10^n} \Rightarrow x_n^k - x_n \equiv 0 \pmod{10^{n-1}} \Rightarrow$
$$(a_{n-1} \cdot 10^{n-1} + x_{n-1})^2 - (a_{n-1} \cdot 10^{n-1} + x_{n-1}) \equiv$$
$$0 \pmod{10^{n-1}} \Rightarrow C_k^0 (a_{n-1} \cdot 10^{n-1})^k +$$
$$C_k^1 (a_{n-1} \cdot 10^{n-1})^{k-1} \cdot x_{n-1} + \cdots + C_k^{k-1} a_{n-1} \cdot 10^{n-1} \cdot x_{n-1}^{k-1} +$$
$$C_k^k x_{n-1}^k - a_{n-1} \cdot 10^{n-1} - x_{n-1} \equiv 0 \pmod{10^{n-1}} \Rightarrow$$
$$x_{n-1}^k - x_{n-1} \equiv 0 \pmod{10^{n-1}}$$

故 x_{n-1} 是 $n-1$ 位 k 阶自生数.

又对 $n \geq 2, 2n - 2 \geq 2$
$$x_n^2 - x_n \equiv 0 \pmod{10^n} \Leftrightarrow (a_{n-1} \cdot 10^{n-1} + x_{n-1})^k - (a_{n-1} \cdot 10^{n-1} + x_{n-1}) \equiv$$
$$0 \pmod{10^n} \Leftrightarrow C_k^0 (a_{n-1} \cdot 10^{n-1})^k + C_k^1 (a_{n-1} \cdot 10^{n-1})^{k-1} \cdot x_{n-1} + \cdots +$$
$$C_k^{k-2} (a_{n-1} \cdot 10^{n-1})^2 \cdot x_{n-1}^{k-2} +$$
$$C_k^{k-1} a_{n-1} \cdot 10^{n-1} \cdot x_{n-1}^{k-1} +$$
$$x_{n-1}^k - a_{n-1} \cdot 10^{n-1} - x_{n-1} \equiv$$

$$0(\bmod 10^n) \Leftrightarrow a_{n-1} \cdot 10^{n-1}(C_k^{k-1} x_{n-1}^{k-1} - 1) + x_{n-1}^k - x_{n-1} \equiv$$

$$0(\bmod 10^n) \Leftrightarrow a_{n-1} \cdot (k x_{n-1}^{k-1} - 1) + \frac{x_{n-1}(x_{n-1}^{k-1} - 1)}{10^{n-1}} \equiv$$

$$0(\bmod 10^n)$$

显然,当 $k = 2$ 时,即为周伯壎先生提供的公式.

6. 设 $k = 2m + 1$, m 为大于 1 的自然数. 因

$$x_n^k - x_n = x_n^{2m+1} - x_n = (x_n^{2m-2} + x_n^{2m+4} + \cdots + x_n^2 + 1)(x_n^3 - x_n)$$

而 $$x_n^3 - x_n \equiv 0(\bmod 10^n)$$

故 $$x_n^k - x_n \equiv 0(\bmod 10^n)$$

类似地,可证得:个位数为 5 的 n 位 k(k 为正偶数)阶自生数与 n 位 2 阶自生数相同;个位数为 6 的 n 位 k(k 的个数不为 1 或 6)阶自生数与 n 位 2 阶自生数相同;个位数为 5 的 n 位 k($k \equiv 3(\bmod 4)$)阶自生数与 n 位 3 阶自生数相同;个位数为 6 的 n 位 k(k 的个数为 3,5,7 或 9)阶自生数与 n 位 3 阶自生数相同.

7. 由于一位,两位,五位和七位黑洞数不存在,考察 1 ~ 10 亿之间的八个黑洞数:495, 6 174,549 945,631 764,63 317 664,97 508 421,554 999 445,864 197 532,可以发现黑洞数可能的衍生方法为:

(1) 由 495 衍生而成(每段插入 $k - 1$ 个数码)

$$A_{3k} = 9\cdots95\cdots54\cdots4 - 4\cdots45\cdots59\cdots9 = 5\cdots549\cdots994\cdots45(k = 1,2,3,\cdots)$$

即由 495 依次间隔地插入 $k - 1$ 个 5, $k - 1$ 个 9 和 $k - 1$ 个 4 得到.

(2) 由 6 174 其间对称地插入 $k - 1$ 个 3 和 $k - 1$ 个 6 得到 $63\cdots3176\cdots64$.

(3) 由 97 508 421 依次间隔地插入 $k - 1$ 个 9,7,5,1,8,4,2,0 得到 $9\cdots997\cdots775\cdots551\cdots108\cdots884\cdots442\cdots220\cdots01$.

或由 97 508 421 其间对称地插入 $k - 1$ 个 3 和 6 得到 $9\,753\cdots3\,086\cdots6\,421$;或由 97 508 421 其间对称地插入 $k - 1$ 个 9 和 0 得到 $99\cdots97\,508\,420\cdots01$.

(4) 由 864 197 532 依次间隔地插入 $k - 1$ 个 8,6,4,2,9,7,5,3,1 得到 $8\cdots886\cdots664\cdots442\cdots219\cdots997\cdots775\cdots553\cdots331\cdots12$;

或由 86 419 753 其间对称地插入 $k - 1$ 个 3 和 6 得到 $8643\cdots31976\cdots6532$.

8. 设满足条件的三位数为 $\overline{xyz}(x, y, z \neq 0)$,依题意,有

$$100x + 10y + z = x + y^2 + z^3, 0 < x, y, z \leq 9 \qquad ①$$

将式 ① 整理成 $y^2 - 10y + (z^3 - z - 99x) = 0$,求得

$$y = \frac{10 \pm \sqrt{100 - 4(z^3 - z - 99x)}}{2} = \frac{10 \pm 2\sqrt{\Delta}}{2} \qquad ②$$

其中 $\Delta = 25 - (z^3 - z - 99x)$,注意到 $z^3 - z = (z-1)z(z+1)$ 是三个连续自然数的乘积及式 ① $z^3 - z = 99x + y(10 - y) > 99$,于是,$z^3 - z$ 的可能取值为 $4 \times 5 \times 6 = 120, 5 \times 6 \times 7 = 210, 6 \times 7 \times 8 = 336, 7 \times 8 \times 9 = 504, 8 \times 9 \times 10 = 720$.

由 y 为实数根,有 $25 - (z^3 - z - 99x) \geq 0$ 及 y 为一位数,有 $z^3 - z - 99x > 0$,得到 x 的取值范围为

$$\frac{(z^3 - z) + 25}{99} \leq x < \frac{z^3 - z}{99} \qquad ③$$

当 $z(z+1)(z-1) = 120$ 时,由式②,③,显见只有 $x = 1$ 满足条件,此时有 $y = 7$ 或 $3,z = 5$,故所求三位数为 175 和 135(题已给),而 $175 = 1 + 7^2 + 5^3$.

当 $z(z+1)(z-1) = 210$ 时,由式②,③可得 $x = 2$,但 $\sqrt{\Delta}$ 不为有理数,故无解.

当 $z(z+1)(z-1) = 336$ 时,由式②,③可得 $x = 3$,但 $\sqrt{\Delta}$ 不为实数,故也无解.

当 $z(z+1)(z-1) = 504$ 时,求得 $598 = 5 + 9^2 + 8^3, 518 = 5 + 1^2 + 8^3$.

当 $z(z+1)(z-1) = 720$ 时,$\sqrt{\Delta}$ 也不为实数,无解.

故所求满足条件的三位数为 135,175,518,598.

9. 就一般情形加以讨论. 设 n 位自然数为 $N_n = \overline{x_1 x_2 \cdots x_n}$,使

$$\overline{x_1 x_2 \cdots x_n} = (x_1 + x_2 + \cdots + x_n)^n, 令 x_1 + x_2 + \cdots + x_n = M$$

则
$$(x_1 + x_2 + \cdots + x_n)^n = M^n$$

由题意知,M^n 是一个 n 位数,于是有 $10^{n-1} \leq M^n < 10^n$,即 $\sqrt[n]{10^{n-1}} \leq M < 10$. 显见,所有的一位数都符合条件.

当 $n = 2$ 时,有 $\sqrt{10} \leq M < 10$,则 $4 \leq M < 10$,经检验,只有 $M = 9$ 满足条件,即 $9^2 = 81 = (8+1)^2$ 为题给.

当 $n = 3$ 时,有 $\sqrt[3]{10^2} \leq M < 10$,则 $5 \leq M < 10$,经检验,只有 $M = 8$ 满足条件,即 $8^3 = 512 = (5+1+2)^3$.

当 $n = 4$ 时,有 $\sqrt[4]{10^3} \leq M < 10$,则 $6 \leq M < 10$,经检验,只有 $M = 7$ 满足条件,即 $7^4 = 2\,401 = (2+4+0+1)^4$.

当 $n = 5$ 时,有 $\sqrt[5]{10^4} \leq M < 10$,则 $7 \leq M < 10$,经检验,$M = 7,8,9$ 都不满足条件.

当 $n \geq 6$ 时,均没有满足条件的 M.

10. 设所求四位数为 $\overline{abcd}(0 \leq b,c,d \leq 9, 0 < a \leq 9)$.

可以证明 $b \neq 0$. 若 $b = 0$,则由 $\overline{ab}^2 + \overline{cd}^2$ 的个位数字为 d,所以 $d = 0,1,5,6$. 当 $b = 0, d = 0$ 时,有 $(10a)^2 + (10c)^2 = 1\,000a + 10c$,即有 $a^2 + c^2 = \dfrac{100a + c}{10}$,若 $c = 0$,则由上式得 $a = 10$ 不符合条件;若 $c \neq 0$,则上式左端 $a^2 + c^2$ 不为整数,均与已知矛盾.

同理,当 $b = 0, d = 1,5,6$ 时也产生矛盾. 故 $b \neq 0$.

显见,当 $b \neq 0$ 时,也有 $d \neq 1,5,6$(d 为四位数的个位数). 设所求四位数的前两位为 x(千位,百位),后两位为 y(十位,个位),依题意,有 $x^2 + y^2 = 100x + y$,即 $x^2 - 100x + (y^2 - y) = 0$,从而 $x = \dfrac{100 \pm \sqrt{100^2 - 4(y^2 - y)}}{2}$,而 $2\,500 - y(y-1) \geq 0$,则 $y \leq 50$.

又 x 为整数,所以 $2\,500 - y(y-1)$ 必为完全平方数,因其个位数字应为 0,1,4,9,6,5 之一,于是 y 的个位数字应为 0,1,3,5,6,8. 但前面已证 y 的个位数字不能为 0,1,5,6,故只能为 3,8.

据此,y 的可能值为 13,23,33,43,18,28,38,48,经检验,当 $y = 33$ 时 $x = 88$ 或 $x = 12$. 故所求四位数为 $8\,833 = 88^2 + 33^2$ 和 $1\,233 = 12^2 + 33^2$.

11. 设 $a_i(1 \leq i \leq n, 2 \leq n \leq 9)$ 是 n 个不同的非零数字,由它们组成的 $P_n^m(2 \leq m \leq n)$

个 m 位数中,a_i 出现在第 $j(1 \leqslant j \leqslant m)$ 位(从个位算起)上的次数均相等且为 P_{n-1}^{m-1},所以这 P_n^m 个 m 位数的和是

$$\sum_{i=1}^{m}\sum_{j=1}^{m}(P_{n-1}^{m-1} \cdot 10^{j-1} \cdot a_i) = P_{n-1}^{m-1}\sum_{i=1}^{m}\left(\sum_{j=1}^{m}10^{j-1}\right)a_i = P_{n-1}^{m-1}\sum_{i=1}^{m}\underbrace{1\cdots 1}_{m\text{个}}\cdot a_i = P_{n-1}^{m-1}\cdot\underbrace{11\cdots 1}_{m\text{个}}\cdot\sum_{i=1}^{m}a_i$$

例如,当 $a_1 = 7, a_2 = 3, n = 2$ 时,有 $73 + 37 = 11(3 + 7)$。

12. 一根 13 cm 长的尺子,只需在 1 cm,4 cm,5 cm,11 cm 处刻上刻度即可量出 1~13 中任何整数厘米长的物品. 若用 $a \to b$ 表示 a 量到 b,则有 $1(0 \to 1)$,$2(11 \to 13)$,$3(1 \to 4)$,$4(0 \to 4)$,$5(0 \to 5)$,$6(5 \to 11)$,$7(4 \to 11)$,$8(5 \to 13)$,$9(4 \to 13)$,$10(1 \to 11)$,$11(0 \to 11)$,$12(1 \to 13)$,$13(0 \to 13)$.

其他情形如表 4.5 所示.

表 4.5

刻度数	尺长	刻 度
2	6	1,4
3	11	1,4,9 或 2,7,8
4	17	1,4,10,12 或 1,4,10,15 或 1,8,11,13 或 1,8,12,14
6	22	1,2,3,8,13,18 或 1,4,5,12,14,20
5	25	1,4,10,18,23 或 1,7,11,20,23 或 1,11,16,19,23 或 2,3,10,16,21 或 2,7,13,21,22
6	34	1,4,9,15,22,32
8	36	1,3,6,13,20,27,31,35
9	40	1,2,3,4,10,17,24,29,35
7	44	1,5,12,25,27,35,41
8	55	1,6,10,23,26,34,41,53

13. 注意到 $(a+b+c)^2 = a^2 + b^2 + c^2 + 2ab + 2bc + 2ac = (a+b)^2 + (b+c)^2 + (a+c)^2 - a^2 - b^2 - c^2$,即有 $a^2 + b^2 + c^2 + (a+b+c)^2 = (a+b)^2 + (b+c)^2 + (a+c)^2$,且 $a + b + c + (a+b+c) = (a+b) + (b+c) + (c+a)$. 令 $a = 2, b = 3, c = 4$,即得题目所给的情形,若令 $a = 3, b = 4, c = 5$,则有 $3^2 + 4^2 + 5^2 + 12^2 = 7^2 + 8^2 + 9^2$,且 $3 + 4 + 5 + 12 = 7 + 8 + 9$。

14. 设 p 和 $2^p - 1$ 均为质数,由 $a = 2^{p-1}(2^p - 1)$,则 a 的诸因数和为

$$S(a) = 1 + 2 + \cdots + 2^{p-1} + (2^p - 1)(1 + \cdots + 2^{p-1}) = 2^p(1 + \cdots + 2^{p-1}) = 2^p(2^p - 1) = 2a = S(2^p)\cdot S(2^p - 1)$$

即 a 为完全数.

反之,设 $a = 2^{p-1} \cdot k (p \geqslant 2, k$ 为奇数$)$ 是一个完全数,因

$$S(a) = S(2^{p-1}) \cdot S(k) = (2^p - 1) \cdot S(k), S(a) = 2a = 2^p \cdot k$$

从而

$$S(k) = \frac{S(a)}{2^p - 1} = \frac{2^p \cdot k}{2^p - 1} = k + \frac{k}{2^p - 1}$$

由于 $S(k)$ 是整数,所以 $\dfrac{k}{2^p - 1}$ 也是整数,因此它是 k 的约数,但 $S(k)$ 是 k 的所有约数的和,

所以 k 只有两个约数,一个是 k 自身,另一个是 $\frac{k}{2^p-1}$,因此 k 是质数,并且 $\frac{k}{2^p-1}=1$,即 $k=2^p-1$,故 $a=2^{p-1}(2^p-1)$.

15. 可发现,对于 $n,m \in \mathbf{N}$,且 $n>m$,有
$$n^2 - m^2 = 2[(m+1)+(m+2)+\cdots+n] - (n-m)$$
$$n^3 - m^3 = 3[(m+1)^2+(m+2)^2+\cdots+n^2] - 3[(m+1)+(m+2)+\cdots+n] + (n-m)$$
一般地,有
$$n^k - m^k = C_k^1 \sum_{i=m+1}^{n} i^{k-1} - C_k^2 \sum_{i=m+1}^{n} i^{k-2} + \cdots + C_k^r \sum_{i=m+1}^{n} i^{k-r}(-1)^{r+1} + \cdots +$$
$$C_k^{k-1} \sum_{i=m+1}^{n} i(-1)^k + C_k^k \sum_{i=m+1}^{n} (-1)^{k+1} \qquad (*)$$

事实上,由
$$n^k = (1^k - 0^k) + (2^k - 1^k) + \cdots + [n^k - (n-1)^k]$$
即
$$n^k = \sum_{i=1}^{n} [i^k - (i-1)^k] = \sum_{i=1}^{n} i^k - \sum_{i=1}^{n} (i-1)^k \qquad ①$$
因
$$(i-1)^k = C_k^0 \cdot i^k - C_k^1 i^{k-1} + \cdots + C_k^{k-1} \cdot i(-1)^{k-1} + C_k^k(-1)^k =$$
$$i^k - [C_k^1 i^{k-1} + \cdots + C_k^{k-1} \cdot i(-1)^k + C_k^k(-1)^{k+1}] \qquad ②$$

则由①,②有
$$n^k = C_k^1 \sum_{i=1}^{n} i^{k-1} - C_k^2 \sum_{i=1}^{n} i^{k-2} + \cdots + C_k^{k-1} \sum_{i=1}^{n} i(-1)^k + C_k^k \sum_{i=1}^{n} (-1)^{k+1}$$
同理
$$m^k = C_k^1 \sum_{i=1}^{m} i^{k-1} - C_k^2 \sum_{i=1}^{m} i^{k-2} + \cdots + C_k^{k-1} \sum_{i=1}^{m} i(-1)^k + C_k^k \sum_{i=1}^{m} (-1)^{k+1}$$
由上述两式相减即证得式(*).

16. (1) 如 $32^2 + 63^2 + 79^2 = 11\,234 = 23^2 + 36^2 + 97^2, 33^2 + 62^2 + 79^2 = 11\,034 = 33^2 + 26^2 + 97^2, 33^2 + 69^2 + 72^2 = 33^2 + 27^2 + 96^2, 39^2 + 62^2 + 73^2 = 26^2 + 37^2 + 96^2$.

这可由 $a^2 + b^2 + c^2 = d^2 + e^2 + f^2$ 有 $(10a+d)^2 + (10b+e)^2 + (10c+f)^2 = (10d+a)^2 + (10e+b)^2 + (10f+c)^2$,即证.

(2) 如
$$16 \times 4 = 64 = 1 \times 64, 19 \times 5 = 95 = 1 \times 95, 26 \times 5 = 130 = 2 \times 65$$
$$49 \times 8 = 392 = 4 \times 98, 1 \times 664 = 664 = 166 \times 4, 2 \times 665 = 1\,330 = 266 \times 5$$
$$4 \times 847 = 3\,388 = 484 \times 7, 6 \times 545 = 3\,270 = 654 \times 5, 2 \times 6\,665 = 2\,666 \times 5$$
$$4 \times 3\,243 = 4\,324 \times 3, 8 \times 6\,486 = 8\,648 \times 6, 11 \times 10 = 1 \times 110$$
$$27 \times 56 = 2 \times 756, 39 \times 75 = 3 \times 975, 17 \times 515 = 1\,751 \times 5$$

(3) 如
$$2 \times 2 = 2 + 2, 1 \times 2 \times 3 = 1 + 2 + 3, 4 \times 2 - 1 = 4 + 2 + 1$$
$$6 \times 2 - 2 = 6 + 2 + 2, 8 \times 2 - 3 = 8 + 2 + 3, 10 \times 2 - 4 = 10 + 2 +$$
$$48 \div 4 - 1 = 8 - 4 - 1,$$

$16 \div 8 + 3 = 16 - 8 - 3, 20 \div 10 + 4 = 20 - 10 - 4$

(4) $2^5 \times 9^2 = 2\,592, 3^4 \times 425 = 34\,425, 31^2 \times 325 = 312\,325$

(5) 如 $81 = (8+1)^2, 512 = (5+1+2)^3, 4\,913 = (4+9+1+3)^3$

$2\,401 = (2+4+0+1)^4, 234\,256 = (2+3+4+2+5+6)^4$

$390\,625 = (3+9+0+6+2+5)^4, 1\,679\,616 = (1+6+7+9+6+1+6)^4$

(6) 如 $1\,233 = 12^2 + 33^2, 1\,371 = 1^2 + 37^2 + 1^2, 999\,371 = 999^2 + 37^2 + 1^2$

$89 = 8 + 9^2, 2\,045 = 20 + 45^2, 3\,055 = 30 + 55^2, 9\,899 = 98 + 99^2$

$88\,297 = 88 + 297^2, 494\,703 = 494 + 703^2, 998\,999 = 998 + 999^2$

$43 = 4^2 + 3^3, 63 = 6^2 + 3^3, 135 = 1 + 3^2 + 5^3$

$175 = 1 + 7^2 + 5^3, 518 = 5 + 1^2 + 8^3, 598 = 5 + 9^2 + 8^3$

(7) 如 $12 \times 42 = 21 \times 24, 12 \times 63 = 21 \times 36, 12 \times 84 = 21 \times 48$

$13 \times 62 = 31 \times 26, 23 \times 96 = 32 \times 69, 24 \times 63 = 42 \times 36$

$24 \times 84 = 42 \times 48, 26 \times 93 = 62 \times 39, 36 \times 48 = 63 \times 48$

$12 \times 231 = 132 \times 21, 14 \times 462 = 264 \times 41, 18 \times 891 = 198 \times 81$

$24 \times 231 = 132 \times 42$

17. 两个数的和与积都是相同的数字组成,只是数字排列顺序不同,如 $9 + 9 = 18, 9 \times 9 = 81; 24 + 3 = 27, 24 \times 3 = 72; 47 + 2 = 49, 47 \times 2 = 94; 263 + 2 = 265, 263 \times 2 = 526; 497 + 2 = 499, 497 \times 2 = 994$ 等. 两个相邻的整数,它们平方后的结果,由相同数字组成,只是数字排列顺序不同,如 $13^2 = 169, 14^2 = 196; 157^2 = 24\,649, 158^2 = 24\,964; 913^2 = 833\,569, 914^2 = 835\,396$ 等. 把一个两(或三)位数与其倒序数分别平方,它们的平方数也成倒序数,如 $12^2 = 144, 21^2 = 441; 13^2 = 169, 31^2 = 961; 102^2 = 10\,404, 201^2 = 40\,401$, 还有像 103, 112, 113, 122 等数也有类似性质.

18. 三位数中有下列 10 组

$\begin{cases} 102^2 = 10\,404 \\ 201^2 = 40\,401 \end{cases}, \begin{cases} 103^2 = 10\,609 \\ 301^2 = 90\,601 \end{cases}, \begin{cases} 112^2 = 12\,544 \\ 211^2 = 44\,521 \end{cases}, \begin{cases} 113^2 = 12\,769 \\ 311^2 = 96\,721 \end{cases}, \begin{cases} 122^2 = 14\,884 \\ 221^2 = 48\,841 \end{cases}$

$\begin{cases} 101^2 = 10\,201 \\ 101^2 = 10\,201 \end{cases}, \begin{cases} 111^2 = 12\,321 \\ 111^2 = 12\,321 \end{cases}, \begin{cases} 202^2 = 40\,804 \\ 202^2 = 40\,804 \end{cases}, \begin{cases} 121^2 = 14\,641 \\ 121^2 = 14\,641 \end{cases}, \begin{cases} 212^2 = 44\,944 \\ 212^2 = 44\,944 \end{cases}$

19. (1) 数字宝塔如下

$1 \times 9 + 2 = 11$

$12 \times 9 + 3 = 111$

$123 \times 9 + 4 = 1111$

$1234 \times 9 + 5 = 11111$

$12345 \times 9 + 6 = 111111$

$123456 \times 9 + 7 = 1111111$

$1234567 \times 9 + 8 = 11111111$

$12345678 \times 9 + 9 = 111111111$

$123456789 \times 9 + 10 = 1111111111$

（2）数字宝塔如下

$$9 \times 10 - 9 \times 9 - 8 = 1$$
$$9 \times 10^2 - 9 \times 98 - 7 = 11$$
$$9 \times 10^3 - 9 \times 987 - 6 = 111$$
$$9 \times 10^4 - 9 \times 9876 - 5 = 1111$$
$$9 \times 10^5 - 9 \times 98765 - 4 = 11111$$
$$9 \times 10^6 - 9 \times 987654 - 3 = 111111$$
$$9 \times 10^7 - 9 \times 9876543 - 2 = 1111111$$
$$9 \times 10^8 - 9 \times 98765432 - 1 = 11111111$$
$$9 \times 10^9 - 9 \times 987654321 - 0 = 111111111$$

或化简如下

$$1 \times 9 - 8 = 1$$
$$2 \times 9 - 7 = 11$$
$$3 \times 9 - 6 = 111$$
$$124 \times 9 - 5 = 1111$$
$$1235 \times 9 - 4 = 11111$$
$$12346 \times 9 - 3 = 111111$$
$$123457 \times 9 - 2 = 1111111$$
$$1234568 \times 9 - 1 = 11111111$$
$$12345679 \times 9 - 0 = 111111111$$

20. 使用小数点、循环节与阶乘记号. 嘿，思路一拓展后还真灵验，问题立刻得到顺利解决，甚至还有意外收获. 即不仅得到19，而且还可以得出比100还大的数.

有几种方法值得一提. 例如，我国已故著名数学教育家许莼舫就得出了：$\dfrac{\dfrac{4!}{\sqrt{4}} + \sqrt{.\dot{4}}}{\sqrt{.\dot{4}}} = 19$（即 $\dfrac{\dfrac{24}{2} + \dfrac{2}{3}}{\dfrac{2}{3}} = \dfrac{38}{2} = 19$）；另外西北工业大学教授、航空史兼数学游戏专家姜长英又想出了：$4! - 4 - \dfrac{4}{4} = 19$，稍加比较，你会发现后面这个形式更简捷更易于接受. 不过，这还不是最好的，常言道：“山外有山，天外有天”就是用来形容“强中更有强中手”的. 当代美国著名数学科普作家马丁·加德纳（Martin Gardner）的办法却是$\dfrac{4 + 4 - .\dot{4}}{.\dot{4}} = 19$（即 $\dfrac{8 - \dfrac{2}{5}}{\dfrac{2}{5}} = \dfrac{38}{2} = 19$），看得出，他只用了10，1与小数点符号就圆满解决了问题，更易于让普通人理解，所以显得更加巧妙和机智. 更加奇妙的是，他的这个方法不仅适用于4，而且还适用于1～9的任意一个数，例如：$\dfrac{1 + 1 - .\dot{1}}{.\dot{1}} = \dfrac{1 \cdot 9}{.\dot{1}} = 19$；$\dfrac{7 + 7 - .\dot{7}}{.\dot{7}} = \dfrac{13 \cdot 3}{.\dot{7}} = 19$；… 由此可以看出，$\dfrac{n + n - .\dot{n}}{.\dot{n}}$ 竟

是一个"路路通"的全能公式.其中 n 可以取 $1\sim 9$ 中任何一个数,所以人们根据"八面玲珑"的拓展戏称之为"九面玲珑".

而事实上,我们只要对 $\dfrac{n+n-\cdot n}{\cdot n}$ 进行化简,马上就能发现其中的奥秘和必然性,因为

$$\dfrac{n+n-\cdot n}{\cdot n}=\dfrac{2n-\dfrac{n}{10}}{\dfrac{n}{10}}=20-1=19.$$

第五章 思悟的眼光

"通常"中的奇巧,"平凡"中的不凡,往往显示着问题的秀美,但奇巧不凡的发现,需要我们善于思悟. 思虑,思悟,由虑激思,在思虑中启悟;思疑,思悟,由疑引思,在思疑中省悟;思索,思悟,由索寻思,在思索中感悟. 思悟的眼光促使我们总是力图从数学的角度理解现实世界的奥妙,寻求学习活动难以捉摸的复杂性背后的实质.

思悟的数学眼光使我们:从变化中看到不变,从不同中看到相同,从近似中看到精确,从模糊中看到准确,从量变中看到质变,从抽象中看到具体形象,从偶然中发现必然,从平凡中发现奇异,从紊乱中归纳条理,从无序中找到规律,从混沌中发现秩序,从对象的随机性中感悟到其内部的确定性.

5.1 在变化中看到不变

大千世界,到处都在发生着或明显或隐蔽的运动与变化. 迅速的变化令人目眩神迷,缓慢的变化使人不知不觉. 但是,在变化过程中,常常有相对不变的东西. 例如,照相机把万里河山的壮丽景色摄于小小的底片上,显微镜把生命的奥妙呈现于眼底,大的可以变小,小的可以变大,在这类变化中,大小变了,模样儿大体没有变. 一个玩具抛向空中,越高,玩具上升的速度就越慢,到了最高点向下落,越落,玩具下降的速度就越快. 它的速度和高度在不断变化之中. 高了,位(势)能增加,但速度变小了——动能减少了. 低了,位能减少,但速度变大了——动能增加了. 它的机械能——位能与动能之和是不变的.

数学的眼光,常常盯住变化中不变的东西,正是这些不变的东西,把变化中的不同镜头联系起来,帮助我们认识变化过程的本质,帮助我们解决各种问题.

在解方程时,方程两边同时加上或减去同一个数或代数式,方程样子变了,但解没有变. 抓住了这点,才能用移项的办法化简方程,求方程的根(解).

一个代数式子,可以等价变成另一种形式,样子变了,但取具体数值算出的结果却不会变. 正因为如此,我们利用代数式变形可简化运算.

在几何中,图形里的一部分,可以经过旋转、平移、反射、放大、缩小等变成另一部分,在旋转、平移、反射的时候,两点的距离是不变的. 在按比例放大、缩小时,角度是不变的,利用图形在变化下的不变性质,常常可以找到巧妙的解题窍门.

例 1 设有边长为 1 的正方形,试在这个正方形的内接等边三角形中,找出一个面积最大的和一个面积最小的,并求出这两个面积.

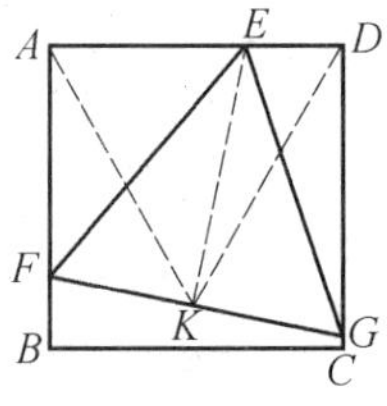

如图 5.1,设 $\triangle EFG$ 为正方形 $ABCD$ 的任一内接正三角形. 由于正三角形的三个顶点必落在正方形的三边上,所以不妨设其中的 F,G 是在正方形的一组对边上. 作 $\triangle EFG$ 边 FG 上的高 EK,则 E,K,G,D 四点共圆,联结 KD,则有 $\angle KDE = \angle EGK = 60°$,同理,联结 AK,由 E,K,F,A 共圆有 $\angle KAE = 60°$,所以 $\triangle KDA$ 为正三角形,而 K 是它的一个顶

图 5.1

点.

由上可见,内接正 $\triangle EFG$ 的边 FG 的中点必是不变点.观察到这一点是十分重要的.

又正三角形面积由边长决定,当 $KF \perp AB$ 时,边长为1,这时边长最小,其面积 $S = \frac{\sqrt{3}}{4}$ 也最小;当 KF 通过点 B(或 C)时,边长为 $2\sqrt{2-\sqrt{3}}$,这时边长最大,其面积 $S = 2\sqrt{3} - 3$ 也最大.

例2 如图5.2,两圆相交于 A,B,过 A 任作直线被两圆所截得的线段为 PQ,又过 A 作 AB 的垂线,被两圆所截得的线段为 CD,求证:$PQ \leqslant CD$.

若 PQ 与 CD 重合,则 $PQ = CD$.

若 PQ 与 CD 不重合,联结 BP,BC,BQ,BD,由 $CD \perp AB$,则知 BC,BD 分别为两圆的直径.由于可观察到相交两圆的内接三角形(一顶点为两圆交点)的三个内角的大小是不变(定值)的,则知这样的内接三角形均相似,即 $\triangle PBQ \sim \triangle CBD$,而 $BC \geqslant BP$,故 $PQ \leqslant CD$.

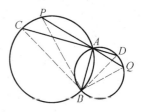

图 5.2

例3 自 $\triangle ABC$ 的外接圆 O 上任一点 P,引三边或其延长线的垂线 PL,PM,PN 分别交 BC 于 L,交 AB 于 M,交 CA 于 N,交圆 O 分别于 A',C',B'.求证:$A'A \parallel B'B \parallel C'C$.

如图5.3,直线 LMN 为其垂足线(西姆松线),因 P,M,B,L 四点共圆,BC 与 PC' 是过两相交圆两交点的两条割线,又观察到:过相交两圆的交点分别作割线交两圆于四点,同一圆上的两点的弦的位置关系始终是平行的,则知 $LM \parallel CC'$.

同样,PA' 与 BA 也是过这两相交圆两交点的两条割线,从而也有 $LM \parallel A'A$,故 $A'A \parallel C'C$.

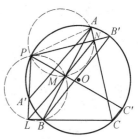

图 5.3

又 P,M,A,N 四点共圆,于是 $\angle AMN = \angle APN = \angle ABB'$,从而 $BB' \parallel LN$.由此即可证得 $A'A \parallel B'B \parallel C'C$.

5.2 在不同中看到相同

两样东西,相同还是不同,两个人可能有不同的见解.

用数学眼光看问题,关心的是数量关系和空间形式,用的是抽象的眼光.某些表面看来觉得不同的东西,用数学眼光来看却是相同的.

两只小鸡,两只熊猫,两只恐龙,它们之间的差别可以使生物学家激动不已,但用数学眼光来看,它们的数量无非都是干巴巴的数字"2"而已.

月饼、烧饼、铁饼,用数学眼光来看,无非都是圆形的物体.

在平面几何中,各种不同形状的三角形其内角和均为 $180°$,各种不同形状的凸四边形其内角和均为 $360°$,而各种不同形状的多边形的外角和均为 $360°$,等等.

下面的一组问题,都是非绝对值问题,但为了追求简捷解法,运用数学的眼光,发现均可以添加绝对值符号来解,收到了意想不到的效果.

例1 判断函数 $f(x)=\begin{cases} x^2(\sin x-1), & x\geq 0 \\ -x^2(\sin x+1), & x<0 \end{cases}$ 的奇偶性.

解 逆用性质 $|a|=\begin{cases} a, & a\geq 0 \\ -a, & a<0 \end{cases}$,$a\in \mathbf{R}$,则原函数可化为

$$f(x)=\begin{cases} x^2(\sin x-1), & x\geq 0 \\ x^2(-\sin x-1), & x<0 \end{cases}=x^2(|\sin x|-1)$$

又 $f(-x)=(-x)^2[|\sin(-x)|-1]=x^2(|\sin x|-1)=f(x)$

故 $f(x)$ 是偶函数.

例2 设定义在 $[-2,2]$ 上的偶函数 $f(x)$ 在 $[0,2]$ 上单调递减,且 $f(1-a)<f(a)$,求实数 a 的取值范围.

解 因 $f(x)$ 是偶函数,则

$$f(-x)=f(x)=f(|x|)$$

又 $$f(1-a)<f(a)$$

则 $$f(|1-a|)<f(|a|)$$

又 $f(x)$ 在 $[0,2]$ 上单调递减,且 $|a|,|1-a|\in[0,2]$,有

$$\begin{cases} |1-a|>|a| \\ -2\leq 1-a\leq 2 \\ -2\leq a\leq 2 \end{cases}$$

解得 $-1\leq a<\dfrac{1}{2}$.

故 a 的取值范围是 $[-1,\dfrac{1}{2})$.

例3 解方程:$x^2-2x\sin\dfrac{\pi x}{2}+1=0$.

解 显然 $x\neq 0$,则原方程可化为

$$\sin\dfrac{\pi x}{2}=\dfrac{x^2+1}{2x}$$

则 $$\left|\sin\dfrac{\pi x}{2}\right|=\left|\dfrac{x^2+1}{2x}\right|\geq 1$$

而 $$\left|\sin\dfrac{\pi x}{2}\right|\leq 1$$

故 $$\left|\sin\dfrac{\pi x}{2}\right|=1$$

且 $$\left|\dfrac{x^2+1}{2x}\right|=1$$

解得 $x=\pm 1$ 为原方程的解.

例4 对于 $x\in \mathbf{R}$,求证:$-1\leq \dfrac{4x}{x^2+4}\leq 1$.

证明 设 $y=\dfrac{4x}{x^2+4}$,则

$$|y| = \left|\frac{4x}{x^2+4}\right| = \frac{4|x|}{|x^2+4|} \leqslant \frac{4|x|}{4|x|} = 1$$

故 $|y| \leqslant 1$，即 $-1 \leqslant \dfrac{4x}{x^2+4} \leqslant 1$.

例5 求函数 $y = \sin x + \dfrac{2}{\sin x}$ 的值域.

解 因 $\sin x$ 与 $\dfrac{2}{\sin x}$ 同号，则

$$|y| = \left|\sin x + \frac{2}{\sin x}\right| = |\sin x| + \left|\frac{2}{\sin x}\right| =$$

$$|\sin x| + \frac{1}{|\sin x|} + \frac{1}{|\sin x|} \geqslant 2 + \frac{1}{|\sin x|} \geqslant 3$$

即 $|y| \geqslant 3$.

故所求函数值域为 $(-\infty, -3] \cup [3, +\infty)$.

例6 求函数 $f(x) = \dfrac{x^2 - 2ax + a^2 + 1}{x - a}$ 的值域.

解 原函数化为 $f(x) = x - a + \dfrac{1}{x-a}$. 又 $x-a$ 与 $\dfrac{1}{x-a}$ 同号，则

$$|f(x)| = \left|x - a + \frac{1}{x-a}\right| = |x-a| + \frac{1}{|x-a|} \geqslant 2$$

所以函数 $f(x)$ 的值域为 $(-\infty, -2] \cup [2, +\infty)$.

5.3　在近似中看到精确

在数学理论研究中，绝对地精确是一条重要的原则."三角形内角和等于180°"，在欧几里得几何中，这个定理中的180°一点也不能变，多一丁点儿，少一丁点儿，定理就不成立了. 说"$\sqrt{2}$ 是方程 $x^2 - 2 = 0$ 的根"也是不含糊的，把 $\sqrt{2}$ 改成1.414 2就不对了. 边长为1 m的正方形，它的对角线是 $\sqrt{2}$ m，这是用勾股定理算出来的，是完全准确的答案.

但是，在实际生活中，要想得到完全精确没有误差的数量是行不通的. 例如，$\sqrt{2}$ m 是没法用尺子量出来的，也不好用于实际的计算. 你到商店或超市买 $\sqrt{2}$ m 布，售货员没法给你量，即使用几何作图的办法给你扯了 $\sqrt{2}$ m 布，价钱也不好算，比如，每米布10元，$\sqrt{2}$ m 布就是 $10\sqrt{2}$ 元，怎么收款呢？只有用 $\sqrt{2}$ 的近似值1.414 2，还要四舍五入，收 14.14 元钱.

在实际生活中，甚至在很精密的科技活动中，都是允许取近似值的，即允许有误差的，只要误差不超过一定的限度，也就可以了.

例如，如果我们要算某一个整数6，算的过程中可能要经过加、减、乘、除、开方、解方程、运用三角函数值等或直接运用软件包，由于不可避免的误差，结果是6.003. 如果误差不超过0.5的话，准确值应当在5.503与6.503之间. 在这个范围内只有一个整数6. 所以，准确的结果就一定是6. 这样，在一定条件下，不那么精确的计算帮我们得到了十分精确的结论.

又例如，对于三次方程

$$x^3 + 3x^2 + x - 1 = 0 \qquad (*)$$

要说 $\sqrt{2} - 1$ 是不是它的一个根,能不能用电子计算机器检验呢?

用电子计算器把 $\sqrt{2} - 1$ 的近似值 0.414 214 代入(*),算出

$$(0.414\ 214)^3 + 3(0.414\ 214)^2 + 0.414\ 214 - 1 \approx 0.000\ 002$$

根据这个结果,能不能断定 $\sqrt{2} - 1$ 正好是方程(*)的根呢?

让我们分析一下:

如果真的把 $\sqrt{2} - 1$ 代进去算,经过整理,并项,化成最简根式,应当得出这样一个式子

$$m - n\sqrt{2} \qquad ①$$

其中 m 和 n 是两个整数.

因为 $0 < \sqrt{2} + 1 < 3$,所以

$$|m| + |n\sqrt{2}| < 3^3 + 3 \times 3^2 + 3 + 1 = 58 < 60 \qquad ②$$

因此,如果 $m - n\sqrt{2} \neq 0$,那么一定有 $m^2 - 2n^2 \geq 1$. 故

$$|m - n\sqrt{2}| = \frac{|m^2 - |2n|^2|}{|m + n\sqrt{2}|} > \frac{1}{60} \qquad ③$$

根据前面近似计算

$$|m - n\sqrt{2}| \approx 0.000\ 002 \qquad ④$$

这表明 $|m - n\sqrt{2}|$ 比 $\frac{1}{60}$ 小,所以它一定是 0. 这就证明了前面得到的 0.000 002 是由于把 $\sqrt{2} - 1$ 用近似值代替以及计算中的舍入误差而引起的.

带有误差的近似计算告诉了我们绝对精确的信息,$x = \sqrt{2} - 1$ 确实是三次方程(*)的根!

为什么能够透过带有误差的近似计算看到绝对精确的结果呢? 关键之处是我们预先断定:如果不是 0,它总得大于 $\frac{1}{60}$. 反过来,只要比 $\frac{1}{60}$ 小,它一定是 0 了,可见,在近似中看到精确,预见计算结果的范围是十分重要的.

5.4 在模糊中看到清晰

客观事物之间的差异常存在着中间过渡,即往往有非此非彼,亦此亦彼的模糊地界. 比如"发高烧"这个概念,如果说 39℃ 是发高烧,那么 38.9℃ 算不算? 另外像"大胡子""高个子""大胖子"等,我们都无法对其做出明确的定义,但是在每个正常人的头脑中对这些概念又都有个不成文的标准,这种标准是模糊的,又是明确的,正常人的头脑就具有这种进行模糊判断的能力. 当然,这种能力是从孩童起经父母、长辈们的言传身教,长期熏陶的结果. 从模糊现象中,人们提出了研究模糊数学的任务来. 模糊事物没有明确的界限,但还是有相对的标准的,模糊数学就是运用数学眼光审视,研究这相对界限,寻找一定的规律的学问. 模糊性是排中律的一种亏缺,模糊数学就是从"亦彼亦此"中把握"非彼即此"的信息(隶属程度). 例如,如果给"大胡子"下一个严格定义,明确规定胡子的粗度、密度等标准,人们反倒无法判断了. 正所谓"过分明确,反而模糊;适当模糊,反倒明确". 可以说,我们实际上是生

活在"模糊世界"之中!模糊数学不是要使数学变得模糊,而是要让数学打入"模糊世界". 下面,我们介绍李金平、苏淳先生在《生物数学趣谈》中介绍的一个例子.

例 模糊数学与中医的计算机计量诊断.

绝大多数人都有过生病的经历. 假定有某种疾病 A, 它有 n 个症状, $a_1, a_2, \cdots, a_n$, 我们可以把它们设想为 n 个化验或体察指标. 对这 n 个指标, 医学上规定了正常值界值, 但医生并不教条地看待这些界限. 比如某甲被检查是否患有疾病 A, 检查的结果只有一项超出界限, 而其余各项都在"正常值"范围内且与临界值差距较大, 医生一般不会认为某甲患了疾病 A; 如果各指标虽都在"正常"范围但与临界值都很接近, 医生也不会轻易排除某甲患疾病 A 的可能性. 这里, 医生所执行的实际上是"模糊边界", 是根据其头脑中诸如"发高烧""四肢乏力"之类的模糊概念来作出判断的.

中医的电脑(计算机)诊断就是用计算机去模拟医生"辨证施治"的思维过程. 首先把各老中医的宝贵临床经验、最新最先进的临床报告和医案输入电脑存储起来, 当接收到一个新患者后, 就把他的各项检查结果输入电脑, 电脑经过对所得信息的处理, 便迅速、准确地开出处方来, 这样不仅使中医诊断更客观化、数字化、科学化, 而且只需一般医务人员操作, 就可以开出名医水平的诊断和处方.

电脑诊断的依据就是运用数学的眼光, 应用"模糊数学"中的"隶属函数原则". 我们知道, 在集合论中, 对一个集合 A, 我们可用一个函数 $I_A(x)$ 来刻画它: 若一元素 $x \notin A$, 则 $I_A(x) = 1$; 不然, $I_A(x) = 0$. 任一元素 x, 要么 $x \in A$, 要么 $x \notin A$, 二者必居其一. 这里的 $I_A(x)$ 只取 0,1 两个值, 有时就显得有点"绝对化". 在模糊数学中, 考虑更具一般性的隶属函数 $\mu_A(x)$, 它的取值范围是 $[0,1]$ 中的一切实数, $\mu_A(x)$ 称为 $x \in A$ 的隶属程度.

假定有一个患者, 医生经过望、闻、问、切"四诊"及其他化验、检查手段等, 共收集到 n 个数量化了的症状资料(称为信息), 记作 $x_1, x_2, \cdots, x_n$, 它们构成一个 n 维向量 $\boldsymbol{x} = (x_1, x_2, \cdots, x_n)$, 一个患者就对应这样一个向量, 这些向量的全体构成一个 n 维的"人体病变状态"空间 Ω, 每一病例可看成 Ω 中的一个点.

设有 m 个标准症型(模糊子集): $\tilde{A}_1, \tilde{A}_2, \cdots, \tilde{A}_m$, 我们的任务是, 对一个特定的病人, 根据其症状 $\tilde{x}$ 来确定他在多大程度上属于哪一个症型.

设 $\tilde{x}_0^j = (x_1^j, x_2^j, \cdots, x_n^j)$ 为病症 $\tilde{A}_j$ 的典型病例(为方便起见, 这里及以下, 我们都假定症状向量的各分量 $x_i^j (i = 1,2,\cdots,n)$ 都是规范化了的, 即取值在 $[0,1]$ 区间.) 对每一个症状 x_i^j, 给定一个权系数 a_i^j, 它表示第 i 个症状对诊断为病症 $\tilde{A}_j$ 的作用大小. 比如, "恶心"是肝炎的主要症状, 而"头痛"就不然. a_i^j 也可取负值, 比如, "消化好"在一定程度上说明他不是肝炎. 通常可认为 $|a_i^j| \leq 1$, 于是可算得 $R_j = \sum_{i=1}^{n} a_i^j x_i^j$. 对任一 $\tilde{x}$, 算得 $R_j(\tilde{x}) = \sum_{i=1}^{n} a_i^j x_i$, 从而得隶属函数 $\mu_j(x) = \dfrac{R_j(\tilde{x})}{R_j}, j = 1,2,\cdots,m$, 显然, $\mu_j(x) \leq 1, \mu_j(\tilde{x}_0^j) = 1$. 有了 $\tilde{A}_1, \tilde{A}_2, \cdots, \tilde{A}_m$ 的隶属函数 $\mu_1(\tilde{x}), \mu_2(\tilde{x}), \cdots, \mu_m(\tilde{x})$, 就可以把 Ω 进行划分

$$A_j = \{\tilde{x} \mid \mu_j(\tilde{x}) = \max(\mu_1(\tilde{x}), \mu_2(\tilde{x}), \cdots, \mu_m(\tilde{x}))\} \quad (其中 j = 1,2,\cdots,m)$$

当 $\tilde{x} \in A_j$ 时, 就诊断为 $\tilde{A}_j$, 如果 $\tilde{x}$ 属于若干个 A_j, 或者 $\max\{\mu_1(\tilde{x}), \mu_2(\tilde{x}), \cdots, \mu_n(\tilde{x})\}$ 很小, 则需要进一步检查.

5.5 在量变中看到质变

体现质要有一定的量,量是质的一种标志.反过来,一方面量是含有质的,没有质的量就是水分,因此,没有量根本谈不上质;另一方面,量是有限度的,达不到这个限度或超过这个限度就会引起质的变化.

例如,循环小数,哪怕小数位取得再多也还是一个近似数,但化为分数后却是准确数.这是因为,化为分数实际上是求这个循环小数随着取小数位的依次增多所组成的数列的极限,取到这个极限值就得到准确数值,达不到或超过这个极限值,就是近似值.

例如,循环小数 $0.\dot{9}$,就是一个整数 1.

$$0.\dot{9} = 0.99\cdots9\cdots = \lim_{n\to\infty} 0.99\cdots9 = \lim_{n\to\infty}\left(\frac{9}{10} + \frac{9}{10^2} + \cdots + \frac{9}{10^n}\right) = \lim_{n\to\infty}\frac{\frac{9}{10}\left[1-\left(\frac{1}{10}\right)^n\right]}{1-\frac{1}{10}} = \frac{\frac{9}{10}}{\frac{9}{10}} = 1$$

或者按照纯无限循环小数写成分数形式的方法,有

$$0.\dot{1}23\dot{4} = \frac{1\,234}{9\,999},\quad 0.\dot{1} = \frac{1}{9},\quad 0.\dot{9} = \frac{9}{9} = 1$$

例如,带根号形式的数 $\sqrt{2\sqrt{2\sqrt{2\cdots}}}$ 也是一个确定数 2. 因 $\sqrt{2\sqrt{2\sqrt{2\cdots}}}$ 表示的是无穷数列 $\sqrt{2},\sqrt{2\sqrt{2}},\cdots,\sqrt{2\sqrt{2\cdots\sqrt{2}}},\cdots$ 的极限. 这个数列的极限是存在的. 存在性可以由数列具有递增且有上界这两个条件得到证明. 但它又无法通过运算直接求出这个极限. 于是采用间接方法,设其极限为 x,由方程 $x^2 = 2x$,解出 $x = 2$,即 $\sqrt{2\sqrt{2\sqrt{2\cdots}}} = x = 2$.

又例如,顶点在圆上,角的一边为圆的弦时,另一边绕顶点旋转,当旋转角在某一限定范围内,另一边也是圆的弦时,就得到圆周角;当旋转角达到某一限度,另一边是圆的切线时,就得到了弦切角;当旋转角达不到或超过这个范围或限度时,就得不到圆周角或弦切角了.

再例如,在计算与圆有关的三类角:圆外角、圆周角、圆内角的度量时,是根据角的顶点所在位置(圆外、圆上、圆内)的不同,引起角的两边所夹圆弧的变化来推算的,如图 5.4 所示.

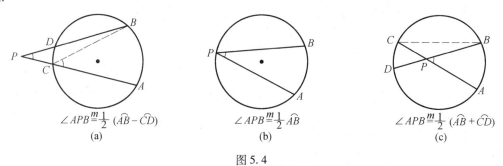

图 5.4

从图 5.4 可以看出:由点 P 的位置的变化,引起 $\overset{\frown}{CD}$ 的变化,当 $\overset{\frown}{CD}$ 变为 O 时(这是一个限度值),就都得到了圆周角的度量,超过或达不到这个限度值,就得了圆外角或圆内角的度

量.

例 半圆上的圆幂定理的发现.

圆幂定理指的是圆中一些线段的比例定理,如相交弦定理、切割线定理、割线定理、切线长定理. 其具体内容可写成如下的形式:

圆幂定理 经过一定点 P,任意作一条直线交圆 O 于 A,B 两点,那么积 $PA \cdot PB$ 为定值.

显然,点 P 在圆内、圆外或圆上时,定理均成立. 如果考虑点 P 在圆上,A,B 两点为圆 O 的直径时的限度位置,则有如下形式的定理:

勾股定理 半圆上任一点 P 到半圆直径 AB 两端点的距离的平方和 $AP^2 + BP^2$ 为定值,即 AB^2.

如果再考虑把上述勾股定理中的点 P 放到圆外或圆内,结论又是什么呢?当然 $AP^2 + BP^2 = AB^2$ 的形式也要随之改变,但如何改变呢?

如果把点 P 移到半圆外,如图 5.5(a) 所示,那么 AP,BP 与半圆交于 C,D 两点;如果把点 P 移进半圆内,如图 5.5(b) 所示,那么 AP,BP 的延长线与半圆也交于 C,D 两点. 可见,这样移动后,上述勾股定理中的点 P "分化" 成了三点 P,C,D. 而 A,P,C 三点共线,点 C 看作是点 P "分化" 得来的,所以应把 AP^2 改为 $AP \cdot AC$. 同样把 BP^2 改为 $BP \cdot BD$. 于是式子

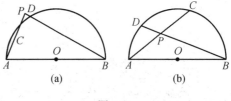

图 5.5

$$AP^2 + BP^2 = AB^2$$

变为
$$AP \cdot AC + BP \cdot BD = AB^2$$

这个结论正确吗?考虑特殊位置,比如,点 P 取在 AB 的中垂线上(半圆内或外),联结 BC,由 $\triangle ABC \backsim \triangle APO$ 即知结论正确. 考虑点 P 不在如上的特殊位置呢?如图 5.6 所示.

联结 AD,BC,过 P 作 $PE \perp AB$ 于 E. 由 $\mathrm{Rt}\triangle ABC \backsim \mathrm{Rt}\triangle APE$,得 $AP \cdot AC = AB \cdot AE$. 同理有 $BP \cdot BD = AB \cdot BE$. 则

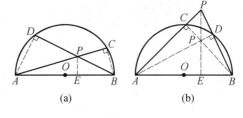

图 5.6

$$AP \cdot AC + BP \cdot BD = AB^2$$

于是,我们便得到半圆上的圆幂定理:AB 是半圆 O 的直径,点 P 是半圆 O 所在半平面上任一点,直线 PA,PB 与半圆 O 分别交于 C,D,那么

$$AP \cdot AC + BP \cdot BD = AB^2$$

5.6 在抽象中看到具体

抽象是数学的一个显著特征,但抽象的形式往往给人留下难理解、难学习的印象. 如果运用数学眼光透视一些问题,也可以在抽象中看到具体.

5.6.1 数学式子的实际背景显意义

例 1 寻找问题:"若 a,b,m 都是正数,并且 $a<b$,则 $\dfrac{a+m}{b+m}>\dfrac{a}{b}$"(参见第三章思考题第 1 题)的实际情形背景.

实际情形背景 1 考虑在不饱和溶液中增加一定量(m)的溶质的问题:假设这个不饱和溶液的质量为 b,其中溶质的质量为 a,增加一定量(m)的溶质后溶液的浓度变大. 针对此情况变化能否设计出一个数学不等式?

显然,这个不等式即为例 1 中的不等式.

实际情形背景 2 考虑窗户的采光问题:建筑学规定,民用住宅的窗户面积必须小于地板面积,但按采光标准,窗户面积与地板面积的比不小于 10%,并且这个比越大,住宅的采光条件越好,若同时增加相等的窗户面积和地板面积,住宅的采光条件是变好还是变坏?

采光条件"好"与"坏"由窗户面积和地板面积的比值大小确定,只要比较增加面积前后这个比值的大小即可. 设原住宅窗户面积和地板面积分别为 a,b,同时增加的面积为 m,则由题设 $a<b\leqslant 10a$,因为 $m>0$,所以 $\dfrac{a+m}{b+m}>\dfrac{a}{b}\geqslant 10\%$ 故采光条件变好了.

5.6.2 数学概念的现实模具助理解

例 2 利用电路图使学生正确而深刻地理解充要条件.

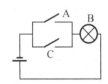 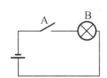 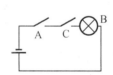 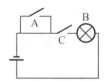

A 是 B 的充分不必要条件　　A 是 B 的充分必要条件　　A 是 B 的必要不充分条件　　A 是 B 的非充分非必要条件

图 5.7

充要条件是高中数学中的一个重要概念,也是教学的一个难点,学生不易正确理解. 结合下面的电路图就可以突破这个难点. 图 5.7 所示的电路图,视"开关 A 的闭合"为条件 A,"灯泡 B 亮"为结论 B.

5.6.3 数学结论求解的具体表示助沟通

例 3 一元二次方程的几何解法[91].

(1) 欧几里得的方法.

一元二次方程的几何解法可以追溯到古希腊. 欧几里得的《几何原本》卷二命题 11 给出了等价于求一元二次方程正实根的方法,命题 VI28 和 VI29 考虑了一元二次方程 $x^2-ax+b^2=0$ 和 $x^2-ax-b^2=0$ 的解法,其中 a 和 b 表示已知线段的长度. 后世数学家给出了所有实根的几何方法.

图 5.8,5.9 分别给出了方程 ① $x^2-bx+c=0$,② $x^2+bx+c=0$,③ $x^2-bx-c=0$,④ $x^2+bx-c=0$ 的欧氏作图法.

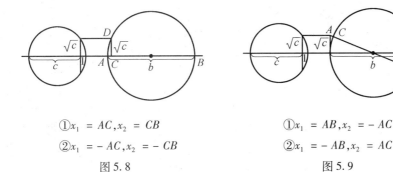

① $x_1 = AC, x_2 = CB$

① $x_1 = AB, x_2 = -AC$

② $x_1 = -AC, x_2 = -CB$

② $x_1 = -AB, x_2 = AC$

图 5.8

图 5.9

每种解法都能用简单的几何和代数方法来检验. 例如,检验 $x_1 = AC$ 和 $x_2 = CB$ 是方程 $x^2 - bx + c = 0$ 的实根,注意到图中 $\frac{AC}{\sqrt{c}} = \frac{\sqrt{c}}{CB}$,然后有 $c = AC \cdot CB$. 它代表着 $c = x_1(b - x_1)$ 或 $x_1^2 - bx_1 + c = 0$.

用同样的方法可以检验 $x_2 = CB$.

（2）卡莱尔的方法.

苏格兰作家卡莱尔（Thomas Carlyle,1795—1881）在平面解析几何的基础上发展了一元二次方程的几何解法. 卡莱尔在年轻时做过数学教师,卡莱尔的关于一元二次方程 $x^2 + bx + c = 0$ 的解法是使用一个特殊的圆与 x 轴的交点. 这个特殊的圆是以 $(0,1)$ 和 $(-b,c)$ 为直径的端点的圆. 若方程有两个实数解,这个圆与 x 轴就有两个交点,这两个交点的横坐标就是方程的根,即 x_1 和 x_2 是 $x^2 + bx + c = 0$ 的根. 图 5.10 用一个例子说明了这种方法. 假如方程只有一个实数解,则这个圆与 x 轴相切,切点的横坐标为方程的解. 假如方程无解,则这个圆与 x 轴无交点.

卡莱尔的方法可以用圆 $x^2 + y^2 + bx - (1 + c)y + c = 0$ 来验证. 令 $y = 0$,我们发现圆与 x 轴交点的横坐标是由方程 $x^2 + bx + c = 0$ 给出的. 这个横坐标就是已知方程的实根.

图 5.11 是卡莱尔方法的应用. 圆与 x 轴的交点的横坐标 -4 和 2 就是方程 $x^2 + 2x - 8 = 0$ 的根.

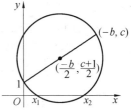

图 5.10

（3）斯陶特的方法.

德国数学家斯陶特（Von Staudt,1798—1867）曾在初等数学领域中取得过引人注目的成就,以《仿射几何学》而闻名于世. 他的一元二次方程几何解法如下:

已知一元二次方程 $x^2 - gx + h = 0$. 在平面直角坐标系中作出点 $\left(\frac{h}{g}, 0\right)$,$\left(\frac{4}{g}, 2\right)$,联结此两点的线段与以 $(0,1)$ 为圆心的单位圆相交于点 R 和 S. 将点 $(0,2)$ 分别与点 R 和 S 联结并延长,分别交 x 轴于点 $(r,0)$ 和 $(s,0)$,则 r 和 s 就是这个已知方程的根.

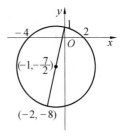

图 5.11

事实上,用 A 表示点 $(0,2)$,L 表示 RS 与 x 轴的交点 $\left(\frac{h}{g}, 0\right)$,$T$ 表示与单位圆相切于 A 的

直线与线段 RS 的交点 $\left(\dfrac{4}{g}, 2\right)$,可得下列方程:圆为 $x^2 + y(y-2) = 0$,直线 AR 为 $2x + r(y-2) = 0$,直线 AS 为 $2x + s(y-2) = 0$.

则方程 $[2x + r(y-2)][2x + s(y-2)] - 4[x^2 + y(y-2)] = 0$ 的图形经过点 A, R 和 S.

上述方程可化为 $(y-2)[2x(r+s) + rs(y-2) - 4y] = 0$.

它表示一对直线 $y - 2 = 0$ 和 $2x(r+s) + rs(y-2) - 4y = 0$.

由于点 R 和 S 不在上述第一条直线上,因此第二条直线一定是直线 RS. 令 $y = 0$ 和 $y = 2$. 利用直线 RS 的方程可得到

$$OL = \dfrac{rs}{r+s} = \dfrac{h}{g}, AT = \dfrac{4}{r+s} = \dfrac{4}{g}$$

因而 $r + s = g$ 和 $rs = h$. 因此,r 和 s 是方程 $x^2 - gx + h = x^2 - (r+s)x + rs = (x-r)(x-s) = 0$ 的根.

图 5.12 是斯陶特方法的应用,由该方法可得方程 $x^2 - 2x - 8 = 0$ 它的两根 $r = -2$ 和 $s = 4$.

(4) 用抛物线 $y = x^2$ 解 $x^2 + bx + c = 0$.

用平面解析几何解 $x^2 + bx + c = 0$ 的一般方法是:先在平面直角坐标系中画出抛物线 $y = x^2 + bx + c$,再确定抛物线与 x 轴的交点. 此外,我们还可以应用标准抛物线 $y = x^2$ 来解上述方程. 在同一坐标系中画出抛物线 $y = x^2$ 和直线 $y = -bx - c$,然后找出它们的交点,交点的横坐标即为方程的根.

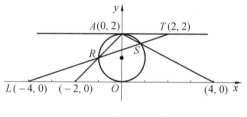

图 5.12

图 5.13 给出的是方程 $x^2 - x - 6 = 0$ 的解法. 当然,假如抛物线与直线没有交点,则方程的根为虚根.

实际上,一元二次方程 $x^2 + bx + c = 0$ 的根也可以通过在同一坐标系中作出直线和标准三次函数 $y = x^3$ 的图像而得到. 方程 $(x-b)(x^2 + bx + c) = x^3 + (c-b^2)x - bc = 0$ 的根为 b 以及方程 $x^2 + bx + c = 0$ 的根. 在图像上,它们是曲线 $y = x^3$ 和直线 $y + (c-b^2)x - bc = 0$ 的交点的横坐标.

(5) 用等轴双曲线 $xy = 1$ 解答一元二次方程.

1908 年美国数学家舒尔茨(Arthur Schultz)出版的《图形代数》一书中介绍了使用等轴双曲线 $xy = 1$ 来解一元二次方程的方法.

在方程 $ax^2 + bx + c = 0$ 中,我们作代换 $x = \dfrac{1}{y}$,则有 $a \cdot \dfrac{x}{y} + \dfrac{b}{y} + c = 0$ 或 $ax + cy = -b$,再考虑 $ax + cy = -b, y = \dfrac{1}{x}$,解方程组,得 $ax^2 + bx + c = 0$ 的根.

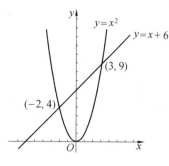

图 5.13

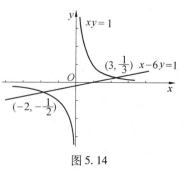

图 5.14

图 5.14 是方程 $x^2 - x - 6 = 0$ 的解法. 等轴双曲线 $xy = 1$ 和直线 $x - 6y = 1$ 交点的横坐标即为方程 $x^2 - x - 6 = 0$ 的根.

5.7 从偶然中发现必然

偶然事件中常含有必然性规律,偶然事件的出现常可能是某种必然性现象的瞬时显现. 关注偶然性,是认识必然性的开始,在"偶然"中寻找"必然",运用"必然"的规律去处理"偶然". 这是我们认识"偶然"与"必然"的数学眼光.

5.7.1 素数 7, 11, 13 的美妙特性

当你任取一个三位数,如 762,再重复它的数字写出一个新数 762 762,然后用 7,11,13 等数来除时,发现都能整除,即 762 762 ÷ 7 = 108 966,762 762 ÷ 11 = 69 342,762 762 ÷ 13 = 58 674,762 762 ÷ 77 = 9 906,762 762 ÷ 91 = 8 382,762 762 ÷ 143 = 5 334,762 762 ÷ 1 001 = 762. 这是偶然的,还是必然的呢? 另取一个三位数,也如上处理,情况会怎么样? 通过计算后发现也有上述结论:任取一个三位数 $\overline{abc}$,再重复它的数字写出一个新数 $\overline{abcabc}$,然后用 7,11,13,77,91,143,1 001 来除,也都能整除,这是必然规律吗?

事实上,由于
$$\overline{abcabc} = 100\,000a + 10\,000b + 1\,000c + 100a + 10b + c = 100\,100a + 10\,010b + 1\,001c$$

而 $7 \times 11 \times 13 = 1\,001$,它是 100 100,10 010,1 001 的因子,因此它总能除尽 $\overline{abcabc}$,任何 7,11,13 及它们积的组合,如 77,91,143,1 001 都是其因子.

5.7.2 反常约分

在分数化简时,对于下列各分数,把分子和分母中相同的数字约去,就得到

$$\frac{1\!\!\!/6}{6\!\!\!/4} = \frac{1}{4}, \frac{6\!\!\!/4}{1\!\!\!/6} = 4; \frac{1\!\!\!/9}{9\!\!\!/5} = \frac{1}{5}, \frac{9\!\!\!/5}{1\!\!\!/9} = 5$$

$$\frac{4\!\!\!/9}{9\!\!\!/8} = \frac{4}{8}, \frac{9\!\!\!/8}{4\!\!\!/9} = 2; \frac{2\!\!\!/6}{6\!\!\!/5} = \frac{2}{5}, \frac{6\!\!\!/5}{2\!\!\!/6} = \frac{5}{2}$$

这样的"约分法"显然是错误的,但意外的是结果确是正确的,我们自然会问:
(1) 这里得到的结果为什么是正确的?
(2) 这种约分法是否可用于其他分数?
我们先看两位数的情形,再看 n 位数的情形.
对于两位数的"约分",实际上求如下不定方程的整数解. 设
$$\frac{10a+b}{10b+c} = \frac{a}{c}, c \neq 0 \qquad ①$$

由 ① 得
$$10ab - 9ac - bc = 0 \qquad ②$$

其中整数 a,b,c 满足
$$0 \leq a \leq 9, 0 \leq b \leq 9, 0 < c \leq 9 \qquad ③$$

方程 ② 的解必须是满足 ③ 的整数.
方程 ② 通常有多个解 (a,b,c),其中 a,b,c 是整数.
方程 ② 可分下列三种情形求解:

(1) 当 $b=c$ 时,将其代入式②,得 $10ab-9ab-b^2=0$,即 $(a-b)b=0$,从而 $b=0$ 或 $a=b$. 若 $b=0$,则 $c=0$(因 $b=c$),但由前面假设 $c\neq 0$,所以 $b\neq 0$. 若 $a=b$,则 $a=b=c$,由此推出 $\dfrac{10c+c}{10c+c}=\dfrac{c}{c}$.

故当 $c\neq 0$ 时,(c,c,c) 是②的解,显然,此时可得 9 个这样的解(如 $\dfrac{22}{22},\dfrac{33}{33}$ 等).

(2) 当 $a=0$ 时,将其代入①中,得
$$\dfrac{10a+b}{10b+c}=\dfrac{0}{c}\Rightarrow\dfrac{b}{10b+c}=0\Rightarrow b=0$$

从而,当 $c\neq 0$ 时,$(0,0,c)$ 也是②的解. 此时,也有 9 个形如 $(0,0,c)$ 的解.

(3) 当 $a>0$ 时,则把②写成如下的形式
$$a(10b-9c)=bc$$
即
$$a=\dfrac{bc}{10b-9c}$$

由 $a>0, bc>0$(因若 $b=0$,则 $\dfrac{10a}{c}=\dfrac{a}{c}\Rightarrow a=0\Rightarrow(0,0,c)$ 为其解已讨论),有 $10b-9c>0$ 或 $c<\dfrac{10b}{9}$.

因 b 和 c 是正整数,且 $b\neq c$,则 $c<b$.

令
$$b=c+k(k\text{ 为整数},\text{且 }1\leqslant k\leqslant 8) \qquad ④$$

把④代入②得
$$10a(c+k)-9ac-(c+k)c=0$$
或
$$a=\dfrac{c(c+k)}{c+10k} \qquad ⑤$$

但 $a\geqslant 1$,则
$$\dfrac{c(c+k)}{c+10k}\geqslant 1\Rightarrow k\leqslant\dfrac{c(c-1)}{10-c}$$

由 $k\geqslant 1$,得 $\dfrac{c(c-1)}{10-c}\geqslant 1$. 故
$$10-c\leqslant c(c-1)\Rightarrow 10-c\leqslant c^2-c\Rightarrow 10\leqslant c^2\Rightarrow\sqrt{10}\leqslant c$$

即 $c\geqslant 4$. 于是,我们只需检验 $c=4,5,6,7,8$ 五种情形($c=9$ 不可能,因 $c<b$).

由④有
$$k=b-c\Rightarrow k\leqslant 9-c \qquad ⑥$$

由上述不等式⑥,把 c 的适当的值和 b 的相应的值列在一起,得如表 5.1 所示的数据表.

表 5.1

c	k	b
4	1,2,3,4,5	5,6,7,8,9
5	1,2,3,4	6,7,8,9
6	1,2,3	7,8,9
7	1,2	8,9
8	1	9

由表 5.1 中看到,共有 15 种可供检验的情形:将上表中得到的结果代入式 ⑤,得到的只有

$$c=4, k=2, b=6, a=1 \Rightarrow \frac{16}{64} = \frac{1}{4}$$

$$c=5, k=1, b=6, a=2 \Rightarrow \frac{26}{65} = \frac{2}{5}$$

$$c=5, k=4, b=9, a=1 \Rightarrow \frac{19}{95} = \frac{1}{5}$$

$$c=8, k=1, b=9, a=4 \Rightarrow \frac{49}{98} = \frac{4}{8}$$

综上所述,满足 ② 的解有 22 种情形:即形如 (c,c,c) 的和 $(0,0,c)$ 的各 9 个,再加上上述的 4 个解.

分子、分母为两位整数的"约分"问题解决以后,自然要问是否也有适合于分子、分母为三位,四位,……,n 位整数的"约分"方法?例如

$$\frac{1(66)}{(66)4} = \frac{1}{4}, \frac{2(666)}{(666)5} = \frac{2(66)}{(66)5} = \frac{2}{5}, \cdots$$

我们可以证明,上一段中问题的解,对于一般情形也是适用的.

取如下的分数 $\dfrac{m}{n}$,其中

$$m = a \cdot 10^n + b \cdot 10^{n-1} + b \cdot 10^{n-2} + \cdots + b = a \cdot 10^n + \frac{b(10^n - 1)}{9}$$

$$n = c + 10b + 10^2 \cdot b + \cdots + 10^{n-1} \cdot b + 10^n b = c + \frac{10b(10^n - 1)}{9}$$

令 $t = \dfrac{b(10^n - 1)}{9}$,则 $m = 10^n a + t, n = c + 10t$.

现在再来寻求方程 $\dfrac{m}{n} = \dfrac{a}{c}$,即

$$\frac{10^n a + t}{c + 10t} = \frac{a}{c} \qquad ⑦$$

的解,由式 ⑦,得

$$10^n ac + ct = ac + 10at \Rightarrow 10^n ac - ac = 10at - ct \Rightarrow$$
$$(10^n - 1)ac = (10a - c)t \Rightarrow$$

$$(10^n - 1)ac = (10a - c) \cdot \frac{b(10^n - 1)}{9}$$

所以 $\qquad 9ac = 10ab - bc \Rightarrow 10ab - 9ac - bc = 0$

这恰巧是方程②,前面已求得它的解. 于是,分子、分母为 n 位整数形如 $\frac{m}{n}$ 的分数约分的解也可比照前面的结论写出(略).

像如上的"约分",还有如下一些例子: $\frac{(7)75}{21(7)}, \frac{(84)7}{4(84)}, \frac{6(9)5}{13(9)}, \frac{1(2)(7)}{(7)6(2)}, \frac{5(9)4}{3(9)6}, \frac{3(5)44}{7(5)31}$, $\frac{1(66)(33)}{(33)2(66)}, \frac{143(18)5}{170(18)560}, \frac{425(1935)345}{912(1935)5185}, \cdots$

你能创造一个理论进行解释吗？哪怕解释其中一个也行. 成功只属于那些用数学眼光看问题且不畏艰辛的探索者.

5.7.3 行列式的一条有趣性质

数字 36,18 都能被 6 整除,把数字 3,6,1,8 顺次作为二阶行列式的元素,即

$$\begin{vmatrix} 3 & 6 \\ 1 & 8 \end{vmatrix} = 24 - 6 = 18$$

其行列式也能被 6 整除,不仅如此,36 与 18 都是 18 的倍数,其行列式也是 18 的倍数. 这是偶然的吗？再试一试,例如,21, -105,210 都能被 7 整除,以这三个数的各位数字作为行(若为负数,则各位数字前均加负号,不足三位的 21,缺位以 0 代替)所组成的 3 阶行列式为

$$\begin{vmatrix} 0 & 2 & 1 \\ -1 & 0 & -5 \\ 2 & 1 & 0 \end{vmatrix} = -21$$

也能被 7 整除. 这又是一个必然的规律吗？

事实上,可设 n 个整数 $a_1, a_2, \cdots, a_n$ 都能被 m 整除,即

$$a_1 = 10^{n-1} \cdot a_{11} + 10^{n-2} \cdot a_{12} + \cdots + a_{1n} = k_1 m$$
$$a_2 = 10^{n-1} \cdot a_{21} + 10^{n-2} \cdot a_{22} + \cdots + a_{2n} = k_2 m$$
$$\vdots$$
$$a_n = 10^{n-1} \cdot a_{n1} + 10^{n-2} \cdot a_{n2} + \cdots + a_{nn} = k_n m$$

其中 k_i 及 $a_{ij}(i,j = 1,2,\cdots,n)$ 都是整数.

以 $a_1, a_2, \cdots, a_n$ 的各位数字作行组成的 n 阶行列式为

$$D = \begin{vmatrix} a_{11} & a_{12} & \cdots & a_{1n} \\ a_{21} & a_{22} & \cdots & a_{2n} \\ \vdots & \vdots & & \vdots \\ a_{n1} & a_{n2} & \cdots & a_{nn} \end{vmatrix}$$

将行列式 D 的第 i 列乘以 10^{n-i} 加到第 n 列上 $(i = 1,2,\cdots,n-1)$,由行列式的性质知,行列式不变. 即

$$D = \begin{vmatrix} a_{11} & a_{12} & \cdots & 10^{n-1}a_{11} + 10^{n-2}a_{12} + \cdots + a_{1n} \\ a_{21} & a_{22} & \cdots & 10^{n-1}a_{21} + 10^{n-2}a_{22} + \cdots + a_{2n} \\ \vdots & \vdots & & \vdots \\ a_{n1} & a_{n2} & \cdots & 10^{n-1}a_{n1} + 10^{n-2}a_{n2} + \cdots + a_{nn} \end{vmatrix} = \begin{vmatrix} a_{11} & a_{12} & \cdots & k_1 m \\ a_{21} & a_{22} & \cdots & k_2 m \\ \vdots & \vdots & & \vdots \\ a_{n1} & a_{n2} & \cdots & k_n m \end{vmatrix} =$$

$$m \begin{vmatrix} a_{11} & a_{12} & \cdots & k_1 \\ a_{21} & a_{22} & \cdots & k_2 \\ \vdots & \vdots & & \vdots \\ a_{n1} & a_{n2} & \cdots & k_n \end{vmatrix} = m \cdot M$$

由于 $k_i, a_{ij}(i,j=1,2,\cdots,n)$ 都是整数,从而 $M = \begin{vmatrix} a_{11} & a_{12} & \cdots & k_1 \\ a_{21} & a_{22} & \cdots & k_2 \\ \vdots & \vdots & & \vdots \\ a_{n1} & a_{n2} & \cdots & k_n \end{vmatrix}$ 也是整数,故 D 可被 m 整除.

5.7.4 解题中一般方法的发现

案例 1 已知数列 $\{a_n\}$ 满足:$a_1 = 1, a_{n+1} = 2a_n + 1$,求 a_n.

分析 从给出的递推关系可以知道数列 $\{a_n\}$ 既不是等差数列也不是等比数列,一时很难求出通项 a_n. 这时我们应该通过引导大家计算 a_1, a_2, a_3, a_4,归纳出数列的通项 $a_n = 2^n - 1$,再让学生思考这个数列的特点. 有同学发现:因为 $a_n + 1 = 2^n$,所以把 $a_n + 1$ 看成一个整体,数列 $\{a_n + 1\}$ 是首项为 2,公比为 2 的等比数列,再回到原来已知条件可以看出,由 $a_{n+1} = 2a_n + 1$ 的两边加 1 可得:$a_{n+1} + 1 = 2(a_n + 1)$,即表示数列 $\{a_n + 1\}$ 是首项为 2,公比为 2 的等比数列.

探讨 在这个偶然的结论中是否存在一般的方法呢?若 $a_{n+1} = pa_n + q(p \neq 0, 1)$,又将怎样?

设数列 $\{a_n\}$ 满足 $a_{n+1} + x = p(a_n + x)$,则 $a_{n+1} = pa_n + px - x$,对照已知条件 $a_{n+1} = pa_n + q$,得 $q = px - x$,所以 $x = \dfrac{q}{p-1}$. 由此可见,形如 $a_{n+1} = pa_n + q$ 递推关系的数列都可以通过加上一个常数使它成为等比数列. 上述结论不是偶然的,它包含着必然的方法和结果.

例 已知数列 $\{a_n\}$ 中,$a_1 = 1$ 且满足下列关系,分别求出 a_n.

(1) $a_{n+1} = 2a_n + 3^n$.

(2) $a_{n+1} = 2a_n + 3n$.

(3) $a_{n+1} = \dfrac{2a_n}{a_n + 3}$.

分析 这三个数列和我们前面提到的数列虽不相同,但它们都可以转化为上述数列.

(1) $a_{n+1} = 2a_n + 3^n$,即 $\dfrac{a_{n+1}}{3^n} = \dfrac{2}{3} \cdot \dfrac{a_n}{3^{n-1}} + 1$.

设 $b_n = \dfrac{a_n}{3^{n-1}}$,则有 $b_{n+1} = \dfrac{2}{3} b_n + 1$.

(2) $a_{n+1} = 2a_n + 3n$ 可得 $a_n = 2a_{n-1} + 3(n-1)$. 所以有
$$a_{n+1} - a_n = 2(a_n - a_{n-1}) + 3$$
设 $b_n = a_n - a_{n-1}$, 则有 $b_{n+1} = 2b_n + 3$.

(3) $a_{n+1} = \dfrac{2a_n}{a_n + 3}$, 即 $\dfrac{1}{a_{n+1}} = \dfrac{a_n + 3}{2a_n}$, 所以有
$$\frac{1}{a_{n+1}} = \frac{3}{2} \cdot \frac{1}{a_n} + \frac{1}{2}$$
设 $b_n = \dfrac{1}{a_n}$, 则有 $b_{n+1} = \dfrac{3}{2} \cdot b_n + \dfrac{1}{2}$.

案例 2 求直线 $x - 2y + 7 = 0$ 关于直线 $x + y - 1 = 0$ 对称的直线方程.

分析 由方程组 $\begin{cases} x - 2y + 7 = 0 \\ x + y - 1 = 0 \end{cases}$ 得两直线的交点 $P\left(-\dfrac{5}{3}, \dfrac{8}{3}\right)$.

设所求直线的斜率为 k, 则有
$$\frac{\dfrac{1}{2} + 1}{1 - \dfrac{1}{2}} = \frac{-1 - k}{1 - k}$$

解得 $k = 2$.

故所求直线方程为 $2x - y + 6 = 0$.

探讨 若由对称轴方程 $x + y - 1 = 0$, 得 $x = 1 - y$ 和 $y = 1 - x$, 同时代换方程 $x - 2y + 7 = 0$ 中的 x, y 得 $(1 - y) - 2(1 - x) + 7 = 0$, 即 $2x - y + 6 = 0$, 而此方程恰为已知直线 $x - 2y + 7 = 0$ 关于直线 $x + y - 1 = 0$ 对称的直线方程.

难道这是偶然的巧合吗? 如果后一种方法(可称之为代值代换)具有可靠性和普遍性, 那么将为解此类对称问题提供一个非常巧妙的简捷解法.

类似于上述案例, 对诸多求已知曲线关于定直线对称的曲线问题进行分析研究, 得到了以下两个命题.

命题 1 直线 $l_1: y = k_1 x + m_1$ 关于直线 $l: y = kx + m$ 对称的直线 l_2 的方程, 可以对方程 l_1 实施代值代换的充要条件是 $k = k_1 (k \neq \pm 1)$ 或 $k = \pm 1 (k \neq k_1)$.

证明 先证充分性.

若 $k = k_1$, 则 $l \parallel l_1$, 利用 l_1 与 l, l_2 与 l 间的距离相等, 易得 l_2 的方程为
$$y = k_1 x + 2m - m_1 \qquad (*)$$

若将 $y = kx + m$ 及 $x = \dfrac{y - m}{k}$ 同时代入 l_1 的方程, 则得 $kx + m = k_1 \cdot \dfrac{y - m}{k} + m_1$, 即 $y = k_1 x + 2m - m_1$, 与式 $(*)$ 相同.

若 $k = 1$, 解方程组 $\begin{cases} y = k_1 x + m_1 \\ y = x + m \end{cases}$ 得两直线交点 $P\left(\dfrac{m - m_1}{k_1 - 1}, \dfrac{m - m_1}{k_1 - 1} + m\right)$.

设直线 l_2 的斜率为 k_2, 则有 $\dfrac{k_1 - 1}{1 + k_1} = \dfrac{1 - k_2}{1 + k_2}$, 解得 $k_2 = \dfrac{1}{k_1}$, 从而得 l_2 的方程为
$$y - \left(\frac{m - m_1}{k_1 - 1} + m\right) = \frac{1}{k_1}\left(x - \frac{m - m_1}{k_1 - 1}\right)$$

即
$$x - k_1 y + m + k_1 m - m_1 = 0 \qquad (**)$$

若将 $y = x + m$ 和 $x = y - m$ 同时代入直线 l_1 的方程,则得 $x + m = k_1(y - m) + m_1$,即 $x - k_1 y + m + k_1 m - m_1 = 0$ 与($**$)相同.

若 $k = -1$,同理可证. 充分性得证.

再证必要性.

当 $k_1 \neq k$ 时,可求 l_1 与 l 的交点 $\left(\dfrac{m_1 - m}{k - k_1}, \dfrac{km_1 - k_1 m}{k - k_1}\right)$,设直线 l_2 的斜率为 k_2,则有

$$\frac{k_1 - k}{1 + k_1 k} = \frac{k - k_2}{1 + k k_2}$$

得
$$k_2 = \frac{2k + k_1 k^2 - k_1}{2 k_1 k - k^2 + 1}$$

由点斜式方程可得直线 l_2 的方程为

$$y = \frac{2k + k_1 k^2 - k_1}{2k_1 k - k^2 + 1} x + \frac{k_1 m_1 - k_1 m}{k - k_1} - \frac{2k + k_1 k^2 - k_1}{2k_1 k - k^2 + 1} \cdot \frac{m_1 - m}{k - k_1} \qquad ①$$

当 $k_1 = k$ 时,直线 l_2 的方程为

$$y = kx + 2m - m_1 \qquad ②$$

由题设,直线 l_2 方程的求得可以对方程 l_1 实施代值代换,将 $y = kx + m$ 和 $x = \dfrac{y - m}{k}$ 同时代入直线 l_1 的方程,得 $kx + m = k_1 \cdot \dfrac{y - m}{k} + m_1$,即

$$y = \frac{k^2}{k_1} x + \frac{k(m - m_1)}{k_1} + m \qquad ③$$

比较 ① 和 ③,有

$$\frac{2k + k_1 k^2 - k_1}{2k_1 k - k^2 + 1} = \frac{k^2}{k_1}$$

化简,得 $(k^2 - 1)(k_1 - k)^2 = 0$.

当 $k_1 \neq k$ 时,必有 $k^2 - 1 = 0, k = \pm 1$,且易证它们在 y 轴上的截距相等.

当 $k_1 = k$ 时,比较 ② 和 ③,易证一致.

从而必要性获证.

类似地,还可得到如下命题:

命题 2 曲线 $C_1: F(x,y) = 0$ 关于直线 $l: y = kx + m$ 对称的曲线 C_2 的方程,可以对方程 C_1 实施代值代换的充要条件是 $k = \pm 1$.

由上看来,偶然是引起人们注意的现象,必然是人们分析偶然后的推断.

5.8　从平凡中发现奇异

深刻来自省悟,奇异出自平凡,数学眼光常常能帮助我们看出平凡事实背后的不平凡的东西.

5.8.1 三角形中的一个点

初中平面几何课本中有如下一道习题,试证:等腰三角形底边上任一点到两腰的距离之和等于一腰上的高;等腰三角形底边延长线上任一点到两腰距离之差的绝对值等于一腰上的高.

如图 5.15(a),联结 AP,把等腰 $\triangle ABC$ 分成两个三角形,即 $\triangle ABP, \triangle ACP$,显然 $S_{\triangle ABC} = S_{\triangle ABP} + S_{\triangle ACP}$.

设腰上的高为 h,则

$$\frac{1}{2}AB \cdot h = \frac{1}{2}AB \cdot PE + \frac{1}{2}AC \cdot PF = \frac{1}{2}AB(PE + PF)$$

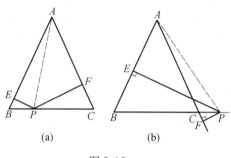

图 5.15

从而 $h = PE + PF$.

对于图 5.15(b),由 $S_{\triangle ABC} = |S_{\triangle ABP} - S_{\triangle ACP}|$,有

$$\frac{1}{2}AB \cdot h = |\frac{1}{2}AB \cdot PE - \frac{1}{2}AC \cdot PF|$$

即有

$$h = |PE - PF|$$

如果点 P 是正三角形 ABC 内任一点,类似于上面的推导,我们可获得结论:等边三角形内任一点到三边的距离之和等于定值(三角形的高).

这个结论就是著名的维维安尼定理,关于这个定理,还有一段趣事. 美国著名几何学家匹多描述过:有一次一位经济学家打电话询问他,这个定理在经济学上有重要的意义,但不知道如何证明,特向匹多请教.

从上面可以看到,前面的那个小小的习题,可以给我们以启发,从平凡的事实出发,得到了不平凡的结论.

如果我们继续运用数学眼光看待上述问题,则能看出一系列不平凡的东西.

不是吗? 把 $\triangle ABC$ 一分三块,三块加起来等于原来的那个三角形,这太平凡了. 但正是这桩平凡的事实和另一个平凡的公式"三角形面积等于底乘高之半"一结合,便得出一个个更有趣的结论.

就在三角形内随便放一个点,这里就有不少文章可做.

在图 5.16 中,显然有

$$S_{\triangle PBC} + S_{\triangle PAC} + S_{\triangle PAB} = S_{\triangle ABC}$$

即

$$\frac{S_{\triangle PBC}}{S_{\triangle ABC}} + \frac{S_{\triangle PAC}}{S_{\triangle ABC}} + \frac{S_{\triangle PAB}}{S_{\triangle ABC}} = 1 \quad ①$$

这仍然是平凡的,但如果注意到

$$\frac{S_{\triangle PBC}}{S_{\triangle ABC}} = \frac{PD}{AD}, \quad \frac{S_{\triangle PAC}}{S_{\triangle ABC}} = \frac{PE}{BE}, \quad \frac{S_{\triangle PAB}}{S_{\triangle ABC}} = \frac{PF}{CF} \quad ②$$

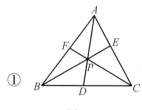

图 5.16

把 ② 代入 ① 之后,得到

$$\frac{PD}{AD} + \frac{PE}{BE} + \frac{PF}{CF} = 1 \qquad ③$$

这就是一个不平凡的等式了,如果不想到它的来源①,简直是一道难题!

由平凡的式①通过式②得到了不平凡的式③,那么式②是否能归结为平凡的事实呢?回答是肯定的. 在小学数学中,已经介绍过:同高(底)三角形的面积比等于底(高)之比,即有

$$\frac{S_{\triangle PDC}}{S_{\triangle ADC}} = \frac{S_{\triangle PDB}}{S_{\triangle ADB}} = \frac{PD}{AD}$$

用一下合比定理,则有 $\dfrac{S_{\triangle PDC} + S_{\triangle PDB}}{S_{\triangle ADC} + S_{\triangle ADB}} = \dfrac{PD}{AD}$ 了.

再看图 5.16,如果考虑的不是三个小三角形的面积和式,而是考虑三个小三角形面积的乘积式,又有一个平凡的等式

$$\frac{S_{\triangle PAC}}{S_{\triangle PAB}} \cdot \frac{S_{\triangle PAB}}{S_{\triangle PBC}} \cdot \frac{S_{\triangle PBC}}{S_{\triangle PAC}} = 1 \qquad ④$$

这个等式和式①有共同之处,右端都是 1. 但是式④更平凡,在式①当中,还有一点几何意义 —— 把 $\triangle ABC$ 分成三块. 在式④中,连这点几何意义也没有了,简简单单地就是分子分母一样,约掉之后是 1.

在这里,我们不能约它,一约就什么也得不到了,此时注意到 $\dfrac{S_{\triangle ADC}}{S_{\triangle ADB}} = \dfrac{S_{\triangle PDC}}{S_{\triangle PDB}} = \dfrac{DC}{DB}$,用分比定理可得 $\dfrac{S_{\triangle PAC}}{S_{\triangle PAB}} = \dfrac{DC}{DB}$. 同样有

$$\frac{S_{\triangle PAB}}{S_{\triangle PBC}} = \frac{AE}{EC}, \quad \frac{S_{\triangle PBC}}{S_{\triangle PAC}} = \frac{BF}{FA}$$

将上面三式代入式④,便得

$$\frac{CD}{DB} \cdot \frac{AE}{EC} \cdot \frac{BF}{FA} = 1 \qquad ⑤$$

这就是说,在 $\triangle ABC$ 内任取一点 P,分别联结 AP,BP,CP 并延长交对边于 D,E,F,则分三边成 6 条线段满足等式⑤.

反过来,利用同一法或梅涅劳斯定理可以证明:对 BC,CA,AB 边上的三点 D,E,F. 如果式⑤成立,则 AD,BE,CF 交于一点.

这一正一反放在一起,就是著名的塞瓦定理. 而它之所以得证,其根源竟是平凡的等式④.

等式⑤是一个奇异的等式,它的应用是极其广泛的,它还统摄了三角形巧合点(重心、内心、界心、外心、垂心)定理.

5.8.2 恒等式 $A = \dfrac{2kA}{2k} = \dfrac{\alpha A}{\alpha}$

等式 $A = \dfrac{2kA}{2k}$ 太平凡了,正是这个平凡的恒等式,在处理有关证明较困难的问题中却可发挥奇异的作用. 下面来看运用数学归纳法证著名不等式的例子(其中等号都是 $x_1 = x_2 = \cdots = x_n$ 时成立均略).

例1 设 $x_1, x_2, \cdots, x_n \in \mathbf{R}_+$,求证:$H_n \leqslant G_n$,其中 $H_n = \dfrac{n}{x_1^{-1} + x_2^{-1} + \cdots + x_n^{-1}}$,$G_n = \sqrt[n]{x_1 \cdot x_2 \cdot \cdots \cdot x_n}$.

证明 当 $n = 2$ 时,$H_2 = \dfrac{2x_1 x_2}{x_1 + x_2} \leqslant \dfrac{2x_1 x_2}{2\sqrt{x_1 x_2}} = \sqrt{x_1 x_2} = G_2$,从而结论成立.

假设当 $n = k$ 时,有 $H_k \leqslant G_k$. 当 $n = k + 1$ 时,令 $A = \dfrac{x_1^{-1} + x_2^{-1} + \cdots + x_k^{-1} + x_{k+1}^{-1}}{k + 1}$,则

$$A = \dfrac{2kA}{2k} = \dfrac{(k+1)A + (k-1)A}{2k} = \dfrac{x_1^{-1} + \cdots + x_k^{-1} + x_{k+1}^{-1} + (k-1)A}{2k} =$$

$$\dfrac{\dfrac{x_1^{-1} + \cdots + x_k^{-1}}{k} + \dfrac{x_{k+1}^{-1} + (k-1)A}{k}}{2} \geqslant \dfrac{\dfrac{1}{\sqrt[k]{x_1 \cdot \cdots \cdot x_k}} + \dfrac{1}{\sqrt[k]{x_{k+1} \cdot A^{1-k}}}}{2} \geqslant$$

$$\dfrac{1}{\sqrt[2k]{x_1 \cdot \cdots \cdot x_k \cdot x_{k+1} \cdot A^{1-k}}} \Rightarrow A^{k+1} \geqslant \dfrac{1}{x_1 x_2 \cdot \cdots \cdot x_k \cdot x_{k+1}}$$

则
$$H_{k+1} = \dfrac{1}{A} \leqslant \sqrt[k+1]{x_1 x_2 \cdot \cdots \cdot x_{k+1}} = G_{k+1}$$

由上及归纳法原理,从而有 $H_n \leqslant G_n$.

类似于上例,令 $A_{k+1} = \dfrac{x_1 + x_2 + \cdots + x_{k+1}}{k + 1}$,运用 $A_{k+1} = \dfrac{2kA_{k+1}}{2k} = \dfrac{(k+1)A_{k+1} + (k-1)A_{k+1}}{2k}$ 亦可证得 $G_n \leqslant A_n$ 和 $A_n \leqslant E_n$ ($E_n = \sqrt{\dfrac{x_1^2 + x_2^2 + \cdots + x_n^2}{n}}$) 以及下面的凸函数不等式:

(1) 设函数 f 满足 $f\left(\dfrac{x_1 + x_2}{2}\right) \underset{(\geqslant)}{\leqslant} \dfrac{f(x_1) + f(x_2)}{2}$,求证

$$f\left(\dfrac{x_1 + x_2 + \cdots + x_n}{n}\right) \underset{(\geqslant)}{\leqslant} \dfrac{1}{n}[f(x_1) + f(x_2) + \cdots + f(x_n)]$$

(2) 设函数 f 满足 $f(x_1) \cdot f(x_2) \underset{(\geqslant)}{\leqslant} \left[f\left(\dfrac{x_1 + x_2}{2}\right)\right]^2$,求证

$$f(x_1) \cdot f(x_2) \cdot \cdots \cdot f(x_n) \underset{(\geqslant)}{\leqslant} \left[f\left(\dfrac{x_1 + x_2 + \cdots + x_n}{n}\right)\right]^n$$

平凡的式子 $A = \dfrac{\alpha A}{\alpha}$ 不仅起到桥梁作用,有时还起到催化剂等奇异的作用.

例2 设 $x \neq 0$,计算 $\sin x + \sin 2x + \cdots + \sin nx$ 的值.

解 令原式 $= A$,取 $\alpha = \sin \dfrac{x}{2}$,则

$$A = \dfrac{\alpha A}{\alpha} = \dfrac{1}{\sin \dfrac{x}{2}}\left(\sin \dfrac{x}{2} \cdot \sin x + \sin \dfrac{x}{2} \cdot \sin 2x + \cdots + \sin \dfrac{x}{2} \cdot \sin nx\right) =$$

$$\dfrac{1}{\sin \dfrac{x}{2}}\left\{-\dfrac{1}{2}\left[\cos\left(n + \dfrac{1}{2}\right)x - \cos \dfrac{x}{2}\right]\right\} = \dfrac{\sin \dfrac{n+1}{2}x \cdot \sin \dfrac{n}{2}x}{\sin \dfrac{x}{2}}$$

5.9 从紊乱中归纳条理

从紊乱中清理出条理,这也是具有数学眼光的一种表现,紊乱的现象经过数学方法来处理,就可以构造出序来,序使得许多难解的问题变得易解,使得许多扑朔迷离的现象变得有条不紊.

例1 设有 n 个各不相同的正数 $a_1,a_2,\cdots,a_n$ 作出其一切可能的和数. 证明:所得的和数中至少有 $\frac{1}{2}n(n+1)$ 个两两互不相同.

这个问题涉及的头绪比较纷繁,所有可能的和包括只有一个加数和所有加数的和,还有 2 个,3 个,……,$n-1$ 个加数的和. 但是,当我们运用数学眼光看待这个问题时,发现这是一批可以比较大小的对象(能比较大小的对象常包括实数、长度、角度等),它们之间虽然没有事先规定顺序,但我们可以假定某种顺序排列出来,这有助于思考.

由于这 n 个数互不相等,因而可将这 n 个数按其大小顺序排列. 不失一般性,假定 $a_1 < a_2 < a_3 < \cdots < a_n$,那么:

一个加数的和有 $a_1,a_2,\cdots,a_n$;(n 个)

两个加数的和有 $a_1 + a_n,a_2 + a_n,\cdots,a_{n-1} + a_n$;($n-1$ 个)

三个加数的和有 $a_1 + a_{n-1} + a_n,a_2 + a_{n-1} + a_n,\cdots,a_{n-2} + a_{n-1} + a_n$;($n-2$ 个)

$\vdots$

n 个加数的和有 $a_1 + a_2 + \cdots + a_n$. (1 个)

由于上面的排序,这就保证了上面的各个和都互不相等. 它们组成一个严格的单调递增序列,且和的个数为 $1 + 2 + \cdots + (n-1) + n = \frac{1}{2}n(n+1)$,由此即证明了结论.

由上可知,排序是处理紊乱问题,使之有条理的有效手段.

例2 $n(n \geq 2)$ 个人参加晚会,如果到会的人见到其他到会的人时,都要握一次手,当然,在甲与乙互相握手的时候,只能被认为是发生了一次握手,而不是两次,问在这个晚会上一共有多少次握手?

这也是看来觉得头绪纷繁的问题,显然用排序的方法来处理也还是麻烦的. 当我们继续运用数学眼光考察时,发现可以用列表的方法来处理.

用 $A_1,A_2,\cdots,A_n$ 表示参加晚会的人,作出如表 5.2 所示的正方形数表.

表 5.2

	A_1	A_2	$\cdots$	A_n
A_1	0	1	$\cdots$	1
A_2	1	0	$\cdots$	1
$\vdots$	$\vdots$	$\vdots$	$\cdots$	$\vdots$
A_n	1	1	$\cdots$	0

由于 A_1 不可能同他自己握手,所以在第一行与第一列的交叉处填上 0;由于 A_1 与 A_2 有一次握手,因此在第一行与第二列的交叉处写上 1;由于 A_2 与 A_1 握过手,故在第二行与第一

列的交叉处再写上 1. 其余照此类推.

这样,问题已经变得很明显了:计算晚会上握手的总次数,就是计算上述正方形数表中 1 的个数,然后以 2 除之(因每一次握手在表中被统计了 2 次). n 行 n 列数表共有 n^2 个数,其中有 n 个 0,其余都是 1. 因此,握手次数为

$$(n^2 - n) \div 2 = \frac{1}{2}n(n-1)$$

显然,握手次数也可以这样统计,只计算上述正方形数表中主对角线以上(或下)的 1 的个数,即得

$$1 + 2 + \cdots + (n-1) = \frac{1}{2}n(n-1)$$

如上的正方形数表是一类特殊的矩形数表,它在日常生活中广泛地应用着,如课表、火车时刻表、工程进度表等. 这样的矩形数表也叫作矩阵. 矩阵是日常生活中,工农业生产中、数学及其他学科中见得较多的数学对象表示形式,它能把头绪纷繁的事物或者数学对象按一定的规则排列表示出来,让人看上去一目了然,在紊乱中总结出条理,帮助我们保持清醒的头脑,不至于被一些杂乱无章的关系弄得晕头转向.

5.10 从无序中找到规律

数学眼光就是与众不同,用数学眼光看问题,秩序不等于定(规)律,无序不一定与无规律同义,秩序与无序后面皆有规律.

例 1 分液体(如油、酒等)是一个古老的谜题. 说的是想用一个能盛 7 kg 的空瓶子和一个能盛 3 kg 的空瓶子,从一个盛有 10 kg 的空瓶子中量出 5 kg 液体,怎样量?

这个谜题中的用两个空瓶子量出所要求的分量,也没有指出量的次序,但具有数学眼光的人,马上看出求解这类问题的规律.

事实上,可先把能装 7 kg 的瓶子盛满,用能装 3 kg 的瓶子从中量出 3 kg 倒回原来的瓶子中,这样两次之后,能盛 7 kg 的瓶中就只剩下 1 kg 了. 把这 1 kg 液体倒入能盛 3 kg 的瓶中,重新把能盛 7 kg 的瓶子装满,再把这 7 kg 的液体倒入能盛 3 kg 的瓶中,此时该瓶中恰能装下 2 kg 液体. 这样,能装 7 kg 的瓶中就恰好只有 5 kg 液体了,问题得以解决.

如上解决过程,波兰数学家斯泰因豪斯给出了形象的图解说明:作一个平行四边形,底边长为 7,腰长为 3,夹角为 60°,如图 5.17 所示.

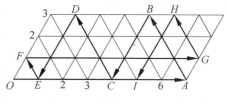

图 5.17

从标着 O 的顶点出发,沿着水平方向尽可能前进,每当碰壁时就按入射角等于反射角的规则改变方向. 如此进行下去,直到某次碰壁时,恰好遇到标有 5(即点 I 处)的点为止. 即如图 5.17 中,由 $O-A-B-C-D-E-F-G-H-I$. 由此图,可知是按以下规则去做动作:

(1) 如果走过一条自左向右的路,就把 7 kg 的瓶子装满;

(2) 如果走过一条自右下向左上的路,就把 7 kg 的瓶子中的液体倒入 3 kg 的瓶子中;

(3) 如果走过一条自右上向左下的路,就把 3 kg 的瓶子倒空.

从上面所得到的规律,也启示我们,若从标着 O 的顶点出发,沿着右上方向尽可能前进,还可以得到另一个解法(请读者自行说出).

从上面所得到的规律,还启示我们,若将问题中的有关条件改变,如将能盛 7 kg 的瓶换为只能盛 4 kg 的瓶,也能按上述规则量出 5 kg 的液体,也可作出如图 5.17 所示的平行四边形,只不过此时,底边长为 4,腰仍为 3,夹角仍为 $60°$,右边腰上标上 5,6,7 即可(作图和求解过程均留给读者完成).

例 2 从 $0 \sim 9$ 中任取三个不同数码 a, b, c,用这三个数码构成所有可能的两位数,数码可以重复,将所有的这样的两位数相加,记这个和为 $S_2^{(3)}$. 请你考虑 $S_2^{(3)} \div (a+b+c)$ 的结果. 类似地,从 $0 \sim 9$ 中任取四个不同的数码 a, b, c, d 构成所有可能的三位数(数码也可重复)的和记为 $S_3^{(4)}$,考虑 $S_3^{(4)} \div (a+b+c+d)$ 的结果,继续下去呢……

为了弄清上述问题,不妨先用具体的数字来实验一番,例如,取 2,4,7 这三个数码,得到的两位数有 22,24,27,42,44,47,72,74,77 共 9 个,其和为 429,求得 $429 \div (2+4+7) = 33$. 再取 0,1,2,类似地,也求得结果为 33. 经过多次实验均得结果为 33,这中间也有规律吗?

事实上,设从 0 到 9 中取的三个不同的数码为 a, b, c,则由这三个数码组成的所有可能的两位数为
$$10a+a, 10a+b, 10a+c, 10b+a, 10b+b, 10b+c, 10c+a, 10c+b, 10c+c$$
这 9 个数的和 $S_2^{(3)} = 30(a+b+c) + 3(a+b+c)$,从而
$$S_2^{(3)} \div (a+b+c) = 33 \qquad ①$$
类似地
$$S_3^{(4)} \div (a+b+c+d) = 1\ 776 \qquad ②$$
$$S_2^{(5)} \div (a+b+c+d+e) = 55 \qquad ③$$
从 ①,②,③ 中,我们还能发现规律吗?注意到
$$S_2^{(3)} \longrightarrow 33 = 3 \times 11 = 3^{2-1} \times (10+1)$$
$$S_2^{(5)} \longrightarrow 55 = 5 \times 11 = 5^{2-1} \times (10+1)$$
$$S_3^{(4)} \longrightarrow 1\ 776 = 16 \times 111 = 4^{3-1} \times (10^2+10+1)$$

猜想 $\quad S_r^{(k)} \longrightarrow k^{r-1} \times (10^{r-1} + 10^{r-2} + \cdots + 10^0)$

$S_r^{(k)}$ 表示从 k 个数码 d_k 中每次取 r 个构成所有可能的 r 位数的和,它除以 $d_1 + d_2 + \cdots + d_k$ 的商为 $k^{r-1}(10^{r-1} + 10^{r-2} + \cdots + 10^0)$ 是真确的吗?我们的回答是肯定的.

事实上,所有 r 位数可分别写为
$$d_1 10^{r-1} + d_1 10^{r-2} + \cdots + d_1, \cdots$$
$$d_1 10^{r-1} + d_k 10^{r-2} + \cdots + d_k, \cdots$$
$$d_k 10^{r-1} + d_1 10^{r-2} + \cdots + d_1, \cdots$$
$$d_k 10^{r-1} + d_k 10^{r-2} + \cdots + d_k$$

则 $\quad S_r^{(k)} = k^{r-1}(d_1 + d_2 + \cdots + d_k)(10^{r-1} + 10^{r-2} + \cdots + 10^0)$

从而 $\quad S_r^{(k)} \div (d_1 + d_2 + \cdots + d_k) = k^{r-1}(10^{r-1} + 10^{r-2} + \cdots + 10^0)$

由上可看到,运用数学眼光看问题,常让人得到意外的收获,不仅猜测出一个漂亮的结果,且又证得这个结论是真确的,且对任何情况都是真确的. 虽然这是一个小小的数学发现,但体现了数学眼光的厉害.

5.11 从混沌中发现秩序

秩序与无序、和谐与混乱、规律与混沌间的矛盾与共存,是宇宙万物间永恒的主题.

从广漠浩瀚的星空,到神奇莫测的海底;从复杂难卜的气象,到倏忽万变的浮云;从高天滚滚的寒流,到涛涛扑面的热浪;从地震、火山的突发,到飓风、海啸的驰至;从千姿百态的物种,到面孔、肤色各异的人类 …… 天文地理、数理生化,大至宇宙,小至粒子皆似无序、混乱,同时又存在秩序、蕴含规律.

"混沌是人生之钥",这是 19 世纪英国物理学家麦克斯韦(J. Maxwell,1831—1879)的名言.

混沌原指杂乱无章.

古希腊人认为:混沌是宇宙的原始虚空.

中国古代哲人老子说:"有物混成,先天地生". 意指混沌是天地生就之前的状态.

混沌被人类感知可谓由来已久,然而当人们试图深入地认识它、了解它(当然这与人类文明进程、科学技术发展状态有关)时始发现:混沌不仅属于哲学,同样属于科学(狭义);混沌不仅存在于自然现象里,也存在于人类现象、社会现象、历史现象中.

混沌在字典中定义为"完全的无序,彻底的混乱." 在科学中则定义为:由确定规则生成的、对初始条件具有敏感依赖性的回复性非周期运动.

当我们用数学眼光透视这个问题时,将显得更自然、更贴切、更深邃、更有生气,这其中的结果既是显见而确定的, 又是本质和普适的. 正如美国数学史家贝尔(E. T. Bell, 1883—1960)说的那样:"数学的伟大使命在于从混沌中发现秩序." 正因为数学的加盟才使"混沌学"得以长足发展.

早在 19 世纪法国数学家庞加莱曾指出:反复地对一个数学系统施加同样的变换,若该系统变换后不脱离一个有界区域,则它必将无限地回到接近它初始状态的状态.

例如,重复的某些数字运算有时也会产生类似的有趣现象,即 4.16 中的"数字黑洞".

下面,我们再看几个具体例子.

例 1 圆周率 π 的小数点后数字中的秩序.

我们给出 π 小数点后的一百个数字,按照顺序依次为 14159265358979323846264338327950288419716939931510582097494459230781640628620899862803482534211706 79.

乍一看,觉得小数点后的数字 $1 \sim 9$ 的出现杂乱无章. 但用数学的眼光看,则可发现,π 的前 1 位小数、前 3 位小数、前 7 位小数之和分别是前 1 个自然数、前 3 个自然数、前 7 个自然数之和:

$1 = 1$;

$1 + 4 + 1 = 1 + 2 + 3 = 6$;

$1 + 4 + 1 + 5 + 9 + 2 + 6 = 1 + 2 + 3 + 4 + 5 + 6 + 7 = 28$.

这是多么的有秩序!

π 的前 6 个有效数字 314 159 是一个素数,也是一个逆素数(倒过来读 951 413 也是一个素数). 314 159 的补数是 796 951(互为补数是指两个数的对应数位上的数字之和等于 10),它也是一个素数!

有趣的是,把前 6 个有效数字分成三个两位数:31,41,59,这三个数都是孪生素数中的一个(孪生素数是指相差为 2 的两个素数):29 与 31,41 与 43,59 与 61 是三对孪生素数.

深入研究,还会发现一些奇特的现象. 例如,π 的小数点后从 13 位数字开始,连续的 18 个数字具有相当的对称性,即

$$3.141592653589\ \overline{79}32384626433832\overline{79}\ 50$$

其中 79,32,38 是关于 26 对称的.

79,32,38 这三个数的所有数字之和 $7+9+3+2+3+8=32$. 32 是一个很特殊的数,一系列现象可以与它联系起来:水在华氏 $32°$ 结冰,水晶体分 32 类,人的牙齿有 32 颗,32 个电子可充满原子的第四级轨道,基本粒子有 32 种长命粒子……

这又是多么有秩序!

例 2　男,女比例的自然稳定性.

男,女比例问题(一般没有人为措施控制时),一般人或许会认为,生男生女的可能性是相等的,因而推测男婴和女婴出生的数的经比当是 1:1,或者比例是时而变化,不稳定的,可事实并非如此.

1814 年,法国著名的数学家拉普拉斯(1749—1827)在他的新作《概率的哲学探讨》一书中,记载了以下有趣的统计. 他根据伦敦、彼得堡、柏林和全法国的统计资料,得出几乎完全一致的男婴出生数与女婴出生数的比值为 22:21,即在全体出生的婴儿中,男婴占 51.2%,女婴占 48.8%. 我国的几次人口普查统计表明,男、女婴出生数的比也是 22:21.

为什么男婴出生数与女婴出生数的比值是稳定的呢?这是生物学上的一个有趣课题.

原来人类体细胞中含有 46 段染色体. 这 46 段染色体都是成对存在的,分为两套,每套中位置相同的染色体具有相同的功能,共同控制人体的一种性状. 第 23 对染色体是专司性别的,这一对因男女而异:女性这一对都是 X 染色体;男性一条是 X 染色体,另一条是 Y 染色体. 由于性细胞的染色体都只有单套,所以男性的精子有两种,一种含 X,一种含 Y,而女性的卵子则全部含 X. 生男生女取决于 X 和 Y 两种精子中何种同卵子结合. 如果带 Y 染色体的精子同卵子结合,则生男;如果是带 X 染色体的精子同卵子结合,则生女. 虽然由于含 X 染色体的精子与含 Y 染色体的精子之间存在某种差异,使得它们进入卵子的机会不尽相同,从而呈现一种混沌状态,但最终还是造成了男婴和女婴出生率的相对稳定性.

例 3　醉鬼走路也有规律.

1827 年,英国生物学家布朗(Brown,1773—1858),用显微镜观看悬浮在一滴水中的花粉,发现它们像醉鬼走路一样,各自进行着毫无规则的运动. 后来人们才知道,花粉之所以会不停息地作无序运动,是由于受水分子各方面不平衡撞击的结果. 由于这个现象是布朗先生首先发现的,所以后人称它为布朗运动.

布朗运动中的花粉,像醉鬼走路一般完全无规则. 那么醉鬼是怎么行动的呢?美国著名物理学家 G. 盖莫夫教授对此作了极为生动的描述:假定在某个广场的某个灯柱上靠着一个醉鬼,他突然打算走动一下,看他是怎么走的吧!先是朝一个方向颠簸几步,然后又折转方向再颠簸了几步,如此这般,每走几步就随意折一个方向. 每次折转的方向都是事先无法加以预计的.

为了研究醉鬼的行动规律,盖莫夫教授假想广场上有一个以灯柱脚为原点的直角坐标

系. 醉鬼所走的第 n 个分段在两轴上的投影分别为 X_n, Y_n. 于是,走 n 段后醉鬼与灯柱的距离 R 满足: $R_n^2 = (X_1 + X_2 + \cdots + X_n)^2 \cdot (Y_1 + Y_2 + \cdots + Y_n)^2$.

显然,醉鬼的走路是无规则的,他朝灯柱走和背灯柱走的可能性相等. 因此,在 X 的各个取值中正负参半. 这样,在上式右端的第一项展开中,所有的两两乘积里,总可以找出大致数值相等符号相反、可以互相抵消的一对数来. n 的数目越大,这种抵消越彻底. 因此,对于很大的 n,我们有

$$(X_1 + X_2 + \cdots + X_n)^2 \approx X_1^2 + X_2^2 + \cdots + X_n^2 = nX^2$$

这里 X 是醉鬼所走各段路程在 x 轴上投影的均方根值. 对于 Y,我们也可以得出同样的结果,即

$$(Y_1 + Y_2 + \cdots + Y_n)^2 \approx Y_1^2 + Y_2^2 + \cdots + Y_n^2 = nY^2$$

于是 $R_n^2 = n(X^2 + Y^2)$.

后式相当于醉鬼走每段路的平均路程长 d,代入可得 $R_n \approx nd$.

这就是说,醉鬼在走了许多段不规则的弯曲路程后,距灯柱最可能的距离为各段路程的平均长度乘以路段数的平方根. 注意上面我们是运用了统计规律,对某个醉鬼来说,他走 n 段路,未必就距离灯柱 nd 远. 但如果有一大群醉鬼,互不干扰地从灯柱出发,颠颠簸簸地走各自的弯弯路,那么他们距灯柱的平均值就接近于 nd. 人数越多,这种规律越精确.

5.12 从对象的随机性中感悟到其内部的确定性

对现实中的一些随机现象,用数学的眼光去分析、去透视,能给我们"明确"的结果,或看到其内部的确定性.

下面,我们看几个具体例子.

例 1 蒲丰实验求 π 的近似值.

蒲丰实验:在一张纸上,用尺画一组相距为 d 的平行线,用一根粗细均匀长度小于 d 的小针扔到画了线的纸面上,并记录着小针与平行线相交的次数. 如果投针的次数非常之多,则由扔出的次数和小针与平行线相交的次数,通过某种运算,便可求出 π 的近似值. 历史上曾有不少数学家做过这个实验. 结果如表 5.3 所示.

表 5.3

实验者	年 份	投掷的次数 n	π 值
乌尔夫	1850	5 000	3.159 6
史密斯	1855	3 204	3.155 3
福克斯	1894	1 120	3.141 9
拉兹里尼	1901	3 408	3.141 592 9

由表可看出,由抛针实验所得出的结果与 π 值的确相近.

但也看出,拉兹里尼的实验次数比乌尔夫少,但 π 的精确度反而高. 由此知,不一定实验次数越高,精确度就一定越高.

为什么一些随意抛针的实验,会与圆周率 π 发生联系呢? 我们先看一个假想的试验:找一根铁丝弯成一个圆圈,使其直径等于两行线间的距离 d. 那么,无论怎样扔下圆圈,都会和

平行线有两个公共点(或者是两个交点或者是两个切点),如图 5.18,如果扔 n 次,则圆圈与平行线相交 $2n$ 个点次. 如果把圆圈拉直成一根针,则针长 $EF = \pi d$,这样,针 EF 与平行线相交的方式有:4 个交点,3 个交点,2 个交点,1 个交点,0 个交点,如图 5.18 所示. 由于这是随机过程的多次重复试验,总的可能性和它在圆周形式下相同. 因而,将针 EF 扔 n 次,它与平行线相交 $2n$ 个点次. 经过多次(数千次)重复试验,证实针 EF 与平行线相交点的次数 m 将随着试验次数增大,而逐渐向 $2n$ 逼近. 如果用不

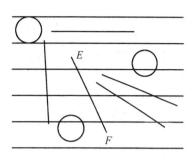

图 5.18

同长度的针 l, l' 投掷,它们与平行线相交的次数与针 l, l' 的长度 l, l' 成正比.

由上可知,用针长为 l 的针与针长为 πd 的针 EF,分别投掷 n 次,则它们分别与平行线相交的交点数 m 与 $2n$ 之比为 $\dfrac{m}{2n} = \dfrac{l}{\pi d}$,即 $\pi = \dfrac{2nl}{md}$,如果我们取 $l = \dfrac{d}{2}$,则有

$$\pi = \frac{n}{m} = \frac{\text{投扔总次数}}{\text{碰线总次数}}$$

这个试验的设计和公式,首先是由法国博物学家蒲丰在论文"或然性算术尝试"中提出的.

1901 年,意大利的拉兹里尼,使用长为 $l = 0.83d$ 的针,投扔了 3 408 次,求出 π 的近似值 3.141 592 9,准确到小数点后 6 位. 这不但为圆周率的研究开辟了一条新路,并逐渐发展成为一种新的数学方法 —— 统计试验法(又叫"蒙特卡罗方法"). 现在这个工作尽可全部交由计算机,在几秒钟之内便可完成.

例 2 写正整数求 π 的近似值.

首先让一些人,每人任意随机地写出几个正整数对,然后由写出的所有正整数对中,检查多少对正整数是互质的,再由互质的对数与所有给出的正整数对的比,竟可求得 π 的近似值.

事实上,有人就做过这样的试验. 大约在 1904 年,查里斯叫 50 名学生每人随机地写出 5 对正整数,在所得的 250 对正整数中,它发现有 154 对是互质的,这样出现的互质数对的概率便是 $\dfrac{154}{250}$. 如果把这个数目说成 $\dfrac{6}{x^2}$,则可算出 $x = 3.12$,而 $\pi = 3.141\ 59\cdots$,"奇迹"终于出现了!

要严格证明上述概率是 $\dfrac{6}{x^2}$,需要用到较高的数学知识,而且很难找到像蒲丰实验那样巧妙的设计与证明. 我们只能通过以下简单的例子而得到解释.

随机地写出两个小于 1 的正数 x 与 y,它们与数 1 一起组成三数组 $(x, y, 1)$. 这样的三个数正好是一个钝角三角形三边的概率是 $\dfrac{\pi - 2}{4}$. 这个实验与查里斯实验的结构是极其相似的,但是它的证明却无需用到很多的数学知识. 由于 $0 < x, y < 1$,所以,以数对 (x, y) 确定的点必均匀分布在单位正方形内,也就是对应的点 (x, y) 出现在正方形中每一处的机会都相等. 如果符合条件的点(指三数 $(x, y, 1)$ 能构成钝角三角形的数对 (x, y) 对应的点),落在一个阴影区域 G 内,如图 5.19 所示,根据机会均等原则,所求概率应为

$$p = \frac{G \text{ 的面积}}{\text{正方形面积}}$$

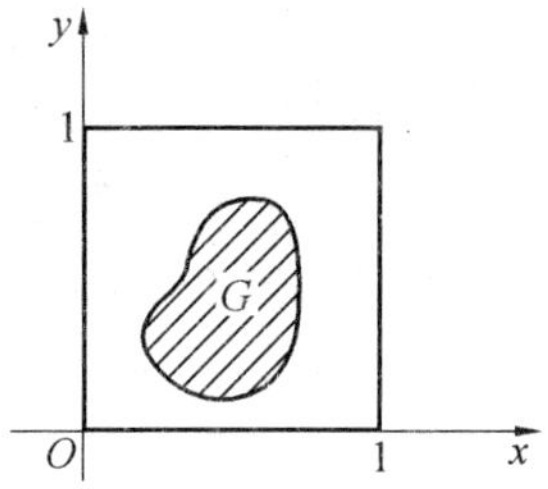

我们再来考虑以 $x, y, 1$ 为边长的钝角三角形,如图 5.20 所示,由于 $0 < x, y < 1$,可知 x, y 边所对的角都是锐角,只有为 1 的边所对的角 A 为钝角,在 $\triangle ABC$ 中,由余弦定理,有

$$1^2 = x^2 + y^2 - 2xy\cos A$$

即
$$x^2 + y^2 = 1 + 2xy\cos A$$

由于 $\cos A < 0$,所以 $2xy\cos A < 0$,故得

$$x^2 + y^2 < 1 \qquad ①$$

此即 $\triangle ABC$ 为钝角三角形的充要条件.

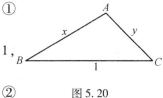

图 5.19

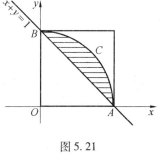

图 5.20

而以三数 $(x, y, 1)$ 为边构成的三角形的必要条件是 $x + y > 1$,亦即

$$y > 1 - x \qquad ②$$

因满足不等式①的点 (x, y) 在单位圆内部,而满足不等式②的点 (x, y) 在正方形对角线 AB 的上方.故同时满足不等式①,②的点必落在图 5.21 的阴影部分内.这样三数 $(x, y, 1)$ 能构成三角形的概率为

$$p = \frac{\text{弓形 } ABC \text{ 的面积}}{\text{单位正方形的面积}} =$$

$$\frac{\frac{1}{4}\text{单位圆的面积减去 } \triangle AOB \text{ 的面积}}{\text{单位正方形的面积}} =$$

$$\frac{\frac{1}{4}\pi \times 1^2 - \frac{1}{2} \times 1 \times 1}{1^2} = \frac{\pi}{4} - \frac{1}{2} = \frac{\pi - 2}{4}$$

图 5.21

这不是吗?"π"确实出现在随机写数的场合中,这是多么神奇!

下面,便可进行类似于查里斯的试验了:可叫来许多的学生,让每人随机地写下一对小于 1 的正数,然后,让大家检查一下,看随机写下的两个数 x, y 与 1 能否构成一个钝角三角形(即要同时满足二不等式: $x + y > 1, x^2 + y^2 < 1$).若有 m 名学生,写出的数对中能与 1 构成钝角三角形三边的数对 (x, y) 有 n 个.则 $\frac{n}{m} = \frac{\pi - 2}{4}$,这样便有 $\pi = \frac{4n}{m} + 2$.

思 考 题

1. 观察下列等式,结论是偶然的还是必然的?

$$\frac{5^3 + 2^3}{5^3 + 3^3} = \frac{5 + 2}{5 + 3}, \quad \frac{7^3 + 3^3}{7^3 + 4^3} = \frac{7 + 3}{7 + 4}, \quad \frac{9^3 + 5^3}{9^3 + 4^3} = \frac{9 + 5}{9 + 4}, \quad \frac{432^3 + 321^3}{432^3 + 111^3} = \frac{432 + 321}{432 + 111}$$

2. 请看等式: $\sqrt{5\frac{5}{24}} = 5\sqrt{\frac{5}{24}}, \sqrt{7\frac{7}{48}} = 7\sqrt{\frac{7}{48}}, \sqrt{10\frac{10}{99}} = 10\sqrt{\frac{10}{99}}, \cdots$ 这不是把带分数的整数部分提到根号外了吗?这些式子是偶然的还是必然的?

3. 当 $a \neq b$ 时,一般说来是 $a^2 + b \neq a + b^2$,然而下面的等式是成立的,这是为什么?

$$\left(\frac{1}{6}\right)^2 + \frac{5}{6} = \frac{1}{6} + \left(\frac{5}{6}\right)^2, \left(\frac{1}{9}\right)^2 + \frac{8}{9} = \frac{1}{9} + \left(\frac{8}{9}\right)^2, \left(\frac{1}{100}\right)^2 + \frac{99}{100} = \frac{1}{100} + \left(\frac{99}{100}\right)^2 \cdots$$

4. 重阳节快到了，饮食店的王老板想买几袋糯米做重阳糕销售．购买时，他想了解糯米中所含非糯米的比例，即所谓异类稻谷互混率，粮店老板告诉他，这批糯米的异类稻谷互混率小于0.05，为了估算粮店老板说法的可信度，他用扦子从纺织袋中随意抽取10粒大米作为样品（实际抽样会更多些，这里为了计算不妨抽取10粒）结果发现有3粒是普通大米．请问粮店老板的话是否可信？

5. 你能对式子 $\frac{1}{2} + \frac{1}{3} = \frac{2}{5}$ 作出解释吗？

思考题参考解答

1. 初看这些等式，认为是偶然的，如有 $\frac{5^3 + 2^3}{5^3 + 3^3} = \frac{5+2}{5+3}$．但仔细观察发现有规律可循，即对于等式 $\frac{A^3 + B^3}{C^3 + D^3} = \frac{A+B}{C+D}$，有 $A = C$，且 $D = A - B$，这可以进行验证如下：由 $x^3 + y^3 = (x+y)(x^2 - xy + y^2)$，有

$$\frac{A^3 + B^3}{A^3 + (A-B)^3} = \frac{(A+B)(A^2 - AB + B^2)}{[A + (A-B)][A^2 - A(A-B) + (A-B)^2]} =$$

$$\frac{(A+B)(A^2 - AB + B^2)}{[A + (A-B)](A^2 - AB + B^2)} = \frac{A+B}{A + (A-B)}$$

因此，所给等式成立是必然的结果．

2. 这要看等式 $\sqrt{a + \frac{a}{a^2 - 1}} = a\sqrt{\frac{a}{a^2 - 1}}$ 是否成立了．

因为左边 $= \sqrt{\frac{a^3 - a + a}{a^2 - 1}} = \sqrt{\frac{a^3}{a^2 - 1}} = a\sqrt{\frac{a}{a^2 - 1}} =$ 右边，这说明等式是成立的，因此，只需令 $a = 5, 7, 10$，便可得到前面的三个等式．事实上，上面的等式还可推广为

$$\sqrt[n]{a + \frac{a}{a^n - 1}} = a\sqrt[n]{\frac{a}{a^n - 1}}$$

其中，n 可为大于1的任意自然数．（证略）

3. 这就看等式 $\left(\frac{1}{n}\right)^2 + \frac{n-1}{n} = \frac{1}{n} + \left(\frac{n-1}{n}\right)^2$ 是否成立了．

因为
$$\left(\frac{1}{n}\right)^2 + \frac{n-1}{n} = \frac{1}{n^2} + \frac{n^2 - n}{n^2} = \frac{n^2 - n + 1}{n^2}$$

$$\frac{1}{n} + \left(\frac{n-1}{n}\right)^2 = \frac{n}{n^2} + \frac{n^2 - 2n + 1}{n^2} = \frac{n^2 - n + 1}{n^2}$$

所以有等式 $\left(\frac{1}{n}\right)^2 + \frac{n-1}{n} = \frac{1}{n} + \left(\frac{n-1}{n}\right)^2$ 成立．

如果令 $n = 6, 9, 100$，不就是前面的三个等式吗？事实上，下面推广的等式也是成立的

$$\left(\frac{b}{a}\right)^2 + \frac{a-b}{a} = \frac{b}{a} + \left(\frac{a-b}{a}\right)^2$$

其中 a,b 可为任意实数,这是因为

$$左边 = \frac{b^2}{a^2} + \frac{a^2 - ab}{a^2} = \frac{a^2 - ab + b^2}{a^2}$$

$$右边 = \frac{ab}{a^2} + \frac{a^2 - 2ab + b^2}{a^2} = \frac{a^2 - ab + b^2}{a^2}$$

所以
$$\left(\frac{b}{a}\right)^2 + \frac{a-b}{a} = \frac{b}{a} + \left(\frac{a-b}{a}\right)^2$$

因而我们又可构造出一系列的等式

$$\left(\frac{5}{7}\right)^2 + \frac{2}{7} = \frac{5}{7} + \left(\frac{2}{7}\right)^2$$

$$\left(\frac{\pi}{4}\right)^2 + \frac{4-\pi}{4} = \frac{\pi}{4} + \left(\frac{4-\pi}{4}\right)^2$$

$$\left(\frac{\sqrt{3}}{3}\right)^2 + \frac{3-\sqrt{3}}{3} = \frac{\sqrt{3}}{3} + \left(\frac{3-\sqrt{3}}{3}\right)^2$$

如果 a 是大于 0 且小于 1 的实数,则显然有
$$a^2 + (1-a) = a + (1-a)^2$$

因为它与等式 $\left(\frac{1}{n}\right)^2 + \frac{n-1}{n} = \frac{1}{n} + \left(\frac{n-1}{n}\right)^2$ 是等价的(其中 n 是大于 1 的正实数).

4. 假设这包糯米的异类稻谷互混率为 0.05,那么由独立重复试验概率公式可知,从任意 10 粒大米所包含非糯米数恰为 $0,1,2,3,\cdots,10$ 粒的概率分别是

$$P(0) = C_{10}^0 \times 0.95^{10} = 0.598\ 736\ 939$$

$$P(1) = C_{10}^1 \times 0.05 \times 0.95^9 = 0.315\ 124\ 704$$

$$P(2) = C_{10}^2 \times 0.05^2 \times 0.95^8 = 0.074\ 634\ 798$$

$$\vdots$$

根据互斥事件概率的公式,知任取 10 粒其中含 0 粒或 1 粒或 2 粒非糯米的概率为

$$P(0) + P(1) + P(2) \approx 0.988\ 496\ 441$$

所以 10 粒大米所包含非糯米 2 粒以上的概率为 $1 - 0.988\ 496\ 441 < 0.05$,这是一个小概率事件(在一次试验中几乎是不可能发生的事件),现在竟然发生了,说明假设有问题,就是说这批糯米的异类稻谷互混率不大于 0.05 的说法不成立.

5. 那么 $\frac{1}{2} + \frac{1}{3}$ 究竟能不能等于 $\frac{2}{5}$?这样的加法有没有其他的适用情况呢?其实,只要对溶液的混合问题稍作分析,我们就可以发现溶液的混合问题也可以运用这种方法来解释.比如,甲种盐水 100 g 中含盐 20 g,乙种盐水 100 g 中含盐 50 g,两种溶液混合后的浓度不是 $\frac{20}{100} + \frac{50}{100} = \frac{70}{100}$,而应该是 $\frac{20+50}{100+100} = \frac{35}{100}$.现在看来,这两种加法都有其合理成分,各有其不同的适用范围,进一步思考后可以发现:

(1) 设分数 $\frac{x}{y}$ 表示对总体的划分,若 $\frac{a}{b}$ 与 $\frac{c}{d}$ 是对同一总体 A 的划分,那么其和应为 $\frac{ad+bc}{bd}$.

事实上,可以将总体 A 分成 bd 等份,则有 $\dfrac{a}{b} = \dfrac{ad}{bd}, \dfrac{c}{d} = \dfrac{bc}{bd}$.

从而就有 $\dfrac{a}{b} + \dfrac{c}{d} = \dfrac{ad + bc}{bd}$.

进一步,若设 M, N 表示两种不同的量,x, y 分别表示事件 A 中 M, N 的分量,如果用分数 $\dfrac{\overline{x}}{y}$ 表示事件 A 中分量 M, N 的"比"(这里在分数线上加上划线和在比字上加引号旨在表明与通常所讲的比例有区别). 由此可得下列结论:

(2) 若 a 与 c 属于总体 M,b 与 d 属于总体 N,两个分数 $\dfrac{\overline{a}}{b}$ 和 $\dfrac{\overline{c}}{b}$ 分别表示事件 A 与 B 中的分量 M, N 之"比",那么其和应为 $\dfrac{\overline{a + c}}{b + d}$.

事实上,在事件 $A + B$ 中 M 的分量为 $a + c$,N 的分量为 $b + d$,因而,在事件 $A + B$ 中 M 与 N 的分量之"比"为 $\dfrac{\overline{a + c}}{b + d}$.

事实上,复数的加法就是按照这种方法来进行运算的,如两个复数 (a, b) 与 (c, d) 的和就是按照第二种运算进行而得到结果 $(a + c, b + d)$ 的. 再如,甲、乙两人进行乒乓球比赛,前三盘甲 2:1 胜了乙,后三盘乙 2:1 胜了甲,那整个比赛的结果显然应该是 $\dfrac{\overline{1 + 2}}{2 + 1} = 1:1$,平局. 而不会是 $\dfrac{2}{1} + \dfrac{1}{2} = \dfrac{5}{2}$.

综上所述,我们可以发现,尽管 $\dfrac{1}{2} + \dfrac{1}{3} = \dfrac{5}{6}$ 是正确的,但是我们需要注意的是在有些特殊类型的问题中 $\dfrac{1}{2} + \dfrac{1}{3} = \dfrac{2}{5}$ 也有可能是正确的. 如果再作进一步深入分析,我们还可以发现前一种加法适用于对同一总体的分数的运算,它的实质是量的"累加";而后一种加法则适用于对不同总体的分数的运算,实质上是一种量的"平均". 前一种加法有分数的基本性质. 而后一种加法却不具有分数的基本性质. 也就是说当 $c \neq 0$ 时,$\dfrac{ac}{bc} = \dfrac{a}{b}$ 一般不成立. 这一点其实是非常显然的,众所周知,在足球比赛中比分 10:5 与 2:1 是完全不同的两回事,这一点需要特别引起注意.

第六章　和谐的眼光

相存是现象,和谐才是实质,那些看上去是风马牛不相及的相存对象,有时却有着不可思议的和谐.学习内容的章、节呈现,以及学习时间的间断性,各种图形、数式使得某些数学对象、数学问题等在头脑中形成孤立的知识点,当我们运用和谐的数学眼光去察看各种各样的数学对象、数学问题时,就会觉察出一些常常意想不到的相互紧密的内在联系或关系.

关注数学和谐美是数学眼光的一种重要表现形式.利用和谐美,笛卡儿成功地将彼此似乎无关的代数与几何融成一体,创立了"解析几何".借用和谐美,可让我们看到那些意想不到的使数学对象、数学问题等相互联系起来的图形或数式的方式.例如,把五个常数 $0,1,e,i,\pi$ 联系在一起的欧拉等式 $e^{i\pi}+1=0$ 也是一个著名的范例.对于这个等式,初看貌似无关,而细看却有着密切的内在联系的对于这样的数学对象的学习与研究,可将我们的数学眼光锻炼得更加和谐[66].

数学家克莱因认为这是整个数学中最卓越的公式之一.它漂亮简洁地把数学中五个最重要的数——$1,0,\pi,e$ 以及 i 联系在一起.有人称这五个数为"五朵金花",这是因为,它们在数学中处处盛开;也有人称这五个数为五虎大将,这是因为这个公式有"呼风唤雨"般的神通本领,欧拉竟能将这五个最常用、最基本、最重要的量聚集在一起!

在法国巴黎的发明宫中,有一个数学史陈列室.其中,古代数学部分与近代数学部分的墙上,就悬挂着这个公式"$e^{i\pi}=-1$".由这个公式可看出人类创造的数学、符号、算式是何等巧妙神奇地体现了数学中的和谐之美.现对这五个数做些简要介绍.

自然数"1":它是整数的单位,是数字的始祖,它在数学中扮演一个很重要的角色,可以这样说,如果没有数1,也就没有一切数.

中性数"0":"0"是正数与负数间的一个分界数,是坐标系的原点,是运动过程的起点.单个的"0"代表"无",但在各种进制的数字里,只有它参与才能进位,例如,1到9都是一位数字,而10便成了两位数字,即一位进到了十位.

圆周率"π":"π"是在科学中最著名和用得最多的一个数.1767年,德国数学家兰伯特首先证明了 π 是无理数,1794年勒法证明了 π^2 是无理数,1882年德国数学家林德曼给出了 π 是超越数的严格证明.

如今现代计算机已能计算 π 的任意多位.关于 π 的有关叙述可参阅本书 5.11 及 5.12.

自然对数的底"e":作为数学符号最先是由欧拉在1727年使用的.这正是欧拉名字的第一个字母,后来人们确定用 e 来作为自然对数的底,以此来纪念欧拉.以 e 为底的对数其所以叫自然对数是因为它能反映自然界规律的函数关系,因此在自然科学中,e 的作用不亚于 π,在微积分中,以 e 为底时公式具有最简捷的形式.

虚数单位"i":i 来源于解二次方程 $x^2+1=0$,是 -1 的平方根,$i=\sqrt{-1}$ 这个记号是1777年由欧拉首先使用的.魏塞尔、高斯、阿甘等数学家不再死钻一维数轴的牛角尖,发散思维使他们想到用另一根数轴(虚轴)来表示"i",于是复数获得了一块坚实的大地——复平面,现已成为一门庞大的数学分支——复变函数论的基石.

直至今天,虚数仍然在磨砺人们的抽象思维能力. 它的许多迷人的性质是难于用对实数的理解去解释的,比如 i^i(i的i次方)这个数是虚数还是实数? 凭直观是难以得出结论的. 又是欧拉第一个证明了 i^i 是实数,它的值 $i^i = e^{-\frac{\pi}{2}} = 0.207\,879\,576\,3\cdots$ 是一个无理数,并由此可知 $i^{-i} = e^{\frac{\pi}{2}}$,$\sqrt[i]{i} = i^{\frac{1}{i}} = i^{-i} = e^{\frac{\pi}{2}} = 4.810\,477\,380\,9\cdots$ 即 i^{-i} 与 $\sqrt[i]{i}$ 也都是实数. 而欧拉公式 $e^{i\pi} = -1$ 正是通向这些奇特境地的一座桥梁.

6.1 三角形内心与旁心的统一

三角形的内心与旁心既有内在的联系,又有严格的区别,怎样将两者统一起来呢? 当我们运用和谐的眼光审视这两类巧合点时,发现它们不仅有内在的统一,而且还有外在(形式)的统一.

6.1.1 三角形内心定理、旁心定理的统一证明

内心定理 三角形三条内角平分线交于一点,这点称为三角形的内心.

旁心定理 三角形一内角平分线与另外两角的外角平分线交于一点,这点称为三角形的旁心.

一般书中对这两个定理是分别予以证明的,但是,我们运用和谐的眼光看待,这两条定理可以相互推证或统一推证,体现其内在的统一.

如图 6.1,在 $\triangle ABC$ 中,设 AD 是 $\angle A$ 的平分线,CE 是 $\angle C$ 的平分线,由 $\angle DAC + \angle ACE = \frac{1}{2}(\angle A + \angle C) < 90° < 180°$,知 AD 与 CE 必相交,设 AD 与 CE 相交于 I.

设 I 到三边 BC, AC, AB 的距离分别为 d_A, d_B, d_C,由前面所设则有 $d_A = d_B, d_B = d_C$,从而 $d_A = d_C$,即 I 在 $\angle B$ 的平分线上,故 I 为 $\triangle ABC$ 的内心.

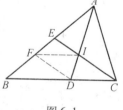

图 6.1

以 AD 为轴,将 $\triangle ACD$ 对折到 $\triangle AFD$ 处,则 F 在 AB 上,且 $AF = AC, FD = CD, \angle ADF = \angle ADC$,从而 DA 是 $\triangle BDF$ 中 $\angle BDF$ 的外角 $\angle CDF$ 的平分线.

联结 IF,由对称图形的性质知,FI 平分 $\angle DFA$,即 FI 是 $\triangle BDF$ 中 $\angle BFD$ 的外角 $\angle DFA$ 的平分线.

由前面所证 I 在 $\angle B$ 的平分线上,从而 I 是 $\triangle BDF$ 的旁心.

由上可知,由三角形内心定理的正确性推知三角形旁心定理的正确性. 反之亦然.

在内心定理和旁心定理中,如果将"内"与"外"两个字去掉,那就变成一样的了. "内"与"外"是两个相反的概念,为了将两个定理外在统一起来,和谐的眼光启发我们将其角度分正负性来考虑. 我们知道,三角形内角之和 $\angle A + \angle B + \angle C = 180°$,其中任一角的取值范围都在 0° 到 180° 之间,如果 $\angle C$ 越来越小,当 $\angle C$ 变到 0° 时,这时三角形两边 AC 与 BC 不再相交,而是平行. 此时,$\angle A + \angle B = 180°$,如果 $\angle A + \angle B > 180°$,这时,三角形的两边就在 AB 边的另外一侧相交于一点 C',形成的角度记为 $\angle C'$,如图 6.2 所示.

为了保持 $\angle A + \angle B + \angle C' = 180°$,就规定 $\angle C'$ 为负角. 因此在一个 $\triangle ABC$ 中,如果 $\angle A + \angle B + \angle C = 180°$,其中任一角,比如 $\angle C$ 的变化范围为 $-180° < \angle C < 180°$,而另外

两角的变化范围为 $0° < \angle A < 180°, 0° < \angle B < 180°$,我们称这样的三角形为广义三角形. 于是,我们就可以把三角形内心定理与旁心定理统一成如下定理:

定理　在广义三角形内,三角的平分线交于一点. 当三角的角度均为正值时,该点为三角形内心,当三角的角度中有一个为负值时,该点为三角形的旁心.

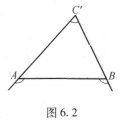

图 6.2

6.1.2　三角形内心与旁心有关结论的转换

关于三角形内心(或内切圆)的一些结论,将内心改为旁心(或旁切圆)也有类似的结论;反过来也一样. 用和谐的眼光透视这些问题时,可以发现内心与旁心的有关结论之间存在一个转换原理:用 l_a, l_b, l_c 表示三角形各内角 $\angle A, \angle B, \angle C$ 的角平分线的长,$\lambda_a, \lambda_b, \lambda_c$ 表示各对应外角平分线长,a, b, c 表示三角形顶点 A, B, C 所对的边长,p 为半周长,R, r 分别为三角形的外接圆、内切圆半径,r_A, r_B, r_C 分别为 $\angle A, \angle B, \angle C$ 所对应的旁切圆半径,对于任意一个三角形的公式中,作如下代换,则得到一个正确的公式.

用	a	b	c	p	$p-a$	$p-b$	$p-c$
取代	a	$-b$	$-c$	$-(p-a)$	$-p$	$p-c$	$p-b$
用	r	r_A	r_B	r_C	R		
取代	r_A	r	$-r_C$	$-r_B$	$-R$		
用	l_a	l_b	l_c	λ_a	λ_b	λ_c	
取代	$-l_a$	$-\lambda_b$	$-\lambda_c$	$-\lambda_a$	$-l_b$	$-l_c$	

⋮

未列入的量可作类似的处理.

这样,有些涉及内心(或内切圆)的问题,若将内心(或内切圆)改为旁心(或旁切圆),结论仍然成立;有些涉及旁心(或旁切圆)的问题,将旁心改为内心(或内切圆),结论仍然成立. 下面,我们给出这样的例子(这样的例子还可参见笔者编著的《奥林匹克数学中的几何问题》167~170页,湖南师范大学出版社,2004;《走向国际数学奥林匹克的平面几何试题诠释》(下)124~126页,哈尔滨工业大学出版社,2007).

例 1　(《数学教学》问题 481)已知圆 O 是 $\triangle ABC$ 的内切圆,切点依次为 $D, E, F, DP \perp EF$ 于 P,求证:$\angle FPB = \angle EPC$.

证明　如图 6.3,过 B, C 分别作 $BM \perp EF$ 于 $M, CN \perp EF$ 于 N,则 $BM \parallel DP \parallel CN$,从而

$$\frac{MP}{NP} = \frac{BD}{DC}$$

由已知,有 $AE = AF, BF = BD, CD = CE$,则

$$\angle AFE = \angle AEF, \quad \angle BFM = \angle CEN$$

从而

$$\text{Rt}\triangle BFM \sim \text{Rt}\triangle CEN$$

即有 $$\frac{BM}{CN}=\frac{BF}{CE}=\frac{BD}{DC}=\frac{MP}{NP}$$

于是 $\mathrm{Rt}\triangle MPB \backsim \mathrm{Rt}\triangle NPC$

故 $\angle FPB = \angle EPC$

将上述问题中的内切圆改为旁切圆,可仿上述证法证明如下问题:

(《数学教学》问题 402)$\triangle ABC$ 的边 BC 外的旁切圆 O 分别切 BC,AB,AC 或其延长线于 $D,E,F,DP \perp EF$ 于 P,求证: $\angle BPD = \angle CPD$.

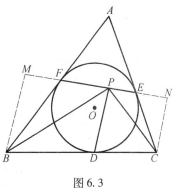

图 6.3

例 2 已知等腰 $\triangle ABC(AB=BC)$ 中,平行于 BC 的中位线交 $\triangle ABC$ 的内切圆于点 F,其中 F 不在底边 AC 上,证明:过点 F 的切线与 $\angle C$ 的平分线的交点在边 AB 上.

证明 如图 6.4,设 $\triangle ABC$ 的内切圆为圆 I,过 F 作圆 I 的切线交 AB 于点 P,交 AC 于点 Q,设 MN 为中位线,则 BM 必过点 I.

又设圆 I 与 AB,BC 分别切于点 D,E,令 $\angle MBA = \angle MBC = \alpha$,则 $\angle BID = 90°-\alpha$,因为 $BD=BE$,则劣弧 $\overset{\frown}{DE}$ 所对圆周角为 $90°-\alpha$.

设 BM 交圆 I 于点 K,联结 FK,则 $\angle KFM=90°$,因为 $MN \parallel BC$,所以

$$\angle NMB = \angle MBC = \alpha, \angle FKM = 90°-\alpha$$

则 $FM = DE$

又 $\angle FMQ = \angle BCM = 90°-\alpha = \angle BED, QM = QF$

于是 $\triangle BED \cong \triangle QMF$

有 $QM = BE$

则 $CQ = CB$

又 $BD = QF, PF = PD$

则 $PQ = PB, \angle PBC = \angle PQC = 2\alpha$

从而 $\triangle PBC \cong \triangle PQC, \angle BCP = \angle QCP$

故过点 F 的切线与 $\angle C$ 的平分线的交点在边 AB 上.

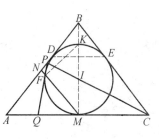

图 6.4

将上题中的内切圆,改为旁切圆,则有:

命题 1 已知等腰 $\triangle ABC(AB=BC)$ 中,平行于 BC 的中位线交 $\triangle ABC$ 的旁切圆于点 F,其中 F 不在底边 AC 上,则过 F 的切线与 $\angle C$ 的外角平分线的交点在边 AB 所在直线上.

证明 如图 6.5,设 $\triangle ABC$ 的旁切圆为圆 I_A,过 F 作圆 I_A 的切线交直线 AB 于 P,交直线 AC 于 Q.设 MN 为中位线,则 BM 必过点 I_A,又设圆 I_A 分别切

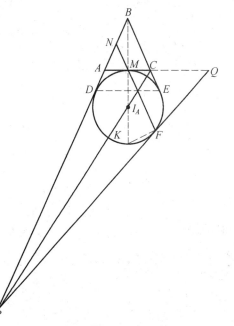

图 6.5

直线 AB,BC 于点 D,E,令 $\angle MBA = \angle MBC = \alpha$,则 $\angle BI_AD = 90° - \alpha$. 因 $BD = BE$,则劣弧 $\overset{\frown}{DE}$ 所对的圆周角为 $90° - \alpha$.

设直线 BM 交圆 I_A 于点 K,联结 KF,则 $\angle KFM = 90°$.

因为 $MN \parallel BC$,则
$$\angle NMB = \angle KMF = \angle MBC = \alpha, \angle MKF = 90° - \alpha$$

则
$$FM = DE$$

又 $QF = QM$,从而
$$\triangle BDE \cong \triangle QFM$$

有
$$QF = QM = BD = BE, \angle PBC = \angle PQC$$

而
$$QM = QC + CM, BE = BC + CE, CM = CE$$

所以
$$CQ = CB$$

又 $PD = PF$,则
$$PD + BD = PF + FQ$$

即
$$PQ = PB$$

从而
$$\triangle PQC \cong \triangle PBC$$

即
$$\angle QCP = \angle BCP$$

而
$$\angle QCP = \angle QCE + \angle ECP, \angle BCP = \angle BCA + \angle ACP, \angle ECQ = \angle ACB$$

从而
$$\angle ECP = \angle ACP$$

故 PC 平分 $\angle ACE$.

即过点 F 的切线与 $\angle C$ 的外角平分线的交点在边 AB 所在直线上.

例3 如图 6.6,$\triangle ABC$ 的内切圆与 BC,CA,AB 依次相切于 D,E,F,圆心为 I,记 $BC = a, CA = b, AB = c$,求证:

(1) $a\overrightarrow{ID} + b\overrightarrow{IE} + c\overrightarrow{IF} = \mathbf{0}$.

(2) $a\overrightarrow{DA} + b\overrightarrow{EB} + c\overrightarrow{FC} = \mathbf{0}$.

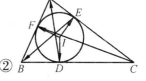

图 6.6

证明 由 $a\overrightarrow{IA} + b\overrightarrow{IB} + c\overrightarrow{IC} = 0$,有
$$a(\overrightarrow{ID} + \overrightarrow{DA}) + b(\overrightarrow{IE} + \overrightarrow{EB}) + c(\overrightarrow{IF} + \overrightarrow{FC}) = \mathbf{0}$$

记
$$p = \frac{1}{2}(a + b + c)$$

又
$$\overrightarrow{ID} = \frac{\overrightarrow{IB} + \frac{BD}{DC}\overrightarrow{IC}}{1 + \frac{BD}{DC}} = \frac{\overrightarrow{IB} + \frac{s-b}{s-c}\overrightarrow{IC}}{1 + \frac{s-b}{s-c}} = \frac{(s-c)\overrightarrow{IB} + (s-b)\overrightarrow{IC}}{a}$$

则
$$a\overrightarrow{ID} = (s-c)\overrightarrow{IB} + (s-b)\overrightarrow{IC}$$

同理
$$b\overrightarrow{IE} = (s-a)\overrightarrow{IC} + (s-c)\overrightarrow{IA}$$

$$c\overrightarrow{IF} = (s-b)\overrightarrow{IA} + (s-a)\overrightarrow{IB}$$

即
$$a\overrightarrow{ID} + b\overrightarrow{IE} + c\overrightarrow{IF} = a\overrightarrow{IA} + b\overrightarrow{IB} + c\overrightarrow{IC} = \mathbf{0}$$

故
$$a\overrightarrow{DA} + b\overrightarrow{EB} + c\overrightarrow{FC} = \mathbf{0}$$

将上题中的内切圆改为旁切圆,则有:

命题 2 圆 I_1 为 $\triangle ABC$ 的旁切圆,依次切 BC,CA,AB 于 $D,E,F,BC=a,CA=b,AB=c$,则

$$-a\overrightarrow{I_1D} + b\overrightarrow{I_1E} + c\overrightarrow{I_1F} = \mathbf{0} \qquad ③$$

$$-a\overrightarrow{DA} + b\overrightarrow{EB} + c\overrightarrow{FC} = \mathbf{0} \qquad ④$$

证明用到等式:$-a\overrightarrow{I_1A} + b\overrightarrow{I_1B} + c\overrightarrow{I_1C} = \mathbf{0}$. 证明方法与例 3 类似,证明留给读者.

用和谐的眼光及运动变化的观点,我们可以沟通数学中很多概念、公式、定理之间的联系,有的可在新的基础上概括成更一般的统一形式. 利用这种眼光与观点我们还可以推广某些数学命题,得出更一般的结果,上面就是其中的范例.

6.2 五条定理用圆串,勾股定理把线牵

两千年来,数学史中积累了许多有趣的几何题,特别是由一些名家提出或被名家解决的流传甚广的所谓名题,如闪闪发光的珍珠,点缀着瑰丽的几何园林.

张景中院士在他的名著《从数学教育到教育数学》中就介绍了用"把一块面积分成几块,几块面积之和等于原来的那一块"的"面积法"这一条金线将相隔两千年的不同时代的各具特色的五道几何不等式名题统一解决的证法串起来,给读过该书的读者留下了深刻的印象.①

在这里,我们运用和谐的数学眼光来透视平面几何中的一些定理,发现如下五个定理:三角形的垂心定理、圆幂定理、勾股定理、托勒密定理、直线上的欧拉定理,可以用"圆"这一条金线将其串起来,其中勾股定理又把线牵起来.

这五条定理在初等几何学中是非常重要的定理.

Ⅰ. **三角形的垂心定理** 三角形的各边上的高线交于一点,这一点称为三角形的垂心(若三角形分别为锐角、直角、钝角三角形时,则垂心分别在形内、直角顶点、形外).

Ⅱ. **圆幂定理** 经过一定点 A,任意作一条直线交圆于两点 F,B,则乘积 $AF \cdot AB$ 为定值(或这样的乘积都相等).

Ⅲ. **勾股定理** 直角三角形两直角边长的平方和等于斜边的平方和,或半圆上任一点 C 到半圆直径 AB 两端点的距离的平方和 $AC^2 + BC^2$ 为定值(AB^2).

---

① 这五个几何不等式为:

题 1 (托勒密不等式)设 A,B,C,D 是平面上任意四点,求证:$AB \cdot CD + AD \cdot BC \geq AC \cdot BD$. 且其等号仅当 $ABCD$ 是圆内接四边形时成立.

题 2 (费马点问题,霍斯坦纳问题)已知平面上 A,B,C 三点,求平面上这样一点,它到三点距离之和 $PA + PB + PC$ 最小.

题 3 (从光行速度原理导出光折射定律)平面上 A,B 两点在直线 l 的两侧,C,D 两点在直线上,AC,BC 和 l 所成锐角分别为 θ_1,θ_2,且 θ_1 与 θ_2 不相邻,求证:$\dfrac{AC}{\cos\theta_1} + \dfrac{BC}{\cos\theta_2} \leq \dfrac{AD}{\cos\theta_1} + \dfrac{BD}{\cos\theta_2}$,且其中等号仅当 C 与 D 重合时成立.

题 4 (法格乃诺问题)已知锐角 $\triangle ABC$,求它的内接三角形中周长最小者.

题 5 (厄尔多斯 - 莫代尔不等式)设 P 为 $\triangle ABC$ 内或周界上的一点,P 到三边的距离分别为 x,y,z. 求证:$PA + PB + PC \geq 2(x + y + z)$,且等号仅当 $\triangle ABC$ 为正三角形,P 是 $\triangle ABC$ 中心时成立.

Ⅳ. **托勒密定理**　圆内接四边形两对角线长的乘积等于两组对边长乘积之和.

Ⅴ. **直线上的欧拉定理**　在线段 AB 上任取两点 D,C,则 $AC \cdot BD = AD \cdot BC + CD \cdot AB$.

初看五条定理毫无联系,若从和谐的角度把五者联系起来,就可以发现五者之间有深刻的联系. 也可以看出每一后者的发现实质上是每一前者发现中的再发现[79,80].

我们先看三角形的垂心定理:如图 6.7,在锐角 $\triangle ABC$ 中,AD,BE,CF 是 $\triangle ABC$ 的边 BC,CA,AB 上的高线.

过顶点 A,B,C 各作直线 $B'C',C'A',A'B'$,使 $B'C' \parallel BC,C'A' \parallel CA,A'B' \parallel AB$. 则所作的这三线两两相交,设交点为 A',B',C'. 这样,就得到一个新的 $\triangle A'B'C'$;而且 $AD \perp B'C'$,$BE \perp C'A',CF \perp A'B'$.

又 $ABCB',BCAC',CABA'$ 均为平行四边形,所以

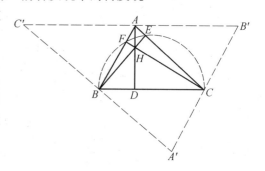

图 6.7

$$AB' = BC = C'A, A'B = CA = BC', B'C = AB = CA'$$

亦即 A,B,C 分别为 $\triangle A'B'C'$ 的边 $B'C',C'A',A'B'$ 的中点. 因此,AD,BE,CF 是 $\triangle A'B'C'$ 三边的中垂线,由中垂线性质(或三角形外心定理),知 AD,BE,CF 必相交于一点 H,这一点 H 便是三角形的垂心.

对于直角三角形、钝角三角形(可转化为锐角三角形情形)的讨论较易,这里略去.

由三角形垂心定理知 A,B,C,H 组成一垂心组(即四点中其任一点是其余三点为顶点的三角形的垂心).

在图 6.7 中,显然 B,C,E,F 四点共圆,且 BC 为其直径.

由 $\text{Rt}\triangle ABE \sim \text{Rt}\triangle ACF$,有 $AF \cdot AB = AE \cdot AC$.

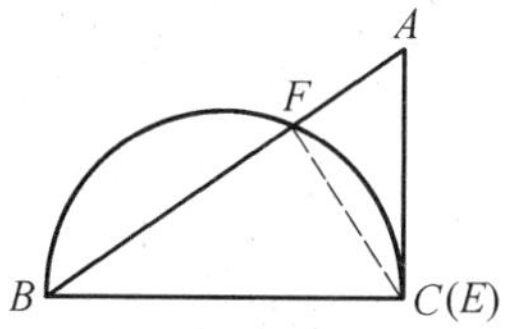

当点 E 在半圆周上移动与点 C 重合,即 $AE = AC$ 时,如图 6.8 所示,此时 $\triangle ABC$ 的垂心为 C,则由 $\text{Rt}\triangle ABC \sim \text{Rt}\triangle ACF$,有

$$AF \cdot AB = AC \cdot AC = AC^2$$

图 6.8

从而,当定点 A 在圆外,且 BC 为圆的直径时,有乘积 $AF \cdot AB$ 为定值.

当定点 A 在圆内,且 BC 为圆的直径时,注意到垂心组性质,类似于上述推导也有乘积 $AF \cdot AB$ 为定值.

当 BC 不为圆的直径时,不管定点 A 在圆外或圆内,只需将上述直角三角形改为一般三角形,类似于上述推导,也有乘积 $AF \cdot AB$ 为定值,如图 6.9 所示.

为了具体求出这个定值,可作直线 AO 交圆于 M,N,设圆的半径为 R,在图 6.9 中,即定点 A 在圆外,则

$$AF \cdot AB = AM \cdot AN =$$
$$(AO - R)(AO + R) = AO^2 - R^2$$

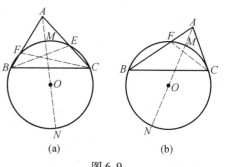

图 6.9

若定点 A 在圆内,则 $AF \cdot AB = R^2 - AO^2$.

下面再看勾股定理的一种推导.

若以线段 AB 为直径作半圆,D,E 为半圆周上两点,设直线 AE,BD 相交于点 C, 如图 6.10 所示,于是由勾股定理的证法知,在 $\triangle ABC$ 中,若 $\angle C = 90°$,则 $AC^2 + BC^2 = AB^2$. 亦即由半圆任一点 C,到半圆直径 AB 两端点的距离的平方和 $AC^2 + BC^2$ 为定值 (AB^2).

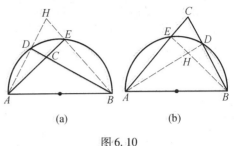

图 6.10

为了看到勾股定理的牵线作用,下面,我们用字母表示两直角边的平方和等于斜边的平方: 设在 Rt$\triangle ABC$ 中, $\angle C = 90°$, 顶点 A,B,C 所对的边长分别是 a,b,c, 则 $a^2 + b^2 = c^2$.

如果将 $a^2 + b^2 = c^2$ 写成 $a \cdot a + b \cdot b = c \cdot c$, 那就可以看成是矩形的两组对边长之积的和等于两对角线长的积. 由于矩形的四个顶点是共圆的,我们把矩形放入圆中来考虑,就成为圆内接矩形的两组对边长,乘积之和等于两对角线长的积.

如果把矩形改变成梯形,边与对角线是否还有上面的关系呢? 如图 6.11, 即 $AB \cdot DC + AD \cdot BC$ 是否等于 $AC \cdot BD$.

因为圆内接梯形为等腰梯形,所以 $AD = BC, AC = BD$, 上面的式子就成为: $AB \cdot DC + AD^2$ 是否等于 AC^2.

此时, 平移 CA 到 DE, 过 D 作 $DG \perp AB$ 于 G, 如图 6.11 所示,则可证得

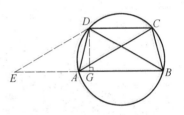

图 6.11

$$AB \cdot DC + AD^2 = (CD + 2AG) \cdot DC + (AG^2 + DG^2) =$$
$$CD^2 + 2AG \cdot DC + AG^2 + DG^2 =$$
$$(CD + AG)^2 + DG^2 = BG^2 + DG^2 =$$
$$BD^2 = AC^2$$

因此,四边形是等腰梯形(即圆内接梯形)时,"两组对边长乘积之和等于两条对角线长的积"是正确的.

若把圆内接梯形改为一般的圆内接四边形,看上面类似的结论还是否成立?

如图 6.12,四边形 $ABCD$ 内接于圆,此时, $AB \cdot DC + AD \cdot BC$ 是否等于 $AC \cdot BD$?

作 $\angle PBA = \angle DBC$, 又 $\angle BAP = \angle BDC$, 则 $\triangle ABP \sim \triangle DBC$, 有 $\dfrac{AB}{BD} = \dfrac{AP}{DC}$, 即

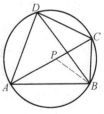

图 6.12

$$AP \cdot BD = AB \cdot DC \qquad ①$$

又 $\angle ABD = \angle PBC, \angle APB = \angle PCB$, 知 $\triangle ABD \sim \triangle PBC$, 有 $\dfrac{AD}{PC} = \dfrac{BD}{BC}$, 即

$$PC \cdot BD = AD \cdot BC \qquad ②$$

由 ① + ②,有

$$AB \cdot DC + AD \cdot BC = AP \cdot BD + PC \cdot BD = (AP + PC) \cdot BD = AC \cdot BD$$

这一等式的成立正是托勒密定理,也许托勒密当年正是由以上过程发现了 Ⅳ.

如果又假设圆的半径无限增大,则圆周上的四点 A,B,C,D 就落在了同一直线上,如图 6.13 所示. 此时

图 6.13

$$AB \cdot CD + BC \cdot AD = AB \cdot CD + BC(AC + CD) = AB \cdot CD + BC \cdot CD + AC \cdot BC =$$
$$(AB + BC) \cdot CD + AC \cdot BC = AC \cdot (CD + BC) = AC \cdot BD$$

这一等式的成立也正是欧拉定理,也许欧拉当年也正是由以上过程发现了 Ⅴ.

由上可知,五大定理之间的统一关系是

Ⅰ(特殊) ── Ⅱ(一般) ── Ⅲ(特殊) ── Ⅳ(一般) ── Ⅴ(极端)

从上述过程也可看出:五个定理的统一恰好说明了"在伟大的发现或伟大的理论中,那种稳定的联系或更高的统一是通过相似模式的阶段而达到的". 同时也证实了:"许多科学发现就是从以前认为不相同或没联系的事情之间找到一个共同特征或联系."

6.3 三角形、圆与三角理论

平面几何是对三角形、圆的性质分开来进行研究的,这当然是必然而又有很大局限的. 当平面几何的研究已经觉得没有什么可说的时候,用和谐的数学眼光考察三角形与圆,把直角三角形作为圆的附属物,就发展出了一种崭新的三角理论[7].

由于把直角三角形附属于圆,直角三角形的边和角便得到了完全不同的、特定的关系:

直角三角形的内角 ── 圆心角.

直角三角形的边 ── 和圆有关的线段,如弦心距、弦、切线段等.

这样,用数学的眼光来看,它们之间的联系就大不一样了,为给进一步拓广三角函数开辟新道路,不妨作如表 6.1 所示的对照.

有了三角函数,反过来对三角形及圆的研究方法也有了新发展,过去三角形边与角之间只有定性的关系,现在可以定量地通过角来计算边,通过边来计算角,通过弧来计算弦,等等.

这个例子说明,用和谐的眼光可以从事物的相互联系中理解事物,而不是孤立地理解事物. 这是因为,把事物看成孤立、静止的是一种片面性、非和谐性,它限制人们去深入地认识事物. 和谐的数学眼光使我们从数学对象的运动、变化、发展和相互作用方面去考察,把几个概念、几个学科分支知识联系起来考察研究,因而往往能获得新的成果,开辟出新的领域. 用这样的眼光看问题,不但在数学研究与数学中行之有效,在整个自然科学研究中也极为重要,许多边缘学科和分支的产生有力地证明了这一点.

表 6.1

数学眼光看待前 （直角三角形中）	数学眼光看待后 （直角三角形作为单位圆的附属物）
角 α 是锐角	角 α 可以拓广为任意角（正，负）
体现边角关系的六个三角函数都表现为对应边之比，永为正值 $\sin\alpha = \dfrac{AC}{AB}, \cos\alpha = \dfrac{BC}{AB}$ $\tan\alpha = \dfrac{AC}{BC}, \cot\alpha = \dfrac{BC}{AC}$ $\sec\alpha = \dfrac{AB}{BC}, \csc\alpha = \dfrac{AB}{AC}$	六个三角函数都表现为有向线段，其数有正有负 $\sin\alpha = AC, \cos\alpha = OC$ $\tan\alpha = ED, \cot\alpha = FG$ $\sec\alpha = OD, \csc\alpha = OG$
边角关系表现为抽象的"数"，这不利于研究三角函数之间的关系和三角函数值的变化	边角关系表现为具体的"形"（有向线段），利于通过单位圆来研究三角函数之间的关系和三角函数值的变化
三角函数的性态（奇偶性、周期性、增减性、有界性、极值）表现得不完整、不明显	对三角函数的性态可以作具体、完整的分析和研究

6.4 杨辉三角 —— 数学联系的充分体现

发现众多数学问题之间的相互联系是非常有利于数学认知结构的形成的，数学是在先前的概念的基础上逐渐扩展的，任何数学体系的形成都是从一些未加阐明的术语和公理（假定）开始的，接下去的步骤是定义、定理、一些公理等. 然而，历史表明，创造力的获得并非是一条必须的路. 例如，欧几里得几何并不是由欧几里得的书《几何原本》开始的. 相反的，欧几里得是在研究、编辑和组织了在他之前数学家所发现的几何内容之后，将这些几何思想系统归类并加以逻辑演绎，才写出了他的书的.

有许多数学分支似乎是彼此独立的，但只要仔细地观察就能发现其中一些明显的联系. 而了解和发现这些联系将令人兴奋不已.

考虑以下的概念：

杨辉三角（国外又称帕斯卡三角形）、牛顿二项展开式、斐波那契数列、九宫图、纵横线路图、谢尔宾斯基衬垫、概率、黄金均值、黄金矩形、等角螺线、黄金三角形、五角星形、极限、无穷数列、柏拉图体、正十边形……

所有上述发现都是由不同的人，在不同的时间，不同的地点得出的. 但这些概念之间有着密切的内在联系，都是由一条线联系着的.

杨辉三角是公元 1261 年杨辉在其著作《详解九章算法》中介绍的（欧洲人一般称它为

"帕斯卡三角形",认为是法国数学家帕斯卡(B. Pascal,1623—1662)发现的). 杨辉三角的每一项都是它上方两侧的两个数的和.

杨辉三角奥妙无穷,只要运用数学眼光透视,就会发现许多有趣的规律.

6.4.1 杨辉三角数字排列的一些性质

图 6.14 为 n 阶的杨辉三角.

```
第 0 行                              1
第 1 行                            1   1
第 2 行                          1   2   1
第 3 行                        1   3   3   1
第 4 行                      1   4   6   4   1
第 5 行                    1   5  10  10   5   1
第 6 行                  1   6  15  20  15   6   1
   ⋮                                ⋮
第 n-1 行    1  C¹ₙ₋₁  C²ₙ₋₁  ⋯  Cʳ⁻¹ₙ₋₁  Cʳₙ₋₁  ⋯  Cⁿ⁻²ₙ₋₁  1
第 n 行      1  C¹ₙ   C²ₙ   ⋯           Cʳₙ           ⋯  Cⁿ⁻¹ₙ   1
```

图 6.14

杨辉三角可以用排列式写出,如图 6.15 所示.

第 0 行: 1
第 1 行: $C_1^0 \quad C_1^1$
第 2 行: $C_2^0 \quad C_2^1 \quad C_2^3$
第 3 行: $C_3^0 \quad C_3^1 \quad C_3^2 \quad C_3^3$
第 4 行: $C_4^0 \quad C_4^1 \quad C_4^2 \quad C_4^3 \quad C_4^4$
第 5 行: $C_5^0 \quad C_5^1 \quad C_5^2 \quad C_5^3 \quad C_5^4 \quad C_5^5$
第 6 行: $C_6^0 \quad C_6^1 \quad C_6^2 \quad C_6^3 \quad C_6^4 \quad C_6^5 \quad C_6^6$
⋮
第 n-1 行: $C_{n-1}^0 \quad C_{n-1}^1 \quad C_{n-1}^2 \quad \cdots \quad C_{n-1}^{r-1} \quad C_{n-1}^r \quad \cdots \quad C_{n-1}^{n-2} \quad C_{n-1}^{n-1}$
第 n 行: $C_n^0 \quad C_n^1 \quad C_n^2 \quad \cdots \quad C_n^r \quad \cdots \quad C_n^{n-1} \quad C_n^n$

图 6.15

它的第 k 行各个数的和为

$$C_k^0 + C_k^1 + C_k^2 + \cdots + C_k^{k-1} + C_k^k = 2^k$$

n 阶杨辉三角的所有数的和是

$$2^0 + 2^1 + 2^2 + \cdots + 2^n = \frac{1 \times (1 - 2^{n+1})}{1 - 2} = 2^{n+1} - 1$$

三角形的两条斜边上的数字都是 1,而其余的数都等于它肩上的两个数字之和,如 $C_5^2 = C_4^1 + C_4^2$ 推出一般的公式为

$$C_n^r = C_{n-1}^{r-1} + C_{n-1}^r$$

除了上述众所周知的基本性质外,我们总结以下几个有趣性质.

性质 1 杨辉三角的第 $1,3,7,15,\cdots$ 行,即第 2^k-1 行(k 是正整数) 的各个数字都是奇数.

从第一行起,设第 k(k 是正整数) 次出现全扩为奇数时,杨辉三角表中所有偶数的个数为 b_k,所有奇数的个数为 c_k,则 $b_k=2^{k-1}+2^{2k-1}-3^k$,$C_n=3^k-1$.

性质 2 第 $p(p\in\mathbf{N}^*,且 p\geqslant 2)$ 行除去两端的数字 1 以外的所有数都能被 p 整除,则整数 p 一定为质数(素数).

性质 3 如图 6.16.

如在第 3 斜列中,前 5 个数依次为 $1,3,6,10,15$;第 4 斜列第 5 个数为 35,显然,$1+3+6+10+15=35$. 事实上,一般地有这样的结论:第 m 斜列中(从右上到左下) 前 k 个数之和一定等于第 $m+1$ 斜列中的第 k 个数. 其公式为

$$C_{m-1}^{m-1}+C_m^{m-1}+\cdots+C_{m+k-2}^{m-1}=C_{m+k-1}^m$$

由图 6.16 中可以看到:从第 2 斜列起,这些数组又分别称为

正整数:$1,2,3,4,5,6,\cdots$

三角形数:$1,3,6,10,15,21,28,\cdots$

四面体数:$1,4,10,20,35,56,64,\cdots$

四维空间四面体数:$1,5,15,35,70,126,\cdots$

五维空间四面体数:$1,6,21,56,126,252,\cdots$

$\vdots$

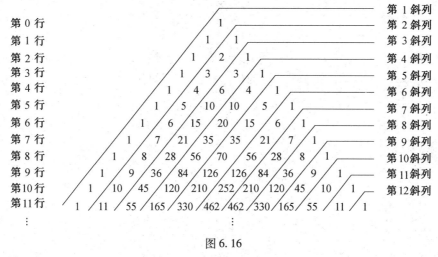

图 6.16

性质 4 第 n 行的 $n+1$ 个数"组成"的 $n+1$ 位数是 11^n.

说明 将 $abc\times 11$ 写成竖式得

$$
\begin{array}{cccc}
 & a & b & c \\
+a & b & c & \\
\hline
a & a+b & b+c & c
\end{array}
$$

其和的形式正好与杨辉三角由第 i 行生成第 $i+1$ 行的规则相同. 所以,当某个数是两位或两位以上的数时,只需将该数按十进位法进位即可. 如第 3 行不需进位,直接得 $1\,331=11^3$,而第 6 行,应把 $1,6,15,20,15,6,1$ 这 7 个数中的 $15,20,15$ 从右到左作进位处理,得到

$1\ 771\ 561 = 11^6$.

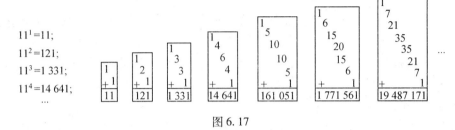

图 6.17

性质 5 如图 6.18.

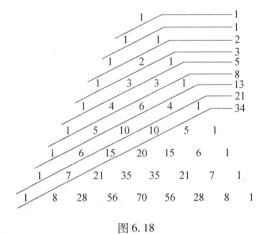

图 6.18

图中的斜线中,前几行数字的和已经在行末标出,通过观察可以得到著名的斐波那契数列 $\{a_n\}: a_1 = a_2 = 1, a_{n+2} = a_{n+1} + a_n (n \in \mathbf{N}^*)$. 由斐波那契数列的通项公式

$$a_n = \frac{\sqrt{5}}{5}\left[\left(\frac{1+\sqrt{5}}{2}\right)^n - \left(\frac{1-\sqrt{5}}{2}\right)^n\right]$$

可得组合数的性质

$$C_{n-1}^{n-1} + C_n^{n-2} + C_{n+1}^{n-3} + \cdots + C_{2n-2}^0 = \sum_{k=0}^{n-1} C_{2n-k-2}^k = \frac{\sqrt{5}}{5}\left[\left(\frac{1+\sqrt{5}}{2}\right)^{2n-1} - \left(\frac{1-\sqrt{5}}{2}\right)^{2n-1}\right]$$

$$C_n^{n-1} = C_{n+1}^{n-2} + C_{n+2}^{n-3} + \cdots + C_{2n-1}^0 = \sum_{k=0}^{n-1} C_{2n-k-1}^k = \frac{\sqrt{5}}{5}\left[\left(\frac{1+\sqrt{5}}{2}\right)^{2n} - \left(\frac{1-\sqrt{5}}{2}\right)^{2n}\right], n \in \mathbf{N}^*$$

性质 6 我们注意到第 2,4,8 行的除两端的数 1 外各数均为偶数,下一个整行除两端的数 1 外各数均为偶数的是第 16 行,一般地,第 $2^n (n \in \mathbf{N}^*)$ 行的整行除两端的数 1 外均为偶数.

性质 7 我们注意到第 7 行中有 7,21,35 三个相邻的数成等差数列,那么还能在杨辉三角中找出在同一行中成等差数列的相邻三个数吗?

令 $2C_n^r = C_n^{r-1} + C_n^{r+1}$,将组合数公式代入并化简得

$$\frac{2}{r(n-r)} = \frac{1}{(n-r+1)(n-r)} + \frac{1}{(r+1)r}$$

令 $n - r = t$,去分母并整理得

$$(t-r)^2=t+r+2$$

再令 $t-r=k$（不妨设 $t>r$，则 $k\in\mathbf{N}$ 且 $k\geqslant 3$），则 $n=t+r=k^2-2$，于是

$$r=\frac{1}{2}k(k-1)-1$$

当 $k=3$ 时，$n=7$，$r=2$，即得 7，21，35 三数成等差数列；

当 $k=4$ 时，得 $n=14$，$r=5$，因此，$C_{14}^4=1\ 001$，$C_{14}^5=2\ 002$，$C_{14}^6=3\ 003$ 三数成等差数列.

于是得到公式

$$\begin{cases}n=k^2-2\\ r=\dfrac{1}{2}k(k-1)-1\end{cases},k\in\mathbf{N},k\geqslant 3$$

这里就给出了这个问题的一个通解.

性质 8　杨辉三角中的行列式.

若将杨辉三角改写成下面的模式：

$$\begin{array}{llllllll}
1 & 1 & 1 & 1 & 1 & 1 & 1 & \cdots\\
1 & 2 & 3 & 4 & 5 & 6 & \cdots\\
1 & 3 & 6 & 10 & 15 & \cdots\\
1 & 4 & 10 & 20 & \cdots\\
1 & 5 & 15 & \cdots\\
1 & 6 & \cdots\\
1 & \cdots
\end{array}$$

图 6.19

从左上角起，“原汁原味”地取 n^2 个数字，使之构成 n 阶行列式，即

$$1,\begin{vmatrix}1&1\\1&2\end{vmatrix},\begin{vmatrix}1&1&1\\1&2&3\\1&3&6\end{vmatrix},\begin{vmatrix}1&1&1&1\\1&2&3&4\\1&3&6&10\\1&4&10&20\end{vmatrix},\cdots$$

则所有的 n 阶行列式之值统统都等于 1. 让我们闭上眼睛想一想，一个“顶天立地”的行列式，每一列都是一根“擎天玉柱”，上至三十三天，下及十八层地狱，其中含有千万亿个“元素”，而其值竟然同单个 1 等阶，真是不可思议到了极点！

可以用无限递降（infinite descent）的神妙证法来加以证明，让我们随便拈出一个不大不小的四阶行列式来看看（形式化的“一般”证法可以轻而易举地写出来，但它往往会使真正的思路隐而不显，因而失去“灵”性，为创造学者所不喜，因而不妨来个改弦易辙）

$$\begin{vmatrix}1&1&1&1\\1&2&3&4\\1&3&6&10\\1&4&10&20\end{vmatrix}=\begin{vmatrix}1&1&1&1\\0&1&2&3\\0&1&3&6\\0&1&4&10\end{vmatrix}=\begin{vmatrix}1&0&0&0\\0&1&1&1\\0&1&2&3\\0&1&3&6\end{vmatrix}=\begin{vmatrix}1&1&1\\1&2&3\\1&3&6\end{vmatrix}$$

（由后行减前行）　（由后列减前列）　（降阶）

它就递化到下面一个层次了，这样层层下楼梯，从第五级下到第四级，第四级下到第三级，……，依此类推，最后下到第一级，其值自不消说，当然就等于 1 了！

6.4.2 杨辉三角与斐波那契数列

杨辉三角形如图 6.20,如果将其按杨辉三角的规律排布,并且竖列相加(不进位),则得到斐波那契数列:1,1,2,3,5,8,13,21,…

```
              1
            1   1
          1   2   1
        1   3   3   1
      1   4   6   4   1
    1   5  10  10   5   1
  1   6  15  20  15   6   1
1   7  21  35  35  21   7   1
                ⋯
─────────────────────────────
1   1   2   3   5   8  13  21  ⋯
```

图 6.20

如果将图 6.20 中的数字换成组合数成为图 6.21,可以看到:斐波那契数列用组合数表示为

$$
\begin{array}{c}
C_0^0 \\
C_1^0 \quad C_1^1 \\
C_2^0 \quad C_2^1 \quad C_2^2 \\
C_3^0 \quad C_3^1 \quad C_3^2 \quad C_3^3 \\
C_4^0 \quad C_4^1 \quad C_4^2 \quad C_4^3 \quad C_4^4 \\
C_5^0 \quad C_5^1 \quad C_5^2 \quad C_5^3 \quad C_5^4 \quad C_5^5 \\
\hline
a_1 \quad a_2 \quad a_3 \quad a_4 \quad a_5 \quad a_6 \quad a_7
\end{array}
$$

图 6.21

其中

$a_1 = C_0^0, a_2 = C_1^0, a_3 = C_1^1 + C_2^0$

$a_4 = C_2^1 + C_3^0, a_5 = C_2^2 + C_3^1 + C_4^0$

$a_6 = C_3^2 + C_4^1 + C_5^0, a_7 = C_3^3 + C_4^2 + C_5^1 + C_6^0$

$a_8 = C_4^3 + C_5^2 + C_6^1 + C_7^0, \cdots$

⋮

可归纳出斐波那契数列用组合数表示的通项公式如下:

奇数项:$a_{2n+1} = C_n^m + C_{n+1}^{n-1} + C_{n+2}^{n-2} + \cdots + C_{2n}^0 (n \in \mathbf{N})$

偶数项:$a_{2n} = C_n^{n-1} + C_{n+1}^{n-2} + C_{n+2}^{n-3} + \cdots + C_{2n-1}^0 (n \in \mathbf{N})$

读者不妨试用数学归纳法证明之.

6.4.3 杨辉三角与三角倍角公式

首先观察三角倍角正切展开式系数的规律:

$\tan x = \dfrac{\tan x}{1}$, $\tan 2x = \dfrac{2\tan x}{1 - \tan^2 x}$, $\tan 3x = \dfrac{3\tan x - \tan^3 x}{1 - 3\tan^2 x}$, $\tan 4x = \dfrac{4\tan x - 4\tan^3 x}{1 - 6\tan^2 x + \tan^4 x}$,

$$\tan 5x = \frac{5\tan x - 10\tan^3 x + \tan^5 x}{1 - 10\tan^2 x + 5\tan^4 x}, \tan 6x = \frac{6\tan x - 20\tan^3 x + 6\tan^5 x}{1 - 15\tan^2 x + 15\tan^4 x - \tan^6 x},$$ 因此，$\tan nx$ 用 $\tan x$ 表示的规律是：

（1）展开式中分子、分母的各项符号，都是正、负相间的，而且第一项总是正的；

（2）分母中 $\tan x$ 的指数按 $0,2,4,\cdots$ 的升幂排列，分子中的 $\tan x$ 的指数按照 $1,3,5,\cdots$ 的升幂排列；

（3）分母与分子中各系数相间排列恰是"杨辉三角"中第 $n+1$ 行的数字，按照这种记忆法，我们就有

$$\tan x = \begin{cases} \dfrac{C_n^1 \tan x - C_n^3 \tan^3 x + \cdots \pm C_n^{n-1}\tan^{n-1} x}{C_n^0 - C_n^2 \tan^2 x + C_n^4 \tan^4 x - \cdots \mp C_n^n \tan^n x} & (n \text{ 为偶数}) \\ \dfrac{C_n^1 \tan x - C_n^3 \tan^3 x + \cdots \pm C_n^n \tan^n x}{C_n^0 - C_n^2 \tan^2 x + C_n^4 \tan^4 x - \cdots \pm C_n^{n-1} \tan x} & (n \text{ 为奇数}) \end{cases}$$

我们也可以用下法写出分子、分母末项系数的符号：

分子的末项 $\begin{cases} n \text{ 为偶数时}, (-1)^{\frac{n}{2}-1} C_1^{n-1} \tan^{n-1} x \\ n \text{ 为奇数时}, (-1)^{\frac{n}{2}-1} C_n^n \tan^{n-1} x \end{cases}$

分母的末项 $\begin{cases} n \text{ 为偶数时}, (-1)^{\frac{n}{2}} C_n^n \tan^n x \\ n \text{ 为奇数时}, (-1)^{\frac{n-1}{2}} C_n^{n-1} \tan^{n-1} x \end{cases}$

为了帮助我们记忆 n 倍角正切公式的规律，我们把它概括成歌诀如下：

正切 n 倍母始 1,0 次开头杨辉系.

正负相间是升幂，项数总和 n 加 1.

至于倍角正、余弦展开式系数规律也与"杨辉三角"有联系，只不过展开后是用正、余两种三角函数来表示 n 倍角的正弦或余弦的关系式，它们与"杨辉三角"间的关系是正、余两者展开式系数相间取出的各数的绝对值，才符合"杨辉三角"的规律. 现在观察倍角正、余弦展开式系数的绝对值的规律：

$\begin{cases} \sin x = \sin x \\ \cos x = \cos x \end{cases}$

$\begin{cases} \sin 2x = 2\sin x\cos x \\ \cos 2x = \cos^2 x - \sin^2 x \end{cases}$

$\begin{cases} \sin 3x = 3\sin x\cos^2 x - \sin^3 x \\ \cos 3x = \cos^3 x - 3\cos x\sin^2 x \end{cases}$

$\begin{cases} \sin 4x = 4\sin x\cos^3 x - 4\sin^3 x\cos x \\ \cos 4x = \cos^4 x - 6\cos^2 x\sin^2 x + \sin^4 x \end{cases}$

$\begin{cases} \sin 5x = 5\sin x\cos^4 x - 10\sin^3 x\cos^2 x + \sin^5 x \\ \cos 5x = \cos^5 x - 10\cos^3 x\sin^2 x + 5\cos x\sin^4 x \end{cases}$

$\vdots$

$\begin{cases} \sin nx = C_n^1 \sin x\cos^{n-1} x - C_n^3 \sin^3 x\cos^{n-3} x + \cdots & ① \\ \cos nx = C_n^0 \cos^n x - C_n^2 \cos^{n-2} x\sin^2 x + \cdots & ② \end{cases}$

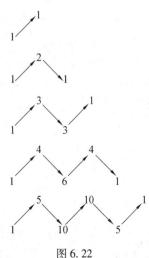

图 6.22

① 的末项 $\begin{cases} n\text{ 为偶数时}, (-1)^{\frac{n-1}{2}} C_n^{n-1} \sin^{n-1}x\cos x \\ n\text{ 为奇数时}, (-1)^{\frac{n-1}{2}} \sin^n x \end{cases}$

② 的末项 $\begin{cases} n\text{ 为偶数时}, (-1)^{\frac{n}{2}} \sin^n x \\ n\text{ 为奇数时}, (-1)^{\frac{n-1}{2}} C_n^{n-1} \cos x\sin^{n-1}x \end{cases}$

我们先说明用 $\sin x$ 及 $\cos x$ 表示 $\sin nx$ 的展开式的几条规律:

(1) 展开式的系数是正负相间的,而且首项总是正的.

(2) 当 n 为偶数时,有 $\dfrac{n}{2}$ 项;当 n 为奇数时,有 $\dfrac{n+1}{2}$ 项.

(3) 每项 $\sin x$ 与 $\cos x$ 的指数之和是 n,而且 $\sin x$ 的指数是按照 $1,3,5,7,\cdots$ 的升幂排列.

(4) 各项系数恰恰是"杨辉三角"中第 $n+1$ 行,从第二个数取起,相间取出的各数.

例如,要展开 $\sin 6x$,我们在"杨辉三角"中找到第 7 行,从第二个数 6 取起,相间的各数是 6,20,6,因为 6 是偶数,所以只有 3 项. 于是
$$\sin 6x = 6\sin x\cos^5 x - 20\sin^3 x\cos^3 x + 6\sin^5 x\cos x.$$

再说用 $\sin x$ 及 $\cos x$ 表示 $\cos nx$ 的展开式的几条规律:

(1) 展开式的系数是正负相间的,而且首项总是正的.

(2) 当 n 为偶数时,有 $\dfrac{n+2}{2}$ 项;当 n 为奇数时,有 $\dfrac{n+1}{2}$ 项.

(3) 每项 $\sin x$ 与 $\cos x$ 的指数之和是 n,而且 $\cos x$ 的指数是按照 $n,n-2,n-4,\cdots$ 的降幂排列.

(4) 各项系数恰恰是"杨辉三角"中第 $n+1$ 行,从第一个数取起,相间取出的各数.

例如要展开 $\cos 6x$,我们在"杨辉三角"中找到第 7 行,从第一个数 1 取起,相间的各数是 1,15,15,1,因为 6 是偶数,所以只有 4 项. 于是
$$\cos 6x = \cos^6 x - 15\cos^4 x\sin^2 x + 15\cos^2 x\sin^4 x - \sin^6 x.$$

为了帮助我们记忆 n 倍角正、余弦公式的规律,笔者把它们概括成歌诀如下:

正余 n 倍用正余,正升余降方次齐,

正负相间首项起,正余同书杨辉系.

为什么 n 倍角的正弦、余弦、正切的公式中的系数与二项式系数有如此密切的联系呢? 请看我们用复数法对这些公式的证明过程.

设 $z = \cos\theta + i\sin\theta$,由棣美弗定理,得
$$(\cos\theta + i\sin\theta)^n = \cos n\theta + i\sin n\theta$$

由二项式定理,得
$$(\cos\theta + i\sin\theta)^n = \cos^n\theta + C_n^1(i\sin\theta)\cos^{n-1}\theta + C_n^2(i\sin\theta)^2\cos^{n-2}\theta + C_n^3(i\sin\theta)^3\cos^{n-3}\theta +$$
$$C_n^4(i\sin\theta)^4\cos^{n-4}\theta + C_n^5(i\sin\theta)^5\cos^{n-5}\theta + \cdots =$$
$$[\cos^n\theta - C_n^2\sin^2\theta\cos^{n-2}\theta + C_n^4\sin^4\theta\cos^{n-4}\theta - \cdots] +$$
$$i[C_n^1\sin\theta\cos^{n-1}\theta - C_n^3\sin^3\theta\cos^{n-3}\theta + C_n^5\sin^5\theta\cos^{n-5}\theta - \cdots]$$

使 $(\cos\theta + i\sin\theta)^n$ 展开式的实数部分与虚数部分两边分别相等,那么
$$\cos n\theta = \cos^n\theta - C_n^2\cos^{n-2}\theta\sin^2\theta + C_n^4\cos^{n-4}\theta\sin^4\theta - \cdots$$

$$\sin n\theta = C_n^1\cos^{n-1}\theta\sin\theta - C_n^3\cos^{n-3}\theta\sin^3\theta + C_n^5\cos^{n-5}\theta\sin^5\theta - \cdots$$

因为

$$\tan n\theta = \frac{\sin n\theta}{\cos n\theta} = \frac{C_n^1\cos^{n-1}\theta\sin\theta - C_n^3\cos^{n-3}\theta\sin^3\theta + C_n^5\cos^{n-5}\theta\sin^5\theta - \cdots}{C_n^0\cos^n\theta - C_n^2\cos^{n-2}\theta\sin^2\theta + C_n^4\cos^{n-4}\theta\sin^4\theta - \cdots} =$$

$$\frac{C_n^1\dfrac{\sin\theta}{\cos\theta} - C_n^3\dfrac{\sin^3\theta}{\cos^3\theta} + C_n^5\dfrac{\sin^5\theta}{\cos^5\theta} - \cdots}{C_n^0 - C_n^2\dfrac{\sin^2\theta}{\cos^2\theta} + C_n^4\dfrac{\sin^4\theta}{\cos^4\theta} - \cdots} = \frac{C_n^1\tan\theta - C_n^3\tan^3\theta + C_n^5\tan^5\theta - \cdots}{C_n^0 - C_n^2\tan^2\theta + C_n^4\tan^4\theta - \cdots}$$

在用棣美弗定理证明这些公式时要用到二项式定理来展开,因此二项式展开的系数必然要以一定的规律体现在公式之中,这大概就是奥妙之所在吧!

注 上述内容参见了马庆忠老师的文章《"贾宪三角"与倍角公式的联系》(中学生数学 2008 年 8 期).

6.4.4 杨辉三角与九宫图

用数学的眼光透视杨辉三角,可以看到杨辉三角中的斐波那契数列与中国古代由洛书演化的"九宫图"也有内在的联系,当斐波那契数列 3,5,8,13,21,34,55,89,144 依次替换三阶幻方中的数 1,2,3,4,5,6,7,8,9 时,会形成一个新的方阵.这一方阵虽然不具有幻方通常的性质,但它 3 个行的乘积的和等于 3 个列的乘积的和,如图 6.23 所示.此时还有如下结论:

4	9	2
3	5	7
8	1	6

13	144	5
8	21	55
89	3	34

图 6.23

结论[①] 设 $a_1,a_2,a_3,\cdots,a_9$ 为斐波那契数列中任意连续的 9 个数顺次代替洛书中 1,2, 3,$\cdots$,9 的数字得到对应矩阵

$$\begin{pmatrix} a_4 & a_9 & a_2 \\ a_3 & a_5 & a_7 \\ a_8 & a_1 & a_6 \end{pmatrix}$$

就有每行 3 个数的乘积,3 行 3 个乘积之和

$$a_4a_9a_2 + a_3a_5a_7 + a_8a_1a_6$$

等于每列 3 个数的乘积,3 列 3 个乘积之和

$$a_4a_3a_8 + a_9a_5a_1 + a_2a_7a_6$$

即

$$a_1a_6a_8 + a_2a_4a_9 + a_3a_5a_7 = a_1a_5a_9 + a_2a_6a_7 + a_3a_4a_8$$

证明 假设 3 阶行列式

---

① 耿济.洛书与斐波那契数列的关系[J].数学通报,2008(5):46-47.

$$D = \begin{vmatrix} a_1 & a_2 & a_3 \\ a_4 & a_5 & a_6 \\ a_7 & a_8 & a_9 \end{vmatrix}$$

其中 $a_1, a_2, a_3, \cdots, a_9$ 为斐波那契数列中任意连续的 9 个数.

一方面把行列式直接展开就有 $D = a_1 a_6 a_8 + a_2 a_4 a_9 + a_3 a_5 a_7 - a_1 a_5 a_9 - a_2 a_6 a_7 - a_3 a_4 a_8$;
另一方面把行列式的第 1 列元素加到第 2 列相应的元素上去(行列式的值不变)以及斐波那契数列中任一项等于前两项之和的性质又有

$$D = \begin{vmatrix} a_1 & a_1 + a_2 & a_3 \\ a_4 & a_4 + a_5 & a_6 \\ a_7 & a_7 + a_8 & a_9 \end{vmatrix} = \begin{vmatrix} a_1 & a_3 & a_3 \\ a_4 & a_6 & a_6 \\ a_7 & a_9 & a_9 \end{vmatrix}$$

此时行列式中的第 2 列与第 3 列对应项元素相等, 即得 $D = 0$.

综上所述, 结论证明完毕.

此外, 结论还有两个推广.

注意到斐波那契数列与卢卡斯(Lucas)数列是孪生数列, 具有许多类似的性质. 卢卡斯数列是指 $2, 1, 3, 4, 7, 11, 18, 29, 47, \cdots$ 它的第 1 项为 2, 第 2 项为 1, 从第 3 项开始, 任一项等于前两项之和.

如果把卢卡斯数列最初的 9 项顺次代替洛书中 1 ~ 9 的数字, 得到对应方阵

$$\begin{pmatrix} 4 & 47 & 1 \\ 3 & 7 & 18 \\ 29 & 2 & 11 \end{pmatrix} \quad \begin{pmatrix} a_4 & a_9 & a_2 \\ a_3 & a_5 & a_7 \\ a_8 & a_1 & a_6 \end{pmatrix}$$

它的每行 3 数相乘, 3 行 3 个乘积之和为
$$4 \times 47 \times 1 + 3 \times 7 \times 18 + 29 \times 2 \times 11 = 1\ 204$$

每列 3 数相乘, 3 列 3 个乘积之和
$$4 \times 3 \times 29 + 47 \times 7 \times 2 + 1 \times 18 \times 11 = 1\ 204$$

正好相等.

一般而言, 也有类似前面结论的结果.

推广 1 设 $a_1, a_2, a_3, \cdots, a_9$ 为卢卡斯数列中任意连续的 9 个数顺次代替洛书中 1, 2, 3, $\cdots$, 9 的数字得到对应矩阵, 则有
$$a_4 a_9 a_2 + a_3 a_5 a_7 + a_8 a_1 a_6 = a_4 a_3 a_8 + a_9 a_5 a_1 + a_2 a_7 a_6$$

此推广可参考前面结论的证法而证(略).

现在我们又作一新的数列

$$b_n = \begin{cases} c_1, & n = 1 \\ c_2, & n = 2 \\ f_{n-1} c_1 + f_{n-2} c_2, & n \geq 3 \end{cases}$$

这里 c_1, c_2 为任意数, f_{n-1}, f_{n-2} 为斐波那契数列中第 $n-1$ 项, 第 $n-2$ 项的数列.

这一新数列中第 1 项为任意数 c_1, 第 2 项为任意数 c_2, 从第 3 项开始, 任一项等于前两项之和.

特别当 $c_1 = c_2 = 1$ 时, 就是斐波那契数列, 又当 $c_1 = 2, c_2 = 1$ 时, 就是卢卡斯数列, 因此这一新数列是以上两种数列的推广, 不妨称为推广的斐波那契数列.

推广 2 把推广的斐波那契数列中任取连续的 9 个数顺次代替洛书中 1,2,3,…,9 的数字得到对应矩阵中每行 3 数相乘,3 行的 3 个乘积之和等于每列 3 数相乘,3 列的 3 个乘积之和. 证法同前,从略.

6.4.5 杨辉三角与纵横路线图

"纵横路线图"是数学中的一类有趣的问题,图 6.24(a) 是某城市的部分街道图,纵横各有 5 条路,如果从 A 处走到 B 处(只能由北到南,由西向东),那么有多少种不同的走法? 我们把图顺时针转 45°(图 6.24(b)),使 A 在正上方,B 在正下方,然后在交叉点标上相应的杨辉三角数. 有趣的是,B 处所对应的数 70,正好是答案($C_8^4 = 70$).

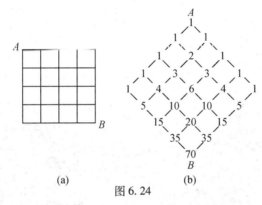

图 6.24

一般地,每个交点上的杨辉三角数,就是从 A 到达该点的方法数. 由此看来,杨辉三角与纵横路线图问题有着天然的联系.

6.4.6 杨辉三角与谢尔宾斯基衬垫

谢尔宾斯基衬垫是数学家谢尔宾斯基(W. Sierpinski,1882—1969)创设的,图 6.25 是谢尔宾斯基衬垫形成的各个阶段. 设初始等边三角形面积为 1 平方单位. 前 5 次生成的黑白三角形的面积都以和式的加数形式在图 6.25 上指出. 设黑三角形代表除去的面积. 注意白

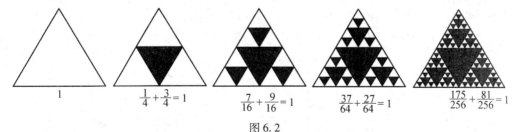

图 6.2

三角形的值是如何不断地减小的,这种减小意味着白的面积正在趋近于零. 因此,谢尔宾斯基衬垫的面积趋近于零,而它的周长则趋近于无穷大,它具有自相似的特性.

杨辉三角中,将奇数所在的区域涂成黑色,将偶数所在的区域涂成白色,在图 6.26 就会发现,它的黑色区域居然就是谢尔宾斯基衬垫.

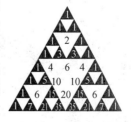

图 6.26

6.4.7 杨辉三角与分形

计算机科学大师唐纳德·克努特指出,杨辉三角形中存在着不计其数的关系式,而计算机图像显示是一种再好不过的办法,通过它可以使杨辉三角中存在的神奇模式凸现出来.譬如说,下面的两个图便是模数为 2 的杨辉三角形.如果我们把该三角形中的一切偶数都画出来(图 6.28 是图 6.27 的照片),那就会显示出一种足以刺激眼球的、诱人的视觉美.毫无疑问,这些模式是自相似分形,如果我们去注视杨辉三角中的任意一个三角形图案,并用心地想象,我们就会猛然醒悟,其实处处地方都有这种图案,但大小各异,星罗棋布,秩序井然地配置在其中.

请观察图 6.27,我们不难发现,图中的三角形都在经受着一种均齐一致的大小变化,从上到下,越变越大,其比例尺是以 2^m 行为基准(此处 m 是一个正整数),为了节省篇幅,插图画得较小,图上只画了 5 个箭头,它们分别表示 $2^3, 2^4, 2^5, 2^6$ 与 2^7,其他只好充分运用你的想象力,在自己的脑海中构筑无穷无尽的"因陀罗网"华藏世界之海了.

 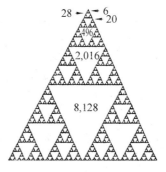

图 6.27　　　　　　　　　　图 6.28

至于图 6.28 的模式,说破了也足以令人惊心动魄,倘若你从顶上开始,清点中轴线上三角形所含的点数,那么将会发现,它们不仅全是偶数,而且包含了所有的偶完全数 6,28,496,…迄今,人们发现的一切完全数统统都是偶数,但也不能证明奇完全数就不存在.

如果你的手头有一台电脑(当然需要配备绘图仪及相应的扫描装置等),那就可以进行许多有趣的实验.譬如说,图 6.29 便是模数为 3 的杨辉三角分形图(当然它仅仅是冰山的一角而已),而图 6.30 的模数为 666,它是一个合数,其素因子分解式为 $666 = 2 \times 3 \times 3 \times 37$.

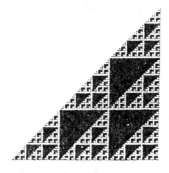 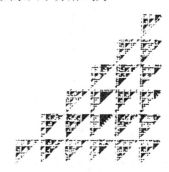

图 6.29　　　　　　　　　　图 6.30

分形的根本特征是自相似性.譬如用放大镜来观察物体,不管放大倍数的大小怎样,观察到的结果总是相同的.或者说,不可能根据观测得到的结果来判断放大镜的倍数,则这种物质就是有了自相似性. 曼德尔布罗依特正是从观察海岸线的形状（它也具有无标度性）而悟出了"分形"道理的. 除此之外, 自然界中还有大量实例, 如雪花、云朵、湍流、山脉、粒子的布朗运动及高分子聚合物等. 由于分形具有自相似性, 有可能成为从无序到有序的桥梁. 分形图形异彩纷呈, 光怪陆离, 被誉为科学与艺术的"怪胎". 因此, 近十年来, 数学、物理、计算机科学乃至绘画、音乐等艺术领域对它进行了大量研究. 战果之多, 足以令人耳目一新. 人们发现, 分形堪称一座具有无穷层次结构的宏伟建筑, 每一个角落里都存在无限嵌套的迷宫和回廊, 使科学家和艺术家大开眼界, 流连忘返.

6.4.8 杨辉三角与概率

概率则以不同的方式与杨辉三角相联系, 当小球从一个如图 6.31 所示的六角形砖做成的杨辉三角顶上的贮罐里往下落时, 便形成了正态分布曲线. 对于每个六角砖而言, 小球往左边落或往右边落的机会是相同的. 如果在底部将小球收集起来, 那么它们将按杨辉三角的数分布, 并形成钟形的概率的正态分布曲线, 法国数学家拉普拉斯(Pierre Simon Laplace, 1749—1827)把事件的概率定义为: 事件的发生数与所有可能发生的事件的总数的比. 杨辉三角则能够用来计算不同的结合数和可能结合的总数. 例如, 掷四枚硬币, 其正反面可能的结合如下: 四次均正 1 次, 三正一反 4 次, 两正两反 6 次, 一正三反 4 次, 四次均反 1

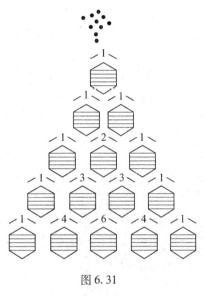

图 6.31

次, 这些数相当于杨辉三角顶上数下来的第三行——1,4,6,4,1—— 它表示了可能的结果. 这种可能的结果的总数, 即和 $1 + 4 + 6 + 4 + 1 = 16$, 于是我们便可求出掷币时出现三正一反的概率为 $\frac{4}{16}$.

6.4.9 杨辉三角与黄金均值

黄金均值和黄金矩形是通过斐波那契数列与杨辉三角和概率相联系的. 当斐波那契数列 $\{1,1,2,3,5,8,13,21,34,\cdots\}$ 相继项的比构成一个新的数列时, 我们得到: $\frac{1}{1}, \frac{2}{1}, \frac{3}{2}, \frac{5}{3}, \frac{8}{5}, \cdots, \frac{F_n}{F_{n-1}}, \cdots$ 该数列的每一项或稍大于或稍小于黄金均值. 事实上该数列的极限即为黄金均值 $\frac{1}{2}(1+\sqrt{5}) \approx 1.618\cdots$, 它也是黄金矩形边的比.

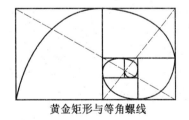

黄金矩形与等角螺线

图 6.32

等角螺线可由黄金矩形的图引出: 如图 6.32, 从一个黄金矩形开始, 在内部自我产生一系列其他的黄金矩形. 等角螺线则由这些黄金矩形引出, 黄金矩形对角线交点即为等角螺线的中心或极点.

黄金均值又与黄金三角形联系在一起, 黄金三角形是底角为 72°, 顶角为 36° 的等腰三角形,它也能自我引出等角螺线(图6.33).

黄金三角形跟五角星之间有着直接联系,五角星的五个点也是黄金三角形的顶点.

黄金矩形还可以用来画柏拉图体的正二十面和正十二面体,正二十面体是有20个面(全等的正三角形面)的正凸多面体,它可由3个全等的黄金矩形组成,这3个黄金矩形互相垂直且对称相交,它们的12个顶点即正二十面体的顶点;正十二面体是具有12个面(全等的正五边形)的正凸多面体,它也能由3个全等的黄金矩形组成,这次的12个顶点是正十二面体的面的中心.

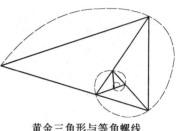

黄金三角形与等角螺线

图6.33

最后,黄金均值还跟正十边形的外接圆半径与边的比相联系,因为正十边形能够剖分为10个黄金三角形,每个三角形都以圆心作为它的顶点.

以上这些联系是通过千百年时间逐渐形成的,正如我们大家看到的那样,有一条共同的线贯穿着这些数学概念,这难道不令人兴奋和惊异吗?

6.5 勾股弦数邂逅斐波那契数

勾股弦数与斐波那契数在它们各自的范畴内似乎各有其独立的势力范围,两者风马牛不相及.然而,当我们用数学和谐美的眼光去察看时,可以发现它们之间确确实实存在联系,勾股弦数与斐波那契数可以紧密地联系在一起.

6.5.1 四个连续的斐波那契数与勾股弦数

跨越几个世纪,勾股弦数与斐波那契数竟然在查理斯·文·瑞恩的大脑中相遇了(参见 *Mathematics Teacher*,1989(4)).

瑞恩把斐波那契数与勾股弦数联系在一起了:任取4个连续的斐波那契数,分别以两个外项的乘积和内项和的2倍作为勾与股,则所得弦数也是斐波那契数.例如,1,1,2,3,5,8,13 分别给出一个以 $3(1 \times 3)$,$4(2 \times 1 \times 2)$ 为勾与股,另一个以 $39(3 \times 13)$,$80(2 \times 5 \times 8)$ 为勾与股,且弦数为5,89也都是斐波那契数,注意到斐波那契数列:1,1,2,3,5,8,13,21,34,55,89,….

数列中5,89的序号恰分别是1,1,2,3的序号总和的一半,3,5,8,13的序号总和的一半;且以勾、股、弦数为边长的这两个三角形的面积又分别恰是这4个连续斐波那契数的乘积 $6(1 \times 1 \times 2 \times 3)$,$1560(3 \times 5 \times 8 \times 13)$.

斐波那契数与勾股弦数以这样令人吃惊而又非常完美的方式连在一起,实在是有点叫人意想不到.

勾股弦数邂逅斐波那契数,瑞恩是从数列的前11项发现规律的.他在1948年发表的文章中说:图形将会继续发展,他的发现是

$$(f_n \cdot f_{n+3})^2 + (2f_{n+1} \cdot f_{n+2})^2 = (f_{2n+3})^2$$

假设取斐波那契数列的连续两项 a 和 b,那么后两项为 $a+b$ 和 $a+2b$,且相应的直角三角形的勾、股、弦可由 a 和 b 来表示

$$a(a+2b) = a^2 + 2ab \tag{勾}$$
$$2[b(a+b)] = 2ab + 2b^2 \tag{股}$$

那么 $(a^2+2ab)^2 + (2ab+2b^2)^2 = a^4 + 4a^3b + 4a^2b^2 + 4a^2b^2 + 8ab^3 + 4b^2 =$
$$(a^2 + 2ab + 2b^2)^2$$
$$a^2 + 2ab + 2b^2 \tag{弦}$$

前面第一个例子中,$a=1,b=1$,勾为 $1^2+2\times1\times1=3$,股为 $2\times1\times1+2\times1^2=4$,弦为 $1^2+2\times1\times1+2\times1^2=5$;第二个例子中,$a=3,b=5$,勾为 $3^2+2\times3\times5=39$,股为 $2\times3\times5+2\times5^2=80$,弦为 $3^2+2\times3\times5+2\times5^2=89$.

关于直角三角形中弦的公式还可表示为
$$a^2 + 2ab + 2b^2 = b^2 + (a+b)^2 \tag{*}$$

前面我们把四个连续的斐波那契数分别用 $a,b,a+b$ 和 $a+2b$ 表示,而式(*)表明直角三角形的斜边是这四个连续的斐波那契数中的中间两个数的平方和,这一有趣的事实,前面没有提到,的确,两个相邻的斐波那契的平方和是一个斐波那契数.

但它是哪个斐波那契数呢? 在与前四个数字有关的序列中它处于什么位置呢?
注意到 $f_{n+1}=b, f_{n+2}=a+b$,又弦的位置是第 $2n+3$ 项,这一有趣的事实是
$$(n+1) + (n+2) = 2n+3$$

于是有下面的结论:

(1) 如果 $a,b,a+b$ 和 $a+2b$ 代表四个连续的斐波那契数,那么直角三角形的两直角边和斜边分别为 $a(a+2b), 2b(a+b)$ 和 $b^2+(a+b)^2, b^2+(a+b)^2$,也是斐波那契数.

(2) 如果斐波那契数表示为 $f_n, f_{n+1}, f_{n+2}, f_{n+3}$ 和 f_{2n+3},那么就有
$$(f_n \cdot f_{n+3})^2 + (2f_{n+1} \cdot f_{n+2})^2 = (f_{2n+3})^2$$

(3) 作为上述探索的副产品,我们发现
$$(f_{n+1})^2 + (f_{n+2})^2 = f_{2n+3}$$

若进一步精确证明(2)和(3),可运用数学归纳法和斐波那契等式: $f_{m+n} = f_{m-1} \cdot f_n + f_m \cdot f_{n+1}$.

至于直角三角形的面积是四个斐波那契数的乘积,可以这样推导
$$S_\triangle = \frac{1}{2}(a^2+2ab)(2ab+2b^2) = (a^2+2ab)(ab+b) = ab(a+b)(a+2b)$$

我们在1.4中,曾把直角三角形的三边表示为 $m^2-n^2, 2mn, m^2+n^2$(欧几里得首先这样表示),这也和斐波那契数紧密联系.

设 $m=a+b, n=b$,则 $a=m-n$. 于是,四个连续的斐波那契数为 $m-n, n, m, m+n$.
勾为 $a(a+2b) = (m-n)(m+n) = m^2-n^2$;
股为 $2b(a+b) = 2mn$;
弦为 $b^2+(a+b)^2 = n^2+m^2$.

例如,任选两个相邻的斐波那契数,小一点的数为 a,大一点的数为 b,且 $a=21, b=34$,则 $m=a+b=55, n=b=34$,则直角三角形的三边为 $m^2-n^2=1\,869, 2mn=3\,740, m^2+n^2=4\,181$.

最后,我们看看斐波那契数与黄金数(比率)$\phi = \frac{1+\sqrt{5}}{2}$ 的联系.

众所周知,$\phi = \dfrac{1+\sqrt{5}}{2}$,$\lim\limits_{n\to\infty}\dfrac{f_{n+1}}{f_n} = \phi$.

斐波那契直角三角形的直角边和斜边相当迅速地增大,但较大边和较小边的比的极限等于2.如果用斐波那契数的一般表示法来检验,就非常清楚了

$$\lim_{n\to\infty}\frac{2f_{n+1}\cdot f_{n+2}}{f_n f_{n+3}} = 2\lim_{n\to\infty}\frac{f_{n+1}}{f_n}\cdot \lim_{n\to\infty}\frac{f_{n+2}}{f_{n+3}} = 2\phi\cdot\frac{1}{\phi} = 2$$

用斐波那契数列的四个连续项组成直角三角形时,斐波那契数,黄金比率与斐波那契直角三角形三边之间还有关系

$$\lim_{n\to\infty}\frac{\text{短直角边} + \text{斜边}}{\text{长直角边}} = \phi$$

综上,我们说勾股弦数遇到了斐波那契数,而斐波那契数与勾股弦数的欧几里得表示、黄金比率参与在内,增加了分量,这种意想不到的大爆光是引导人们对数学研究兴趣的火花撞发.

6.5.2 五个连续的斐波那契数与勾股弦数

注意到斐波那契数列 $\{f_n\}$: $1,1,2,3,5,8,13,21,34,55,89,\cdots$ 中有

$$\frac{1\times 5 + 1\times 3}{2} = 2^2 \text{ 及} \frac{1\times 5 - 1\times 3}{2} = 1 \Rightarrow \frac{(1\times 5)^2 - (1\times 3)^2}{4} = 2^2$$

$$\frac{1\times 8 + 2\times 5}{2} = 3^2 \text{ 及} \frac{1\times 8 - 2\times 5}{2} = -1 \Rightarrow \frac{(1\times 8)^2 - (2\times 5)^2}{4} = -3^2$$

$$\vdots$$

$$\frac{f_n\cdot f_{n+4} + f_{n+1}\cdot f_{n+3}}{2} = f_{n+2}^2 \text{ 及} \frac{f_n\cdot f_{n+4} - f_{n+1}\cdot f_{n+3}}{2} = (-1)^{n+1} \Rightarrow$$

$$\frac{(f_n\cdot f_{n+4})^2 - (f_{n+1}\cdot f_{n+3})^2}{4} = (-1)^{n+1}\cdot f_{n+2}^2 \text{ 或} (f_n\cdot f_{n+4})^2 =$$

$$(f_{n+1}\cdot f_{n+3})^2 + (-1)^{n+1}(2f_{n+2})^2$$

显然,上述结论可运用数学归纳法证明.(略)

由此可知,给出连续5个斐波那契数:$f_n, f_{n+1}, f_{n+2}, f_{n+3}, f_{n+4}$,由上述结论便可得到一组勾股弦数.例如,取 $n=1$ 时,便有 $5^2 = 3^2 + 4^2$,此即为勾股弦数组 $\langle 3,4,5\rangle$;取 $n=2$ 时,便有 $8^2 + 6^2 = 10^2$,此即为勾股弦数组 $\langle 6,8,10\rangle$.

6.5.3 若干个连续的斐波那契数与勾股弦数

为了讨论问题的方便,先看如下两条引理[83]:

引理1 $\sum\limits_{j=0}^{n}(-1)^j C_n^j F_{r+2(n-j)} = F_{r+n}$.

证明 (用数学归纳法证明)

当 $n=1$ 时,$F_{r+2} - F_r = F_{r+1}$,结论成立.假设当 $n=k$ 时成立,即

$$\sum_{j=0}^{k}(-1)^j C_k^j F_{r+2(k-j)} = F_{r+k}$$

那么,当 $n=k+1$ 时

$$\sum_{j=0}^{k+1}(-1)^j C_{k+1}^j F_{r+2(k+1-j)} = \sum_{j=0}^{k+1}(-1)^j (C_k^j + C_k^{j-1}) F_{r+2(k+1-j)} =$$

$$\sum_{j=0}^{k+1}(-1)^j C_k^j F_{r+2(k+1-j)} + \sum_{j=0}^{k+1}(-1)^j C_k^{j-1} F_{r+2(k+1-j)} =$$

$$\sum_{j=0}^{k}(-1)^j C_k^j F_{(r+2)+2(k-j)} + (-1)^{k+1} C_k^k F_r + C_k^{k-1} F_{r+2(k+1)} -$$

$$\sum_{j-1=0}^{k}(-1)^{j-1} C_k^{j-1} F_{r+2[k-(j-1)]} =$$

$$F_{r+2+k} - F_{r+k} = F_{r+k+1} \text{(归纳假设)}$$

即 $n = k+1$ 时成立,综上所述,对于 $n \in \mathbf{N}^*$,引理 1 成立.

类似可证:

引理 2 $\sum_{j=0}^{n} C_n^j F_{r+j} = F_{r+2n}.$

定理 1 若 $n > k$,且 $n^2 + k^2 = l^2$,则

$$\left[\sum_{j=0}^{n-1}(-1)^j (n-j) C_n^j F_{r+2(n-j)}\right]^2 + \left[\sum_{j=0}^{k-1}(-1)^j (k-j) C_k^j F_{r+n+k-2j}\right]^2 = l^2 F_{r+n+1}^2$$

证明 由已知条件得

$$l^2 F_{r+n+1}^2 = (n^2 + k^2) F_{r+n+1}^2 = [nF_{(r+2)+(n-1)}]^2 + [kF_{(r+n-k+2)+(k-1)}]^2 =$$

$$\left\{n\sum_{j=0}^{n-1}(-1)^j C_{n-1}^j F_{(r+2)+2[(n-1)-j]}\right\}^2 +$$

$$\left\{k\sum_{j=0}^{k-1}(-1)^j C_{k-1}^j F_{(r+n-k+2)+2[(k-1)-j]}\right\}^2 =$$

$$\left[\sum_{j=0}^{n-1}(-1)^j n \frac{(n-1)!}{j!(n-1-j)!} F_{r+2(n-j)}\right]^2 +$$

$$\left[\sum_{j=0}^{k-1}(-1)^j k \frac{(k-1)!}{j!(k-1-j)!} F_{r+n+k-2j}\right]^2 =$$

$$\left[\sum_{j=0}^{n-1}(-1)^j (n-j) \frac{n!}{j!(n-j)!} F_{r+2(n-j)}\right]^2 +$$

$$\left[\sum_{j=0}^{k-1}(-1)^j (k-j) \frac{k!}{j!(k-j)!} F_{r+n+k-2j}\right]^2 =$$

$$\left[\sum_{j=0}^{n-1}(-1)^j (n-j) C_n^j F_{r+2(n-j)}\right]^2 +$$

$$\left[\sum_{j=0}^{k-1}(-1)^j (k-j) C_n^j F_{r+n+k-2j}\right]^2$$

定理 1 证毕. 类似可证明:

定理 2 若 $n > k$,且 $n^2 + k^2 = l^2$,则

$$\left[\sum_{j=0}^{n-1}(n-j) C_n^j F_{r+j}\right]^2 + \left[\sum_{j=0}^{k-1}(k-j) C_n^j F_{r+2n-2k+j}\right]^2 = l^2 F_{r+2n-2}^2$$

6.6 数学概念的普遍联系

用和谐的数学眼光看待数学概念,可以看到数学概念之间存在着多种多样的联系,这种

联系在数学上往往借助某种关系来表达[7].

6.6.1 以从属关系为桥梁的联系

一个数学分支,恰似一个庞大的"家族",它的许多概念,好比这个大家庭的成员,都具有一定的"亲缘关系",都是以一定的从属关系为桥梁互相联系着,为什么某些数学概念之间的联系不能一下就看清楚呢?这正像一个大家族中远支的祖孙叔侄一样,只有把他们的谱系搞清楚,才能明确每个成员在整个家族中的位置,从而也就弄清了他们中任何两者之间的关系,分类讨论的树形分支图或谱系表常是帮我们弄清这类概念之间联系的工具.

例 1 实数集中各类数概念间的从属关系.

其一:

$$\text{实数}\begin{cases}\text{有理数}\begin{cases}\text{正有理数}\begin{cases}\text{正整数}\\\text{正分数}\end{cases}\\\text{零}\\\text{负有理数}\begin{cases}\text{负整数}\\\text{负分数}\end{cases}\end{cases}\text{无限循环小数}\\\text{无理数}\begin{cases}\text{正无理数}\\\text{负无理数}\end{cases}\text{无限不循环小数}\end{cases}\right\}\text{无限十进小数}$$

其二:

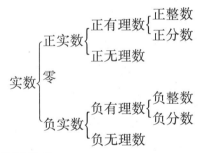

例 2 各种四边形间的从属关系.

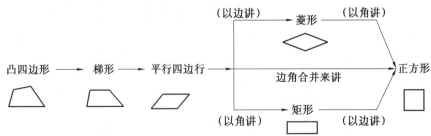

例如,三角形和圆台是否有联系?

表面看,它们之间好像没有什么联系,但用和谐的眼光看,分析求积公式,则能把这多种多样的形体统一起来,表明它们之间有密切的内在联系.

平行四边形面积公式,对于计算矩形、正方形面积都适合;梯形面积公式,对于计算平行四边形面积、三角形面积也都适合. 柱体的体积公式,对于计算正方体、长方体体积都适合;台体的体积公式,对于计算柱体、锥体体积也都适合. 因此,梯形面积公式,台体体积公式比较具有一般性.

比较梯形面积公式与台体体积公式(台体截面是梯形)又具有更一般的联系.

$$梯形面积\ S = \frac{1}{2}(上底 + 下底) \times 高 = 中位线 \times 高 = \frac{1}{6}(6 \times 中位线) \times 高 =$$

$$\frac{1}{6}(上底 + 4 \times 中位线 + 下底) \times 高$$

$$台体体积\ V = \frac{1}{6}(上底面积 + 4 \times 中截面积 + 下底面积) \times 高$$

统一地,有

$$W = \frac{1}{6}[上 + 4 \times 中 + 下] \times 高$$

这样,这种求积公式中的共性,反映了这些形体之间的亲缘关系.

正方形、矩形都是特殊的平行四边形. 平行四边形和三角形都可看作梯形的特殊情况. 因而,我们看到了三角形与圆台间的一种从属关系.

例3 平面上的各种几何变换,以从属关系为桥梁的联系如下:

拓扑变换 $\supset$ 射影变换 $\supset$ 仿射变换 $\supset$ 相似变换 $\supset$ 合同变换 $\supset$ 反射变换

6.6.2 以合成关系为纽带的联系

合成关系是数学中的一种重要的概念间的联系形式. 例如,两个向量的和就是这两个向量的合成(在物理课程讨论两个力的合力就是讨论这两个力的合成等),任何相似变换都可由位似变换与合同变换所合成,任何合同变换都可以由不多于三次的反射(轴对称)变换来合成,等等.

例4 简易逻辑中命题演算中的合成关系.

简易逻辑中进行命题演算,通常使用否定、合取、析取、蕴涵、等值五个联接词,这五个联接词的定义如表6.2所示.

表6.2

否	定			合 取	析 取	蕴 涵	等 价
		α	β	$\alpha \wedge \beta$	$\alpha \vee \beta$	$\alpha \to \beta$	$\alpha \longleftrightarrow \beta$
α	$\bar{\alpha}$	1	1	1	1	1	1
1	0	1	0	0	1	0	0
0	1	0	1	0	1	1	0
		0	0	0	0	1	1

当我们用和谐的眼光看待这些联接词时,可以看到:否定与合取、否定与析取、否定与蕴涵,这每一对联结词都具有完全性,也就是用这每一对逻辑词都可以构成任意的逻辑函数. 例如,我们用"否定"、"析取"两个联接词,就可以构成其他的联接词:① $\bar{\alpha} \vee \beta = \alpha \to \beta$;② $\overline{\bar{\alpha} \vee \bar{\beta}} = \alpha \wedge \beta$;③ $(\overline{\alpha \vee \beta}) \vee (\overline{\bar{\alpha} \vee \bar{\beta}}) = \alpha \longleftrightarrow \beta$.

我们仅验证③,见表6.3所示,其余的留给读者.

表 6.3

α	β	$\bar\alpha$	$\bar\beta$	$\alpha\vee\beta$	$\overline{\alpha\vee\beta}$	$\overline{\bar\alpha\vee\beta}$	$\overline{\bar\alpha\vee\bar\beta}$	$\overline{\bar\alpha\vee\beta}\vee\overline{\bar\alpha\vee\bar\beta}$	$\alpha\longleftrightarrow\beta$
1	1	0	0	1	0	0	1	1	1
1	0	0	1	1	0	1	0	0	0
0	1	1	0	1	0	1	0	0	0
0	0	1	1	0	1	1	0	1	1

研究这种完全性不仅有重要的理论意义,而且有重要的实践意义.例如,在研制一个自动装置系统的逻辑元件时,至少要制造多少种逻辑元件才能够用呢?这个问题,在数学上就恰恰是上述完全性问题,因而也就归结为一个研究合成关系的课题.

6.6.3 以对应关系为媒介的联系

在远古时代,人类就已经知道用自己的手指或石头与货物(牛,羊等)对应起来,进行计数中学数学中的各种表示、运算、函数及变换等都是对应的.对应在联系各类概念中发挥着重要作用,数学中的映射、函数等概念,是刻画对应关系的重要概念.数学中的变换、同构等是一些以对应关系为媒介的联系.

例 5 数与形概念的联系与解析几何.

数与形是两个不同的数学概念,它们各有自己确定的含义.但当我们用和谐的眼光审视时,可以看到它们之间又存在着本质的联系,并且在一定意义下,可以把它们看成等同的东西.

解析几何的基本思想是数与形相结合,这种联系是通过坐标法建立起来的:几何问题代数化,图形性质坐标化.

在平面直角坐标系中,点的位置由实数对来确定,曲线是动点运动的轨迹;动点的坐标是一对变量,这一对变量间的相依关系,反映了曲线的几何特性.这样,我们用坐标法就把曲线和方程联系并统一起来了.这时,研究形的问题就转化为数量关系的计算,数量关系计算的结果却反映并表现为图形的性质,具有某种性质的点组成的曲线联系着符合某种条件的坐标满足的方程.几何性质的研究转化为对数量关系的讨论.几何问题与代数学问题是一一对应的,可以建立如表 6.4 所示的"互译辞典".

表 6.4

平面几何问题	代 数 问 题
一点 P	$P(x,y)$
曲线 L	$F(x,y)=0$
点 P_0 在曲线 L 上	$F(x_0,y_0)=0$
点 P_0 不在曲线 L 上	$F(x_0,y_0)\neq 0$
$L_1\cap L_2=\{P\}$	$\begin{cases} f_1(x,y)=0 \\ f_2(x,y)=0 \end{cases}$ 有解
$L_1\cap L_2=\varnothing$	$\begin{cases} f_1(x,y)=0 \\ f_2(x,y)=0 \end{cases}$ 无解

续表 6.4

平面几何问题	代 数 问 题
直线 l	$Ax + By + C = 0$
直线倾斜程度	斜率 k
点到直线 l 的距离	$d = \dfrac{\|Ax_0 + By_0 + C\|}{\sqrt{A^2 + B^2}}$
点 P_1, P_2 间的距离	$\|P_1P_2\| = \sqrt{(x_1 - x_2)^2 + (y_1 - y_2)^2}$
线段 P_1P_2 的中点 M	$M\left(\dfrac{x_1 + x_2}{2}, \dfrac{y_1 + y_2}{2}\right)$
$\overset{\bullet\quad\bullet\quad\bullet}{P_1\ \ M\ \ P_2}$ $\dfrac{P_1M}{MP_2} = \lambda$	$M\left(\dfrac{x_1 + \lambda x_2}{1 + \lambda}, \dfrac{y_1 + \lambda y_2}{1 + \lambda}\right)$
$l_1 \parallel l_2$	$k_1 = k_2$ 或 k_1 与 k_2 都不存在
$l_1 \perp l_2$	$k_1 \cdot k_2 = -1$
l_1 与 l_2 相交所成的角	$\tan \alpha = \left\|\dfrac{k_1 + k_2}{1 - k_1k_2}\right\|$
$\triangle ABC$ 面积	$\dfrac{1}{2}\begin{vmatrix} x_1 & y_1 & 1 \\ x_2 & y_2 & 1 \\ x_3 & y_3 & 1 \end{vmatrix}$ 的绝对值
A, B, C 三点共线	$\begin{vmatrix} x_1 & y_1 & 1 \\ x_2 & y_2 & 1 \\ x_3 & y_3 & 1 \end{vmatrix} = 0$
圆	$(x - x_0)^2 + (y - y_0)^2 = r^2$
椭圆	$\dfrac{x^2}{a^2} + \dfrac{y^2}{b^2} = 1$
双曲线	$\dfrac{x^2}{a^2} - \dfrac{y^2}{b^2} = 1$
抛物线	$y^2 = 2px$
A, B, C, D 四点共圆	$\begin{vmatrix} x_1^2 + y_1^2 & x_1 & y_1 & 1 \\ x_2^2 + y_2^2 & x_2 & y_2 & 1 \\ x_3^2 + y_3^2 & x_3 & y_3 & 1 \\ x_4^2 + y_4^2 & x_4 & y_4 & 1 \end{vmatrix} = 0$
⋮	⋮

掌握这一部数、形互译辞典就掌握了平面解析几何主要内容的实质.

例 6 数学中的布尔代数、集合运算、命题演算以及概率事件运算,它们虽属不同的数学分支,但是用数学眼光来审视,就可以看到它们之间非常和谐的对应关系,如表 6.5 所示.

表 6.5

学科	对应内容			
布尔代数	1	0	+	·
集合运算	包含	不包含	并	交
命题演算	真(1)	假(0)	析取	合取
事件运算	出现	不出现	或	与

不仅如此,这些概念和开关电路、电子线路的有关概念之间,也存在类似的对应关系.正因为如此,布尔代数的理论才能在电子计算机的研究、设计、使用中发挥巨大的作用.

数学概念和其他学科之间广泛存在的对应关系,正是数学之所以能够在其他学科中应用的重要前提,这种以对应关系为媒介的联系,是数学研究与应用的有效手段之一.

6.6.4 以对偶形式为基础的联系

例 7 立体几何中直线、平面间的平行、垂直的对偶规律.

如果把两条重合直线看成平行直线的特殊情况,把两个重合平面看成平行平面的特殊情况,把直线在平面上(内)看成直线与平面平行的特殊情况,那么,在立体几何中,有关直线、平面间的平行、垂直的命题存在下列规律:

把命题中一直线(平面)换以平面(直线),同时把与这一直线(平面)有关的平行(垂直)关系换以垂直(平行)关系,所得的命题与原命题同真伪.

例如,对于命题 A:通过空间一点能且仅能作一条直线 b 与已知直线 a 平行.

如果把命题 A 中的"直线 b"换以"平面 β","平行"换以"垂直",则得命题 B:通过空间一点能且仅能作一个平面 β 与已知直线 a 垂直.

命题 B 与命题 A 同真,如果把命题 B 中的"直线 a"换以"平面 α","垂直"换以"平行",则得命题 C:通过空间一点能且仅能作一个平面 β 与已知平面 α 平行.

命题 C 与命题 B 同真. 类似地,还有命题 D:通过空间一点能且仅能作一条直线 b 与已知平面 α 垂直.

命题 D 与命题 C 同真.

例 8 平面上的对偶原理.

平面上的点与直线是完全不同的概念,但如果引入无限远点,无限远直线的概念,并用和谐的眼光来审视点与直线的结合关系,可以看到它们以对偶原理的形式处于平等的地位.

平面上的对偶原理,平面上有关点与直线位置关系的定理,只要把其中的名词与关系互换一下就得到另一个定理,后者称为前者的对偶定理,前者的真实性肯定了后者的真实性,如表 6.6 所示.

表 6.6

点 几 何 学	线 几 何 学
两个点决定一条直线	两条直线决定一个点
三点共线	三线共点
含点坐标(x,y)的一次方程 $$Ax+By+C=0$$ 表示一条直线,其坐标为 $$u=\frac{A}{C},v=\frac{B}{C}$$	含直线坐标(u,v)的一次方程 $$Au+Bv+C=0$$ 表示一个点,其坐标为 $$x=\frac{A}{C},y=\frac{B}{C}$$
原点的坐标是 $x=0,y=0$	无限直线的坐标 $u=0,v=0$
过原点的直线方程是 $Ax+By=0$	在无限远直线上的点的方程是 $Au+Bv=0$
两点$(x_1,y_1),(x_2,y_2)$所决定的直线方程是 $$\begin{vmatrix} x & y & 1 \\ x_1 & y_1 & 1 \\ x_2 & y_2 & 1 \end{vmatrix}=0$$	两线$(u_1,v_1),(u_2,v_2)$所决定的点的方程是 $$\begin{vmatrix} u & v & 1 \\ u_1 & v_1 & 1 \\ u_2 & v_2 & 1 \end{vmatrix}=0$$
三点$(x_1,y_1),(x_2,y_2),(x_3,y_3)$共线的条件是 $$\begin{vmatrix} x_1 & y_1 & 1 \\ x_2 & y_2 & 1 \\ x_3 & y_3 & 1 \end{vmatrix}=0$$	三线$(u_1,v_1),(u_2,v_2),(u_3,v_3)$共点的条件是 $$\begin{vmatrix} u_1 & v_1 & 1 \\ u_2 & v_2 & 1 \\ u_3 & v_3 & 1 \end{vmatrix}=0$$
由三线的方程 $$l_i:A_ix+B_iy+C_i=0,i=1,2,3$$ 推得它们共点的条件是 $$\begin{vmatrix} A_1 & B_1 & C_1 \\ A_2 & B_2 & C_2 \\ A_3 & B_3 & C_3 \end{vmatrix}=0$$	由三点的方程 $$P_i:A_iu+B_iv+C_i=0,i=1,2,3$$ 推得它们共线的条件是 $$\begin{vmatrix} A_1 & B_1 & C_1 \\ A_2 & B_2 & C_2 \\ A_3 & B_3 & C_3 \end{vmatrix}=0$$
三点以及它们的三条连线组成一个三点形	三线以及它们的三个交点组成一个三线形
戴沙格定理:在平面上两个三点形对应顶点之连线交于一点时,那么,对应边的交点在同一直线上	对偶定理:两个三线形对应边之交点在同一直线上时,那么,对应顶点的连线交于一点
帕斯卡定理(1640年):在平面上和圆锥曲线相接的六点形的三对相对的边交点共线	对偶定理,布利安香定理(1806年):在平面上和圆锥曲线相切的六边形相对顶点连线共点
⋮	⋮

例9 数理逻辑中合取($\wedge$)与析取($\vee$)两个逻辑联结词以及真、假值(不含蕴涵与等值)的一些公式都具有对偶性.

(1) 交换律:$\alpha \wedge \beta = \beta \wedge \alpha, \alpha \vee \beta = \beta \vee \alpha$.

(2) 结合律:$(\alpha \wedge \beta) \wedge \gamma = \alpha \wedge (\beta \wedge \gamma), (\alpha \vee \beta) \vee \gamma = \alpha \vee (\beta \vee \gamma)$.

(3) 分配律:$\alpha \wedge (\beta \vee \gamma) = (\alpha \wedge \beta) \vee (\alpha \wedge \gamma), \alpha \vee (\beta \wedge \gamma) = (\alpha \vee \beta) \wedge (\alpha \vee \gamma)$.

(4) 否定律:$\overline{\alpha \wedge \beta} = \bar{\alpha} \vee \bar{\beta}, \overline{\alpha \vee \beta} = \bar{\alpha} \wedge \bar{\beta}$.

(5) 幂等律:$\alpha \wedge \alpha = \alpha, \alpha \vee \alpha = \alpha$.

(6) 吸收律:$1 \wedge \alpha = \alpha, 0 \vee \alpha = \alpha, 0 \wedge \alpha = 0, 1 \vee \alpha = 1$.

(7) 互否律:$\alpha \wedge \bar{\alpha} = 0, \alpha \vee \bar{\alpha} = 1$.

从上述公式中可以看出,在一个不含蕴涵与等值联接词的公式中,合取、析取、1、0 分别用析取、合取、0、1 代换,则得到成对出现的另一个公式. 因此,我们可以说合取、析取(同时顾及真与假)两个具体含义不同的逻辑联接词具有完全相同的交换、结合、分配等抽象的规律,所以在合取与析取之间,适用对偶原理. 若证得一个关于命题变元和 $\wedge$, $\vee$, $-$, 1, 0 及 $=$, $($ $)$ 组成的逻辑公式,那么把 $\wedge$, $\vee$ 互换,1 与 0 互换后,所得的逻辑公式仍然成立.

例如,$(\alpha \wedge \beta) \vee (\bar{\alpha} \vee \bar{\beta}) = 1$(永真),根据原理,有 $(\alpha \vee \beta) \wedge (\bar{\alpha} \wedge \bar{\beta}) = 0$(永假).

对偶原理在其他数学分支中也有应用. 如在某些"格"的理论中,也建立了对偶原理,一个数学分支中一旦建立了对偶原理,此时,当确立一个定理之后,立即可得出其对偶定理的正确性,起到事半功倍之效.

在数学学习中,注意概念、定理、各部分内容之间的内在联系,可以使我们更深刻地理解与掌握这些概念、定理、各部分的内容. 在数学研究中,发现数学对象之间的紧密联系,往往导致数学上的新发现、新方法、新突破.

6.7 自然现象与数学的联系

6.7.1 节律现象与数学

自然界里有许多现象是按照它自身的规律,呈现重复再现的节律现象,如昼夜以 24 小时为节律再现;阴历一月是以月亮圆缺的节律再现来推算的;季节、气候以一年为节律再现;海浪有潮汐;人体有生物钟,等等.

将节律现象与数学联系,可以发现在数学中也存在着大量的节律的现象:如 $\frac{1}{13} = 0.076\,923\,076\,923\,076\,923\,0\cdots$,$\sin(x + 2k\pi) = \sin x (k \in \mathbf{Z})$,$i^{4n+1} = i (n \in \mathbf{Z})$,$2 \equiv 9 \equiv 16 \equiv \cdots (\bmod 7)$,等等.

在数学学习与研究中,特别是在解题过程中,恰当而灵活地运用节律,常常可以通过"跳跃"而达到推进、简化的目的,从而将复杂的探求与解决,转化为简单情形的处理,将庞大数字的运算,转化为简易的运算.

例 1 一个十进整数 $n = a_n \cdot 10^n + a_{n-1} \cdot 10^{n-1} + \cdots + a_1 \cdot 10 + a_0$ 能被 11 整除的充要条件,是它的各位数码之中,奇数位数码之和 $a_0 + a_2 + \cdots$ 与偶数位数码之和 $a_1 + a_3 + \cdots$ 的差能被 11 整除.

事实上,由于 $10 = 11 + (-1)$,从而 $10 \equiv -1 (\bmod 11)$,即有 $10^k \equiv (-1)^k (\bmod 11)$,于是

$$n = a_n \cdot 10^n + a_{n-1} \cdot 10^{n-1} + \cdots + a_1 \cdot 10 + a_0 \equiv$$

$$a_n \cdot (-1)^n + a_{n-1} \cdot (-1)^{n-1} + \cdots + a_1 \cdot (-1) + a_0 \equiv$$
$$(a_0 + a_2 + \cdots) - (a_1 + a_3 + \cdots) \pmod{11}$$

在这里,是利用同余和 $(-1)^k (k \in \mathbf{N})$ 的节律,简捷证明了结论的真确性.

例2 在 $1^2, 2^2, 3^2, \cdots, 95^2$ 这 95 个数字中,十位数字为奇数的有多少个?

解 设底数的十位数字为 a,个位数字为 b,则两位数的平方可表示为 $(10a+b)^2 = 100a^2 + 20ab + b^2$,可知平方数的十位数字的奇偶性取决于 b^2. 当 b^2 的十位数字为奇数时,则 $(10a+b)^2$ 的十位数字为奇数. 而在 $1^2, 2^2, 3^2, \cdots, 10^2$ 中,只有 $4^2, 6^2$ 的十位数字为奇数,故由上可推出,在 $11^2, 12^2, \cdots, 20^2$ 中,只有 $14^2, 16^2$ 的十位数字为奇数;…;在 $91^2, 92^2, \cdots, 95^2$ 中,只有 94^2 的十位数字为奇数,从而十位数字为奇数的数共有 $19(2 \times 9 + 1)$ 个.

在此例中,前 n 个自然数的平方数中,十位数字为奇数的数,按一定的节律循环出现:即 $4^2, 6^2, 14^2, 16^2, 24^2, 26^2, \cdots$ 直至 94^2. 掌握了这一节律,就把握了解题的钥匙.

例3 令 $i^2 = -1$,复数序列 $z_1 = 0$,当 $n \geqslant 1$ 时,$z_{n+1} = z_n^2 + i$,则在复平面内 z_{111} 的模为多少?

解 因 $z_1 = 0$,从递推关系 $z_{n+1} = z_n^2 + i$ 可得
$$z_2 = i, z_3 = -1 + i, z_4 = (-1+i)^2 + i = -i, z_5 = -1 + i$$
$$z_6 = -i, z_7 = -1 + i, z_8 = -i, \cdots$$
可知,当 $n = 2k - 1 (k \geqslant 2)$ 时,$z_n = -1 + i$;当 $n = 2k (k \geqslant 2)$ 时,$z_n = -i$,从而 $z_{111} = -1 + i$,故 $|z_{111}| = \sqrt{2}$.

此例通过探求,发现了复数序列 $\{z_n\}$ 的内在节律,即当 $n \geqslant 3$ 时,$-1+i$ 与 $-i$ 交替出现. 根据这一规律,可知 $z_{111} = z_3$,从而迅速推进了问题的解决.

例4 选取一列整数 $a_1, a_2, a_3, \cdots$,使得对每个 $n \geqslant 3$,都有 $a_n = a_{n-1} - a_{n-2}$. 若该数列前 1 492 项之和等于 1 997,前 1 997 项之和等于 1 492,那么前 2 007 项之和是多少?

解 设 S_n 是数列 $\{a_n\}$ 的前 n 项的和,由列举递推不难推得 $S_n = a_{n-1} + a_2$,且
$$a_{n+6} = a_{n+5} - a_{n+4} = -a_{n+3} = -(a_{n+2} - a_{n+1}) = a_n$$
从而数列 $\{a_n\}$ 是周期 6 的数列. 于是
$$S_{1\,492} = a_{1\,491} + a_2 = a_{6 \times 248 + 3} + a_2 = a_3 + a_2 = 1\,997$$
$$S_{1\,997} = a_{1\,996} + a_2 = a_{6 \times 332 + 4} + a_2 = a_4 + a_2 = a_3 = 1\,492$$
故 $a_2 = 505$,故
$$S_{2\,007} = a_{2\,006} + a_2 = a_{6 \times 334 + 2} + a_2 = 2a_2 = 1\,010$$

例5 已知 $f(x) = \dfrac{2x-1}{x+1}$ 对于 $n \in \mathbf{N}^*$ 定义 $f_1(x) = f(x), f_{n+1}(x) = f[f_n(x)]$,求 $f_{101}(x)$.

解 由
$$f_1(x) = \frac{2x-1}{x+1}, f_2(x) = f(f_1(x)) = \frac{x-1}{x}, f_3(x) = f(f_2(x)) = \frac{x-2}{2x-1}$$
$$f_4(x) = \frac{1}{1-x}, f_5(x) = \frac{x+1}{2-x}, f_6(x) = x$$
显然 $f_7(x) = f(f_6(x)) = f_1(x), f_8(x) = f_2(x), f_9(x) = f_3(x), \cdots$

于是出现了有趣的"迭代循环"现象,即有
$$f_1(x) = f_7(x) = f_{13}(x) = \cdots = \frac{2x-1}{x+1}$$

$$f_2(x)=f_8(x)=f_{14}(x)=\cdots=\frac{x-1}{x}$$

$$f_3(x)=f_9(x)=f_{15}(x)=\cdots=\frac{x-2}{2x-1}$$

$$f_4(x)=f_{10}(x)=f_{16}(x)=\cdots=\frac{1}{1-x}$$

$$f_5(x)=f_{11}(x)=f_{17}(x)=\cdots=\frac{x+1}{2-x}$$

$$f_6(x)=f_{12}(x)=f_{18}(x)=\cdots=x$$

由于迭代所产生的函数有且仅有 6 种不同的表达式,它们不断地轮回循环,迭代的次数每增加 6 次,函数式便重复出现一次,所以

$$f_{101}(x)=f_{6\times16+5}(x)=f_5(x)=\frac{x+1}{2-x}$$

此例运用了函数迭代中产生循环的自然节律,将 $f_{101}(x)$ 转化为 $f_5(x)$,使问题退化到较简单的情形,从而获解.

数学问题中的节律,是数学本身和谐美、节奏美的一种自然体现. 在处理数学问题时,恰当地运用节律,可使问题得到迅速的简化. 同时,对节律的运用本身,也体现了数学方法的一种简捷美.

6.7.2 磨光现象与数学

在自然界中,水总是由高处流向低处;电子总是从某一高电位移至另一低电位;春夏之交总要来几次寒流,等等. 许多自然现象都是通过局部的调整(磨光)达到一种稳定的(或平衡的)和谐的状态的.

在数学中,也是如此,很多数学问题都是通过局部调整(磨光)演化来达到一种美的和谐的形态,达到我们所需要的结论. 也就是说,对某些涉及多个可变对象的数学问题,先对其中少数对象进行调整(磨光),让其他对象暂时保持不变,从而化难为易,取得局部问题的解决. 经过若干次这种局部上的调整,不断缩小范围,逐步逼近目标,最终使整个问题得到圆满解决.

例 6 在周长一定的三角形中,怎样的三角形面积最大?

解 如图 6.34,考察 $\triangle ABC$,设 $AB+BC+CA=l$(定值).

先暂时固定 B,C 两点,即 BC 边固定,这时 $AB+AC=l-BC$ 是定值. 此时,$S_{\triangle ABC}$ 可看作是点 A 的函数. 考察等高线,相应的等高线是与 BC 平行的直线,而 A 的路径是以 B,C 为焦点的椭圆,如图 6.25,使 $S_{\triangle ABC}$ 最大的点 A 应是与椭圆相切的等高线的切点,即是该椭圆短轴的一个端点,从而应有 $AB=AC$.

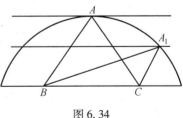

图 6.34

同样(根据对称性)调整可得,要使 $S_{\triangle ABC}$ 为最大,必须 $AB=BC=CA$,即 $\triangle ABC$ 应是等边三角形.

例 7 一群小孩围坐在一圈上分糖果. 老师让他们每人先任取偶数块,然后按下列规则

做下去:所有的小孩同时把自己的糖块分一半给右边的小孩,糖的块数变成奇数的小孩,向老师补要一块,证明:经过有限次这样的分法之后,大家的糖块就变得一样多了.

证明 题中给出了统一的调整规则.设在第一次调整前,小孩手中的糖块的最大数是 $2m$,最小数是 $2n$.若 $m = n$,则状态已平衡,无须调整了.因此,可设 $m > n$,进行一次调整,并把可能出现的奇数块补成偶数块之后,以下的三个结论总是成立的:

首先,调整后每人的糖块数还是在 $2m$ 与 $2n$ 之间.这是因为,设某一小孩有 $2k$ 块,他的左邻有 $2h$ 块,在调整过程中,他分出 k 块给他的右邻,却又从他的左邻接过 h 块.因此,调整之后这小孩共有 $k+h$ 块,由于 $n \leq k \leq m$ 及 $n \leq h \leq m$,可得 $2n \leq k+h \leq 2m$.如果 $k+n$ 已是偶数,结论已证明;如果 $k+h$ 为奇数,需要补一块,而 $k+h < 2m$,故 $2n < k+h+1 \leq 2m$.

其次,手中糖块多于 $2n$ 的小孩,调整后糖块数仍旧比 $2n$ 多.这是因为,设某一小孩手中有糖块 $2k > 2n$,他的左邻有 $2h$ 块,调整后此小孩有 $h+k$ 块,显然 $h+k > n+n = 2n$.补一块后,此小孩手中的糖块显然比 $2n$ 更多.

最后,至少有一个拿 $2n$ 块的小孩,在调整之后增加了两块.这是因为,总可以找到一个手里有 $2n$ 块糖的小孩,他的左邻的块数 $2h > 2n$,不然的话,说明所有小孩手中的糖块都是 $2n$ 了,经调整之后,这小孩手中糖块为 $h+n$,很显然 $h+n > 2n$,若 $h+n$ 已是偶数,则 $h+n \geq 2n+2$;若 $h+n$ 为奇数,应有 $h+n \geq 2n+1$,这时需补块,补上一块之后,也就不少于 $2n+2$ 了.

综合以上三个结论,可以看出,每经过一次调整,最大数不会再增大,拿最少糖块的小孩人数至少减少一个.这样,经过有限次调整后,最小数将大于 $2n$.这表明,最大数与最小数之间的差,随着不断调整将会缩小,到了最后,这个差将变为零.最大数等于最小数,达到了平衡状态,故命题获证.

在此例中,我们还需指出的是:① 由于按上述规则分糖,保证了至少有一个有 $2n$ 块糖的小孩(局部上)手中的糖块数增加了,使彼此持糖块数的差距有所缩小,这说明了此类调整是局部调整;② 调整后,每人手中糖块数仍为偶数,这一点,是我们赖以重复上述调整的前提.

6.7.3 全息现象与数学

一粒种子,落在土壤里,适当的温度和水分,会使它生根发芽,发育成同"父母"一样的植株;一颗受精卵,在合适的环境里,发育成同"父母"一样的幼小动物.这说明生物体的每一部分,甚至是一个细胞,都贮存着整个生物体的信息.

又看那小旋风与"顶天立地"的大旋风,它们左(或右)旋,同"热带风暴"(台风)也许除强度外,没有什么两样.而且它又与江河湖海中的水的漩涡,天空中的云漩涡、地壳上各种等级的旋钮结构均非常类似.再看那物质的层次结构,从小处看,物体由分子组成,分子由原子组成,原子又由基本粒子组成,基本粒子又由层子(夸克)组成,……;从大处看,物体构成星球,星球构成行星系(如太阳系),行星系又构成星团(如银河系),…….它们的层次结构何等的类似!

诸如以上的现象均说明了自然界的万事万物的发展,结构的相似性,说明了宇宙物质局部含有全局的信息,现在含有过去和未来的信息,眼前的含有遥远的宇宙深处的信息,含有宏观的与微观的和谐的信息…

世界万事万物的这种局部与全体的惊人的类似,这种在发生发展、形态和性质、结构与功能方面个别反映全体的现象,我们姑且称为全息现象. 在全息现象中,反映了全体的相对独立的部分,称为全息元.

在数学中,也显示出了大量的鲜明独特的全息现象.

例8 前一百个非零自然数 $1,2,3,\cdots,100$ 中,含有关于无穷多非零自然数的信息.

事实上,我们可以列出如下一串的丰富信息:

(1) 自然数中,奇数、数相间排列.

(2) $1+1=2,1+2=3,2+2=4,\cdots$,任何两个自然数的和,仍是自然数(导致超出100,引向无穷);反过来,除0与1以外的任何自然数,都可"分拆"成几个自然数的和.

(3) $1+2=2+1,4+5=5+4,\cdots$,加法适合交换律.

(4) $(1+2)+3=1+(2+3),\cdots$,加法适合结合律.

(5) 1 只有一个约数;素数 $2,3,5,\cdots$,恰有2个约数;合数 $4,6,8,9,\cdots$ 的约数多于2个.

(6) 自然数中,可施行乘法,乘法适合交换律、结合律、乘加分配律.

(7) 自然数可分解因数(导致素因数分解定理).

(8) $4=2+2,6=3+3,8=3+5,\cdots$,导致哥德巴赫猜想.

(9) $3^2+4^2=5^2,\cdots$ 导致勾股定理和勾股数的研究.

(10) 简便求和 $1+2+\cdots+100$ 导致等差数列求和的发现.

(11) 每个数都有后继数,至致"数学归纳法"的发现(发明).

(12) 除法有时不能施行,导致小数、分数的引入.

(13) 减法有时不能施行,导致负整数的引入和"整数集"的诞生.

……

由上例可以看到,如果不考虑第(9)点,前20个非零自然数也含有如上的信息,因此,"前20个非零自然数"堪称为非零自然数的"全息元". 若考虑(9),"前100个非零自然数"足可以了,这说明同一数学对象可能有很多全息元,全息元之间按规模可以分为不同的级别. 当然,全息元的显著特点是具有代表性,如研究非零自然数的性质时,仅分析1,2,3这三个自然数,透露的信息是极小的,就没有代表性;又如"一切偶数"虽然规模大,但也不能反映自然数的许多重要信息,也没有代表性,没有代表性就不能作为全息元.

不同的全息元,包含的"信息量"可能是不同的. 在数学中,包含了"独特部分"的信息元,往往规模小,而信息量大. 如抛物线上任意一小段,都能反映它的全部性质,所以画图像时,总是(也只能)画出它的一小部分,但画出的"顶点",对性质反映得最清楚. 从下面的例题可以看到:不共线的三点可以确定一条抛物线,但如果取顶点,则两点即足. 因为抛物线的顶点,比一般点具有更多的信息.

例9 求证:任何一条抛物线 $y=ax^2+bx+c(a\neq 0)$ 将被它上边一般位置(互不相同)的三点完全确定.

证明 事实上,可设三点为 $A(x_1,y_1),B(x_2,y_2),C(x_3,y_3)$ 已经确定,那么代入抛物线表达式

$$\begin{cases} ax_1^2+bx_1+c=y_1 & \text{①} \\ ax_2^2+bx_2+c=y_2 & \text{②} \\ ax_3^2+bx_3+c=y_3 & \text{③} \end{cases}$$

由①-②,②-③得

$$\begin{cases} (x_1^2 - x_2^2)a + (x_1 - x_2)b = y_1 - y_2 \\ (x_2^2 - x_3^2)a + (x_2 - x_3)b = y_2 - y_3 \end{cases}$$

由于 $x_1 \neq x_2, x_2 \neq x_3$,我们有

$$(x_1 + x_2)a + b = \frac{y_1 - y_2}{x_1 - x_2} \qquad ④$$

$$(x_2 + x_3)a + b = \frac{y_2 - y_3}{x_2 - x_3} \qquad ⑤$$

⑤-④,得

$$(x_3 - x_1)a = \frac{y_2 - y_3}{x_2 - x_3} - \frac{y_1 - y_2}{x_1 - x_2}$$

由于 $x_3 \neq x_1$,上式两边除以 $x_3 - x_1$,并整理有

$$a = \frac{x_1 y_2 - x_2 y_1 + x_2 y_3 - x_3 y_2 + x_3 y_1 - x_1 y_3}{(x_1 - x_2)(x_2 - x_3)(x_3 - x_1)}$$

把 a 的表达式代入④与①,则可分别求得 b,c 的表达式为

$$b = \frac{-x_1^2 y_2 + x_2^2 y_1 - x_2^2 y_3 + x_3^2 y_2 - x_3^2 y_1 + x_1^2 y_3}{(x_1 - x_2)(x_2 - x_3)(x_3 - x_1)}$$

$$c = \frac{-x_1 x_3^2 y_2 + x_2 x_3^2 y_1 - x_2 x_1^2 y_3 + x_3 x_1^2 y_2 - x_3 x_2^2 y_1 + x_1 x_2^2 y_3}{(x_1 - x_2)(x_2 - x_3)(x_3 - x_1)}$$

这就说明了不共线的三点可以确定一点抛物线.

当然,如有一点 (x_0, y_0) 为顶点,则再有一点 (x_1, y_1) 就可以了,这时 a,b,c 由方程组

$$\begin{cases} -\dfrac{b}{2a} = x_0 \\ \dfrac{4ac - b^2}{4a} = y_0 \\ ax_1^2 + bx_1 + c = y_1 \end{cases}$$

确定,由此可以推出 a,b,c 的表达式(略).

a,b,c 一经确定,抛物线 $y = ax^2 + bx + c$ 自然完全确定,可见,确定抛物线,三点足矣,"一小段"更是绰绰有余了. 因此,抛物线上任何一小段,都包含着整条抛物线的全部信息.

学习数学,研究数学问题,常常需要选择和识别全息元,因为数学对象本身或它们的集合,往往是无限的,这就要求我们能抓住全息元的特征和运用技巧,应用全息元进行研究.

我国著名初等数学研究专家杨之先生曾提出了如下的十类数学中的全息元:

(1) 部分反映全体,适当部分是全体的全息元.

(2) 已知通着未知,已知是未知的全息元.

(3) 特殊中有一般,特殊是一般的全息元. 如三角形、四边形是多边形的全息元,低维是高维的全息元,一元和二元方程是 n 元方程的全息元,平面几何是立体几何的全息元,等等.

(4) 有限连着无限,有限是无限的全息元.

(5) 人们通过特定的静止把握运动,特定的静止,不变是运动变换的全息元.

(6) 数形互为全息元.

(7) 类似的事物互为全息元,如相似形集合中,任一元素都是全息元.

(8) 数学公理系统是该数学分支的全息元.

(9) 数学概念、公式、法则、某些命题(甚至某些数学符号)也往往成为全息元.

(10) 好的数学"问题是数学的心脏",它也是质高量大的数学思想、方法、技巧的全息元.

对数学中大量存在的全息现象的观察和分析,使我们认识到:数学各分支是由相应的数学全息元构成的. 数学的每一部分,每一类对象,都存在着自己的全息元,这就是数学全息律.

数学全息律作为普遍存在于数学中的全息现象的概念,它揭示了数学结构的本质特征,从而有利于我们对各种数学现象和问题的认识,把认识推向更深的层次.

运用数学全息律,可以促进数学研究和发展. 我们知道:要解决一个数学问题,怎样才能由特殊、有限的材料中,筛选出一般的、适用于无限对象的结论的信息? 一是要抓迹象,抓蛛丝马迹;二是要竭力识别"全息元",以保证获取全局性的信息;三是要对所获信息进行逻辑加工和论证. 要发现一个新的数学结论,常需运用类比、归纳和推广等重要思想方法,但从全息现象的角度来分析,正是由于这一部分与那一部分在性、态上的类似,在信息上的关联,类比才可能成功,也是由于个别的、特殊的数学对象中有一般对象的信息、规律的胚芽,归纳与概括才能进行,推广才能实现. 因此,可以说,全息现象的存在,乃是类比、归纳、推广、猜想等思想方法使用的依据,反之,这些思想方法又是数学全息律的一种应用.

思 考 题

1. 函数 $f(x) = \dfrac{4^x}{4^x + 2}$,求 $f(\dfrac{1}{101}) + f(\dfrac{2}{101}) + f(\dfrac{3}{101}) + \cdots + f(\dfrac{100}{101})$ 的值.

2. 若直线 $\dfrac{x_0 x}{a^2} - \dfrac{y_0 y}{b^2} = 1$ 与双曲线 $\dfrac{x^2}{a^2} - \dfrac{y^2}{b^2} = 1 (a > 0, b > 0)$ 相交于 A, B 两点,则 $\dfrac{x_0^2}{a^2} - \dfrac{y_0^2}{b^2} < 1$.

3. 若直线 $\dfrac{x_0 x}{a^2} - \dfrac{y_0 y}{b^2} = 1$ 与双曲线 $\dfrac{x^2}{a^2} - \dfrac{y^2}{b^2} = 1 (a > 0, b > 0)$ 相交于 A, B 两点,则线段 AB 的中点 M 的坐标为 $\left(\dfrac{x_0}{\dfrac{x_0^2}{a^2} - \dfrac{y_0^2}{b^2}}, \dfrac{y_0}{\dfrac{x_0^2}{a^2} - \dfrac{y_0^2}{b^2}} \right)$.

4. 求证: $2222^{5555} + 5555^{2222}$ 能被 7 整除.

5. 过平面上一个定点 M,任作一直线与椭圆 $\dfrac{x^2}{a^2} + \dfrac{y^2}{b^2} = 1$ 交于 A, B 两点,OC 为平行于 AB 的半径,则 $\dfrac{MA \cdot MB}{OC^2}$ 为定值 k (这里 MA, MB, OC 表示有向线段的数量),并且 $k = \dfrac{x_0^2}{a^2} + \dfrac{y_0^2}{b^2} - 1$. 定值 k 叫作点 M 关于此椭圆的幂,简称椭圆幂.

6. 设 QQ' 是圆 $x^2 + y^2 = a^2$ 的异于椭圆 $\dfrac{x^2}{a^2} + \dfrac{y^2}{b^2} = 1 (a > b > 0)$ 长轴的一条直径,过直径端点 Q, Q' 分别作椭圆的切线,则切线的交点在椭圆的准线上.

7. 若三角形的外接圆和内切圆的半径分别是 R 和 r,圆心距为 d,则有 $R^2 - d^2 = 2Rr$ 或 $\dfrac{1}{R+d} + \dfrac{1}{R-d} = \dfrac{1}{r}$.

8. 设（非退化）圆锥曲线 Γ 的方程为
$$F(x,y) = ax^2 + bxy + cy^2 + dx + ey + f = 0 \qquad (*)$$
并记
$$f(x,y) = ax^2 + bxy + cy^2$$
设过点 $M(x_0, y_0)$ 的直线 l 与圆锥曲线 Γ 相交于两点 P_1, P_2（或相切于两重点 $P_1(P_2)$），直线 l 即 MP_1P_2 的倾角记为 α，则有
$$MP_1 \cdot MP_2 = \frac{F(x_0, y_0)}{f(\cos\alpha, \sin\alpha)} \qquad (**)$$
于是，MP_1, MP_2 为 l 上相应有向线段的值.

思考题参考解答

1. 要解决本题，代入计算是不现实的. 函数的结构必然隐含了特殊的性质，观察自变量，显然存在着对称性，那么不难得到
$$f(x) + f(1-x) = \frac{4^x}{4^x + 2} + \frac{4^{1-x}}{4^{1-x} + 2} = \frac{4^x}{4^x + 2} + \frac{4}{4 + 2 \times 4^x} = 1$$

由 $f(1-x) = 1 - f(x)$ 可以看到，函数 $f(x)$ 具有图像关于点 $(\frac{1}{2}, \frac{1}{2})$ 对称的性质，于是
$$f\left(\frac{1}{101}\right) + f\left(\frac{2}{101}\right) + f\left(\frac{3}{101}\right) + \cdots + f\left(\frac{100}{101}\right) = 50.$$

2. 由方程组 $\begin{cases} \dfrac{x_0 x}{a^2} - \dfrac{y_0 y}{b^2} = 1 \\ \dfrac{x^2}{a^2} - \dfrac{y^2}{b^2} = 1 \end{cases}$，得
$$(a^2 y_0^2 - b^2 x_0^2) x^2 + 2a^2 b^2 x_0 x - a^4 (b^2 + y_0^2) = 0$$
由于直线与双曲线相交于两点，故
$$\Delta = 4a^4 b^4 x_0^2 + 4a^4 (a^2 y_0^2 - b^2 x_0^2)(b^2 + y_0^2) > 0$$
化简得
$$y_0^2 (a^2 b^2 - b^2 x_0^2 + a^2 y_0^2) > 0 \qquad ①$$

当 $y_0 = 0$ 时，直线为 $x = \dfrac{a^2}{x_0}$.

因为直线 $x = \dfrac{a^2}{x_0}$ 与双曲线 $\dfrac{x^2}{a^2} - \dfrac{y^2}{b^2} = 1$ 交于两点，所以 $\dfrac{a^2}{|x_0|} > a$，所以 $|x_0| < a$，所以
$$\frac{x_0^2}{a^2} - \frac{y_0^2}{b^2} = \frac{x_0^2}{a^2} < 1$$

当 $y_0 \ne 0$ 时，由 ① 得
$$b^2 x_0^2 - a^2 y_0^2 < a^2 b^2$$
即
$$\frac{x_0^2}{a^2} - \frac{y_0^2}{b^2} < 1$$

3. 又设 $A(x_1, y_1), B(x_2, y_2)$，则
$$x_1 + x_2 = -\frac{2a^2 b^2 x_0}{a^2 y_0^2 - b^2 x_0^2}$$

又设线段 AB 的中点 M 的坐标为 (x,y),从而得

$$x = \frac{x_1+x_2}{2} = -\frac{a^2 b^2 x_0}{a^2 y_0^2 - b^2 x_0^2} = \frac{x_0}{\frac{x_0^2}{a^2} - \frac{y_0^2}{b^2}}$$

把它代入直线方程 $\frac{x_0 x}{a^2} - \frac{y_0 y}{b^2} = 1$,可得

$$y = \frac{y_0}{\frac{x_0^2}{a^2} - \frac{y_0^2}{b^2}}$$

4. 证法 1
$$N = 2\,222^{5\,555} + 2\,222^{2\,222} + 5\,555^{2\,222} - 2\,222^{2\,222} = 5\,555^{2\,222} - 2\,222^{2\,222} + 2\,222^{2\,222}(2\,222^{3\,333} + 1) = 5\,555^{2\,222} - 2\,222^{2\,222} + 2\,222^{2\,222}[(2\,222^3)^{1\,111} + 1]$$

因 $\qquad 7 \mid (5\,555^{2\,222} - 2\,222^{2\,222})$

又 $\qquad 2\,222^3 + 1 = (7 \times 317 + 3)^3 + 1 = 7k + 3^3 + 1 = 7k + 28 (k\text{ 为整数})$

而 $\qquad 7 \mid (7k + 28)$

则 $\qquad 7 \mid N$

证法 2 因
$$2\,222^{5\,555} + 11^{5\,555} = (2\,222 + 11)M_1 = 7 \times 319 M_1 (M_1 \text{ 为整数})$$
$$5\,555^{2\,222} - 11^{2\,222} = (5\,555 - 11)M_2 = 7 \times 792 M_2 (M_2 \text{ 为整数})$$

则 $\qquad 2\,222^{5\,555} + 5\,555^{2\,222} + 11^{5\,555} - 11^{2\,222} = 7(319 M_1 + 792 M_2)$

于是问题化作证明: $7 \mid (11^{5\,555} - 11^{2\,222})$. 但
$$11^{5\,555} - 11^{2\,222} = 11^{2\,222}(11^{3\,333} - 1) = 11^{2\,222}(1\,331^{1\,111} - 1) = 11^{2\,222}(1\,331 - 1)M = 11^{2\,222} \times 7 \times 190 M$$

而 $\qquad 7 \mid 11^{2\,222} \times 7 \times 190 M$

故 $\qquad 7 \mid (11^{5\,555} - 11^{2\,222})$

于是问题获证.

证法 3 因
$$2\,222^{5\,555} + 4^{5\,555} = (2\,222 + 4)M = 7 \times 318 M$$
$$5\,555^{2\,222} - 4^{2\,222} = (5\,555 - 4)N = 7 \times 793 N$$

则 $\qquad 2\,222^{5\,555} + 5\,555^{2\,222} = 7(318M + 793N) - 4^{2\,222}(4^{3\,333} - 1)$

而 $\qquad 4^{2\,222}(4^{3\,333} - 1) = 4^{2\,222}[(4^3)^{1\,111} - 1] = (4^3 - 1)k = 7 \times 9k$

以上得 $\qquad 2\,222^{5\,555} + 5\,555^{2\,222} = 7(318M + 793N - 9k)$

故 $\qquad 7 \mid (2\,222^{5\,555} + 5\,555^{2\,222})$

证法 4 依费马定理得
$$7 \mid [(2\,222^{925})^{7-1} - 1]$$

于是

同样
$$2\,222^{5\,555} = 2\,222^5(7M_1 + 1)$$

$$5\,555^{2\,222} = 5\,555^2(7M_2 + 1)$$

现在只需证 $2\,222^5 + 5\,555^2$ 能被 7 整除就可以.

因
$$2\,222^5 + 5\,555^2 = (7 \times 317 + 3)^5 + (7 \times 793 + 4)^2 =$$
$$7M_3 + 3^5 + 7M_4 + 4^2 = 7(M_3 + M_4 + 37)$$

故
$$7 \mid (2\,222^5 + 5\,555^2)$$

5. 设 AB 所在直线的倾斜角为 α,过 $M(x_0, y_0)$ 的直线参数方程为

$$\begin{cases} x = x_0 + t\cos\alpha \\ y = y_0 + t\sin\alpha \end{cases} \quad (t \text{ 为参数})$$

代入椭圆方程得

$$\frac{(x_0 + t\cos\alpha)^2}{a^2} + \frac{(y_0 + t\sin\alpha)^2}{b^2} = 1$$

整理得

$$\left(\frac{\cos^2\alpha}{a^2} + \frac{\sin^2\alpha}{b^2}\right)t^2 + 2\left(\frac{x_0\cos\alpha}{a^2} + \frac{y_0\sin\alpha}{b^2}\right)t + \frac{x_0^2}{a^2} + \frac{y_0^2}{b^2} - 1 = 0$$

故

$$t_1 t_2 = \frac{\dfrac{x_0^2}{a^2} + \dfrac{y_0^2}{b^2} - 1}{\dfrac{\cos^2\alpha}{a^2} + \dfrac{\sin^2\alpha}{b^2}}$$

因为 A, B 在椭圆上,根据参数的几何意义得

$$MA \cdot MB = \frac{\dfrac{x_0^2}{a^2} + \dfrac{y_0^2}{b^2} - 1}{\dfrac{\cos^2\alpha}{a^2} + \dfrac{\sin^2\alpha}{b^2}} \quad (*)$$

由式(*)得

$$OC \cdot OD = \frac{\dfrac{0^2}{a^2} + \dfrac{0^2}{b^2} - 1}{\dfrac{\cos^2\alpha}{a^2} + \dfrac{\sin^2\alpha}{b^2}} = \frac{-1}{\dfrac{\cos^2\alpha}{a^2} + \dfrac{\sin^2\alpha}{b^2}} = -OC^2$$

于是

$$\frac{MA \cdot MB}{OC^2} = \frac{x_0^2}{a^2} + \frac{y_0^2}{b^2} - 1 = k$$

6. 不妨设椭圆直径的端点 $Q(a\cos\alpha, a\sin\alpha)$, $\sin\alpha \neq 0$,过直径端点 Q, Q' 分别作椭圆的切线 $QP, QR, Q'P'$ 和 $Q'R'$,切点 $P(x_1, y_1), R(x_2, y_2), P'(-x_1, -y_1), R'(-x_2, -y_2)$.

易得切线 QR 与 $Q'P'$ 交点 $E(x, y)$

$$x = \frac{a^2(y_1 + y_2)}{x_2 y_1 - x_1 y_2} = \frac{a^2}{c}$$

$$y = \frac{b^2(x_1 + x_2)}{-x_2 y_1 + x_1 y_2} = -\frac{b^2 \cos \alpha}{c \sin \alpha}$$

由对称性,切线 QP 与 $Q'R'$ 的交点 $E'(-\dfrac{a^2}{c}, \dfrac{b^2 \cos \alpha}{c \sin \alpha})$

故切线的交点在椭圆的准线上.

7. 如图 6.35,$\triangle ABC$ 的内心为 I,内切圆半径为 r,外心为 O,外接圆半径为 R,圆心距 $OI = d$. 联结 AI,并延长交圆 O 于 D,联结 DB,BI,易证 $\angle DBI = \angle DIB$,则

$$DI = DB = 2R \sin \angle BAD$$

又 AB 切圆 I 于 E,联结 IE,则 $IE \perp AB$,则

$$\sin \angle BAD = \frac{IE}{AI} = \frac{r}{AI}$$

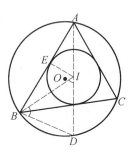

图 6.35

故

$$AI \cdot DI = 2Rr$$

又由圆幂定理,点 I 对圆 O 的幂为 $R^2 - d^2$,则

$$R^2 - d^2 = 2Rr$$

即

$$\frac{1}{R+d} + \frac{1}{R-d} = \frac{1}{r}$$

8. (1) 设 P_1 与 P_2 不重合,直线 l 的参数方程为

$$\begin{cases} x = x_0 + t\cos \alpha \\ y = y_0 + t\sin \alpha \end{cases} \qquad ①$$

若 P_1,P_2 对应参数为 t_1,t_2,根据方程①中参数 t 的几何意义知

$$t_1 = MP_1, \quad t_2 = MP_2, \quad t_1 \neq t_2$$

因 $P_i (i = 1,2)$ 在 Γ 上,故 P_i 的直角坐标 (x_i, y_i) 为

$$x_i = x_0 + t_i \cos \alpha, \quad y_i = y_0 + t_i \sin \alpha$$

满足 Γ 的方程 $(*)$,亦即 $F(x_0 + t_i \cos \alpha, y_0 + t_i \sin \alpha) = 0 (i = 1,2)$,因此 t_1, t_2 是方程

$$F(x_0 + t\cos \alpha, y_0 + t\sin \alpha) = 0 \qquad ②$$

的两个根,但是式②左端是 t 的二次三项式

$$F(x_0 + t\cos \alpha, y_0 + t\sin \alpha) = a(x_0 + t\cos \alpha)^2 +$$
$$b(x_0 + t\cos \alpha)(y_0 + t\sin \alpha) +$$
$$c(y_0 + t\sin \alpha)^2 + d(x_0 + t\cos \alpha) +$$
$$e(y_0 + t\sin \alpha) + f$$

其二次项 t^2 的系数是

$$a\cos^2 \alpha + b\cos \alpha \sin \alpha + c\sin^2 \alpha = f(\cos \alpha, \sin \alpha)$$

而常数项为

$$ax_0^2 + bx_0 y_0 + cy_0^2 + dx_0 + ey_0 + f = F(x_0, y_0)$$

因②有两个根,显然 t^2 的系数 $f(\cos\alpha,\sin\alpha)\neq 0$,由韦达定理得
$$t_1 t_2 = \frac{F(x_0,y_0)}{f(\cos\alpha,\sin\alpha)}$$
故式(**)成立.

(2) 设 P_1 与 P_2 重合,l 为切线,过 M 作与 Γ 相交于点 Q_1,Q_2 的直线,设其倾角为 β 由(1)已证得
$$MQ_1 \cdot MQ_2 = \frac{F(x_0,y_0)}{f(\cos\beta,\sin\beta)} \qquad ③$$
当 Q_1 沿 Γ 趋于 P_1 时,直线 MQ_1Q_2 的极限位置为切线 MP_1,这时应有 $MQ_1 \to MP_1$,$MQ_2 \to MP_2$,$\beta \to \alpha$,由连续性又有 $f(\cos\beta,\sin\beta) \to f(\cos\alpha,\sin\alpha)$. 这样由式 ③ 得 $MP_1^2 = \frac{F(x_0,y_0)}{F(\cos\alpha,\sin\alpha)}$,即式(**)成立.

第七章 神韵的眼光

数学是思维的产物和结晶,人们也用其思维开拓了其他领域,神韵的数学眼光的运用,使得我们在不同的领域中发现了相通的思维.

人们喜爱诗词,一方面,因为诗词是作者以极具特色、耐人寻味的方式,描述了人间万象的壮观景色,表达了作者的各种情怀;另一方面,因为诗歌的格律体系,让人读起来朗朗上口,难以忘怀,对仗的韵律突现了诗词的魅力,押韵的韵脚展现出人类文化的亮丽风景.

神韵的眼光就是这对仗的韵律,就是这押韵的韵脚.

7.1 数学问题的智慧处理

7.1.1 在数学解题中

(1) 用"点是半径为零的圆"解题.

把点看作半径为零的圆,用它来解决某些问题,显得十分方便.

例1 已知圆的方程是 $x^2+y^2=r^2$,求经过圆上一点 $M(x_0,y_0)$ 的切线的方程.

解 把点 (x_0,y_0) 看作半径为零的圆

$$(x-x_0)^2+(y-y_0)^2=0 \qquad ①$$

已知圆的方程是

$$x^2+y^2=r^2 \qquad ②$$

① - ② 得

$$x_0^2+y_0^2-2(x_0x+y_0y)+r^2=0$$

此即为切线方程.

又因 $x_0^2+y_0^2=r^2$,故切线方程为

$$x_0x+y_0y=r^2$$

例2 求与直线 $x-3y+1=0$ 相切于 $(2,1)$,并且经过点 $P(8,1)$ 的圆的方程.

解 把点 $(2,1)$ 看作半径为零的圆

$$(x-2)^2+(y-1)^2=0$$

则所求的圆属于圆系

$$(x-3y+1)+\lambda[(x-2)^2+(y-1)^2]=0 \qquad ③$$

因点 P 在所求圆上,将点 P 坐标代入③得 $\lambda=-\dfrac{1}{6}$,故所求的圆的方程为

$$(x-3y+1)-\dfrac{1}{6}[(x-2)^2+(y-1)^2]=0$$

即

$$(x-5)^2+(y+8)^2=90$$

例3 求与圆 $(x-1)^2+(y+1)^2=4$ 相切于 $(-1,-1)$,且通过点 $P(-2,1)$ 的圆的方程.

第七章 神韵的眼光

解 把点$(-1,-1)$看作半径为零的圆
$$(x+1)^2+(y+1)^2=0$$
则所求的圆属于圆系
$$(x-1)^2+(y+1)^2-4+\lambda[(x+1)^2+(y+1)^2]=0 \qquad ④$$
将点P坐标代入④,得$\lambda=-\dfrac{9}{5}$,则所求圆的方程为
$$(x-1)^2+(y+1)^2-4-\dfrac{9}{5}[(x+1)^2+(y+1)^2]=0$$
即
$$\left(x+\dfrac{7}{2}\right)^2+(y+1)^2=\dfrac{25}{4}$$

(2) 解法各异,谁显超人智力.

例4 市林业管理局为了增加收入,办了一个养猴场. 饲养员提了一筐桃来喂猴. 如果他给每个猴子14颗桃,还剩48颗;如果给每个猴子18颗桃,就还差64颗,请问:这个猴场养了多少只猴? 饲养员提来多少个桃?

某甲学过二元一次方程组,这时派上用场:

解法1 设猴场养了x只猴,饲养员提了y颗桃,依题意,得
$$\begin{cases} y-14x=48 \\ 18x-y=64 \end{cases}$$
解之
$$\begin{cases} x=28 \\ y=440 \end{cases}$$
答:略.

某乙只学过一元一次方程,同样显示威力:

解法2 设猴场养了x只猴,依题意,得
$$14x+48=18x-64$$
解之
$$x=28$$
故
$$14x+48=440$$
答:略.

某丙还没学方程,讲述了他的妙招:

解法3 若饲养员再添64颗桃,则这时每个猴子得14颗桃,还剩112颗桃,如果给每个猴子18颗桃刚好分完,故这个猴场养的猴子有$112\div(18-14)=28$(个),饲养员提了$18\times 28-64=440$颗桃.

注 灵活运用所学知识来求解问题就是智慧地处理问题.

例5 儿子的数学学得一团糟,父亲想了一个鼓励儿子学习进步的办法:每正确解出一道题给16分钱,每做错一道题罚10分钱. 一次考试,老师共出了26道题,结果谁也不给谁付钱,请问:儿子做对了几道题?

某甲还是老办法,列二元一次方程组求解.

解法1 设他儿子做对了x道题,做错了y道题,得

解之
$$\begin{cases} x+y=26 \\ 16x-10y=0 \end{cases} \quad \begin{cases} x=10 \\ y=16 \end{cases}$$

答:略.

某乙想来想去,还是用一元一次方程来解:

解法 2 设他儿子做对了 x 道题,依题意,得 $16x-10(26-x)=0$,解之 $x=10$. 答:略.

某丙又给出了他的妙法:

解法 3 若 26 道题全做对,可得 416 分钱,现在谁也不给谁付钱,说明丢了 416 分. 而做错一题,共丢 $16+10=26$ 分钱,所以,他做错了 $416÷26=16$ 道题.

7.1.2 在数学研究中

(1) 方幂数的神奇分拆.

人们在研究自然数时,常发现一些不平凡的数,我们曾在第四章介绍过很多例子. 这里我们要介绍运用神韵的眼光来处理一些平方数的分拆问题. 例如,$55^2=3\,025$,把它二分拆,将 $30+25=55$,正好就是底数. 又例如,印度青年数学家乔德哈里(J. V. Chaudhari)和狄希潘特(M. N. Deshpande)发现:从 956 到 968,首尾合计,一共 13 个三位数,这些数在各自平方之后,都成了六位数,如果把它们前三、后三分拆成前后两段再分别相加,其和竟然又是一连串的平方数,即

$$956^2=913\,936,\quad 913+936=1\,849=43^2$$
$$957^2=915\,849,\quad 915+849=1\,764=42^2$$
$$958^2=917\,764,\quad 917+764=1\,681=41^2$$
$$\vdots$$
$$967^2=935\,089,\quad 935+089=1\,024=32^2$$
$$968^2=937\,024,\quad 937+024=961=31^2$$

上述数中,有趣的是左边的平方数底数 956 至 968 单调递增,然而经过三三段分拆变换后,右边的底数从 43 到 31 单调递减了.

还找到这样有趣的数吗? 谈祥柏先生运用神韵的数学眼光,找出了不少这样的数[65]. 例如,首数为 9 859 到尾数为 9 900 的 42 个数的平方数二分拆"星团". 他在找的过程中,也有困惑. 例如,$85^2=7\,225$,而 $72+25=97$ 就不是平方数,但是,他进行智慧处理,把 7 225 看成为 $7\,100+125$,这样一来便有 $71+125=196=14^2$. 同样地,对 $91^2=8\,281$,有 $83+(-19)=64=8^2$ 等.

谈祥柏先生也智慧地处理了立方数三分拆问题

$$37^3=50\,653,\quad 5+06+53=64=4^3$$
$$70^3=343\,000,\quad 34+30+00=64=4^3$$
$$71^3=357\,911,\quad 35+79+11=125=5^3$$
$$72^3=373\,248,\quad 36+132+48=216=6^3$$

$$73^3 = 389\ 017, \quad 37 + 189 + 117 = 343 = 7^3$$

并由上述四个连续底数的情况来看,立方后分拆成三段,后段 00,11,48,117 是个三阶等差数列;中段 30,79,132,189 是个二阶等差数列;而前段 34,35,36,37 是个一阶等差数列. 由此揭露出这样一个"潜规律":在三位数的情况下,底数与前段之差似乎应为 216(两位数的情况是 36,即 6^2).

利用如上"潜规律"寻找,有:

$855^3 = 625\ 026\ 375$, $\quad 855 - 625 = 230$, $\quad$ 差数比 216 偏大;

$866^3 = 649\ 461\ 896$, $\quad 866 - 649 = 217$, $\quad$ 差数比 216 只大 1.

于是,有 $867^3 = 651\ 714\ 363$,且 $651 + 714 + 363 = 1\ 728 = 14^3$.

(2) 大整数的素因数分解.

给你一个比较大的难以分解的整数,怎么进行素因数分解呢? 你想的办法可能是用较小的素数去试除,但这可能浪费时间和精力,如果你想到应进行智慧处理时,则很快就会找到快捷的途径.

代数中有一个关于平方差的恒等式:$x^2 - y^2 = (x - y)(x + y)$. 设 N 是一个较难分解的大整数. 我们希望 N 能表为 $x^2 - y^2$ 的形式,因而可以分解为 $(x - y)(x + y)$. 于是,$N = (x - y)(x + y)$,即 $y^2 = x^2 - N$.

以平方大于 N 的最小的 x 开始,逐次加 1,看 $x^2 - N$ 是否为平方数. 如果是,便得到 N 的一个分解;如果不是,便继续进行,直到得出 N 的一个分解. 这个方法比用素数逐一试除要快得多. 特别是当 N 的两个素因子相差不多时,分解速度更快. 这个方法,就是费马的因子分解方法[50].

我们以 $N = 119\ 143$ 为例来具体说明实施过程.

由于 N 是六位数,且前两位为 11,从而可推测它应是一个三位数的平方,且这个三位数比较接近 350. 经试探 346^2 是超过 N 的最小平方数

$$346^2 - 119\ 143 = 119\ 716 - 119\ 143 = 573$$

由于 573 不是平方数. 再考虑下一个数 347.

$347^2 - 119\ 143 = 1\ 266$,不是平方数.

$348^2 - 119\ 143 = 1\ 961$,不是平方数.

$349^2 - 119\ 143$,个位数是 8,不是平方数.

$350^2 - 119\ 143$,个位数是 7,不是平方数.

$351^2 - 119\ 143$,个位数是 8,不是平方数.

$352^2 - 119\ 143 = 4\ 761 = 69^2$.

于是 $\qquad N = 352^2 - 69^2 = (352 + 69)(352 - 69) = 421 \times 283$

7.2 语言与文学问题的数学处理

7.2.1 律诗中的平仄与格律

我国律诗的平仄变化错综复杂,难以掌握,但如果运用数学的眼光透视,却呈现出一种具有简单运算规则的数学模式. 任何一种平仄格式都可化为一个数学矩阵,律诗和绝句的平

仄矩阵共有 16 个,可归纳成一个律诗平仄的数字公式,为学习和掌握律诗、绝句的各种平仄格式提供了一种可行的方法.

例如,王之涣的《登鹳雀楼》.

$$\begin{aligned}&白日依山尽,\quad ——\quad 仄仄平平仄\\&黄河入海流.\quad ——\quad 平平仄仄平\\&欲穷千里目,\quad ——\quad 平平平仄仄\\&更上一层楼.\quad ——\quad 仄仄仄平平\end{aligned}$$

如果在诗中用数字 0 代表平声字,用数字 1 代表仄声字,就有了丰富的数学内容.

我们可以把每一句的平仄格式看成一个布尔向量,每一首诗的平仄格式就可看成一个布尔矩阵

$$\begin{aligned}&白日依山尽,\longrightarrow (1,1,0,0,1)\\&黄河入海流.\longrightarrow (0,0,1,1,0)\\&欲穷千里目,\longrightarrow (0,0,0,1,1)\\&更上一层楼.\longrightarrow (1,1,1,0,0)\end{aligned}\longrightarrow \begin{pmatrix}1&1&0&0&1\\0&0&1&1&0\\0&0&0&1&1\\1&1&1&0&0\end{pmatrix}\quad ①$$

著名语言学家王力教授在《诗词格律十讲》中把五言绝句的平仄格式分为 4 种,利用布尔矩阵可将其统一为矩阵的乘法.

更有甚者,运用数学眼光透视,可以尝试用公理化方法建立唐诗格律的体系.湖南教育出版社的欧阳维诚先生,就尝试了利用公理化方法很方便地建立了唐诗格律体系,他只需要 4 个定义和 5 条公理[19].

4 个定义是:

(1) **平、仄**   古代汉语的声调分为平、上、去、入四声,但在今天的普通话中,古入声已不存在,被分别归入了平、上、去三声之中,谓之"入派三声",而平声则分解为阴平和阳平. 四声应用于诗中,则只分平声和仄声,即所谓"四声二元化". 平声包括阴平和阳平(已划入阴平或阳平的古入声字在近体诗中仍算仄声),仄声则包括上声、去声和古入声字.

(2) **句、联**   唐诗中的近体诗或者是 4 句,或者是 8 句. 每 2 句称为一联. 一联中的上句称为出句,下句称为对句.

(3) **双、单**   两个平声或两个仄声连在一起不能分离,叫作一个双声,由两个平声组成的叫作双平,由两个仄声组成的叫作双仄. 一个平声或一个仄声叫作单声,一个平声叫作单平,一个仄声叫作单仄.

(4) **韵脚**   一首诗中所有对句的最后一个字叫作韵脚,韵脚有相同的韵母叫作押韵.

例如,王勃诗中的警句"海内存知己,天涯若比邻",这两句诗合起来叫作一联. "海内存知己"称为上句或出句,"天涯若比邻"称为下句或对句. 其中的平仄与双、单声则如图 7.1 所示(这里所列的定义以及下面的公理都只限于近体诗,即五、七言绝句和五、七言律诗).

图 7.1

5 条公理是:

(1) **双单公理**　每句诗都以双声开头,每句诗中平双和仄双至少各有一个,单声在一句诗中只有一个,同调双声不能相连.

(2) **平仄公理**　每句诗中平声字和仄声字只能相差一个,多的一个单声与开头双声同调.

(3) **韵脚公理**　所有各联对句的韵脚必须有相同的韵母,称为押韵.

(4) **粘对公理**　每一联的出句和它的对句必须用不同的双声(即一个平双,一个仄双)开头,称为"对";每一联的对句与它下一联的出句必须用相同的双声(即同为平双或同为仄双)开头,称为粘.

此外,还有一条与绝句无关,只与律诗有关的对仗公理:

(5) **对仗公理**　每首律诗的中间两联,其上句和下句在句式结构和内容上必须是对仗的.

上述的定义和公理,其实只不过是关于古典诗词中几个基本名词的解释,但利用它们我们就可以逻辑地推出唐诗格律的全部基本规则.

下面举两个简单例子供爱好演绎推理的读者参考:

结论 1　五言诗只有四种不同的句式.

因为根据双单公理,每一句中都必有一个平双和一个仄双,当开头的第一个双声选定之后,第二个双声也就随之而定,已无选择的余地. 不过它的位置还可以有两种选择,一种是在三、四两字,一种是在四、五两字. 至于剩下的一个单声,因应与开头那个双声同调,也不能选择. 因此,五言诗的句式,第一个双声选仄还是选平有两种方法,第二个双声的位置又有两种选法. 根据乘法原理,五言诗的不同句式一共有 $2 \times 2 = 4$ 种,它们分别是

$$\underline{平平}仄仄\underline{平} \qquad (平 A)$$
$$\underline{平平}\underline{平}仄仄 \qquad (平 B)$$
$$\underline{仄仄}\underline{平}平仄 \qquad (仄 A)$$
$$\underline{仄仄}仄平\underline{平} \qquad (仄 B)$$

句式已经确定,我们再看五言绝句整首诗的结构.

结论 2　五言绝句只有 4 种不同的模式.

因为每首诗的第一句没有什么限制,可以用平 A、平 B、仄 A、仄 B 中的任何一种,所以有 4 种选法.

但当第一句选定之后,其他三句也就随之而定. 例如,若选择"平 A"的句式开头,根据粘对公理,第二句只能用"仄 A"或"仄 B". 又根据平仄公理和韵脚公理,只能用"仄 B". 再根据粘对公理,第三句只能用"仄 A". 最后,再根据对与韵及平仄公理,第四句又只能用"平 A". 即

$$平\ A \xrightarrow{对、韵} 仄\ B \xrightarrow{粘} 仄\ A \xrightarrow{对、韵} 平\ A$$

限于篇幅,其他一些结论从略,有兴趣的读者可以自行推导.

7.2.2　2 进制与格律诗及词牌的记忆

格律诗朗朗上口,令人喜爱,但其平仄结构让人难记. 上面引进布尔矩阵可方便我们记

忆. 如果用数学的眼光看待这个布尔矩阵,发现可采用 2 进制数更方便地记忆.

例如,7.2.1 中的式 ① 视为 4 个 2 进(制) 数

$$(11001)_2 = 25, (00110)_2 = 6$$
$$(00011)_2 = 3, (11100)_2 = 28 \qquad ②$$

在记熟每句字数(主要是平声字起句)后,便可作"数学练习",把 25,6,3,28,反其途而用之,对式 ② 求逆,即可推得式 ①.

通常对词牌的记忆依靠记熟名篇来帮助. 但若再加上上述"2 进制记法"来辅助,效果可能更好. 例如"忆江南":平平仄,仄仄仄平平. 仄仄平平平仄仄,平平仄仄仄平平. 仄仄仄平平. 可记为

$$001, 11100. 1100011, 0011100. 11100 \qquad ③$$

再视式 ③ 为 5 个 2 进数,化为 10 进数,记为

$$忆江南:1, 28, 99, 28, 28 \qquad ④$$

同上所述,记熟每句字数(主要是平声字起句),再作化 10 进数为 2 进数的练习,即可从式 ④ 推得式 ③,从而记住"忆江南"的平仄结构.

如下是诗人毛泽东用过的 18 种词牌的"2 进制记法",其中 (⋯) × 2 表示该词牌为双调,前后两阕平仄相同. 又部分相同的其相同部分用 A 来表示:

十六字令:0,102,1,28.

如梦令:57,57,28,57,5,57.

浣溪沙:(102,28,28) × 2.

菩萨蛮:25,A;3,A. A = (25,28,2).

采桑子:(25,12,12,102) × 2.

卜算子:(28,25,102,25) × 2.

减字木兰花:(3,99,12,102) × 2.

忆秦娥:1,A;25,A. A = (25,1,9,9).

清平乐:3,25,99,51;12,12,51,12.

西江月:(51,12,28,51) × 2.

浪淘沙:(28,12,28,99,12) × 2.

虞美人:(25,25,28,12,12) × 2.

蝶恋花:(99,12,25,99,25) × 2.

渔家傲:(99,25,99,3,25) × 2.

满江红:12,19,57,A;1,3,3,1,19,A. A = (99,25,6,28,1).

水调歌头:25,28,A;1,1,1,4,A. A = (3,60,51,51,28,25,28).

念奴娇:3,4,49,A;20,1,25,A. A = (99,49,12,3,25,1,5).

沁园春:12,12,14,A;12,7,6,A. A = (19,3,3,12,12,3,102,1,19,12).

注 上述内容参见了吴康老师的文章《2 进制与格律诗》(中学数学研究 2007 年 11 期).

7.2.3 诗词中的修辞手法

文学作品中修辞手法运用得当,良好的艺术效果难以估量[20].

宋朝的文学家苏轼不仅文章诗词写得很好,而且书法绘画也很有造诣. 有一次,他画了一幅《百鸟归巢图》,广东一位名叫伦文叙的状元,在他的画上题了一首诗:

归来一只复一只,三四五六七八只.
凤凰何少鸟何多,吸尽人间千石食.

画题既名"百鸟归巢",而题画诗中却不见"百"字的踪影. 诗人开始好像只是在漫不经心地数数:1 只,又 1 只,3,4,5,6,7,8 只,数到第 8 只,诗人再也不耐烦了,突然感慨横生,笔锋一转,大发了一通议论.

诗人借题发挥,辛辣地讽刺了官场之中廉洁奉公、洁身自好的"凤凰"太少,而贪污腐化的"害鸟"则太多. 他们巧取豪夺,把老百姓赖以养家糊口的千石、万石粮食侵吞殆尽,使得民不聊生.

究竟苏轼的画中确有 100 只鸟,还是只有 8 只鸟呢? 原来诗人使用了数论中整数分拆的方法,把 100 分成了两个 1,三个 4,五个 6 和七个 8 之和,含而不露地落实了"百鸟图"中的"百"字

$$1 + 1 + 3 \times 4 + 5 \times 6 + 7 \times 8 = 100$$

可谓匠心独运.

整数的分拆问题,即把一个正整数按某些条件分成若干个正整数之和的问题,是数论和组合论中一个非常活跃的数学分支,它涉及广泛而艰深的数学理论. 著名的"哥德巴赫猜想"也可以看成整数分拆的问题,即把一个偶数分成两个素数之和. 整数的分拆是诗歌中常用的修辞手法.

7.2.4 寓言的寓意

数学的眼光可以帮助我们更深刻地发掘寓言的内涵,从更开阔的层面上来欣赏寓言[20].

有些寓言所要阐明的道理,必须借助数学才能较深刻地理解,才能发挥寓言的逻辑力量和艺术感染力.

有一则寓言说:一位老人在临终之前把他的 7 个儿子召集到床前,给每人一支竹筷,让他们折断,每一个儿子都很容易地把它折断了. 接着老人又将 7 支筷子合成一束交给他们,看谁能把 7 支筷子同时折断. 7 个儿子每人都试了一遍,谁也未能成功. 于是,老人语重心长地告诫儿子们说:"如果你们弟兄 7 人能团结一致,便可以克服一切困难,谁也不敢欺侮你们;如果大家互不团结,就会被外人各个击破,受到欺侮."

无独有偶,《魏书》中也有一则类似的寓言,题目叫作《阿豺命子弟折箭》:

阿豺有子二十人. ……谓曰:"汝等各奉吾一支箭,折之地下." 俄而命母弟慕利延曰:"汝取一支箭折之." 慕利延折之. 又曰:"汝取十九支箭折之." 延不能折. 阿豺曰:"汝曹知否? 单者易折,众则难摧. 戮力一心,然后社稷可保." 言讫而死.

这两则寓言都是说明一个道理:团结就是力量. 但是老人或阿豺都未必知道折断合成一束的 7 支竹筷或 19 支箭需要多大的力量,相对于折断一支来说,要费力多少倍? 只能凭感性知识粗略地认识到"单者易折,众则难摧". 其实"单者易折,众则难摧"并非绝对的真理. 一夫当关可以万夫莫开,而乌合之众则不堪一击. 折断 19 支箭所用之力是否只是折断一支箭的 19 倍呢? 如果真是这样,对于大多数人来说,还是可以把 19 支箭折断的. 但事实上,根据

力学原理和数学知识可以估算出:折断合成圆形一束的 7 根筷子所用的力是折断一根所用力的 81 倍,折断合成圆形一束的 19 支箭所用力是折断一支箭所用力的 625 倍! 这就从根本上说明了为什么"单者易折,众则难摧"的道理.

细心的读者可能已经注意到:老人有 7 个儿子,他叫儿子们同时折断 7 支竹筷. 阿豺有 20 个儿子,却不叫他们同时折断 20 支箭,而只是 19 支. 为什么要少一支呢? 原来也与数学有密切的关系. 我们前面所说的折断一束竹筷与折断一支竹筷所用之力的比. 是在假定一束竹筷成圆柱形的前提下计算出来的. 当一束筷子捆成一束时,以成圆柱形时产生的"挠度"(当外力超过挠度时竹筷就会断裂)最大. 数学上可以证明:用若干支大小相同的圆形竹筷捆成一束时,第一个最接近于圆形的是 7 支,第二个最接近于圆形的则是 19 支. 可见,古人已经在长期的生活实践中发现了这一道理.

由此可见,像这一类寓言,如果离开了数学,无论是艺术的感染力,还是事理的说服力,都要逊色得多.

7.2.5 英语数词中的字母赋值

外语里的数词,都是由字母构成的. 如果运用数学眼光透视它,会产生什么样的效果[66].

有位数学家兼语言学家,是留美前辈赵元任先生的弟子,又是常州乡亲,他突发奇想,有没有可能存在下列等式

$$O + N + E = 1$$
$$T + W + O = 2$$
$$T + H + R + E + E = 3$$

其中等式左端的那些字母,可以取某些特定的数值而能使等式成立.

按照一般人的习惯,字母都取整数值,不取分数、小数、无理数. 于是,从方程 $O + N + E = 1$ 中可以看出,某些字母是必须取负值的,另外,不同的字母理应取不同的整数值,这也是理所当然.

在 $O + N + E = 1$ 这个式子中,如果把 N,E 看成自变量,把 O 表为它们的函数,于是就有 $O = 1 - N - E$,然后再由 $NINE = 9$ 和 $TEN = 10$,推出 $I = 9 - 2N - E$,$T = 10 - N - E$,由于我们希望 $T + W + O = 2$,从而可以导出

$$W = 2 - O - T = 2 - (1 - N - E) - (10 - N - E) = -9 + 2N + 2E$$

不过,你可要小心. 若取 $E = 4$,$N = 2$ 的话,那样将会算出 T 的值也等于 4,同 E 发生了雷同,当然这是不允许的,所以,你只好另起炉灶,重新开始,对字母赋以别的数值.

这桩事情说说容易,实际做起来是极其困难的 —— 工作量大得惊人. 如果把它出成一道"奥数"题目,给中、小学生去做,那恐怕十有八九的人要"交白卷"了.

然而,仍然有着喜欢动脑筋的人间精灵在为之寻找答案,并且交出了相当满意的一份答卷. 有人研究出了以下 16 个英语字母的赋值

$E = 3$,	$F = 9$,	$G = 6$,	$H = 1$
$I = -4$,	$L = 0$,	$N = 5$,	$O = -7$
$R = -6$,	$S = -1$,	$T = 2$,	$U = 8$
$V = -3$,	$W = 7$,	$X = 11$,	$Z = 10$

这么一来,从 0 ~ 12 的 13 个英语数字都有了完全准确的等式,好比是"双保险"一样. 下面不妨随便找几个例子来验证一下

ZERO (0)
$$Z + E + R + O = 10 + 3 + (-6) + (-7) = 0$$
SEVEN (7)
$$S + E + V + E + N = (-1) + 3 + (-3) + 3 + 5 = 7$$
TWELVE (12)
$$T + W + E + L + V + E = 2 + 7 + 3 + 0 + (-3) + 3 = 12$$

这种研究还可以推广到法语和德语,而且其效果比英语还要好得多,覆盖面更广. 不过,意大利语、俄语、西班牙语等尚未取得成果,要想搞出些名堂,并不是轻而易举的.

7.3 艺术问题的数学处理

7.3.1 数学与音乐

用数学的眼光透视音乐,则可称音乐为感情的数学,数学为心智的音乐. 从艺术的角度来看,音乐可以用直觉、乐感、天赋来创作;从数学的角度来看,音乐的奥秘和规律可以从声音的波长、频率的数量关系来揭示. 在计算机和信息技术飞速发展的今天,音乐和数学的联系更加密切,在音乐理论、音乐作曲、音乐合成、电子音乐制作等方面,都少不了数学的参与.

(1) 音乐理论的研究离不开数学.

毕达哥拉斯学派曾研究过许多音乐理论,如音阶、弦长与频率的关系:对一个有同样张力的弦,要使音高八度,弦长要由 2 变成 1,音高五度,弦长要由 3 变成 2;音高四度,弦长要由 4 变成 3. 并有如表 7.1 所示的规律.

表 7.1

音阶	1	2	3	4	5	6	7	i
弦长	1	$\frac{8}{9}$	$\frac{4}{5}$	$\frac{3}{4}$	$\frac{2}{3}$	$\frac{3}{5}$	$\frac{8}{15}$	$\frac{1}{2}$
频率	1	$\frac{8}{9}$	$\frac{5}{4}$	$\frac{4}{3}$	$\frac{3}{2}$	$\frac{5}{3}$	$\frac{15}{8}$	2

例如,音乐上有所谓三和弦,即三音和声. 若三个音对应的弦长之比为调和比,或频率之比为算术(等差)比,则声音和谐,悦耳. 如 1(do)3(mi)5(so) 或 1(do)5(so)i(do),分别对应的弦长为 $1, \frac{4}{5}, \frac{2}{3}$ 或 $1, \frac{2}{3}, \frac{1}{2}$,频率为 $1, \frac{5}{4}, \frac{3}{2}$ 或 $1, \frac{3}{2}, 2$. 这其中,令 $p=1, q=\frac{2}{3}$,则调和平均数 $H = \frac{2 \times 1 \times \frac{2}{3}}{1 + \frac{2}{3}} = \frac{4}{5}$;令 $p=1, q=\frac{3}{2}$,则算术平均数 $A = \frac{1 + \frac{3}{2}}{2} = \frac{5}{4}$. 或类似地有:调和平均数 $H = \frac{2 \times 1 \times \frac{1}{2}}{1 + \frac{1}{2}} = \frac{2}{3}$,算术平均数 $A = \frac{1 + 2}{2} = \frac{3}{2}$. 弦长之比分别为

$$1:\frac{4}{5}:\frac{2}{3}=15:12:10, 1:\frac{2}{3}:\frac{1}{2}=6:4:3$$

频率之比分别为

$$1:\frac{5}{4}:\frac{3}{2}=4:5:6, 1:\frac{3}{2}:2=2:3:4$$

所以 1(do)3(mi)5(so) 或 1(do)5(so)i(do) 成为美妙的和声.

(2) 乐谱的书写离不开数学[48].

如今人们记录音乐最常用的方法是简谱和五线谱,它们都与数学有密切的联系. 简谱不正是用阿拉伯数字 1,2,3,4,5,6,7 来表示 do,re,mi,fa,sol,la,si 的吗? 难怪有人开玩笑说,学音乐要上达到 8. 为什么呢? 因为阿拉伯数字 8 在五线谱中也发挥着重要的作用,它常常在器乐谱中以 8⌐ ⌐ 或 8⌐ ⌐ 的面目出现,这就是移动八度记号. 如果 8⌐ ⌐ 标记在五线谱的上方,那么虚线内的音符要移高一个八度演奏,而 8⌐ ⌐ 标记在五线谱的下方,显然虚线内的音符要移低一个八度演奏. 另外还要下达到 0,因为在简谱中 0 表示休止符. 再看简谱和五线谱上,一般都会出现 ♩=60, ♩=96, ♩=132 这样的标记,这种标记就是用来表示音乐进行的快慢的,即音乐的速度. 比如,♩=132 就表示以四分音符为单位拍,每分钟 132 拍. 此外,在每一首乐曲的开头部分,我们总能看到一个分数,比如,$\frac{2}{4},\frac{3}{4},\frac{3}{8},\frac{6}{8}$ 等,这些分数是用来表示不同拍子的符号,即是音乐中的拍号(the Time Signature),其中分数的分子表示每小节单位拍的数目,分母表示单位拍的音符时值,即表示以几分音符为一拍. 拍号一旦确定,那么每小节内的音符就要遵循由拍号所确定的拍数,这可以通过数学中的分数加法法则来检验,比如, 和 就符合由拍号 $\frac{4}{4}$ 和 $\frac{3}{4}$ 分别所确定的拍数,因为 $\frac{1}{2}+\frac{1}{4}+\frac{1}{4}=\frac{4}{4}, \frac{1}{2}+\frac{1}{8}+\frac{1}{8}=\frac{3}{4}$;而又因为 $\frac{1}{16}+\frac{1}{2}+(\frac{1}{4}+\frac{1}{8})=\frac{15}{16}\neq\frac{4}{4}, \frac{1}{8}+\frac{1}{2}=\frac{5}{8}\neq\frac{3}{4}$,所以 和 不符合由拍号 $\frac{4}{4}$ 和 $\frac{3}{4}$ 分别所确定的拍数. 这些看似简单的要求正是音乐作曲的基础.

(3) 钢琴键盘上的数学.

看一下乐器之王——钢琴的键盘吧,其上也恰好与斐波那契数列有关,我们知道在钢琴的键盘上,从一个 C 键到下一个 C 键就是音乐中的一个八度音程(图 7.2),其中共包括 13 个键,有 8 个白键和 5 个黑键,而 5 个黑键分成 2 组,一组有 2 个黑键,一组有 3 个黑键. 2,3,5,8,13 恰好就是著名的斐波那契数列中的前几个数.

图 7.2

(4) 音乐中的等比数列.

如果说斐波那契数在钢琴键上的出现是一种巧合,那么等比数列在音乐中的出现就绝非偶然了:1,2,3,4,5,6,7,i 等音阶就是利用等比数列规定的. 再来看图 7.2,显然这个八度音程被黑键和白键分成了 12 个半音,并且我们知道下一个 C 键发出乐音的振动次数(即频率)是第一个 C 键振动次数的 2 倍,因为用 2 来分割,所以这个划分是按照等比数列而作出的. 我们容易求出分割比 x,显然 x 满足 $x^{12}=2$,解这个方程可得 x 是个无理数,大约是 1.06. 于是我们说某个半音的音高是那个音的音高的 1.06 倍,而全音的音高是那个音的音高 1.06^2 倍. 实际上,在吉他中也存在着同样的等比数列.

(5) 音乐中的数学变换.

数学中存在着平移变换,音乐中是否也存在着平移变换呢? 我们可以通过图 7.3 的两个音乐小节来寻找答案. 显然可以把第一个小节中的音符平移到第二个小节中去,就出现了音乐中的平移,这实际上就是音乐中的反复. 把图 7.3 的两个音乐移到直角坐标系中,那么就表现为图 7.4. 显然,这正是数学中的平移. 我们知道作曲者创作音乐作品的目的在于想淋漓尽致地抒发自己内心情感,可是内心情感的抒发是通过整个乐曲来表达的,并在主题处得到升华,而音乐的主题有时正是以某种形式的反复出现的. 比如,图 7.5 就是西方乐曲 When the Saints Go Marching In 的主题. 显然,这首乐曲的主题就可以看作是通过平移得到的.

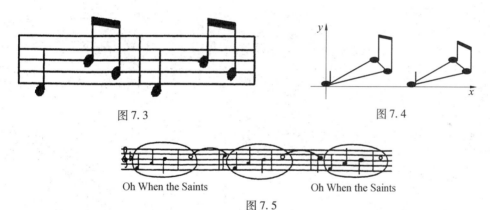

图 7.3　　　　　　　　　图 7.4

图 7.5

如果我们把五线谱中的一条适当的横线作为时间轴(横轴 x),与时间轴垂直的直线作为音高轴(纵轴 y),那么我们就在五线谱中建立了时间-音高的平面直角坐标系. 于是,图 7.5 中一系列的反复或者平移,就可以用函数,近似地表示出来,如图 7.6 所示,其中 x 是时间,y 是音高. 当然我们也可以在时间-音高的平面直角坐标系中用函数把图 7.3 中的两个音节近似地表示出来.

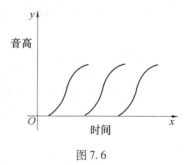

图 7.6

在这里我们需要提及 19 世纪的一位著名的数学家,他就是约瑟夫·傅里叶(Joseph Fourier),正是他的努力使人们对乐声性质的认识达到了顶峰. 他证明了所有的乐声,不管是器乐还是声乐,都可以用数学式来表达和描述,而且证明了这些数学式是简单的周期正弦函数的和.

7.3.2　数学与形体

怎样的形体是最美的呢? 公元前 500 年古希腊毕达哥拉斯学派就对此发生了兴趣. 他

们发现当长方形的宽与长之比为 0.618 时,长方形的形状最美.并由此为 0.618 起了一个珍贵的名字 —— 黄金数.而 0.618∶1,就是我们所熟知的黄金分割.

自古希腊以来,黄金比就被视为最美丽的几何学比率,而广泛地用于神殿和雕刻中,举世闻名的完美建筑 —— 古希腊巴特农神殿的大理石柱廊高恰好占整个神殿高度的 0.618.比古希腊还早 2 000 多年所建的金字塔中,黄金分割就已被采用了,文明古国埃及的金字塔,形似方锥,大小各异,但这些金字塔的高与底面的边长的比都接近于 0.618.达·芬奇(Leonardo da Vinci,1452—1519)的名画《最后的晚餐》中,犹大的形象就正处在黄金分割点上.黄金分割还出现在达·芬奇未完成的作品《圣徒杰罗姆》中,该画约作于公元 1483 年,在这幅作品中,圣徒杰罗姆的像完全位于黄金矩形内.时至今日,黄金分割依然呈现于众多的最优秀的时代建筑、艺术、设计,等等之中 —— 从埃菲尔(Eiffel)建造的巴黎铁塔到女性的裙子,事实上,即使那些华美而时髦的裙子,也同样偏爱于这一美的旋律!今天,黄金矩形正在广告和商业等方面派上用场,许多包装采用黄金矩形的形状,能够更加迎合公众的审美观点,标准的信用卡就近似一个黄金矩形.

各行各业的手工艺者及工匠,为了使自己的作品具有最大的优美及和谐,都广泛地利用了黄金分割原则.艺术家们往往使自己的画布具有最佳矩形的形式,在构图时也考虑到这一点.古代建筑师更特别使建筑物的格局建立在黄金分割的基础上,例如,图 7.7 中的殿堂的尺寸,除了 $BC = CE$,$DE = FG$ 外,我们不难发现有 $AC∶CG = 0.618$,$BC∶AB = 0.618$,及 $CD∶DE = 0.618$,等等.

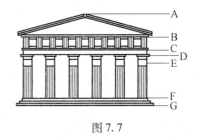

图 7.7

再看图 7.8,人体的构造多么协调相称!其中无处不贯穿了黄金分割律.

在头部,有
$$(a+b)∶(a+2b) = 0.618, b∶(a+b) = 0.618$$

在全身,取顶、颈、腰、膝、足五处为界,则有
$$A∶B = 1∶0.618, B∶C = 1∶0.618, (A+B)∶(B+C) = 1∶0.618$$

在手臂也有
$$DG∶GI = 1∶0.618, \quad GH∶HI = 1∶0.618$$
$$GF∶FD = 1∶0.618, \quad FE∶ED = 1∶0.618$$

就连大自然中的动物身体也是如此.试看图 7.9 中的马有
$$a∶b = 0.618, b∶c = 0.618,$$
$$d∶e = 0.618, c∶(d+e) = 0.618$$

具有这样身材的骏马真是看来神采奕奕,威武雄壮!

黄金分割蕴含着客观的视觉美和数学的神奇之美,这是包含数学爱好者、诗人、美术家、建筑师、健美教练、生物学家在内的许多人的共识.

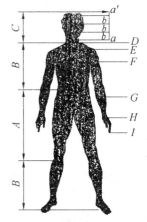

图 7.8

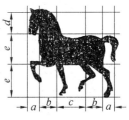

图 7.9

7.4 人生问题的数学处理

7.4.1 人生坐标系与名言

在人生的坐标系中,时间是横轴,价值是纵轴.若把人的一生逐点描在上面,我们就会发现,一些"点"处于高峰,光辉闪烁;一些"点"置于低谷,平淡无奇.如果闪烁的点密密麻麻,连成极有价值的"实线",人们就会感到自慰,我没有虚度一生;如果暗淡的点比比皆是,构成无所作为的"虚线",他们就难免惆怅叹息;如果横轴的下面还存在"负点",那将是羞耻和悔恨.

在微博中,两个数学式子火了:$1.01^{365} \approx 37.8, 0.99^{365} \approx 0.03$. 这两个式子被网友解读为:"每天进步一点点,屌丝一年变富帅;每天退步一点点,富美一年变挫矮."

"365 次方代表一年的 365 天,1 代表每一天的努力,1.01 表示每天多做 0.1,0.99 表示每天少做 0.1,你看差别太大了,365 天后,一个增长到了 37.8,一个减少到 0.03!"这条微博曾引来许多网友的围观,大家纷纷感叹:积跬步以至千里,积怠惰以至深渊.

对于这两个数学式子,还有网友举一反三:"$1.02^{365} \approx 1377.4, 0.98^{365} \approx 0.0006$. 这说明:只比你努力一点的人,其实已经甩你太远."

不少名家学者喜欢用数学语言作比来喻事论理.

成功的秘诀 大科学家爱因斯坦以"$A = X + Y + Z$"的数学公式来揭示成功的秘诀. 他说:"A 代表成功,X 代表艰苦的劳动,Y 代表正确的方法,Z 代表少说空话."

天才公式 大发明家爱迪生说:"天才 = 1% 的灵感 + 99% 的血汗."

人生分数 大文豪托尔斯泰说:"一个人好比分数,他的实际才能好比分子,而他对自己的估价好比分母,分母越大,则分数的值就越小."

大圆与小圆 古希腊哲学家芝诺对学生说:"如果用小圆代表你们所掌握的知识,用大圆代表我所掌握的知识. 那么,大圆的面积是多一点,也就是说,我的知识比你们多一些. 但两圆之外的空白,都是我们的无知面,圆越大,其圆周接触的无知面就越多."

7.4.2 人生最美好的年华

维纳堪称神童. 他 3 岁就能读书写字;7 岁学习了初等数学、解析几何、物理、化学、法语、德语和拉丁语,11 岁上了大学,14 岁毕业于因茨学院数学系,随即考入哈佛大学研究院攻读动物学,由于眼疾不久转入康乃尔大学转攻哲学,不久又回到哈佛大学,18 岁时以数理逻辑的论文获得博士学位[18].

在哈佛大学授予维纳博士学位的仪式上,群贤毕至,少长咸集,大家谈笑风生,对维纳表示祝贺. 有人看到他那一脸稚气、乳臭未干的样子,不禁对他的实际年龄发生了兴趣. 好事者便请问维纳:"今年贵庚多少?"

维纳的回答出人意料,他没有正面回答,却出了一个不太难也不太容易的数谜:

"我今年岁数的立方是一个四位数,岁数的四次方是一个六位数,这里用到的 10 个数字,恰好是 0,1,2,3,4,5,6,7,8,9 各出现一次,一个不重,一个不漏. 这意味着全体数字都向我俯首称臣,顶礼膜拜,预祝我将来在数学领域中干出一番惊天动地的事业."

维纳一言既出,语惊四座.大家都为这妙人妙语所吸引,交头接耳,议论纷纷:"维纳今年到底几岁?"这一问题立刻成为全场上压倒一切的中心议题.好在来宾之中不乏数学家,这类问题是难不倒他们的.

"一个自然数 n,当我们把 n^3 和 n^4 并排写在一起时,十个数字 0,1,2,3,4,5,6,7,8,9 恰好各出现一次,请求出所有具有这种性质的自然数 n."

要解答这个问题不算太难,但要立等可取地解决它还是需要一定的数学"灵感"和分析推理能力的.设这个自然数为 n. 现在让我们按照加大了难度的南斯拉夫试题的条件来解答这个问题.

首先,如果 n 是一位数,那么 n^3 最多是三位数,n^4 最多是四位数,n^3 与 n^4 写在一起一定用不到 10 个数目字,所以 n 不可能是一位数.如果 n 是三位数,即使是最小的 100,n^3 也是一个七位数了,n^4 更超过七位,n^3 与 n^4 写在一起一定超过 10 个数目字,也与题设的条件不合.这样就肯定了 n 必是一个两位数.

其次,既然 n 是一个两位数,n^4 比 n^3 至少要多一位.所以 n^3 不能多于四位,n^4 不能少于六位.由于 $22^3 = 10\,648$,已经是五位数,所以 n 一定小于 22;又由于 $17^4 = 83\,521$,只是一个五位数,不到六位,所以 n 一定大于 17.因此,n 只能是 18,19,20,21 这四个数中的某一个.

再次,通过实际的计算不难发现:$20^3 = 8\,000$,$19^4 = 130\,321$,$21^4 = 194\,481$,都出现数字重码现象,与题目的条件不合,应予排除.剩下的唯一有可能合乎条件的数就只有 18 了.

最后,我们来验证一下
$$18^3 = 5\,832, \quad 18^4 = 104\,976$$
的确是 10 个数目字不重不漏地出现了.

维纳今年 18 岁!

读了上面的故事之后,好学深思的读者们,除了佩服维纳的过人才智之外,也可能会开动脑筋,能不能把自己的年龄也编出一个有趣的数谜呢?当你尝试几次以后,就会发现这并不那么容易.唯有这个 18 似乎得天独厚.假如我能再有一个 18 岁,那该多好啊!当亲友们向我祝贺"生日快乐"的时候,我也会给大家另一个数谜:

"我今年的岁数,分别乘以 1,2,3,4,5 后,把 5 个乘积依次排列起来,恰好出现 0,1,2,3,4,5,6,7,8,9 这 10 个数目字,一个不重,一个不漏.这意味着全体数字都向我靠拢,向我祝贺,预祝我在数学领域里作出贡献!"

你当然不难猜出这个年龄数是 18,但如果你事先并未读过上文所讲的故事,能用你的数学知识和逻辑分析能力推算出来吗?

不妨设这个年龄数是 n.

若 n 是一个一位数,则 $1 \cdot n$ 是一位数,$5 \cdot n$ 最多是两位数,因而在 $1 \cdot n, 2 \cdot n, 3 \cdot n, 4 \cdot n, 5 \cdot n$ 中最多只出现 9 个数目字,不合题目的条件,所以 n 不可能是一位数.n 也明显不能是三位数,所以 n 是一个两位数,$10 \leq n \leq 99$.

若 $n \geq 20$,则因 $5 \times 20 = 100$,已经是三位了,从而在 $1 \cdot n, 2 \cdot n, 3 \cdot n, 4 \cdot n, 5 \cdot n$ 这 5 个乘积中至少要出现 11 个数字,也不合条件,所以 n 一定小于 20.

若 $n \leq 17$,则因 $5 \times 17 = 85 < 90$,所以 $1 \cdot n, 2 \cdot n, 3 \cdot n, 4 \cdot n, 5 \cdot n$ 这五个乘积中,每一个都小于 90,因而十位上的数目字都不能出现 9.那么,9 必须在个位数字出现.而在 10 ~ 17 这些两位数中,只有 3×13 的个位数字才可能是 9.因此,n 只能是 13,18,19 这三个

数中的某一个.

通过计算不难发现:

$1 \times 13 = 13, 2 \times 13 = 26, 3 \times 13 = 39$,数字 3 出现重复,所以 13 不合条件;

$1 \times 19 = 19, 2 \times 19 = 38, 3 \times 19 = 57, 4 \times 19 = 76$,数字 7 出现重复,因而 19 也不合条件.

剩下唯一有可能合乎条件的数就只有 18 了. 实际计算得

$$1 \times 18 = 18, 2 \times 18 = 36, 3 \times 18 = 54, 4 \times 18 = 72, 5 \times 18 = 90$$

排成一串得

1, 8, 3, 6, 5, 4, 7, 2, 9, 0

恰好 10 个数目字一齐出现,一个不重,一个不漏,18 的确是符合条件的.

生命是宝贵的,生命属于我们只有一次. 而人的一生中最宝贵的又是 18 岁,对于这个金色年华,多少名言哲理为之祝福,多少文艺作品为之讴歌. 但是以高度的抽象性和严密的逻辑性为其主要特征的数学,对于 18 这个数字,还能作一些什么样的联想呢?

读者大概注意到了,后面的这个数谜所得到的 10 个数目字的排列顺序,比起维纳的数谜所得到的 10 个数目字的排列顺序来说,似乎更为整齐,更有规律.

按维纳的数谜所得 10 个数目字的排列是

5, 8, 3, 2, 1, 0, 4, 9, 7, 6

它们的排列顺序有点杂乱无章,显得毫无规律.

从后面这个数谜所得到的 10 个数目字的排列是

1, 8, 3, 6, 5, 4, 7, 2, 9, 0

它的排列顺序是很有规律的:

排在奇数位的都是奇数,而且依次由小变大:1,3,5,7,9.

排在偶数位的都是偶数,而且依次由大变小:8,6,4,2,0.

我国古代哲学认为奇数代表"阳",偶数代表"阴". 阳,指阳刚之气,泛指一种积极进取,奋发向上的精神;阴,指阴柔之气,泛指一种消极保守,柔弱内向的精神. 人到了 18 岁,血气方刚,风华正茂,上面的数列好像正反映了这种"阳长阴消"的过程,阳刚之气从 1 到 9,逐渐上升而登峰造极;阴柔之气则从 8 到 0,逐渐下降而销声匿迹了.

多么奇妙的 18 啊!

7.4.3 人生"算术"

人生要会算四笔账,是否会算,其结果大相径庭[84].

(1) 时间账.

时间是成功人生最宝贵的财富.

古人在地上立竹竿,通过观察日影来计算时间."光阴"本指"日光的影子",它移动一寸就是"一寸光阴",历来有"不贵尺璧而重寸阴","大禹惜寸阴,陶侃惜分阴"之说,明人唐伯虎《七十词》曰:"人生七十古稀,我今七十为奇,前十年幼小,后十年衰老;中间只有五十年,一半又在夜里过了,算来只有二十五年在世,受尽多少奔波烦恼!"到七十岁时才"算账",为时已晚;停留在人生短促、命运坎坷、事业无成的慨叹上,格调不高,但其"惜时"之鉴不无可取之处.

左算右算,算得最细的是美国人,他们有两种算法,一是以 60 年计,共 21 900 天,其中睡眠 20 年，吃饭 6 年，穿衣梳洗 5 年，路途（含旅行）5 年，娱乐 8 年，生病 3 年，打电话 1 年，照镜子 70 天，擤鼻涕 10 天……；第二种是取耗时的平均值：看电视、上网等 13 年，内容六成为凶杀、色情等乱七八糟的东西，排队 1.5 年，因交通堵塞浪费时间 2.4 年，打电话聊天浪费 1 年，因对方无人接电话而空耗 0.5 年，赌博 1.8 年，参加竞选、投票、游行 3 年，找东西 1 年，看五花八门的广告 2 年，拆看邮寄广告 0.8 年，打官司 3 年，家庭争吵 1.2 年，总计无谓消费时间达 30 余年之久（每天以有效时间 8 小时计）．真是"不算不知道，一算吓一跳！"不管哪种算法，均告诫人们惜时如金，不要虚掷光阴．

雷巴柯夫强调说："时间是一个常数，但对勤奋者来说又是个变数，用'分'来计算时间的人比用'时'来计算时间的人，时间多 59 倍."诺贝尔经济学获得主西蒙算了这样一笔账：每一门学问约含 5 万余条信息，按 1 分至 1 分半钟记忆一条信息，每周学习 40 小时计，一个有一定基础的人可以在 6 个月内掌握任何一门学问．这一算使我们在攀登时心中有"数"，顿生"会当凌绝顶，一览众山小"之气概！

最会算时间账并付诸行动的有两个典型，一是宋代诗人陆游，他规定自己"日课诗一首"，铁板钉钉，雷打不动，坚持下来，一生写了一万多首诗；还有一个是日本软件银行总裁孙正义，他在美国留学时规定自己"每天一项发明"，其方法很特别：每天从词典中任选 3 个词，组合一个"新东西"，他发明的"可以发声的多国语言翻译机"以 1 亿日元卖给日本夏普公司，孙正义说"每天一项发明"是他成功的"秘诀"．看来成功属于会算又会做的人．

(2) 幸福账．

幸福是理想人生的向往．

历来有"事能知足心常乐，人到无求品自高"的联语，睿智者将其演绎为一道算式：幸福程度 = 目标实现值 ÷ 目标期望值．显然，目标期望值越高．幸福程度越低；目标期望值越低，幸福程度越高，幸福是一种感觉，不管你的拥有是多是少，你感觉幸福就是幸福．

人生之旅难免挫折，这又需要另外的"算式"．林语堂先生认为："现实 - 梦想 = 禽兽；现实 + 梦想 = 心痛；现实 + 梦想 + 幽默 = 智慧."其意思是，人若仅满足于今天的享受而无明天的梦想，则与动物无异；若是梦想做一件事（如生意）结果遇到挫折而失败（如破产），当然心痛；在现实的支持下，用幽默感把梦想调和起来，才是真正的智慧，例如，在现实与梦想发生冲突时，如果幽他一默，便会少去许多烦恼．

还有一种"算"法也颇耐人寻味：健康是"1"，名誉、金钱、地位、知识、爱情、友情等都是"1"后排列的"0"，有了"1"，这个数就很大；没有"1"（即失去了健康），后面的名誉、金钱等再多也是"0"，有人进一步计算："健康长寿 =（情绪稳定 + 合理营养 + 生活规律）÷（懒惰 + 酒 + 烟）."分母越大，分数的值越小，怎能不细细算计？

(3) 事业账．

事业是无悔人生的追求．

诗人说，青年是艺术的，一件一件地创作；中年是工程的，一座一座地建筑；老年是历史的，一页一页地翻阅．青年时不"创作"，中年时不"建筑"，人生史册空空如也，到老年"翻阅"时，定悔之莫及，获得国际中学生奥林匹克化学竞赛金牌的汪深的"创作"公式是

（刻苦学习 + 适当娱乐）× 不断进取 + 不论成功与失败 = 无悔的人生

这道"子公式"是根据如下两道"母公式"列出的：

① 成功 = 艰苦努力 + 正确方法 + 少说空话（爱因斯坦）；

② 天才 = 1% 的灵感 + 99% 的血汗(爱迪生).

常常有这样的情况,同一所学校的学生在校时差别不是很大,可是毕业后,10 年、20 年下来就天差地别了,其原因何在? 一教授列出"10 - 9 = ?"这个算式并作讲解,令人茅塞顿开.

他以打保龄球为喻,每局 10 个球,每一个球甲得 10 分乙得 9 分,其差距绝不是"1",因为得 10 分的要加下一个球的得分;如果下一个球又得了 10 分,总共是 20 分;如果每个球都打 10 分,一局总共是 300 分. 这也许太难,但高手得 270,280 分的常有. 如果像乙那样每个球都少 1 分,一局最多只能得 90 分,10 与 9 的差距就变成了 270,280 与 90 的差距. 在校时两个人是 10 分与 9 分之差,毕业后甲依然 10 分 10 分地干,乙依然 9 分 9 分地干,时间一长,岂不是与上述打保龄球的结局一样?

(4) 德行账.

德行是完善人生之品位.

冰心说:"一个人应该像一朵花,花有色、香、味,人有才、情、趣,三者不可缺一." 与此"花"论相映成趣的是丰子恺的"鼎"论:"圆满的人格像一个鼎,真、善、美好比鼎之三足. 对一个人而言,美在皮肉,善在经脉,真是骨骼,三者支撑起一个大写的人." "花"论明示人生的三个要素,"鼎"论阐述人生的三个支柱,均切中肯綮;至于关于女性的"明细账",个中韵味,亦颇耐人细品.

婚姻是永恒的主题,也应恰当地"核算". 有人说,婚姻不是"1 + 1 = 2",而是"0.5 + 0.5 = 1",这一算法是颇具匠心的:两个"1"的简单相加,显然不及两个"半球"合为"一"体,这是家庭美德方面. 个人品德方面也应会"算",例如,一个人对自己应有正确的估计,托尔斯泰的"算式"是:"一个人的价值 = 实际才能 ÷ 自我估计." 自我估计越高,实际价值越低,不言而喻.

最后让我们引用乔羽的《算盘歌》做结语:"下面的当一,上面的当五,一盘小小算珠,把世界算得清清楚楚,哪家贪赃枉法,哪家洁白清苦,俺叫你心中有个数,三下五去二,二一添作五,天有几多风云,人有几多祸福,君知否——这世界缺不了加减乘除." 是的,不管你是否愿意,人生"算术"总是"缺不了"的,让我们提前预算,并不时"掐指一算",迎接人生辉煌的"决算".

思 考 题

1. 对于斐波那契数有一系列的公式,如
$$F_n F_{n+k} - F_{n+1} F_{n+k-1} = (-1)^{n+1} F_{k-1}, n \in \mathbf{N}^*, k \geqslant 2$$
$$F_{n-1} F_n + F_n F_{n+1} = F_{2n}, n \in \mathbf{N}^*$$
$$F_{n+1} F_{n+2} - F_{n-1} F_n = F_{2n+1}, n \in \mathbf{N}^*$$
你能否也写出(猜测)类似于这样含"+"或"-"的公式.

2. 欧几里得几何是推理的典范,其特点是:以简驭繁,以少胜多. 这本书成为后来模仿的样板,你能否举出一些典型的例子.

3. 寓言是一种重要的文学形式,你能找得出它与数学的一些密切关系吗?

4. 每星期为 7 天,你能否找出一系列与数字"7"有关联的现象?

5. 求证:若四边形 ABCD 内接于二次曲线,直线 AB 与 CD, AD 与 BC 的交点分别为 M, N,

过点 A,C 的切线交点为 L,则 M,N,L 三点共线.(巴斯卡定理的特例)

思考题参考解答

1. 我们分析如下等式

$$1^2 + 1^2 = 2 \quad (F_1^2 + F_2^2 = F_3)$$
$$1^2 + 2^2 = 5 \quad (F_2^2 + F_3^2 = F_5)$$
$$2^2 + 3^2 = 13 \quad (F_3^2 + F_4^2 = F_7)$$
$$3^2 + 5^2 = 34 \quad (F_4^2 + F_5^2 = F_9)$$
$$\vdots$$
$$2^2 - 1^2 = 3 \quad (F_3^2 - F_1^2 = F_4)$$
$$3^2 - 1^2 = 8 \quad (F_4^2 - F_2^2 = F_6)$$
$$5^2 - 2^2 = 21 \quad (F_5^2 - F_3^2 = F_8)$$
$$8^2 - 3^2 = 55 \quad (F_6^2 - F_4^2 = F_{10})$$
$$\vdots$$

于是我们猜测有如下"平方和(差)"公式

$$F_n^2 + F_{n+1}^2 = F_{2n+1} \quad ①$$
$$F_{n+2}^2 - F_n^2 = F_{2n+2} \quad ②$$

其中式①②中 n 是任意正整数.

我们又改变被平方的两项斐波那契数的间隔,我们进一步分析如下式子

$$1^2 + 3^2 = 2 \times 5 \quad (F_1^2 + F_4^2 = F_3 F_5)$$
$$1^2 + 5^2 = 2 \times 13 \quad (F_2^2 + F_5^2 = F_3 F_7)$$
$$2^2 + 8^2 = 2 \times 34 \quad (F_3^2 + F_6^2 = F_3 F_9)$$
$$3^2 + 13^2 = 2 \times 89 \quad (F_4^2 + F_7^2 = F_3 F_{11})$$
$$\vdots$$
$$5^2 - 1^2 = 3 \times 8 \quad (F_5^2 - F_1^2 = F_4 F_6)$$
$$8^2 - 1^2 = 3 \times 21 \quad (F_6^2 - F_2^2 = F_4 F_8)$$
$$13^2 - 2^2 = 3 \times 55 \quad (F_7^2 - F_3^2 = F_4 F_{10})$$
$$21^2 - 3^2 = 3 \times 144 \quad (F_8^2 - F_4^2 = F_4 F_{12})$$
$$\vdots$$

同样我们猜测有如下"平方和(差)"公式

$$F_n^2 + F_{n+3}^2 = F_3 F_{2n+3} \quad ③$$
$$F_{n+4}^2 - F_n^2 = F_4 F_{2n+4} \quad ④$$

其中式③④中 n 是任意正整数.

由上述各式还可得到

$$F_n^2 + F_{n+1}^2 = F_1 F_{2n+1} \quad ⑤$$
$$F_{n+2}^2 - F_n^2 = F_2 F_{2n+2} \quad ⑥$$
$$F_n^2 + F_{n+2k-1}^2 = F_{2k-1} F_{2n+2k-1} \quad ⑦$$

$$F_{n+2k}^2 - F_n^2 = F_{2k}F_{2n+2k} \qquad ⑧$$

其中 n,k 是任意正整数.

2. 阿基米德不是通过用重物做实验,而是按欧几里得的方式,从"相等的重物在离支点相等距离处处于平衡"这一公设出发证明了杠杆定律.

牛顿称著名的三定律为"公理或运动定律". 从三定律和万有引力定律出发,建立了他的力学体系. 他的"自然哲学的数学原理"具有欧几里得式的结构.

世界上第一个为人口学建立科学理论的是英国的马尔萨斯(Malthus,1766—1834). 他的理论对世界各国的人口政策产生了重大影响. 马尔萨斯的《人口论》在方法上是地地道道欧几里得式的,他从公理出发研究了人口发展的规律,在该书的开篇,他写道:我认为可以提出两个假设.(照例论证以公理作为出发点)第一,食物是人类生存所必需的;第二,性爱也是人类生存所必需的,并且它将保持现存的状况 ⋯⋯

他接着从对人口增长和食品供求增长的分析中建立了他的数学模型. 这个模型简捷,有说服力,对各国的人口政策有巨大影响.

令人惊奇的是,欧几里得的模型还推广到了政治学. 美国的"独立宣言"是一个著名的例子. 独立宣言是为了证明反抗大英帝国的完全合理性而撰写的. 美国第三任总统杰斐逊(1743—1826)是这个宣言的主要起草人. 他试图借助欧几里得的模型使人们对宣言的公正性和合理性深信不疑."我们认为这些真理是不证自明的⋯"不仅所有的直角都相等,而且"所有的人生来都平等". 这些自明的真理包括,如果任何一届政府不服从这些先决条件,那么"人民就有权更换或废除它". 宣言主要部分的开头讲,英国国王乔治的政府没有满足上述条件."因此,⋯⋯ 我们宣布,这些联合起来的殖民地是,而且按正当权利应该是,自由的和独立的国家." 我们顺便指出,杰斐逊爱好文学、数学、自然科学和建筑艺术.

相对论的诞生是另一个光辉的例子. 相对论的公理只有两条:① 相对性原理,任何自然定律对于一切直线运动的观测系统都有相同的形式;② 光速不变原理,对于一切惯性系,光在真空中都以确定的速度传播. 爱因斯坦就是在这两条公理的基础上建立了他的相对论.

3. 寓言可以说是一种幽默化了的常识,数学也可以说是系统化了的常识. 因此,它们可以以"常识"为纽带联系起来.

第一,寓言从普通的常识出发,用最简洁的语言,借助逻辑力量,或阐明事物的深刻哲理,或讽刺社会的常见弊病. 由于篇幅很小,不能不把一些道理省略,须通过逻辑推理,而且常常还须发挥多元思维或逆向思维去发掘、去理解. 这些正是数学的基本特征. 这就使寓言的表达与数学的方法存在着相似之处.

第二,寓言的内容常常涉及自然与生活中的某些规律,涉及哲学与逻辑的某些原理. 而这些规律、原理的表述,又往往依赖于数学的公式、定理或模型. 换言之,不少寓言可以说是某些规律、原理的具体化、形象化. 数学模型则是这些规律、原理的抽象化、逻辑化. 因此,这就使寓言的具体形象与数学的抽象模型存在着相通之处.

第三,数学是研究空间形式和数量关系的科学,现代数学则研究抽象的关系. 这些关系无所不在,在寓言中亦不例外. 有人说,一篇寓言,可以从各方面去发掘其思想内涵,有了数学的参与,可以从更开阔的层面上去发掘寓言的内涵,有的甚至还非这样不可,这就使得寓言的艺术魅力和讽喻效应与数学的内容存在着依存之处.

第四,有些寓言涉及一些特殊的概念和关系,这些概念或关系模糊不清,还有待明确和精确化. 这些概念和关系一方面恰恰是寓言家取材的矿点,另一方面又是数学家研究的对象,把概念精确化,把说不清楚的概念说清楚,正是数学的基本工作和看家本领. 这就使得寓言在取材范围、逻辑基础上与数学的研究对象存在着交叉之处.

因此,寓言与数学有相似、相通、相依、交叉的密切关系[20].

4. "7"大量地存在于我们周围.

"7"在人类文化中也屡屡现身. 古代巴比伦的占星家发明了以7天为周期的"星期记日方法". 底格里斯河和幼发拉底河流域的苏美尔人和巴比伦人在古石器时代创作的大量艺术品,都是按七个因素分组. 苏美尔人在5 000年之久的文字记载中,常常提到七大仙、七大行星、七种风、七层浮屠和七日大洪水等概念。"7"在西方宗教中也有七大美德、七宗罪、七重天、七大善事等. 人们还用七个音阶创造了美妙的音乐,以及"七言绝句"和"七言律诗"的诗体形式.

"$\frac{1}{7}$"的具体数值是 0.142 857 142 857… 是个以 142 857 为循环节的无限循环小数. 无限循环小数很多,但 142 857 六位数本身,确实有异乎寻常的地方.

首先它与"9"这个最大自然数有不解之缘:$142\ 857 \times 7 = 999\ 999$. 如果把 142 857 分解成 142 和 857,得出 $142 + 857 = 999$;分解成三组数字,得出 $14 + 28 + 57 = 99$;把这六个数分开再相加,就得出 $1 + 4 + 2 + 8 + 5 + 7 = 27$,而 $2 + 7 = 9$. 这种现象能简单说一句"纯粹的数字游戏",就一笑而过了吗?

更迷人的是,142 857 本身就是个"小迷宫":将它乘以 3 所得的结果相当于把它的最高位放到了最低位,即变成 428 571;该数乘以 2 的结果相当于把 428 571 的最高位放到了最低位;该数字乘以 6 的结果又相当于把 285 714 的最高位放到了最低位;再把该数乘以 4,乘以 5,… 如此排列,等于是把 142 857 从头到尾排列了一遍,但这个数从 1 到 6 的倍数,始终没有出 142 857 这六个数的"小迷宫". 而把 142 857 乘以 142 857,它的结果还在 142 857 的"小圈子"里转:$142\ 857 \times 142\ 857 = 20\ 408\ 122\ 449$,把 20 408 122 449 分解为 20 408 和 122 449,这两个数之和为 142 857. 有人说古巴比伦人把 7 天定为一个星期. 也是受这个"小迷宫"的启发而形成.

$1 \div 7 = 0.142\ 857\ 142\ 857\ 142\ 857\ 142\ 857\cdots$(循环节是 142 857);

$2 \div 7 = 0.285\ 714\ 285\ 714\ 285\ 714\ 285\ 714\cdots$(循环节是 285 714);

$3 \div 7 = 0.428\ 571\ 428\ 571\ 428\ 571\ 428\ 571\cdots$(循环节是 428 571);

$4 \div 7 = 0.571\ 428\ 571\ 428\ 571\ 428\ 571\ 428\cdots$(循环节是 571 428);

$5 \div 7 = 0.714\ 285\ 714\ 285\ 714\ 285\ 714\ 285\cdots$(循环节是 714 285);

$6 \div 7 = 0.857\ 142\ 857\ 142\ 857\ 142\ 857\ 142\cdots$(循环节是 857 142);

也就是说从星期一到星期六 142 857 中的 6 个数分别以不同的"形象"出现并轮流值班,星期天是 $7 \div 7 = 1$,于是,"大家"休息.

人们把日常生活的必需品概括为"开门七件事"——柴米油盐酱醋茶,把人的情感概括为"七情"——喜怒忧思悲恐惊. 人们还发现,感情、婚姻、生活、工作等,到第七个年头就会出现一些问题,被称为"七年之痒". 此外,我国非常擅长生意经的温州人喜欢 7 甚至超过 8,他们信奉"七上八下",7 代表"七翘". 许多美国人对 777 也感兴趣,原因是大多数赌场老虎机里的 777 组合是个好数字,而且还与牌桌上的 21 点有关.

人的身体上有"七窍";7岁以后,人的大脑发育就减慢了,智力空间很难再进一步拓展;人如果7天不吃饭,生命就会迅速衰竭.

在经济生活中,股票和期货等金融市场价格,常常会出现与"7"周期有关的变局. 世界著名金融分析预测大师江恩认为,"7"是个重要时间循环周期,可以预测股票和期货的市场价格走势 —— 在其价格达到最低或最高点时,7天或7周后可能会发生反向转折,而7年更是一个大的转折循环周期.

5. 如图7.10,联结AC,BD,设E为AC,BD交点,由2.7中引理2可知:直线MN即为点E关于二次曲线的极线. 又由AL,CL切二次曲线于A,C,则AC为点L关于二次曲线的极线. 因E在AC上,则由极线的性质可知:点L在点E关于二次曲线的极线上,即点L在直线MN上,故M,N,L共线.

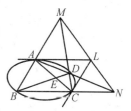

图 7.10

第八章 奇异的眼光

自然界总是让人大吃一惊,当我们仔细观看自然界的各个角落,便会得出这样的结论:自然界似乎懂得数学.

广袤浩瀚的大自然中,蕴藏着不少未知数,有待于人们进一步去揭开它的种种面纱,探索与人类活动相关的联系,获取有益的启示,谋求社会的发展. 数学产生于大自然,发展于人类的实践之中. 无限生机的大自然与数学结下了不解之缘. 整个数学大体上是围绕数与形这两个概念的提炼、演变与发展而进展着. 然而数与形的概念的起源却离不开自然界为我们提供的材料. 原始人采用"结绳计数",就是把猎获物等现实物体集合与绳子结集合进行比较. 世界各民族中多习惯地采用十进制计数法,这与最初用 10 个手指计数有密切关系. 为了记下某个数,要求有记数的符号,抽象的自然数概念便由此产生. 与此同时,作为对象群体实际运算的抽象反映,产生了运算,产生了运算法则. 形的概念也起源于自然界提供的材料和经验,早在人类出现以前,自然界的物体就以各种形状存在着. 人类出现之后,正是在采集果实、制造工具、种植植物等活动中,对各种物体形状加以比较,区分出直曲方圆,才逐渐形成了形的概念,人类将自然界不断提供的空间形式的材料经过抽象,建立起一系列反映客观世界规律性的定义、定理和公理体系.

8.1 自然现象中的惊奇

8.1.1 植物中的数学撷趣

(1) 红木树、古柏与数学.

那高高的海岸红木树,那苍劲的参天古柏,都是地球上最古老的活在世上的东西. 在它上面我们能够发现一些诸如同心圆、同心圆柱、平行线、概率、螺线以及比等数学概念.

在森林公园陈列室中的古代树的横断面样品中,沿着断面上的同心环,有着许多历史资料的记录. 在这些记录中,有基督的生日、秦始皇统一中国、哥伦布发现新大陆等年份的标记.

一棵树的水平断面显示出同心圆的形式,正常每年生成一个圆环,环的宽度则依赖于气候的变化,干旱的季节所生的环窄些. 除了用这些环确定树的大致年龄外,这些环还揭示了影响它生长的气候和自然现象的信息. 科学家们能够用这些环来证实诸如干旱、火灾、洪水和饥荒等假说.

当观察树的整段长度时,这些同心圆表现为圆心圆柱. 这些圆环的纵断面是一系列平行线,靠中心的平行线是树的心材,接下来是白木质的平行线,它为树木上下输送养料,随着树的生长,白木质圆柱层逐渐变为树的心材. 在树皮与白木质之间有一个单细胞的圆柱层,称为形成层,新的细胞正是由形成层制造并变为树皮和白木质.

不同树种之间种子的大小和数量有着很大的差异,例如,七叶树的种子每 1 kg 只有 30

个,而相比之下红木树种子每 1 kg 却多达 13 000 个. 红木树的毯果长度在 $\frac{3}{2}\sim 3$ cm 之间,其中带有 80~130 个种子. 这些种子能够在 15 年之内发芽、生长. 事实上,一棵巨大的红木树或古柏每年产生几百万颗种子,通过种子的数量对种子的发芽率予以补偿. 在逆境下,许许多多小小的种子会增加树木萌芽的机会,而种子发芽后说不定几千个中也只有一株有望长成大树.

看一看红木树的树皮,人们注意到在它的生长图案中有一些轻微的旋动. 这是一个在增大的螺线,它是由于地球的自转以及稠密森林中微弱阳光对红木树生长方式的影响造成的.

另外,还有一个令人惊异的根系支撑着这些高大挺拔的巨树. 这些根系主要由浅根(1~2 km 深)构成,支撑巨大红木树的是通过侧向向外的支根. 根系与树高的比通常在 $\frac{1}{3}\sim\frac{2}{3}$ 之间.

(2) 园子里的植物.

如果你家的庭园栽种了许多花卉、作物,那么在你的园子里将绽开着许多数学之花.

当你每天早晨起来,迎接你的不仅有日出,而且还有庭园里的植物. 在植物根部深处有分形和网络,在植物上部有枝干和叶子中斐波那契数正凝视着你. 此时,如果你又去清理羊齿植物并去掉死的复叶,等角螺线正迎接着你,那构造类似于分形的羊齿叶向你点头致意. 紧挨着羊齿植物的爬上篱笆的忍冬,绞缠着豌豆也向你伸出双手来,忍冬的左手系螺旋绞缠着豌豆的右手系螺旋,使你小心翼翼,生怕会损伤它们嫩嫩的手指头. 如果你又去除棕榈树下的杂草,棕榈的枝在微风中晃动,而渐近线正投入你的怀抱.

整个园子多好啊! 生机勃勃,欣欣向荣!

8.1.2 自然界中的数学模式

自然界中的动、植物,运用数学眼光去察看时,其形态也呈现出了大量的数学模式.

(1) 动、植物形态的曲线模式.

例如,有一种草,它的学名叫酢浆草,通常称为红三叶. 多年生草本,小叶三片,呈倒心脏形,昼开夜合,全草有清热毒作用(图 8.1). 你能想象它的形状和方程 $\rho = 4(1 + \cos 3\theta + \sin^2 3\theta)$ 有着密切联系吗? 事实上,按上述极坐标方程作出的曲线,竟和酢浆草叶片吻合得天衣无缝(图 8.2).

又例如,有一种水生植物,睡莲,又名子午莲,是多年生水生草本植物. 它的叶片浮于水面,花一般为白色,在午后开放,人们很喜欢观赏(图 8.3),你看它的叶片和"卵状曲线"又是多么相像! 这个曲线的方程是一个复杂的六次方程

$$(x^2 + y^2)^3 - 2ax^3(x^2 + y^2) + (a^2 - r^2)x^4 = 0$$

曲线的画法如下:在直角坐标横轴上取点 $(a,0)$,并以此为圆心,以 $r(r<a)$ 为半径作圆,原点 O 位于圆外,取圆上任意一点 P,联结 OP,再在横轴上作点 P 的投影点 Q,且由点 Q 作 OP 的垂线,其垂足 P_1 的轨迹就是卵状曲线(图 8.4).

   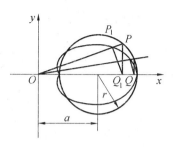

图 8.1　酢浆草实物图　　图 8.2　酢浆草叶片图　　图 8.3　睡莲实物图　　图 8.4　卵状曲线

早在古希腊时期,人们就已发现了曲线和叶片形状之间惊人的一致.但直到 17 世纪,笛卡儿在《几何》一书中提出了坐标方法以后,人们对形形色色曲线进行研究的兴趣才大大增加.也正是坐标法才解决了方程和曲线间的对应问题,同时为建立微积分作了准备.此外,17 世纪至 18 世纪,力学、天文学、测量学、光学提出的无数研究课题,又促进了数学家们对曲线的进一步研究.

笛卡儿本人就采用坐标方法研究了叫"叶状线"的曲线,它的方程是 $x^3 + y^3 - 3axy = 0$(图 8.5),参数方程可写成 $x = \dfrac{3at}{1+t^3}$,$y = \dfrac{3at^2}{1+t^3}$.有的书中干脆称之为"笛卡儿叶线".

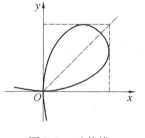

图 8.5　叶状线

18 世纪的意大利几何学家格兰基设想用方程来表示花朵的外部轮廓,他把所提出的曲线族统称为"玫瑰线",尽管这些曲线看上去和玫瑰花相差甚远.其统一形式为 $\rho = a\sin k\theta$.a 和 k 都是正常数,给 k 以不同的值,就能使"玫瑰花"出现任意数量的花瓣,而 a 的值能确定花瓣的长度.图 8.6 画出了"四叶玫瑰线"等三种曲线.

德国数学家哈贝里特也对花瓣和叶子的形状进行了仔细的研究,并将研究成果发表在《叶子形状的分析》一书中(1896 年出版).在这本书中,他列举了一系列的方程,以极好的逼近程度模拟了枫叶、柳叶等植物叶片的形状.图 8.4

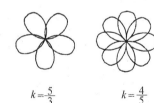

$k=2$　　$k=\dfrac{5}{3}$　　$k=\dfrac{4}{5}$

图 8.6　玫瑰线

中的睡莲方程也是他提出的.另外,他还提出了酸模叶的方程是
$$\rho = 4(1 + \cos 3\theta - \sin^3 3\theta)$$
常青藤叶的方程为
$$\rho = 3(1 + \cos^2\theta) + 2\cos\theta - 2\sin^2 3\theta + \frac{1}{2}\cos^4\theta$$
蔓叶线的方程为 $y = \dfrac{x^3}{2a-x}$.

大自然不仅创造了一些简单的图形,而且还创造了一些种类复杂的数学设计图样,这其中就包括各种螺旋线.

例如,向日葵种子的排列方式,就是一种典型的螺旋线.种子是按特殊的对数螺线的弧线排列的(图 8.7). 在极坐标中,它的方程是 $\rho = e^{4\theta}$. 向日葵花盘有两组螺旋线,一组顺时针方向盘绕,另一组则逆时针方向盘绕,并且彼此镶嵌. 向日葵花盘种子螺线,在流体技术中已得到了很好的应用. 使输送水流给水轮机的导管具有对数螺线的形状时,水在导管里流动方向改变时耗损的能量较小.

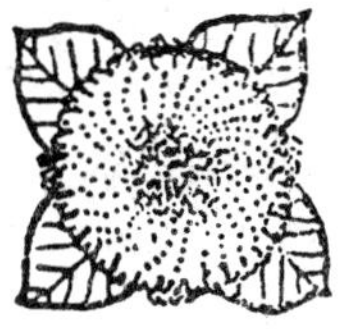

图 8.7

除向日葵外,常见的菠萝表面的钻石模样,是以螺旋状排列的(图 8.8),斜向左下方有 8 列,斜向右下方的则有 13 列. 其他还有如松树皮多为鳞片状,它们也以螺旋状排列,其中有的鳞片向右或向左排出 5 列,反方向则有 8 列;有的鳞片的螺旋状是 3 列和 5 列;还有的鳞片的螺旋状是 8 列和 13 列. 向日葵种子排列成左 34 支,右 55 支的螺旋状.

图 8.8

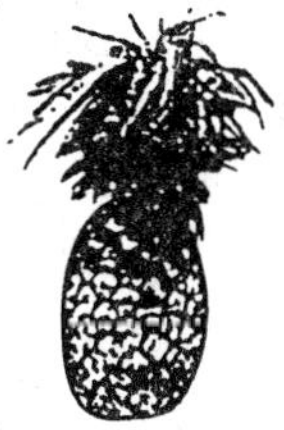

又例如,鹦鹉螺壳便是一种等角螺线,也叫对数螺线. 这可从鹦鹉螺壳的剖面图得知. 从图上可以看到一个个间隔,显然在任何给定时刻只有最外面的间隔才是这动物的家. 而这些小房间的间隔所形成的射线与螺壳的外边缘总是交成定角. 另外,从象的牙齿、野山羊的角、甚至金丝雀的脚爪里也可以看到对数螺线. 在植物中延命菊花心的小花、松果的鳞片等都呈现出近似于完善的两族螺旋线,且转向相反. 其中延命菊花的小花的比为 21∶34,松果鳞片两旋螺线数的比为 5∶8.

(2) 动物的生命周期模式.

更值得惊奇的是有些小动物的生命周期也有着美妙的数学模式.

在北部非洲有一种蝉称为"17 年蝉",就像它的名字一样,以 17 年为一生命周期. 还有以 13 年或 7 年为生命周期的蝉. 在韩国非常多见的大褐蝉的生命周期是 5 年. 从这些蝉的生命周期数 5,7,13,17 中可以发现这样一个共同点 —— 它们都是"素数".

对此有一种解释,蝉为了躲避天敌而慢慢适应了这种素数周期的结果. 因为周期是素数,蝉卵成为成虫后,从地下出来时遇到天敌的概率最小.

比如,我们假设蝉的生命周期为 6 年,那么蝉与生命周期为 2 年或 3 年的天敌每 6 年会遇见一次,与生命周期为 4 年的天敌则每 12 年遇见一次. 若蝉的生命周期为 5 年,则与生命周期为 2 年的天敌每 10 年遇见一次,与生命周期为 3 年的天敌每 15 年遇见一次,而与生命周期为 4 年的天敌则每 20 年相遇一次,如图 8.9 所示.

蝉的生命周期	天敌的生命周期	蝉与其天敌相遇的周期
6 年	2 年	6 年
	3 年	6 年
	4 年	12 年
5 年	2 年	10 年
	3 年	15 年
	4 年	20 年

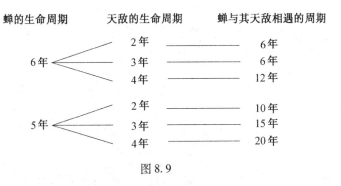

图 8.9

也就是说,生命周期从 6 年减少至 5 年,反而与天敌相遇的机会少了,因为 5 是只能被 1 和自身整除的自然数,即素数.

选择素数作为生命周期还有另外一种解释. 如果不同种类蝉的生命周期相互重叠,那么

相互之间围绕食物势必会展开一场激烈竞争,为了避免这种现象发生,就需要通过调整生命周期来尽可能减少不同种类的蝉同时出现. 比如,假设13年蝉和17年蝉在同一地域生活,那么,同时在一起出现的时间为221(13 × 17)年,即每过221年才能相遇一次. 由于两个素数的最小公约数是两数之积,所以相对来说就变为大数.

如果不是素数,比如说,两种蝉的生命周期各为15年和18年,那么它们的最小公约数是90,它们将每隔90年相遇一次. 从中可以看出,后者虽然周期变长了,但相遇的机会反而增加了.

为了躲避天敌,生存下来,也为了避免围绕食物与同族发生激烈竞争,蝉选择了素数作为生命周期,或者说进化成为素数的生命周期. 正像大千世界里的生物各有其生存之道一样,蝉也有自己的生存战略.

(3) 蜂房的省料模式.

蜜蜂的勤劳是最受人们赞赏的. 有人作过计算,一只蜜蜂要酿造 1 kg 蜜,就得去 100 万朵花上采集原料. 如果花丛离蜂房的平均距离是 1.5 km,那么每采 1 kg 蜜,蜜蜂就得飞上 45 万 km,几乎等于绕地球赤道飞行 11 圈.

其实,蜜蜂不仅勤劳,也极有智慧. 它们在建造蜂房时显示出惊人的数学才华,连人间的许多建筑师也都感到惭愧呢!

著名生物学家达尔文甚至说:"如果一个人看到蜂房而不倍加赞扬,那他一定是个糊涂虫."

蜂房是蜜蜂装蜂蜜的库房,它由许许多多个正六棱柱状的蜂巢组成,蜂巢一个挨着一个,紧密地排列着,之间没有一点空隙. 早在2 200多年前,一位叫巴普士的古希腊数学家,就对蜂房精巧奇妙的结构作了细致的观察与研究.

巴普士在他的著作《数学汇编》中写道:蜂房里到处是等边等角的正多边形图案,非常匀称规则. 在数学上,如果用正多边形去铺满整个平面,这样的正多边形只有 3 种:正三角形、正方形、正六边形. 蜜蜂凭着它本能的智慧,选择了边数最多的正六边形. 这样,它们就可以用同样多的原材料,使蜂房具有最大的容积,从而贮藏更多的蜂蜜.

也就是说,蜂房不仅精巧奇妙,而且十分符合需要,是一种最经济的结构.

历史上,蜜蜂的智慧引起了众多科学家的注意. 著名天文学家开普勒曾经指出:这种充满空间的对称蜂房的角应该和菱形12面体的角一样. 法国天文学家马拉尔弟则亲自动手测量了许多蜂房,他发现:每个正六边形蜂巢的底都是由 3 个全等的菱形拼成的,而且每个菱形的钝角都等于109°28′,锐角都等于70°32′.

18 世纪初,法国自然哲学家列奥缪拉猜测:用这样的角度建造起来的蜂房,一定是相同容积中最省材料的,为了证实这个猜测,他请教了巴黎科学院院士、瑞士数学家克尼格.

这样的问题在数学上叫极值问题. 克尼格用高等数学的方法作了大量计算,最后得出结论说,建造相同容积中最省材料的蜂房,每个菱形的钝角应该是 109°26′,锐角应该是 70°34′.

这个结论与蜂房的实际数值仅差2′,人们宽宏大量地想:小蜜蜂能够做到这一步已经很不错了,至于2′的小小误差嘛,完全可以谅解.

可是事情并没有完结. 1743 年,著名数学家马克劳林重新研究了蜂房的形状,得出了一个令人震惊的结论:要建造最经济的蜂房,每个菱形的钝角应该是 109°28′16″,锐角应该是

70°31′44″.

这个结论与蜂房的实际数值相吻合. 原来不是蜜蜂错了,而是数学家克尼格算错了.

数学家怎么会算错呢? 后来发现,当年克尼格使用的对数表印错了.

小蜜蜂真不简单,数学家到 18 世纪才计算出来、予以证实的问题,它在人类有史之前就应用到蜂房上去了.

(4) 真实的数字模式.

现今普遍使用的阿拉伯数字,其实是印度人创造的. 这种数码不仅简捷、明了,而且有无以伦比的优点,甚至到今天人们才逐渐体会到,这只要看一看在计算器的显示屏上是怎样显现出这些赏心悦目的数字,就必然会有一种深刻的感受.

有趣的是,大自然似乎也对这种数码表示偏爱,图 8.10 是生长在热带地区的一种蝴蝶,它翅膀中央的图案,竟是两个颇为标准的阿拉伯数字"8"和"9". 这真是天工造物.

图 8.10

8.2 数学中的奇异美

数学中的奇异则是无处不在,数学的和谐性与奇异性相辅相成,都充满审美价值. 数学中有许多奇怪的例子,它们不仅奇异,而且极为"漂亮".

8.2.1 三角式中的奇异美

请化简繁分式

$$\cfrac{1}{1-\cfrac{1}{1-\cfrac{1}{1-\sin^2 A}}}$$

样子虽然有点吓人,但我们可以不慌不忙地,用三角恒等变换加以简化

$$原式 = \cfrac{1}{1-\cfrac{1}{1-\cfrac{1}{\cos^2 A}}} = \cfrac{1}{1-\cfrac{1}{1-\sec^2 A}} = \cfrac{1}{1-\cfrac{1}{-\tan^2 A}} = \frac{1}{1+\cot^2 A} = \frac{1}{\csc^2 A} = \sin^2 A$$

在变化过程中,∠A 的六个三角函数统统粉墨登场,全部一一出现了,忽而上台,忽而下台,令人眼花缭乱,最后答案中又变回到原先出现的正弦函数,真是令人拍案叫绝!

8.2.2 算术中的奇异美

下面有两组正整数,每组中各有三个 6 位数.

　　　　123 789,561 945,642 864 和 242 868,323 787,761 943.

把两组中的数分别相加,它们的和相等,即

　　　　123 789 + 561 945 + 642 864 = 242 868 + 323 787 + 761 943

把 6 个数分别平方后,再求各组数的平方和,它们的和也相等,即

　　　　$123\ 789^2 + 561\ 945^2 + 642\ 864^2 = 242\ 868^2 + 323\ 787^2 + 761\ 943^2$

你看这有多么奇怪. 奇异还不只是如此, 当我们把6个数的第一位去掉, 使它们都变成5位数, 仍有类似的两个等式成立, 即

$$23\,789 + 61\,945 + 42\,864 = 42\,868 + 23\,787 + 61\,943$$
$$23\,789^2 + 61\,945^2 + 42\,864^2 = 42\,868^2 + 23\,787^2 + 61\,943^2$$

再进一步, 把上述6个五位数的第一个数字去掉, 对两组中的3个四位数再分别求和, 仍有类似的两个等式成立, 即

$$3\,789 + 1\,945 + 2\,864 = 2\,868 + 3\,787 + 1\,943$$
$$3\,789^2 + 1\,945^2 + 2\,864^2 = 2\,868^2 + 3\,787^2 + 1\,943^2$$

如此不断地去掉一位数字, 我们发现, 这个奇怪的性质总是不断地"遗传"下去

$$789 + 945 + 864 = 868 + 787 + 943$$
$$789^2 + 945^2 + 864^2 = 868^2 + 787^2 + 943^2$$

再去掉一位, 成为两位数

$$89 + 45 + 64 = 68 + 87 + 43$$
$$89^2 + 45^2 + 64^2 = 68^2 + 87^2 + 43^2$$

直到最后只剩下个位数, 这一性质仍然"至死不渝"

$$9 + 5 + 4 = 8 + 7 + 3$$
$$9^2 + 5^2 + 4^2 = 8^2 + 7^2 + 3^2$$

如果我们换一个方向, 逐次从右边抹掉这两组数中的一个数字, 上述性质仍然原封不动地保留了下来, 抹掉右边第一位

$$12\,378 + 56\,194 + 64\,286 = 24\,286 + 32\,378 + 76\,194$$
$$12\,378^2 + 56\,194^2 + 64\,286^2 = 24\,286^2 + 32\,378^2 + 76\,194^2$$

再抹掉右边的一位, 仍有

$$1\,237 + 5\,619 + 6\,428 = 2\,428 + 3\,237 + 7\,619$$
$$1\,237^2 + 5\,619^2 + 6\,428^2 = 2\,428^2 + 3\,237^2 + 7\,619^2$$

再去掉右边的一位, 仍有

$$123 + 561 + 642 = 242 + 323 + 761$$
$$123^2 + 561^2 + 642^2 = 242^2 + 323^2 + 761^2$$

再去掉右边的一位, 仍有

$$12 + 56 + 64 = 24 + 32 + 76$$
$$12^2 + 56^2 + 64^2 = 24^2 + 32^2 + 76^2$$

最后, 留下一位仍然是

$$1 + 5 + 6 = 2 + 3 + 7$$
$$1^2 + 5^2 + 6^2 = 2^2 + 3^2 + 7^2$$

看, 这两组六位数的性格有多么坚韧, 多么顽强, 即使"粉身碎骨", 也仍然不改初衷. 正是"千磨万击还坚韧, 任尔东西南北风".

8.2.3 几何中的奇异美

我们一开头可以随意画出两个大小不一的圆, 从每个圆心向另一个圆作两条切线. 如果这时把切线与圆的交点(不是切点)联结起来, 竟然能得出一个矩形(图8.11)! 这真有点

意外,但对它的证明并不难(其证明参见本章思考题解答).可是至今弄不清是谁首先发现了这件奇事.

接着再看著名的阿基米德所发现的一个事实:在一个大的半圆中有两个互切的内切半圆,于是在大的半圆内形成一个由圆弧围成的曲边三角形(图 8.12),同时这两个内切半圆的公切线又把这区域分隔成两块.阿基米德发现这两块的内切圆竟然也是同样大小的!(其证明可参见本章思考题解答)他称此为"皮匠刀定理",因为这个曲边三角形很像当时皮匠用来切割皮料的刀子.

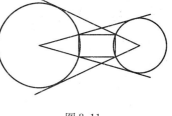

图 8.11

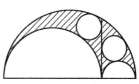

图 8.12

在日本的神庙里的塔壁上常会供上一些木牌,这是数学家们把自己的发现贡献给神的一种方式.公元 1800 年左右的一块木牌上记录着以下事实:在圆内接多边形中,如果从某个顶点向其他顶点作对角线,那么多边形将被分隔成若干三角形.接着在每个三角形内都作出它们的内切圆(图 8.13(a)),那么这些内切圆半径的和居然是个常数,与顶点的选择无关!人们进一步还发现,即使从好几个顶点同时作出对角线,只要多边形也是被分割成若干个三角形,那么上述结论依然能成立(图 8.13(b))(其证明可参见本章思考题解答).可惜这优美定理的作者已逸其名.

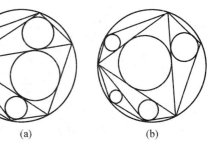

图 8.13

8.2.4 代数中的奇异美

伟大的瑞士数学家欧拉发现了一个并不怎么起眼的二次三项式

$$f(x) = x^2 + x + 41$$

给定 x 一个数值,求 $f(x)$ 的值,这是任何一个初中学生都会做的事情.但这个多项式却有一个非常奇异的性质:让 x 等于从 0 到 39 之间的任何一个整数,$f(x)$ 的值都是素数.例如:

当 $x = 0$,$f(x) = 41$,是一个素数;

当 $x = 1$,$f(x) = 43$,是一个素数;

当 $x = 2$,$f(x) = 47$,还是一个素数.

⋮

虽然到了 $x = 40$ 时,这一性质中断了,$f(40) = 41^2$,是一个合数;当 $x = 41$ 时,$f(x)$ 也是合数.但到 $x = 42$ 时,$f(42) = 1\,847$,又是素数了.据统计,在 x 的前一千万个值中,$f(x)$ 的值有近 $\dfrac{1}{3}$ 是素数.在这个二次三项式中,素数就像那"不尽长江滚滚来"的波浪.

这一奇异的二次三项式,欧拉是怎样发现的呢?真使人感到是从天而降.但这也体现了欧拉深厚的数学功底和强透视力的数学眼光.

对于前 n 个奇数的和,我们有 $1 + 3 + \cdots + (2n - 1) = n^2$.徐道老师发现斐波那契(Fibonacci)数列有一个与上述自然数列中的奇数列十分相似的性质,即如下:

$$f_2 + f_6 + \cdots + f_{4n-2} = f_{2n}^2 \qquad ①$$

为此,先看一个引理

$$f_{4n+2} = f_{2n+2}^2 - f_{2n}^2 \qquad ②$$

事实上,由于

$$f_n^2 + f_{n+1}^2 = f_{2n+1} \qquad ③$$

故

$$f_{n+1}^2 + f_{n+2}^2 = f_{2n+3} \qquad ④$$

④ - ③ 得

$$f_{n+2}^2 - f_n^2 = f_{2n+3} - f_{2n+1} = f_{2n+2} \qquad ⑤$$

⑤ 中令 $n = 2m, m \in N_+$,得 $f_{2m+2}^2 - f_{2m}^2 = f_{4m+2}$. 引理得证.

现在证明 ①,用数学归纳法证之.

证明 $n = 1$ 时,$f_{4\times 1 - 2} = f_2 = 1 = f_{2\times 1}^2$,① 成立.

$n = 2$ 时,$f_2 + f_6 = 1 + 8 = 9 = f_4^2$,① 成立.

假设 $n = k$ 时,① 成立,即有

$$f_2 + f_6 + \cdots + f_{4k-2} = f_{2k}^2$$

故

$$f_2 + f_6 + \cdots + f_{4k-2} + f_{4k+2} = f_{2k}^2 + f_{4k+2} \qquad ⑥$$

由引理,⑥ 即为

$$f_2 + f_6 + \cdots + f_{4k-2} + f_{4k+2} = f_{2k}^2 + (f_{2k+2}^2 - f_{2k}^2) = f_{2(k+1)}^2$$

已证 $n = k + 1$ 时 ① 成立.

由数学归纳法原理,$n \in \mathbf{N}^*$ 时 ① 均成立.

注 上述内容参见了徐道老师文章《Fibonacci 数列的一个新性质》(中学数学月刊,2010 年 10 期).

又注意到,从 1 至 n 共 n 个连续自然数的立方和等于一个完全平方数,即 $1^3 + 2^3 + \cdots + n^3 = \left[\frac{1}{2}n(n+1)\right]^2$. 徐道老师发现斐波那契数列有一个与上述自然数数列十分相似的性质,即如下

$$(f_1 f_2)^3 + (f_2 f_3)^3 + \cdots + (f_n f_{n+1})^3 = \left(\frac{1}{2} f_n f_{n+1} f_{n+2}\right)^2 \qquad ⑦$$

你说奇妙不奇妙?寻觅斐波那契数列的这一性质,相当困难;但要证明它,却相当简单. 即所谓在某种意义下,提出问题比解决问题更困难,也更重要. 下面用数学归纳法证明这一性质.

$n = 1$ 时,$(f_1 f_2)^3 = (1 \times 1)^3 = 1$,而 $\left(\frac{1}{2} f_1 f_2 f_3\right)^2 = \left(\frac{1}{2} \times 1 \times 1 \times 2\right)^2 = 1$,式 ⑦ 成立.

假设当 $n = k$ 时,式 ⑦ 成立,即

$$(f_1 f_2)^3 + (f_2 f_3)^3 + \cdots + (f_k f_{k+1})^3 = \left(\frac{1}{2} f_k f_{k+1} f_{k+2}\right)^2$$

那么,当 $n = k + 1$ 时,$(f_1 f_2)^3 + (f_2 f_3)^3 + \cdots + (f_k f_{k+1})^3 + (f_{k+1} f_{k+2})^3 = \left(\frac{1}{2} f_k f_{k+1} f_{k+2}\right)^2 +$

$(f_{k+1}f_{k+2})^3 = (\frac{1}{2}f_{k+1}f_{k+2})^2(f_k^2 + 4f_{k+1}f_{k+2})^2 = (\frac{1}{2}f_{k+1}f_{k+2})^2[(f_{k+2} - f_{k+1})^2 + 4f_{k+1}f_{k+2}] =$
$(\frac{1}{2}f_{k+1}f_{k+2})^2(f_{k+2} + f_{k+1})^2 = (\frac{1}{2}f_{k+1}f_{k+2}f_{k+3})^2$,即当 $n = k + 1$ 时,式 ⑦ 也成立.

故由数学归纳法原理知,当 $n \in \mathbf{N}_+$ 时,式 ⑦ 也成立.

注 上述内容参见了徐道老师文章《Fibonacci 数列与自然数数列相似的一个性质》(中学数学月刊 2009 年 2 期).

8.3 奇妙的黄金概念

我们曾在 6.4.6 及 7.3.2 中涉及了两个黄金概念:黄金比与黄金分割. 在这里,我们再深入地透视一些黄金概念.

8.3.1 黄金比

如图 8.14,设 $AB = 1, AC = x$,则 $\frac{1-x}{x} = \frac{x}{1}$,即 $x^2 + x - 1 = 0$,取正数解得 $x = \frac{\sqrt{5}-1}{2} \approx 0.618\,033\,989\cdots$,这是个无理数,以下记为 φ,称为黄金比,φ 在一般的近似计算中取作 0.618,这是一个比较好的数.

图 8.14

由于 φ 本质上是一个二次方程 $x^2 + x - 1 = 0$ 的无理根,因此,暂时放开图形赋予的几何意义,我们可以得到诸多的 φ 的表达式,它们从另外一些侧面反映了 φ 的奇异之美.

(1) 对 $\frac{1-x}{x} = \frac{x}{1}$ 运用合比定理得 $x = \frac{1}{1+x}$,把分母中的 x 反复迭代,即得 φ 的一个连分数表达式:$\varphi = \cfrac{1}{1 + \cfrac{1}{1 + \cfrac{1}{1 + \cfrac{1}{1 + \cdots}}}}$,这个分数中仅仅出现整数 1,无限次迭代的结果竟然是一个无理数 φ!

(2) 由 $x^2 + x - 1 = 0$ 变形得 $x^2 = 1 - x$,由于 φ 取正数解,故 $x = \sqrt{1-x}$,注意到以上二次根式成立的条件恰好满足 φ 的取值范围:$0 < x < 1$,故对二次根式迭代有下式成立

$$\varphi = \sqrt{1 - \sqrt{1 - \sqrt{1 - \cdots \sqrt{1 - a}}}}, 0 < a < 1$$

a 小于 1 是为了保证根式有意义,大于 0 是为了能无限次迭代下去.

(3) $\varphi = 2\sin 18°$,由 $\sin 36° = \cos 54°$,即
$$\sin(2 \times 18°) = \cos(3 \times 18°)$$
故
$$2\sin 18° \cos 18° = 4\cos^3 18° - 3\cos 18°$$
因为 $\cos 18° \neq 0$,所以 $2\sin 18° = 4\cos^2 18° - 3$,整理得
$$4\sin^2 18° + 2\sin 18° - 1 = 0$$
即
$$(2\sin 18°)^2 + (2\sin 18°) + 1 = 0$$
故
$$2\sin 18° = \varphi$$

(4) 圆的内接正十边形边长与圆半径比等于 φ.

事实上,设圆的半径是 R,其内接正十边形的边长是 a,则 $a = 2R\sin 18°$,利用三角公式算得 $\sin 18° = \dfrac{\sqrt{5}-1}{4}$,因此 $\dfrac{a}{R} = \dfrac{\sqrt{5}-1}{2}$.

8.3.2 黄金图形种种

被冠以"黄金图形"的几何图形可以列出很多:黄金三角形、黄金矩形、黄金椭圆、黄金立方体. 它们的共性是图形中包含了黄金比 φ.

(1) 黄金三角形.

顶角为 $36°$ 的等腰三角形叫黄金三角形,其底与腰之比为黄金数,底角平分线与腰的交点为腰的黄金分割点. 如图 8.15,$\triangle ABC$ 中,$AB = AC$,$\angle A = 36°$,$\angle ACB$ 的平分线 CD 交腰 AB 于点 D,则 $BC = DC = AD$,且 $\triangle ABC \backsim \triangle CBD$,所以 $\dfrac{AB}{BC} = \dfrac{BC}{BD}$,即 $AD^2 = BD \cdot AB$,所以 $AD = DC = \dfrac{\sqrt{5}-1}{2} AB$. 再作 $\angle B$ 的平分线交 CD 于点 D_1,作 $\angle BDC$ 的平分线交 BD_1 于点 D_2,得到 $\triangle BDD_1$,$\triangle DD_1D_2$ 均为黄金三角形,如此下去可得到一系列的黄金三角形套.

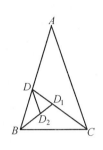

图 8.15

(2) 黄金矩形.

如果一个矩形的宽与长之比为黄金比,则称这个矩形为黄金矩形. 它是由一个正方形和另一个小黄金矩形组成. 如图 8.16,设大黄金矩形的宽与长分别为 a,b,则 $\dfrac{a}{b} = \dfrac{\sqrt{5}-1}{2}$,分出一个正方形后,所余小矩形的宽与长分别为 $(b-a)$ 和 a,它们的比为 $\dfrac{b-a}{a} = \dfrac{b}{a} - 1 = \dfrac{2}{\sqrt{5}-1} - 1 = \dfrac{\sqrt{5}-1}{2}$,这表明小的矩形也是黄金矩形.

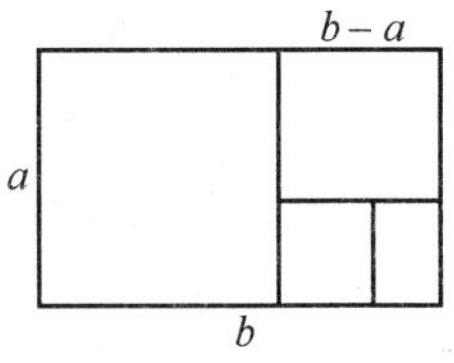

图 8.16

上述黄金矩形的性质说明,可以把一个黄金矩形分为无限个正方形之和,图 8.16 也表明了分解过程.

(3) 黄金梯形.

腰和上底相等,对角线和下底相等的等腰梯形叫作黄金梯形,其对角线的交点为对角线的黄金分割点. 如图 8.17,$AB = AD = DC$,$AC = BD = BC$,$AD \parallel BC$,设 $\angle ACB = \alpha$,则由已知条件得 $\angle ABC = \angle CAB = 2\alpha$,由 $5\alpha = 180°$ 得 $\alpha = 36°$. $\triangle ABC$ 为顶角为 $36°$ 的等腰三角形,BO 为底角的平分线,由图 8.17 结论知,O 为 AC 的黄金分割点,$CO = \dfrac{\sqrt{5}-1}{2} AC$.

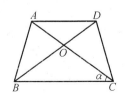

图 8.17

(4) 黄金五边形.

正五边形称为黄金五边形. 如图 8.18,正五边形 $ABCDE$,易求得 $\triangle ABN$ 为顶角为 $36°$ 的等腰三角形，AM 为底角的平分线，所以 $AM = AN = BM = \frac{\sqrt{5}-1}{2}BN = \cdots$.

又 $\triangle ACJ$ 与 $\triangle AJM$ 均是底角为 $36°$ 的等腰三角形，所以 $\triangle ACJ \backsim \triangle AJM$，得 $AM : AJ = AJ : AC$，又 $AJ = MC$，故 $AM : MC = MC : AC = \frac{\sqrt{5}-1}{2}$，所以点 M 为 AC 的黄金分割点. 同理，其余对角线的交点也是对角线的黄金分割点.

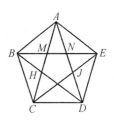

图 8.18

此外，我们也可以五角星的顶角考虑：

五角星中一个顶角一半的正弦值是黄金数的一半，即 $\sin 18° = \frac{\sqrt{5}-1}{4}$.

事实上，因为 $36° = 90° - 54°$，两边取正弦得 $\sin(2 \times 18°) = \cos(3 \times 18°)$. 则
$$2\sin 18° \cos 18° = 4\cos^3 18° - 3\cos 18°$$
即
$$2\sin 18° = 4\cos^2 18° - 3$$
整理，得
$$4\sin^2 18° + 2\sin 18° - 1 = 0$$
解之得
$$\sin 18° = \frac{\sqrt{5}-1}{4}$$

（5）黄金扇形.

设图 8.19 扇形的圆心角为 $x°$，余下的扇形的圆心角为 $y°$，若 $\frac{x}{y} = \frac{\sqrt{5}-1}{2} \approx 0.618$，那么这样的扇形称为黄金扇形. 若按 $\frac{x}{y} \approx 0.618$ 计算可得图 8.19 的黄金扇形的圆心角为 $137.5°$.

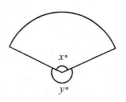

图 8.19

（6）黄金角.

所谓黄金角，即 $137.5°$——黄金分割张角，它和植物也有千丝万缕的联系. 一种叫作车前草的小草，它那轮生的叶片间的夹角正好是 $137.5°$. 按照这一角度排列的叶片，能很好的镶嵌而又互不重叠，这是植物采光面积最大的排列方式，每片叶子都能最大限度地获得阳光，从而有效地提高植物光合作用的效率. 这一奇特的自然现象使人顿生灵感，建筑师们参照车前草叶片排列的数学模型，设计出了新颖的螺旋式高楼，其最佳的采光效果使得高楼的每个房间都很明亮.

（7）黄金椭圆.

离心率 $e = \frac{\sqrt{5}-1}{2}$ 的椭圆称为黄金椭圆.

对于黄金椭圆有如下几个结论（其证明见本章思考题第 7 题）.

结论 1 椭圆 $\frac{x^2}{a^2} + \frac{y^2}{b^2} = 1 (a > b > 0)$ 是黄金椭圆的充要条件是 a, b, c 成等比数列（其中 c 为半焦距）.

推论 1 设椭圆 $\frac{x^2}{a^2} + \frac{y^2}{b^2} = 1 (a > b > 0)$ 是黄金椭圆，$c^2 = a^2 - b^2$. 则

(1) 焦点到相应准线的距离等于长半轴长 a;

(2) 长轴端点到相应准线的距离等于半焦距 c;

(3) 通径长与焦距 $2c$ 相等;或两条通径的端点为正方形顶点;

(4) $\dfrac{c^2}{b^2} = \dfrac{b^2}{a^2} = \dfrac{\sqrt{5}-1}{2}$;

(5) 设 F_1,F_2 为其左、右焦点,A_1,A_2 为其左、右顶点,B_1,B_2 为其短轴顶点,M,N 为其左、右准线与对称轴的交点. 此时,A_1 是 $MF_1 \cdot MO$(O 为原点)的黄金分割点,F_1 是 A_1O,MO 的黄金分割点(A_2,F_2 也同理);O 是 F_1A_2,A_1F_2,MA_2,A_1N 的黄金分割点;

(6) 以 B_1B_2 为长轴,F_1F_2 为短轴的椭圆也是黄金椭圆;

(7) 设过 F_2 的通径的一个端点为 P,Q 为过点 A_2 的切线上一点,则平行四边形 F_2A_2QP 为黄金矩形(对 F_1,A_1 也同理).

结论2 若 $A(-a,0),B(0,b)$ 分别是椭圆 $\dfrac{x^2}{a^2}+\dfrac{y^2}{b^2}=1(a>b>0)$ 的左顶点与上顶点,$F(c,0)$ 为右焦点,则椭圆是黄金椭圆的充要条件是 $\angle ABF = 90°$.

结论3 设 A,B 是椭圆 $\dfrac{x^2}{a^2}+\dfrac{y^2}{b^2}=1(a>b>0)$ 上任意两点,P 为弦 AB 的中点,若直线 AB 和 OP 的斜率都存在,则椭圆是黄金椭圆的充要条件是 $k_{AB} \cdot k_{OP} = -\dfrac{\sqrt{5}-1}{2}$.

推论2 设椭圆 $\dfrac{x^2}{a^2}+\dfrac{y^2}{b^2}=1(a>b>0)$ 是黄金椭圆,则

(1) 过黄金椭圆上不与顶点重合的任一点 $P(x_0,y_0)$ 的切线斜率为 $-\dfrac{\sqrt{5}-1}{2} \cdot \dfrac{x_0}{y_0}$;

(2) P 是黄金椭圆上不与顶点重合的任一点,点 P 在 x 轴上的准线点为 M,椭圆在点 P 处的法线交 x 轴于点 N,则 $\dfrac{|ON|}{|OM|} = \left(\dfrac{\sqrt{5}-1}{2}\right)^2$;

(3) 焦点弦的中点轨迹是以椭圆的焦点和中心为长轴的黄金椭圆.

结论4 设 A,B,C,D 分别是椭圆 $\dfrac{x^2}{a^2}+\dfrac{y^2}{b^2}=1(a>b>0)$ 的左、右、上、下顶点,左、右焦点坐标分别是 $F_1(-c,0),F_2(c,0)$,则椭圆是黄金椭圆的充要条件是菱形 $ABCD$ 的内切圆过焦点 F_1,F_2.

结论5 椭圆 $C_1:\dfrac{x^2}{a^2}+\dfrac{y^2}{b^2}=1$ 和椭圆 $C_2:\dfrac{y^2}{a^2}+\dfrac{x^2}{b^2}=1(a>b>c>0,c=\sqrt{a^2-b^2})$ 的交点 P 在两坐标轴上的射影恰好是两椭圆焦点的充分必要条件是两椭圆 C_1 和 C_2 是黄金椭圆.

(8) 黄金双曲线.

离心率 $e = \dfrac{\sqrt{5}+1}{2}$ 的双曲线叫作"黄金双曲线"(此时实轴长与焦距之比为黄金比 $\dfrac{\sqrt{5}-1}{2}$).

对于黄金双曲线也有如下几个结论(其证明见本章思考题第8题).

结论 1 双曲线成为黄金双曲线的充要条件是虚轴长是实轴长与焦距的等比中项.

推论 1 设双曲线 $\dfrac{x^2}{a^2} - \dfrac{y^2}{b^2} = 1(a>0, b>0, c^2=a^2+b^2)$ 是黄金双曲线.

(1) 焦点到对应准线的距离等于实半轴长 a;

(2) 实轴端点到相对(不是相应)准线的距离等于半焦距 C;

(3) 两条通径的端点为正方形顶点;

(4) $\dfrac{c^2}{b^2} = \dfrac{b^2}{a^2} = \dfrac{\sqrt{5}+1}{2}$;

(5) 设 F_1, F_2 为其左、右焦点,A_1, A_2 为其左、右顶点,B_1, B_2 为虚轴顶点,M, N 为其左、右准线与对标轴的交点. 此时,A_1 是 F_1M, F_1O(O 为原点)的黄金分割点,M 是 A_1O, A_1N 的黄金分割点(A_2, F_2 也同理);O 是 $MA_2, A_1N, F_1A_2, A_1F_2$ 的黄金分割点;

(6) 以 B_1B_2 为实轴,F_1F_2 为虚轴的双曲线也是黄金双曲线;

(7) 设过 F_2 的通径的一个端点为 P,Q 为过点 A_2 的切线上一点,则平行四边形 A_2F_2PQ 为黄金矩形(对 F_1, A_1 也同理).

结论 2 双曲线成为黄金双曲线的充要条件是通径(过焦点且垂直于实轴的弦长)等于焦距.

结论 3 双曲线成为黄金双曲线的充要条件是以一个焦点及较远的顶点为直径的圆经过虚轴端点.

结论 4 双曲线成为黄金双曲线的充要条件是双曲线菱形的内切圆经过双曲线的顶点.

推论 2 设双曲线 $\dfrac{x^2}{a^2} - \dfrac{y^2}{b^2} = 1(a>0, b>0)$,则

(1) $\angle A_1B_1F_1 = 90°$,$\angle A_2B_2F_2 = 90°$(B_1 在 B_2 上方);

(2) P 是黄金双曲线上不与顶点重合的任一点,点 P 在 x 轴上的射影为点 M,双曲线在点 P 处的法线交 x 轴于点 N,则 $\dfrac{|ON|}{|OM|} = \left(\dfrac{\sqrt{5}+1}{2}\right)^2$;

(3) 焦点弦的中点轨迹是以双曲线的中心和以该焦点为顶点的黄金双曲线.

(4) 两个焦点和虚轴的两个端点所连成的菱形 $F_1B_1F_2B_2$ 与以双曲线实轴为直径圆相切,并且切点 T 恰好是双曲线的准线、渐近线和焦点与虚轴端点的连线的交点;另外点 T 还是线段 B_2F_2 的黄金分割点.

结论 5 若经过黄金双曲线中心的直线与双曲线交于 A, B 两点,又 P 是该双曲线上任意一点(顶点除外),则有 $k_{PA} \cdot k_{PB} = e$.

结论 6 设 AB 是黄金双曲线不经过中心的弦,且 AB 不与坐标轴平行,M 为 AB 中点,则 $k_{AB} \cdot k_{OM} = e$.

结论 7 经过黄金双曲线上任意一点 P(顶点除外)引斜率为 k 的切线,则 $k \cdot k_{OP} = e$.

结论 8 双曲 $C_1: \dfrac{x^2}{a^2} - \dfrac{y^2}{b^2} = 1$ 和双曲线 $C_2: \dfrac{y^2}{a^2} - \dfrac{x^2}{b^2} = 1(c>b>a>0, c^2=a^2+b^2)$ 的交点 P 在两坐标轴上的射影恰好是两双曲线焦点的充分必要条件是双曲线 C_1 和 C_2 是黄金双曲线.

结论9 以黄金椭圆的长轴为实轴,黄金椭圆的准线和对称轴的交点为焦点的双曲线是黄金双曲线;反之也成立. 也就是说此时黄金双曲线的准线过黄金椭圆的焦点,黄金椭圆的准线过黄金双曲线的焦点.

结论10 以黄金椭圆的焦点为顶点,顶点为焦点的双曲线是黄金双曲线,并且虚轴恰好为黄金椭圆的短轴,以黄金双曲线的焦点为顶点,顶点为焦点的椭圆是黄金椭圆,并且短轴恰好为黄金双曲线的虚轴.

8.3.3 特殊图形中的黄金分割点

（1）直角三角形中直角顶点在斜边上的射影为黄金分割点.

证明 如图 8.20,$Rt\triangle ABC$ 中,$\angle ACB = 90°$,CD 为斜边 AB 上的高,$\angle A$,$\angle B$,$\angle ACB$ 的对边分别为 a,b,c,若 $b^2 = ac$,则点 D 是 AB 的黄金分割点,易知 $Rt\triangle ABC \sim Rt\triangle ACD$,所以 $\dfrac{AC}{AD} = \dfrac{AB}{AC}$,即 $AC^2 = AD \cdot AB$,即 $b^2 = AD \cdot c$,又因为 $b^2 = ac$,所以 $AD = a$. 同理可得 $a^2 = BD \cdot AB$,即 $AD^2 = BD \cdot AB$,所以点 D 为 AB 的黄金分割点.

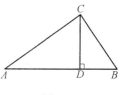

图 8.20

（2）正方形中特殊角的平分线与边的交点得黄金分割点.

证明 如图 8.21,取正方形 $ABCD$ 的边 BC 的中点 E,联结 AE,$\angle DAE$ 的平分线 AF 交 DC 于点 F,则点 F 为 DC 的黄金分割点,$DF = \dfrac{\sqrt{5}-1}{2}DC$. 作 $FH \perp AE$,G 为垂足,交 AB 的延长线于点 H,作 $HI \perp DC$,交 DC 的延长线于点 I,可以推知:$\triangle ADF \cong \triangle AGF$,$\triangle ABE \cong \triangle HIF$,$\triangle ABE \cong \triangle AGH$,所以 $AD = AG$,$AE = HF$,$BE = HG$. 设正方形的边长为 a,则 $FH = AE = \dfrac{\sqrt{5}}{2}a$,$HG = BE = \dfrac{1}{2}a$,所以

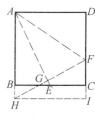

图 8.21

$$DF = FG = HF - HG = \dfrac{\sqrt{5}}{2}a - \dfrac{1}{2}a = \dfrac{\sqrt{5}-1}{2}a$$

（3）半圆的内接正方形产生黄金分割点.

在一个半圆中做一个正方形,使得正方形的一条边在半圆的直径上,另外两个顶点在圆周上,如图 8.22,则点 A 是线段 CD 的黄金分割点.

证明 若设半圆的半径是 $\sqrt{5}$,则 $AO = 1$,$AB = 2$,因此 $CD = \sqrt{5}+1$,因此 $\dfrac{AD}{CD} = \dfrac{2}{\sqrt{5}+1} = \dfrac{\sqrt{5}-1}{2}$. 因此点 A 是线段 CD 的黄金分割点.

（4）用边长分别长 3,4,5 的直角三角形构造黄金分割点.

如图 8.23 作一个 $3:4:5$ 的 $Rt\triangle ABC$;再作 $\angle B$ 的平分线 BD,与 AC 交于点 D. 以点 D 为圆心,DA 为半径作圆,与射线 BD 分别交于 E,F,则 E 是线段 BF 的黄金分割点.

证明 若设三边分别是 $AB = 3$,$AC = 4$,$BC = 5$,则 $AD = \dfrac{3}{2}$,$BD = \dfrac{3\sqrt{5}}{2}$,$BF = \dfrac{3(\sqrt{5}+1)}{2}$,

$BE = \dfrac{3(\sqrt{5}-1)}{2}$,可以验证 $EF^2 = BE \cdot BF$. 因此点 E 是线段 BF 的黄金分割点.

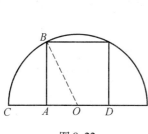

图 8.22

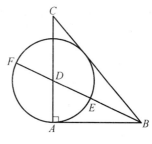

图 8.23

(5) 利用正五边形的对角线产生黄金分割点.

如图 8.24,$ABCDE$ 为正五边形,对角线 AC 与 BE 相交于 P,则点 P 为线段 BE 的黄金分割点.

证明 如图 8.24,连 CE,由于 $ABCDE$ 为正五边形,则 $CDEP$ 为平行四边形(证明从略). 设 $\triangle CDE$ 的面积为 1,则 $\triangle CPE$,$\triangle ABC$,$\triangle EAB$ 的面积均为 1.

设 $\triangle ABP$ 的面积为 x,则 $\triangle BCP$ 和 $\triangle AEP$ 的面积均为 $1-x$.

不难看出 $\dfrac{BP}{PE} = \dfrac{x}{1-x}$,也有 $\dfrac{BP}{PE} = \dfrac{1-x}{x}$,这样就有 $\dfrac{x}{1-x} = \dfrac{1-x}{1}$,

即 $x^2 - 3x + 1 = 0$.

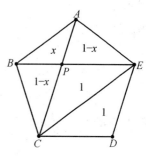

图 8.24

解之得 $x = \dfrac{3-\sqrt{5}}{2}$(另一个根不合要求,舍去),从而 $\dfrac{BP}{PE} = 1 - x = 1 - \dfrac{3-\sqrt{5}}{2} = \dfrac{\sqrt{5}-1}{2}$,即点 P 为线段 BE 的黄金分割点.

(6) 利用三条相等的线段产生黄金分割点.

如图 8.25,$AB \perp AF$,三条线段 AB,CD,EF 长度相等且 C 为 AB 中点,E 为 CD 中点,则点 D 为线段 AF 的黄金分割点.

证明 过 E 作 AF 的垂线交 AF 于 H.

设 $AB = CD = EF = 1$,则有 $AC = \dfrac{1}{2}$,$EH = \dfrac{1}{4}$,由勾股定理得

$$HF = \sqrt{1^2 - \left(\dfrac{1}{4}\right)^2} = \dfrac{\sqrt{15}}{4}$$

$$AD = \sqrt{1^2 - \left(\dfrac{1}{2}\right)^2} = \dfrac{\sqrt{3}}{2}, HD = \dfrac{1}{2}AD = \dfrac{\sqrt{3}}{4}$$

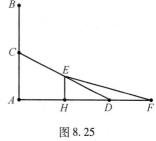

图 8.25

从而

$$DF = HF - HD = \dfrac{\sqrt{15}}{4} - \dfrac{\sqrt{3}}{4} = \dfrac{\sqrt{15} - \sqrt{3}}{4}$$

即有

$$\dfrac{DF}{AD} = \dfrac{\sqrt{5}-1}{2}$$

故点 D 为线段 AF 的黄金分割点.

(7) 利用图 8.26 正方形中特殊圆弧产生黄金分割点.

如图 8.26,$ABCD$ 为正方形,E 为边 BC 的中点,以 E 为圆心,ED 为半径画弧交 BC 的延长线于 F,则点 C 为线段 FB 的黄金分割点.

证明 设正方形边长为 1,则 $EF = FD = \sqrt{CD^2 + EC^2} = \sqrt{1 + \left(\frac{1}{2}\right)^2} = \frac{\sqrt{5}}{2}$,$CF = EF - EC = \frac{\sqrt{5}}{2} - \frac{1}{2} = \frac{\sqrt{5}-1}{2}$,从而 $\frac{CF}{BC} = \frac{\sqrt{5}-1}{2}$,即点 C 为线段 FB 的黄金分割点.

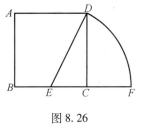

图 8.26

(8) 利用两个正方形产生黄金分割点.

如图 8.27,两个正方形有一条公共边,以 E 为圆心,EC 为半径在正方形内作圆弧,连 AE 交圆弧于 G,过 G 作 AE 的垂线(也是圆弧的切线)交 DF 于 P,则点 P 是线段 DF 的黄金分割点.

证明 设正方形边长为 1,则 $AD = 1$,$AF = 2$,$AE = \sqrt{5}$,$EG = EC = 1$,$AG = AE - EG = \sqrt{5} - 1$. 因为 $PG \perp AG$,所以 $\triangle APG \sim \triangle AEF$,得 $\frac{AP}{AE} = \frac{AG}{AF}$,即

$$\frac{AP}{\sqrt{5}} = \frac{\sqrt{5}-1}{2}, \quad AP = \frac{5-\sqrt{5}}{2}$$

$$PF = AF - AP = 2 - \frac{5-\sqrt{5}}{2} = \frac{\sqrt{5}-1}{2}$$

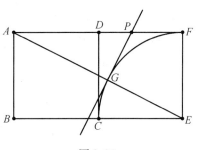

图 8.27

这样便有 $\frac{PF}{DF} = \frac{\sqrt{5}-1}{2}$,即点 P 是线段 DF 的黄金分割点.

(9) 利用一个正三角形产生黄金分割点.

如图 8.28,D,E 分别为正 $\triangle ABC$ 的边 AB 和 AC 的中点,过 DE 的直线交 $\triangle ABC$ 的外接圆于点 M 和 N,则点 D 为线段 ME 的黄金分割点.

证明 如图 8.28,O 为正 $\triangle ABC$ 外接圆圆心,连 OE,OA,OM,为便于计算,设正三角形的边长为 2,则 $AE = 1$.

由于 E 为 AC 中点,所以 $OE \perp AE$,又 $\angle OAE = 30°$,从而容易算出

$$OE = \frac{\sqrt{3}}{3}, OM = OA = \frac{2\sqrt{3}}{3}$$

在 $\triangle OEM$ 中,设 $EM = x$,由余弦定理得

$$2OE \cdot EM\cos 30° = OE^2 + EM^2 - OM^2$$

即

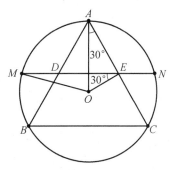

图 8.28

$$2 \cdot \frac{\sqrt{3}}{3}x \cdot \frac{\sqrt{3}}{2} = \left(\frac{\sqrt{3}}{3}\right)^2 + x^2 - \left(\frac{2\sqrt{3}}{3}\right)^2$$

整理得 $x^2 - x - 1 = 0$,解得 $x = \frac{1+\sqrt{5}}{2}$(负数解舍去),因为 $DE = 1$,所以

$$MD = EM - DE = \frac{1+\sqrt{5}}{2} - 1 = \frac{\sqrt{5}-1}{2}$$

从而

$$\frac{MD}{DE} = \frac{\sqrt{5}-1}{2}$$

即 D 为线段 ME 的黄金分割点.

(10) 利用两个正三角形产生黄金分割点.

如图 8.29,△ABC 为正三角形,D 为 BC 的中点,△ADE 也是正三角形,以 B 为圆心,BA 为半径画弧交 DE 于 P,则点 P 为线段 ED 的黄金分割点.

证明 如图 8.30,分别以 B 和 C 为圆心,BA 的长为半径作圆,两圆相交于 A 和 M;延长 AE 交圆 C 于 N,以 AM,AN 为边再作一个 △AMN,显然 D 为 AM 中点,E 为 AN 中点. 延长 ED 交三角形的外接圆于点 F,由上面第二种方法的讨论知,点 D 为线段 FE 的黄金分割点,即有 $\frac{FD}{DE} = \frac{\sqrt{5}-1}{2}$,而由对称性又有 $FD = DP$,从而 $\frac{DP}{DE} = \frac{\sqrt{5}-1}{2}$,即点 P 为线段 ED 的黄金分割点.

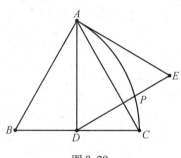

图 8.29

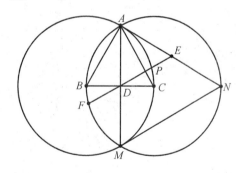

图 8.30

(11) 用正三角形与正方形构造黄金分割点.

如图 8.31,作等边 △ABC,以 BC 为边向外作正方形 $BCDE$. 再以 C 为圆心,CE 为半径作圆弧与 AB 所在直线交于点 F,则点 B 是线段 AF 的黄金分割点.

证明 若联结 CF,并作 $CM \perp AB$ 于点 M,设 $AB = 1$,则 $CM = \frac{\sqrt{3}}{2}$. 设 $BF = x$,在 △CFM 中使用勾股定理得 $\left(\frac{\sqrt{3}}{2}\right)^2 + \left(x + \frac{1}{2}\right)^2 = (\sqrt{2})^2$,于是 $x = \frac{\sqrt{5}-1}{2}$. 因此点 B 是线段 AF 的黄金分割点.

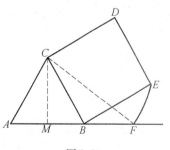

图 8.31

（12）利用等边三角形的外接圆构造黄金分割点.

如图8.32，作等边 $\triangle ABC$，点 D，E 分别是 AC，BC 的中点，DE 的延长线与 $\triangle ABC$ 的外接圆交于点 F，则点 E 是线段 DF 的黄金分割点.

证明 可设 $AB = 2$，则 $DE = CE = BE = 1$，再设 $EF = x$，延长 FD 交圆周于点 G，则 $EG = 1 + x$，根据相交弦定理，$EF \cdot GE = CE \cdot BE$，即 $x(x+1) = 1$，算出 $x = \dfrac{\sqrt{5}-1}{2}$，因此 E 是线段 DF 的黄金分割点.

或者，设圆心为 O，利用垂径构造 $\mathrm{Rt}\triangle OHF$，由勾股定理得 $HF = \dfrac{\sqrt{5}}{2}$，从而 $DF = \dfrac{\sqrt{5}+1}{2}$，$EF = \dfrac{\sqrt{5}-1}{2}$，于是 $\dfrac{EF}{DE} = \dfrac{DE}{DF} = \dfrac{\sqrt{5}-1}{2}$，即点 E 是线段 DF 的黄金分割点.

（13）作出加强型等边三角形构造黄金分割点

如图8.33，作等边 $\triangle DEF$，A，B 分别为 DE，EF 的中点，直线 AB 交 $\triangle DEF$ 的外接圆圆 O 于 C，H 为 CD，AF 的交点，点 K 为 CD，EF 的交点. 过点 K 作 $KM \perp DE$，$KN \perp AF$，垂足分别为 M，N，点 J 为 AC，MK 的交点.

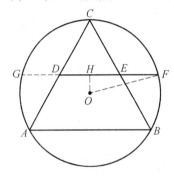

图8.32

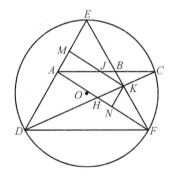

图8.33

在图8.33中出现很多黄金分割点，如下表（证略）：

表8.1

线段	黄金分割点	黄金分割比
AC	B	$\dfrac{AB}{AC}$，$\dfrac{BC}{AB}$
EF	K	$\dfrac{KF}{KE}$，$\dfrac{KE}{EF}$
AF	N	$\dfrac{NF}{NA}$，$\dfrac{NA}{AF}$
AE	M	$\dfrac{MA}{ME}$，$\dfrac{ME}{EA}$
MK	J	$\dfrac{JK}{JM}$，$\dfrac{JM}{MK}$

(14) 利用三个相切等圆构造黄金分割点(一).

如图 8.34,三个依次外切、直径为 1 的圆,都与直线 AC 相切. 线段 AB 为直径,则 $AB \perp AC$. 联结 BC,与中间的圆交于点 D,E. 由对称可知,线段 DE 为直径. $AB = 1, AC = 2, BC = \sqrt{5}$, $DE = 1$. 计算得 $BD = CE = \dfrac{\sqrt{5}-1}{2}$,则点 D 是线段 BE 的黄金分割点,点 E 是线段 CD 的黄金分割点.

(15) 利用三个相切等圆构造黄金分割点(二).

如图 8.35,三个等圆依次相切,它们又都与一个半圆的直径相切,且左、右两个等圆都与该半圆相内切,则等圆的直径与半圆的半径之比是黄金比,即点 B 是线段 AC 的黄金分割点.

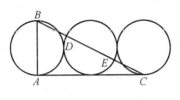

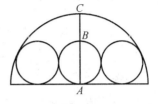

图 8.34   图 8.35

此时,可设大圆半径是 R,等圆半径是 r,则 $r + \sqrt{r^2 + (2r)^2} = R$,算出 $\dfrac{2r}{R} = \dfrac{\sqrt{5}-1}{2}$,因此点 B 是线段 AC 的黄金分割点.

(16) 由三个相交等圆构造黄金分割点.

如图 8.36,作等边 $\triangle ABC$,以其边长为半径,分别以 A,B,C 为圆心作三个等圆;圆 A,圆 B 两圆交于点 D,圆 A,圆 C 两圆交于点 E,CD 与圆 C 交于点 F;以点 E 为圆心,EF 为半径作弧,与 AB 交于点 G,则 G 是 AB 的黄金分割点.

此时,可设 $AB = 1$,则 $CE = EF = 1$,且 $CE \perp CF$. $\text{Rt}\triangle CEF$ 中,$EF = \sqrt{2}$,因此 $EG = EF = \sqrt{2}$. 过点 E 作 AB 的垂线 EH,则 $EH = \dfrac{CD}{2} = \dfrac{\sqrt{3}}{2}$,$HA = \dfrac{CE}{2} = \dfrac{1}{2}$. $\text{Rt}\triangle EGH$ 中,$EH^2 + HG^2 = EG^2$,因此 $HG = \dfrac{\sqrt{5}}{2}$,从而 $AG = HG - HA = \dfrac{\sqrt{5}-1}{2}$,因此点 G 是 AB 的黄金分割点.

(17) 由内切两圆与一圆相交得到黄金分割点.

如图 8.37 分别以点 A,B 为圆心,以 AB 长为半径作圆,两圆相交于点 D. BA 的延长线与圆 A 交于点 C. 以点 C 为圆心,CB 为半径作圆 C 与圆 B 交于点 E,且点 D,E 在 AB 的两侧,联结 D,E 两点,线段 DE 与 AB 交于点 F. 则点 F 是 AB 的黄金分割点.

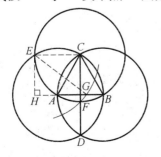

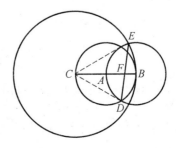

图 8.36   图 8.37

联结 CD, CE. 设 $AB = 1$, 则 $\sin \angle BCD = \dfrac{1}{2}$, $\triangle BCE$ 中, 易得 $\sin \dfrac{1}{2}\angle BCE = \dfrac{BE}{2BC} = \dfrac{1}{4}$, 从而 $\sin \angle BCE = \dfrac{\sqrt{15}}{8}$, $\sin \angle DCE = \dfrac{7 + 3\sqrt{5}}{16}$. 在 $\triangle CDE$ 中, $CD = \sqrt{3}, CE = 2$. 由张角公式

$$\dfrac{\sin \angle BCD}{CE} + \dfrac{\sin \angle BCE}{CD} = \dfrac{\sin \angle DCE}{CF},$$ 求出 $CF = \dfrac{\sqrt{5}+1}{2}$, 故 F 是 AB 的黄金分割点.

(18) 利用三个圆产生黄金分割点.

如图 8.38, 分别以线段 AB 的端点 A 和 B 为圆心, 以 AB 的长为半径作圆, 两圆相交于 C 和 D, 再以线段 AB 的中点 M 为圆心, 以 AB 的长为半径作圆, 它和圆 A 的一个交点为 E(靠近点 C), 连 ED 交 AB 于点 P, 则点 P 为线段 AB 的黄金分割点.

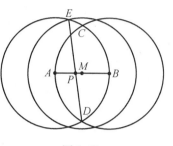

图 8.38

证明 如图 8.39, 连 AE, ME, DM, BD(三个圆没有画出), 则 $AE = ME$(都是等圆的半径) 过 E 作 $EH \perp AB$ 交 AB 于 H, 则 $AH = HM$. 同时由对称性知 $DM \perp AB$.

为计算方便, 设 $AB = 4$, 则

$$AM = MB = 2$$
$$AH = HM = 1, AE = BD = 4$$
$$EH = \sqrt{AE^2 - AH^2} = \sqrt{4^2 - 1^2} = \sqrt{15}$$
$$DH = \sqrt{BD^2 - MB^2} = \sqrt{4^2 - 2^2} = 2\sqrt{3}$$

由 $\triangle EHP \backsim \triangle DMP$, 从而

$$\dfrac{HP}{MP} = \dfrac{EH}{DM} = \dfrac{\sqrt{15}}{2\sqrt{3}} = \dfrac{\sqrt{5}}{2}$$

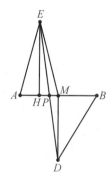

图 8.39

又由于 $HP + MP = 1$, 则不难求出

$$HP = 5 - 2\sqrt{5}, MP = 2\sqrt{5} - 4$$

这样

$$AP = 1 + (5 - 2\sqrt{5}) = 6 - 2\sqrt{5}$$
$$PB = (2\sqrt{5} - 4) + 2 = 2\sqrt{5} - 2$$

即有

$$\dfrac{AP}{PB} = \dfrac{6 - 2\sqrt{5}}{2\sqrt{5} - 2} = \dfrac{\sqrt{5} - 1}{2}$$

这就证明了点 P 为线段 AB 的黄金分割点.

(19) 构造同心圆构造黄金分割点.

如图 8.40 构造三个同心圆, 其半径之比为 $1 : 2 : 4$, 作小圆的切线, 与稍大的圆交于点 A, B, 与最大的圆交于点 C.

联结圆心 O 与切点 D, 联结 OB, OC, 利用直角三角形, 计算可得 $BD = \sqrt{3}, CD = \sqrt{15}$, 从而 $BC = \sqrt{15} - \sqrt{3}, AB = 2\sqrt{3}, AC = \sqrt{15} + \sqrt{3}, \dfrac{BC}{AB} = \dfrac{AB}{AC} = \dfrac{\sqrt{5}-1}{2}$. 因此, 点 B 是线段 AC 的黄金分割点.

(20) 构造四个圆构造黄金分割点.

如图 8.41,取长为 1 的线段 CD,以点 C 为圆心,1 和 2 为半径作同心圆;再以点 D 为圆心,1 和 2 为半径作同心圆.两个小圆交于点 A,B,两个大圆交点之一为点 G.

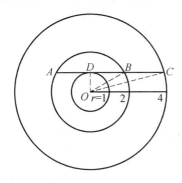

图 8.40

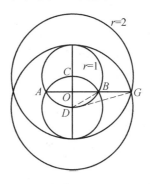

图 8.41

设 CD,AB 交于点 O,联结 DB,DG.

在 Rt$\triangle DBO$ 中

$$OB = \sqrt{1^2 - \left(\frac{1}{2}\right)^2} = \frac{\sqrt{3}}{2}$$

在 Rt$\triangle OGD$ 中

$$OG = \sqrt{2^2 - \left(\frac{1}{2}\right)^2} = \frac{\sqrt{15}}{2}$$

计算得 $AB = \sqrt{3}$,$BG = \frac{\sqrt{15}-\sqrt{3}}{2}$,从而 $\frac{BG}{AB} = \frac{\sqrt{5}-1}{2}$,即点 B 是线段 AG 的黄金分割点.

(21) 用两组等圆构造黄金分割点.

如图 8.42,以线段 AB 为半径,分别以点 A,B 为圆心作圆,两圆相交于 C,D 两点,同时这两个圆分别与直线 AB 交于 E,F 两点.分别以点 A,B 为圆心,AE,BF 为半径作圆,两圆相交于点 G.由对称性,C,D,G 三点显然共线,则点 D 是线段 CG 的黄金分割点.

证明 若设 $AB = 1$,则 $CD = \sqrt{3}$,Rt$\triangle BOG$ 中,$OB = \frac{1}{2}$,$BG = 2$,因此 $OG = \frac{\sqrt{15}}{2}$,从而 $CG = \frac{\sqrt{15}+\sqrt{3}}{2}$,因此

图 8.42

$$\frac{CD}{CG} = \frac{\sqrt{3}}{\frac{\sqrt{15}+\sqrt{3}}{2}} = \frac{\sqrt{5}-1}{2}$$

因此 D 是线段 CG 的黄金分割点.

注 以上内容参见了如下三篇文章:姜洋,孙朝仁老师的《在圆中构造黄金分割点》(数学教学 2009 年 8 期);叶军老师的《几何图形中的黄金分割》(数学教学 2011 年 11 期);刘步松老师的《例谈在几何图形中构造黄金分割点》(数学通报 2014 年 10 期).

附录 I 亚黄金椭圆

若椭圆的离心率 e 满足 $e^2 = \dfrac{\sqrt{5}-1}{2}$,则称这个椭圆为亚黄金椭圆.

苏立标老师探讨了亚黄金椭圆的有关性质:

性质 1 亚黄金椭圆的长轴长、焦距、短轴长成等比数列.

证明 因为椭圆是亚黄金椭圆,所以 $e^2 = \dfrac{\sqrt{5}-1}{2}$,得 $\left(\dfrac{c}{a}\right)^2 = \dfrac{\sqrt{5}-1}{2}$,即 $2c^2 = (\sqrt{5}-1)a^2$,则

$$(2c^2 + a^2) = (\sqrt{5}a^2)a^2 \Rightarrow c^4 + a^2c^2 - a^4 = 0 \Rightarrow c^4 + a^2(c^2 - a^2) = 0 \Rightarrow c^4 = a^2b^2$$

所以 $c^2 = ab$,命题得以证明.

性质 2 已知椭圆 $\dfrac{x^2}{a^2} + \dfrac{y^2}{b^2} = 1(a > b > 0)$ 是亚黄金椭圆,斜率为 k_1 的直线交椭圆于 A, B 两点,若点 M 是线段 AB 的中点且直线 OM 的斜率为 k_2,则 $k_1 \cdot k_2 = -\left(\dfrac{\sqrt{5}-1}{2}\right)^2$.

分析 设 A,B 两点的坐标分别为 $(x_1,y_1),(x_2,y_2)$,则 $\dfrac{x_1^2}{a^2} + \dfrac{y_1^2}{b^2} = 1$,$\dfrac{x_2^2}{a^2} + \dfrac{y_2^2}{b^2} = 1$,两式相减得

$$\dfrac{x_1^2 - x_2^2}{a^2} + \dfrac{y_1^2 - y_2^2}{b^2} = 0$$

即

$$\dfrac{(x_1 - x_2)(x_1 + x_2)}{a^2} + \dfrac{(y_1 - y_2)(y_1 + y_2)}{b^2} = 0$$

所以

$$k_1 = \dfrac{y_1 - y_2}{x_1 - x_2} = -\dfrac{b^2}{a^2} \cdot \dfrac{x_1 + x_2}{y_1 + y_2} = -\dfrac{b^2}{a^2} \cdot \dfrac{2x_M}{2y_M} = -\dfrac{b^2}{a^2} \cdot \dfrac{1}{k_2}$$

故

$$k_1 k_2 = -\dfrac{b^2}{a^2} = \dfrac{c^2 - a^2}{a^2} = -\left(\dfrac{\sqrt{5}-1}{2}\right)^2$$

证毕.

性质 3 过亚黄金椭圆 $\dfrac{x^2}{a^2} + \dfrac{y^2}{b^2} = 1(a > b > 0)$ 上任意一点 P 作倾斜角互补的两条直线交该椭圆于 A,B 两点,O 为椭圆中心,则 $k_{AB} \cdot k_{OP} = -\left(\dfrac{\sqrt{5}-1}{2}\right)^2$.

证明 设 P 的坐标为 (x_0,y_0),PA 的方程为 $y - y_0 = k(x - x_0)$,则 PB 的方程为 $y - y_0 = -k(x - x_0)$,把 PA 的方程代入椭圆方程中得

$$(b^2 + a^2k^2)x^2 + 2a^2k(y_0 - kx_0)x + (a^2k^2x_0^2 - 2a^2kx_0y_0 + a^2y_0^2 - a^2b^2) = 0$$

由题意知 x_0 是上式的一个解.

又
$$x_0 + x_A = \frac{2a^2k(kx_0 - y_0)}{a^2k^2 + b^2}$$

所以
$$x_A = \frac{a^2k^2x_0 - 2a^2ky_0 - b^2x_0}{a^2k^2 + b^2}$$

把上式的 k 换成 $-k$ 得
$$x_B = \frac{a^2k^2x_0 + 2a^2ky_0 - b^2x_0}{a^2k^2 + b^2}$$

所以
$$x_B - x_A = \frac{4a^2ky_0}{a^2k^2 + b^2}$$

$$k_{AB} = \frac{y_B - y_A}{x_B - x_A} = \frac{-k(x_A + x_B - 2x_0)}{x_B - x_A} = \frac{b^2 x_0}{a^2 y_0}$$

$$k_{AB} \cdot k_{OP} = \frac{b^2}{a^2} = -\left(\frac{\sqrt{5}-1}{2}\right)^2$$

性质 4 过亚黄金椭圆 $\frac{x^2}{a^2} + \frac{y^2}{b^2} = 1(a > b > 0)$ 的右焦点 F 作与 x 轴垂直的线交椭圆的大圆(即以长半轴为半径的圆)于点 A,联结 AO 交椭圆的小圆(即以短半轴为半径的圆)于点 B,则

(1) 直线 BF 为小圆的切线;

(2) 设直线 BF 交椭圆于 P,Q 两点时,有 $\overrightarrow{OP} \cdot \overrightarrow{OQ} = \frac{1}{2}b^2$.

证明 (1) 由于椭圆为亚黄金椭圆,有 $c^2 = ab$,即 $\frac{c}{a} = \frac{b}{c}$,如图 8.43,即有 $\frac{OF}{OA} = \frac{OB}{OF}$,从而 $\triangle OFA \backsim \triangle OBF$.

即知 OBF 为直角三角形,从而 $OB \perp BF$,即 BF 为小圆的切线.

(Ⅱ) 在 Rt$\triangle OFA$ 中
$$FA = \sqrt{OA^2 - OF^2} = \sqrt{a^2 - c^2} = b \quad \text{①}$$

于是直线 OA 的斜率 $k_{OA} = \frac{b}{c}$.

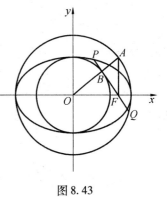

图 8.43

设直线 BF 的斜率为 k,则 $k = -\frac{1}{k_{OA}} = -\frac{c}{b}$,这时,直线 BF 与 y 轴的交点为 $M(0,a)$.

于是,可得直线 BF 的方程为 $y = kx + a$,则
$$k^2 = \frac{c^2}{b^2} = \frac{ab}{b^2} = \frac{a}{b} \quad \text{②}$$

设 $P(x_1,y_1), Q(x_2,y_2)$,由已知它们的坐标满足方程组

$$\begin{cases} \dfrac{x^2}{a^2} + \dfrac{y^2}{b^2} = 1 \\ y = kx + a \end{cases} \qquad ③$$

由方程组 ③ 消去 y,并整理得
$$(b^2 + a^2k^2)x^2 + 2a^3kx + a^4 - a^2b^2 = 0 \qquad ④$$

由式 ①,② 和 ④ 得
$$x_1x_2 = \frac{a^4 - a^2b^2}{b^2 + a^2k^2} = \frac{a^2(a^2 - b^2)}{b^2 + a^2 \dfrac{a}{b}} = \frac{a^3b^2}{a^3 + b^3}$$

由方程组 ③ 消去 x,并整理得
$$(b^2 + a^2k^2)y^2 + 2ab^2y + a^2b^2 - a^2b^2k^2 = 0 \qquad ⑤$$

由式 ② 和 ⑤ 得
$$y_1y_2 = \frac{a^2b^2(1-k^2)}{b^2 + a^2k^2} = \frac{a^2b^2\left(1 - \dfrac{a}{b}\right)}{b^2 + a^2 \cdot a/b} = \frac{a^2b^2(b-a)}{b^3 + a^3}$$

综上得到
$$\overrightarrow{OP} \cdot \overrightarrow{OQ} = x_1x_2 + y_1y_2 = \frac{a^2b^3}{a^3 + b^3}$$

注意到 $a^2 - ab + b^2 = a^2 - c^2 + b^2 = 2b^2$,得
$$\overrightarrow{OP} \cdot \overrightarrow{OQ} = \frac{a^2b^3}{a^3 + b^3} = \frac{a^2b^3}{(a+b) \cdot 2b^2} = \frac{a^2b}{2(a+b)} =$$
$$\frac{ac^2}{2(a+b)} = \frac{a(a^2 - b^2)}{2(a+b)} = \frac{1}{2}(a^2 - ab) =$$
$$\frac{1}{2}(a^2 - c^2) = \frac{1}{2}b^2$$

注 上述内容参见了苏立标老师的文章《从一道高考试题谈亚黄金椭圆的性质》(数学教学研究 2007 年 6 期).

附录 II 亚黄金双曲线

若双曲线的离心率 e 满足 $e^2 = \dfrac{\sqrt{5}+1}{2}$,则称这个双曲线为亚黄金双曲线.

罗文军老师探讨了亚黄金双曲线的有关性质.

性质 1 亚黄金双曲线 $\dfrac{x^2}{a^2} - \dfrac{y^2}{b^2} = 1(a > 0, b > 0)$ 的虚轴长、实轴长、焦距成等比数列.

证明 在亚黄金双曲线 $\dfrac{x^2}{a^2} - \dfrac{y^2}{b^2} = 1(a > 0, b > 0)$ 中,$e^2 = \dfrac{\sqrt{5}+1}{2}$,即 $\left(\dfrac{c}{a}\right)^2 = \dfrac{\sqrt{5}+1}{2}$,$2c^2 = (\sqrt{5}+1)a^2$,则 $(2c^2 - a^2)^2 = 5a^4$,$a^4 + a^2c^2 - c^4 = 0$,$a^4 - c^2(c^2 - a^2) = 0$,$a^4 - b^2c^2 = 0$,所以 $a^4 = b^2c^2$,$a^2 = bc$.

性质 2 在亚黄金双曲线 $\dfrac{x^2}{a^2} - \dfrac{y^2}{b^2} = 1(a > 0, b > 0)$ 中,$\dfrac{1}{a^2} + \dfrac{1}{c^2} = \dfrac{1}{b^2}$.

证明 因为双曲线 $\dfrac{x^2}{a^2} - \dfrac{y^2}{b^2} = 1(a > 0, b > 0)$ 为亚黄金双曲线,所以 $a^2 = bc$

$$\frac{1}{a^2} + \frac{1}{c^2} - \frac{1}{b^2} = \frac{b^2 c^2 - a^4}{a^2 b^2 c^2} = \frac{(bc)^2 - (a^2)^2}{a^2 b^2 c^2} = 0$$

所以 $\dfrac{1}{a^2} + \dfrac{1}{c^2} = \dfrac{1}{b^2}$.

性质 3 亚黄金双曲线 $\dfrac{x^2}{a^2} - \dfrac{y^2}{b^2} = 1(a > 0, b > 0)$ 的实轴长与虚轴长之比等于它的离心率.

证明 由于 $a^2 = bc$,两边同时除以 ab,得 $\dfrac{c}{a} = \dfrac{a}{b} = e$,亦即实轴长与虚轴长之比等于离心率.

性质 4 在亚黄金双曲线 $\dfrac{x^2}{a^2} - \dfrac{y^2}{b^2} = 1(a > 0, b > 0)$ 中,P(不在 x 轴上)为双曲线上任意一点,P 在 x 轴上的射影为 M,双曲线经过点 P 的法线交 x 轴于 N,则 $\dfrac{|ON|}{|OM|} = e^2$.

证明 设 $P(x_0, y_0)$,则 $|OM| = |x_0|$,该亚黄金双曲线过点 $P(x_0, y_0)$ 的切线为 $\dfrac{xx_0}{a^2} - \dfrac{yy_0}{b^2} = 1$,则过点 P 的切线斜率为 $k' = \dfrac{b^2 x_0}{a^2 y_0}$,过点 P 的法线斜率为 $k = -\dfrac{a^2 y_0}{b^2 x_0}$,过点 P 的法线方程为 $y - y_0 = -\dfrac{a^2 y_0}{b^2 x_0}(x - x_0)$,则

$$|ON| = \left| \frac{b^2}{a^2} x_0 + x_0 \right| = \left| \frac{c^2}{a^2} x_0 \right| = |e^2 x_0|$$

$$\frac{|ON|}{|OM|} = \frac{|e^2 x_0|}{|x_0|} = e^2 = \frac{\sqrt{5} + 1}{2}$$

性质 5 不平行于亚黄金双曲线对称轴的切线斜率与经过该切点和中心的直线斜率之积为 $\dfrac{1}{e^2}$.

证明 设 l 是不平行于亚黄金双曲线对称轴的切线,切点为 $P(x_0, y_0)$,由假设知 l 的方程为 $\dfrac{xx_0}{a^2} - \dfrac{yy_0}{b^2} = 1$,即 $y = \dfrac{b^2 x_0}{a^2 y_0} x - \dfrac{b^2}{y_0}$,$k_l = \dfrac{b^2 x_0}{a^2 y_0}$,$k_{OP} = \dfrac{y_0}{x_0}$,$k_l \cdot k_{OP} = \dfrac{b^2}{a^2} = \dfrac{a^4}{c^2} \cdot \dfrac{1}{a^2} = \dfrac{a^2}{c^2} = \dfrac{1}{e^2}$.

性质 6 不平行于亚黄金双曲线对称轴且不经过双曲线中心的弦所在直线的斜率与经过该弦中点和双曲线中心的弦所在直线的斜率与经过该弦中点和双曲线中心的直线斜率之积为 $\dfrac{1}{e^2}$.

证明 GH 是不平行于亚黄金双曲线对称轴且不经过坐标原点的弦,R 是 GH 的中点,设 $G(x_1, y_1), H(x_2, y_2)$,则 $R\left(\dfrac{x_1 + x_2}{2}, \dfrac{y_1 + y_2}{2}\right)$,由题意,有 $k_{GH} = \dfrac{y_1 - y_2}{x_1 - x_2}$,$k_{RO} = \dfrac{y_1 + y_2}{x_1 + x_2}$,故

$$k_{GH} \cdot k_{RO} = \frac{y_1^2 - y_2^2}{x_1^2 - x_2^2} \qquad ①$$

又由于 G,H 是亚黄金双曲线 $\dfrac{x^2}{a^2} - \dfrac{y^2}{b^2} = 1(a > 0, b > 0)$ 上的点,所以

$$y_1^2 = b^2\left(\dfrac{x_1^2}{a^2} - 1\right) \qquad ②$$

$$y_2^2 = b^2\left(\dfrac{x_2^2}{a^2} - 1\right) \qquad ③$$

将式②,③代入式①,得

$$k_{GH} \cdot k_{RO} = \dfrac{b^2\left[\left(\dfrac{x_1^2}{a^2} - 1\right) - \left(\dfrac{x_2^2}{a^2} - 1\right)\right]}{x_1^2 - x_2^2} = \dfrac{b^2}{a^2} = \dfrac{a^4}{c^2} \cdot \dfrac{1}{a^2} = \dfrac{a^2}{c^2} = \dfrac{1}{e^2}$$

性质 7 亚黄金双曲线的实端点圆面积(就是以双曲线的中心为圆心,过实轴端点的圆面积,下类同)是虚端点圆面积和焦点圆面积的等比中项.

证明 记实端点圆面积、虚端点圆面积和焦点圆面积分别为 S_1, S_2, S_3,则

$$S_1 = \pi a^2, \quad S_2 = \pi b^2, \quad S_3 = \pi c^2$$

$$S_1^2 = \pi^2 a^4, \quad S_2 S_3 = (\pi b^2)(\pi c^2) = \pi^2(b^2 c^2)$$

根据性质 1,$a^4 = b^2 c^2$,所以 $S_1^2 = \pi^2 a^4 = \pi^2(b^2 c^2) = S_2 S_3$.

性质 8 亚黄金双曲线的通径长等于实轴长的 $\dfrac{1}{\dfrac{\sqrt{5}+1}{2}}$ 倍.

证明 把 $x = c$ 代入亚黄金双曲线方程 $\dfrac{x^2}{a^2} - \dfrac{y^2}{b^2} = 1$ 得 $\dfrac{c^2}{a^2} - \dfrac{y^2}{b^2} = 1$,$y = \pm\dfrac{b^2}{a}$,通径长为

$$\dfrac{2b^2}{a} = 2 \cdot \dfrac{a^4}{c^2} \cdot \dfrac{1}{a} = 2\dfrac{a^3}{c^2} = 2a\left(\dfrac{a}{c}\right)^2 = 2a\dfrac{1}{e^2} = 2a\dfrac{1}{\dfrac{\sqrt{5}+1}{2}}.$$

性质 9 在亚黄金双曲线中,记虚端点圆面积、实端点圆面积、焦点圆面积分别为 $S_{虚}$、$S_{实}$、$S_{焦}$,则 $\dfrac{S_{虚}}{S_{实}} = \dfrac{1}{\dfrac{\sqrt{5}+1}{2}}$,$\dfrac{S_{焦}}{S_{实}} = \dfrac{\sqrt{5}+1}{2}$.

证明

$$\dfrac{S_{虚}}{S_{实}} = \dfrac{\pi b^2}{\pi a^2} = \dfrac{b^2}{a^2} = \left(\dfrac{a}{c}\right)^2 = \dfrac{1}{e^2} = \dfrac{1}{\dfrac{\sqrt{5}+1}{2}}$$

$$\dfrac{S_{焦}}{S_{实}} = \dfrac{\pi c^2}{\pi a^2} = \left(\dfrac{c}{a}\right)^2 = e^2 = \dfrac{\sqrt{5}+1}{2}$$

性质 10 过亚黄金双曲线 $\dfrac{x^2}{a^2} - \dfrac{y^2}{b^2} = 1$ 上一点 P 引实端点圆 O 的两条切线,切点为 A, B,直线 AB 与 x 轴,y 轴分别相交于 M, N,则 $\dfrac{b}{|OM|^2} - \dfrac{a^2}{|ON|^2} = \dfrac{1}{\dfrac{\sqrt{5}+1}{2}}$.

证明 设点 $P(x_0, y_0)$,由题意,$b^2 x_0^2 - a^2 y_0^2 = a^2 b^2 (y_0 \neq 0)$,圆 O 的方程是 $x^2 + y^2 = a^2$,弦 AB 所在直线的方程为 $xx_0 + yy_0 = a^2$,令 $x = 0, y = \dfrac{a^2}{y_0}$,令 $y = 0, x = \dfrac{a^2}{x_0}$,即 $|ON| = \dfrac{a^2}{y_0}$,

$|OM| = \dfrac{a^2}{x_0}$，所以

$$\dfrac{b^2}{|OM|^2} - \dfrac{a^2}{|ON|^2} = b^2\dfrac{x_0^2}{a^4} - a^2\dfrac{y_0^2}{a^4} = \dfrac{b^2 x_0^2 - a^2 y_0^2}{a^4} = \dfrac{a^2 b^2}{a^4} = \dfrac{b^2}{a^2} = \dfrac{a^2}{c^2} = \dfrac{1}{\left(\dfrac{1}{c}\right)^2} = \dfrac{1}{\dfrac{\sqrt{5}+1}{2}}$$

性质 11 设直线 l, l_1 分别是亚黄金双曲线与其焦点圆在同一交点处的切线，l, l_1 分别与 x 轴和 y 轴所围成的三角形面积分别为 S, S_1，则

$$\dfrac{S}{S_1} = \left(\dfrac{\sqrt{5}+1}{2}\right)^{-1} - \left(\dfrac{\sqrt{5}+1}{2}\right)^{-2}$$

证明 把 $a^2 = \dfrac{c^2}{e^2}$ 和 $b^2 = \dfrac{c^2(e^2-1)}{e^2}$ 代入 $\dfrac{x^2}{a^2} - \dfrac{y^2}{b^2} = 1$ 得 $\dfrac{e^2 x^2}{c^2} - \dfrac{e^2 y^2}{c^2(e^2-1)} = 1$，与焦点圆方程 $x^2 + y^2 = c^2$ 联立得方程组 $\begin{cases}\dfrac{e^2 x^2}{c^2} - \dfrac{e^2 y^2}{c^2(e^2-1)} = 1 \\ x^2 + y^2 = c^2\end{cases}$.

设 P 为亚黄金双曲线与其焦点圆 $x^2 + y^2 = c^2$ 在第一象限内的交点，解之得 $P\left(\dfrac{\sqrt{2e^2-1}}{e^2}c, \dfrac{e^2-1}{e^2}c\right)$.

又直线 l, l_1 分别是亚黄金双曲线与其焦点圆在同一交点 P 处的切线，则

$$l: \dfrac{\dfrac{e^2\sqrt{2e^2-1}}{e^2}cx}{c^2} - \dfrac{\dfrac{e^2 \cdot e^2-1}{e^2}cy}{c^2(e^2-1)} = 1$$

$$l_1: \dfrac{\sqrt{2e^2-1}}{e^2}cx + \dfrac{e^2-1}{e^2}cy = c^2$$

设直线 l 交 x 轴和 y 轴分别于点 A, B，直线 l_1 交 x 轴和 y 轴分别于点 $C, D, A\left(\dfrac{c}{\sqrt{2e^2-1}}, 0\right), B(0, -c), C\left(\dfrac{e^2 c}{\sqrt{2e^2-1}}, 0\right), D\left(0, \dfrac{e^2 c}{e^2-1}\right)$

$$S = \dfrac{1}{2} \cdot \left|\dfrac{c}{\sqrt{2e^2-1}}\right| \cdot |-c| = \dfrac{c^2}{2\sqrt{2e^2-1}}$$

$$S_1 = \dfrac{1}{2} \cdot \left|\dfrac{e^2 c}{\sqrt{2e^2-1}}\right| \cdot \dfrac{e^2 c}{e^2-1} = \dfrac{e^4 c^2}{2\sqrt{2e^2-1}(e^2-1)}$$

则

$$\dfrac{S}{S_1} = \dfrac{e^2-1}{e^4} = \dfrac{1}{e^2} - \dfrac{1}{e^4} = \left(\dfrac{\sqrt{5}+1}{2}\right)^{-1} - \left(\dfrac{\sqrt{5}+1}{2}\right)^{-2}$$

性质 12 过亚黄金双曲线 $\dfrac{x^2}{a^2} - \dfrac{y^2}{b^2} = 1$ 的右焦点 F 的直线交双曲线于点 M, N（MN 不平行于双曲线对称轴，MN 的中垂线交 x 轴于点 Q，则 $\dfrac{|MN|}{|FQ|} = 2 \times \left(\dfrac{\sqrt{5}+1}{2}\right)^{-\frac{1}{2}}$）.

证明 设直线 MN 的方程为 $y = k(x-c)$

$$M(x_1,y_1), N(x_2,y_2), P(x_0,y_0)$$

由 $\begin{cases} y = k(x-c) \\ b^2x^2 - a^2y^2 = a^2b^2 \end{cases}$,得

$$x_1 + x_2 = \frac{2a^2k^2c}{a^2k^2 - b^2}, x_1x_2 = \frac{a^2b^2 + a^2c^2k^2}{a^2k^2 - b^2}$$

$$x_0 = \frac{x_1 + x_2}{2} = \frac{a^2k^2c}{a^2k^2 - b^2}, y_0 = \frac{b^2ck}{a^2k^2 - b^2}$$

直线 PQ 的方程为

$$y - \frac{b^2ck}{a^2k^2 - b^2} = -\frac{1}{k}\left(x - \frac{a^2k^2c}{a^2k^2 - b^2}\right)$$

令 $y = 0$,则

$$x_Q = \frac{b^2k^2c + a^2k^2c}{a^2k^2 - b^2} = \frac{k^2c^3}{a^2k^2 - b^2}$$

$$|FQ| = \left|\frac{k^2c^3}{a^2k^2 - b^2} - c\right| = \frac{b^2c(1+k^2)}{|a^2k^2 - b^2|}$$

$$|MN| = \sqrt{(1+k^2)[(x_1+x_2)^2 - 4x_1x_2]} =$$

$$\sqrt{(1+k^2)\left[\frac{4a^4k^4c^2}{(a^2k^2-b^2)^2} - \frac{4(a^2b^2 + a^2c^2k^2)}{a^2k^2 - b^2}\right]} =$$

$$\frac{2ab^2(1+k^2)}{|a^2k^2 - b^2|}$$

$$\frac{|MN|}{|FQ|} = \frac{2ab^2(1+k^2)}{|a^2k^2 - b^2|} \cdot \frac{|a^2k^2 - b^2|}{b^2c(1+k^2)} = 2\frac{a}{c} = 2\frac{1}{e} = 2 \times \left(\frac{\sqrt{5}+1}{2}\right)^{-\frac{1}{2}}$$

性质 13 P 是亚黄金双曲线 $\frac{x^2}{a^2} - \frac{y^2}{b^2} = 1$ 上任意一点(除顶点外),$\angle PF_1F_2 = \alpha$, $\angle PF_2F_1 = \beta$,则

$$\cot\frac{\alpha}{2} \cdot \tan\frac{\beta}{2} = \frac{1 + \sqrt{\frac{\sqrt{5}-1}{2}}}{1 - \sqrt{\frac{\sqrt{5}-1}{2}}}$$

证明 不妨设 $P(x_0, y_0)$ 是双曲线右支上的一点,则

$$|PF_1| = ex_0 + a, |PF_2| = ex_0 - a$$

在 $\triangle PF_1F_2$ 中

$$\frac{|PF_1|}{\sin\beta} = \frac{|PF_2|}{\sin\alpha} = \frac{|F_1F_2|}{\sin(\alpha+\beta)}$$

即

$$\frac{2a}{\sin\beta - \sin\alpha} = \frac{2c}{\sin(\alpha+\beta)}$$

所以

$$\frac{\sin(\alpha+\beta)}{\sin\beta-\sin\alpha} = \frac{c}{a} = \sqrt{\frac{\sqrt{5}+1}{2}} = \frac{1}{\sqrt{\frac{\sqrt{5}-1}{2}}}$$

所以 $\dfrac{\sin(\frac{\alpha+\beta}{2})}{\sin(\frac{\beta-\alpha}{2})} = \dfrac{1}{\sqrt{\frac{\sqrt{5}-1}{2}}}$，由和分比定理有

$$\frac{\sin(\frac{\alpha+\beta}{2}) + \sin(\frac{\beta-\alpha}{2})}{\sin(\frac{\alpha+\beta}{2}) - \sin(\frac{\beta-\alpha}{2})} = \frac{1 + \sqrt{\frac{\sqrt{5}-1}{2}}}{1 - \sqrt{\frac{\sqrt{5}-1}{2}}}$$

所以

$$\frac{\sin\frac{\beta}{\alpha}\cos\frac{\alpha}{2}}{\cos\frac{\beta}{\alpha}\sin\frac{\alpha}{2}} = \frac{1 + \sqrt{\frac{\sqrt{5}-1}{2}}}{1 - \sqrt{\frac{\sqrt{5}-1}{2}}}$$

所以

$$\cot\frac{\alpha}{2}\tan\frac{\beta}{2} = \frac{1 + \sqrt{\frac{\sqrt{5}-1}{2}}}{1 - \sqrt{\frac{\sqrt{5}-1}{2}}}$$

若点 $P(x_0,y_0)$ 是双曲线左支上一点，结论也成立.

注 以上内容参见了罗文军老师的文章《"亚黄金双曲线"的若干性质》(数学通讯 2012 年 12 期).

附录Ⅲ 白银椭圆

若椭圆 $\dfrac{x^2}{a^2}+\dfrac{y^2}{b^2}=1(a>b>0)$ 的短轴与长轴之比为 $\omega=\sqrt{2}-1$，则称此椭圆为白银椭圆. 设椭圆 $\dfrac{x^2}{a^2}+\dfrac{y^2}{b^2}=1(a>b>0)$ 是白银椭圆，则 $b=\omega a, c=\sqrt{a^2-b^2}=a\sqrt{1-\omega^2}$.

田彦武老师探讨了白银椭圆的有关性质：

性质 1 白银椭圆的离心率 $e=\sqrt{1-\omega^2}$. (证明略)

性质 2 过白银椭圆 $\dfrac{x^2}{a^2}+\dfrac{y^2}{b^2}=1(a>b>0)$ 上一点 P（不与短轴端点重合），向以短轴为直径的圆 O 引两条切线，切点为 A,B，直线 AB 与 x 轴，y 轴分别相交于 M,N，则 $\dfrac{b^2}{|OM|^2}+\dfrac{a^2}{|ON|^2}=\omega^{-2}$.

证明 如图 8.44, 设点 P 的坐标为 (x_0, y_0), 圆 O 的方程为 $x^2 + y^2 = b^2$, 则以切点为端点的弦 AB 的方程为 $x_0 x + y_0 y = b^2$. 令 $x = 0$, 得 $|ON|^2 = \dfrac{b^4}{y_0^2}$; 令 $y = 0$, 得 $|OM|^2 = \dfrac{b^4}{x_0^2}$, 则 $\dfrac{b^2}{|OM|^2} + \dfrac{a^2}{|ON|^2} = \dfrac{b^2}{\frac{b^4}{x_0^2}} + \dfrac{a^2}{\frac{b^4}{y_0^2}} = \dfrac{b^2 x_0^2 + a^2 y_0^2}{b^4}$, 又点 $P(x_0, y_0)$ 在椭圆上, 则 $b^2 x_0^2 + a^2 y_0^2 = a^2 b^2$, 故

$$\dfrac{b^2}{|OM|^2} + \dfrac{a^2}{|ON|^2} = \dfrac{a^2 b^2}{b^4} = \dfrac{a^2}{b^2} = \omega^{-2}$$

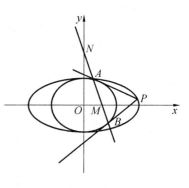

图 8.44

性质 3 AB 为白银椭圆 $\dfrac{x^2}{a^2} + \dfrac{y^2}{b^2} = 1 (a > b > 0)$ 不与对称轴平行的弦, P 为 AB 的中点, 联结 OP, 则 $k_{OP} \cdot k_{AB} = -\omega^2$.

证明 如图 8.45, 设 $A(x_1, y_1), B(x_2, y_2), P(x_0, y_0)$, 则由 $b^2 x_1^2 + a^2 y_1^2 = a^2 b^2$ 且 $b^2 x_2^2 + a^2 y_2^2 = a^2 b^2$, 易得 $b^2(x_1 + x_2)(x_1 - x_2) + a^2(y_1 + y_2)(y_1 - y_2) = 0$, 由题设有 $x_1 \neq x_2$, 且 $x_1 + x_2 = 2x_0, y_1 + y_2 = 2y_0$, 从而 $\dfrac{y_1 - y_2}{x_1 - x_2} = -\dfrac{b^2}{a^2} \cdot \dfrac{x_0}{y_0}$, 即 $k_{OP} \cdot k_{AB} = -\dfrac{b^2}{a^2} = -\omega^2$.

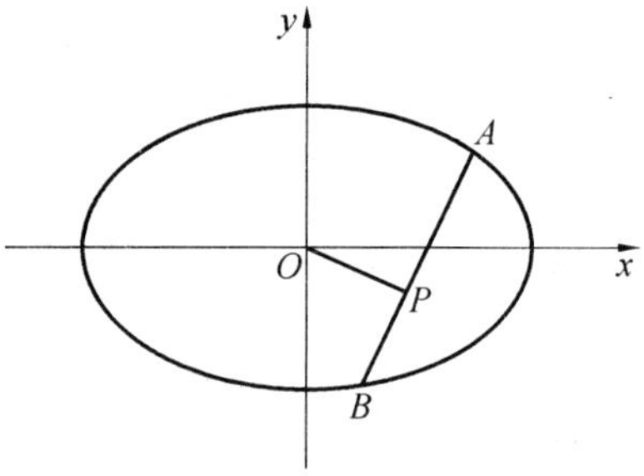

图 8.45

性质 4 若经过白银椭圆 $\dfrac{x^2}{a^2} + \dfrac{y^2}{b^2} = 1 (a > b > 0)$ 中心的直线与椭圆交于 A, B 两点, 又 P 是该椭圆上任一点 (顶点除外), 且直线 PA 与 PB 的斜率存在, 则有 $k_{PA} \cdot k_{PB} = -\omega^2$.

证明 设 $P(x, y)(y \neq 0)$ 是白银椭圆上任一点, 直线 l 过椭圆中心 O 且与椭圆交于 $A(x_0, y_0), B(-x_0, -y_0)$, 则 $k_{PA} \cdot k_{PB} = \dfrac{y - y_0}{x - x_0} \cdot \dfrac{y + y_0}{x + x_0} = \dfrac{y^2 - y_0^2}{x^2 - x_0^2}$, 由 $b^2 x^2 + a^2 y^2 = a^2 b^2$ 且 $b^2 x_0^2 + a^2 y_0^2 = a^2 b^2$, 得 $\dfrac{y^2 - y_0^2}{x^2 - x_0^2} = -\dfrac{b^2}{a^2} = -w^2$, 即 $k_{PA} \cdot k_{PB} = w^2$.

推论 设白银椭圆 $\dfrac{x^2}{a^2} + \dfrac{y^2}{b^2} = 1 (a > b > 0)$ 上任一点与其长轴两个顶点的连线的斜率 (假设都存在) 之积为定值.

证明 设 $P(x_0, y_0)$ 为白银椭圆上任一点, 两顶点分别为 $A_1(-a, 0), A_2(a, 0)$, 则 $k_{A_1 P} \cdot k_{A_2 P} = \dfrac{y_0}{x_0 + a} \cdot \dfrac{y_0}{x_0 - a} = \dfrac{y_0^2}{x_0^2 - a^2}$, 因 $\dfrac{x_0^2}{a^2} + \dfrac{y_0^2}{b^2} = 1$, 所以 $y_0^2 = \dfrac{b^2}{a^2}(a^2 - x_0^2)$, 则 $k_{A_1 P} \cdot k_{A_2 P} = -\dfrac{b^2}{a^2} = -\omega^2$.

性质 5 设 F_1, F_2 是白银椭圆 $\dfrac{x^2}{a^2} + \dfrac{y^2}{b^2} = 1 (a > b > 0)$ 的两个焦点, P 是其上任一点 (除长轴两个端点), $\angle PF_1 F_2 = \alpha, \angle PF_2 F_1 = \beta$, 则 $\tan \dfrac{\alpha}{2} \tan \dfrac{\beta}{2} = \dfrac{1 - \sqrt{1 - \omega^2}}{1 + \sqrt{1 - \omega^2}}$.

证明 设 $P(x_0,y_0)$，由焦半径公式知 $|PF_1|=a+ex_0$，$|PF_2|=a-ex_0$，由正弦定理有

$$\frac{|PF_1|}{\sin\beta}=\frac{|PF_2|}{\sin\alpha}=\frac{|F_1F_2|}{\sin[\pi-(\alpha+\beta)]}$$

即

$$\frac{a+ex_0}{\sin\beta}=\frac{a-ex_0}{\sin\alpha}=\frac{2c}{\sin(\alpha+\beta)}$$

则

$$\frac{2a}{\sin\alpha+\sin\beta}=\frac{2c}{\sin(\alpha+\beta)}$$

于是

$$\frac{\sin(\alpha+\beta)}{\sin\alpha+\sin\beta}=\frac{c}{a}=\sqrt{1-\omega^2}$$

即

$$\frac{\cos\dfrac{\alpha+\beta}{2}}{\cos\dfrac{\alpha-\beta}{2}}=\sqrt{1-\omega^2}$$

由合分比定理得

$$\frac{\cos\dfrac{\alpha-\beta}{2}+\cos\dfrac{\alpha-\beta}{2}}{\cos\dfrac{\alpha+\beta}{2}-\cos\dfrac{\alpha-\beta}{2}}=\frac{\sqrt{1-\omega^2}+1}{\sqrt{1-\omega^2}-1}$$

即

$$\tan\frac{\alpha}{2}\tan\frac{\beta}{2}=\frac{1-\sqrt{1-\omega^2}}{1+\sqrt{1-\omega^2}}$$

性质6 白银椭圆 $\dfrac{x^2}{a^2}+\dfrac{y^2}{b^2}=1(a>b>0)$ 中斜率为 k 的一组平行弦的中点在同一直线上，设此直线 l 的斜率为 k'，则 $k\cdot k'=-\omega^2$.

证明 设白银椭圆斜率为 k 的平行弦方程为 $y=kx+m$，平行弦中点为 $P(x_0,y_0)$，则由 $\dfrac{x^2}{a^2}+\dfrac{y^2}{b^2}=1$ 且 $y=kx+m$ 得

$$(b^2+a^2k^2)x^2+2kma^2x+a^2(m^2-b^2)=0$$

则

$$x_0=\frac{x_1+x_2}{2}=-\frac{kma^2}{b^2+a^2k^2} \qquad ①$$

即

$$y_0=kx_0+m=-\frac{k^2ma^2}{b^2+a^2k^2}+m=\frac{mb^2}{b^2+a^2k^2} \qquad ②$$

由 ②÷① 得

$$\frac{y_0}{x_0} = -\frac{b^2}{ka^2}$$

则 $y_0 = -\frac{b^2}{ka^2}x_0$，此即为动点 P 的轨迹方程，其斜率为 $k' = -\frac{b^2}{ka^2}$，故 $k \cdot k' = -\frac{b^2}{a^2} = -\omega^2$.

性质7 经过白银椭圆 $\frac{x^2}{a^2} + \frac{y^2}{b^2} = 1(a > b > 0)$ 上任意一点 P（顶点除外）引斜率为 k 的切线，则 $k \cdot k_{OP} = -\omega^2$.

证明 考虑白银椭圆的上半部分，其方程为 $y = \frac{b}{a}\sqrt{a^2 - x^2}$，设 $P(x_0, y_0)(|x_0| < a)$ 为其上任一点，求导得 $y' = -\frac{b}{a} \cdot \frac{x}{\sqrt{a^2 - x^2}}$，则椭圆上在点 P 处的切线斜率为

$$k = -\frac{b}{a} \cdot \frac{x_0}{\sqrt{a^2 - x_0^2}}$$

所以

$$k \cdot k_{OP} = -\frac{b}{a} \cdot \frac{x_0}{\sqrt{a^2 - x_0^2}} \cdot \frac{y_0}{x_0} = -\frac{b}{a} \cdot \frac{x_0}{\sqrt{a^2 - x_0^2}} \cdot \frac{\frac{b}{a}\sqrt{a^2 - x_0^2}}{x_0} = -\frac{b^2}{a^2} = -\omega^2$$

由椭圆的对称性知，当点 P 在白银椭圆的下半部分时，结论也成立.

注 以上内容参见了田彦武老师的文章《白银椭圆及其性质》（中学数学研究 2012 年 6 期）.

附录 IV 白银双曲线

若双曲线 $\frac{x^2}{a^2} - \frac{y^2}{b^2} = 1(a > 0, b > 0)$ 的实轴长与焦距长之比 $\omega = \sqrt{2} - 1$，则称这类双曲线为白银双曲线.

任健、王丹两位老师探讨了白银双曲线的有关性质.

性质1 白银双曲线的离心率为 $e = \frac{1}{\omega}$，渐近线方程为 $y = \pm\sqrt{\frac{1}{\omega^2} - 1}\,x$.

性质2 在白银双曲线中，分别记以虚轴的两个端点为直径的圆面积为 S_1，以实轴的两个端点为直径的圆面积为 S_2，以两焦点为直径的圆面积为 S_3，则 $\frac{S_1}{S_2} = \frac{1}{\omega^2} - 1$，$\frac{S_3}{S_2} = \frac{1}{\omega^2}$.

性质3 （1）过白银双曲线 $\frac{x^2}{a^2} - \frac{y^2}{b^2} = 1(a > 0, b > 0)$ 上一点 P，向以实轴为直径，原点为圆心的圆 O 引两条切线，切点为 A, B，直线 AB 与 x 轴、y 轴分别交于 M, N，则 $\frac{b^2}{|OM|^2} - \frac{a^2}{|ON|^2} = \frac{1}{\omega^2} - 1$.

证明 设 $P(x_0, y_0)$，圆 O 的方程为 $x^2 + y^2 = a^2$，则切点弦 AB 的方程为 $x_0 x + y_0 y = a^2$，

令 $x=0$,得 $|ON|^2=\dfrac{a^4}{y_0^2}$,令 $y=0$,得 $|OM|^2=\dfrac{a^4}{x_0^2}$,故

$$\dfrac{b^2}{|OM|^2}-\dfrac{a^2}{|ON|^2}=\dfrac{b^2x_0^2}{a^4}-\dfrac{a^2y_0^2}{a^4}=\dfrac{a^2b^2}{a^4}=\dfrac{b^2}{a^2}=\dfrac{c^2-a^2}{a^2}=\dfrac{1}{\omega^2}-1$$

(2) 过白银双曲线 $\dfrac{x^2}{a^2}-\dfrac{y^2}{b^2}=1(a>0,b>0)$ 上一点 P,向以虚轴为直径,原点为圆心的圆 O 引两条切线,切点为 A,B,直线 AB 与 x 轴,y 轴分别交于 M,N,则

$$\dfrac{b^2}{|OM|^2}-\dfrac{a^2}{|ON|^2}=\dfrac{\omega^2}{1-\omega^2}$$

性质 3(2) 的证明与 3(1) 类似(略).

性质 4 设 AB 为不与白银双曲线 $\dfrac{x^2}{a^2}-\dfrac{y^2}{b^2}=1(a>0,b>0)$ 的对称轴平行的弦,P 为 AB 的中点,联结 OP,则 $k_{OP}\cdot k_{AB}=\dfrac{1}{\omega^2}-1$.

证明 不妨设 $A(x_1,y_1),B(x_2,y_2),P(x_0,y_0)$,则

$$\begin{cases}\dfrac{x_1^2}{a^2}-\dfrac{y_1^2}{b^2}=1\\[2mm]\dfrac{x_2^2}{a^2}-\dfrac{y_2^2}{b^2}=1\end{cases}$$

两式相减得

$$\dfrac{(x_1-x_2)(x_1+x_2)}{a^2}-\dfrac{(y_1-y_2)(y_1+y_2)}{b^2}=0$$

即

$$\dfrac{(x_1-x_2)x_0}{a^2}=\dfrac{(y_1-y_2)y_0}{b^2}$$

因 AB 与对称轴不平行,则 $k_{OP}\cdot k_{AB}=\dfrac{b^2}{a^2}=\dfrac{1}{\omega^2}-1$.

性质 5 若经过白银双曲线 $\dfrac{x^2}{a^2}-\dfrac{y^2}{b^2}=1(a>0,b>0)$ 中心的直线与双曲线交于 A,B 两点,又 P 是该双曲线上任一点(顶点除外),且直线 PA 与 PB 的斜率存在,则 $k_{PA}\cdot k_{PB}=\dfrac{1}{\omega^2}-1$.

证明 设 $P(x,y),A(x_0,y_0),B(-x_0,-y_0)$,则

$$k_{PA}\cdot k_{PB}=\dfrac{y-y_0}{x-x_0}\cdot\dfrac{y+y_0}{x+x_0}=\dfrac{y^2-y_0^2}{x^2-x_0^2}$$

又因

$$b^2x^2-a^2y^2=1,b^2x_0^2-a^2y_0^2=1$$

从而

$$b^2x^2-a^2y^2=b^2x_0^2-a^2y_0^2$$

得

$$b^2(x^2-x_0^2)=a^2(y^2-y_0^2)$$

则
$$\frac{y^2 - y_0^2}{x^2 - x_0^2} = \frac{b^2}{a^2} = \frac{1}{\omega^2} - 1.$$

性质 6 设 F_1, F_2 是白银双曲线 $\frac{x^2}{a^2} - \frac{y^2}{b^2} = 1(a > 0, b > 0)$ 的两个焦点,点 P 是双曲线上异于顶点的任意一点,设 $\angle PF_1F_2 = \alpha, \angle PF_2F_1 = \beta$,则

(1) 当点 P 在双曲线右支上时,$\tan\frac{\alpha}{2} \cdot \cot\frac{\beta}{2} = \frac{1-\omega}{1+\omega}$.

(2) 当点 P 在双曲线左支上时,$\cot\frac{\alpha}{2} \cdot \tan\frac{\beta}{2} = \frac{1-\omega}{1+\omega}$.

证明 当 P 在右支上时,由 $|PF_1| - |PF_2| = 2a$ 及正弦定理,有
$$\frac{|PF_1|}{\sin\beta} = \frac{|PF_2|}{\sin\alpha} = \frac{|F_1F_2|}{\sin(\alpha+\beta)}.$$

由分比定理,有
$$\frac{2c}{\sin(\alpha+\beta)} = \frac{2a}{\sin\beta - \sin\alpha}.$$

故
$$e = \frac{c}{a} = \frac{\sin(\alpha+\beta)}{\sin\beta - \sin\alpha} = \frac{2\sin\frac{\alpha+\beta}{2}\cos\frac{\alpha+\beta}{2}}{2\cos\frac{\alpha+\beta}{2}\sin\frac{\beta-\alpha}{2}} = \frac{\sin\left(\frac{\alpha}{2}+\frac{\beta}{2}\right)}{\sin\left(\frac{\beta}{2}-\frac{\alpha}{2}\right)} = \frac{1+\tan\frac{\alpha}{2}\cot\frac{\beta}{2}}{1-\tan\frac{\alpha}{2}\cot\frac{\beta}{2}}.$$

从而
$$\tan\frac{\alpha}{2} \cdot \cot\frac{\beta}{2} = \frac{e-1}{e+1} = \frac{1-\omega}{1+\omega}$$

得证.

性质 6(2) 的证明与 6(1) 类似(略).

性质 7 经过白银双曲线 $\frac{x^2}{a^2} - \frac{y^2}{b^2} = 1(a > 0, b > 0)$ 上异于顶点的任意一点 P 引斜率为 k 的切线,则 $k \cdot k_{OP} = \frac{1}{\omega^2} - 1$.

证明 设点 $P(x_0, y_0)$,则经过点 P 的切线方程为 $\frac{x_0 x}{a^2} - \frac{y_0 y}{b^2} = 1$,其斜率 $k = \frac{b^2 x_0}{a^2 y_0}$,而 $k_{OP} = \frac{y_0}{x_0}$,故 $k \cdot k_{OP} = \frac{b^2}{a^2} = \frac{1}{\omega^2} - 1$.

性质 8 双曲线 $C_1 = \frac{x^2}{a^2} - \frac{y^2}{b^2} = 1(a > 0, b > 0, c = \sqrt{a^2+b^2})$ 和抛物线 $C_2 : y^2 = 2px (p > 0)$ 的交点 P 在平面直角坐标系上的射影分别为双曲线 C_1 和抛物线 C_2 的焦点的充要条件为双曲线 C_1 为白银双曲线且 $p = 2c$.

证明 双曲线 C_1 上满足其在坐标轴上的射影为双曲线焦点的点的坐标为 $(\pm c, \pm\frac{b^2}{a})$.

抛物线 C_2 上满足其在坐标轴上的射影为抛物线焦点的点的坐标为 $(\frac{p}{2}, \pm p)$,所以曲线 C_1

和 C_2 的交点 P 在平面坐标上的射影分别为 C_1 和 C_2 的焦点的充要条件为 $C = \dfrac{p}{2}$ 且 $\dfrac{b^2}{a} = p$. 由此可得 $p = 2c$ 且 $\dfrac{b^2}{a} = 2c$. 从而 $c^2 - a^2 = 2ac$,即 $e^2 - 2e - 1 = 0$,故 $e = \sqrt{2} + 1$,即 C_1 为白银双曲线.

注 以上内容参见了任健、王丹老师的文章《白银双曲线及其性质》(中学数学研究 2014 年 10 期).

思 考 题

1. 当你漫步在雪花纷飞的原野,你会感到置身于一个什么样的数学现象里?

2. 蜘蛛网是一种简单而优美的自然造物,那结满露珠的网在晨曦的照射下散射着光辉,沁人心脾,令人陶醉!请你用数学描述那美丽的结构.

3. 将与 105 互素的所有正整数,从小到大排成数列,试求出这个数列的第 1 000 项.

4. 地面上有 A, B, C 三点,一只青蛙位于地面上距点 C 0.27 m 的点 P,青蛙第一步从 P 跳到关于 A 的对称点 P_1,我们把这个动作说成是青蛙从点 P 关于点 A 作"对称跳";第二步从点 P_1 出发关于点 B 作对称跳到达 P_2;第三步从点 P_2 出发关于点 C 作对称跳到达 P_3;第四步从点 P_3 出发再对 A 作对称跳到达 P_4;……按这种方式一直跳下去,若青蛙第 1 997 步对称跳之后到达 $P_{1\,997}$,问此点与出发点 P 的距离为多少厘米?

5. 连分数 $x = \dfrac{1}{1 + \dfrac{1}{1 + \dfrac{1}{1 + \dfrac{1}{1 + \left(\dfrac{1}{1 + \cdots}\right)}}}}$ 的特点是什么?

6. 大海的波浪,其壮丽的造型似乎是一种人性的创造. 它时而隆起,时而翻滚,时而拍击着海岸,……. 你能收集到有关海洋波浪中的数学的有关信息吗?

7. 请证明黄金椭圆的 5 条结论.

8. 请证明黄金双曲线的 10 条结论.

9. 由 $55^2 = 3\,025$ 及 $555^2 = 308\,025$,可以写成如下形式的计算结果.

```
            2 5
        2 5 2 5
    +       2 5
    ───────────
        3 0 2 5
```

```
                2 5
            2 5 2 5
        2 5 2 5 2 5
            2 5 2 5
    +           2 5
        ───────────
        3 0 8 0 2 5
```

你能否计算 $5\,555\,555^2$ 及 $4\,444\,444^2$?

10. 给出 8.2.3 节中三个几何问题的证明.

思考题参考解答

1. 会感到置身于一个奇妙的几何形状的世界. 雪花可能是自然界中具有六角形对称的

最为令人兴奋的例子. 研究一下所看到的雪花晶体,就会发现它们是由圆标形、面条形、盘状、块状等花样结合而成.

2. 在蛛网中我们首先注意到的数学对象大概是两条类似于对数螺线的蛛网曲线. 把从蛛网中心放射出去的那几股线称为"半径". 类似螺线的曲线则由连接两相邻半径的弦形成. 位于两条相邻半径间的弦互相平行,沿半径的所有同位角也全都相等. 当早晨的露凝布在蛛网上时,互相靠拢的水结成小小水滴(特别对于较黏的丝),蛛网的弦由于水滴的负荷而弯曲,使得每条弦都变成为悬链线.

3. 若设这个数列的第 1 000 项为 x,由于 $105 = 3 \times 5 \times 7$,依题意列出方程

$$x - \left(\left[\frac{x}{3}\right] + \left[\frac{x}{5}\right] + \left[\frac{x}{7}\right]\right) + \left(\left[\frac{x}{3 \times 5}\right] + \left[\frac{x}{3 \times 7}\right] + \left[\frac{x}{5 \times 7}\right]\right) - \left[\frac{x}{105}\right] = 1\ 000$$

而要解此方程将比较困难. 若先顺序排列出该数列中不大于 105 的各项,再以每次增加 105 的节律向前延伸,则探寻第 1 000 项的工作就相对容易些.

设 $S = \{1, 2, \cdots, 105\}$,$A_1 = \{x \mid x \in S, \text{且}\ 3 \mid x\}$,$A_2 = \{x \mid x \in S, \text{且}\ 5 \mid x\}$,$A_3 = \{x \mid x \in S$,且 $7 \mid x\}$,则与 105 互素且不大于 105 的自然数的个数为

$$|\overline{A_1} \cap \overline{A_2} \cap \overline{A_3}| = |S| - (|A_1| + |A_2| + |A_3|) + (|A_1 \cap A_2| + |A_2 \cap A_3| + |A_3 \cap A_1|) - (|A_1 \cap A_2 \cap A_3|) =$$
$$105 - (35 + 21 + 15) + (7 + 3 + 5) - 1 = 48$$

于是有 $a_1 = 1, a_2 = 2, a_3 = 4, \cdots, a_{48} = 104$.

排查了 105 以内的情况后,注意到 $1\ 000 = 48 \times 20 + 40$,即 $a_{1\ 000} = 105 \times 20 + a_{40}$,及 $a_{48} = 104, a_{47} = 103, \cdots, a_{40} = 86$,从而求得 $a_{1\ 000} = 2\ 186$,将 $x = 2\ 186$ 代入前面方程验证知满足题意.

4. 以 P 为原点,在地面上建立直角坐标系. 设 $A(a_1, a_2), B(b_1, b_2), C(c_1, c_2)$,由于 $P(0, 0)$,根据对称跳定义,点 P_1 的坐标为 $(2a_1, 2a_2)$. 设 $P_2(x_2, y_2)$,由于 B 是 P_1 与 P_2 的中点,因此

$$b_1 = \frac{2a_1 + x_2}{2}, \quad b_2 = \frac{2a_2 + y_2}{2}$$

考虑横坐标 $x_2 = 2b_1 - 2a_1$,又设 $P_i(x_i, y_i), i = 1, 2, \cdots$,又 $x_3 = 2c_1 - x_2 = 2(c_1 - b_1 + a_1)$,$x_4 = 2a_1 - x_3 = 2(b_1 - c_1), x_5 = 2b_1 - x_4 = 2c_1, x_6 = 2b_1 - x_5 = 0$.

类似地可知 $y_6 = 0$,这表明 $P_6 = P$. 也就是说,经过关于 A, B, C 的六次对称跳之后,青蛙又回到了原出发点,这也说明:这样的对称跳以 6 步为节律. 由于 $1\ 997 = 3 \times 664 + 5$,所以经过 1 997 步对称跳,实际上相当于只作了 5 次对称跳,或者说只差一跳就回到原地,即 $P_{1\ 997} = P_5$,它与 P 是关于点 C 对称的两点,因此 $P_{1\ 997}$ 与 P 的距离等于 $2 \cdot d(pc) = 2 \times 0.27 = 0.54$,即 54 cm.

5. 具有再生性,即部分同整体的一致性:我们从任何一个"+"处把它断开,截下的连分数与原来完全一样. 例如,从题中小括号前面截开,小括号中的连分数同原来是一样的. 这事实上,可由方程 $x = \dfrac{1}{1 + x}$,$x = \dfrac{1}{1 + \dfrac{1}{1 + x}}$,$x = \dfrac{1}{1 + \dfrac{1}{1 + \dfrac{1}{1 + x}}}$,$\cdots$ 的正根都是 $x = \dfrac{1}{2}(\sqrt{5} - 1)$ 即可(证略).

6. 海洋波浪跟波的传播一样呈正弦曲线波动. 人们已开始运用概率论和统计数学研究海浪. 有关资料表明:海浪波长依赖于周期,波高不依赖于周期和波长;波峰的角超过 120°时,波便破坏了,对于波受破坏的另一种确定方法,就是比较它的波长与波高,当两者之比大于 7∶1 时,波便破坏了.

7. 结论 1:一方面,若椭圆为黄金椭圆,则 $\dfrac{c}{a} = \dfrac{\sqrt{5}-1}{2}$,即 $c = \dfrac{\sqrt{5}-1}{2}a$,所以 $b^2 = a^2 - c^2 = a^2 - (\dfrac{\sqrt{5}-1}{2}a)^2 = \dfrac{\sqrt{5}-1}{2}a^2 = \dfrac{c}{a} \cdot a^2 = a \cdot c$,即 a,b,c 成等比数列.

另一方面,若 a,b,c 成等比数列,则 $b^2 = a \cdot c$. 由于 $b^2 = a^2 - c^2$,所以得到 $a \cdot c = a^2 - c^2$,即 $c^2 + a \cdot c - a^2 = 0$. 解得 $\dfrac{c}{a} = \dfrac{\sqrt{5}-1}{2}$,即椭圆是黄金椭圆.

结论 2:由于 $\overrightarrow{AB} = (a,b), \overrightarrow{BF} = (c,-b)$,则 $\overrightarrow{AB} \cdot \overrightarrow{BF} = a \cdot c - b^2$.

一方面,若椭圆为黄金椭圆,则 $b^2 = a \cdot c$(由结论 1),故 $\overrightarrow{AB} \cdot \overrightarrow{BF} = a \cdot c - b^2 = 0$,即 $\overrightarrow{AB} \perp \overrightarrow{BF}$,所以 $\angle ABF = 90°$.

另一方面,若 $\angle ABF = 90°$,则 $\overrightarrow{AB} \perp \overrightarrow{BF}$,所以 $\overrightarrow{AB} \cdot \overrightarrow{BF} = a \cdot c - b^2 = 0$,即 $b^2 = a \cdot c$. 由性质 1 可知椭圆是黄金椭圆.

结论 3:设 $P(x_0, y_0), A(x_0+m, y_0+n), B(x_0-m, y_0-n)$,则 $k_{OP} = \dfrac{y_0}{x_0}, k_{AB} = \dfrac{n}{m}$.

由于 A,B 在椭圆上,所以

$$\dfrac{(x_0+m)^2}{a^2} + \dfrac{(y_0+n)^2}{b^2} = 1$$

$$\dfrac{(x_0-m)^2}{a^2} + \dfrac{(y_0-n)^2}{b^2} = 1$$

两式相减得:$\dfrac{4mx_0}{a^2} + \dfrac{4ny_0}{b^2} = 0$,即 $\dfrac{ny_0}{mx_0} = -\dfrac{b^2}{a^2}$.

一方面,若椭圆是黄金椭圆,则 $b^2 = a \cdot c$,故

$$k_{AB} \cdot k_{OP} = \dfrac{ny_0}{mx_0} = -\dfrac{b^2}{a^2} = -\dfrac{a \cdot c}{a^2} = -\dfrac{c}{a} = -\dfrac{\sqrt{5}-1}{2}$$

另一方面,若 $k_{AB} \cdot k_{OP} = -\dfrac{\sqrt{5}-1}{2}$,由上述证明过程可知:$k_{AB} \cdot k_{OP} = \dfrac{ny_0}{mx_0} = -\dfrac{b^2}{a^2} = -\dfrac{\sqrt{5}-1}{2}$,所以 $b^2 = \dfrac{\sqrt{5}-1}{2}a^2$.

由于 $c^2 = a^2 - b^2 = a^2 - \dfrac{\sqrt{5}-1}{2}a^2 = \dfrac{3-\sqrt{5}}{2}a^2$,所以 $\dfrac{c^2}{a^2} = \dfrac{3-\sqrt{5}}{2}$,即 $\dfrac{c}{a} = \dfrac{\sqrt{5}-1}{2}$. 故椭圆是黄金椭圆.

结论 4:根据椭圆的对称性,菱形 $ACBD$ 的内切圆的圆心就是 $O(0,0)$.

一方面,若椭圆是黄金椭圆,则 $b^2 = a \cdot c$ 且 $\dfrac{c}{a} = \dfrac{\sqrt{5}-1}{2}$,即

$$a = \frac{2}{\sqrt{5}-1}c = \frac{\sqrt{5}+1}{2}c \qquad ①$$

且

$$b^2 = a \cdot c = \frac{\sqrt{5}+1}{2}c^2 \qquad ②$$

设菱形 $ACBD$ 的内切圆半径为 r,由已知条件可得 $r = \frac{a \cdot b}{\sqrt{a^2+b^2}} = \sqrt{\frac{a^2 \cdot b^2}{a^2+b^2}}$. 将①②两式代入得 $r = c$,故菱形 $ACBD$ 的内切圆过焦点 F_1, F_2.

另一方面,若菱形 $ACBD$ 的内切圆过焦点 F_1, F_2,则 $r = c$. 由已知条件可设直线 BC 的方程为 $\frac{x}{a} + \frac{y}{b} = 1$,即 $bx + ay - ab = 0$,故点 $O(0,0)$ 到直线 $bx + ay - ab = 0$ 的距离等于 c,即 $\frac{|-ab|}{\sqrt{a^2+b^2}} = c$,所以 $(a^2+b^2)c^2 = a^2b^2$. 将 $b^2 = a^2 - c^2$ 代入并化简得 $c^4 - 3a^2 \cdot c^2 + a^4 = 0$,解之得 $\frac{c^2}{a^2} = \frac{3-\sqrt{5}}{2}$,即 $\frac{c}{a} = \frac{\sqrt{5}-1}{2}$,故椭圆是黄金椭圆.

结论 5:联立两椭圆方程解得 $x_P^2 = \frac{a^2b^2}{b^2+a^2}$, $y_P^2 = \frac{a^2b^2}{b^2+a^2}$.

由对称性,不妨设焦点为椭圆 M 的右焦点 $F(c,0)$.

必要性　因为交点 P 在 x 轴上的射影恰好是椭圆 M 的右焦点 $F(c,0)$,所以

$$x_P^2 = \frac{a^2b^2}{b^2+a^2} = c^2 \Rightarrow a^2b^2 = c^2(a^2+b^2) \Rightarrow a^2(a^2-c^2) = c^2(a^2+b^2) \Rightarrow$$

$$a^4 - a^2c^2 = c^2(2a^2-c^2) \Rightarrow c^4 - 3a^2c^2 + a^4 = 0 \Rightarrow$$

$$e^4 - 3e^2 + 1 = 0 \Rightarrow e^2 = \frac{3 \pm \sqrt{5}}{2} \Rightarrow e^2 = \frac{3-\sqrt{5}}{2}(0 < e < 1) \Rightarrow$$

$$e^2 = \frac{6-2\sqrt{5}}{4} = \left(\frac{\sqrt{5}-1}{2}\right)^2 \Rightarrow e = \frac{\sqrt{5}-1}{2} \Rightarrow$$

椭圆是黄金分割椭圆.

充分性　因为椭圆是黄金分割椭圆 $\Rightarrow e = \frac{c}{a} = \frac{\sqrt{5}-1}{2} \Rightarrow a = \frac{2c}{\sqrt{5}-1}$,所以

$$x_P^2 = \frac{a^2b^2}{b^2+a^2} = \frac{a^2(a^2-c^2)}{2a^2-c^2} = \frac{\left(\frac{2c}{\sqrt{5}-1}\right)^2 \left[\left(\frac{2c}{\sqrt{5}-1}\right)^2 - c^2\right]}{2\left(\frac{2c}{\sqrt{5}-1}\right)^2 - c^2} = c^2$$

所以,交点 P 在 x 轴上的射影恰好是椭圆 M 的焦点.

8. 结论 1:双曲线为黄金双曲线 $\Leftrightarrow e = \frac{c}{a} = \frac{\sqrt{5}+1}{2} \Leftrightarrow c^2 - ac - a^2 = 0 \Leftrightarrow b^2 = ac \Leftrightarrow (2b)^2 = 2a \cdot 2c$,即双曲线为黄金双曲线的充要条件是虚轴长是实轴长与焦距的等比中项.

结论 2:充分性　由双曲线的通径 $2ep = 2c$,得

$$e\left(c - \frac{a^2}{c}\right) = c$$

即
$$e\left(1 - \frac{1}{e^2}\right) = 1$$

所以
$$e = \frac{\sqrt{5}+1}{2}$$

即双曲线为黄金双曲线.

必要性 由黄金双曲线及结论1得，$b^2 = ac$，所以通径
$$2ep = 2 \cdot \frac{c}{a} \cdot \left(c - \frac{a^2}{c}\right) = 2 \cdot \frac{b^2}{a} = \frac{2ac}{a} = 2c$$

故命题成立.

结论3：充分性 因为以双曲线 $C: \frac{x^2}{a^2} - \frac{y^2}{b^2} = 1 (a>0, b>0)$ 的焦点 $F_1(-c, 0)$ 和顶点 $A_2(a, 0)$ 为直径的圆经过虚轴端点 $B_2(0, b)$，因此
$$\overrightarrow{B_2F_1} \perp \overrightarrow{B_2A_2}$$

即
$$\overrightarrow{B_2F_1} \cdot \overrightarrow{B_2A_2} = 0$$

所以
$$(-c, -b) \cdot (a, -b) = 0$$
$$-ac + b^2 = 0$$

因此
$$e = \frac{\sqrt{5}+1}{2}$$

即双曲线是黄金双曲线.

必要性 若双曲线为黄金双曲线，则
$$e = \frac{c}{a} = \frac{\sqrt{5}+1}{2}$$

可得
$$c^2 - ac - a^2 = 0$$

即
$$b^2 = ac$$

于是
$$\overrightarrow{B_2F_1} \cdot \overrightarrow{B_2A_2} = (-c, -b) \cdot (a, -b) = -ac + b^2 = 0$$

所以 $\overrightarrow{B_2F_1} \perp \overrightarrow{B_2A_2}$，即以 A_2F_1 为直径的圆过 B_2.

由双曲线对称性可知，对另一焦点及另一顶点，结论也成立.

结论4：设双曲线 $C: \frac{x^2}{a^2} - \frac{y^2}{b^2} = 1 (a>0, b>0)$ 的两个焦点为 $F_1(-c, 0), F_2(c, 0)$，两个顶点为 $A_1(-a, 0), A_2(a, 0)$，虚轴两个端点为 $B_1(0, -b), B_2(0, b)$，则直线 F_2B_2 的方程为 $\frac{x}{c} + \frac{y}{b} = 1$，即
$$bx + cy - bc = 0$$

充分性 因双曲线菱形的内切圆经过双曲线的顶点，则内切圆圆心 O 到直线 F_2B_2 的距离
$$d = \frac{bc}{\sqrt{b^2+c^2}} = a$$

变形为
$$(c^2 - a^2)c^2 = a^2(2c^2 - a^2)$$

得
$$e = \frac{1+\sqrt{5}}{2}(舍去 \frac{1-\sqrt{5}}{2})$$

即双曲线为黄金双曲线.

必要性 黄金双曲线离心率 $e = \frac{\sqrt{5}+1}{2}$,设双曲线菱形的内切圆半径为 r,则

$$r = d = \frac{bc}{\sqrt{b^2+c^2}}$$

所以
$$r^2 = \frac{(c^2-a^2)c^2}{2c^2-a^2} = \frac{(e^2-1)e^2a^2}{2e^2-1} = a^2$$

可得
$$r = a$$

即黄金双曲线菱形的内切圆经过双曲线的顶点.

结论 5:设 $P(x,y)(y \neq 0)$ 是黄金双曲线 $C: \frac{x^2}{a^2} - \frac{y^2}{b^2} = 1(a>0, b>0)$ 上任意一点,直线 l 过双曲线中心 O 且与双曲线交于两点 $A(x_0, y_0), B(-x_0, -y_0)$,则

$$k_{PA} \cdot k_{PB} = \frac{y-y_0}{x-x_0} \cdot \frac{y+y_0}{x+x_0} = \frac{y^2-y_0^2}{x^2-x_0^2}$$

由
$$\begin{cases} b^2x^2 - a^2y^2 = a^2b^2 \\ b^2x_0^2 - a^2y_0^2 = a^2b^2 \end{cases}$$

得
$$\frac{y^2-y_0^2}{x^2-x_0^2} = \frac{b^2}{a^2} = e^2 - 1 = e$$

即
$$k_{PA} \cdot k_{PB} = e$$

结论 6:设黄金双曲线 $C: \frac{x^2}{a^2} - \frac{y^2}{b^2} = 1(a>0, b>0)$ 不经过中心的弦 AB 的两个端点为 $A(x_1, y_1), B(x_2, y_2)(x_1 \neq x_2, y_1 \neq y_2, x_1 + x_2 \neq 0)$,$AB$ 的中点为 $M(x_0, y_0)$,则有

$$\begin{cases} \frac{x_1^2}{a^2} - \frac{y_1^2}{b^2} = 1 \\ \frac{x_2^2}{a^2} - \frac{y_2^2}{b^2} = 1 \\ x_1 + x_2 = 2x_0 \\ y_1 + y_2 = 2y_0 \end{cases}$$

得
$$b^2 \cdot 2x_0 \cdot (x_1 - x_2) = a^2 \cdot 2y_0 \cdot (y_1 - y_2)$$

即
$$k_{AB} = \frac{y_2 - y_1}{x_2 - x_1} = \frac{b^2 x_0}{a^2 y_0}$$

所以
$$k_{AB} \cdot k_{OM} = \frac{b^2 x_0}{a^2 y_0} \cdot \frac{y_0}{x_0} = \frac{b^2}{a^2} = e^2 - 1 = e$$

结论成立.

结论 7:考虑黄金双曲线的上半部分,其方程为

$$y = \frac{b}{a}\sqrt{x^2 - a^2}$$

设 $P(x_0,y_0)(|x_0|>a)$ 为其上任意一点,求导得

$$y'=\frac{b}{a}\cdot\frac{x}{\sqrt{x^2-a^2}}$$

则双曲线在点 P 处的切线斜率为

$$k=\frac{b}{a}\cdot\frac{x_0}{\sqrt{x_0^2-a^2}}$$

所以

$$k\cdot k_{OP}=\frac{b}{a}\cdot\frac{x_0}{\sqrt{x_0^2-a^2}}\cdot\frac{y_0}{x_0}=\frac{b}{a}\cdot\frac{1}{\sqrt{x_0^2-a^2}}\cdot\frac{b}{a}\sqrt{x_0^2-a^2}=\frac{b^2}{a^2}=e^2-1=e$$

由双曲线的对称性知,当 P 在黄金双曲线的下半部分时,结论也成立.

显然,结论 7 是结论 6 的极限情形.

结论 8:联立两双曲线方程解得 $x_P^2=\frac{a^2b^2}{b^2-a^2}$, $y_P^2=\frac{a^2b^2}{b^2-a^2}$.

由对称性,不妨设焦点为双曲线 M 的右焦点 $F(c,0)$.

必要性   因为交点 P 在 x 轴上的射影恰好是双曲线 M 的右焦点 $F(c,0)$,所以

$$x_P^2=\frac{a^2b^2}{b^2-a^2}=c^2\Rightarrow a^2b^2=c^2(b^2-a^2)\Rightarrow a^2(c^2-a^2)=c^2(b^2-a^2)\Rightarrow$$

$$a^2c^2-a^4=c^2(c^2-2a^2)\Rightarrow c^4-3a^2c^2+a^4=0\Rightarrow e^4-3e^2+1=0\Rightarrow$$

$$e^2=\frac{3\pm\sqrt{5}}{2}\Rightarrow e^2=\frac{3+\sqrt{5}}{2}(e>1)\Rightarrow e^2=\frac{6+2\sqrt{5}}{4}=\left(\frac{\sqrt{5}+1}{2}\right)^2\Rightarrow e=\frac{\sqrt{5}+1}{2}\Rightarrow$$

双曲线是黄金分割双曲线.

充分性   因为双曲线是黄金分割双曲线 $\Rightarrow e=\frac{c}{a}=\frac{\sqrt{5}+1}{2}\Rightarrow a=\frac{2c}{\sqrt{5}+1}$,所以

$$x_P^2=\frac{a^2b^2}{b^2-a^2}=\frac{a^2(c^2-a^2)}{c^2-2a^2}=\frac{\left(\frac{2c}{\sqrt{5}+1}\right)^2\left[c^2-\left(\frac{2c}{\sqrt{5}+1}\right)^2\right]}{c^2-2\left(\frac{2c}{\sqrt{5}+1}\right)^2}=c^2$$

所以,交点 P 在 x 轴上的射影恰好是双曲线 M 的焦点.

结论 9,10:不妨以黄金椭圆为例进行证明,对黄金双曲线的情形同理可证. 设黄金椭圆方程为 $\frac{x^2}{a^2}+\frac{y^2}{b^2}=1(a>b>0)$, $c=\sqrt{a^2-b^2}$,由于 $\frac{c}{a}=\frac{\sqrt{5}-1}{2}$,因此不妨设 $a=2m$, $c=(\sqrt{5}-1)m$.

(1) 黄金椭圆的右准线方程为 $x=\frac{a^2}{c}=\frac{4m^2}{(\sqrt{5}-1)m}=(\sqrt{5}+1)m$,所以双曲线的右焦点为 $((\sqrt{5}+1)m,0)$,右顶点为 $(2m,0)$,因此双曲线的离心率为 $\frac{(\sqrt{5}+1)m}{2m}=\frac{\sqrt{5}+1}{2}$.

(2) 由于黄金双曲线的焦点为黄金椭圆的顶点,所以其实半轴长为 $(\sqrt{5}-1)m$,半焦距

为 $2m$，则离心率 $= \dfrac{2}{\sqrt{5}-1} = \dfrac{\sqrt{5}+1}{2}$. 得证.

9. $5\,555\,555^2 = 30\,864\,191\,358\,025$，可以将它写成如下的和式求得

```
                              2 5
                            2 5 2 5
                          2 5 2 5 2 5
                        2 5 2 5 2 5 2 5
                      2 5 2 5 2 5 2 5 2 5
                    2 5 2 5 2 5 2 5 2 5 2 5
                  2 5 2 5 2 5 2 5 2 5 2 5 2 5
                    2 5 2 5 2 5 2 5 2 5 2 5
                      2 5 2 5 2 5 2 5 2 5
                        2 5 2 5 2 5 2 5
                          2 5 2 5 2 5
                            2 5 2 5
  +                           2 5
  ─────────────────────────────────────────
                  3 0 8 6 4 1 9 1 3 5 8 0 2 5
```

$4\,444\,444^2 = 19\,753\,082\,469\,136$ 可以将它写成如下的和式求得

```
                              1 6
                            1 6 1 6
                          1 6 1 6 1 6
                        1 6 1 6 1 6 1 6
                      1 6 1 6 1 6 1 6 1 6
                    1 6 1 6 1 6 1 6 1 6 1 6
                  1 6 1 6 1 6 1 6 1 6 1 6 1 6
                    1 6 1 6 1 6 1 6 1 6 1 6
                      1 6 1 6 1 6 1 6 1 6
                        1 6 1 6 1 6 1 6
                          1 6 1 6 1 6
                            1 6 1 6
  +                           1 6
  ─────────────────────────────────────────
                  1 9 7 5 3 0 8 2 4 6 9 1 3 6
```

10. 首先看相离两圆中的矩形问题的证明.

证法 1　如图 1，A,B,A',B' 为相离两圆圆 O，圆 O' 分别从圆心向另一圆作两切线与圆的交点，则 $OA = OB, O'A' = O'B'$.

又连心线 OO' 平分 $\angle AOB$ 及 $\angle A'O'B'$，则 OO' 必垂直平分 AB 及 $A'B'$，设其垂足分别为 M,M'. 又设 OA 切圆 O' 于 T'，$O'A'$ 切圆 O 于 T，则 $\angle OTO' = \angle OT'O' = 90°$，可见 $O,O',T',$

T 四点同在一圆上,因而

$$\angle T'OO' = \angle T'TA', \angle AOT = \angle A'O'T' \quad (1)$$

于是,由等腰 $\triangle AOT$ 和 $\triangle O'A'T'$ 推知,有 $\angle TAT' = \angle TA'T'$,从而知 A,A',T,T' 四点共圆,即有

$$\angle T'AA' = \angle T'TA' \quad (2)$$

由 (1),(2) 知 $\angle T'AA' = \angle T'OO'$,从而 $AA' \parallel OO'$.

于是 $AM = A'M'$,即有 $AB = A'B'$.

注意到 OO' 与 $AB, A'B'$ 均垂直,故 $ABB'A'$ 为矩形.

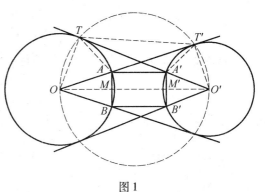

图 1

证法 2 如图 2,所设同证法 1.

由于连心线 OO' 垂直平分 $AB, A'B'$ 于 M, M',又 $\angle OT'O' = \angle OTO' = 90°$,则有 $\text{Rt}\triangle OAM \backsim \text{Rt}\triangle OO'T'$,$\text{Rt}\triangle O'A'M' \backsim \text{Rt}\triangle O'OT$,因而

$$\frac{AM}{O'T'} = \frac{OA}{OO'}, \frac{A'M'}{OT} = \frac{O'A'}{O'O}$$

亦即有

$$AM = \frac{OA \cdot O'T'}{OO'}, A'M' = \frac{OT \cdot O'A'}{O'O}$$

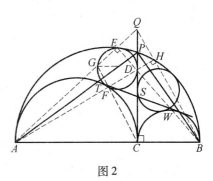

图 2

从而 $AM = A'M'$,亦即有 $AB = A'B'$.

注意到 OO' 与 $AB, A'B'$ 均垂直,故 $ABB'A'$ 为矩形.

鞋匠皮刀形问题 如图 2,设 C 为半圆直径 AB 上的一点,并设 $AB = 2r, AC = 2r_1, CB = 2r_2$. 在形内分别以 AC, BC 为直径作两个半圆,再作 $CQ \perp AB$,交半圆 AB 于 P. 设 TW 为半圆 AC 和 CB 的公切线,且与 CP 交于 S,则

(1) 皮刀形 $ATCWBP$ 的面积(记为 S_1)等于以 CP 为直径的圆面积(记为 S_2).

(2) CP 与 TW 相等,且互相平分于 S,即 C, T, P, W 四点共圆,它的圆心为 S.

(3) 三点 A, T, P 共线,B, W, P 也共线.

(4) 外切于半圆 AC(或半圆 CB)和内切于半圆 AB 以及 CP 的两个圆必相等.

该图形出现于阿基米德所著的《引理集》(也可能是后人收集整理阿基米德研究过的一些初等几何问题而成),它具有许多奇妙的性质,曾为许多人研究过,如马查,西蒙等.

(1) $S_1 = \frac{1}{2}\pi r^2 - \frac{1}{2}\pi r_1^2 - \frac{1}{2}\pi r_2^2 =$

$$\frac{1}{2}\pi((r_1+r_2)^2 - r_1^2 - r_2^2) = \frac{1}{4}\pi(2r_1 \cdot 2r_2) =$$

$$\frac{1}{4}\pi CP^2 = \pi \cdot \left(\frac{CP}{2}\right)^2 = S_2$$

(2) 因为 $CP^2 = 4r_1 r_2$, $TW^2 = (r_1+r_2)^2 - (r_1-r_2)^2 = 4r_1 r_2$,所以 $CP = TW$. 又 $SW = SC$, $SC = ST$,所以 $SC = SP$,故 C, T, P, W 四点共圆,它的圆心为 S.

(3) 由于 T 在以 CP 为直径的圆上,可见 $\angle PTC = 90°$. 又 $\angle ATC = 90°$,所以 A, T, P 三点

共线. 同理 B,W,P 三点也共线.

(4) 设外切半圆 AC 于 F,内切半圆 AB 于 E,以及切 CP 于 D 的圆的直径为 OG,则由 E, F 各为相似中心,可知 AG 与 BD 必相交于 E,CG 与 AD 必相交于 F,延长 AE 和 CP,设它们相交于 Q,则 D 为 $\triangle AQB$ 的垂心,所以 $AD \perp BQ$,从而知 $CF \parallel BQ$,因此 $\dfrac{DG}{AC} = \dfrac{QG}{QA} = \dfrac{BC}{AB}$,即

$$DG = \dfrac{AC \cdot BC}{AB} = \dfrac{2r_1 r_2}{r}.$$

同理可得:与半圆 AB 内切,半圆 BC 外切,以及与 CP 相切的圆的直径也为 $\dfrac{2r_1 r_2}{r}$,故这两圆相等.

从推理过程中可知,AD 与 BQ 的交点 H 必在半圆 AB 上.

该图形还有其他一些性质.

下面再看日本神庙塔壁上的铭刻圆问题.

首先证明 $n = 4$ 时,性质成立.

如图 3,$ABCD$ 为圆内接四边形,联结对角线 AC 和 BD,设 $\triangle ABC$ 的内心为 E,$\triangle BCD$ 的内心为 F,$\triangle CDA$ 的内心为 G,$\triangle DAB$ 的内心为 H,为了证明性质成立,先证明两个结论:(1) B,E,F,C 四点共圆;(2) 四边形 $EFGH$ 是矩形.

证明 (1) 联结 BE,FC,BF,EC,则
$$\angle BEC = 180° - (\angle EBC + \angle ECB) =$$
$$180° - (\dfrac{1}{2}\angle ABC + \dfrac{1}{2}\angle ACB) =$$
$$180° - \dfrac{1}{2}(180° - \angle BAC) =$$
$$90° + \dfrac{1}{2}\angle BAC$$

同理可证
$$\angle BFC = 90° + \dfrac{1}{2}\angle CDB$$

因为 A,B,C,D 四点共圆,所以 $\angle BAC = \angle CDB$,从而 $\angle BEC = \angle BFC$,即 B,E,F,C 四点共圆.

(2) 如图 4,因为 B,E,F,C 共圆,所以 $\angle FEC = \angle FBC$,同理可证,A,H,E,B 共圆,从而也有 $\angle HEA = \angle HBA$,则
$$\angle HEF = \angle AEC - (\angle FEC + \angle HEA) =$$
$$\angle AEC - (\angle FBC + \angle HBA) =$$
$$[180° - (\dfrac{1}{2}\angle BAC + \dfrac{1}{2}\angle BCA) -$$
$$(\dfrac{1}{2}\angle DBC + \dfrac{1}{2}\angle DBA) =$$
$$180° - \dfrac{1}{2}(\angle BAC + \angle BCA + \angle DBC + \angle DBA) =$$

$$180° - \frac{1}{2}(\angle BAC + \angle BCA + \angle ABC) =$$
$$180° - \frac{1}{2} \times 180° = 90°$$

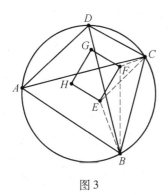
图 3

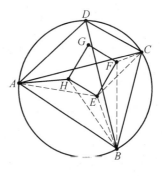
图 4

同理可证四边形 $EFGH$ 的其他各顶角也都是 $90°$，这就证明了四边形 $EFGH$ 是一个矩形.

从图 3 中看到，$\triangle ABC$ 和 $\triangle CDA$ 的内切圆半径之和就是点 E 和点 G 到对角线 AC 的距离之和，$\triangle ABD$ 和 $\triangle BCD$ 的内切圆半径之和就是点 F 和点 H 到对角线 BD 的距离之和，由于 $EFGH$ 是矩形，所以 $EG = FH$，从而要证明上面所说的两个和相等，只需证明 EG 和 AC 的夹角等于 FH 和 BD 的夹角即可.

如图 5，设 EG 与 AC 相交于 P，则
$$\angle EPC = 180° - \angle PEC - \angle ACE =$$
$$180° - (\angle GEF + \angle FEC) - \angle ACE =$$
$$180° - \angle GEF - \angle FEC - \angle ACE$$

因为 B, E, F, C 四点共圆，所以 $\angle FEC = \angle FBC$，从而 $\angle EPC = 180° - \angle GEF - \angle FBC - \angle ACE = 180° - \angle GEF - \frac{1}{2}\angle CBD - \frac{1}{2}\angle ACB$.

设 FH 与 BD 相交于 Q，则同理可证

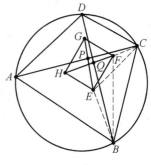
图 5

$$\angle FQB = 180° - \angle HFE - \frac{1}{2}\angle ACB - \frac{1}{2}\angle CBD$$

因为四边形 $EFGH$ 为矩形，所以 $\angle GEF = \angle HFE$，从而有 $\angle EPC = \angle FQB$，这就证明了 $n = 4$ 时性质成立.

为了证明对任意的 $n \geq 4$ 这个性质都成立，我们只需证明，对于 n 边形 $A_1 A_2 \cdots A_n$ 的任意一个分割，都可以通过若干次调换对角线变为从点 A_1 所引对角线的分割，而在调换对角线时，这些三角形的内切圆半径之和并不会改变. 为了让读者理解这个调换的过程，先看一个具体的例子：

图 6 是八边形的一个分割，将它调换成从点 A_1 所引对角线的分割.

第一步，将四边形 $A_1 A_2 A_6 A_7$ 的对角线 $A_2 A_7$ 调换成对角线 $A_1 A_6$，变为图 7；

第二步，将四边形 $A_1 A_2 A_3 A_6$ 的对角线 $A_2 A_6$ 调换成对角线 $A_1 A_3$，变为图 8；

第三步，将四边形 $A_1A_3A_4A_6$ 的对角线 A_3A_6 调换成对角线 A_1A_4，变为图 9；

第四步，将四边形 $A_1A_4A_5A_6$ 的对角线 A_4A_6 调换成对角线 A_1A_5，变为图 10.

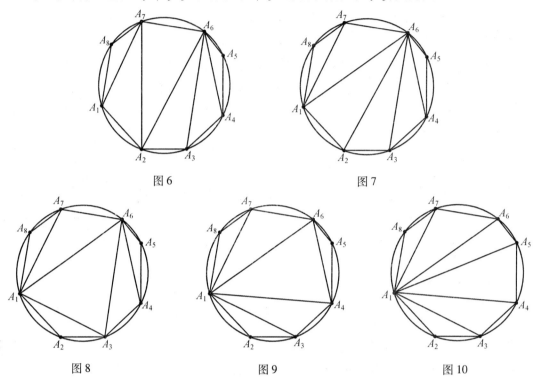

图 6　　　　　　　　图 7

图 8　　　　　　图 9　　　　　　图 10

由于调换四边形的对角线不会改变调换前后两个三角形的内切圆半径之和，从而也不会改变调换前后八边形的各三角形内切圆半径之和.

对于 n 边形的任意一个分割，如果以点 A_1 为顶点的某个三角形中，点 A_1 的对边是一条对角线 A_iA_j，而以 A_iA_j 为边的另一个三角形中，A_iA_j 所对的顶点为 A_k，则可将四边形 $A_1A_iA_kA_j$ 的对角线 A_iA_j 调换成对角线 A_1A_k，这样调换下去，直到以 A_1 为顶点的所有三角形中，点 A_1 所对的边都不是对角线为止. 而此时所有三角形均以点 A_1 为顶点，所有对角线都过点 A_1，从而性质成立.

注　上面第三个问题的证明参见了刘步松老师的文章《圆内接多边形的一个性质》(数学通报 2011 年 2 期). 上面三个问题的证明也均可参见作者另著《几何瑰宝》(下册) $P_{177-178}$ 及 $P_{243-244}$.

第九章　辩证的眼光

数学中处处隐含着辩证法,钻研越深,感觉越佳越美. 当我们用辩证的数学眼光看待数学自身的问题时,就会看到:数学中充满着矛盾、运动和变化,充分体现着唯物辩证法的对立统一思想. 辩证的眼光,使我们从数学的矛盾运动和变化中,看清数学的本质.

分析数学中的重要矛盾,从整体来讲,有已知与未知的矛盾. 从数学中普通遇到的矛盾来讲,有常量与变量、直与曲、有限与无限、连续与不连续等矛盾. 数学中的这些矛盾遵循着事物矛盾的法则,即存在于一切数学问题和数学思维的过程中,矛盾各方及其每一侧面各有其特点,依一定的条件共居于一个统一体中,又能互相转化到相反的方面去,它们在相互转化的时候,都有斗争存在,有时斗争的表现更为显著.

9.1　已知与未知

由已知的条件计算未知的数量,由已知的前提推证未知的结论,这种化未知为已知的问题,是科学的基本任务,也是数学研究与教学的基本课题之一.

数学中的已知与未知,一方面界限分明,不得含糊,另一方面又相互依存、相互联系. 一个数学问题,总要包含条件和结论(即已知与未知)两部分,因而,已知与未知是处于"问题"这个统一体中互相依存的两个方面,对于一个数学问题,首先要弄清楚哪些是已知,哪些是未知,不把已知与未知搞个界限分明,就不能明确解题的目的与任务. 进一步,必须揭示已知到未知内在的联系,则设从未知转化为已知的条件,或沟通由已知到未知的思路,否则就不能完成解决这个问题的任务.

9.1.1　以字母代未知数 —— 从算术到代数

数学中的已知与未知数,既有共性又存在个性."已知"和"未知"是它们不同的个性,"数"是它们的共性. 在算术中只允许已知数参与运算,未知数完全处于被动的地位,总是"等待"由已知数计算出它的数值. 这样实际上把已知数与未知数这种个性绝对化,对立起来了. 在算术四则中凡参与运算的必须是已知的数,造成算术四则问题列式往往十分困难. 不同的人所列的式子可以是各种各样,列得正确与否判断起来也非常困难,只由最后答案相同也不能肯定其所列的式子必有道理. 有时可能得数正确,而列的式子并不对. 因而,运用这类算术方法处理问题只好煞费苦心地进行各种分类,什么行程问题,追及问题,盈亏问题,工程问题,等等,但还是使学习者不易掌握,即对于揭示未知与已知的联系这一步不易完成.

相反,在代数中,人们不再把已知数与未知数的个性绝对化,以字母代替未知数,明确承认它与已知数一样能参与运算,于是整个问题的面貌就大为改变了,这时揭示已知数与未知数的内在联系,即列代数方程式的工作可以直陈直写. 它与列算术式相比,真可以说是轻而易举了. 列方程求解,便达到了化未知为已知的目的,这样便由算术的思想方法过渡到代数的思想方法,实现了数学思想方法上的一次飞跃.

下面,我们以鸡兔同笼问题的算术处理与代数处理为例说明之.

例 1 一家农户有若干只鸡和兔,它们共有 100 个头,272 只足,问鸡兔各几只?(载自中国元代《丁巨算法》)

算术解法可以各式各样.

解法 1 若 100 只全是鸡,则共有 200 只足,多出 72(272 − 200) 只足,这时把每只兔子当作 1 只鸡时少计 2 只足,故 $72 \div 2 = 36$ 应是兔子的头数. 列式为
$$(272 - 100 \times 2) \div (4 - 2) = 36(兔头数)$$
$$100 - 36 = 64(鸡头数)$$

解法 2 若 100 个头全是兔,则共有 400 只足,少了 128(400 − 272) 只足,这时把每只鸡当作 1 只兔子时多计 2 只足,故 $128 \div 2 = 64$ 应是鸡的头数. 列式为
$$(100 \times 4 - 272) \div (4 - 2) = 64(鸡头数)$$
$$100 - 64 = 36(兔头数)$$

解法 3 若每只鸡由 1 只足站立(看成"单脚鸡"),每只兔由 2 只足站立(看成"双脚兔"),这时有头 100,有足 $272 \div 2 = 136$. 由于每只"双脚兔"比"单脚鸡"多计 1 只足,共计多计 $136 - 100 = 36$,这也正是兔子的头数. 列式为
$$272 \div 2 - 100 = 36(兔头数)$$
$$100 - 36 = 64(鸡头数)$$

现在,我们再看代数解法:

解法 4 设这家农户有鸡 x 只,则有兔 $100 - x$ 只,鸡足为 $2x$,兔足为 $4(100 - x)$. 由鸡兔总足数为 272,得
$$2x + 4(100 - x) = 272$$

求得
$$x = 64(鸡头数)$$

从而有
$$100 - 64 = 36(兔头数)$$

解法 5 设这家农户有鸡 x 只,兔 y 只,则
$$\begin{cases} x + y = 100 \\ 2x + 4(100 - x) = 272 \end{cases} \Rightarrow \begin{cases} x = 64(鸡头数) \\ y = 36(兔头数) \end{cases}$$

算术方法因题而异,因思路而异,而代数方法则正如牛顿所说:"要想解一个有关数目的问题或有关量的抽象关系的问题,只要把问题里的日常语言翻译成代数的语言就成了."所谓代数语言的基本词汇就是代数式,把日常语言翻译成代数的语言,就是通过代数式列出方程.

方程式正体现了已知与未知的对立统一. 方程式中的未知数与已知数通过运算及相等关系而联系和制约着. 方程式中的字母 x 或 y 的位置集中体现了已知与未知的矛盾. x, y 等字母既表示未知数,而又像已知数一样与其他已知量一起参与代数运算,具有已知与未知的双重性,列出方程时,未知性占主导方面. 解方程就是利用同解变形实现字母的未知性向已知转化,使方程式中所包含的可解因素逐步明朗化,最后使字母由未知变为已知,得出方程的解.

9.1.2 由已知，找可知，逐步靠拢未知 —— 综合法

揭示已知与未知的内在联系，创设使未知转化为已知的条件，关键在于充分挖掘已知的内涵，找出可知.

例 2 如果一个矩形能被划分成若干个不同大小的正方形，则说这个矩形是完全矩形. 有一个完全矩形被分成 11 个不同大小的正方形，其中最小正方形的边长是 9 mm，求此矩形的边长.

根据所给的已知条件，可以设与最小正方形相邻的小正方形的边长为 x mm，其他九个正方形的边长依次可用 x 的代数式表示，如图 9.1 所示.

又设矩形的边长为 a mm, b mm，则由图 9.1 得 $a = 11x, b = 15x - 63, b = 6x + 81$.

求得 $x = 16$，从而 $a = 176, b = 177$.

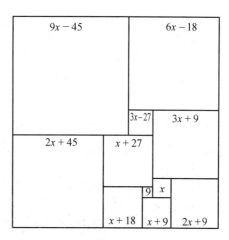

图 9.1

例 3 如图 9.2，$ABCD$ 是任意凸四边形，E, F, G, H 分别为边 AB, BC, CD, DA 的中点，联结 AG, BH, CE, DF，其中每两条相邻连线的交点顺次为 K, L, M, N，求证：四边形 $KLMN$ 的面积等于四个 $\triangle AKH, \triangle BLE, \triangle CMF, \triangle DNG$ 的面积的和.

由于本题的难点在于 K, L, M, N 四点的性质难以掌握，但通过挖掘已知内涵，注意到 K 是 AG 与 BH 的交点，得到 $\triangle AKH$ 是 $\triangle AGD$ 与 $\triangle BHA$ 的公共部分，因而从 $\triangle AGD$ 与 $\triangle BHA$ 着眼，可得此题的证明方法.

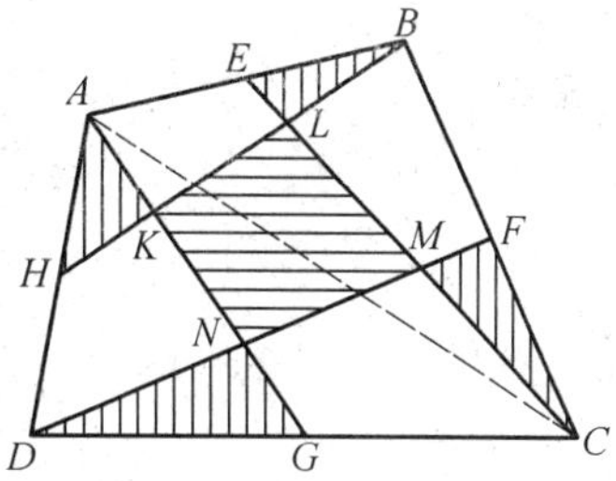

证明 联结 AC，则由 $DG = GC$，知 $S_{\triangle AGD} = \dfrac{1}{2} S_{\triangle ACD}$，同理

$$S_{\triangle CEB} = \dfrac{1}{2} S_{\triangle CAB}$$

图 9.2

两式相加，得

$$S_{\triangle AGD} + S_{\triangle CEB} = \dfrac{1}{2} S_{ABCD} \qquad ①$$

同理

$$S_{\triangle BHA} + S_{\triangle DFC} = \dfrac{1}{2} S_{ABCD} \qquad ②$$

① + ② 得

$$S_{\triangle AGD} + S_{\triangle BHA} + S_{\triangle CEB} + S_{\triangle DFC} = S_{ABCD} \qquad ③$$

另一方面，从图中直接得出

$$S_{ABCD} = S_{KLMN} + (S_{\triangle AGD} - S_{\triangle DNG}) + (S_{\triangle BHA} - S_{\triangle AKH}) +$$
$$(S_{\triangle CEB} - S_{\triangle BLE}) + (S_{\triangle DFC} - S_{\triangle CMF}) \qquad ④$$

把式 ④ 和式 ③ 相比较，得到

$$S_{\triangle KLMN} = S_{\triangle AKH} + S_{\triangle BLE} + S_{\triangle CMF} + S_{\triangle DNG}$$

9.1.3 由未知,找须知,逐步靠拢已知 —— 分析法

寻求由已知达到未知的逻辑通路的一种方法可以是从未知出发,探索已知与未知的联系.

例4 直角三角形中,a,b 为直角边边长,c 为斜边边长,求证:$a+b \leqslant \sqrt{2}c$.

分析1 要证 $a+b \leqslant \sqrt{2}c$,只需 $(a+b)^2 \leqslant 2c^2$,又只需
$$(a+b)^2 \leqslant 2(a^2+b^2)\ (\text{注意到 } a^2+b^2=c^2)$$
只需
$$a^2 + 2ab + b^2 \leqslant 2a^2 + 2b^2$$
只需
$$2ab \leqslant a^2 + b^2$$
即
$$0 \leqslant (a-b)^2$$
而上式显然成立. 由此即证得 $a+b \leqslant \sqrt{2}c$.

分析2 要证 $a+b \leqslant \sqrt{2}c$,只需作出 $a+b$ 及 $\sqrt{2}c$ 并进行比较.

如图9.3,对于 Rt$\triangle ABC$,$\angle C=90°$,作 $DA \perp AB$ 于 A,使 $DA=AB$,联结 BD,则 $BD=\sqrt{2}C$,延长 AC 至 E,使 $CE=BC$,则 $AE=a+b$. 因此,要证 $a+b \leqslant \sqrt{2}c$,只需 $AE \leqslant BD$. 但由作法知 $\angle ADB = \angle AEB = 45°$,知 A,B,E,D 共圆,又 $\angle BAD = 90°$,所以 BD 为直径. 显然,弦 AE 不大于直径 BD. 由此即证得 $a+b \leqslant \sqrt{2}C$.

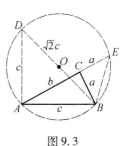

图9.3

分析3 要证 $a+b \leqslant \sqrt{2}c$,只需证 $\dfrac{1}{\sqrt{2}} \cdot \dfrac{a}{c} + \dfrac{1}{\sqrt{2}} \cdot \dfrac{b}{c} \leqslant 1$. 但
$$\frac{a}{c} = \sin A, \quad \frac{b}{c} = \cos A$$
只需证
$$\frac{1}{\sqrt{2}}\sin A + \frac{1}{\sqrt{2}}\cos A \leqslant 1$$
只需证
$$\sin\frac{\pi}{4} \cdot \sin A + \cos\frac{\pi}{4} \cdot \cos A \leqslant 1$$
只需
$$\cos(\frac{\pi}{4} - A) \leqslant 1$$
上式显然成立. 由此即证得 $a+b \leqslant \sqrt{2}c$.

上述三种证法,分别沟通了代数、几何、三角证法的思路.

9.2 常量与变量

常量与变量是数学中的两个基本的概念. 常量是反映事物相对静止状态的量,而变量则是反映事物运动变化状态的量,这两种量的意义有着严格的区分,但辩证的数学眼光使我们看到它们又是相互依存、相互渗透,依据一定条件而相互转化的. 因而在数学学习中以及在数学研究中都要注意体会常量与变量的相互转化.

9.2.1 常量与变量的相依性

常量和变量互相依存,没有常量也无所谓变量,没有变量也无所谓常量. 数学中常用常量表示变量,如过原点$(0,0)$和点$(1,1)$的直线,就表示一个动点的轨迹;也常用变量表示常量,如$\begin{cases} y = x + 1 \\ y = 2x + 5 \end{cases}$所表示的是两条特定曲线的交点,是一个常量,它是由两个表示变量的方程表示的.

常量和变量可以互相变化. 常量在一定条件下变为变量,如方程$ax + by = c$,这里a, b, c为常量,而x, y为变量,当把它当作不定方程来考察时,解的性质只与a, b, c三个常量有关;当研究二元一次不定方程解的性质时,这三个常量就变为变量,由它们的变化引起解的性质的种种变化,在一定条件下,变量变为常量在数学中也是常见的. 例如,一个变量在变化过程中取某一个值,就成了常量.

9.2.2 常量与变量的相对性

常量在一定条件下具有任意性. 例如$(a + b)^3 = a^3 + 3a^2b + 3ab^2 + b^3$,其中$a, b$都是常量,但它们又有任意性,所以这个公式才有一般性. 数学中的公式具有一般性就是公式中的字母具有任意性.

变量在一定条件下又有不变性,可视为常量. 例如,在求解如下问题中,就把有关变量视为常量.

例 1 求下述方程组的所有实数解

$$\begin{cases} x + y + z = 3 & \text{①} \\ x^2 + y^2 + z^2 = 3 & \text{②} \\ x^3 + y^3 + z^3 = 3 & \text{③} \end{cases}$$

分析 由题设,满足③的x, y, z必须满足①,②,不妨只视x, y为变量,z为常量,得

$$x + y = 3 - z, \quad x^2 + y^2 = 3 - z^2$$

于是有

$$xy = \frac{1}{2}[(x + y)^2 - (x^2 + y^2)] = z^2 - 3z + 3$$

从而,x, y是一元二次方程

$$t^2 - (3 - z)t + z^2 - 3z + 3 = 0$$

的两根,而$x, y \in \mathbf{R}$,所以

$$\Delta = (3 - z)^2 - 4(z^2 - 3z + 3) \geq 0$$

所以$(z - 1)^2 \leq 0$,即$z = 1$,即$x = y = 1$.

可见①②只有实数解$x = y = z = 1$,它也适合③. 故原方程组的唯一实数解为$x = y = z = 1$.

例 2 设$a \in \mathbf{R}$,解关于实数x的方程

$$x^4 - 6x^3 - 2(a - 3)x^2 + 2(3a + 4)x + 2a + a^2 = 0$$

分析 如果直接解关于x的四次方程,计算量较大,如果视变元x为常量,参变元a为变元,则情况就大不一样了.

原方程变为关于 a 的二次方程
$$a^2 - 2(x^2 - 3x - 1)a + (x^4 - 6x^3 + 6x^2 + 8x) = 0$$
方程左边利用十字相乘法分解因式,得
$$(a - x^2 + 2x + 2)(a - x^2 + 4x) = 0$$
从而求解两个关于 x 的二次方程即可,当 $a > -3$ 时,原方程的四个实根
$$x_{1,2} = 2 \pm \sqrt{a+4}, \quad x_{3,4} = 1 \pm \sqrt{3+a}$$
当 $-4 \leqslant a \leqslant -3$ 时,原方程有两个实根
$$x_{5,6} = 2 \pm \sqrt{a+4}$$
当 $a < -4$ 时,原方程无实根.

9.2.3 通过常量来描述刻画变量

用常量描述、刻画变量,这是数学中常用的方法,事实上变化运动的东西是通过它的反面静止来度量的. 例如,在解析几何中研究直线 $Ax + By + C = 0$ 与二次曲线 $Ax^2 + Bxy + Cy^2 + Dx + Ey + F = 0$ 的性质、分类等都是通过常量 A, B, C 来描述、刻画的. 在各种变换中对不变量或不变性的研究是用常量来描述、刻画变量的一类典型问题. 例如,在几何变换中我们关注的是某种几何变换下的不变量,不变性,不变量与不变性是几何变换的本质特征.

现将各种几何变换的不变性综合列表(表 9.1)如下.

表 9.1

几何变换		不 变 性	
合同变换	反射变换	线段长度不变(保长变换) 角的大小不变(保角变换) 反射轴上的点是变换下的不动点	保结合 保同素 保顺序 保平行 保正交
	平移变换	线段长度不变,角的大小不变	
	转旋变换	线段长度不变,角的大小不变,旋转中心是变换下的不动点	
相似变换	相似变换	角的大小不变,对应线段之比不变	
	位似变换	角的大小不变,对应线段之比不变,位似中心是变换下的不动点	
仿射变换		简比保持不变,平行线段的比保持不变 保同素(点、直线)、保结合(点与直线)、保平行(直线)	
反演变换		基圆上的点不变	
射影变换		交叉比保持不变 $\underset{A\ \ B\ \ C\ \ \ \ \ D}{\longrightarrow}$ $\dfrac{AC}{CB} : \dfrac{AD}{DB}$ 不变	
拓扑变换		曲线闭合性、相交性保持不变	

又将二次曲线的平移或旋转不变量及旋转半不变量介绍如下:

对于二次曲线 $Ax^2 + 2Bxy + Cy^2 + 2Dx + 2Ey + F = 0$,在平面直角坐标中进行平移或旋转,得到二次曲线
$$A'x'^2 + 2B'x'y' + C'y'^2 + 2D'x' + 2E'y' + f' = 0$$

则
$$I_1 = A + C = A' + C'$$

$$I_2 = \begin{vmatrix} A & B \\ B & C \end{vmatrix} = \begin{vmatrix} A' & B' \\ B' & C' \end{vmatrix}$$

$$I_3 = \begin{vmatrix} A & B & D \\ B & C & E \\ D & E & F \end{vmatrix} = \begin{vmatrix} A' & B' & D' \\ B' & C' & E' \\ D' & E' & f' \end{vmatrix}$$

$$K = \begin{vmatrix} A & D \\ D & F \end{vmatrix} + \begin{vmatrix} C & E \\ E & F \end{vmatrix} = \begin{vmatrix} A' & D' \\ D' & f' \end{vmatrix} + \begin{vmatrix} C' & E' \\ E' & f' \end{vmatrix}$$

分别称为其基本不变量和半不变量(K).

二次曲线所属于的类型可用不变量 I_1, I_2, I_3 及半不变量 K 来判定分类,二次曲线中的有关参量也可以由这些不变量及半不变量来计算.例如,计算椭圆、双曲线的半轴 a, b,抛物线的焦参数 P 以及平行线间接距离 $2d$ 有下述公式

$$a, b = \sqrt{\frac{2 \cdot |I_3|}{|I_2| \cdot |I_1 \pm \sqrt{I_1^2 - 4I_2}|}}$$

$$P = \sqrt{-\frac{I_3}{I_1^3}}, \quad 2d = 2\sqrt{-\frac{K}{I_1^2}}$$

二次曲线的类型判定分类如表 9.2 所示.

表 9.2

类型的标志			曲线的类型	规范方程	标准方程
$I_2 > 0$			椭圆	$\lambda_1 x^2 + \lambda_2 y^2 + \dfrac{I_3}{I_2} = 0$ 其中 λ_1, λ_2 是方程 $\lambda^2 - I_1\lambda + I_2 = 0$ 的根	$\dfrac{x^2}{a^2} + \dfrac{y^2}{b^2} = 1$
	$I_1 I_3 > 0$		虚椭圆		$\dfrac{x^2}{a^2} + \dfrac{y^2}{b^2} = -1$
	$I_3 = 0$		点		$\dfrac{x^2}{a^2} + \dfrac{y^2}{b^2} = 0$
$I_2 < 0$	$I_3 \neq 0$		双曲线		$\dfrac{x^2}{a^2} - \dfrac{y^2}{b^2} = 1$
	$I_3 = 0$		一对相交直线		$\dfrac{x^2}{a^2} - \dfrac{y^2}{b^2} = 0$
$I_2 = 0$	$I_3 \neq 0$		抛物线	$I_1 x^2 - 2\sqrt{-\dfrac{I_3}{I_1}} y = 0$	$x^2 = 2py$
	$I_3 = 0$	$K < 0$	一对平行直线	$I_1 x^2 + \dfrac{K}{I_1} = 0$	$x^2 = a^2$
		$K > 0$	一对虚的直线		$x^2 = -a^2$
		$K = 0$	一对重合直线		$x^2 = 0$

例3 解方程:$x^4 - 4x^2 - x + 2 = 0$.

分析 如果运用常量刻画变量的手段来处理这个方程,可得如下简捷解法:

原方程可变形为

$$2^2 - (2x^2+1)\cdot 2 + (x^4-x) = 0$$

将上述方程看作关于"2"的二次方程,则由求根公式,得

$$2 = \frac{(2x^2+1) \pm (2x+1)}{2}$$

整理,得 $x^2 + x - 1 = 0$ 或 $x^2 - x - 2 = 0$,解得 $x_1 = \frac{1}{2}(-1+\sqrt{5})$,$x_2 = \frac{1}{2}(-1-\sqrt{5})$,$x_3 = -1$,$x_4 = 2$,此即为所求.

9.2.4 通过变量研究常量

有一类数学问题的解答,是要求我们来计算出某一个确定的量,这种量在相应的问题中当然是个常量.但是,这样的量计算起来,也并非都是轻而易举地作一些算术运算就可以完成的,有时要借助于甚至必须借助于使常量变动起来才能达到目的,这实际上是把常量看作变量的暂驻状态来进行处理的.

例 4 化简:$\dfrac{2\sqrt{6}}{\sqrt{2}+\sqrt{3}+\sqrt{5}}$.

分析 分母有理化太繁,这里有几个特殊的常数根式(无理数),通过观察发现有隐含关系:$\sqrt{2}\times\sqrt{3}=\sqrt{6}$,$(\sqrt{2})^2+(\sqrt{3})^2=(\sqrt{5})^2$.因而,我们可用变量研究常量,用字母表示这些根式,即用 x,y,z 分别表示 $\sqrt{2},\sqrt{3},\sqrt{5}$,则有

$$x^2 + y^2 - z^2 = (\sqrt{2})^2 + (\sqrt{3})^2 - (\sqrt{5})^2 = 0$$

故

$$\frac{2\sqrt{6}}{\sqrt{2}+\sqrt{3}+\sqrt{5}} = \frac{2xy}{x+y+z} = \frac{2xy+(x^2+y^2-z^2)}{x+y+z} = \frac{(x+y+z)(x+y-z)}{x+y+z} = x+y-z = \sqrt{2}+\sqrt{3}-\sqrt{5}$$

对于轨迹作用,一般是首先保留一部分条件,暂时丢开其他条件,使未知"点"少受限制,由定点变为满足一定限制的动点得一轨迹;再保留另一部分条件,去开其余条件,使未知"点"变成动点,从而得到另一个轨迹,两个轨迹的"交点",就是所要求的点.这是平面几何作图中广泛应用的一个基本思想,在变动中确定固定位置.

例 5 已知 $\triangle ABC$ 的 $\angle A = \alpha$,$BC = a$,边 AC 上中线 $BD = m$,求作 $\triangle ABC$.

分析 首先作 $BC = a$,由于点 A 在以 BC 为弦含角 α 的弓形弧上,延长 CB 到 E 使 $BE = BC = a$,点 A 在以 E 为圆心,$2m$ 为半径的圆上,所以点 A 在上述两个轨迹的交点处,从而 $\triangle ABC$ 可以作出.

9.3 等与不等

数学中的"等"与"不等"是到处存在的.从表面上看,"等"与"不等"是对立的,但如果着眼于"等"与"不等"的关系,会发现它们之间相互联系的另一面.可以这样说,任何数学变换都是"等"与"不等"之间的周旋.许多数学问题若能很好利用它们之间的辩证关系,在处理问题中可以起到出奇制胜、化难为易之功效.

9.3.1 在数学解题中

(1) 巧用界值均值,由等导出不等.

例1 (2003年全国高考试题)已知长方形的4个顶点 $A(0,0),B(2,0),C(2,1)$ 和 $D(0,1)$,一质点从 AB 的中点 P_0 沿与 AB 夹角为 θ 的方向射到 BC 上的点 P_1 后,依次反射到 CD,DA 和 AB 上的点 P_2,P_3 和 P_4(入射角等于反射角),设 P_4 的坐标为 $(x_4,0)$,若 $1 < x_4 < 2$,则 $\tan\theta$ 的取值范围是( ).

(A) $\left(\dfrac{1}{3},1\right)$ (B) $\left(\dfrac{1}{3},\dfrac{2}{3}\right)$ (C) $\left(\dfrac{2}{5},\dfrac{1}{2}\right)$ (D) $\left(\dfrac{2}{5},\dfrac{2}{3}\right)$

解 把"等"看作"不等"的界点,不等的特例,把求解问题的目光投向解集区间的端点,避实击虚、化繁为简,体现出具体问题具体分析的朴素思想.

因此,取 $x_4 = 1$,则4个反射点 P_1,P_2,P_3 和 P_4 正好是长方形 $ABCD$ 四边中点并构成一个菱形,此时 $\tan\theta = \dfrac{1}{2}$,由题意可知: $\dfrac{1}{2}$ 必为 $\tan\theta$ 取值范围中的临界值,故可排除(A),(B),(D),选(C).

例2 已知 $a,b,c \geq 0$,且 $a+b+c=1$,求证: $\sqrt{4a+1}+\sqrt{4b+1}+\sqrt{4c+1} \leq \sqrt{21}$.

分析 考虑到当且仅当 $a=b=c=\dfrac{1}{3}$ 时不等式取等号,此时 $4a+1=\dfrac{7}{3}$,因此对要证式的左端的每一项匹配系数 $\sqrt{\dfrac{7}{3}}$.

证明 由于

$$\sqrt{4a+1} \cdot \sqrt{\dfrac{7}{3}} \leq \dfrac{4a+1+\dfrac{7}{3}}{2} \qquad ①$$

同理

$$\sqrt{4b+1} \cdot \sqrt{\dfrac{7}{3}} \leq \dfrac{4b+1+\dfrac{7}{3}}{2} \qquad ②$$

$$\sqrt{4c+1} \cdot \sqrt{\dfrac{7}{3}} \leq \dfrac{4c+1+\dfrac{7}{3}}{2} \qquad ③$$

则 ① + ② + ③,得

$$(\sqrt{4a+1}+\sqrt{4b+1}+\sqrt{4c+1}) \cdot \sqrt{\dfrac{7}{3}} \leq \dfrac{4a+4b+4c+3+7}{2}$$

又 $a+b+c=1$,故

$$\sqrt{4a+1}+\sqrt{4b+1}+\sqrt{4c+1} \leq \sqrt{21}$$

(2) 运用恒等变换,由等化出不等.

例3 若 $a^3+b^3=2$,求证: $a+b \leq 2$.

分析 许多参考书都把本题作为用反证法求解的范例,其实用等与不等的眼光去看,推证过程就是等向不等的转化. 我们可从已知相等的条件出发,通过适当的恒等变形,直接获证.

证明 由 $a^3 + b^3 = 2$ 知 a,b 不同时为 0, 不妨设 $b \neq 0$, 于是由 $a^3 + b^3 = (a+b)\left[\left(a-\dfrac{b}{2}\right)^2 + \dfrac{3b^2}{4}\right] = 2$, 得 $a + b > 0$, 而

$$a^3 + b^3 = (a+b)(a^2 - ab + b^2) = (a+b)[(a+b)^2 - 3ab] =$$
$$(a+b)\left\{(a+b)^2 - \dfrac{3}{4}[(a+b)^2 - (a-b)^2]\right\} =$$
$$(a+b)\left[\dfrac{1}{4}(a+b)^2 + \dfrac{3}{4}(a-b)^2\right] \geqslant \dfrac{1}{4}(a+b)^3$$

则

$$\dfrac{1}{4}(a+b)^3 \leqslant 2$$

即 $a + b \leqslant 2$, 当 $\dfrac{3}{4}(a-b)^2 = 0$, 即 $a = b = 1$ 时取等号.

例 4 设 a,b,c 满足

$$\begin{cases} a^2 - bc - 8a + 7 = 0 & \text{①} \\ b^2 + c^2 + bc - 6a + 6 = 0 & \text{②} \end{cases}$$

求 a 的取值范围.

分析 从求解的目标看, 关键是如何建立关于 a 的不等式, 而题中的已知条件是两个相等关系式, 这就启示我们: 应从分析题中的等量关系作为解题的切入口, 通过恰当的恒等变形来获得所期待的不等式.

解 ② - ① 得

$$(b+c)^2 = (a-1)^2 \quad \text{③}$$

又

$$(b+c)^2 - (b-c)^2 = 4bc$$

则

$$bc = \dfrac{1}{4}(b+c)^2 - \dfrac{1}{4}(b-c)^2 \quad \text{④}$$

把 ④ 代入 ① 得

$$a^2 - \dfrac{1}{4}(b+c)^2 + \dfrac{1}{4}(b-c)^2 - 8a + 7 = 0$$

再把 ③ 代入上式化简整理得

$$3a^2 - 30a + 27 = -(b-c)^2 \leqslant 0$$

即

$$a^2 - 10a + 9 \leqslant 0$$

即

$$1 \leqslant a \leqslant 9$$

注 由上可知, 通过已知与目标的分析, 解题过程中一系列的"等"是为了什么? 就是产生 $-(b-c)^2$ 等符号因子, 从而千呼万唤地迎来了自己所要的不等关系, 使问题得以解决.

(3) 两边夹逼, 由不等导出相等.

例 5 已知 $f(x)$ 是定义在 **R** 上的函数, 对任意的 $x \in \mathbf{R}$ 都有 $f(x+5) \geqslant f(x) + 5$, $f(x+1) \leqslant f(x) + 1$. 若 $f(1) = 1$, 且 $g(x) = f(x) + 1 - x$, 则 $g(2\,008) = $ _____.

分析 要求的是 $g(x)$ 的函数值, 而 $g(x)$ 又是通过 $f(x)$ 给出的, 所以对 $f(x)$ 的研究显

得至关重要,而 $f(x)$ 已知条件中的两个不等式是有极大的想象空间的,这里的不等关系是否可以为相等创造条件呢? 由此引发解题思路.

解 由 $g(x) = f(x) + 1 - x$,得
$$f(x) = g(x) + x - 1$$
又由 $f(x+5) \geqslant f(x) + 5, f(x+1) \leqslant f(x) + 1$,得
$$g(x+5) + (x+5) - 1 \geqslant g(x) + (x-1) + 5$$
$$g(x+1) + (x+1) - 1 \leqslant g(x) + (x-1) + 1$$
则 $\quad g(x+5) \geqslant g(x), g(x+1) \leqslant g(x)$

故 $\quad g(x) \leqslant g(x+5) \leqslant g(x+4) \leqslant g(x+3) \leqslant g(x+2) \leqslant g(x+1) \leqslant g(x)$

即 $\quad g(x) \leqslant g(x+1) \leqslant g(x)$

于是 $g(x+1) = g(x)$,从而 1 是 $g(x)$ 的周期,又 $g(1) = 1$,所以 $g(2\,008) = 1$.

例 6 已知 $x - y + 1 > 0$,若 $2 - \sin^2(x + 2y - 1) = \dfrac{x^2 + y^2 - 2(x+1)(y-1)}{x - y + 1}$,求 xy 的最小值.

解 因
$$2 - \sin^2(x + 2y - 1) \leqslant 2 \qquad ①$$
则
$$\frac{x^2 + y^2 - 2(x+1)(y-1)}{x - y + 1} \leqslant 2$$
又由
$$\frac{x^2 + y^2 - 2(x+1)(y-1)}{x - y + 1} = \frac{x^2 + y^2 - 2xy + 2x - 2y + 2}{x - y + 1} =$$
$$\frac{(x-y)^2 + 2(x-y) + 2}{x - y + 1} = \frac{(x-y+1)^2 + 1}{x - y + 1} =$$
$$x - y + 1 + \frac{1}{x - y + 1} \geqslant 2 \qquad ②$$
显然,只有 ① 与 ② 均取等号时才可能满足题意,则
$$\begin{cases} x - y + 1 = 1 \\ x + 2y - 1 = k\pi \end{cases} \Rightarrow x = y = \frac{k\pi + 1}{3} (k \in \mathbf{Z})$$
故 $xy = \dfrac{(k\pi + 1)^2}{9} \geqslant \dfrac{1}{9}$,此时 $k = 0$.

(4) 借用不等,由相等导出相等.

例 7 凸四边形 $ABCD$ 内有一点 O,若此四边形面积为 S,且满足 $2S = OA^2 + OB^2 + OC^2 + OD^2$,求证: $ABCD$ 为正方形且 O 为其中心.

证明 设 $OA = m, OB = n, OC = p, OD = q, \angle AOB = \alpha, \angle BOC = \beta, \angle COD = \gamma, \angle AOD = \theta$,则
$$S = S_{\triangle AOB} + S_{\triangle BOC} + S_{\triangle COD} + S_{\triangle AOD} = \frac{1}{2}mn\sin\alpha + \frac{1}{2}np\sin\beta + \frac{1}{2}pq\sin\gamma + \frac{1}{2}mq\sin\theta$$
即 $\quad 2S = mn\sin\alpha + np\sin\beta + pq\sin\gamma + mq\sin\theta \leqslant mn + np + pq + mq \leqslant$
$$\frac{1}{2}(m^2 + n^2) + \frac{1}{2}(n^2 + p^2) + \frac{1}{2}(p^2 + q^2) + \frac{1}{2}(q^2 + m^2) =$$

$$p^2 + q^2 + m^2 + n^2$$

又由题意:$2S = p^2 + q^2 + m^2 + n^2$,故上式取等号,则

$$\sin\alpha = \sin\beta = \sin\gamma = \sin\theta = 1, m = n = p = q$$

即

$$\alpha = \beta = \gamma = \theta = \frac{\pi}{2}, m = n = p = q$$

所以 ABCD 为正方形且 O 是其中心.

9.3.2 在数学思维中

(1) 相等可以导出不等.

为了不等可以寻找相等,因为相等是相对的,不等是绝对的,处理 $M \leq N$ 的问题,可以先考察 $M = N$ 的条件.

例 8 (第 36 届 IMO 试题) 设 a, b, c 为正数且满足 $abc = 1$,试证

$$\frac{1}{a^3(b+c)} + \frac{1}{b^3(c+a)} + \frac{1}{c^3(a+b)} \geq \frac{3}{2}$$

分析 容易猜想 $a = b = c = 1$ 时,原不等式等号成立,这时

$$\frac{1}{a^3(b+c)} = \frac{1}{b^3(c+a)} = \frac{1}{c^3(a+b)} = \frac{1}{2}$$

考虑到"$\geq$"在基本不等式中表现为"和"与"积"的变换,故想到给原不等式左边每一项配上一个因式,这个因式的值当 $a = b = c = 1$ 时等于 $\frac{1}{2}$,且能通过不等式变换使原不等式的表达式得到简化.

证明 由于

$$\frac{1}{a^3(b+c)} + \frac{b+c}{4bc} \geq \sqrt{\frac{1}{a^3 bc}} = \frac{1}{a}$$

同理可得

$$\frac{1}{b^3(a+c)} + \frac{c+a}{4ca} \geq \frac{1}{b}$$

$$\frac{1}{c^3(a+b)} + \frac{a+b}{4ab} \geq \frac{1}{c}$$

以上 3 式左右两边分别相加得

$$\frac{1}{a^3(b+c)} + \frac{1}{b^3(c+a)} + \frac{1}{c^3(a+b)} \geq \frac{1}{a} + \frac{1}{b} + \frac{1}{c} - \frac{1}{4}\left(\frac{b+c}{bc} + \frac{c+a}{ca} + \frac{a+b}{ab}\right) =$$

$$\frac{1}{2}\left(\frac{1}{a} + \frac{1}{b} + \frac{1}{c}\right) \geq \frac{3}{2}\sqrt[3]{\frac{1}{abc}} = \frac{3}{2}$$

从而原不等式获证.

(2) 不等可以导出相等.

相等是目标,不等可以是手段,不等是量变,相等才是质变.

例 9 求解方程组

$$\begin{cases} x + y + z = 3 & \text{①} \\ x^2 + y^2 + z^2 = 3 & \text{②} \end{cases}$$

解 $\dfrac{①^2 - ②}{2}$ 得

$$xy + yz + xz = 3 \quad ③$$

由 ① 与 ③ 得
$$x + y + z = xy + yz + xz \quad ④$$

又由 $(x-y)^2 + (y-z)^2 + (z-x)^2 \geq 0$, 则
$$x^2 + y^2 + z^2 \geq xy + yz + zx \quad ⑤$$

由式 ④ 可知式 ⑤ 两边应取等号,即 $x = y = z = 1$.

例 10 解不等式: $\sqrt{\dfrac{\pi}{4} - \arctan\dfrac{|x|+|y|}{\pi}} + \tan^2 x + 1 \leq \sqrt{2}\tan x(\sin x + \cos x)$.

解 由
$$\sqrt{2}\tan x(\sin x + \cos x) = \sqrt{2}\tan x \cdot \sqrt{2}\sin(x + \dfrac{\pi}{4}) = 2\tan x \cdot \sin(x + \dfrac{\pi}{4}) \leq$$
$$2\tan x \leq \tan^2 x + 1 \leq \sqrt{\dfrac{\pi}{4} - \arctan\dfrac{|x|+|y|}{\pi}} + \tan^2 x + 1$$
$$①$$

而由题意
$$\sqrt{\dfrac{\pi}{4} - \arctan\dfrac{|x|+|y|}{\pi}} + \tan^2 x + 1 \leq \sqrt{2}\tan x(\sin x + \cos x)$$

故式 ① 取等号,则
$$\begin{cases} \dfrac{\pi}{4} - \arctan\dfrac{|x|+|y|}{\pi} = 0 \\ \sin x = \cos x = \dfrac{\sqrt{2}}{2} \\ \tan x = 1 \end{cases} \Rightarrow \begin{cases} x = \dfrac{\pi}{4} \\ y = \pm\dfrac{3}{4}\pi \end{cases}$$

例 11 若 $\dfrac{\sin^4\theta}{a} + \dfrac{\cos^4\theta}{b} = \dfrac{1}{a+b}$ (a, b 为正数), 求证: $\dfrac{\sin^8\theta}{a^3} + \dfrac{\cos^8\theta}{b^3} = \dfrac{1}{(a+b)^3}$.

证明
$$\dfrac{\sin^4\theta}{a} + \dfrac{a}{(a+b)^2} \geq \dfrac{2\sin^2\theta}{a+b} \quad ①$$
$$\dfrac{\cos^4\theta}{b} + \dfrac{b}{(a+b)^2} \geq \dfrac{2\cos^2\theta}{a+b} \quad ②$$

将式 ①,② 相加并整理得
$$\dfrac{\sin^4\theta}{a} + \dfrac{\cos^4\theta}{b} \geq \dfrac{1}{a+b} \quad ③$$

由题设知,这三个不等式应同时取等号,即有
$$\begin{cases} \sin^2\theta = \dfrac{a}{a+b} \\ \cos^2\theta = \dfrac{b}{a+b} \end{cases}$$

故
$$\dfrac{\sin^8\theta}{a^3} + \dfrac{\cos^8\theta}{b^3} = \dfrac{1}{(a+b)^3}$$

9.4 直 与 曲

直与曲是两个完全不同的数学概念,从直观形象看,前者平直后者弯曲;从几何特性来看,前者曲率为0,后者曲率不恒为0;从代数表达式来看,前者是线性方程,后者是非线性方程. 直与曲的差别是明显的,但辩证的数学眼光可以将这两个差别如此显著的对立的概念在一定条件下互相转化,直与曲除了有非直即曲的一面,也存在亦直亦曲的一面,存在直与曲之间的中介状态,直与曲通过这个中介状态实现转化.

9.4.1 曲线具有渐近线部分的特征

曲线的渐近线是曲线无限延伸时不断接近,但又永远不相交的一条直线,其数学表达式按如下方法确定:

设曲线为 $y=f(x)$,其渐近线为 $y=kx+b$,则
$$\lim_{x\to\infty}[f(x)-(kx+b)]=0$$

有渐近线的曲线在它无限延伸的部分也还是曲线,这部分是整个曲线 $y=f(x)$ 的一部分,这一部分上每一点的曲率都不为0,但它又像直线,而且延伸越远就越像,虽然每点曲率不为0,但在延伸过程中,曲率无限趋近于0. 因此,在无限延伸的部分也可以说它是"亦直亦曲",是直线与曲线之间的一种中间状态,既为带有直线性质的曲线,也为具有"曲"性的"类直线",是直与曲对立的"中介".

对曲线及其渐近线,在曲线无限延伸部分,传统的平行观念不适用了,认为"不平行必相交"这种非此即彼的观念在这里也站不住脚了. 按传统的平行观念,两直线平行,则距离处处相等;但现在这两条"直线"是"彼此不断接近",因此这两条"线"不是平行的. 既然这两条线不平行,按传统观念就应相交,然而它们彼此不断接近却永远不会相交! 可见这两条"线"处于既不平行又不相交的一种中介状态.

利用曲线与渐近线的关系,可以在整体上以直代曲,用渐近线来代替具有渐近线的曲线的部分.

9.4.2 非线性问题线性化

在对某些现实问题的研究中,常常需求经验曲线,但有时经验曲线并非直线型的,这就需要利用直曲在一定条件下可相互转化的思想,运用坐标变换把非直线型化为直线型.

例 测得某水库深水体积 V 万 m^3 和水深 H m 之间的对应数值如表9.3所示.

表9.3

H/m	0	5	10	15	20	25	30	35
$V/$万m^3	0	15	45	119	205	315	460	610

利用描点法可描出曲线近似抛物线(图略),可得其经验方程为 $V=aH^2$,作变换 $H^2=H'$,$V=V'$,又得表9.4.

表9.4

$H' = H^2$	0	25	100	225	400	625	900	1 225
V'	0	15	45	119	205	310	460	610

这样在 H', V' 直角坐标系中描点,可得曲线(图略)方程近似于 $V' = aH'$. 用直线经验公式,确定为 $V' = 0.504H'$,从而代回来为 $V = 0.504H^2$.

通过直认识曲,把非线性问题线性化,是解决数学问题的思想方法之一.

9.4.3 直线与曲线在微分学中最终等同起来

曲直转化的思想早在我国古代就产生了. 例如,数学家刘徽在注《九章算术》中论述割圆术时就指出:"割之弥细,所失弥少. 割之又割,以至于不可割,则与圆合体而无所失矣". 但由于当时尚没有转化的条件 —— 极限方法,也就不可能实现真正的转化,只能是相互为用,互相补充,这只有在微分学中实现真正的转化.

线性函数是最简单的函数,它的图形 —— 直线也最简单. 任一条"光滑"曲线的每一小段都接近于直线段,曲线段越短越接近. 从函数的观点看,就是任一"光滑"(即连续可微)函数,当独立变数改变很小时,就接近于线性函数. 因而在曲线的局部或变量变化的小范围内,我们可以用直线段来代替曲线段,以线性函数代替非线性函数. 概括说来,就是以直代曲,例如,在微分学中,我们知道

$$f(x) = f(x_0) + f'(x)\Delta x + 0(\Delta x) \quad (\Delta x \to 0)$$

其中 $0(\Delta x)$ 表示一个比 Δx(在 $\Delta x \to 0$ 时)更高阶的无穷小量,这样,当 Δx 很小时,就有近似公式

$$f(x) \sim f(x_0) + f'(x_0)\Delta x = f(x_0)x + f(x_0) - f'(x_0)x_0$$

这表示在 x_0 附近 $f(x)$ 可用线性函数近似代替,用微分写出是 $\Delta y \sim dy$,它的几何意义就是以切线(直)代替曲线,如图9.4所示.

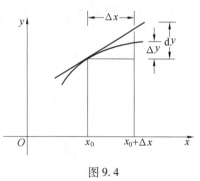

图9.4

再如,在积分学中,求曲边梯形的面积也是运用了曲转化为直、直转化为曲的思想. 我们知道,这个计算过程是先微分后积分的过程. 它是先把整个曲边梯形分割成许多小曲边梯形,而在每个小曲边梯形中把曲边看成直边,于是就可用那些小"直边梯形"的面积和近似地表示原来大曲边梯形的面积,从而实现了局部的曲转化为局部的直,即"以直代曲". 然后,再把分割无限加细,通过取极限,使小直边梯形的面积之和转化为大曲边梯形的面积,这样,局部的直又反过来转化为整体的曲,这种曲转化为直、直转化为曲,以及由此反映出来的化整为零,积零为整的思想方法,是高等数学的重要方法,正如恩格斯所指出的:"当直线与曲线的数学可以说已山穷水尽的时候,一条新的几乎无穷无尽的道路,由那种把曲线视为直线(微分三角形)并把直线视为曲线的数学开拓出来了."(恩格斯《自然辩证法》,人民出版社,1971)

9.5 有限与无限

有限常使人觉得实在,无限可使人感到迷惘.

任何事物,在其运动、变化、发展的历史上,经历的时间是有限的,占据的空间是有限的,它所具有的质量也是有限的.但从整个物质世界来看,正是这一切有限组成了宇宙演化的长河与无穷无尽的广延.此外,从深入到物质结构来看,任一有限物体又可分解为分子、原子等一系列层次,是无限可分的.因此,任何特定的有限均被超越而表现为时间上、空间上的无限性.

现实世界中量的有限与无限,反映到人们的头脑中,经过思维的加工,构成数学上的有限与无限.所谓有限,总是给出了一定的界限,这个界限同时又成为被超越的目标.目标一经超越,它就失去了界限的作用,但是同时又产生了新的界限,也就是又成为新的被超越的目标,于是又重复同样的过程.有限自身的这种矛盾,促使有限朝着无限的方向发展.

例如,自然数从 0 开始,超越 0 得 1,超越 1 得 2,如此等等.由此产生的每个自然数都是有限的,但是由此产生的每个自然数作为设定的界限又都是被超越的.因此自然数列无限延伸,在有限发展过程中形成了自然数个数无限多的概念.

又如,一条线段,其长度是有限的,但是它又可以延长为更长的线段,并且延长的次数没有限制,延长的长度也没有限制.于是,从有限长的线段的概念,发展出无限的直线的概念,反过来,一条确定的线段,可以截去一半,这个界限还可以被超越,即对剩下部分还可以再截去它的一半,这样的过程,可以无休止地进行下去.这正是我国古代"一尺之槌,日取其半,万世不竭"的朴素的无限分割的思想,每次的界限均为有限,界限无休止的被超越,最后得到了一个自身不能被超越的东西,就是无限.

数学中,无限的表现形式有三:其一,量上的无限多,如自然数集的元素无限多,是作为有限的总和而存在的,也被称为实无限;其二,是无穷,如两条平行线无限延长永不相交,即讲的"无限远".这样引入了无穷远点,无穷远直线等理想元素.作为研究空间形式的几何学,可以而且应该提出一些模型,对无限远点作一些模拟和假想,以便近似地或从某个侧面反映人们对空间无限远处的认识;其三,无限逼近,表现为一个变化的过程,这里涉及一系列关于无限的运算,这种无限性有时也称为潜无限.

9.5.1 有限与无限的质的差异

从有限发展到无限,是认识上的一次重大飞跃,这种质的差异,表现在有限量之间的关系对无限量不再保持,有限的整体一定大于局部,而无限的整体可能与其局部相等.

例 1 当 x 是有限数时,$x+1 \neq x$,或 $x+1 > x$,但当 x 是无穷大时,$x+1 = x$($\infty + 1$ 仍是 ∞),自身不能被超越了.

例 2 一个有限集合与它的真子集之间都不能建立一一对应关系,这是因为有限集合与它的真子集的元素个数不相等,但对无限集合就不同了,例如,自然数集 **N** 可以和它的真子集偶数集建立一一对应关系,也可以与它的平方数集建立一一对应关系,等等.

例 3 在一个弓形中,弧与弦的长度都是有限的,但弧上的点与弦上的点却都是无限的,因而可作出其半径使得弧上的点与弦上的点建立一一对应关系,这时就不能因为弧与弦的长度不一样,而认为其上的点也不一样多.

对于数的有限和式的运算,它满足诸如结合律、交换律以及乘法对加法的分配律,等等. 但是在无限多项的求和式中,就不能任意运用这些定律,否则将导致谬误的结论,不信的话,不妨先请你算一算下述式右边的结果

$$S = 1 + (-1) + 1 + (-1) + 1 + \cdots$$

如果你认为数的加法可以任意结合,则得

$$S = 1 + [(-1) + 1] + [(-1) + 1] + \cdots = 1 + 0 + 0 + \cdots = 1$$

你还可以这样结合

$$S = [1 + (-1)] + [1 + (-1)] + [1 + (-1)] + \cdots = 0 + 0 + 0 + \cdots = 0$$

这得出了 $S = 1$ 又 $S = 0$ 谬误的结论.

这个例子说明:结合律与分配律并不像人们通常认为的那样永远正确,它们在有限数学中的确是正确的,但在无限数学中就不是没有任何条件的正确无误.

再如 $\lim\limits_{n \to \infty}\left(\dfrac{a}{n} + \dfrac{a}{n} + \dfrac{a}{n}\right) = \lim\limits_{n \to \infty}\dfrac{a}{n} + \lim\limits_{n \to \infty}\dfrac{a}{n} + \lim\limits_{n \to \infty}\dfrac{a}{n} = 0 + 0 + 0 = 0$

但 $\lim\limits_{n \to \infty}(\underbrace{\dfrac{a}{n} + \dfrac{a}{n} + \cdots + \dfrac{a}{n}}_{n\text{个}}) = \lim\limits_{n \to \infty}\dfrac{na}{n} = a$

这也表明极限运算与无限性相联系,不能把极限运算简单地分配到括号里面去.

所以说,有限和无限毕竟是两个不同的世界.

9.5.2 数学中有限与无限的联系与转化

(1) 在数学中从有限发展到无限是认识过程的深化.

恩格斯曾指出:"在数学上,为了达到不确定的、无限的东西,必须从确定的、有限的东西出发."(《反杜林论》,人民出版社,1970)

例4 无穷数列求和

$$S = a_1 + a_2 + \cdots + a_n + \cdots \qquad (*)$$

分析 为了计算无限和,先计算有限项的和. 令 $S_n = a_1 + a_2 + \cdots + a_n$.

若 $\lim\limits_{n \to \infty} S_n = S$, S 是个有限数,则 S 就定义为无穷数列 $(*)$ 之和.

其和是由部分和(有限和)开始,然后求极限而得到的. 实际上, $S_1 = a_1, S_2 = a_1 + a_2, \cdots, S_n = a_1 + a_2 + \cdots + a_n, \cdots$,每个 S_i 都是有限数,是一个界限,但又是可以超越的界限,最后达到的"无限"是一个不能"超越"的界限,是个"超越仍是其自身的东西".

例5 人们对圆周率的认识也是从有限入手深入到无限的例子. 中国古代刘徽首创的 "割圆术"就蕴含着从有限到无限的思想. 刘徽是在证明"半周乘半径是积步"这一圆面积公式时,首先从圆内接正六边形开始割圆,得到正十二边形. 以圆内接正六边形每边长 l_0 乘半径 r, 计算出圆内接正十二边形面积 $S_1 = 3l_0 r$;再割成正二十四边形,其面积 $S_2 = 6l_0 r$, 如此下去,割得越细,圆内接正 $6 \times 2^n (n = 1, 2, \cdots)$ 边形的面积 S_n 与圆面积之差 $S - S_n$ 就越小, 割之又割,割到不可再割的地步,则圆内接正多边形便与圆周合为一体,其面积不再小于圆面积. 这显然是一个极限过程,用现代符号表示之便是

$$\lim_{n \to \infty} 6 \times 2^n l_n = l$$

此时
$$\lim_{n\to\infty}(S-S_n)=0$$

这正是"割之弥细,所失弥少. 割之又割,以至于不可割,则与圆周合体而无所失矣"的基本思想,刘徽正是通过有限的东西利用极限这一思想,在无限的过程中证明了圆面积公式,并随之指出"圆周率""非周三径一之率也".

例 6 数学归纳法的实质,是人们用有限认识无限的一种方法.

凡涉及对任意自然数 n 都成立的命题 $P(0),P(1),P(2),\cdots,P(n)$,这是无穷的命题列,要一个一个地证永世证不完竭,人们通过有限来把握无限实现对这无穷多个命题的证明,采取的是:

① 从有限入手,验证 $P(0),P(1)$ 为真;

② 假设 $n=k$ 时,$P(k)$ 真,推导出 $n=k+1$ 时,$P(k+1)$ 真,由这两步,从而论证了这无限多个命题的正确性.

(2) 数学中极限概念是对量变过程的无限性的恰当的描述.

首先我们看一个典型问题
$$\frac{1}{2}+\frac{1}{4}+\frac{1}{8}+\frac{1}{16}+\cdots=1$$

按照常理,加数有无数个,结果应具有不确定性,怎么会是确定的 1 呢? 我们可以这样简单理解,把 1 看作是一正方形的面积,然后对它进行均分切割,得到一个 $\frac{1}{2}$,再把另一个 $\frac{1}{2}$ 均分,又得到一个 $\frac{1}{4}$;再把另一个 $\frac{1}{4}$ 均分,又得到一个 $\frac{1}{8}$;再把另一个 $\frac{1}{8}$ 均分,又得到一个 $\frac{1}{16},\cdots$ 如此往复永远没有止境,用数学表达式表示就是 $\frac{1}{2}+\frac{1}{4}+\frac{1}{8}+\frac{1}{16}+\cdots=1$. 若用极限表示,即为

$$\frac{1}{2}+\frac{1}{4}+\frac{1}{8}+\frac{1}{16}+\cdots=\lim_{n\to\infty}\left(\frac{1}{2}+\frac{1}{4}+\frac{1}{8}+\frac{1}{16}+\cdots\right)=$$
$$\lim_{n\to\infty}\left(\frac{1}{2}+\frac{1}{4}+\cdots+\frac{1}{2^n}\right)=\lim_{n\to\infty}\left(1-\frac{1}{2^n}\right)=1$$

这个典型问题是将无限的和式值转化为有限的数值!

无限的过程可能具有有限的结果,这就是无限中的有限.

有限与无限的转化成为数学应用于实际的有力手段,这一转化的恰当描述就是极限概念,至少对量变过程的无限性描述来说是如此.

例 7 分析 $\lim\limits_{n\to\infty}x_n=a$ 中,如何实现有限与无限的转化.

这一极限式包含两个内容:其一,过程 n 无限增大而不终止;其二,过程 x_n 随 n 增大而有总的趋势(稳定于 a 值),也就是在这一过程中,x_n 可以达到这样一个阶段,使 x_n 与 a 之间任何(预先)确定的偏差界限 $\varepsilon>0$ 均可被克服(超越),而 x_n 无限地靠近 a. 也就是说,从无限过程 x_n 看,可以研究它的稳定趋势是什么? 如果是 a,那么 $x_n=a+0(1)(n\to\infty)$. 也就是说有限值 a 已把握住变量 x_n 的主要部分,有了 a,就认识了 x_n 的无限变化过程,这是通过有限来把握无限的过程.

另一方面,为了认识有限的 a,由于 x_n 的极限是 a,可以通过对 x_n 的研究而达到对于 a 的认识,也就是把 a 转化成无限的过程.

我们对于$\sqrt{2}$,对于π的把握都是这样.

例8 $\triangle ABC$是边长为10的等边三角形,点$M,N,P,Q,\cdots$分别是$AC,BC,MC,NC,\cdots$的中点,设$S = BM + MN + NP + PQ + \cdots$,求$S$的值.

分析1 (代数的)如图9.5,根据题意$\triangle BMA$,$\triangle NPM$等都是角分别为$30°,60°,90°$的三角形.

由$AB = 10$,根据中线定理及含$30°$角的直角三角形的性质,分别有$MN = 5$,$BM = 5\sqrt{3}$.

又由$MN = 5$及$\triangle NPM$为含$30°$角的直角三角形,可得$PQ = \dfrac{5}{2}$,$NP = \dfrac{5}{2}\sqrt{3}$.

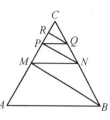

图9.5

重复利用中线定理及含$30°$角的直角三角形的性质,我们可得

$$S = 5\sqrt{3} + 5 + \frac{5}{2}\sqrt{3} + \frac{5}{2} + \frac{5}{4}\sqrt{3} + \frac{5}{4} + \cdots$$

上述S之值可分为S_1和S_2两部分,其中

$$S_1 = 5 + \frac{5}{2} + \frac{5}{4} + \frac{5}{8} + \cdots = 5\left(1 + \frac{1}{2} + \frac{1}{4} + \frac{1}{8} + \cdots\right)$$

$$S_2 = 5\sqrt{3} + \frac{5}{2}\sqrt{3} + \frac{5}{4}\sqrt{3} + \cdots = 5\sqrt{3}\left(1 + \frac{1}{2} + \frac{1}{4} + \cdots\right)$$

因为 $$\lim_{n\to\infty}\left(1 + \frac{1}{2} + \frac{1}{4} + \cdots\right) = \lim_{n\to\infty}\left(1 + \frac{1}{2} + \cdots + \frac{1}{2^n}\right) = 2$$

从而 $$S_1 = 10, S_2 = 10\sqrt{3}$$

所以 $$S = S_1 + S_2 = 10(1 + \sqrt{3})$$

分析2 (几何的)如图9.5,这里我们来考察"之"字形线的长度.为此,把它分成两束平行线段:平行于AB的线段和平行于BM的线段.

根据题意,由中线定理有$AM = MN, MP = PQ$等,所以第一束线段正好就是AC的长度,即为10.

又由含$30°$角的直角三角形的性质,有

$$\frac{BM}{AM} = \frac{PN}{MP} = \cdots = \sqrt{3}$$

所以第二束线段长度之和为

$$BM + PN + \cdots = \sqrt{3}(AC) = 10\sqrt{3}$$

故"之"字形线段长度之和为

$$S = 10 + 10\sqrt{3} = 10(1 + \sqrt{3})$$

从上述问题中,我们清楚地看到了无限可以转化为有限,极限概念是对量变过程的无限性的恰当的描述.

无限实际上就是对有限的一种扩展,一种包含.有限中的数字,仅仅只是无限的数字的一部分.从有限发展到无限,是一个量变到质变的过程,一个从确定量到变量的过程——这

应是对无限的理解.

(3) 通过对无限可以进一步认识有限.

在数学中,我们常把一个有限的数表示为无限多种形式. 如 $\frac{2}{3} = \frac{4}{6} = \frac{6}{9} = \cdots$ 这已经是一种无限性的关系了,$\sqrt{2} = 1.414\ 2\cdots$ 正体现了左边有限形式与右边无限形式之间的统一.

在解题中也会遇到这类有限与无限关系的问题.

例 9 计算:$\sqrt{1 + \sqrt{1 + \sqrt{1 + \cdots}}}$.

分析 令 $y = \sqrt{1 + \sqrt{1 + \sqrt{1 + \cdots}}}$,则

$$y = \sqrt{1 + y}$$

即

$$y^2 - y - 1 = 0$$

解得取正根

$$y = \frac{1 + \sqrt{5}}{2}$$

这其中 y 取有限形式,通过有限与无限的转化实现了解题的目的.

例 10 解方程:$y = 1 + \cfrac{1}{1 + \cfrac{1}{1 + \cfrac{1}{y}}}$.

分析 有限转化为无限,即

$$y = 1 + \cfrac{1}{1 + \cfrac{1}{1 + \cfrac{1}{1 + \cdots}}}$$

亦即 $y = 1 + \frac{1}{y}$,这时无限又化为有限. 得 $y^2 - y - 1 = 0$,解得正根 $y = \frac{1 + \sqrt{5}}{2}$.

在证明"存在无穷多个"这种无限性问题时,由于直接证往往比较困难,考虑到无限的反面就是"有限",有限自然比无限更具体. 因此,我们常常通过"无限"的反面——有限来论证无限,用反证法来实现这一点(例略).

例 11 在实验中得出的经验公式.

在实验中得到一组数据,将这组数据用平面直角坐标系中的有限个点表示,然后通过一定的方法画出经验曲线,但这条曲线由无限个点组成,再由经验曲线得出经验公式. 这样从有限中综合出了无限性的规律,然后再由经验公式可以具体解决某些特殊点数值,又回到有限,这是一次否定之否定的认识过程.

例 12 函数 $f(x)$ 的泰勒展开式

$$f(x + h) = f(x) + f'(x)h + \frac{f''(x)}{2!}h^2 + \cdots + \frac{f^{(k)}}{k!}h^k + \cdots$$

分析 这个形式,左边是有限形式,右边是无限形式;左边是简单形式,右边是整体复杂形式;左边是整体未知,右边每一项都已知.

利用泰勒展开式,由 $f(x)$ 来计算 $f(x + h)$,正是通过等式右边每一已知项,在无限的过程中来把握左边 $f(x + h)$ 的. 函数 $f(x)$ 没有幂次,而级数展开式中却包含了所有幂次(两极

相通). 这无论在认识函数性质和近似计算中都有极大的好处.

例 13 在工程计算中,利用无穷级数展开进行近似计算并制成函数表,把表示有限形式的函数转化为无限的形式 —— 无穷级数. 这样就便于进行数值计算,得到结果又转化为有限形式,也经历了一个否定之否定的过程.

9.6 连续与不连续

在数学中,无论是描述相对静止状态的量,还是描述运动变化状态的数量,都存在两种情况:连续与不连续. 连续与不连续是数学研究中的重要矛盾之一,它们既有本质的区别,又在一定条件下可以互相转化. 相对静止状态下的数量和运动变化状态下的数量,因其着眼点不同,常称前者矛盾形式为连续与离散,后者矛盾形式为连续与间断.

9.6.1 连续与离散

世界上有些事物是不可分解的,若要将其分解,则要发生事物性质的改变. 例如,对于产品是以个数为计量的,个人是没有意义的. 这种不可分解的事物在数学上就作为一个单位存在,而运算过程就在离散数量的状态中进行.

世界上很多事物是可分解的,若将其分解,则不会改变事物的主要规定性,例如,计算一个物体的体积,由于计算的对象只涉及物体所占有的空间的大小,并不涉及该种物体具体性质的特性,因此,为了精确地计算其体积,对物体进行分解往往带来方便,这种可无限分解的性质在数学抽象中就引入了连续量的模型,数量的连续状态是事物无限可分性的反映和要求.

数学研究从离散量进入连续量,是对客观事物的深入分析得到的,是事物不可分性与可分性的反映.

例 1 实数的连续性.

有理数是稠密的,但它却不能与数直线上的点一一对应,因为有限长度的线段(如单位下正方形的对角线长)都不能用有理数表示. 这表明有理数集填不满数轴,依然有许多空隙,千疮百孔. 这样,就使数直线不能仅在有理点的条件下任意分割. 因而,必须引进无理数建立实数连续系统. 奠定研究连续量的基础,使数直线成为一数轴而无限可分. 形象地说,对数直线任意砍一刀,一定会砍在某个实数上,砍的地方不会是什么数也没有空隙,这就反映了实数的连续性.

在数学中,连续与离散之间在一定条件下也是可以互相转化的. 从离散过渡到连续,或从离散认识连续,极限工具创造了这种转化条件.

例 2 数学中常用离散量去逼近连续量或用连续量去概括离散的量. 例如,用格点计算图形面积就是这样:一个凸多边形,面积为 A,内部格点数为 K,边上格点数为 L,则 $A = K + \dfrac{L}{2} - 1$. 这就是利用格点计算多边形面积的毕卡公式.

例 3 画面是连续分布的,但电视机屏幕上的画面是由点阵组成的,计算机打印的文字也是由点阵组成的,这就是用离散量来逼近连续量的具体体现.

9.6.2 连续与间断

连续与不连续这对矛盾表现在对数量局部变化的研究中,呈现为连续与间断的形式.例如,气温在某一温度的上、下变化是连续的,而一电路在接通前后的电压数值改变是由 $V=0$ 突然增大,说明电压在此刻发生间断性改变,前者表明事物运动过程的渐变性,后者表明事物运动过程的突变性.自然,这两种数量变化在局部的不同性态,也是人们对事物运动过程的一定反映,是客观现实的一种抽象.

连续与间断带来函数性质的显著差异,如闭区间上的连续函数,可取到一切中间值,可达到最大值与最小值等,而间断函数一般无此性质.

思 考 题

1. $0.999\cdots$ 是否等于 1?

2. $1-1+1-1+1\cdots$ 是等于 1 还是等于 0?

3. 已知二次函数 $f(x)=ax^2+bx+c(a,b,c\in\mathbf{R},a\neq 0)$.满足 $f(-1)=0$,对于任何实数 x 都有 $f(x)-x\geq 0$,并且当 $x\in(0,2)$ 时,有 $f(x)\leq\left(\dfrac{x+1}{2}\right)^2$.

(1) 求 $f(1)$ 的值.
(2) 证明:$a>0,c>0$.
(3) 当 $x\in[-1,1]$ 时,函数 $g(x)=f(x)-mx(x\in\mathbf{R})$ 是单调的,求证:$m\leq 0$ 或 $m\geq 1$.

4. 设 $a,b,c\in\mathbf{R}_+$,求证:$\dfrac{a^2}{b+c}+\dfrac{b^2}{c+a}+\dfrac{c^2}{a+b}\geq\dfrac{1}{2}(a+b+c)$.

5. 已知 $\dfrac{\cos^{n+2}\alpha}{\cos^n\beta}+\dfrac{\sin^{n+2}\alpha}{\sin^n\beta}=1$,求证:$\dfrac{\cos^{n+2}\beta}{\cos^n\alpha}+\dfrac{\sin^{n+2}\beta}{\sin^n\alpha}=1$.

6. 请用辩证的眼光透视圆锥曲线的离心率[89].

思考题参考解答

1. $0.9,0.999,0.99999,\cdots$ 这些数都近似于 1 而不等于 1,如果我们以此类推:无论小数点后有多少个 9,几千,几万及更多,它都是一个近似 1 而不是 1 的数.那我们又被"有限"这个框框所束缚住了.

让我们用课堂上学过的方法来证明一下

$$0.9=0.9+0.09+0.009+\cdots=0.9+0.9\times\left(\dfrac{1}{10}\right)+0.9\times\left(\dfrac{1}{10}\right)^2+0.9\times\left(\dfrac{1}{10}\right)^3+\cdots+0.9\times\left(\dfrac{1}{10}\right)^{n-1}+\cdots$$

所以,我们可以把它看成一个等比数列的和.

$$\lim_{n\to\infty}\left(0.9+0.9\times\left(\dfrac{1}{10}\right)+0.9\times\left(\dfrac{1}{10}\right)^2+0.9\times\left(\dfrac{1}{10}\right)^3+\cdots+0.9\times\left(\dfrac{1}{10}\right)^{n-1}\right)=$$

$$\lim_{n\to\infty}\dfrac{0.9\left[1-\left(\dfrac{1}{10}\right)^n\right]}{1-\dfrac{1}{10}}=\dfrac{0.9}{1-\dfrac{1}{10}}=1$$

所以,当 $\underbrace{0.999\cdots9}_{n个}$ 中 n 趋近于无穷时,$\underbrace{0.999\cdots9}_{n个}$ 趋近于 1.

2. 误解 $1:1-1+1-1+1-1+\cdots=(1-1)+(1-1)+(1-1)+\cdots=0$.

误解 $2:1-1+1-1+1-1+\cdots=1+(-1+1)+(-1+1)+(-1+1)+\cdots=1$.

虽然在两种解法中,我们都只运用了进行有限次数运算中常用的"加法结合律",但却出现了两种不同的答案,为什么?如果算式中有偶数个项,误解 1 的答案显然是正确的;如果有奇数个呢?那么误解 2 的答案就是正确的了.而对于这个具有无限多个项的算式,它的项数不存在奇偶,其答案也就不是"0"或"1"了.故加法结合律在这里是不适用的.这使我们又看清了有限和无限的一大区别:有限的运算法则并不全适用于无限.

3. 这题是函数与不等式的综合问题,已知条件中给出一些不等关系,而所求目标中的第(1)问 $f(1)$ 的值通过解析式中直接代入常数难以确定,第(3)问要推证 m 的取值范围,关键是确定 $f(x)$ 的解析式,所以解决本题的总体思路应力求从分析不等条件出发去推证相等关系.

(1) 由已知 $x\in(0,2)$ 时,$x\leq f(x)\leq\left(\dfrac{x+1}{2}\right)^2$,令 $x=1$ 得 $1\leq f(1)\leq\left(\dfrac{1+1}{2}\right)^2$,则 $f(1)=1$.

(2) 由 $f(-1)=0,f(1)=1$,得 $a-b+c=0,a+b+c=1$,则 $b=a+c=\dfrac{1}{2}$,而 $f(x)-x\geq 0$,即 $ax^2-\dfrac{1}{2}x+c\geq 0$ 对一切实数 x 都成立,则 $a>0$,且 $\Delta\leq 0$,即 $a>0$,且 $ac\geq\dfrac{1}{16}$,故 $c>0$.

(3) 因为 $\dfrac{1}{2}=a+c\geq 2\sqrt{ac}$,则 $ac\leq\dfrac{1}{16}$,结合(2)中 $ac\geq\dfrac{1}{16}$,得 $\dfrac{1}{16}\leq ac\leq\dfrac{1}{16}$,即 $ac=\dfrac{1}{16}$,当且仅当 $a=c=\dfrac{1}{4}$ 时成立. 于是 $f(x)=\dfrac{1}{4}x^2+\dfrac{1}{2}x+\dfrac{1}{4}$,以下解题过程略.

4. 注意到当且仅当 $a=b=c$ 时不等式取等号,此时 $\dfrac{a^2}{b+c}=\dfrac{b+c}{4}$. 于是,有

$$\dfrac{a^2}{b+c}+\dfrac{b+c}{4}\geq a \qquad ①$$

同理

$$\dfrac{b^2}{c+a}+\dfrac{c+a}{4}\geq b \qquad ②$$

$$\dfrac{c^2}{a+b}+\dfrac{a+b}{4}\geq c \qquad ③$$

① + ② + ③ 得

$$\dfrac{a^2}{b+c}+\dfrac{b^2}{c+a}+\dfrac{c^2}{a+b}+\dfrac{1}{2}(a+b+c)\geq a+b+c$$

故

$$\dfrac{a^2}{b+c}+\dfrac{b^2}{c+a}+\dfrac{c^2}{a+b}\geq\dfrac{1}{2}(a+b+c)$$

5. $\dfrac{\cos^{n+2}\alpha}{\cos^n\beta}+\dfrac{\cos^{n+2}\alpha}{\cos^n\beta}+\underbrace{\cos^2\beta+\cdots+\cos^2\beta}_{n个}\geq(n+2)\cos^2\alpha \qquad ①$

$$\frac{\sin^{n+2}\alpha}{\sin^n\beta} + \frac{\sin^{n+2}\alpha}{\sin^n\beta} + \underbrace{\sin^2\beta + \cdots + \sin^2\beta}_{n\uparrow} \geq (n+2)\sin^2\alpha \qquad ②$$

将①②两式相加得

$$左边 = n + 2\left(\frac{\cos^{n+2}\alpha}{\cos^n\beta} + \frac{\sin^{n+2}\alpha}{\sin^n\beta}\right) = n + 2 = 右边 \qquad ③$$

这表明上述①②两个不等式应同时取等号,则有

$$\frac{\cos^{n+2}\alpha}{\cos^n\beta} = \cos^2\beta$$

且

$$\frac{\sin^{n+2}\alpha}{\sin^n\beta} = \sin^2\beta$$

得

$$\begin{cases} \cos^{n+2}\alpha = \cos^{n+2}\beta \\ \sin^{n+2}\alpha = \sin^{n+2}\beta \end{cases}$$

故

$$\frac{\cos^{n+2}\beta}{\cos^n\alpha} + \frac{\sin^{n+2}\beta}{\sin^n\alpha} = \cos^2\alpha + \sin^2\alpha = 1$$

6. 运用辩证法,可以这样来看离心率:

我们知道,利用"到定点的距离与到定直线的距离之比为常数 e 的动点的轨迹"作定义,椭圆、双曲线和抛物线就统一到了一起. 而当 $e \to 0$ 时,令 a 为定值,$c \to 0$,$\frac{a^2}{c} \to +\infty$,我们也可以将圆看成为两焦点重合,准线在无穷远处的椭圆的极限情形,这样,当 e 从 0 向 $+\infty$ 逐渐变化,动点轨迹随着从圆到椭圆到抛物线再到双曲线的变化过程,让我们既看到了量变引起质变,有限跨向无限的生动历程,又领略了不同事物由同一个离心率联系为一个家庭整体——圆锥曲线的完美画图,这其中的辩证法良多.

但是问题又存在其中,为什么在直角坐标系中椭圆、双曲线的焦点与对应准线都记为 $F(c,0)$ 和 $x = \frac{a^2}{c}$,而将抛物线的焦点与准线记为 $F\left(\frac{p}{2},0\right)$ 和 $x = -\frac{p}{2}$ 呢?可以这样回答:对于抛物线,由于 $e = 1$,若准线记为 $x = \frac{a^2}{c}$,则由 $e = 1 \Leftrightarrow a = c$,准线变为 $x = c$,焦点 $F(c,0)$ 到了准线上,是作不成抛物线的. 这也许正是教材编写者使用不同记法的意图. 可是,这种情况虽然作不成抛物线,轨迹还是存在的,易知它就是直线 x 轴. 这样我们可以说 $e = 1$ 时,动点的轨迹也包含直线. 抛物线怎会与直线相统一?简直有点荒唐!原来两者又确实是和谐的. 试想当抛物线焦参数 $p \to 0$ 时,抛物线形状的变化显示张口越来越小,其极限情形就是射线. 考虑 $p = 0$ 时,焦点重合顶点,左右情形一样,就扩展为一直线,所以直线也可视为抛物线蜕化的特殊情形.

再联想椭圆和双曲线当 $e \to 1$ 时的极限情形,令 a 为常数,我们先就定义"到两定点的距离之和或距离之差的绝对值为定值的动点的轨迹"来考察. 在椭圆,当 $e \to 1$ 时,则 $c \to a$,椭圆形状越来越扁平,极限情形为线段. 在双曲线,当 $e \to 1$ 时,则 $c \to a$,双曲线张口越来越小,极限情形为两条射线. $e \to 1$,椭圆和双曲线的极限情形分别是一条线段和两条射线,它们正好连成 x 轴. 于是椭圆、双曲线和抛物线的极限情形同归于一条直线. 这样看来,圆锥曲线与直线貌似界限分明,而实又是统一的了.

可是矛盾又出来了,在统一的极坐标方程中,我们明明知道当 $e \to 1$ 时,不管椭圆还是双

曲线都是以抛物线为极限情形的. 同是当 $e \to 1$ 时,怎么会出现两种不同的极限情形呢? 原来在极坐标系中,离心率 e 和焦参数 p 是两个互相独立的量,且都以焦点为极点,使得它们的方程具有统一的形式,椭圆和双曲线是在 p 为正定值的条件下让 $e \to 1$ 取极限. 而在直角坐标系中,当 $e \to 1$ 时, $a \to c$,焦点到准线的距离即焦参数 $p = \left| \dfrac{a^2}{c} - c \right|$ 也随之趋向于 0,相当于在 $e \to 1, p \to 0$ 的条件下取极限,情形的不同也可以理解了.

那么在直角坐标系中,难道不能让椭圆、双曲线的离心率与焦参数也像抛物线中那样互相独立吗? 这只要仿照极坐标中的作法,三者都以焦点为原点,而准线方程统一设为 $x = -p$ 就可以做到. 这时它们的直角坐标方程为 $\dfrac{\sqrt{x^2+y^2}}{|x+p|} = e$,化简得

$$(1-e^2)x^2 + y^2 - 2pe^2 x - e^2 p^2 = 0$$

虽然三者的曲线方程与准线方程都得到了统一,但方程的形式失去了简捷性. 对于椭圆、双曲线, e, p 进入方程后, a, b 这些重要的特征量处于隐含状态了. 看来,有所得必有所失. 在直角坐标系中,椭圆、双曲线以中心为原点,而抛物线以顶点为原点,离心率和焦参数相互间的独立性有所不同使得准线方程、曲线方程未达完全统一是为了标准形式的简捷性这个目的. 这里体现了教材对具体情况进行分析,不同情况灵活处理的辩证法原理.

一个离心率,串通了直线与圆锥曲线的所有成员,让我们看到运动变化中普遍联系的一幅幅优美的图画. 由量变到质变,由有限到无穷,得失相生,同异相伴,简单与复杂相依存,对立与统一共存在,小小离心率,满含辩证法,真是美妙极了!

第十章　战略的眼光

对有关的问题作战略性的审视,既从整体上把握问题,又注意到局部,这种战略眼光常常能帮助我们找到问题关键性的突破口.

战略眼光是数学眼光的特色之一,这眼光使我们在数学的奇妙天地中去体味数学,学习数字,开垦数学.

10.1　宏观的思考方式

10.1.1　整体审视

数学无处不在,无处不用. 我们生活的每时每刻都在和数学打交道. 就拿我们居住的房子的地面瓷砖铺设问题来说吧,用两种不同规格(即大小不同)的正方形瓷砖来铺地面,无疑可以将居室的地面全部覆盖,如图10.1所示.

如果我们将镶嵌图中较大正方形瓷砖的中心联结起来(见图中虚线),则得到了图10.1的图形,从而也就得到了勾股定理的一种特别证法(即3.1节勾股定理的证法138),这种证法极其耐人寻味,它不屑于在图3.8那里进行的零敲碎打的推演证明,而是一种"宏观"方式的思考方法.

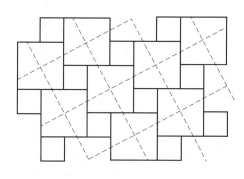

图10.1

这个例子再一次说明,数学眼光使我们看到,在许多司空见惯的平凡现象背后,往往隐藏着深刻道理. 下面再看几个例子.

例1　花坛的面积问题[49].

有一个六边形花坛,中间是一块三角形的高地面,在三角形旁边是三个方方整整的低地面,其余的也是三块三角形地面,如图10.2所示,在这七块不同规格的地面栽培着七种不同的花卉,现已知三块正方形地面的面积分别为18 m², 20 m², 26 m²,求这块六边形花坛的面积.

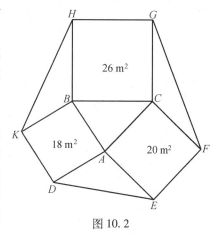

图10.2

分析　很明显,$AD = AB = \sqrt{18}$, $AE = AC = \sqrt{20}$,则

$$S_{\triangle ABC} = \frac{1}{2}AB \cdot AC \cdot \sin \angle BAC =$$

$$\frac{1}{2}AD \cdot AE \cdot \sin(180° - \angle BAC) = S_{\triangle ADE}$$

同理
$$S_{\triangle BHK} = S_{\triangle ABC} = S_{\triangle CFG}$$

此时,关键是求 $S_{\triangle ABC}$. 如果运用海伦 – 秦九韶公式 $S = \sqrt{p(p-a)(p-b)(p-c)}$,其中 $p = \frac{1}{2}(a+b+c)$,注意到 $\sqrt{18}$, $\sqrt{20}$, $\sqrt{26}$ 均是无理数,很可能就想利用计算器处理,并求得 $\sqrt{26} \approx 5.099\ 019\ 514$, $\sqrt{20} \approx 4.472\ 135\ 955$, $\sqrt{18} = 4.242\ 640\ 687$,于是 $S_{\triangle ABC} \approx \sqrt{81.000\ 000\ 01} \approx 9\ (\text{m}^2)$.

其实,根据公式特点,此处也可不必利用计算器,可求得 $p = \frac{1}{2}(\sqrt{26} + 3\sqrt{2} + 2\sqrt{5})$,公式中根号里头的被开方数是
$$\frac{1}{16}[(3\sqrt{2}+2\sqrt{5})^2 - (\sqrt{26})^2][(\sqrt{26})^2 - (3\sqrt{2}-2\sqrt{5})^2] = \frac{1}{16}[16(3\sqrt{10})^2 - 3^2] = 81$$
这样便求得 $S_{\triangle ABC} = 9\ \text{m}^2$.

不过,根式计算甚为麻烦,并不轻松,而且中间不能出错,稍一不慎,就会前功尽弃!

如果,运用战略的眼光来处理 $S_{\triangle ABC}$ 的计算,则非常简捷. 这时,可以作一个邻边长分别为 4 m 与 5 m 的矩形 $ABCD$,然后在边 AB 上截取 $AE = 1$,得点 E,再在边 BC 上截取 $BF = 3$,得点 F 然后联结 DE, EF 及 DF,如图 10.3 所示.

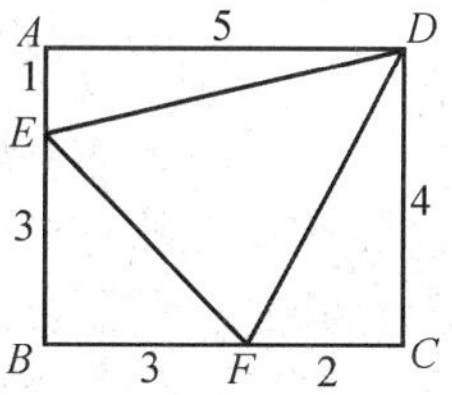

于是 $DE = \sqrt{26}$, $DF = \sqrt{20}$, $EF = \sqrt{18}$,从而
$$S_{\triangle DEF} = 4 \times 5 - \frac{1}{2} \times 1 \times 5 - \frac{1}{2} \times 3 \times 3 - \frac{1}{2} \times 2 \times 4 = 9$$

图 10.3

为所求,故六边形面积为
$$26 + 20 + 18 + 4 \times 9 = 100\ (\text{m}^2)$$

例2 骰子的新刻点问题[49].

在学习概率知识时,常常要讲到掷骰子的问题:共有两颗骰子,每颗骰子均是正方体,其六个面,每面刻上 1 点至 6 点不同的点数. 距今将近 1 800 余年都是这样刻点. 掷两颗骰子时,可以掷出 2 点到 12 点的 11 种结果,其出现的概率用简单的排列组合知识可得,如表 10.1 所示.

表 10.1

点数	2	3	4	5	6	7	8	9	10	11	12
概率	$\frac{1}{36}$	$\frac{1}{18}$	$\frac{1}{12}$	$\frac{1}{9}$	$\frac{5}{36}$	$\frac{1}{6}$	$\frac{5}{36}$	$\frac{1}{9}$	$\frac{1}{12}$	$\frac{1}{18}$	$\frac{1}{36}$

仔细观察一下,这个概率分布很有意思,它以中间的 7 点为峰值,向两边递减,并且显示均衡的对称方式,即掷出 6 点与 8 点的概率相等,掷出 5 点与 9 点的概率相等,如此等等.

在商品经济大潮的冲击下,有人异想天开地提出了一个有趣的问题:能不能做一种新式的骰子,也是两颗成为一套,形状仍然是正方体的,每颗骰子六面每面刻上一些点,但刻法要与老式刻法有所不同,但要保持原来的一切特性,即有完全相同的概率分布.

问题提出来了,很有分量,也很有意思. 然而这种骰子果真能造得出来吗?

此时,数学眼光可使这个问题迎刃而解. 战略的眼光使我们注意到:在两颗骰子的点数之和与变量 x 的乘幂之间可以建立起一种映射

$$i + j \longleftrightarrow x^i \cdot x^j = x^{i+j}$$

于是,上面的概率分布即可通过一个 x 的多项式

$$x^2 + 2x^3 + 3x^4 + 4x^5 + 5x^6 + 6x^7 + 5x^8 + 4x^9 + 3x^{10} + 2x^{11} + x^{12} \quad (*)$$

来表示,各项的系数即表示概率值,其单位为 $\frac{1}{36}$.

而上述的奇妙问题,即转化为一个因式分解问题:也就是说,在有理数域上能不能把多项式 $(*)$ 分解为 $f(x) \cdot g(x)$ 的形式,以使得

$$f(0) = g(0) = 0, \quad f(1) = g(1) = 6$$

这里简单地说明一下上述两个边界条件的意义. 前者是指 $f(x)$ 或 $g(x)$ 中不能含有 x 的负整数幂,而后者的意思则是每颗骰子均必须有六面的变相说法.

经过这样一转化,问题马上得以解决. 人们已经证明,上述多项式,只存在两种因式分解法,它们是

$$(x + x^2 + x^3 + x^4 + x^5 + x^6)^2$$

以及

$$(x + 2x^2 + 2x^3 + x^4)(x + x^3 + x^4 + x^5 + x^6 + x^8)$$

不言而喻,上述第一种分解办法即对应于骰子的老式刻法,而第二种分解办法却告诉我们,天地间居然还存在另一种新刻法. 人们只需在一颗骰子的六面上分别刻出 $1,2,2,3,3,4$ 各点,而在另一颗骰子的六面上分别刻出 $1,3,4,5,6,8$ 各点,把它们组成一套,便可作为传统骰子的"升级换代产品"了!

10.1.2 积零为整

如果问题从局部思考困难,求解繁琐,那么抓住整体分析,往往能顺利解决[90].

例3 用 $1,2,3,4,5$ 五个数字排无重复数字的三位数,求所有这些三位数的和.

分析 从零星的一个个三位数去求和,显然是不合理的. 从整体着手并转化为对数字 $1,2,3,4,5$ 各自所排数求和:

1 排在个位时的三位数有 P_4^2 个,这些 1 的和为 $P_4^2 \times 1$;当 1 排在十位时的三位数有 P_4^2 个,这许多 10 的和为 $P_4^2 \times (1 \times 10)$;当 1 排在百位时的三位数有 P_4^2 个,这么多个 100 的和为 $P_4^2 \times (1 \times 100)$.

因上述所有三位数求和时,由 1 排出的数之和为 $P_4^2 \times 1 \times (1 + 10 + 100)$;

类似地,求得所有三位数求和过程中由 $2,3,4,5$ 排出的数之和. 故所排的全体三位数之和为

$$P_4^2(1 + 10 + 100)(1 + 2 + 3 + 4 + 5) = 19\,980$$

例4 (1990 年高考题) 求 $(x-1) - (x-1)^2 + (x-1)^3 - (x-1)^4 + (x-1)^5$ 的展开式中 x^2 的系数.

分析 若从局部求解,则 $-(x-1)^2$ 中 x^2 的系数是 $-C_2^0(-1)^0$;$(x-1)^3$ 中 x^2 的系数是 $C_3^1(-1)^1$;$-(x-1)^4$ 中 x^2 的系数是 $-C_4^2(-1)^2$;$(x-1)^5$ 中 x^2 的系数是 $C_5^3(-1)^3$.

故展开式中 x^2 的系数为 $-C_2^0 - C_3^1 - C_4^2 - C_5^3 = -20$.

若从整体看,则多项式先化简为

$$\frac{(x-1)[1 + (x-1)^5]}{1 + (x-1)} = \frac{(x-1) + (x-1)^6}{x}$$

故 x^2 的系数是 $C_6^3(-1)^3 = -20$.

解答中计算的简便合理,来自于对问题的整体观察和分析.

10.1.3 整体变换

有些问题求解的整体观念十分明确,但静止地观察整体,仍然不能取得满意结果,若能注意整体变换,则可优化解答,常见变换如下[90]:

(1) 整体扩充.

例5 求棱长 a 的正四面体对棱的距离 h.

解 如图10.4,构造棱长为 $\frac{\sqrt{2}}{2}a$ 的正方体,则可截得棱长为 a 的正四面体 $ABCD$,显然四面体对棱之距为正方体相对平行面之距,故 $h = \frac{\sqrt{2}}{2}a$.

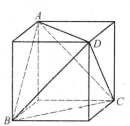

(2) 整体收缩.

例6 如图10.5,已知 P 为圆 $x^2 + (y-2)^2 = 1$ 上的一动点,Q 为双曲线 $x^2 - y^2 = 1$ 上一动点,试求 $|PQ|$ 的最小值.

分析 把圆退缩成圆心 O_1,求双曲线上动点 $Q(x,y)$ 到点 O_1 距离的最小值. 因

$$|O_1Q|^2 = x^2 + (y-2)^2 = y^2 + 1 + (y-2)^2 = 2(y-1)^2 + 3 \geq 3$$

则 $|PQ|_{min} = |OQ|_{min} - r = \sqrt{3} - 1$

图 10.4

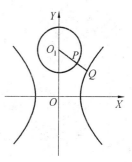

本题若盯着 P,Q 两动点思考问题是很难的.

例7 设 Q 是圆 $(x-a)^2 + (y-b)^2 = R^2$ 上动点,点 $A(m,n)$ 在圆外,求 AQ 中点轨迹方程.

分析 如图10.6,从局部处理,设圆上动点 $Q(x_1,y_1)$,AQ 中点 $P(x,y)$. 由中点公式求得 x_1,y_1 关于 x 和 y 的关系式,代入已知圆的方程得点 P 轨迹方程.

图 10.5

若从整体看,由位似形原理知点 P 轨迹由已知圆收缩而成,因此只需以圆心 O_1 与 A 连线段的中点 $O_2\left(\frac{m+a}{2}, \frac{n+b}{2}\right)$ 为圆心,$\frac{R}{2}$ 为半径,立即得点 P 轨迹方程 $\left(x - \frac{m+a}{2}\right)^2 + \left(y - \frac{n+b}{2}\right)^2 = \frac{R^2}{4}$.

(3) 整体旋转、对称.

例8 已知椭圆 $C: \frac{x^2}{4} + y^2 = 1$.

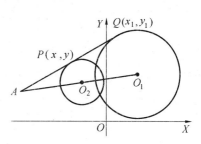

图 10.6

(1) 求 C 关于点 $A(1,2)$ 对称的曲线方程.

(2) 求 C 关于直线 $l: y = x - 3$ 对称的曲线方程.

(3) 联结右焦点 F 和椭圆上动点 P,以 PF 为边作正方形 $FPAB$(F,P,A,B 顺时针方向排列),求点 B 轨迹方程.

分析 从整体出发看问题,抓住椭圆中心分别作中心对称、轴对称、及顺时针旋转90°

的变换,且注意轴的方向在必要时对换.求出变换后的椭圆中心坐标,便得所求的曲线方程分别是:

(1) $\dfrac{(x-2)^2}{4} + (y-4)^2 = 1$.

(2) $(x-3)^2 + \dfrac{(y-3)^2}{4} = 1$.

(3) $(x-\sqrt{3})^2 + \dfrac{(y-\sqrt{3})^2}{4} = 1$.

例9 求 $(x+1)(x+2)(x+3)\cdots(x+20)$ 展开式中 x^{18} 的系数.

分析 由多项式乘法法则,任取两个因式的常数项,和另外18个因式中 x 的一次项相乘得 x^{18} 项,其系数排成下面两框中的上方数表,无论从行、列或斜线上作局部思考,求和都是困难的.若从整体看,把这个等腰直角三角形数补成关于主对角线(左上角至右下角)对称的正方形数表.观察这个新整体,各行或列可提公因数,且依次为 $1,2,\cdots,20$ 留下的各行或列数字相同,且也为 $1,2,\cdots,20$.于是可得正方形数表和为 $(1+2+\cdots+20)(1+2+\cdots+20)$.

$$\begin{array}{l} 1\times 2 + 1\times 3 + 1\times 4 + \cdots + 1\times 20 \\ 2\times 3 + 2\times 4 + \cdots + 2\times 20 \\ 3\times 4 + \cdots + 3\times 20 \\ \cdots \\ 19\times 20 \end{array}$$

$$\begin{array}{l} 1\times 1 + 1\times 2 + 1\times 3 + \cdots + 1\times 20 \\ 2\times 1 + 2\times 2 + 2\times 3 + \cdots + 2\times 20 \\ 3\times 1 + 3\times 2 + 3\times 3 + \cdots + 3\times 20 \\ \cdots \\ 20\times 1 + 20\times 2 + \cdots + 20\times 20 \end{array}$$

因主对角线数之和为 $1^2 + 2^2 + \cdots + 20^2$,故原三角形数表和为 $\dfrac{1}{2}[(1+2+\cdots+20)^2 - (1^2 + 2^2 + \cdots + 20^2)] = 20\,615$,即 x^{18} 的系数为 $20\,615$.

由此看到构造的数表启发了我们运用公式 $(a_1 + a_2 + \cdots + a_n)^2 = a_1^2 + a_2^2 + \cdots + a_n^2 + 2(a_1 a_2 + a_1 a_3 + \cdots + a_1 a_n + a_2 a_3 + \cdots + a_{n-1} a_n)$ 去求解.

(4) 整体代换.

例10 求值: $\cos\dfrac{\pi}{2n+1}\cos\dfrac{2\pi}{2n+1}\cdots\cos\dfrac{n\pi}{2n+1}$.

解 令 $A = \cos\dfrac{\pi}{2n+1}\cos\dfrac{2\pi}{2n+1}\cdots\cos\dfrac{n\pi}{2n+1}$,联想倍角正弦公式,配一个互余的对偶式,即

$$B = \sin\dfrac{\pi}{2n+1}\sin\dfrac{2\pi}{2n+1}\cdots\sin\dfrac{n\pi}{2n+1}$$

相乘得

$$2^n AB = \sin\dfrac{2\pi}{2n+1}\sin\dfrac{4\pi}{2n+1}\cdots\sin\dfrac{2n\pi}{2n+1} = B$$

则 $A = \dfrac{1}{2^n}$,故原式的值为 $\dfrac{1}{2^n}$.

例11 已知 $x = \dfrac{3}{2} + \dfrac{\sqrt{5}}{2}\mathrm{i}$,求 $f(x) = 6x^3 - 8x^2 - 9x + 40$ 的值.

解 因 $(x - \frac{3}{2})^2 = (\frac{\sqrt{5}}{2}\mathrm{i})^2$,则
$$2x^2 - 6x = -7$$
又由
$$\begin{aligned}f(x) &= 3x(2x^2 - 6x) + 10x^2 - 9x + 40 = \\ &\quad 3x(2x^2 - 6x) + 5(2x^2 - 6x) + 30x - 9x + 40 = \\ &\quad 3x(-7) + 5(-7) + 21x + 40 = 5\end{aligned}$$
则
$$f(\frac{3}{2} + \frac{\sqrt{5}}{2}\mathrm{i}) = 5$$

(5) 整体转化.

例 12 求 $C_{20}^0 - C_{20}^2 + C_{20}^4 - \cdots + C_{20}^{20}$ 的值.

解 由 $(1+\mathrm{i})^{20} = C_{20}^0 + C_{20}^1 \mathrm{i} + C_{20}^2 \mathrm{i}^2 + C_{20}^3 \mathrm{i}^3 + C_{20}^4 \mathrm{i}^4 + \cdots + C_{20}^{20} \mathrm{i}^{20} =$
$$C_{20}^0 - C_{20}^2 + C_{20}^4 - \cdots + C_{20}^{20} + (C_{20}^1 - C_{20}^3 + C_{20}^5 \cdots - C_{20}^{19})\mathrm{i}$$
又
$$(1+\mathrm{i})^{20} = 2^{10}(\cos\frac{20\pi}{4} + \mathrm{i}\sin\frac{20\pi}{4})$$
有
$$C_{20}^0 - C_{20}^2 + C_{20}^4 - \cdots + C_{20}^{20} = -2^{10}$$

借助二项式巧妙地将求值式子作了转化.

10.2 灵活的实施技巧

10.2.1 实现战术任务

处理有关的问题,眼光既要看到全局,作出战略阶段的考虑,又要细致地分析局部乃至每个细节,实现战术任务. 因为,一个有点难度问题的解决,并不是靠一两手绝招就能解决的,巧妙而曲折的步骤的产生,往往靠步步为营的缜密安排,把问题分解为几部分,再各个击破,这正是孙子兵法中一个重要的战略战术 —— 收缩并分割,再围而歼之.

下面以矩形面积为什么是长宽之积[50]为例说明之.

在日常生活中,人们怎样认识矩形的大小呢? 第一个观念是矩形大小与边长有关,相同的矩形面积相等;第二个观念是,衡量矩形的大小,总要有一个标准,或者说,总要有一个单位;第三个观念是矩形的长与宽对换,不影响它的大小;第四个观念是如果将矩形分割成两个矩形,原矩形的大小相当于两部分之和.

我们把这四个司空见惯的观念用数学符号表示出来,就得到矩形面积的概念.

设矩形边长为 $a,b(a,b$ 是非负实数),它的面积是 a,b 的一个函数,记为 $S(a,b)$,$S(a,b)$ 取非负的实数值(第一个观念),并且具有以下性质:

(i) $S(1,1) = 1$(第二个观念);

(ii) $S(a,b) = S(b,a)$(第三个观念);

(iii) $S(a+c,b) = S(a,b) + S(c,b)$(第四个观念).

现在,我们从矩形上述面积概念出发,导出矩形面积公式,即证明 $S(a,b) = a \cdot b$.

① $S(0,b) = 0$.

由 $S(0,b) = S(0+0,b) = S(0,b) + S(0,b)$(性质(iii))$\Rightarrow 2S(0,b) = S(0,b) \Rightarrow S(0,b) = 0$. 即边长为 0 的矩形面积为 0.

② 设 $a=n, b=m$ (m,n 是正整数).

$$S(n,m) = S(\underbrace{1+\cdots+1}_{n\text{个}}, m) \xrightarrow{\text{性质(iii)}} n\cdot S(1,m) \xrightarrow{\text{性质(ii)}}$$

$$n\cdot S(m,1) = n\cdot S(\underbrace{1+\cdots+1}_{m\text{个}},1) \xrightarrow{\text{性质(iii)}} n\cdot m\cdot S(1,1) \xrightarrow{\text{性质(i)}} n\cdot m$$

③ 设 $a=\dfrac{1}{n}, b=\dfrac{1}{m}$ (n,m 为正整数).

由 $1 \xrightarrow{\text{性质(i)}} S(1,1) = S(\underbrace{\dfrac{1}{n}+\cdots+\dfrac{1}{n}}_{n\text{个}},1) \xrightarrow{\text{性质(iii)}}$

$$n\cdot S(\dfrac{1}{n},1) \xrightarrow{\text{性质(ii)}} n\cdot(1,\dfrac{1}{n}) =$$

$$n\cdot S(\underbrace{\dfrac{1}{m}+\cdots+\dfrac{1}{m}}_{m\text{个}},\dfrac{1}{n}) \xrightarrow{\text{性质(iii)}} n\cdot m\cdot S(\dfrac{1}{m},\dfrac{1}{n}) \xrightarrow{\text{性质(ii)}}$$

$$n\cdot m\cdot S(\dfrac{1}{n},\dfrac{1}{m}) \Rightarrow S(\dfrac{1}{n},\dfrac{1}{m}) = \dfrac{1}{n\cdot m} = \dfrac{1}{n}\cdot\dfrac{1}{m}$$

④ 设 a,b 是正有理数,$a=\dfrac{p}{n}, b=\dfrac{q}{m}$.

$$S(\dfrac{p}{n},\dfrac{q}{m}) \xrightarrow{\text{性质(iii)}} p\cdot S(\dfrac{1}{n},\dfrac{q}{m}) \xrightarrow{\text{性质(ii)}} p\cdot S(\dfrac{q}{m},\dfrac{1}{n}) \xrightarrow{\text{性质(iii)}}$$

$$p\cdot q\cdot S(\dfrac{1}{m},\dfrac{1}{n}) \xrightarrow{\text{由③}} p\cdot q\cdot \dfrac{1}{m}\cdot\dfrac{1}{n} = \dfrac{p}{n}\cdot\dfrac{q}{m}$$

这样,对任何非负有理数 a,b,得到

$$S(a,b) = a\cdot b$$

⑤ 设 a,b 是非负实数,由实数理论,对任何实数都有两串有理数从左右两边无限逼近它.

设有理数列 $\{\alpha_n\}$ 和 $\{\alpha'_n\}$ 无限逼近 a,$\{\beta_n\}$ 与 $\{\beta'_n\}$ 无限逼近 b.

$$\alpha_1 \leq \alpha_2 \leq \cdots \leq \alpha_n \leq \cdots \leq a \leq \cdots \leq \alpha'_n \leq \alpha'_{n-1} \leq \cdots \leq \alpha'_1$$
$$\beta_1 \leq \beta_2 \leq \cdots \leq \beta_n \leq \cdots \leq b \leq \cdots \leq \beta'_n \leq \beta'_{n-1} \leq \cdots \leq \beta'_1$$

因为 S 是非负的,再由性质(iii),有结论:当 $a_1 \geq a_2, b_1 \geq b_2$ 时,$S(a_1,b_1) \geq S(a_2,b_2)$. 于是,有

$$S(\alpha_n,\beta_n) \leq S(a,b) \leq S(\alpha'_n,\beta'_n)$$

因为 $\alpha_n, \beta_n, \alpha'_n, \beta'_n$ 是有理数,从而,有

$$\alpha_n\cdot\beta_n\cdot S(1,1) \leq S(a,b) \leq \alpha'_n\cdot\beta'_n\cdot S(1,1)$$

即

$$\alpha_n\cdot\beta_n \leq S(a,b) \leq \alpha'_n\cdot\beta'_n$$

令 $n\to\infty$,上式左右两边都无限逼近 $a\cdot b$,这样 $S(a,b)$ 只能是 $a\cdot b$. 因此,对所有非负实数 a,b,有 $S(a,b) = a\cdot b$.

10.2.2 化整为零

有些问题只看整体,几乎没有思考的余地,但化整为零,从各个局部分析,则能化难为易,迅速获解. 如几何问题中就有很多这样的例子.

例 1 四面体 $ABCD$ 内任意一点 P 到各面距离分别为 d_1, d_2, d_3, d_4,相对应的各面为底

的四面体的高为 h_1, h_2, h_3, h_4. 则
$$\frac{d_1}{h_1} + \frac{d_2}{h_2} + \frac{d_3}{h_3} + \frac{d_4}{h_4} = 1$$

分析 化整为零,分割成以 P 为顶点各面为底面的四个三棱锥. 如图 10.7 所示. 则

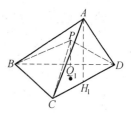

图 10.7

$$\frac{d_1}{h_1} = \frac{PQ_1}{AH_1} = \frac{\frac{1}{3}S_{\triangle BCD} \cdot PQ_1}{\frac{1}{3}S_{\triangle BCD} \cdot AH_1} = \frac{V_{P-BCD}}{V_{A-BCD}}$$

(PQ_1, AH_1 都是平面 BCD 的垂线)
同理
$$\frac{d_2}{h_2} = \frac{V_{P-ABC}}{V_{D-ABC}}, \quad \frac{d_3}{h_3} = \frac{V_{P-ACD}}{V_{B-ACD}}, \quad \frac{d_4}{h_4} = \frac{V_{P-ABD}}{V_{C-ABD}}$$

四式相加得
$$\frac{d_1}{h_1} + \frac{d_2}{h_2} + \frac{d_3}{h_3} + \frac{d_4}{h_4} = \frac{V_{P-BCD} + V_{P-ABC} + V_{P-ACD} + V_{P-ABD}}{V_{A-BCD}} = 1$$

特别地,正四面体内任一点 P 到各面距离之和 $d_1 + d_2 + d_3 + d_4 = h$($h$ 是正四面体的高).

10.2.3 局部调整

有些问题在局部上作调整,如变形、化简、换元等,有利于突破整个问题,直达目的.
(1) 局部求解.

例2 (1990年上海高三数学竞赛题) 解方程:$36\sin(3\pi x) = 36x^2 - 12x + 37$.

解 原方程化为 $(6x-1)^2 + 36[1 - \sin(3\pi x)] = 0$,则 $\begin{cases} 6x - 1 = 0 \\ 1 - \sin(3\pi x) = 0 \end{cases}$,解得 $x = \frac{1}{6}$.

(2) 局部化简.

例3 (1990年全国高中数学联赛题) 设非零复数 x, y 满足 $x^2 + xy + y^2 = 0$,则代数式 $(\frac{x}{x+y})^{1990} + (\frac{y}{x+y})^{1990}$ 的值是( ).

(A) 2^{-1989} (B) -1 (C) 1 (D) 以上答案都不对

解 令 $y = wx (w \neq 1)$,代入条件得
$$1 + w + w^2 = 0$$
所以
$$1 + w = -w^2$$
$$w^3 = 1$$
$$\text{原式} = \frac{1}{(1+w)^{1990}} + \frac{w^{1990}}{(1+w)^{1990}} = \frac{(1+w)}{(-w^2)^{1990}} = -1$$

例4 已知 $m(2\sqrt{3}\sin x - 2\cos x + 1) = 5$,求实数 m 的范围.

分析 由差角正弦公式,化简方程得 $\sin(x - \frac{\pi}{6}) = \frac{5-m}{4m}$,则 $-1 \leq \frac{5-m}{4m} \leq 1$,即 $m \leq -\frac{5}{3}$ 或 $m \geq 1$.

(3) 局部代换.

例5 已知三角函数方程 $\sin(x+\frac{\pi}{4})-\sin 2x=a$ 有实数解,求实数 a 的取值范围.

分析 因 $a=\frac{\sqrt{2}}{2}(\sin x+\cos x)-2\sin x\cos x$,令 $t=\sin x+\cos x,t\in[-\sqrt{2},\sqrt{2}]$,则 $a=\frac{9}{8}-(t-\frac{\sqrt{2}}{4})^2$,故 $-2\leqslant a\leqslant\frac{9}{8}$.

例6 设 $x\in\mathbf{R}$,求函数 $f(x)=(x^2+4x+5)(x^2+4x+2)+2x^2+8x+1$ 的最小值.

分析 令 $t=x^2+4x$,则 $y=f(x)=(t+5)(t+2)+2t+1=(t+\frac{9}{2})^2-\frac{37}{4}$,且 $t\geqslant -4$. 则当 $x=-2$ 时,$t_{\min}=-4$,从而 $y=f(x)_{\min}=(-4+\frac{9}{2})^2-\frac{37}{4}=-9$ 为所求.

(4) 局部取证.

例7 在坐标平面上,横坐标和纵坐标均为整数的点称为整点,对任意自然数 n,联结原点 O 与点 $A_n(n,n+3)$,用 $f(n)$ 表示线段 OA_n 上除端点外的整点个数,则 $f(1)+f(2)+\cdots+f(2\,008)=$ _____.

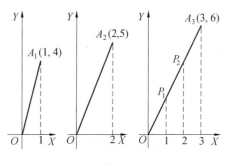

图 10.8

分析 令 $n=1,2,3$,如图 10.8 所示.

易得 $f(1)=f(2)=0,f(3)=2$;类似地 $f(4)=f(5)=0,f(6)=2$;一般地 $f(3k\pm 1)=0$,$f(3k)=2(k\in\mathbf{N}^*)$. 证明略. 故

$$f(1)+f(2)+\cdots+f(2\,008)=2\times\left[\frac{2\,008}{3}\right]=1\,338$$

例8 (1989年全国高考题) 是否存在常数 a,b,c,使得等式 $1\times 2^2+2\times 3^2+\cdots+n(n+1)^2=\frac{n(n+1)}{12}(an^2+bn+c)$ 对一切自然数 n 都成立?并证明你的结论.

分析 令 $n=1,2,3$. 可解得 $a=3,b=11,c=10$,用数学归纳法证 $n\in\mathbf{N}$ 即可.

(5) 局部转化.

例9 求证 $2\,007$ 整除 $1\times 3\times 5\times\cdots\times 2\,003\times 2\,005+2\times 4\times 6\times\cdots\times 2\,004\times 2\,006$.

证明 第二项中所有因数都向 $2\,007$ 转化,得

$1\times 3\times 5\cdots 2\,003\times 2\,005+(2\,007-2\,005)(2\,007-2\,003)(2\,007-2\,001)\cdots(2\,007-3)(2\,007-1)=$
$\quad 2\,007k+[1+(-1)^{\frac{2\,005+1}{2}}]\times 1\times 3\times 5\times\cdots\times 2\,003\times 2\,005=2\,007k$

显然 $k\in\mathbf{N}^*$,故命题成立.

10.2.4 关注变形技巧

我们来看下面一道问题:

例10 由 $49=7^2,4\,489=67^2,444\,889=667^2,\cdots$ 是否能推测有 $\underbrace{44\cdots 4}_{n+1\text{个}}\underbrace{88\cdots 89}_{n\text{个}}=\underbrace{66\cdots 67}_{n\text{个}}{}^2$? 并请给出证明.

解 能推测.

证法 1 $\underbrace{44\cdots4}_{n+1\text{个}}\underbrace{88\cdots8}_{n\text{个}}9 = 4\sum_{k=n+1}^{2n+1}10^k + 8\sum_{k=1}^{n}10^k + 9 =$

$1 + 4(1 + 10 + 10^2 + \cdots + 10^n) + 4(1 + 10 + \cdots + 10^{2n+1}) =$ ①

$1 + 4 \times \dfrac{1}{9}(10^{n+1} - 1) + 4 \times \dfrac{1}{9}(10^{2n+2} - 1) =$

$\dfrac{1}{9}(4 \times 10^{2n+2} + 4 \times 10^{n+1} + 1) =$

$\left(\dfrac{2 \times 10^{n+1} + 1}{3}\right)^2 = \left(\dfrac{2}{3} \times 10^{n+1} + \dfrac{1}{3}\right)^2 =$

$\left[\dfrac{6}{9}(10^{n+1} - 10) + \dfrac{2}{3} \times 10 + \dfrac{1}{3}\right]^2 =$ ②

$[6(10^{n+1} + 10^n + \cdots + 10) + 7]^2 = \underbrace{66\cdots6}_{n\text{个}}7$

证法 2 $\underbrace{44\cdots4}_{n+1\text{个}}\underbrace{88\cdots8}_{n\text{个}}9 = \underbrace{44\cdots4}_{n+1\text{个}}\underbrace{88\cdots8}_{n\text{个}}8 + 1 =$

$\underbrace{44\cdots4}_{n+1\text{个}}\underbrace{00\cdots0}_{n\text{个}} + \underbrace{88\cdots8}_{n\text{个}} + 1 =$ ③

$4 \times \underbrace{11\cdots1}_{n+1\text{个}} \times 10^n + 8 \times \underbrace{11\cdots1}_{n\text{个}} + 1 =$

$4 \times \underbrace{11\cdots1}_{n+1\text{个}} \times (9 \times \underbrace{11\cdots1}_{n+1\text{个}} + 1) + 8 \times \underbrace{11\cdots1}_{n+1\text{个}} + 1$ ④

$36 \times (\underbrace{11\cdots1}_{n+1\text{个}})^2 + 12 \times \underbrace{11\cdots1}_{n+1\text{个}} + 1 = (6 \times \underbrace{11\cdots1}_{n+1\text{个}} + 1)^2$

上述两种证法,每一种证法中都有两步重要的变形技巧,分别为①与②,③与④. 比较这两种证法,显然,证法 1 证题过程要长一些,两步变形技巧相比也要巧一些,变形难度也要大一些. 在此也表明,代数问题中的恒等变形技巧运用得好,问题的解法就会简捷一些.

思 考 题

1. 举出科学发展史上运用数学战略眼光而获得的科学发现的一些例子.
2. 探讨一下:足球保持图案不变的旋转的种数.

思考题参考解答

1. 在科学发展史上有许多例子,这里举两例:

例 1 数列显示行星排列规律. 18 世纪 70 年代,德国自然科学家提丢斯将已知六大行星绕日轨道椭圆的长半轴的天文单位(简称行星与太阳的平均距离)依次排列,寻找它的通项公式. 提丢斯发现,如果在火星与木星之间加一项的话,可得到表 10.2.

表 10.2

行星	水星	金星	地球	火星	?	木星	土星
与日距离	0.387	0.723	1.000	1.524	?	5.203	9.560
近似值	0.4	0.7	1.0	1.6	2.8	5.2	10.0

如果将近似值的数列记作 $\{a_n\}$，则它的通项公式是

$$a_n = \begin{cases} 0.4, & n = 1 \\ \dfrac{3 \times 2^{n-2} + 4}{10}, & n \geq 2 \end{cases}$$

当 $n \geq 2$ 时，$\{a_n\}$ 有下面的性质

$$a_{n+2} - a_{n+1} = 2(a_{n+1} - a_n)$$

德国天文学家波得宣布了提丢斯的这一成果，后来被称为提丢斯-波得定则.

果然，后来天文学家们在 2.8 处发现了许多小行星，其中最大的一颗叫"谷神星"，直径有 1 000 多千米. 一些天文学家研究的结论是，这些小行星正好是一颗质量不小的行星爆炸后的产物. 对于数列再往下计算一项得 19.6，此处是否对应着一颗行星呢？真是再巧不过了，人们发现了天王星，它到太阳的距离是 19.2 天文单位，与 19.6 非常接近.（编者注：谷神星与太阳的距离是 2.77 天文单位，与 2.8 较接近.）

不过后来发现的海王星与太阳的距离与数列不甚符合，冥王星到太阳的距离是 39.4 天文单位，与数列中 38.8 比较接近.

例 2 算出来的海王星.

1781 年天王星被发现后，其运行总是偏离根据天体力学原理算出来的轨道，天文学家们大惑不解. 正在英国剑桥大学数学系读书的亚当斯（1819—1892）初生牛犊不畏虎，通过相当艰难又极其枯燥的计算，于 1845 年 10 月算出了干扰天王星运行的一颗人们尚未见到过的未知行星. 他把这一结果分别报告了格林尼治天文台台长艾里和剑桥大学天文台台长查理士，这两位台长都不予理睬. 1846 年 9 月亚当斯又精心写了一份修订补充报告，仍被两位台长束之高阁.

与此同时，法国年轻的数学家、天文学家勒维烈（1811—1877）于 1846 年 8 月 31 日也独立地用数学方法通过解 33 个方程计算出了这颗未知行星当时的位置. 1846 年 9 月 18 日，勒维烈给德国柏林天文台台长加勒去信，请求按计算的位置进行观测. 加勒和另一位青年达累斯一道仔细观测，果然在勒维烈算出的位置发现了这颗新行星.（编者注：这天是 1846 年 9 月 23 日.）这颗行星后来被命名为"海王星"，正是亚当斯算出的那颗星.

2. 由于足球上有 12 个正五边形，20 个正六边形，与每一个正五边形相对的也是正五边形. 又正多面体只有 5 种，和足球形状比较接近的是正二十面体. 因此，探讨足球保持图案不变的旋转时，先考虑正二十面体的旋转.

正二十面体在空间中使其运动前后占有同一个空间位置的运动共有 60 个，它们分别是：

（1）共有 6 对相对顶点，绕每一对相对顶点的边线作 $\dfrac{2}{5}\pi, \dfrac{4}{5}\pi, \dfrac{6}{5}\pi, \dfrac{8}{5}\pi$ 旋转，共有 24 个；

（2）共有 10 对相对面，绕每一个相对面的中心连线作 $\dfrac{2}{3}\pi, \dfrac{4}{3}\pi$ 旋转，共有 20 个；

（3）共有 15 对相对边，绕每一对相对边的中心连线作 π 旋转，共有 15 个.

这样，总计有 59 个，再加一种不动旋转，共 60 种. 这 60 种运动构成一个群，称为正二十面体群（参看《中国大百科全书. 数学卷》）.

仔细观察足球，让足球转动使其转动前后位置的图案完全重合的运动和正二十面体在空间中使其运动前后占有同一个空间位置的运动是一致的，因此它们分别是：

(1) 共有 6 对相对正五边形,绕每一对相对正五边形的中心连线作 $\frac{2}{5}\pi, \frac{4}{5}\pi, \frac{6}{5}\pi, \frac{8}{5}\pi$ 旋转,共有 24 个;

(2) 共有 10 对相对正六边形,绕每一对相对正六边形的中心连线作 $\frac{2}{3}\pi, \frac{4}{3}\pi$ 旋转,共有 20 个;

(3) 共有 15 对相对的邻接正六边形公共边,绕每一个相对公共边的中心连线作 π 旋转,共有 15 个.

这样,总计有 59 个,再加一种不动旋转,共 60 种,它们构成一个群,不妨称其为保持足球图案不变的旋转群,或"足球群",它与正二十面体群是同构的.

参 考 文 献

[1] 张景中. 数学家的眼光[M]. 北京:中国少年儿童出版社,1990.
[2] 杨世明,王雪芹. 数学发现的艺术[M]. 青岛:青岛海洋大学出版社,1998.
[3] 左加林. 一元二次方程新解[J]. 数学通报,1990(2).
[4] 薛锁英,李银荣. 自然数范围内容尽勾股数的求法[J]. 中学数学教学,1998(4):34.
[5] 薛锁英,李银荣. 另一种求勾股数的方法[J]. 中学数学教学,1999(2):32-33.
[6] 徐肇玉. 勾股数的联想[J]. 数学通报,1995(1):39-41.
[7] 周春荔. 数学观与方法论[M]. 北京:首都师范大学出版社,1996.
[8] 马毅华. 连续自然数平方和的一个性质[J]. 数学教学研究,1993(5):27-28.
[9] 罗增儒. 一种精明的数学技巧[J]. 中学生数学,1987(1):13-14.
[10] 王占元,等. 有趣的数学[M]. 北京:北京教育出版社,1996.
[11] 黄振国. 广义勾股数续谈[J]. 上海中学数学,1990(1):26-29.
[12] 于琛. 勾股定理的证明[J]. 中学数学教学,1998(4):1-4.
[13] 杨世明,王雪芹. 蝶形初探[J]. 中学数学,1997(8):16-18.
[14] 汪江松,黄家礼. 几何明珠[M]. 北京:中国地质大学出版社,1988.
[15] 朱履乾. 广义蝴蝶定理[J]. 数学通讯,1994(4):14-16.
[16] 田文宇. 广义蝶蝶定理的进一步拓广[J]. 数学通讯,1994(11):19-20.
[17] 井中. 蝴蝶定理的新故事[J]. 中学数学,1992(1):1-4.
[18] 欧阳维诚. 文学中的数学[M]. 长沙:湖南人民出版社,1998.
[19] 欧阳维诚. 唐诗与数学[M]. 长沙:湖南教育出版社,2002.
[20] 欧阳维诚. 数学科学与人文的共同基因[M]. 长沙:湖南师范大学出版社,2007.
[21] 汤友年. 一个新的数学猜想[J]. 中学教研(数学),1990(1):35.
[22] 孙联荣. 再谈"课题学习"中的课题[J]. 数学教学,1995(2):6-10.
[23] 蒋省吾. 回文数趣谈[J]. 中学生数学,1992(1):18.
[24] 彭光焰. 有趣的缺"8"数[J]. 数学通报,1998(8):40-41.
[25] 徐彦明. 不足为奇的现象[J]. 福建中学数学,1998(6):25.
[26] 陈传麟. 一类奇数的平方数[J]. 中等数学,1990(6):23-24.
[27] 郑成生. 奇妙的连续数组的构成规律[J]. 福建中学数学,1998(2):25-26.
[28] 周月英,李振亮. 一类是完全平方数的连续数[J]. 数学通讯,1995(2):35-36.
[29] 蒋省吾,吴秉国. 自生数[J]. 数学通报,1987(5):31-32.
[30] 方跃飞. 对"自生数"的进一步探讨[J]. 福建中学数学,1992(3):10-11.
[31] 林世保,杨学枝. 对"自生数"的再探讨[J]. 福建中学数学,1992(5):6-7.
[32] 洪伯阳,叶桂斌. 相亲数及其推广[J]. 数学通讯,1993(5):22-24.
[33] 颜松远,费马数. 一面反映整数分解动态的明镜[J]. 数学通讯,1993(5):24-27.
[34] 温萌尉. "金蝉脱壳"与等幂和[J]. 中学教研(数学),1994(3):28-31.
[35] 谭书润. 趣味"魔数"[J]. 中学生数学,1994(2):16-17.
[36] 高治源. 轮环整除数[J]. 中学数学(江苏),1996(1):47-48.

[37] 黄振国. 黑洞数的性质及四种衍生法[J]. 中学数学,1994(5):28-29.

[38] 曹凤山. 利用基本不等式的变化证明分式不等式[J]. 数学通报,1999(4):23-25.

[39] 魏家忠,杨华. 不等式 $a^2+b^2 \geq 2ab$ 的一个推广及应用[J]. 数学通报,1998(2):33-36.

[40] 杨浦斌. 基本不等式的逆向及应用[J]. 中学数学,1996(11):48-49.

[41] 宋秉信. 月历中的数学[J]. 中学生数学,1983(3):27-28.

[42] 吴振奎. 费尔马素数与尺规作图[J]. 中等数学,1999(3):23-24.

[43] 吴振奎. 麦森素数与完全数[J]. 中等数学,1999(4):19-20.

[44] 韩保红. 卡普雷卡尔黑洞的推广[J]. 中等数学,1999(3):21-22.

[45] 张瑞. 行列式的一个有趣问题[J]. 数学教学研究,1993(4):33-34.

[46] 周学祁. "节律"现象及应用[J]. 数学通报,1995(12):25-28.

[47] 阿尔伯特·H·贝勒. 数论妙趣[M]. 上海:上海教育出版社,2000.

[48] 刘卫峰,王尚志. 数学与音乐[J]. 数学通报,2005(4):19-21.

[49] 谈祥柏. 数学广角镜[M]. 南京:江苏教育出版社,1999.

[50] 罗声雄. 数学的魅力[M]. 武汉:武汉出版社,1999.

[51] 高广民. 巧构矩形证明代数恒等式[J]. 中学生数学,2000(6):16-17.

[52] 刘凤芹. 巧构正方形表格求 $\sum_{k=1}^{n} k^m$ [J]. 中学数学教学,2001(3):30-31.

[53] 倪国武. 直线方程 $x_0 x + y_0 y = r^2$ 的几何意义及推广[J]. 中学教研(数学),2005(8):27-29.

[54] 廖应春. 再谈直线 $\frac{x_0 x}{a^2} \pm \frac{y_0 y}{b^2} = \frac{x_0^2}{a^2} \pm \frac{y_0^2}{b^2}$ 的几何意义及其性质[J]. 数学通报,2004(2):21-23.

[55] 朱哲. 数学史中勾股定理的证明[J]. 数学教学,2006(3):43-46.

[56] 朱哲. 中国古代数学家对勾股定理的证明[J]. 中学教研(数学),2006(7):48-50.

[57] 尤春艳. 点到直线距离公式的七种推导方法[J]. 中学生数学,1998(9):24-25.

[58] 袁永才. 点到直线的距离公式[J]. 中学数学教学,2002(3):26-27.

[59] 张怀林. 一道不等式例题的几种几何证法[J]. 中学数学月刊,1997(7):36.

[60] 王根章. 两个蝶形面积的最值[J]. 数学通讯,2006(13):25-26.

[61] 毛志挺. 不等式 $\frac{a^2}{b} \geq 2a-b(b>0)$ 的变化[J]. 中学数学,2000(9):47-48.

[62] 曾仪. 平方舞伴数[J]. 中学数学(江苏),1990(1):44-45.

[63] 汪晓勤. 古希腊的多边形数理论[J]. 中学教研(数学),2006(4):47-50.

[64] 王翼勋. 亲和数趣谈[J]. 中学数学(江苏),1991(3):44.

[65] 谈祥柏. 乐在其中的数学[M]. 北京:科学出版社,2005.

[66] 易南轩. 数学美拾趣[M]. 北京:科学出版社,2005.

[67] 王树禾. 数学聊斋[M]. 北京:科学出版社,2005.

[68] 孙宏安. 第48个梅森素数[J]. 中学数学教学参考,2013(4):71-72.

[69] 刘凤. 数字奇观,妙趣横生[J]. 中学生数学,1999(4):18-19.

[70] 吕建生. 由卡泼里卡数开展的探索活动[J]. 中学数学教学,2006(1):45-47.

[71] 吴振奎. Euler 数组、Randle 数、Shmith 数、……[J]. 中等数学,1998(4):26-28.

[72] 王天权. 回归数大团圆[J]. 数学通报,2006(6):28-29.

[73] 郭味纯. 深入思考,有所发现[J]. 数学通讯,2001(10):19-20.

[74] 彭世金.等差(比)数列前 n 项和的一个性质及应用[J].数学通讯,2006(3):22-23.
[75] 代银.等差(比)数列前 n 项和的一个性质的推广[J].数学通讯,2006(23):19-20.
[76] 苏进文.非绝对值问题添绝对值求解[J].数学教学研究,2003(7):15.
[77] 吴振奎.混沌平话[J].数学通讯,1999(2):42-43.
[78] 王方汉.圆周率 π 趣闻[J].数学通讯,2000(2):48-49.
[79] 向常春.简议数学发现中的再发现[J].中学生数学,1992(1):9-10.
[80] 梁经文.由圆幂定理勾股定理想开去[J].中学生数学,1995(12):6-7.
[81] 王雄伟.杨辉三角数字排列的一些性质[J].中学数学月刊,2005(5):28-29.
[82] 郑爱晶."杨辉三角":数学联系的充分体现[J].中学教研(数学),2006(7):46-47.
[83] 何廷模.斐波那契数列与组合数勾股数的两个关系[J].中学数学,2001(2):35.
[84] 甘志国.人生"算术"[J].数学通讯,2003(2,4):24-25.
[85] 甘志国.用数学眼光看世界[J].数学通讯,2001(14,16):92-93.
[86] 徐国平."黄金椭圆"的充要条件初探[J].数学教学研究,2006(2):42-44.
[87] 王宏梅.由"黄金椭圆"联想"黄金双曲线"[J].中学教研(数学),2006(11):31-33.
[88] 陆汉军.利用"等"与"不等"的辩证关系解题[J].中学教研(数学),2005(1):23-25.
[89] 钱从新.离心率与辩证法[J].中学数学,2000(12):46.
[90] 樊友年.解题中局部与整体的辩证思维[J].中学数学教学,1996(1):28-30.
[91] 范宏业.一元二次方程的六种几何解法[J].数学教学,2005(10):25-27.
[92] 田富德.斐波那契数列中的"平方和(差)"公式[J].福建中学数学,2006(4):20-21.

作者出版的相关书籍与发表的相关文章目录

书籍类

[1] 走进教育数学. 北京:科学出版社,2015.

[2] 单形论导引. 哈尔滨:哈尔滨工业大学出版社,2015.

[3] 奥林匹克数学中的几何问题. 长沙:湖南师范大学出版社,2015.

[4] 奥林匹克数学中的代数问题. 长沙:湖南师范大学出版社,2015.

[5] 奥林匹克数学中的真题分析. 长沙:湖南师范大学出版社,2015.

[6] 走向 IMO 的平面几何试题诠释. 哈尔滨:哈尔滨工业大学出版社,2007.

[7] 三角形——从全等到相似. 上海:华东师范大学出版社,2005.

[8] 三角形——从分解到组合. 上海:华东师范大学出版社,2005.

[9] 三角形——从全等到相似. 台北:九章出版社,2006.

[10] 四边形——从分解到组合. 台北:九章出版社,2006.

[11] 中学几何研究. 北京:高等教育出版社,2006.

[12] 几何课程研究. 北京:科学出版社,2006.

[13] 初等数学解题研究. 长沙:湖南科学技术出版社,1996.

[14] 初等数学研究教程. 长沙:湖南教育出版社,1996.

文章类

[1] 关于"切已知球的单形宽度"一文的注记. 数学研究与评论,1998(2):291-295.

[2] 关于单形宽度的不等式链. 湖南数学年刊,1996(1):45-48.

[3] 关于单形的几个含参不等式(英). 数学理论与学习,2000(1):85-90.

[4] 非负实数矩阵的一条运算性质与几个积分不等式的证明. 湖南数学年刊,1993(1):140-143.

[5] 数学教育与教育数学. 数学通报,2005(9):27-31.

[6] 数学问题 1151 号. 数学通报,2004(10):46-47.

[7] 再谈一个不等式命题. 数学通报,1994(12):26-27.

[8] 数学问题 821 号. 数学通报,1993(4):48-49.

[9] 数学问题 782 号. 数学通报,1992(8):48-49.

[10] 双圆四边形的一些有趣结论. 数学通报,1991(5):28-29.

[11] 数学问题 682 号. 数学通报,1990(12):48.

[12] 数学解题与解题研究的重新认识. 数学教育学报,1997(3):89-92.

[13] 高师数学教育专业《初等数学研究》教学内容的改革尝试. 数学教育学报,1998(2):95-99.

[14] 奥林匹克数学研究与数学奥林匹克教育. 数学教育学报,2002(3):21-25.

[15] 数学奥林匹克中的几何问题研究与几何教育探讨. 数学教育学报,2004(4):78-81.

[16] 涉及单形重心的几个几何不等式. 湖南师大学报,2001(1):17-19.

[17] 平面几何定理的证明教学浅谈. 中学数学,1987(9):5-7.

[18] 两圆相交的两条性质及应用. 中学数学,1990(2):12-14.

[19] 三圆两两相交的一条性质. 中学数学,1992(6):25.

[20] 卡尔松不等式是一批著名不等式的综合. 中学数学,1994(7):28-30.

[21] 直角三角形中的一些数量关系. 中学数学,1997(7):14-16.
[22] 关联三个正方形的几个有趣结论. 中学数学,1999(4):45-46.
[23] 广义凸函数的简单性质. 中学数学,2000(12):36-38.
[24] 中学数学研究与中学数学教育. 中学数学,2002(1):1-3.
[25] 含60°内角的三角形的性质及应用. 中学数学,2003(1):47-49.
[26] 角格点一些猜想的统一证明. 中学数学,2002(6):40-41.
[27] 完全四边形的一条性质及应用. 中学数学,2006(1):44-45.
[28] 完全四边形的Miquel点及其应用. 中学数学,2006(4):36-39.
[29] 关于两个著名定理联系的探讨. 中学数学,2006(10):44-46.
[30] 一类旋转面截线的一条性质. 数学通讯,1985(7):31-33.
[31] 一道平面几何问题的再推广及应用. 数学通讯,1989(1):8-9.
[32] 一类和(或积)式不等式函数最值的统一求解方法. 数学通讯,1993(6):18-19.
[33] 正三角形的连接. 中等数学,1995(6):8-11..
[34] 关联正方形的一些有趣结论与数学竞赛命题. 中等数学,1998(1):10-15.
[35] 关于2003年中国数学奥林匹克第一题. 中等数学,2003(6):9-14.
[36] 完全四边形的优美性质. 中等数学,2006(8):17-22.
[37] 椭圆焦半径的性质. 中等数学,1984(11):45-46.
[38] 从一道竞赛题谈起. 湖南数学通讯,1993(1):30-32.
[39] 概念复习课之我见. 湖南数学通讯,1986(3):2-4.
[40] 单位根的性质及应用举例. 中学数学研究,1987(4):17-20.
[41] 题海战术何时了. 中学数学研究,1997(3):5-7.
[42] 一道高中联赛平面几何题的新证法. 中学教研(数学),2005(4):37-40.
[43] 平行六面体的一些数量关系. 数学教学研究,1987(3):23-26.
[44] 浅谈平面几何定理应用的教学. 数学教学研究,1987(5):14-16.
[45] 对"欧拉不等式的推广"的简证. 数学教学研究,1991(3):11-12.
[46] 正四面体的判定与性质. 数学教学研究,1994(3):29-31.
[47] 矩阵中元素的几条运算性质与不等式的证明. 数学教学研究,1994(3):39-43.
[48] 逐步培养和提高学生解题能力的五个层次. 中学数学(苏州),1997(4):29-31.
[49] 数学教师专业化与教育数学研究. 中学数学,2004(2):1-4.
[50] 中学数学教师岗位成才与教育数学研究. 中学数学研究,2006(7):封二-4.
[51] 2005年全国高中联赛加试题另解. 中学数学研究,2005(12):10-12.
[52] 2002年高中联赛平面几何题的新证法. 中学数学杂志,2003(1):40-43.
[53] 2001年高中联赛平面几何题的新证法. 中学数学杂志,2002(2):33-34.
[54] 构造长方体数的两个法则. 数学教学通讯,1988(2):36.
[55] 抛物线弓形的几条有趣性质. 中学数学杂志,1991(4):9-12.
[56] 空间四边形的一些有趣结论. 中学数学杂志,1990(3):37-39.
[57] 关于求"异面直线的夹角"公式的简证. 中学数学教学(上海),1987(2):25.
[58] 发掘例题的智能因素. 教学研究,1989(4):26-30.
[59] 数学创新教育与数学教育创新. 现代中学数学,2003(1):2-7.

[60] 剖析现实. 抓好新一轮课程改革中的高中数学教学. 现代中学数学, 2004(4): 2-7.

[61] 基础+创新=优秀的教育. 现代中学数学, 2005(2): 1-3.

[62] 平面几何内容的教学与培训再议. 现代中学数学, 2005(4): 封二.

[63] 运用"说课"这一教学研究和教学交流形式的几点注意. 现代中学数学, 2006(1): 封二-1.

[64] 二议数学教育与教育数学. 现代中学数学, 2006(3): 封二-3.

[65] 直角四面体的旁切球半径. 中学数学报, 1986(8).

[66] 析命题立意, 谈迎考复习. 招生与考试, 2002(2).

编后语

沈文选先生是我多年的挚友,我又是这套书的策划编辑,所以有必要在这套书即将出版之际,说上两句.

有人说:"现在,书籍越来越多,过于垃圾,过于商业,过于功利,过于弱智,无书可读."

还有人说:"从前,出书难,总量少,好书就像沙滩上的鹅卵石一样显而易见,而现在书籍的总量在无限扩张,而佳作却无法迅速膨化,好书便如埋在沙砾里的金粉一样细屑不可寻,一读便上当,看书的机会成本越来越大."(无书可读——中国图书业的另类观察,侯虹斌《新周刊》,2003,总166期)

但凡事总有例外,摆在我面前的沈文选先生的大作便是一个小概率事件的结果.文如其人,作品即是人品,现在认认真真做学问,老老实实写著作的学者已不多见.沈先生算是其中一位,用书法大师教育家启功给北京师范大学所题的校训"学为人师,行为世范"来写照,恰如其分.沈先生"从一而终",从教近四十年,除偶有涉及 n 维空间上的单形研究外将全部精力都投入到初等数学的研究中.不可不谓执著,成果也是显著的,称其著作等身并不为过.

目前,国内高校也开始流传美国学界历来的说法"不发表则自毙(Publish or Perish)".于是大量应景之作迭出,但沈先生已近退休,并无此压力,只是想将多年研究做个总结,可算封山之作.所以说这套丛书是无书可读时代的可读之书,选读此书可将读书的机会成本降至无穷小.

编后语

这套书非考试之用,所以切不可抱功利之心去读.中国最可怕的事不是大众不读书,而是教师不读书,沈先生的书既是给学生读的,又是给教师读的.2001年陈丹青在上海《艺术世界》杂志开办专栏时,他采取读者提问他回答的互动方式.有一位读者直截了当地问:"你认为在艺术中能够得到什么?"陈丹青答道:"得到所谓'艺术':有时自以为得到了,有时发现并没得到."(陈丹青.与陈丹青交谈.上海文艺出版社,2007,第12页).读艺术如此读数学也如此,如果非要给自己一个读的理由,可以用一首诗来说服自己,曾有人将古代五言《神童诗》扩展成七言.

> 古今天子重英豪,学内文章教尔曹.
> 世上万般皆下品,人间唯有读书高.

沈先生的书涉猎极广,可以说只要对数学感兴趣的人都会开卷有益,可自学,可竞赛,可教学,可欣赏,可把玩,只是不宜远离.米兰·昆德拉在《小说的艺术》中说:"缺乏艺术细胞并不可怕,一个人完全可以不读普鲁斯特,不听舒伯特,而生活得很平和.但一个蔑视艺术的人不可能平和地生活."(米兰·昆德拉.小说的艺术.董强,译.上海译文出版社,2004,第169页)将艺术换以数学结论也成立.

本套丛书是旨在提高公众数学素养的书,打个比方说它不是药但是营养素与维生素.缺少它短期似无大碍,长期缺乏必有大害.2007年9月初,法国中小学开学之际,法国总统尼古拉·萨科奇发表了长达32页的《致教育者的一封信》,其中他严肃指出:当前法国教育中的普通文化日渐衰退,而专业化学习经常过细、过早.他认为:"学者、工程师、技术员不能没有文学、艺术、哲学素养;作家、艺术家、哲学家不能没有科学、技术、数学素养."

最后我们祝沈老师退休生活愉快,为数学工作了一辈子,教了那么多学生,写了那么多论文和书,你太累了,也该歇歇了.

刘培杰

2017年5月1日

哈尔滨工业大学出版社刘培杰数学工作室
已出版(即将出版)图书目录

书　名	出版时间	定　价	编号
新编中学数学解题方法全书(高中版)上卷	2007—09	38.00	7
新编中学数学解题方法全书(高中版)中卷	2007—09	48.00	8
新编中学数学解题方法全书(高中版)下卷(一)	2007—09	42.00	17
新编中学数学解题方法全书(高中版)下卷(二)	2007—09	38.00	18
新编中学数学解题方法全书(高中版)下卷(三)	2010—06	58.00	73
新编中学数学解题方法全书(初中版)上卷	2008—01	28.00	29
新编中学数学解题方法全书(初中版)中卷	2010—07	38.00	75
新编中学数学解题方法全书(高考复习卷)	2010—01	48.00	67
新编中学数学解题方法全书(高考真题卷)	2010—01	38.00	62
新编中学数学解题方法全书(高考精华卷)	2011—03	68.00	118
新编平面解析几何解题方法全书(专题讲座卷)	2010—01	18.00	61
新编中学数学解题方法全书(自主招生卷)	2013—08	88.00	261
数学眼光透视(第2版)	2017—06	78.00	732
数学思想领悟	2008—01	38.00	25
数学应用展观	2008—01	38.00	26
数学建模导引	2008—01	28.00	23
数学方法溯源	2008—01	38.00	27
数学史话览胜(第2版)	2017—01	48.00	736
数学思维技术	2013—09	38.00	260
数学解题引论	2017—05	48.00	735
从毕达哥拉斯到怀尔斯	2007—10	48.00	9
从迪利克雷到维斯卡尔迪	2008—01	48.00	21
从哥德巴赫到陈景润	2008—05	98.00	35
从庞加莱到佩雷尔曼	2011—08	138.00	136
数学奥林匹克与数学文化(第一辑)	2006—05	48.00	4
数学奥林匹克与数学文化(第二辑)(竞赛卷)	2008—01	48.00	19
数学奥林匹克与数学文化(第二辑)(文化卷)	2008—07	58.00	36'
数学奥林匹克与数学文化(第三辑)(竞赛卷)	2010—01	48.00	59
数学奥林匹克与数学文化(第四辑)(竞赛卷)	2011—08	58.00	87
数学奥林匹克与数学文化(第五辑)	2015—06	98.00	370

哈尔滨工业大学出版社刘培杰数学工作室
已出版(即将出版)图书目录

书　名	出版时间	定　价	编号
世界著名平面几何经典著作钩沉——几何作图专题卷(上)	2009—06	48.00	49
世界著名平面几何经典著作钩沉——几何作图专题卷(下)	2011—01	88.00	80
世界著名平面几何经典著作钩沉(民国平面几何老课本)	2011—03	38.00	113
世界著名平面几何经典著作钩沉(建国初期平面三角老课本)	2015—08	38.00	507
世界著名解析几何经典著作钩沉——平面解析几何卷	2014—01	38.00	264
世界著名数论经典著作钩沉(算术卷)	2012—01	28.00	125
世界著名数学经典著作钩沉——立体几何卷	2011—02	28.00	88
世界著名三角学经典著作钩沉(平面三角卷Ⅰ)	2010—06	28.00	69
世界著名三角学经典著作钩沉(平面三角卷Ⅱ)	2011—01	38.00	78
世界著名初等数论经典著作钩沉(理论和实用算术卷)	2011—07	38.00	126
发展空间想象力	2010—01	38.00	57
走向国际数学奥林匹克的平面几何试题诠释(上、下)(第1版)	2007—01	68.00	11,12
走向国际数学奥林匹克的平面几何试题诠释(上、下)(第2版)	2010—02	98.00	63,64
平面几何证明方法全书	2007—08	35.00	1
平面几何证明方法全书习题解答(第1版)	2005—10	18.00	2
平面几何证明方法全书习题解答(第2版)	2006—12	18.00	10
平面几何天天练上卷·基础篇(直线型)	2013—01	58.00	208
平面几何天天练中卷·基础篇(涉及圆)	2013—01	28.00	234
平面几何天天练下卷·提高篇	2013—01	58.00	237
平面几何专题研究	2013—07	98.00	258
最新世界各国数学奥林匹克中的平面几何试题	2007—09	38.00	14
数学竞赛平面几何典型题及新颖解	2010—07	48.00	74
初等数学复习及研究(平面几何)	2008—09	58.00	38
初等数学复习及研究(立体几何)	2010—06	38.00	71
初等数学复习及研究(平面几何)习题解答	2009—01	48.00	42
几何学教程(平面几何卷)	2011—03	68.00	90
几何学教程(立体几何卷)	2011—07	68.00	130
几何变换与几何证题	2010—06	88.00	70
计算方法与几何证题	2011—06	28.00	129
立体几何技巧与方法	2014—04	88.00	293
几何瑰宝——平面几何500名题暨1000条定理(上、下)	2010—07	138.00	76,77
三角形的解法与应用	2012—07	18.00	183
近代的三角形几何学	2012—07	48.00	184
一般折线几何学	2015—08	48.00	503
三角形的五心	2009—06	28.00	51
三角形的六心及其应用	2015—10	68.00	542
三角形趣谈	2012—08	28.00	212
解三角形	2014—01	28.00	265
三角学专门教程	2014—09	28.00	387
距离几何分析导引	2015—02	68.00	446
图天下几何新题试卷.初中	2017—01	58.00	714

哈尔滨工业大学出版社刘培杰数学工作室
已出版(即将出版)图书目录

书　名	出版时间	定　价	编号
圆锥曲线习题集(上册)	2013—06	68.00	255
圆锥曲线习题集(中册)	2015—01	78.00	434
圆锥曲线习题集(下册·第1卷)	2016—10	78.00	683
论九点圆	2015—05	88.00	645
近代欧氏几何学	2012—03	48.00	162
罗巴切夫斯基几何学及几何基础概要	2012—07	28.00	188
罗巴切夫斯基几何学初步	2015—06	28.00	474
用三角、解析几何、复数、向量计算解数学竞赛几何题	2015—03	48.00	455
美国中学几何教程	2015—04	88.00	458
三线坐标与三角形特征点	2015—04	98.00	460
平面解析几何方法与研究(第1卷)	2015—05	18.00	471
平面解析几何方法与研究(第2卷)	2015—06	18.00	472
平面解析几何方法与研究(第3卷)	2015—07	18.00	473
解析几何研究	2015—01	38.00	425
解析几何学教程.上	2016—01	38.00	574
解析几何学教程.下	2016—01	38.00	575
几何学基础	2016—01	58.00	581
初等几何研究	2015—02	58.00	444
大学几何学	2017—01	78.00	688
关于曲面的一般研究	2016—11	48.00	690
十九和二十世纪欧氏几何学中的片段	2017—01	58.00	696
近世纯粹几何学初论	2017—01	58.00	711
拓扑学与几何学基础讲义	2017—04	58.00	756
物理学中的几何方法	2017—06	88.00	767
俄罗斯平面几何问题集	2009—08	88.00	55
俄罗斯立体几何问题集	2014—03	58.00	283
俄罗斯几何大师——沙雷金论数学及其他	2014—01	48.00	271
来自俄罗斯的5000道几何习题及解答	2011—03	58.00	89
俄罗斯初等数学问题集	2012—05	38.00	177
俄罗斯函数问题集	2011—03	38.00	103
俄罗斯组合分析问题集	2011—01	48.00	79
俄罗斯初等数学万题选——三角卷	2012—11	38.00	222
俄罗斯初等数学万题选——代数卷	2013—08	68.00	225
俄罗斯初等数学万题选——几何卷	2014—01	68.00	226
463个俄罗斯几何老问题	2012—01	28.00	152
超越吉米多维奇.数列的极限	2009—11	48.00	58
超越普里瓦洛夫.留数卷	2015—01	28.00	437
超越普里瓦洛夫.无穷乘积与它对解析函数的应用卷	2015—05	28.00	477
超越普里瓦洛夫.积分卷	2015—06	18.00	481
超越普里瓦洛夫.基础知识卷	2015—06	28.00	482
超越普里瓦洛夫.数项级数卷	2015—07	38.00	489
初等数论难题集(第一卷)	2009—05	68.00	44
初等数论难题集(第二卷)(上、下)	2011—02	128.00	82,83
数论概貌	2011—03	18.00	93
代数数论(第二版)	2013—08	58.00	94
代数多项式	2014—06	38.00	289
初等数论的知识与问题	2011—02	28.00	95
超越数论基础	2011—03	28.00	96
数论初等教程	2011—03	28.00	97
数论基础	2011—03	18.00	98
数论基础与维诺格拉多夫	2014—03	18.00	292

哈尔滨工业大学出版社刘培杰数学工作室
已出版(即将出版)图书目录

书 名	出版时间	定 价	编号
解析数论基础	2012—08	28.00	216
解析数论基础(第二版)	2014—01	48.00	287
解析数论问题集(第二版)(原版引进)	2014—05	88.00	343
解析数论问题集(第二版)(中译本)	2016—04	88.00	607
解析数论基础(潘承洞,潘承彪著)	2016—07	98.00	673
解析数论导引	2016—07	58.00	674
数论入门	2011—03	38.00	99
代数数论入门	2015—03	38.00	448
数论开篇	2012—07	28.00	194
解析数论引论	2011—03	48.00	100
Barban Davenport Halberstam 均值和	2009—01	40.00	33
基础数论	2011—03	28.00	101
初等数论100例	2011—05	18.00	122
初等数论经典例题	2012—07	18.00	204
最新世界各国数学奥林匹克中的初等数论试题(上、下)	2012—01	138.00	144,145
初等数论(Ⅰ)	2012—01	18.00	156
初等数论(Ⅱ)	2012—01	18.00	157
初等数论(Ⅲ)	2012—01	28.00	158
平面几何与数论中未解决的新老问题	2013—01	68.00	229
代数数论简史	2014—11	28.00	408
代数数论	2015—09	88.00	532
代数、数论及分析习题集	2016—11	98.00	695
数论导引提要及习题解答	2016—01	48.00	559
素数定理的初等证明.第2版	2016—09	48.00	686
谈谈素数	2011—03	18.00	91
平方和	2011—03	18.00	92
复变函数引论	2013—10	68.00	269
伸缩变换与抛物旋转	2015—01	38.00	449
无穷分析引论(上)	2013—04	88.00	247
无穷分析引论(下)	2013—04	98.00	245
数学分析	2014—04	28.00	338
数学分析中的一个新方法及其应用	2013—01	38.00	231
数学分析例选:通过范例学技巧	2013—01	88.00	243
高等代数例选:通过范例学技巧	2015—06	88.00	475
三角级数论(上册)(陈建功)	2013—01	38.00	232
三角级数论(下册)(陈建功)	2013—01	48.00	233
三角级数论(哈代)	2013—06	48.00	254
三角级数	2015—07	28.00	263
超越数	2011—03	18.00	109
三角和方法	2011—03	18.00	112
整数论	2011—05	38.00	120
从整数谈起	2015—10	28.00	538
随机过程(Ⅰ)	2014—01	78.00	224
随机过程(Ⅱ)	2014—01	68.00	235
算术探索	2011—12	158.00	148
组合数学	2012—04	28.00	178
组合数学浅谈	2012—03	28.00	159
丢番图方程引论	2012—03	48.00	172
拉普拉斯变换及其应用	2015—02	38.00	447
高等代数.上	2016—01	38.00	548
高等代数.下	2016—01	38.00	549

哈尔滨工业大学出版社刘培杰数学工作室
已出版(即将出版)图书目录

书 名	出版时间	定 价	编号
高等代数教程	2016—01	58.00	579
数学解析教程.上卷.1	2016—01	58.00	546
数学解析教程.上卷.2	2016—01	38.00	553
数学解析教程.下卷.1	2017—04	48.00	781
数学解析教程.下卷.2	即将出版		782
函数构造论.上	2016—01	38.00	554
函数构造论.中	即将出版		555
函数构造论.下	2016—09	48.00	680
数与多项式	2016—01	38.00	558
概周期函数	2016—01	48.00	572
变叙的项的极限分布律	2016—01	18.00	573
整函数	2012—08	18.00	161
近代拓扑学研究	2013—04	38.00	239
多项式和无理数	2008—01	68.00	22
模糊数据统计学	2008—03	48.00	31
模糊分析学与特殊泛函空间	2013—01	68.00	241
谈谈不定方程	2011—05	28.00	119
常微分方程	2016—01	58.00	586
平稳随机函数导论	2016—03	48.00	587
量子力学原理·上	2016—01	38.00	588
图与矩阵	2014—08	40.00	644
钢丝绳原理:第二版	2017—01	78.00	745
受控理论与解析不等式	2012—05	78.00	165
解析不等式新论	2009—06	68.00	48
建立不等式的方法	2011—03	98.00	104
数学奥林匹克不等式研究	2009—08	68.00	56
不等式研究(第二辑)	2012—02	68.00	153
不等式的秘密(第一卷)	2012—02	28.00	154
不等式的秘密(第一卷)(第2版)	2014—02	38.00	286
不等式的秘密(第二卷)	2014—01	38.00	268
初等不等式的证明方法	2010—06	38.00	123
初等不等式的证明方法(第二版)	2014—11	38.00	407
不等式·理论·方法(基础卷)	2015—07	38.00	496
不等式·理论·方法(经典不等式卷)	2015—07	38.00	497
不等式·理论·方法(特殊类型不等式卷)	2015—07	48.00	498
不等式的分拆降维降幂方法与可读证明	2016—01	68.00	591
不等式探究	2016—03	38.00	582
不等式探秘	2017—01	58.00	689
四面体不等式	2017—01	68.00	715
同余理论	2012—05	38.00	163
[x]与{x}	2015—04	48.00	476
极值与最值.上卷	2015—06	28.00	486
极值与最值.中卷	2015—06	38.00	487
极值与最值.下卷	2015—06	28.00	488
整数的性质	2012—11	38.00	192
完全平方数及其应用	2015—08	78.00	506
多项式理论	2015—10	88.00	541

哈尔滨工业大学出版社刘培杰数学工作室
已出版(即将出版)图书目录

书 名	出版时间	定 价	编号
历届美国中学生数学竞赛试题及解答(第一卷)1950—1954	2014—07	18.00	277
历届美国中学生数学竞赛试题及解答(第二卷)1955—1959	2014—04	18.00	278
历届美国中学生数学竞赛试题及解答(第三卷)1960—1964	2014—06	18.00	279
历届美国中学生数学竞赛试题及解答(第四卷)1965—1969	2014—04	28.00	280
历届美国中学生数学竞赛试题及解答(第五卷)1970—1972	2014—06	18.00	281
历届美国中学生数学竞赛试题及解答(第七卷)1981—1986	2015—01	18.00	424
历届美国中学生数学竞赛试题及解答(第八卷)1987—1990	2017—05	18.00	769
历届IMO试题集(1959—2005)	2006—05	58.00	5
历届CMO试题集	2008—09	28.00	40
历届中国数学奥林匹克试题集(第2版)	2017—03	38.00	757
历届加拿大数学奥林匹克试题集	2012—08	38.00	215
历届美国数学奥林匹克试题集:多解推广加强	2012—08	38.00	209
历届美国数学奥林匹克试题集:多解推广加强(第2版)	2016—03	48.00	592
历届波兰数学竞赛试题集.第1卷,1949~1963	2015—03	18.00	453
历届波兰数学竞赛试题集.第2卷,1964~1976	2015—03	18.00	454
历届巴尔干数学奥林匹克试题集	2015—05	38.00	466
保加利亚数学奥林匹克	2014—10	38.00	393
圣彼得堡数学奥林匹克试题集	2015—01	38.00	429
匈牙利奥林匹克数学竞赛题解.第1卷	2016—05	28.00	593
匈牙利奥林匹克数学竞赛题解.第2卷	2016—05	28.00	594
超越普特南试题:大学数学竞赛中的方法与技巧	2017—04	98.00	758
历届国际大学生数学竞赛试题集(1994—2010)	2012—01	28.00	143
全国大学生数学夏令营数学竞赛试题及解答	2007—03	28.00	15
全国大学生数学竞赛辅导教程	2012—07	28.00	189
全国大学生数学竞赛复习全书	2014—04	48.00	340
历届美国大学生数学竞赛试题集	2009—03	88.00	43
前苏联大学生数学奥林匹克竞赛题解(上编)	2012—04	28.00	169
前苏联大学生数学奥林匹克竞赛题解(下编)	2012—04	38.00	170
历届美国数学邀请赛试题集	2014—01	48.00	270
全国高中数学竞赛试题及解答.第1卷	2014—07	38.00	331
大学生数学竞赛讲义	2014—09	28.00	371
普林斯顿大学数学竞赛	2016—06	38.00	669
亚太地区数学奥林匹克竞赛题	2015—07	18.00	492
日本历届(初级)广中杯数学竞赛试题及解答.第1卷(2000~2007)	2016—05	28.00	641
日本历届(初级)广中杯数学竞赛试题及解答.第2卷(2008~2015)	2016—05	38.00	642
360个数学竞赛问题	2016—08	58.00	677
奥数最佳实战题.上卷	即将出版		760
奥数最佳实战题.下卷	2017—05	58.00	761
哈尔滨市早期中学数学竞赛试题汇编	2016—07	28.00	672
全国高中数学联赛试题及解答:1981—2015	2016—08	98.00	676
高考数学临门一脚(含密押三套卷)(理科版)	2017—01	45.00	743
高考数学临门一脚(含密押三套卷)(文科版)	2017—01	45.00	744
新课标高考数学题型全归纳(文科版)	2015—05	72.00	467
新课标高考数学题型全归纳(理科版)	2015—05	82.00	468
洞穿高考数学解答题核心考点(理科版)	2015—11	49.80	550
洞穿高考数学解答题核心考点(文科版)	2015—11	46.80	551
高考数学题型全归纳:文科版.上	2016—05	53.00	663
高考数学题型全归纳:文科版.下	2016—05	53.00	664
高考数学题型全归纳:理科版.上	2016—05	58.00	665
高考数学题型全归纳:理科版.下	2016—05	58.00	666

哈尔滨工业大学出版社刘培杰数学工作室
已出版(即将出版)图书目录

书 名	出版时间	定 价	编号
王连笑教你怎样学数学:高考选择题解题策略与客观题实用训练	2014—01	48.00	262
王连笑教你怎样学数学:高考数学高层次讲座	2015—02	48.00	432
高考数学的理论与实践	2009—08	38.00	53
高考数学核心题型解题方法与技巧	2010—01	28.00	86
高考思维新平台	2014—03	38.00	259
30分钟拿下高考数学选择题、填空题(理科版)	2016—10	39.80	720
30分钟拿下高考数学选择题、填空题(文科版)	2016—10	39.80	721
高考数学压轴题解题诀窍(上)	2012—02	78.00	166
高考数学压轴题解题诀窍(下)	2012—03	28.00	167
北京市五区文科数学三年高考模拟题详解:2013~2015	2015—08	48.00	500
北京市五区理科数学三年高考模拟题详解:2013~2015	2015—09	68.00	505
向量法巧解数学高考题	2009—08	28.00	54
高考数学万能解题法(第2版)	即将出版	38.00	691
高考物理万能解题法(第2版)	即将出版	38.00	692
高考化学万能解题法(第2版)	即将出版	28.00	693
高考生物万能解题法(第2版)	即将出版	28.00	694
高考数学解题金典(第2版)	2017—01	78.00	716
高考物理解题金典(第2版)	即将出版	68.00	717
高考化学解题金典(第2版)	即将出版	58.00	718
我一定要赚分:高中物理	2016—01	38.00	580
数学高考参考	2016—01	78.00	589
2011~2015年全国及各省市高考数学文科精品试题审题要津与解法研究	2015—10	68.00	539
2011~2015年全国及各省市高考数学理科精品试题审题要津与解法研究	2015—10	88.00	540
最新全国及各省市高考数学试卷解法研究及点拨评析	2009—02	38.00	41
2011年全国及各省市高考数学试题审题要津与解法研究	2011—10	48.00	139
2013年全国及各省市高考数学试题解析与点评	2014—01	48.00	282
全国及各省市高考数学试题审题要津与解法研究	2015—02	48.00	450
新课标高考数学——五年试题分章详解(2007~2011)(上、下)	2011—10	78.00	140,141
全国中考数学压轴题审题要津与解法研究	2013—04	78.00	248
新编全国及各省市中考数学压轴题审题要津与解法研究	2014—05	58.00	342
全国及各省市5年中考数学压轴题审题要津与解法研究(2015版)	2015—04	58.00	462
中考数学专题总复习	2007—04	28.00	6
中考数学较难题、难题常考题型解题方法与技巧.上	2016—01	48.00	584
中考数学较难题、难题常考题型解题方法与技巧.下	2016—01	58.00	585
中考数学较难题常考题型解题方法与技巧	2016—09	48.00	681
中考数学难题常考题型解题方法与技巧	2016—09	48.00	682
中考数学选择填空压轴好题妙解365	2017—05	38.00	759
北京中考数学压轴题解题方法突破(第2版)	2017—03	48.00	753
助你高考成功的数学解题智慧:知识是智慧的基础	2016—01	58.00	596
助你高考成功的数学解题智慧:错误是智慧的试金石	2016—04	58.00	643
助你高考成功的数学解题智慧:方法是智慧的推手	2016—04	68.00	657
高考数学奇思妙解	2016—04	38.00	610
高考数学解题策略	2016—05	48.00	670
数学解题泄天机	2016—06	48.00	668
高考物理压轴题全解	2017—04	48.00	746
高中物理经典问题25讲	2017—05	28.00	764
2016年高考文科数学真题研究	2017—04	58.00	754
2016年高考理科数学真题研究	2017—04	78.00	755
初中数学、高中数学脱节知识补缺教材	2017—06	48.00	766

哈尔滨工业大学出版社刘培杰数学工作室
已出版（即将出版）图书目录

书　名	出版时间	定价	编号
新编640个世界著名数学智力趣题	2014-01	88.00	242
500个最新世界著名数学智力趣题	2008-06	48.00	3
400个最新世界著名数学最值问题	2008-09	48.00	36
500个世界著名数学征解问题	2009-06	48.00	52
400个中国最佳初等数学征解老问题	2010-01	48.00	60
500个俄罗斯数学经典老题	2011-01	28.00	81
1000个国外中学物理好题	2012-04	48.00	174
300个日本高考数学题	2012-05	38.00	142
700个早期日本高考数学试题	2017-02	88.00	752
500个前苏联早期高考数学试题及解答	2012-05	28.00	185
546个早期俄罗斯大学生数学竞赛题	2014-03	38.00	285
548个来自美苏的数学好问题	2014-11	28.00	396
20所苏联著名大学早期入学试题	2015-02	18.00	452
161道德国工科大学生必做的微分方程习题	2015-05	28.00	469
500个德国工科大学生必做的高数习题	2015-06	28.00	478
360个数学竞赛问题	2016-08	58.00	677
德国讲义日本考题.微积分卷	2015-04	48.00	456
德国讲义日本考题.微分方程卷	2015-04	38.00	457
中国初等数学研究　2009卷(第1辑)	2009-05	20.00	45
中国初等数学研究　2010卷(第2辑)	2010-05	30.00	68
中国初等数学研究　2011卷(第3辑)	2011-07	60.00	127
中国初等数学研究　2012卷(第4辑)	2012-07	48.00	190
中国初等数学研究　2014卷(第5辑)	2014-02	48.00	288
中国初等数学研究　2015卷(第6辑)	2015-06	68.00	493
中国初等数学研究　2016卷(第7辑)	2016-04	68.00	609
中国初等数学研究　2017卷(第8辑)	2017-01	98.00	712
几何变换(Ⅰ)	2014-07	28.00	353
几何变换(Ⅱ)	2015-06	28.00	354
几何变换(Ⅲ)	2015-01	38.00	355
几何变换(Ⅳ)	2015-12	38.00	356
博弈论精粹	2008-03	58.00	30
博弈论精粹.第二版(精装)	2015-01	88.00	461
数学 我爱你	2008-01	28.00	20
精神的圣徒　别样的人生——60位中国数学家成长的历程	2008-09	48.00	39
数学史概论	2009-06	78.00	50
数学史概论(精装)	2013-03	158.00	272
数学史选讲	2016-01	48.00	544
斐波那契数列	2010-02	28.00	65
数学拼盘和斐波那契魔方	2010-07	38.00	72
斐波那契数列欣赏	2011-01	28.00	160
数学的创造	2011-02	48.00	85
数学美与创造力	2016-01	48.00	595
数海拾贝	2016-01	48.00	590
数学中的美	2011-02	38.00	84
数论中的美学	2014-12	38.00	351
数学王者　科学巨人——高斯	2015-01	28.00	428
振兴祖国数学的圆梦之旅:中国初等数学研究史话	2015-06	98.00	490
二十世纪中国数学史料研究	2015-10	48.00	536
数字谜、数阵图与棋盘覆盖	2016-01	58.00	298
时间的形状	2016-01	38.00	556
数学发现的艺术:数学探索中的合情推理	2016-07	58.00	671
活跃在数学中的参数	2016-07	48.00	675

哈尔滨工业大学出版社刘培杰数学工作室
已出版(即将出版)图书目录

书　　名	出版时间	定　价	编号
数学解题——靠数学思想给力(上)	2011—07	38.00	131
数学解题——靠数学思想给力(中)	2011—07	48.00	132
数学解题——靠数学思想给力(下)	2011—07	38.00	133
我怎样解题	2013—01	48.00	227
数学解题中的物理方法	2011—06	28.00	114
数学解题的特殊方法	2011—06	48.00	115
中学数学计算技巧	2012—01	48.00	116
中学数学证明方法	2012—01	58.00	117
数学趣题巧解	2012—03	28.00	128
高中数学教学通鉴	2015—05	58.00	479
和高中生漫谈：数学与哲学的故事	2014—08	28.00	369
自主招生考试中的参数方程问题	2015—01	28.00	435
自主招生考试中的极坐标问题	2015—04	28.00	463
近年全国重点大学自主招生数学试题全解及研究.华约卷	2015—02	38.00	441
近年全国重点大学自主招生数学试题全解及研究.北约卷	2016—05	38.00	619
自主招生数学解证宝典	2015—09	48.00	535
格点和面积	2012—07	18.00	191
射影几何趣谈	2012—04	28.00	175
斯潘纳尔引理——从一道加拿大数学奥林匹克试题谈起	2014—01	28.00	228
李普希兹条件——从几道近年高考数学试题谈起	2012—10	18.00	221
拉格朗日中值定理——从一道北京高考试题的解法谈起	2015—10	18.00	197
闵科夫斯基定理——从一道清华大学自主招生试题谈起	2014—01	28.00	198
哈尔测度——从一道冬令营试题的背景谈起	2012—08	28.00	202
切比雪夫逼近问题——从一道中国台北数学奥林匹克试题谈起	2013—04	38.00	238
伯恩斯坦多项式与贝齐尔曲面——从一道全国高中数学联赛试题谈起	2013—03	38.00	236
卡塔兰猜想——从一道普特南竞赛试题谈起	2013—06	18.00	256
麦卡锡函数和阿克曼函数——从一道前南斯拉夫数学奥林匹克试题谈起	2012—08	18.00	201
贝蒂定理与拉姆莫克斯尔定理——从一个拣石子游戏谈起	2012—08	18.00	217
皮亚诺曲线和豪斯道夫分球定理——从无限集谈起	2012—08	18.00	211
平面凸图形与凸多面体	2012—10	28.00	218
斯坦因豪斯问题——从一道二十五省市自治区中学数学竞赛试题谈起	2012—07	18.00	196
纽结理论中的亚历山大多项式与琼斯多项式——从一道北京市高一数学竞赛试题谈起	2012—07	28.00	195
原则与策略——从波利亚"解题表"谈起	2013—04	38.00	244
转化与化归——从三大尺规作图不能问题谈起	2012—08	28.00	214
代数几何中的贝祖定理(第一版)——从一道IMO试题的解法谈起	2013—08	18.00	193
成功连贯理论与约当块理论——从一道比利时数学竞赛试题谈起	2012—04	18.00	180
素数判定与大数分解	2014—08	18.00	199
置换多项式及其应用	2012—10	18.00	220
椭圆函数与模函数——从一道美国加州大学洛杉矶分校(UCLA)博士资格考题谈起	2012—10	28.00	219
差分方程的拉格朗日方法——从一道2011年全国高考理科试题的解法谈起	2012—08	28.00	200

哈尔滨工业大学出版社刘培杰数学工作室
已出版（即将出版）图书目录

书 名	出版时间	定 价	编号
力学在几何中的一些应用	2013—01	38.00	240
高斯散度定理、斯托克斯定理和平面格林定理——从一道国际大学生数学竞赛试题谈起	即将出版		
康托洛维奇不等式——从一道全国高中联赛试题谈起	2013—03	28.00	337
西格尔引理——从一道第 18 届 IMO 试题的解法谈起	即将出版		
罗斯定理——从一道前苏联数学竞赛试题谈起	即将出版		
拉克斯定理和阿廷定理——从一道 IMO 试题的解法谈起	2014—01	58.00	246
毕卡大定理——从一道美国大学数学竞赛试题谈起	2014—07	18.00	350
贝齐尔曲线——从一道全国高中联赛试题谈起	即将出版		
拉格朗日乘子定理——从一道 2005 年全国高中联赛试题的高等数学解法谈起	2015—05	28.00	480
雅可比定理——从一道日本数学奥林匹克试题谈起	2013—04	48.00	249
李天岩—约克定理——从一道波兰数学竞赛试题谈起	2014—06	28.00	349
整系数多项式因式分解的一般方法——从克朗耐克算法谈起	即将出版		
布劳维不动点定理——从一道前苏联数学奥林匹克试题谈起	2014—01	38.00	273
伯恩赛德定理——从一道英国数学奥林匹克试题谈起	即将出版		
布查特—莫斯特定理——从一道上海市初中竞赛试题谈起	即将出版		
数论中的同余数问题——从一道普特南竞赛试题谈起	即将出版		
范·德蒙行列式——从一道美国数学奥林匹克试题谈起	即将出版		
中国剩余定理：总数法构建中国历史年表	2015—01	28.00	430
牛顿程序与方程求根——从一道全国高考试题解法谈起	即将出版		
库默尔定理——从一道 IMO 预选试题谈起	即将出版		
卢丁定理——从一道冬令营试题的解法谈起	即将出版		
沃斯滕霍姆定理——从一道 IMO 预选试题谈起	即将出版		
卡尔松不等式——从一道莫斯科数学奥林匹克试题谈起	即将出版		
信息论中的香农熵——从一道近年高考压轴题谈起	即将出版		
约当不等式——从一道希望杯竞赛试题谈起	即将出版		
拉比诺维奇定理	即将出版		
刘维尔定理——从一道《美国数学月刊》征解问题的解法谈起	即将出版		
卡塔兰恒等式与级数求和——从一道 IMO 试题的解法谈起	即将出版		
勒让德猜想与素数分布——从一道爱尔兰竞赛试题谈起	即将出版		
天平称重与信息论——从一道基辅市数学奥林匹克试题谈起	即将出版		
哈密尔顿—凯莱定理：从一道高中数学联赛试题的解法谈起	2014—09	18.00	376
艾思特曼定理——从一道 CMO 试题的解法谈起	即将出版		
一个爱尔特希问题——从一道西德数学奥林匹克试题谈起	即将出版		
有限群中的爱丁格尔问题——从一道北京市初中二年级数学竞赛试题谈起	即将出版		
贝克码与编码理论——从一道全国高中联赛试题谈起	即将出版		
帕斯卡三角形	2014—03	18.00	294
蒲丰投针问题——从 2009 年清华大学的一道自主招生试题谈起	2014—01	38.00	295
斯图姆定理——从一道"华约"自主招生试题的解法谈起	2014—01	18.00	296
许瓦兹引理——从一道加利福尼亚大学伯克利分校数学系博士生试题谈起	2014—08	18.00	297
拉姆塞定理——从王诗宬院士的一个问题谈起	2016—04	48.00	299
坐标法	2013—12	28.00	332
数论三角形	2014—04	38.00	341
毕克定理	2014—07	18.00	352
数林掠影	2014—09	48.00	389
我们周围的概率	2014—10	38.00	390
凸函数最值定理：从一道华约自主招生题的解法谈起	2014—10	28.00	391
易学与数学奥林匹克	2014—10	38.00	392

X

哈尔滨工业大学出版社刘培杰数学工作室
已出版（即将出版）图书目录

书　名	出版时间	定　价	编号
生物数学趣谈	2015—01	18.00	409
反演	2015—01	28.00	420
因式分解与圆锥曲线	2015—01	18.00	426
轨迹	2015—01	28.00	427
面积原理：从常庚哲命的一道CMO试题的积分解法谈起	2015—01	48.00	431
形形色色的不动点定理：从一道28届IMO试题谈起	2015—01	38.00	439
柯西函数方程：从一道上海交大自主招生的试题谈起	2015—02	28.00	440
三角恒等式	2015—02	28.00	442
无理性判定：从一道2014年"北约"自主招生试题谈起	2015—01	38.00	443
数学归纳法	2015—03	18.00	451
极端原理与解题	2015—04	28.00	464
法雷级数	2014—08	18.00	367
摆线族	2015—01	38.00	438
函数方程及其解法	2015—05	38.00	470
含参数的方程和不等式	2012—09	28.00	213
希尔伯特第十问题	2016—01	38.00	543
无穷小量的求和	2016—01	28.00	545
切比雪夫多项式：从一道清华大学金秋营试题谈起	2016—01	38.00	583
泽肯多夫定理	2016—03	38.00	599
代数等式证题法	2016—01	28.00	600
三角等式证题法	2016—01	28.00	601
吴大任教授藏书中的一个因式分解公式：从一道美国数学邀请赛试题的解法谈起	2016—06	28.00	656
中等数学英语阅读文选	2006—12	38.00	13
统计学专业英语	2007—03	28.00	16
统计学专业英语（第二版）	2012—07	48.00	176
统计学专业英语（第三版）	2015—04	68.00	465
幻方和魔方（第一卷）	2012—05	68.00	173
尘封的经典——初等数学经典文献选读（第一卷）	2012—07	48.00	205
尘封的经典——初等数学经典文献选读（第二卷）	2012—07	38.00	206
代换分析：英文	2015—07	38.00	499
实变函数论	2012—06	78.00	181
复变函数论	2015—08	38.00	504
非光滑优化及其变分分析	2014—01	48.00	230
疏散的马尔科夫链	2014—01	58.00	266
马尔科夫过程论基础	2015—01	28.00	433
初等微分拓扑学	2012—07	18.00	182
方程式论	2011—03	38.00	105
初级方程论	2011—03	28.00	106
Galois理论	2011—03	18.00	107
古典数学难题与伽罗瓦理论	2012—11	58.00	223
伽罗华与群论	2014—01	28.00	290
代数方程的根式解及伽罗瓦理论	2011—03	28.00	108
代数方程的根式解及伽罗瓦理论（第二版）	2015—01	28.00	423
线性偏微分方程讲义	2011—03	18.00	110
几类微分方程数值方法的研究	2015—05	38.00	485
N体问题的周期解	2011—03	28.00	111
代数方程式论	2011—05	18.00	121
线性代数与几何：英文	2016—06	58.00	578
动力系统的不变量与函数方程	2011—07	48.00	137
基于短语评价的翻译知识获取	2012—02	48.00	168
应用随机过程	2012—04	48.00	187
概率论导引	2012—04	18.00	179

哈尔滨工业大学出版社刘培杰数学工作室
已出版（即将出版）图书目录

书　名	出版时间	定　价	编号
矩阵论(上)	2013—06	58.00	250
矩阵论(下)	2013—06	48.00	251
对称锥互补问题的内点法：理论分析与算法实现	2014—08	68.00	368
抽象代数：方法导引	2013—06	38.00	257
集论	2016—01	48.00	576
多项式理论研究综述	2016—01	38.00	577
函数论	2014—11	78.00	395
反问题的计算方法及应用	2011—11	28.00	147
初等数学研究（Ⅰ）	2008—09	68.00	37
初等数学研究（Ⅱ）(上、下)	2009—05	118.00	46,47
数阵及其应用	2012—02	28.00	164
绝对值方程—折边与组合图形的解析研究	2012—07	48.00	186
代数函数论(上)	2015—07	38.00	494
代数函数论(下)	2015—07	38.00	495
偏微分方程论：法文	2015—10	48.00	533
时标动力学方程的指数型二分性与周期解	2016—04	48.00	606
重刚体绕不动点运动方程的积分法	2016—05	68.00	608
水轮机水力稳定性	2016—05	48.00	620
Lévy 噪音驱动的传染病模型的动力学行为	2016—05	48.00	667
铣加工动力学系统稳定性研究的数学方法	2016—11	28.00	710
趣味初等方程妙题集锦	2014—09	48.00	388
趣味初等数论选美与欣赏	2015—02	48.00	445
耕读笔记(上卷)：一位农民数学爱好者的初数探索	2015—04	28.00	459
耕读笔记(中卷)：一位农民数学爱好者的初数探索	2015—05	28.00	483
耕读笔记(下卷)：一位农民数学爱好者的初数探索	2015—05	28.00	484
几何不等式研究与欣赏·上卷	2016—01	88.00	547
几何不等式研究与欣赏·下卷	2016—01	48.00	552
初等数列研究与欣赏·上	2016—01	48.00	570
初等数列研究与欣赏·下	2016—01	48.00	571
趣味初等函数研究与欣赏·上	2016—09	48.00	684
趣味初等函数研究与欣赏·下	即将出版		685
火柴游戏	2016—05	38.00	612
异曲同工	即将出版		613
智力解谜	即将出版		614
故事智力	2016—07	48.00	615
名人们喜欢的智力问题	即将出版		616
数学大师的发现、创造与失误	即将出版		617
数学的味道	即将出版		618
数贝偶拾——高考数学题研究	2014—04	28.00	274
数贝偶拾——初等数学研究	2014—04	38.00	275
数贝偶拾——奥数题研究	2014—04	48.00	276
集合、函数与方程	2014—01	28.00	300
数列与不等式	2014—01	38.00	301
三角与平面向量	2014—01	28.00	302
平面解析几何	2014—01	38.00	303
立体几何与组合	2014—01	28.00	304
极限与导数、数学归纳法	2014—01	38.00	305
趣味数学	2014—03	28.00	306
教材教法	2014—04	68.00	307
自主招生	2014—05	58.00	308
高考压轴题(上)	2015—01	48.00	309
高考压轴题(下)	2014—10	68.00	310

哈尔滨工业大学出版社刘培杰数学工作室
已出版(即将出版)图书目录

书　　名	出版时间	定　价	编号
从费马到怀尔斯——费马大定理的历史	2013—10	198.00	I
从庞加莱到佩雷尔曼——庞加莱猜想的历史	2013—10	298.00	II
从切比雪夫到爱尔特希(上)——素数定理的初等证明	2013—07	48.00	III
从切比雪夫到爱尔特希(下)——素数定理100年	2012—12	98.00	III
从高斯到盖尔方特——二次域的高斯猜想	2013—10	198.00	IV
从库默尔到朗兰兹——朗兰兹猜想的历史	2014—01	98.00	V
从比勃巴赫到德布朗斯——比勃巴赫猜想的历史	2014—02	298.00	VI
从麦比乌斯到陈省身——麦比乌斯变换与麦比乌斯带	2014—02	298.00	VII
从布尔到豪斯道夫——布尔方程与格论漫谈	2013—10	198.00	VIII
从开普勒到阿诺德——三体问题的历史	2014—05	298.00	IX
从华林到华罗庚——华林问题的历史	2013—10	298.00	X
吴振奎高等数学解题真经(概率统计卷)	2012—01	38.00	149
吴振奎高等数学解题真经(微积分卷)	2012—01	68.00	150
吴振奎高等数学解题真经(线性代数卷)	2012—01	58.00	151
钱昌本教你快乐学数学(上)	2011—12	48.00	155
钱昌本教你快乐学数学(下)	2012—03	58.00	171
高等数学解题全攻略(上卷)	2013—06	58.00	252
高等数学解题全攻略(下卷)	2013—06	58.00	253
高等数学复习纲要	2014—01	18.00	384
三角函数	2014—01	38.00	311
不等式	2014—01	38.00	312
数列	2014—01	38.00	313
方程	2014—01	28.00	314
排列和组合	2014—01	28.00	315
极限与导数	2014—01	28.00	316
向量	2014—09	38.00	317
复数及其应用	2014—08	28.00	318
函数	2014—01	38.00	319
集合	即将出版		320
直线与平面	2014—01	28.00	321
立体几何	2014—04	28.00	322
解三角形	即将出版		323
直线与圆	2014—01	28.00	324
圆锥曲线	2014—01	38.00	325
解题通法(一)	2014—07	38.00	326
解题通法(二)	2014—07	38.00	327
解题通法(三)	2014—05	38.00	328
概率与统计	2014—01	28.00	329
信息迁移与算法	即将出版		330
方程(第2版)	2017—04	38.00	624
三角函数(第2版)	2017—04	38.00	626
向量(第2版)	即将出版		627
立体几何(第2版)	2016—04	38.00	629
直线与圆(第2版)	2016—11	38.00	631
圆锥曲线(第2版)	2016—09	48.00	632
极限与导数(第2版)	2016—04	38.00	635

哈尔滨工业大学出版社刘培杰数学工作室
已出版(即将出版)图书目录

书　名	出版时间	定　价	编号
美国高中数学竞赛五十讲.第1卷(英文)	2014—08	28.00	357
美国高中数学竞赛五十讲.第2卷(英文)	2014—08	28.00	358
美国高中数学竞赛五十讲.第3卷(英文)	2014—09	28.00	359
美国高中数学竞赛五十讲.第4卷(英文)	2014—09	28.00	360
美国高中数学竞赛五十讲.第5卷(英文)	2014—10	28.00	361
美国高中数学竞赛五十讲.第6卷(英文)	2014—11	28.00	362
美国高中数学竞赛五十讲.第7卷(英文)	2014—12	28.00	363
美国高中数学竞赛五十讲.第8卷(英文)	2015—01	28.00	364
美国高中数学竞赛五十讲.第9卷(英文)	2015—01	28.00	365
美国高中数学竞赛五十讲.第10卷(英文)	2015—02	38.00	366
IMO 50年.第1卷(1959—1963)	2014—11	28.00	377
IMO 50年.第2卷(1964—1968)	2014—11	28.00	378
IMO 50年.第3卷(1969—1973)	2014—09	28.00	379
IMO 50年.第4卷(1974—1978)	2016—04	38.00	380
IMO 50年.第5卷(1979—1984)	2015—04	38.00	381
IMO 50年.第6卷(1985—1989)	2015—04	58.00	382
IMO 50年.第7卷(1990—1994)	2016—01	48.00	383
IMO 50年.第8卷(1995—1999)	2016—06	38.00	384
IMO 50年.第9卷(2000—2004)	2015—04	58.00	385
IMO 50年.第10卷(2005—2009)	2016—01	48.00	386
IMO 50年.第11卷(2010—2015)	2017—03	48.00	646
历届美国大学生数学竞赛试题集.第一卷(1938—1949)	2015—01	28.00	397
历届美国大学生数学竞赛试题集.第二卷(1950—1959)	2015—01	28.00	398
历届美国大学生数学竞赛试题集.第三卷(1960—1969)	2015—01	28.00	399
历届美国大学生数学竞赛试题集.第四卷(1970—1979)	2015—01	18.00	400
历届美国大学生数学竞赛试题集.第五卷(1980—1989)	2015—01	28.00	401
历届美国大学生数学竞赛试题集.第六卷(1990—1999)	2015—01	28.00	402
历届美国大学生数学竞赛试题集.第七卷(2000—2009)	2015—08	18.00	403
历届美国大学生数学竞赛试题集.第八卷(2010—2012)	2015—01	18.00	404
新课标高考数学创新题解题诀窍:总论	2014—09	28.00	372
新课标高考数学创新题解题诀窍:必修1~5分册	2014—08	38.00	373
新课标高考数学创新题解题诀窍:选修2—1,2—2,1—1,1—2分册	2014—09	38.00	374
新课标高考数学创新题解题诀窍:选修2—3,4—4,4—5分册	2014—09	18.00	375
全国重点大学自主招生英文数学试题全攻略:词汇卷	2015—07	48.00	410
全国重点大学自主招生英文数学试题全攻略:概念卷	2015—01	28.00	411
全国重点大学自主招生英文数学试题全攻略:文章选读卷(上)	2016—09	38.00	412
全国重点大学自主招生英文数学试题全攻略:文章选读卷(下)	2017—01	58.00	413
全国重点大学自主招生英文数学试题全攻略:试题卷	2015—07	38.00	414
全国重点大学自主招生英文数学试题全攻略:名著欣赏卷	2017—03	48.00	415
数学物理大百科全书.第1卷	2016—01	418.00	508
数学物理大百科全书.第2卷	2016—01	408.00	509
数学物理大百科全书.第3卷	2016—01	396.00	510
数学物理大百科全书.第4卷	2016—01	408.00	511
数学物理大百科全书.第5卷	2016—01	368.00	512

哈尔滨工业大学出版社刘培杰数学工作室
已出版(即将出版)图书目录

书 名	出版时间	定价	编号
劳埃德数学趣题大全.题目卷.1:英文	2016—01	18.00	516
劳埃德数学趣题大全.题目卷.2:英文	2016—01	18.00	517
劳埃德数学趣题大全.题目卷.3:英文	2016—01	18.00	518
劳埃德数学趣题大全.题目卷.4:英文	2016—01	18.00	519
劳埃德数学趣题大全.题目卷.5:英文	2016—01	18.00	520
劳埃德数学趣题大全.答案卷:英文	2016—01	18.00	521
李成章教练奥数笔记.第1卷	2016—01	48.00	522
李成章教练奥数笔记.第2卷	2016—01	48.00	523
李成章教练奥数笔记.第3卷	2016—01	38.00	524
李成章教练奥数笔记.第4卷	2016—01	38.00	525
李成章教练奥数笔记.第5卷	2016—01	38.00	526
李成章教练奥数笔记.第6卷	2016—01	38.00	527
李成章教练奥数笔记.第7卷	2016—01	38.00	528
李成章教练奥数笔记.第8卷	2016—01	48.00	529
李成章教练奥数笔记.第9卷	2016—01	28.00	530
朱德祥代数与几何讲义.第1卷	2017—01	38.00	697
朱德祥代数与几何讲义.第2卷	2017—01	28.00	698
朱德祥代数与几何讲义.第3卷	2017—01	28.00	699
zeta函数,q-zeta函数,相伴级数与积分	2015—08	88.00	513
微分形式:理论与练习	2015—08	58.00	514
离散与微分包含的逼近和优化	2015—08	58.00	515
艾伦·图灵:他的工作与影响	2016—01	98.00	560
测度理论概率导论,第2版	2016—01	88.00	561
带有潜在故障恢复系统的半马尔柯夫模型控制	2016—01	98.00	562
数学分析原理	2016—01	88.00	563
随机偏微分方程的有效动力学	2016—01	88.00	564
图的谱半径	2016—01	58.00	565
量子机器学习中数据挖掘的量子计算方法	2016—01	98.00	566
量子物理的非常规方法	2016—01	118.00	567
运输过程的统一非局部理论:广义波尔兹曼物理动力学,第2版	2016—01	198.00	568
量子力学与经典力学之间的联系在原子、分子及电动力学系统建模中的应用	2016—01	58.00	569
第19~23届"希望杯"全国数学邀请赛试题审题要津详细评注(初一版)	2014—03	28.00	333
第19~23届"希望杯"全国数学邀请赛试题审题要津详细评注(初二、初三版)	2014—03	38.00	334
第19~23届"希望杯"全国数学邀请赛试题审题要津详细评注(高一版)	2014—03	28.00	335
第19~23届"希望杯"全国数学邀请赛试题审题要津详细评注(高二版)	2014—03	38.00	336
第19~25届"希望杯"全国数学邀请赛试题审题要津详细评注(初一版)	2015—01	38.00	416
第19~25届"希望杯"全国数学邀请赛试题审题要津详细评注(初二、初三版)	2015—01	58.00	417
第19~25届"希望杯"全国数学邀请赛试题审题要津详细评注(高一版)	2015—01	48.00	418
第19~25届"希望杯"全国数学邀请赛试题审题要津详细评注(高二版)	2015—01	48.00	419
闵嗣鹤文集	2011—03	98.00	102
吴从炘数学活动三十年(1951~1980)	2010—07	99.00	32
吴从炘数学活动又三十年(1981~2010)	2015—07	98.00	491

哈尔滨工业大学出版社刘培杰数学工作室
已出版(即将出版)图书目录

书 名	出版时间	定 价	编号
物理奥林匹克竞赛大题典——力学卷	2014—11	48.00	405
物理奥林匹克竞赛大题典——热学卷	2014—04	28.00	339
物理奥林匹克竞赛大题典——电磁学卷	2015—07	48.00	406
物理奥林匹克竞赛大题典——光学与近代物理卷	2014—06	28.00	345
历届中国东南地区数学奥林匹克试题集(2004~2012)	2014—06	18.00	346
历届中国西部地区数学奥林匹克试题集(2001~2012)	2014—07	18.00	347
历届中国女子数学奥林匹克试题集(2002~2012)	2014—08	18.00	348
数学奥林匹克在中国	2014—06	98.00	344
数学奥林匹克问题集	2014—01	38.00	267
数学奥林匹克不等式散论	2010—06	38.00	124
数学奥林匹克不等式欣赏	2011—09	38.00	138
数学奥林匹克超级题库(初中卷上)	2010—01	58.00	66
数学奥林匹克不等式证明方法和技巧(上、下)	2011—08	158.00	134,135
他们学什么:原民主德国中学数学课本	2016—09	38.00	658
他们学什么:英国中学数学课本	2016—09	38.00	659
他们学什么:法国中学数学课本.1	2016—09	38.00	660
他们学什么:法国中学数学课本.2	2016—09	28.00	661
他们学什么:法国中学数学课本.3	2016—09	38.00	662
他们学什么:苏联中学数学课本	2016—09	28.00	679
高中数学题典——集合与简易逻•函数	2016—07	48.00	647
高中数学题典——导数	2016—07	48.00	648
高中数学题典——三角函数•平面向量	2016—07	48.00	649
高中数学题典——数列	2016—07	58.00	650
高中数学题典——不等式•推理与证明	2016—07	38.00	651
高中数学题典——立体几何	2016—07	48.00	652
高中数学题典——平面解析几何	2016—07	78.00	653
高中数学题典——计数原理•统计•概率•复数	2016—07	48.00	654
高中数学题典——算法•平面几何•初等数论•组合数学•其他	2016—07	68.00	655
台湾地区奥林匹克数学竞赛试题.小学一年级	2017—03	38.00	722
台湾地区奥林匹克数学竞赛试题.小学二年级	2017—03	38.00	723
台湾地区奥林匹克数学竞赛试题.小学三年级	2017—03	38.00	724
台湾地区奥林匹克数学竞赛试题.小学四年级	2017—03	38.00	725
台湾地区奥林匹克数学竞赛试题.小学五年级	2017—03	38.00	726
台湾地区奥林匹克数学竞赛试题.小学六年级	2017—03	38.00	727
台湾地区奥林匹克数学竞赛试题.初中一年级	2017—03	38.00	728
台湾地区奥林匹克数学竞赛试题.初中二年级	2017—03	38.00	729
台湾地区奥林匹克数学竞赛试题.初中三年级	2017—03	28.00	730
不等式证题法	2017—04	28.00	747
平面几何培优教程	即将出版		748
奥数鼎级培优教程.高一分册	即将出版		749
奥数鼎级培优教程.高二分册	即将出版		750
高中数学竞赛冲刺宝典	即将出版		751

哈尔滨工业大学出版社刘培杰数学工作室
已出版(即将出版)图书目录

书　名	出版时间	定　价	编号
斯米尔诺夫高等数学.第一卷	2017—02	88.00	770
斯米尔诺夫高等数学.第二卷.第一分册	即将出版		771
斯米尔诺夫高等数学.第二卷.第二分册	即将出版		772
斯米尔诺夫高等数学.第二卷.第三分册	即将出版		773
斯米尔诺夫高等数学.第三卷.第一分册	即将出版		774
斯米尔诺夫高等数学.第三卷.第二分册	即将出版		775
斯米尔诺夫高等数学.第三卷.第三分册	即将出版		776
斯米尔诺夫高等数学.第四卷.第一分册	2017—02	48.00	777
斯米尔诺夫高等数学.第四卷.第二分册	即将出版		778
斯米尔诺夫高等数学.第五卷.第一分册	即将出版		779
斯米尔诺夫高等数学.第五卷.第二分册	即将出版		780

联系地址：哈尔滨市南岗区复华四道街 10 号　哈尔滨工业大学出版社刘培杰数学工作室
网　　址：http://lpj.hit.edu.cn/
邮　　编：150006
联系电话：0451—86281378　　13904613167
E-mail:lpj1378@163.com